Norden
Seiten 446–457

Gold Country und Central Valley
Seiten 470–485

D1734735

Nördliches Zentralkalifornien
Seiten 502–521

0 Kilometer 50

0 Meilen 50

South Lake Tahoe

• Lee Vining

Hochsierra

Hochsierra
Seiten 486–501

Mojave-Wüste
Seiten 284–297

sno •

Independence •

• Stovepipe
   Wells

nien

• Tulare

Mojave-Wüste

Inland Empire und Colorado-Wüste
Seiten 272–283

Bakersfield •

SÜDKALIFORNIEN

• Baker

dliches
kalifornien

• Mojave

• Barstow

Needles •

• Santa
  Barbara

Los Angeles

San
• Bernardino

Oxnard •

Los Angeles •

• Palm Springs

Blythe •

Long Beach •

• Anaheim

**Orange
County**

• Temecula

**Inland Empire und
Colorado-Wüste**

Escondido •

**San Diego
County**

• El Centro

• San Diego

VIS-À-VIS

KALIFORNIEN

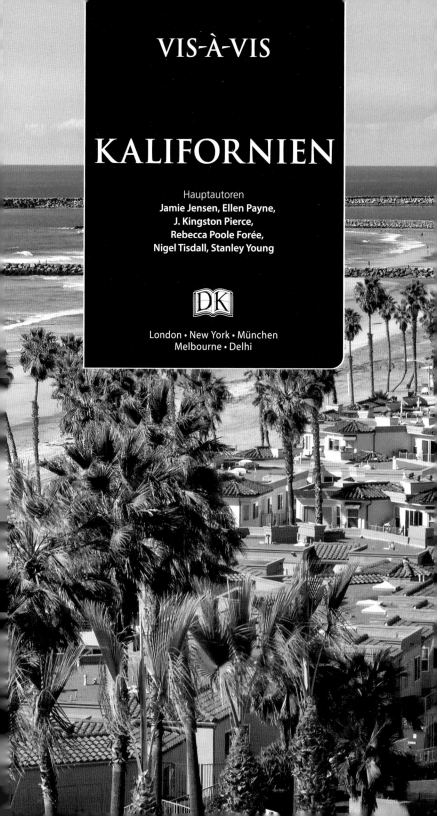

VIS-À-VIS

KALIFORNIEN

Hauptautoren
**Jamie Jensen, Ellen Payne,
J. Kingston Pierce,
Rebecca Poole Forée,
Nigel Tisdall, Stanley Young**

DK

London · New York · München
Melbourne · Delhi

www.dorlingkindersley.de

Produktion Duncan Baird Publishers, London

Texte Jamie Jensen, Ellen Payne, J. Kingston Pierce,
Rebecca Poole Forée, Nigel Tisdall, Stanley Young

Fotografien Max Alexander, Peter Anderson, John Heseltine,
Dave King, Neil Lukas, Andrew McKinney, Neil Setchfield

Illustrationen Arcana Studios, Joanna Cameron, Stephen Conlin,
Dean Entwhistle, Nick Lipscombe, Lee Peters, Robbie Polley,
Kevin Robinson, John Woodcock

Kartografie Kim Bushby, Jane Hanson, Phil Rose, Jennifer Skelley
von Lovell Johns Ltd (Oxford), Gary Bowes, Fiona Casey, Anna
Nilsson von ERA-Maptec Ltd (Dublin). Karten des Stadtplans:
adaptiert mit Erlaubnis von ETAK INC 1984–1994

Redaktion und Gestaltung
Duncan Baird Publishers, London: Clare Sullivan, Slaney Begley,
Joanne Levêque, Zoë Ross, Leo Hollis, Christine Keilty,
Susan Knight, Jill Mumford, Alison Verity
Dorling Kindersley Ltd., London: Douglas Amrine, Gillian Allan,
Vivien Crump, Helen Partington, Fay Franklin

© 1997, 2018 Dorling Kindersley Limited, London
Titel der englischen Originalausgabe:
Eyewitness Travel Guide *California*
Zuerst erschienen 1997 in Großbritannien
bei Dorling Kindersley Ltd.
A Penguin Random House Company

Für die deutsche Ausgabe:
© 1997, 2018 Dorling Kindersley Verlag GmbH, München
Ein Unternehmen der Penguin Random House Group

Aktualisierte Neuauflage 2018 / 2019

Programmleitung Dr. Jörg Theilacker, DK Verlag
Projektleitung Stefanie Franz, DK Verlag
Projektassistenz Antonia Wiesmeier, DK Verlag
Übersetzung Barbara Rusch, Pesch & Partner, Petra Dubilski,
Marion Welp und Gisela Sturm
Redaktion Gerhard Bruschke, München
Schlussredaktion Sonja Woyzechowski, München
Umschlaggestaltung Ute Berretz, München
Satz und Produktion DK Verlag
Druck RR Donnelley Asia Printing Solutions Ltd., China

ISBN 978-3-7342-0170-7
13 14 15 16 20 19 18 17

Inhalt

Volleyball am Pismo Beach
(siehe S. 220f)

Los Angeles

◄ **Südkalifornische Küste bei San Diego** *(siehe S. 252f)*
◄ ◄ **Umschlag: Riesenmammutbäume im Yosemite National Park** *(siehe S. 486 und S. 492–497)*

Half Dome im Yosemite National Park *(siehe S. 492 – 495)*

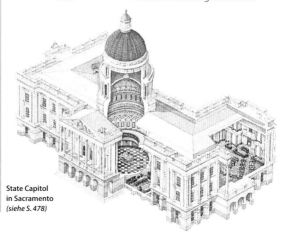

**State Capitol
in Sacramento**
(siehe S. 478)

Benutzerhinweise

Dieses Buch soll Ihre Reise nach Kalifornien zu einem besonderen Erlebnis machen, das durch keinerlei praktische Probleme getrübt wird. Der Abschnitt *Kalifornien stellt sich vor* beschreibt den Bundesstaat im historischen und kulturellen Kontext. In den Kapiteln zu Los Angeles, San Francisco und Bay Area sowie zu den Regionen Süd- und Nordkali-

forniens werden Sehenswürdigkeiten anhand von Texten, Fotos und Illustrationen vorgestellt. Empfehlenswerte Hotels und Restaurants sowie Informationen zu Shopping und Unterhaltung finden Sie im Kapitel *Zu Gast in Kalifornien*. Die *Grundinformationen* liefern praktische Tipps für die Reisevorbereitung und für den Aufenthalt.

Los Angeles, San Francisco und Bay Area

Die Metropolen Los Angeles und San Francisco werden jeweils mit mehreren Stadtteilen vorgestellt. Jeder Stadtteil bietet am Anfang eine Auflistung der Sehenswürdigkeiten. Diese sind nummeriert und auf der *Stadtteilkarte* eingetragen.

Alle Seiten, die auf San Francisco verweisen, haben eine grüne Farbcodierung. Los Angeles ist lila gekennzeichnet.

1 Stadtteilkarte
Alle Sehenswürdigkeiten eines Stadtteils sind hier nummeriert. Sie finden sie auch im *Stadtplan* von Los Angeles (S. 186–197) und im *Stadtplan* von San Francisco (S. 404–413).

Weiße Zahlen im schwarzen Kreis zeigen die Lage der Sehenswürdigkeiten. Beispiel: Marina Green hat die Nummer **7**.

Sehenswürdigkeiten auf einen Blick listet das Wichtigste eines Kapitels auf: Kirchen, Museen, historische Gebäude, Läden und Parks.

Die Orientierungskarte zeigt die Lage eines Stadtteils.

Sterne markieren die Hauptsehenswürdigkeiten.

2 Detailkarte
Diese Illustration zeigt die Sehenswürdigkeiten des Stadtteils aus der Vogelperspektive. Die Nummerierung entspricht der *Stadtteilkarte*.

Routenempfehlungen führen Sie durch die interessantesten Straßen des Viertels.

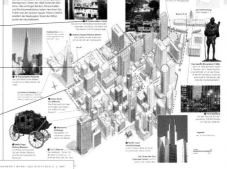

3 Detaillierte Informationen
Alle Sehenswürdigkeiten in Los Angeles und San Francisco werden ausführlich beschrieben – mit Adresse, Telefonnummer, Öffnungszeiten, Verkehrsverbindungen und behindertengerechten Zugängen. Die Legende der Symbole im Infoblock finden Sie auf der hinteren Umschlagklappe.

Textkästen versorgen Sie mit Hintergrundinformationen.

Südliches
Zentralkalifornien

Einführung
Hier werden Landschaft, Geschichte und Charakter jeder Region beschrieben. Die Einführung gibt einen kurzen Abriss zur Entwicklung des Gebiets und wie es sich heute präsentiert.

Süd- und Nordkalifornien
Neben Los Angeles sowie San Francisco und der Bay Area ist dieser Reiseführer in zwei weitere Hauptkapitel (Süd- und Nordkalifornien) unterteilt, die jeweils fünf Regionen-Kapitel aufweisen. Die interessantesten Sehenswürdigkeiten sind auf der *Regionalkarte* eingetragen.

Die Farbcodierung hilft, jede Region Kaliforniens schnell zu finden *(siehe vordere Umschlaginnenseiten).*

Regionalkarte
Diese Karte zeigt das Straßennetz und gibt eine Übersicht über die Region. Alle Sehenswürdigkeiten sind nummeriert. Hier finden Sie auch Tipps für die Erkundung des Gebiets mit dem Auto oder öffentlichen Verkehrsmitteln.

Detaillierte Informationen
Alle wichtigen Orte sind einzeln beschrieben. Die Texteinträge folgen der Nummerierung auf der *Regionalkarte*. Zu jedem Ort finden Sie detaillierte Informationen über die Attraktionen. Alle Symbole werden auf der hinteren Umschlagklappe erklärt.

Die Infobox auf den Doppelseiten der Highlights enthält zahlreiche praktische Informationen für die Planung Ihres Besuchs.

Schwarze Zahlen im weißen Kreis verweisen auf den »Außerdem«-Kasten, wo Sie zusätzlich Detailinformationen oder nette Kleinigkeiten finden.

Hauptsehenswürdigkeiten
Die Highlights von Kalifornien werden auf zwei oder mehr Seiten beschrieben. Historische Gebäude werden perspektivisch und teils von innen gezeigt. Interessante Orte und Stadtzentren werden in 3-D-Perspektive dargestellt.

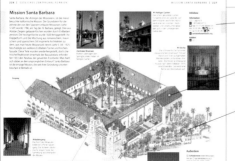

KALIFORNIEN STELLT SICH VOR

Kalifornien entdecken

Der US-Bundesstaat Kalifornien birgt eine außergewöhnliche Vielfalt an Naturräumen, das Spektrum reicht von Küstenlandschaften über Wüstengebiete bis zu Hochgebirgen. Die folgenden Tages- und Wochentouren sind so konzipiert, dass Sie möglichst viele Highlights erleben, ohne allzu weite Wege zurücklegen zu müssen. Zunächst werden die beiden Metropolen San Francisco und San Diego im Rahmen von zweitägigen Touren vorgestellt. Danach folgen eine achttägige Tour entlang der Pazifikküste, zwei viertägige Touren durch die Wüste bzw. das Wine Country sowie eine Wochentour durch das Gold Country und die Hochsierra. Sie können natürlich auch einzelne Touren kombinieren und somit unterschiedliche Gegenden von Kalifornien kennenlernen.

Acht Tage an der Pazifikküste

- Glamouröses Flair und Strandleben in **Santa Monica**.
- **Santa Barbara**: Stadt mit südländischem Ambiente und weltberühmter Mission.
- Besichtigung von **Hearst Castle®**, einem höchst imposanten Anwesen.

- **Monterey Peninsula** – spektakuläre Küstenszenerie und Aquarium.
- Multikulturelles **San Franciso** mit bunten Stadtvierteln wie Chinatown und Little Italy.
- Staunen über die Baumriesen im **Redwood National Park**.

Joshua Tree National Park
Spektakuläre Felsformationen und eine bemerkenswerte Vegetation machen den Reiz dieses Schutzgebiets aus *(siehe S. 282f)*.

Oregon

Crescent City
Yreka
Klamath
Redwood National Park
Eureka
Redding
Scotia
Avenue of the Giants
Leggett Valley
Sacramento
Mendocino
Sacramen
Siehe Karte oben
Bodega Bay
Point Reyes Station
Muir Woods and Beach • Sausalito
San Francisco
Half Moon Bay • Santa Moun
Año Nuevo State Reserve
Santa Cruz
Monterey
Carmel-by-the-Sea
Big S

Pazifische Ozean

Eine Woche im Gold Country und in der Hochsierra

- Spaziergang durch die Straßen von **Old Sacramento** zu historischen Bauwerken wie dem California State Capitol.
- Wandern mit Seeblick am Ufer des **Lake Tahoe**.
- Auf den Spuren der Goldgräber im **Empire Mine State Historic Historic Park**.
- Streifzug durch **Sonora** und **Jamestown**.

- Faszination pur: Wasserfälle im **Yosemite National Park** und Panoramablick vom Glacier Point.
- **Mariposa Grove** und **Tuolumne Meadows**: gigantische Sequoias und blühende Wiesenlandschaft.
- Nicht nur für Tierfreunde: Vogelbeobachtung am Salzwassersee **Mono Lake**.

Legende
— Pazifikküste
═══ Gold Country und Hochsierra
— Wüste
~~~ Wine Country

◀ *Yosemite Valley*, Ölgemälde des amerikanischen Malers Albert Bierstadt (1830–1902)

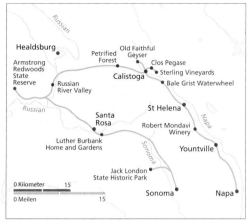

Vier Tage im Wine Country

- Besichtigung eines der zahlreichen Weingüter in **Napa**.
- Wandeln durch **Luther Burbank Home and Gardens** in Santa Rosa.
- Eindrucksvolles Naturschauspiel: **Old Faithful**, ein gigantischer Geysir in der Nähe von Calistoga.
- Mit der Seilbahn hinauf zu **Sterling Vineyards**.
- Einer der letzten ursprünglichen Wälder: **Armstrong Redwoods State Reserve**.
- Bummel durch **Sonoma**, wo kalifornische Geschichte geschrieben wurde.

Santa Monica
Blick über einen Sandstrand von Santa Monica *(siehe S. 80f)*, einem mondänen Vorort von Los Angeles.

Vier Tage in der Wüste

- **The Living Desert** – guter Einstieg in die Themen Wüstenfauna und -flora.
- Wie aus einer anderen Zeit: Josua-Palmlilien im **Joshua Tree National Park**.
- **Kelso Dunes**: »Singende Dünen« der Mojave-Wüste.
- Tiefster Punkt Nordamerikas und einer der heißesten Orte der Welt: **Badwater**.
- Besuch von **Scotty's Castle**, einem Märchenschloss im maurischen Stil.

Zwei Tage in San Francisco

Die Metropole San Francisco bietet eine schier überwältigende Vielfalt an Sehenswürdigkeiten. Zu den berühmtesten zählen diverse Museen, Chinatown, Golden Gate Park und Golden Gate Bridge.

- **Anreise** Der internationale Flughafen San Franciscos befindet sich etwa 22 Kilometer südlich der Stadt, näher liegt der Airport von Oakland. Von beiden erreicht man das Zentrum mit BART-Zügen.

- **Verkehrsmittel** In der Stadt kommt man mit Bussen und Trams gut vorwärts. MUNI-Metro und BART-Züge erschließen die Umgebung. Taxis sind relativ teuer. Eine Cable-Car-Fahrt ist ein Muss.

Conservatory of Flowers im Golden Gate Park, San Francisco *(siehe S. 372)*

Erster Tag

Vormittags Starten Sie in den Tag mit einem Bummel durch den **Financial District** *(siehe S. 316f)*, ein guter Ausgangspunkt ist das **Ferry Building** *(siehe S. 320)*, in dem sich viele Boutiquen und Lokale befinden. Im **Wells Fargo History Museum** *(siehe S. 318)* sind u. a. alte Postkutschen ausgestellt.

In **Yerba Buena Gardens** *(siehe S. 326f)* gibt es viel zu bestaunen, sehenswert ist z. B. das Martin Luther King Jr.

Memorial. Entspannen Sie sich in den Grünanlagen und besuchen Sie eines der erlesenen Museen. Auch die nähere Umgebung wartet mit Attraktionen wie dem **Museum of Modern Art** *(siehe S. 322f)* oder dem **Contemporary Jewish Museum** *(siehe S. 324)* auf. Auf dem palmengesäumten **Union Square** *(siehe S. 324)* ist zu allen Tageszeiten etwas los.

Nachmittags Mit einer Cable Car geht es nach **Chinatown** *(siehe S. 330f)*, deren Ambiente jeden Besucher fasziniert. Hier kann man in skurrilen Läden stöbern, das quirlige Straßenleben beobachten und sich an Imbissständen stärken. Sehr spannend präsentiert sich auch das italienisch geprägte Künstlerviertel **North Beach** *(siehe S. 344f)* mit vielen Cafés

und Buchläden. Mit einer ganz eigenen Atmosphäre wartet auch **Fisherman's Wharf** *(siehe S. 338f)* auf, im Winter kann man hier Seelöwen beobachten. Der Vergnügungspark am **PIER 39** *(siehe S. 340)* zieht vor allem Familien an. Im **San Francisco Maritime National Historic Park** *(siehe S. 341)* sind alte Schiffe, nautische Instrumente, Gemälde und Fotos zu sehen.

Zweiter Tag

Vormittags Nehmen Sie sich Zeit beim Besuch des **Golden Gate Park** *(siehe S. 370–375)*. Die Kunstsammlung **de Young** *(siehe S. 371)* gehört zu den besten der Stadt, die **California Academy of Sciences** *(siehe S. 374f)* zeigt einen Querschnitt durch die Tierwelt Kaliforniens sowie Dinosaurierskelette, Pflanzen aus aller Welt gedeihen im **San Francisco Botanical Garden** *(siehe S. 372)*.

Nachmittags Arbeiten von weltberühmten Malern und Bildhauern präsentiert die **Legion of Honor** *(siehe S. 378f)*. Kurvige Straßen führen durch das bewaldete **Presidio** *(siehe S. 380f)* zur 1937 errichteten **Golden Gate Bridge** *(siehe S. 384f)*, von der man einen wunderbaren Blick auf die Stadt genießt.

> **Tipp zur Verlängerung**
> Mit dem Boot geht es nach **Alcatraz** *(siehe S. 342f)*, das man besichtigen kann.

Golden Gate Bridge – Wahrzeichen von San Francisco *(siehe S. 384f)*

Weitere Informationen zu den Verkehrsmitteln in San Francisco und Kalifornien *siehe Seiten 400 – 403 und 600 – 605*

Zwei Tage in San Diego

Die Hafenstadt am Pazifik bietet Attraktionen wie Balboa Park, San Diego Zoo und La Jolla. Spanisches Kulturerbe ist noch an vielen Stellen sichtbar.

- **Anreise** San Diegos Flughafen liegt fünf Kilometer westlich der Stadt.
- **Verkehrsmittel** Straßenbahnen *(trolleys)* verkehren auf drei Linien.

Steilküste bei La Jolla *(siehe S. 265)*

Erster Tag

Vormittags Die eindrucksvolle Entwicklung San Diegos dokumentiert das **Gaslamp Quarter** *(siehe S. 256f)*, das sich von einem zwielichtigen Areal zu einem angesagten Amüsier- und Shopping-Viertel gemausert hat. Viele Häuser aus dem 19. Jahrhundert wurden restauriert, in einigen von ihnen sind Boutique-Hotels, Antiquitätenläden und Restaurants untergebracht. Einen Besuch lohnt auch das **Museum of Contemporary Art** *(siehe S. 255)* mit seinen Wechselausstellungen renommierter Künstler. Sehr stimmungsvoll ist **Little Italy** *(siehe S. 255)*, dessen Flair italienische Lokale prägen – ideal für ein Mittagessen.

Nachmittags Im **Maritime Museum** *(siehe S. 255)* wird man bei der Besichtigung alter Schiffe in frühere Epochen der Seefahrt zurückversetzt. Nicht weit ist es von hier zur **USS Midway**, einem Flugzeugträger, der vor der Küste als Museumsschiff vor Anker liegt. Die Besucher können sich die Räumlickeiten – vom Deck bis zur Kombüse – ansehen. Wenn die Zeit noch reicht, sollte man einen Abstecher zum **Old Point Loma Lighthouse** *(siehe S. 259)* unternehmen. Von der Anhöhe, auf der der Turm steht, hat man einen schönen Blick über die San Diego Bay und sieht viele Schiffe vorbeifahren.

Zweiter Tag

Vormittags In Old Town *(siehe S. 258)* bekommt man einen Einblick in die frühen Jahre San Diegos, einige rekonstruierte historische Bauten bilden ein denkmalgeschütztes Ensemble. Nächstes Ziel ist der **Balboa Park** *(siehe S. 260–263)*. Unter den bedeutsamen Kulturstätten dieses Areals ragen insbesondere das **San Diego Museum of Man**, das **San Diego Museum of Art** und das **Reuben H. Fleet Science Center** heraus.

Nachmittags Für einen Besuch des **San Diego Zoo** *(siehe S. 260–263)*, der zu den bekanntesten Tierparks der Welt zählt, sollte man einen halben Tag veranschlagen. Besonders viele Besucher zieht die Flamingolagune an. Beschließen Sie den Tag mit einem Abendessen im viktorianischen **Hotel del Coronado** *(siehe S. 259)*, dessen Ambiente schon viele Berühmtheiten genossen.

Tipp zur Verlängerung
Verbringen Sie einen Tag im Seebad **La Jolla** *(siehe S. 265)*, wo Sie das Museum of Contemporary Art und das Birch Aquarium at Scripps besuchen sollten. Designerboutiquen laden zum Shoppen ein.

Flamingos im San Diego Zoo *(siehe S. 260–263)*

Acht Tage an der Pazifikküste

- **Anreise** Der internationale Flughafen von Los Angeles liegt rund 24 Kilometer südlich von Downtown. Von San Diego erreicht man die Metropole mit dem Zug.

- **Weiterreise** Für die Tour benötigt man ein Auto.

- **Reservierung** Für eine Führung durch Hearst Castle® ist eine Buchung nötig.

Erster Tag: Santa Monica und Santa Barbara

Den Badeort **Santa Monica** *(siehe S. 80–83)* kann man gut zu Fuß erkunden. Danach passiert man auf dem Pacific Coast Highway mehrere Surfstrände, bevor man den Surfrider County Beach in **Malibu** *(siehe S. 68f)* erreicht. Den Nachmittag verbringt man in **Santa Barbara** *(siehe S. 224f)*, wo Sie die Mission *(siehe S. 226f)* besichtigen sollten.

Tipp zur Verlängerung
Zum Einkaufen lohnt sich ein Abstecher in Richtung Osten nach **Ojai** *(siehe S. 229)*. Ojai Valley Inn & Spa *(siehe S. 532)* bietet Wellnessanwendungen.

Zweiter Tag: Solvang bis San Luis Obispo

Bummeln Sie durch den im skandinavischen Stil gestalteten Ort **Solvang** *(siehe S. 223)*, bevor Sie zu den Weingütern im **Santa Ynez Valley** *(siehe S. 222)* aufbrechen. Nach einer Dünenwanderung an der Küste bei **Pismo Beach** *(siehe S. 220f)* ist das hübsche Städtchen **San Luis Obispo** *(siehe S. 220)* nächstes Etappenziel.

Dritter Tag: Hearst Castle® bis Carmel-by-the-Sea

Der Morro Rock in der **Morro Bay** *(siehe S. 220)* ist ein Blickfang. Von hier verläuft die Route nach Nordwesten, wo man das oberhalb von San Simeon thronende imposante Anwesen **Hearst Castle®** *(siehe S. 216–219)* im Rahmen einer Führung kennenlernt (Ticket reservieren!). Danach fahren Sie entlang der noch weitgehend ursprünglichen Küste von **Big Sur** *(siehe S. 518f)* bis zum malerischen Ort **Carmel-by-the-Sea** *(siehe S. 514)*.

Vierter Tag: Monterey Peninsula und Carmel Mission

Für das Erleben der vielen Highlights entlang dem spektakulären **17-Mile Drive** *(siehe S. 515)* nimmt man sich einen ganzen Vormittag. Die restaurierte **Carmel Mission** *(siehe S. 516f)* gibt Einblick in das Leben im 18. Jahrhundert. In **Monterey** *(siehe 512–514)* sollte man das **Monterey Bay Aquarium** *(siehe S. 514)* und die in John Steinbecks Romanen verewigte **Cannery Row** *(siehe S. 514)* auf keinen Fall verpassen. Weiter nach Norden erreicht man noch vor Sonnenuntergang **Santa Cruz**.

Tipp zur Verlängerung
Über **Salinas** *(siehe S. 520)*, den Geburtsort des Autors John Steinbeck, gelangt man in das charmante Städtchen **San Juan Bautista** *(siehe S. 509)* mit der gleichnamigen Mission.

Fünfter Tag: Santa Cruz bis Half Moon Bay

Nach einem Streifzug durch die Buchläden und Galerien der Stadt kann man sich die Ausstellung im **Santa Cruz Surfing Museum** *(siehe S. 511)*

Baumriesen im Yosemite National Park *(siehe S. 492–495)*

ansehen. Erlebnisreich ist eine Fahrt mit einer der **Roaring Camp Railroads** *(siehe S. 508f)*. Im **Año Nuevo State Reserve** *(siehe S. 508)* kann man See-Elefanten beobachten. Outdoor-Sportler finden im **Big Basin Redwoods State Park** *(siehe S. 508)* ein gutes Terrain. Richtung Norden geht es nach **Half Moon Bay** *(siehe S. 417)* und dann nach San Francisco.

Sechster Tag: San Francisco

Wählen Sie einen Tag aus der Stadttour *(siehe S. 12)* oder folgen Sie dem **49-Mile Scenic Drive** *(siehe S. 312f)*, der zu den faszinierendsten Sehenswürdigkeiten und besten Ausblicken San Franciscos fuhrt.

Ein Traum für Surfer und Wellenreiter: Küste bei Malibu *(siehe S. 68f)*

Weitere Informationen zu den Verkehrsmitteln in Kalifornien *siehe Seiten 600–605*

Siebter Tag: Sausalito und Mendocino

Nach Überqueren der Golden Gate Bridge erreichen Sie **Sausalito** *(siehe S. 418)*, dann geht es über **Muir Woods and Beach** *(siehe S. 418)* zu **Point Reyes National Seashore** *(siehe S. 418)*. **Bodega Bay** *(siehe S. 464)* ist ein guter Routenpunkt zum Mittagessen. Schön ist die Aussicht auf dem Weg nach **Mendocino** *(siehe S. 462)*, das auch in den Neuengland-Staaten liegen könnte.

Bizarre Landschaft im Death Valley National Park *(siehe S. 294–297)*

Tipp zur Verlängerung

Wer sich für Geologie und Erdgeschichte interessiert, kann in **Point Reyes National Seashore** *(siehe S. 418)* den Earthquake Trail, einen Naturlehrpfad, begehen.

Achter Tag: Avenue of the Giants und Redwood National Park

Im **Leggett Valley** *(siehe S. 462)* wachsen majestätisch wirkende Redwoods. Die weltweit größten Exemplare gedeihen an der **Avenue of the Giants** *(siehe S. 451)*. Nach dem Essen im alten Holzzentrum **Scotia** *(siehe S. 451)* lohnt sich ein Besuch von Carson Mansion in **Eureka** *(siehe S. 450)*. Die Tour entlang der Pazifikküste endet in Crescent City im **Redwood National Park** *(siehe S. 452f)*.

Tipp zur Verlängerung

Wenn Sie unter Redwoods wandern möchten, sollten Sie die Tour verlängern. Der eindrucksvollste Redwood-Hain ist **Tall Trees Grove** *(siehe S. 452)*.

Vier Tage in der Wüste

- **Anreise** Der Flughafen von Palm Springs befindet sich drei Kilometer östlich des Stadtzentrums. Man erreicht Palm Springs sehr gut mit dem Flugzeug von Los Angeles aus.

- **Weiterreise** Für die Tour benötigt man ein Auto.

Erster Tag: Palm Springs

Der exklusive Kurort **Palm Springs** *(siehe S. 278–280)* ist der ideale Startpunkt für eine Tour durch die kalifornischen Wüstenregionen. Das Palm Springs Art Museum präsentiert zeitgenössische (auch indianische) Kunst. Über die Tier- und Pflanzenwelt in den Trockengebieten Nordamerikas und Afrikas informieren die Pflanzungen und Gehege des Parks **The Living Desert, A Zoo and Botanical Garden** *(siehe S. 280)*.

Tipp zur Verlängerung

Fahren Sie per Seilbahn **Palm Springs Aerial Tramway** *(siehe S. 279)* zur Bergstation, wo Sie viele Wandermöglichkeiten haben.

Zweiter Tag: Joshua Tree National Park und Mojave-Wüste

Über **Yucca Valley** *(siehe S. 277)* und **Pioneertown** *(siehe S. 277)*,

Palm Springs *(siehe S. 278–280)*

eine 1947 als Filmkulisse erbaute Westernstadt, erreichen Sie den **Joshua Tree National Park** *(siehe S. 282f)*. Das Wüstengebiet beeindruckt mit seinen bizarren Felsformationen und den Beständen der Josua-Palmlilie. Nach Verlassen des Nationalparks bei Twentynine Palms wartet mit den **Kelso Dunes** *(siehe S. 292)* ein weiteres Naturschauspiel. Spektakulär sind auch die Lavafelder von **Cinder Cones National Natural Landmark** *(siehe S. 292)*. Übernachten Sie in Baker.

Tipp zur Verlängerung

Im Bundesstaat Nevada liegt **Las Vegas** *(siehe S. 293)*, Hauptstadt des Glücksspiels und beliebt für Theater und Shows.

Dritter und vierter Tag: Death Valley National Park

Reich an landschaftlichen Höhepunkten ist **Death Valley** *(siehe S. 294–297)*, das man von Süden aus bei Shoshone erreicht. Badwater *(siehe S. 295)* ist der tiefste Punkt Nordamerikas. Weitere Attraktionen an der Strecke sind Devil's Golf Course *(siehe S. 295)*, Artist's Palette *(siehe S. 297)*, Furnace Creek Visitor Center *(siehe S. 294)*, Zabriskie Point *(siehe S. 297)* und Dante's View *(siehe S. 297)*. Am nächsten Tag können Sie Scotty's Castle *(siehe S. 295)* besichtigen und auf dem Rand des Ubehebe-Kraters *(siehe S. 296)* entlangwandern, bevor Sie Death Valley wieder verlassen.

Eine Woche im Gold Country und in der Hochsierra

- **Anreise** Der internationale Flughafen San Franciscos liegt etwa 140 Kilometer südwestlich von Sacramento, das über einen Inlandsflughafen verfügt.
- **Weiterreise** Für die Tour benötigt man ein Auto.
- **Reservierung** Wenn Sie sich in der Moaning Cavern abseilen möchten, sollten Sie reservieren. Für Führungen ist dies nicht nötig.

Erster Tag: Sacramento

Sacramento (siehe S. 476–479), die Hauptstadt des Bundesstaats Kaliforniens, entstand Mitte des 19. Jahrhunderts im Zuge des Goldrauschs. Bei einem Bummel durch **Old Sacramento** (siehe S. 476f) wird man in jene Epoche zurückversetzt. Besichtigen Sie das California State Railroad Museum, den Schaufelraddampfer Delta King und das **California State Capitol** (siehe S. 478), das Wahrzeichen der Stadt.

Zweiter Tag: Nevada City, Truckee und Lake Tahoe

Die Strecke führt nun nach **Nevada City** (siehe S. 475), das von steilen Straßen mit viktorianischen Häusern geprägt wird. Bei einem Besuch des **Empire Mine State Historic Park** (siehe S. 474) wird der Goldabbau erläutert, danach fahren Sie nach **Truckee** (siehe S. 490), ein Städtchen, das sich seinen Wildwest-Charakter bewahren konnte. Nächstes Etappenziel ist der **Lake Tahoe** (siehe S. 491), der als schönster See von Kaliforniens gilt.

Dritter Tag: Lake Tahoe, Placerville und Sutter Creek

Am Westufer des bis etwa 500 Meter tiefen Sees erreichen Sie den **Emerald Bay State Park** und das an eine skandinavische Burg erinnernde Anwesen **Vikingsholm** (siehe S. 491). In **Placerville** (siehe S. 480) sollte man das El Dorado County Historical Museum besuchen, anschließend geht es in das hübsche Goldgräberstädtchen **Sutter Creek** (siehe S. 480f).

Vierter Tag: Von Volcano nach Angels Camp

Goldrauschflair verströmt auch **Volcano** (siehe S. 481), im **Indian Grinding Rock State Park** (siehe S. 481) widmet man sich der Kultur der hiesigen Ureinwohner. Ein Muss in **San Andreas** (siehe S. 482) ist ein

Wasserfall im Yosemite National Park (siehe S. 492–495)

Besuch des Calaveras County Historical Museum. Beschließen Sie den ereignisreichen Tag in **Angels Camp** (siehe S. 482f).

Fünfter Tag: Columbia State Historic Park und Sonora

Zu den hübschesten Orten im Süden des Gold Country zählt **Murphys** (siehe S. 482), wo es angenehm beschaulich zugeht. Die **Moaning Cavern** (siehe S. 483) lernt man am besten im Rahmen einer Führung kennen, im **Columbia State Historic Park** (siehe S. 484f) wird noch heute die Arbeit des Goldwaschens dokumentiert. Ein guter Ort zum Übernachten ist **Sonora** (siehe S. 483).

Sechster Tag: Jamestown und Yosemite National Park

In **Jamestown** (siehe S. 485) lockt der Railtown 1897 State Historic Park Freunde alter Dampfloks an. Im **Yosemite National Park** (siehe S. 492–495) beeindrucken viele Monolithen und Wasserfälle.

> **Tipp zur Verlängerung**
> Beliebte Wandertouren führen zu **Vernal Fall** und **Yosemite Falls** (siehe S. 494).

Mit der Kutsche durch den Columbia State Historic Park (siehe S. 484f)

Weitere Informationen zu den Verkehrsmitteln in Kalifornien siehe Seiten 600–605

Siebter Tag: Yosemite und Mono Lake

Das beste Panorama im Yosemite National Park hat man am **Glacier Point** *(siehe S. 495)*. Im Redwood-Hain **Mariposa Grove** *(siehe S. 495)* wandert man unter riesigen Bäumen. Die **Tuolumne Meadows** *(siehe S. 495)* erstrahlen im Sommer zu voller Blüte. Verlassen Sie den Park über den Tioga Pass, nächster Routenpunkt ist der **Mono Lake** *(siehe S. 498)*.

Tipp zur Verlängerung

Für den Besuch der Geisterstadt Bodie im **Bodie State Historic Park** *(siehe S. 498)* sollte man sich einen Tag Zeit nehmen.

Vier Tage im Wine Country

- **Anreise** Der internationale Flughafen San Franciscos befindet sich rund 90 Kilometer südwestlich von Napa, etwas näher liegt der Airport von Oakland.

- **Weiterreise** Von den Flughäfen fahren Shuttle-Busse ins Wine Country, flexibler ist man mit einem Auto.

- **Reservierung** Weinproben in der Kellerei Clos Pegase sollten früh gebucht werden.

Erster Tag: Orte und Weingüter im Napa Valley

Schön renovierte Gebäude prägen den Charakter von **Napa** *(siehe S. 467)*, auch das für seine Edelrestaurants bekannte **Yountville** *(siehe S. 467)* fasziniert jeden Gast. Zu den meistbesuchten Weingütern gehört **Robert Mondavi Winery** *(siehe S. 466)*, in dem Führungen angeboten werden. Lohnend ist auch ein Besuch von **Bale Grist Waterwheel** *(siehe S. 466)*, einer noch immer betriebenen Wassermühle aus dem 19. Jahrhundert.

Zweiter Tag: Calistoga und Weingüter

Nördlich von **Calistoga** speit der Geysir **Old Faithful** *(siehe*

Weinbau im Russian River Valley *(siehe S. 463)*

S. 465) regelmäßig Fontänen in den Himmel. Die Weinkellerei **Clos Pegase** *(siehe S. 466)* bietet neben edlen Tropfen auch eine Kunstsammlung. Mit der Seilbahn erreicht man das auf einer Felskuppe thronende, im mediterranen Stil gehaltene Weingut **Sterling Vineyards** *(siehe S. 466)* – beste Aussicht inklusive. Gönnen Sie sich abends ein belebendes Mineralbad in Calistoga.

Tipp zur Verlängerung

Eine Fahrt mit dem **Ballon** *(siehe S. 586)* oder mit dem **Napa Valley Wine Train** *(siehe S. 467)* sind schöne Optionen.

Dritter Tag: Wanderung im Russian River Valley

Schnüren Sie Ihre Wanderstiefel, um den **Petrified Forest** *(siehe S. 465)* zu erkunden. Danach führt die Tour über Healdsburg ins **Russian River Valley** *(siehe S. 463)*, ein teils bewaldetes Tal mit einigen Weingütern. Im **Armstrong Redwoods State Reserve** *(siehe S. 463)* steht der 1400 Jahre alte, 94 Meter hohe Baumriese Colonel Armstrong. Zum Übernachten eignet sich **Santa Rosa** *(siehe S. 464f)*.

Vierter Tag: Santa Rosa und Sonoma Valley

Im **Charles M. Schulz Museum** *(siehe S. 464f)* kann man Werke des weltberühmten Cartoonisten, der u. a. die *Peanuts* zeichnete, bewundern. Inspirierend ist ein Bummel durch **Luther Burbank Home and Gardens** *(siehe S. 464f)*, danach erreicht man das **Sonoma Valley** *(siehe S. 468f)*. In dem charmanten Städtchen **Sonoma** *(siehe S. 468)* stehen rund um die Sonoma Plaza einige rekonstruierte Bauwerke. Die Tour endet im **Jack London State Historic Park** *(siehe S. 465)*.

Castello di Amorosa: Burg in der Nähe von Calistoga *(siehe S. 465)*

Kalifornien auf der Karte

Kalifornien liegt am Pazifischen Ozean und ist 1300 Kilometer lang
und 400 Kilometer breit. Mit einer Fläche von 411 060 Quadratkilometern ist es nach Texas und Alaska der drittgrößte und mit über
38 Millionen Einwohnern der bevölkerungsreichste Staat der USA.
Die meisten Besucher erreichen Kalifornien über die Flughäfen
von San Francisco und Los Angeles. Ein ausgedehntes Straßen-
und Bahnnetz (Amtrak) verbindet die wichtigsten Städte miteinander und auch mit den anderen Bundesstaaten.

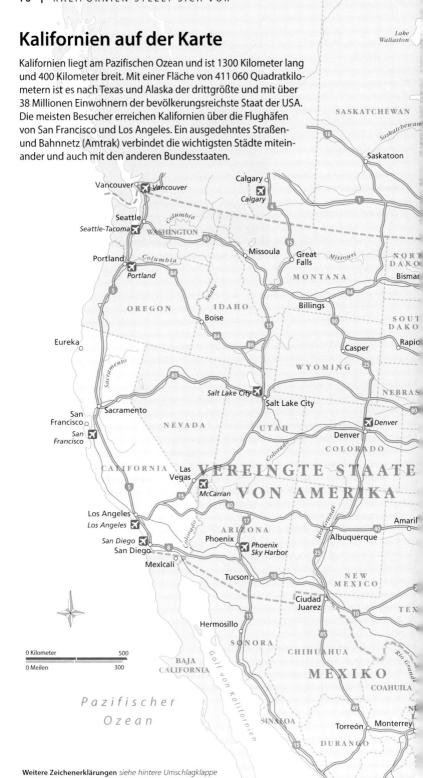

Weitere Zeichenerklärungen *siehe hintere Umschlagklappe*

Hudson Bay

Belcher Islands

Labrador City ○

MANITOBA

Radisson ○

Churchill

Nelson

Severn

QUÉBEC

Waskaganish ○
(Fort Rupert)

Godbout ○

Lake Winnipeg

K A N A D A

Missinaibi

Abitibi

Winnipeg

✈ Winnipeg
Winnipeg

ONTARIO

Québec ○

29

MINNESOTA

61

Lake Superior

Sault
Sainte Marie ○

Ottawa ○

Montréal ○

ME

11

94

35

2

41

WISCONSIN

Lake Michigan

Lake Huron

Lester B
Pearson ✈

Toronto ○

Lake Ontario

67

VT

81

NH

Minneapolis ○ St Paul
*Minneapolis-
St Paul* ✈

MICHIGAN

43

*Detroit
Metropolitan* ✈
Detroit ○

Milwaukee ○

NEW YORK

Buffalo ○

MA
RI
CT

Sioux
Falls ○

34

Mississippi

90

Chicago ○
*Chicago-
O'Hare* ✈

80

Lake Erie

75

Cleveland ○

80

New York ○
✈ JFK

35

Des
Moines ○

IOWA

INDIANA

OHIO

Pittsburgh ○
Pittsburgh ✈

PENNSYLVANIA

Philadelphia ✈

81

NJ

Philadelphia ○

Omaha ○

29

80

ILLINOIS

Indianapolis ○
Indianapolis ✈

Baltimore ○

70

Washington Dulles ✈ Washington, DC
DE
MD

Kansas City ○

*Lambert-
St Louis* ✈

Cincinnati ○

65

WEST
VIRGINIA

KANSAS

70

St Louis ○

Ohio

Louisville ○

VIRGINIA

MISSOURI

35

KENTUCKY

Nashville ○

81

95

Tennessee

NORTH CAROLINA

LAHOMA

40

TENNESSEE

*Charlotte-
Douglas* ✈ Charlotte ○

Oklahoma
City ○

Arkansas

Little
Rock ○

40

Memphis ○

24

85

SOUTH
CAROLINA

ARKANSAS

78

59

Atlanta ○
Hartsfield-Jackson ✈

20

GEORGIA

*Atlantischer
Ozean*

Dallas ○
✈ *Fort Worth*
Dallas

30

55

Birmingham ○

Mississippi

Jackson ○

ALABAMA

85

Montgomery ○

95

Savannah ○

20

Alabama

65

75

MISSISSIPPI

Red

Antonio ○

35

45

LOUISIANA

Tallahassee ○

10

Jacksonville ✈
Jacksonville ○

Houston

10

Orlando ○

Houston ✈

✈ New
Orleans
*New
Orleans*

*Golf von
Mexico*

Orlando ✈

ntonio

FLORIDA

Bahamas

Corpus
Christi ○

95

Legende

☐ Kalifornien

══ Interstate Highway

── Amtrak-Hauptstrecke

Miami ✈ Miami

75

ULIPAS

Ein Porträt Kaliforniens

Sei es durch seine Größe, seine Vielfalt an Naturräumen, seine bewegte Geschichte oder seine kulturelle und wirtschaftliche Spitzenstellung innerhalb der Vereinigten Staaten: Der Bundesstaat Kalifornien verkörpert Mannigfaltigkeit und Reichtum der gesamten USA. Hier gibt es faszinierende Wälder, ausgedehnte Wüstengebiete liegen nur einen Tagesausflug von den Stränden am Pazifischen Ozean entfernt. San Francisco und Los Angeles zählen zu den aufregendsten Städten der Welt. Darüber hinaus gehört Kalifornien zu den profitabelsten Regionen des Landes – nicht nur wegen Silicon Valley, dem weltberühmten Zentrum der Computerindustrie.

Kalifornien ist so vielfältig, dass es den Scherz gibt, es handle sich eigentlich um zwei Staaten. Den ersten Staat kann man geografisch und statistisch erfassen: Demnach ist Kalifornien drittgrößter Bundesstaat der Vereinigten Staaten von Amerika (nach Alaska und Texas) – mit einer über 1350 Kilometer langen Küste. An der breitesten Stelle misst Kalifornien 587 Kilometer. Das größte US-County San Bernardino besitzt mit 52 200 Quadratkilometern eine größere Fläche als die Staaten Vermont und New Hampshire zusammen. Etwa jeder achte Amerikaner stammt aus dem bevölkerungsreichsten US-Bundesstaat, der im amerikanischen Kongress durch die größte Delegation vertreten ist. Auch in Bezug auf seine üppige Naturvielfalt besticht der Bundesstaat mit Superlativen:

In Kalifornien steht der zweithöchste Berg (Mount Whitney), das Death Valley mit den höchsten Durchschnittstemperaturen weltweit liegt am tiefsten Punkt des Festlands der USA (und ganz Nordamerikas). Außerdem gedeihen in Kalifornien über 1500 endemische Pflanzenarten.

Unter dem »zweiten Staat«, dem anderen Kalifornien, versteht man einen romantischen Traum aus Zelluloid. Kalifornien beschwört sofort Bilder von Bikini-Strandschönheiten, von Mittelklassefamilien auf Ranches und glamourösen Filmstars in teuren Limousinen, die von zahlreichen Autogrammjägern umringt werden. All dies sind Klischees der Medien, der PR-Maschinerie Hollywoods und der überaus rentablen Tourismusindustrie.

Manhattan Beach von Los Angeles

◀ Sonnenuntergang im Napa Valley *(siehe S. 466)*

Joshua Tree National Park

Gesellschaft und Politik

Wenn man die Vereinigten Staaten als »Schmelztiegel« sieht, ist Kalifornien ein ethnischer Mikrokosmos. Hier ziehen die meisten Immigranten zu (pro Jahr über 250 000), hier findet man die größte ethnische Vielfalt. Prozentual leben hier weniger Weiße und Afroamerikaner als im Durchschnitt der USA. Dafür ist die asiatische Gemeinde stark vertreten, ebenso die hispanische, die etwa ein Viertel der kalifornischen Bevölkerung stellt. Die vier größten Städte (Los Angeles, San Diego, San José und San Francisco) sind von dieser Vielfalt geprägt, was sich vor allem bei den Feiern zum mexikanischen Cinco de Mayo (5. Mai) oder zum chinesischen Neujahr zeigt, aber auch bei den anderen multikulturellen Veranstaltungen im ganzen Staat.

Der Mythos Hollywood ist nur teilweise für dieses geradezu legendäre Verschmelzen von Traum und Wirklichkeit verantwortlich. Schon früher hatten spanische Erzählungen das Land als einen exotischen Außenposten beschrieben. Der Landstrich war bis zum Goldrausch von 1849 ein weißer Fleck auf der Landkarte. Erst die Berichte über sagenhafte Goldfunde lockten zahllose Abenteurer an. Ob sie nun ihr Glück fanden oder nicht – sie alle verbreiteten die Botschaft: Kalifornien übertrifft alle Erwartungen.

Surfer

Rassistische Spannungen gab es von Anfang an. Abolitionisten verhinderten zwar, dass die kalifornische Verfassung von 1849 Schwarzen den Zuzug ins Land verwehrte, doch Rassisten wie Denis Kearney riefen in den 1870er Jahren zur Gewalt gegen chinesische Immigranten auf. Begründung: Chinesen würden »weiße Jobs« stehlen. Leider schürt die Bevölkerungszunahme, die sich auch negativ auf die

Golden Gate Bridge, San Francisco

Red Rock Canyon in der Mojave-Wüste

Durchsetzung von Gesetzen und den Bildungssektor auswirkt, heute wieder Rassenkonflikte. Immer weniger Lehrer müssen immer mehr Schüler unterrichten. Die Schulen haben weniger Geld, seit die Vermögensteuer,

Kalifornische Orangen

Einkommensquelle für den Staat und die Regionalverwaltung, 1978 abgeschafft wurde. Am härtesten wirkt sich das Bevölkerungswachstum auf das Stadt-Land-Gleichgewicht aus, der Zuzug in die Ballungszentren hält nach wie vor an.

Im Agrarsektor ist Kalifornien noch der US-Spitzenreiter, doch seit den 1950er Jahren nimmt das Farmland ab. Auch die Holzarbeiter erleben angesichts von Umweltschutz und der stetigen Verkleinerung der Wälder harte Zeiten. Einen Boom erfährt der Dienstleistungssektor (vor allem die Hightech-Industrie). Die Zukunft des Bundesstaats konzentriert sich auf die Städte.

Die meisten Besucher wollen San Francisco und Los Angeles sehen. Die beiden Städte im Norden bzw. im Süden des Bundesstaats verkörpern zwei gegensätzliche Metropolen. San Francisco ist älter und kompakter. Obwohl Kalifornien allgemein als recht exzentrisch gilt und immer neue Trends kreiert, ist San Francisco auf seine Nonkonformität und Weltoffenheit besonders stolz. Die »Big Four«, die vier großen Eisenbahnmagnaten, residierten hier, doch später gab es eine starke Arbeiterbewegung und politischen Aktivismus (in der Bay Area entstand die Protestbewegung gegen den Vietnamkrieg). In San Francisco lebt eine der größten Schwulen- und Lesbengemeinden der ganzen Welt mit beachtlichem politischem Einfluss.

Im Gegensatz zu San Francisco ist Los Angeles eine Stadt ohne ein erkennbares Zentrum. Hier regiert eindeutig das Auto.

Wilder Mohn im Antelope Valley

Im dichten Straßennetz, das einige historische Gebäude umspannt, herrscht zur Rushhour smogverpesteter Stillstand. Hinter den glanzvollen Fassaden von Wohlstand und Ruhm findet sich eine Mischung aus Glamour und eher konservativer Politik.

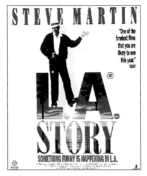

Filmplakat für *L. A. Story* (1991)

Der von gegensätzlichen Weltanschauungen geprägte Einfluss, den die beiden Städte im Bundesstaat (Hauptstadt: Sacramento) sowie in Washington ausüben, erklärt, warum Kalifornien bisweilen leicht schizophren erscheint.

Kultur und Freizeit

Kalifornien fördert Kunst jeglicher Art. Viele glauben, der Kulturbeitrag des Bundesstaats beschränke sich auf Hollywood-Blockbuster oder die TV-Sitcoms aus Los Angeles. Diese Kunstart hat sich dem Dollar verschrieben, ihre Inhalte sind Alltagsdramen, ihre Ikonen riesige Filmtafeln. Doch der Staat besitzt auch eine lange Tradition der Landschafts- und Porträtmalerei und bietet zudem Avantgarde-Kunst des 20. Jahrhunderts. Künstler wie

John McLaughlin und Elmer Bischoff sowie einige Pioniere der Fotografie wie Imogen Cunningham und Ansel Adams genießen internationales Renommee. Der britische Künstler David Hockney lebte viele Jahre hier und fing den »Sonnenstaat« auf seinen Bildern ein. Kalifornien besitzt einige der besten Kunstmuseen, darunter das LACMA (Los Angeles County Museum of Art), das Oakland Museum, das San Francisco Museum of Modern Art (SFMOMA) und die beiden Getty-Museen.

Die viktorianische Architektur in der Bay Area und andere historische Gebäude des Bundesstaats waren schon immer wichtige Besucherattraktionen. Sie stammen von Kaliforniern wie Willis Polk und Bernard Maybeck. Designer wie Frank Lloyd Wright und Daniel Burnham haben hier ihre Spuren hinterlassen. Bedeutende moderne Architekten aus Kalifornien sind Frank Gehry und Joe Esherick.

Kalifornien war die Heimat bekannter Schriftsteller, etwa des Nobelpreisträgers John Steinbeck sowie von Jack Kerouac

Der Napa Valley Wine Train im Wine Country

El Capitán *(links)* und Three Brothers im Yosemite National Park

und Allen Ginsberg, den Autoren der Beat-Generation. Diese Tradition führen u. a. Armistead Maupin *(Stadtgeschichten)*, Amy Tan *(Töchter des Himmels)* und die Kriminalschriftstellerin Sue Grafton fort.

Musik war in diesem Bundesstaat schon immer wichtig und für Generationen Ausdruck eines ganz besonderen Lebensgefühls. Kalifornien war Sprungbrett für weltbekannte Bands und Solokünstler wie die Beach Boys, Janis Joplin und die Red Hot Chili Peppers. In vielen Orten finden Musikfestivals statt, die Zehntausende von Besuchern anziehen – das Spektrum an Stilen reicht von Klassik über Jazz, World Music und Folk bis Rock.

Kalifornier sind Genießer und lieben auch gutes Essen. Meisterköche wie Wolfgang Puck und Alice Waters wurden durch die »California cuisine« berühmt, einen Mix aus regionalen Produkten mit asiatischem Touch. Nimmt man die vielen auch international anerkannten Spitzenweine hinzu, lässt es sich hier auch für Feinschmecker gut leben.

Kalifornier sind überaus körperbewusst und bevölkern die Fitness-Center – sie konkurrieren schließlich mit den *beautiful people*. Sie sind Baseball- und Football-Fans, aber auch begeisterte Sportler und Outdoor-Fanatiker. Ihr großer Vorteil: Sie müssen für diese Aktivitäten gar nicht weit reisen, denn sie leben inmitten einer der schönsten Regionen mit angenehm mildem Klima.

Petco Park, Spielstätte des Baseballteams San Diego Padres

Landschaft und Geologie

Kaliforniens atemberaubende Landschaft umfasst hohe Gipfel wie den Mount Whitney in der Hochsierra und mit dem Death Valley den tiefsten Punkt der USA. Vor Jahrmillionen schob sich die Pazifische Platte unter die Nordamerikanische – so entstanden Coastal Range, Central Valley und die Sierra Nevada Mountains. Später wurden die Platten nach oben geschoben und nach Westen gekippt. Tektonische Bewegungen am San-Andreas-Graben können jederzeit die Oberfläche erreichen.

Entlang der Pazifikküste entstand vor etwa 25 Millionen Jahren die Coastal Range, als die Plattenbewegungen Teile des Meeresbodens und der Inseln aufwölbten.

Entstehung des Westens

In über 150 Millionen Jahren formten die Bewegungen der Pazifischen und der Nordamerikanischen Platte den Westrand Kaliforniens. Der Prozess endete vor ca. 15 Millionen Jahren.

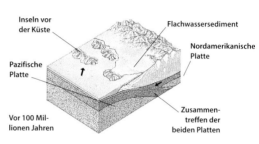

Inseln vor der Küste · Flachwassersediment · Nordamerikanische Platte · Pazifische Platte · Vor 100 Millionen Jahren · Zusammentreffen der beiden Platten

1 Die sich nach Westen bewegende Nordamerikanische Platte lässt küstennahe Inseln entstehen.

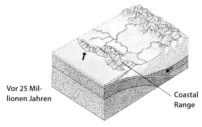

Vor 25 Millionen Jahren · Coastal Range

2 Der Meeresboden verschiebt sich nach Norden und hinterlässt Teile der Inseln vor der Küste. Sie werden aufgefaltet und formen die Coastal Range.

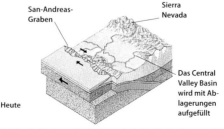

San-Andreas-Graben · Sierra Nevada · Das Central Valley Basin wird mit Ablagerungen aufgefüllt · Heute

3 Wo die Nordamerikanische und die Pazifische Platte aneinanderstoßen, verläuft der San-Andreas-Graben (siehe S. 28f).

Mount Lassen (siehe S. 457) und Mount Shasta (siehe S. 456) sind Teil der Cascade Mountains, einer Kette von erloschenen und noch aktiven Vulkanen (darunter auch der Mount St. Helens). Sie entstanden in einer Subduktionszone unterhalb des nordwestlichen Bereichs der Nordamerikanischen Platte. Mount Lassen und Mount Shasta gelten als noch aktive Vulkane.

Zitronenbäume gedeihen in Zentralkalifornien. Die sehr fruchtbaren Ablagerungen, die sich im Central Valley in den letzten Hunderttausenden von Jahren ansammelten, wurden aus den umliegenden Bergen angeschwemmt.

Der Mount Whitney *(siehe S. 499)* in der Hochsierra ist mit 4420 Metern der höchste Berg der USA außerhalb Alaskas. Vor über 50 Millionen Jahren begann der Prozess, der die Sierra Nevada Mountains anhob. Er erreichte vor wenigen Millionen Jahren seinen Höhepunkt.

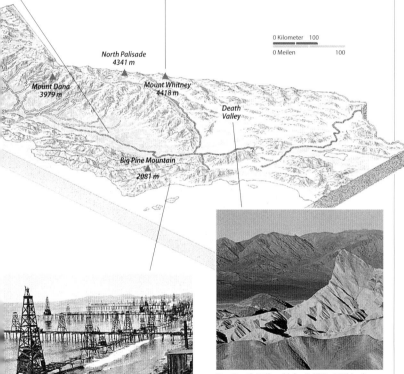

ohrtürme schossen wie Pilze aus dem Boden, als in alifornien Öl gefunden wurde. Die Öl- und Erdgasbohungen erreichten solche Ausmaße, dass sich der Boden osenkte, im Los Angeles County bis zu 8,5 Meter. aher wurden die Ölgesellschaften verpflichtet, die ntstandenen Hohlräume mit Meerwasser aufzufüllen.

Das Death Valley *(siehe S. 294 – 297)* in der Mojave-Wüste hat extreme Höhenunterschiede. Der von einigen der höchsten Berge der USA umgebene Talboden liegt 85 Meter unter dem Meeresspiegel. Das Tal entstand vor weniger als 15 Millionen Jahren, als sich die Nordamerikanische Platte wegen der Nordwestdrift der Pazifischen Platte auszudehnen begann.

Erdbeben

Am 965 Kilometer langen San-Andreas-Graben, der sich vom Golf von Kalifornien bis Cape Mendocino im Nordwesten erstreckt, ist die geologische Aktivität am größten. Jedes Jahr bewegt sich die Pazifische Platte um 2,5 bis 4,0 Zentimeter nach Nordwesten. Wird diese Bewegung behindert, bauen sich tektonische Spannungen auf, die sich in Erdbeben entladen. Viele von Kaliforniens Beben ereigneten sich im nördlichen Abschnitt der Spalte. Die Feuersbrunst von 1906, die San Francisco zerstörte, wurde durch ein Beben der Stärke 7,8 auf der Richterskala ausgelöst. Im Oktober 1989 tötete ein Erdbeben südlich von San Francisco 62 Menschen und verursachte einen Schaden von über sechs Milliarden US-Dollar. 1994 erschütterte das Northridge-Beben (Stärke 6,7) Los Angeles und war noch in Las Vegas (Nevada) zu spüren. Wissenschaftler gehen nun davon aus, dass das nächste große Beben, das »Big One«, den Süden Kaliforniens treffen wird.

Der San-Andreas-Graben ist weltweit eine der wenigen aktiven Plattengrenzen auf dem Festland.

Hayward-Spalte

Epizentrum des Erdbebens von 1989

Hypozentrum des Erdbebens von 1989

Das Erdbeben von 1906 verwirrte seinerzeit die Geologen und führte zur noch heute gültigen Theorie des *elastic rebound* (elastischen Rückpralls) bei Erdbeben.

Das Beben von 1989 *(siehe S. 509)* erschütterte die Santa Cruz Mountains in Zentralkalifornien.

Gaspar de Portolá

1750		1800		1850		1900		1950	

1769 Mitglieder der Portolá-Expedition sind als erste Europäer Zeugen eines Erdbebens in Kalifornien

1865 Am 9. Oktober wird San Francisco erstmals von einem starken Beben getroffen, ein weiteres folgt am 23. Oktober

1872 Lone Pine wird zerstört, die Sierra Nevada Mountains werden um vier Meter angehoben

1952 Kern County (7,7)

1992 Yucca Valley (7,4)

1989 Loma Prieta (7,1) in der Umgebung von San Francisco

1940 Imperial Valley (7,1)

1857 Dem Fort-Tejon-Beben (8) folgen kleinere Erschütterungen in der Bay Area

1906 Der durch das Erdbeben von San Francisco (7,8) verursachte Brand hinterlässt 3000 Tote und 250 000 Obdachlose

1994 Mindestens 56 Personen werden beim Beben von Northridge (6,7) getötet, über 7000 verletzt und mehr als 20 000 obdachlos. Das Anaheim Stadium und einige Stadtautobahnen erleiden schwere Schäden

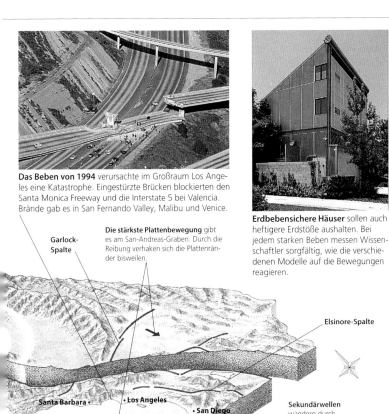

Das Beben von 1994 verursachte im Großraum Los Angeles eine Katastrophe. Eingestürzte Brücken blockierten den Santa Monica Freeway und die Interstate 5 bei Valencia. Brände gab es in San Fernando Valley, Malibu und Venice.

Erdbebensichere Häuser sollen auch heftigere Erdstöße aushalten. Bei jedem starken Beben messen Wissenschaftler sorgfältig, wie die verschiedenen Modelle auf die Bewegungen reagieren.

Garlock-Spalte

Die stärkste Plattenbewegung gibt es am San-Andreas-Graben. Durch die Reibung verhaken sich die Plattenränder bisweilen.

Elsinore-Spalte

Santa Barbara •

• Los Angeles

• San Diego

San-Andreas-Graben

Sekundärwellen wandern durch die feste Schicht der Erdkruste.

Nordamerikanische Platte

Reibung von Pazifischer und Nordamerikanischer Platte

Der San-Andreas-Graben ist einer der größten Brüche in der Erdkruste. Er entstand durch die Reibung der Nordamerikanischen an der Pazifischen Platte, zu der ein Teil des Pazifischen Ozeans und der Küste Kaliforniens gehören.

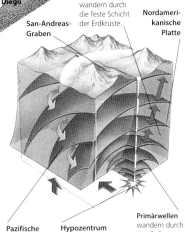

Pazifische Platte

Hypozentrum

Primärwellen wandern durch den Erdkern.

Primärwellen Sekundärwellen Oberflächenwellen

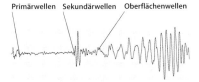

Die Stärke eines Erdbebens wird durch seismografische Aufzeichnung bestimmt. Der Ausdruck zeigt die Intensität der wellenartig auftretenden Erschütterungen. Die Stärke des Bebens wird anhand der Richterskala gemessen.

Erdbeben erzeugen drei verschiedene Arten von Wellen, die sich durch die Erdkruste fortsetzen: Primärwellen, Sekundärwellen und Oberflächenwellen. Die Energie der Wellen ändert sich auf dem Weg vom Hypozentrum zur Erdoberfläche. Oberflächenwellen verursachen die größten Schäden.

Literatur

Vor allem Schriftsteller hat es stets gereizt, die amerikanische Nation in einem solch überschaubaren Mikrokosmos zu studieren, wie ihn Kalifornien bietet. Viele, etwa Robert Louis Stevenson (1850–1894), starben sehr jung. Einige Szenen seiner *Schatzinsel* spielen an der Küste bei Monterey, das er 1879 besuchte. Doch Kalifornien verfügt auch über hervorragende einheimische Autoren. Henry Miller (1891–1980) verband Erotik mit verbalem Einfallsreichtum, William Saroyan (1908–1981) fand hier seine exzentrischen ländlichen Charaktere. Der Dramatiker und Nobelpreisträger Eugene O'Neill (1888–1953) schuf einige seiner bedeutendsten Werke im Tao House im Ramon Valley *(siehe S. 430)*. Auch erfolgreiche zeitgenössische Autoren, z. B. die 1952 geborene Amy Tan, lassen sich von Kalifornien inspirieren.

Robert Louis Stevenson, Autor der *Schatzinsel*

Pioniere

Ein Großteil der sehr frühen Schriften über Kalifornien richtete sich in vergleichsweise einfachen Worten an ein Publikum, das das Leben der Extreme nachempfinden wollte. Der Goldrausch *(siehe S. 52f)* schuf das Bedürfnis nach einer Prosa, die die Romantik und den rauen Humor des Lebens im Westen einfing.

Samuel Clemens alias Mark Twain

Literaturjournale der Bay Area wie etwa *The Golden Era* oder *The Overland Monthly* förderten Autoren wie Bret Harte (1836–1902?), Verfasser von *Das Glück von Roaring Camp*, den Essayisten Henry George (1839–1897) und Dichter wie Joaquin Miller (1837–1913) oder Ina Coolbrith (erste Poeta laureata der USA 1915).

Die Journale veröffentlichten darüber hinaus die ersten Werke des aus San Francisco stammenden Autors Samuel Clemens (1835–1910). Im Jahr 1865 stellte sich dieser mit seiner Kurzgeschichte *Der berühmte Springfrosch von Calaveras* unter dem Pseudonym Mark Twain vor.

Gesellschaftskritiker

Ambrose Bierce (1842–1914) war einer der ersten kalifornischen Schriftsteller, die durch ihre Kunst für weitreichende politische und soziale Reformen eintraten. Im späten 19. Jahrhundert wetterte Bierce im *San Francisco Examiner* gegen Heuchler und Bürokraten. Seine giftigen Artikel halfen, die ausufernde Macht der Southern Pacific Railroad Company *(siehe S. 54f)* einzudämmen.

Frank Norris (1870–1902) geißelte in seinem Roman *Heilloses Gold* (1899) schonungslos Amerikas materielle Gier. In *Die Goldene Fracht* griff er die Southern Pacific an, weil sie den Ranchern im San Joaquin Valley übel mitspielte.

Zurück vom Goldrausch am Klondike (dem Schauplatz des bekannten Romans *Der Ruf der Wildnis*), propagierte der sozialkritische Jack London in mehreren Abenteuerromanen und Kurzgeschichten wie *Die eiserne Ferse* seinen marxistischen Standpunkt eindrücklich.

Upton Sinclair (1878–1968) hatte in Chicago schon *Der Sumpf* veröffentlicht, als er nach dem Ersten Weltkrieg nach Kalifornien kam. In Pasadena schrieb er die meisten seiner Romane, in denen er soziale Missstände anprangerte.

Soziale Ungerechtigkeit beschäftigte auch den in Salinas geborenen John Steinbeck (1902–1968). *Tortilla Flat* (1935), ein Roman über mexikanisch-amerikanische Außenseiter, war sein erster Bucherfolg. Für *Früchte des Zorns* (1939) erhielt er den Pulitzerpreis. Darin porträtierte Steinbeck die elende Lage der Wanderarbeiter auf so eindringliche Weise, dass das Buch teilweise aus öffentlichen Bibliotheken verbannt wurde.

Jack London im Sonoma Valley

John Steinbeck an der Küste

Kriminalautoren

Drei kalifornische Schriftsteller begründeten die amerikanische Variante des Detektivromans. Der in San Francisco ansässige Dashiell Hammett (1884–1961), der an Tuberkulose litt, hatte als Detektiv bei der Agentur Pinkerton gearbeitet, bevor er in den 1920er Jahren u. a. für *Black Mask* schrieb. Später verfasste er fünf Romane, darunter *Der Malteser Falke* (1930). Sein unbarmherziger Realismus paarte sich mit seiner Berufserfahrung als Detektiv.

Raymond Chandler (1888–1959) tat sich im Gegensatz zu Hammett eher als lyrischer Geschichtenerzähler hervor. Er war leitender Angestellter einer Ölgesellschaft in Los Angeles, bis er wegen Trunkenheit entlassen wurde. Als Schriftsteller schuf er den Inbegriff des amerikanischen Detektivs: Philip Marlowe, die Hauptfigur in sieben Romanen, darunter *Der große Schlaf* sowie *Leb wohl, mein Liebling* und *Der lange Abschied*.

Plakat für die Filmversion von Hammetts *Malteser Falke*

Unter dem Pseudonym Ross Macdonald (1915–1983) verfasste Kenneth Millar seine Erzählungen. Er sah in der kalifornischen Metropole Los Angeles den idealen Schauplatz für seine Werke. Macdonald schrieb insgesamt 19 Romane mit seinem Helden Lew Archer. Am bekanntesten ist *Der Untergrundmann*.

Autoren und Freunde:
Jack Kerouac und Neal Cassady

Beat-Generation

Protest und Widerstand gegen den politisch konservativen Stil in den USA unter Präsident Eisenhower und die Einschränkungen in Bezug auf Leben und Kunst brachten im San Francisco der 1950er Jahre mit der Beat-Generation eine neue literarische Bewegung hervor. Führende Beats (Herb Caen nannte sie im *San Francisco Chronicle* Beatniks) waren die Schriftsteller Allen Ginsberg (1926–1997), Jack Kerouac (1922–1969) und William Burroughs (1914–1997). Von Drogenerfahrungen inspiriert, kreierten die Mitglieder der Beat-Generation einen neuen Sprachduktus. Sie lehnten soziale, literarische und sexuelle Konventionen ab.

Die »Geburt« der Beat-Bewegung erfolgte im Dezember 1955, als Allen Ginsberg öffentlich sein Gedicht *Howl (Geheul)* rezitierte (bzw. schrie). Trotz der massiven Proteste, die das Gedicht als obszön abstempelten, veröffentlichte es der in San Francisco lebende Autor Lawrence Ferlinghetti, der Besitzer des City Lights Bookstore *(siehe S. 344)*, des ersten reinen Taschenbuchladens der USA.

Zwei Jahre später verbreitete Jack Kerouacs *Unterwegs* das »On-the-road-Feeling« landesweit. Kerouac, der wohl einflussreichste Beat-Autor, verfasste auch *Engel, Kif und neue Länder* sowie *Gammler, Zen und hohe Berge* – beide Romane spielen in Kalifornien. Ab 1960 erstarb die Bewegung – doch sie ebnete den Hippies den Weg.

Moderne Autoren

Heute findet sich auf nahezu jeder Bestseller-Liste ein kalifornischer Schriftsteller. Zu der Vielzahl junger Stimmen gehören auch Ethan Canin (*Die Stadt der gebrochenen Herzen*, 1988), Michael Chabon (*The Wonder Boys*, 1995) und Ron Hansen (*Mariette in Ekstase*, 1991).

Etablierte Sterne am Schriftstellerhimmel wie Joan Didion (*Wie die Vögel unter dem Himmel*, 1977), Amy Tan (*Töchter des Himmels*, 1989, *Das Tuschezeichen*, 2001) und Alice Walker (*Die Farbe Lila*, 1985; *Possessing the Secret of Joy*, 1992) leuchten nach wie vor hell. In Kalifornien gibt es darüber hinaus eine Reihe von Genreautoren (Krimi und Fantasy), darunter James Ellroy (*Stadt der Teufel*, 1997), Dean Koontz (*Der Schutzengel*, 2000) und Sue Grafton (*U is for Undertow*, 2009).

Amy Tan

Bildende Kunst

In der Folge des Goldrauschs *(siehe S. 52f)* wurde Kalifornien zum Magneten der Kunstszene. Meist musste die einheimische Volkskunst einer europäischen Ästhetik weichen, die fast unverändert adaptiert wurde, während gleichzeitig neue Stile entstanden. Erst nach dem Zweiten Weltkrieg entsagten Künstler wie der Maler Richard Diebenkorn und die Fotografin Imogen Cunningham den Vorbildern der Alten Welt und entwickelten neue, für Kalifornien typische visuelle Trends, die internationale Bedeutung erlangten. Seit den 1950er Jahren wetteifern Los Angeles und San Francisco um die kulturelle Vorherrschaft. Kalifornische Kunst wurde zum Anlageobjekt.

Figure on a Porch (1959) von Richard Diebenkorn

das helle Licht der Region im Stil des französischen Malers Monets einfing.

Zu Zeiten der Prohibition flirtete Los Angeles mit dem synchronistischen Stil von Stanton Macdonald-Wright (1890–1973). San Francisco dagegen war begeistert von kubistischen Realisten wie Otis Oldfield (1890–1969). Diego Rivera schuf 1940 in San Franciscos City College das riesige Wandgemälde *Panamerican Mind*.

Nach dem Zweiten Weltkrieg blühte die abstrakte Malerei auf. David Park (1911–1960), Richard Diebenkorn (1922–1993) und andere Mitglieder der Bay Area Figurative School verbanden Expressionismus mit realistischer Darstellung. Im Süden Kaliforniens waren abstrakte Maler wie Helen Lundeberg (1908–1999) und John McLaughlin (1898–1976) wegen ihrer großflächigen geometrischen Formen beliebt.

Bemerkenswerterweise erzielen zeitgenössische kalifornische Künstler nicht nur weltweite Anerkennung, sondern präsentieren sich auch in einer enormen stilistischen Bandbreite. Das Spektrum reicht vom Pop-Art-Künstler Ed Ruscha (geb. 1937) und von Wayne Thiebaud (geb. 1920), dem Maler vieler urbaner Landschaften, über David Hockney (geb. 1937), der aus England einwanderte, bis zu Arthur Carraway (1927–1994). Letzterer bezog sich mit seinen Werken auf sein afroamerikanisches Erbe.

Maler

Die kalifornischen Maler des 19. Jahrhunderts waren vor allem von Bergen, Landschaft und Küste fasziniert. Der Brite Thomas Hill (1829–1908) erhielt seine Ausbildung in Paris und kam 1861 nach Kalifornien. Die Landschaften des Yosemite Valley *(siehe S. 492–495)* entwickelten sich zu seinen Hauptmotiven. Hills Werke lockten Besucher an die Westküste und trugen zur Gründung des Yosemite National Park bei. Der Schotte William Keith (1838–1911) porträtierte über 50 Jahre lang die jungfräuliche Wildnis des Staats. Kaliforniens Goldenes Zeitalter *(siehe S. 54f)* wäre nicht möglich gewesen ohne die Arbeiten talentierter Künstler wie

des deutschen Immigranten William Hahn (1829–1887), der das Leben des jungen San Francisco einfing, von Grace Carpenter Hudson (1865–1937), deren Porträts der Küstenbewohner berühmt wurden, oder des Iren William A. Coulter (1849–1936), der Meeresszenen abbildete.

Bereits 1900 zeigten sich in beiden Teilen des Bundesstaats unterschiedliche stilistische Entwicklungen. Im Norden Kaliforniens bannten Xavier Martinez (1869–1943) und die ihm verbundenen Tonalisten das vertraute diesige Licht und die graubraunen Farben ihrer Umgebung auf Leinwand. Im Süden hingegen führte Guy Rose (1867–1925) die impressionistische Schule an, die kraftvolle Farben und

Afternoon in Piedmont (Elsie at the Window) von Xavier Martínez

Two Callas von Imogen Cunningham

Fotografen

Frühe kalifornische Fotografien waren in dem meisten Fällen Porträts oder dokumentarische Szenen. Pioniere wie Eadweard James Muybridge (1830–1904) sahen die Fotografie als ein geeignetes Mittel an, um die Ästhetik der Natur abzubilden. Andere Fotokünstler konzentrierten sich hingegen auf die Dokumentation von Menschen. Allegorische Akte und andere Darstellungen von Anne Brigman (1869–1942) wurden landesweit sogar bis New York bewundert. Arnold Genthe (1869–1942) schuf 1913 zusammen mit dem Autor Will Irwin den Bildband *Pictures of Old Chinatown*.

Im Jahr 1932 veranstaltete »f/64«, eine Künstlergruppe aus Oakland, eine große Ausstellung in San Franciscos de Young Museum *(siehe S. 371)*. Die Gruppe, zu der auch Ansel Adams (1902–1984), Imogen Cunningham (1883–1976) und Edward Weston (1886–1958)

gehörten, vertrat einen strengen Realismus. Diese Haltung dokumentierte sie etwa durch Detailaufnahmen von Pflanzen. Dorothea Lange (1895–1965) realisierte das Programm der Gruppe durch Porträts aus der Zeit der Depression.

Die gesamte Bandbreite der Stile reicht mittlerweile von den Schnappschüssen Judy Daters (geb. 1941) bis hin zu William Wegmans (geb. 1943) Fotografien von Weimaranern.

Bildhauer

Der in Deutschland geborene Rupert Schmid (1864–1932) kam in den 1880er Jahren nach San Francisco. Seine Skulpturen, darunter auch die lebensgroße *Kalifornische Venus* (1895), geschmückt mit kalifornischem Mohn, thematisierten die Westküste der USA. Größere Bedeutung erlangte etwa der aus Chico stammende Bildhauer Douglas Tilden (1860–1935), der beeindruckende Monumente schuf. Arthur Putnam (1873–1930) wurde insbesondere durch seine sinnliche Darstellung von Wildtieren berühmt.

Schmids *Kalifornische Venus*

Seit dem frühen 20. Jahrhundert spielen Keramik und Bildhauerei eine herausragende Rolle. Peter Voulkos (1924–2002) etwa experimentierte mit großflächigen Skulpturen aus gebranntem Ton. Robert Arneson (1930–1992) schuf aufsehenerregende, witzige Pop-Art-Keramiken. Bruce Beasley (geb. 1939) und der Land-Art-Künstler Michael Heizer (geb. 1944) kreieren Kunstwerke, deren Struktur sich nach Standort und Wetter verändert.

Kunstförderung in Kalifornien

Seit Ende des 19. Jahrhunderts unterstützen private Mäzene und öffentliche Einrichtungen kalifornische Kunstinstitutionen. Das Vermögen des kunstbegeisterten Henry Huntington ließ in Pasadena den Komplex Huntington Library, Art Collections and Botanical Gardens entstehen *(siehe S. 162–165)*. Die dort beheimatete Sammlung britischer Kunst des 18. Jahrhunderts, zu der auch Thomas Gainsboroughs *Knabe in Blau* (1770) zählt, wurde öffentlich zugänglich gemacht. Die weltberühmte Sammlung antiker griechischer und römischer Kunst des Multimillionärs J. Paul Getty ist in der Getty Villa in Malibu zu sehen *(siehe S. 90)*. Seine Gemälde-, Skulpturen- und kunsthandwerklichen Sammlungen sind im J. Paul Getty Museum in Brentwood untergebracht *(siehe S. 86f)*. Der Multimillionär Norton Simon kaufte Gemälde von Goya, Picasso, Rembrandt und van Gogh, die im Norton Simon Museum ausgestellt sind *(siehe S. 160f)*.

Auch die öffentliche Hand hat geholfen. In den 1930er Jahren finanzierte der New Deal die Wandbilder im Coit Tower in San Francisco *(siehe S. 347)* und darüber hinaus Kunst an öffentlichen Bauten im ganzen Staat. Los Angeles wurde durch kommunale Investitionen zu einem der weltweit wichtigsten Zentren für Wandbilder.

Henry Huntington (1850–1927)

Architektur

Die kalifornische Architekturgeschichte begann mit Ankunft der Europäer im 18. Jahrhundert *(siehe S. 50f)*. Viele spanische Missionen des späten 18. und frühen 19. Jahrhunderts weisen mexikanische Barockarchitektur auf. Der spanisch-mexikanische Einfluss beherrschte Kaliforniens Bauweise über Jahrzehnte. Während des Goldrauschs gab es verschiedenste Stilrichtungen, die Siedler aus dem Osten der USA und aus Europa mitbrachten. Architekten wie Henry Cleaveland, S. und J. Newsom und Bernard Maybeck hinterließen ihre Spuren.

Hale House am Heritage Square, Los Angeles

Missionsstil

Franziskanermönche, die aus Mexiko nach Kalifornien kamen, errichteten zwischen San Diego und Sonoma insgesamt 21 Missionen. Sie lagen jeweils nur eine Tagesreise auseinander und dienten als Zentren, von denen aus der Staat kolonialisiert werden sollte. Diese ländlichen Varianten mexikanischer Kirchen und Gemeindebauten wurden von den Ordensbrüdern geplant und von Indianern aus Adobe-Ziegeln und Holz errichtet. Im Lauf der Jahre verfielen die groben Konstruktionen oder wurden von Erdbeben zerstört. Einige sind mittlerweile sorgsam restauriert. Charakteristisch sind massive, weiß gekalkte Wände, kleine Fenster, abgerundete Giebel und horizontal gegliederte Glockentürme.

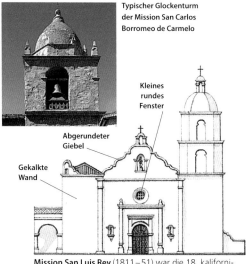

Typischer Glockenturm der Mission San Carlos Borromeo de Carmelo

Kleines rundes Fenster

Abgerundeter Giebel

Gekalkte Wand

Mission San Luis Rey (1811 – 51) war die 18. kalifornische Mission. Wegen ihrer beeindruckenden Architektur wurde sie oft als »Palast« bezeichnet.

Monterey-Stil

Ab 1850 ergoss sich eine Einwanderungswelle in den neuen, 31. Staat der USA. Die Siedler brachten Architekturstile wie den Klassizismus von der Ostküste mit. Monterey, unter der mexikanischen Besatzung Hauptstadt, war Namensgeber für einen Baustil, bei dem quasi ein hölzerner griechischer Tempel einen Adobe-Bau umgibt. Typisch sind die von schlanken rechteckigen Pfeilern getragenen zweistöckigen Portiken, Schindeldächer und die Symmetrie von Auf- und Grundriss.

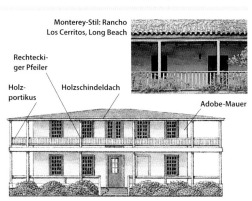

Monterey-Stil: Rancho Los Cerritos, Long Beach

Rechteckiger Pfeiler

Holzportikus

Holzschindeldach

Adobe-Mauer

Das Larkin House (1837) von Thomas Larkin war das erste Haus im Monterey-Stil, mit zwei Etagen aus Adobe-Ziegeln.

Viktorianischer Stil

In der viktorianischen Ära entstanden in Kalifornien drei Hauptstilrichtungen: der vor allem in San Francisco populäre italienisierende Stil *(siehe S. 304f)*, Queen-Anne- und Eastlake-Stil. Einwanderer von der Ostküste verbreiteten die beiden Letzteren im 19. Jahrhundert. Der zurückhaltende Eastlake-Stil mit geometrisch aufgebauten Fassaden und Ornamenten wurde häufig mit dem eher extravaganten Queen-Anne-Stil kombiniert, zu dessen auffälligsten Merkmalen Giebel, Türmchen und umlaufende Veranden gehören sowie die überbordende Verwendung klassischer Details.

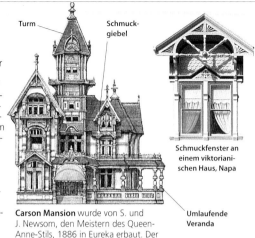

Turm

Schmuckgiebel

Schmuckfenster an einem viktorianischen Haus, Napa

Umlaufende Veranda

Carson Mansion wurde von S. und J. Newsom, den Meistern des Queen-Anne-Stils, 1886 in Eureka erbaut. Der heutige Privatclub gilt als Kaliforniens letzte viktorianische Verrücktheit.

Arts-and-Crafts-Stil

William Morris und Charles Voysey machten den Stil in England berühmt. Anfang des 20. Jahrhunderts hatte er eine kurze Blütezeit in Kalifornien. Führende Vertreter waren Bernard Maybeck sowie Charles und Henry Greene. Die Betonung liegt auf der schlichten Schönheit der Außenkonstruktion und den hochwertigen Handwerksarbeiten im Inneren.

Charakteristisches Balkendach am Gamble House in Pasadena

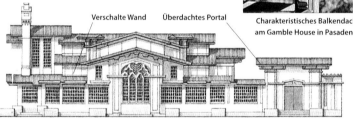

Verschalte Wand

Überdachtes Portal

Die First Church of Christ Science (1907) in Berkeley ist das gelungenste Beispiel von Bernard Maybecks Arts-and-Crafts-Architektur.

Mission-Revival-Stil

Einige Varianten des spanisch-mexikanischen Stils, der in der zweiten Hälfte des 19. Jahrhunderts in Vergessenheit geriet, erfuhren am Anfang des 20. Jahrhunderts eine Renaissance. Der Mission-Revival-Stil lebt von Rundbogen, harmonischen Proportionen und dem Fehlen von Verzierungen.

Rote Dachziegel des Beverly Hills Hotel

Weiße Stuckwand

Rotes Ziegeldach

Rundbogen

Den Women's Club (1913) in La Jolla entwarf Irving Gill, ein Wegbereiter des Modernismus. Für seine eleganten Versionen des Missionsstils verwendete er Gussbeton und Stuck.

Moderne Architektur

Anfang des 20. Jahrhunderts entstand nach einer kurzen Rückkehr zu hispanischen Wurzeln und dem Art-déco-Stil Europas eine typisch kalifornische Architektur. Dieser neue Stil war von der traditionellen japanischen Bauweise mit Balkenkonstruktionen und breiten Veranden inspiriert. Der Bauboom der 1950er Jahre unterlag dem Einfluss von Cliff Mays kalifornischem Ranch-Stil, der das Wohnen im Haus mit dem Leben im Freien verbindet. In den letzten Jahren machten viele Architekten, u. a. Craig Ellwood und Frank Gehry, Los Angeles zum Brennpunkt der modernen Architektur *(siehe S. 76f)*.

San Francisco Museum of Modern Art (1995)

Spanischer Kolonialstil

Reich verzierte Adaptionen der traditionellen spanischen Architektur waren erstmals 1915 bei der Panama Pacific Exposition in San Diego zu sehen *(siehe S. 353)*. In den 1920er Jahren entstanden Häuser und öffentliche Gebäude oft in einfacherer Ausführung. Charakteristische Merkmale dieses neuen Stils waren weiße Stuckaturen, abgesetzt mit Holz-, Stein- und schmiedeeisernen Verzierungen, rot gedeckte Dächer sowie üppige Gärten.

Der in Montecito ansässige Architekt George Washington Smith war ein Meister dieses Stils. Er schuf Bauwerke in einem abstrakt-andalusischen Stil, etwa das **Ostoff House** (1924) in San Marino oder die Casa del Herrero (1925), ein Privathaus in Montecito. Sehr typisch ist außerdem William Moosers **Santa Barbara County Courthouse** (1929) mit handbemalten Decken, Wandgemälden und tief liegenden Gärten.

Streamline-Moderne

Der Art-déco-Stil, dessen Reliefs und Fliesenfassaden in Kalifornien Ende der 1920er Jahre nur für kurze Zeit in Erscheinung traten, musste der durch das Maschinenzeitalter inspirierten Streamline-Moderne weichen. Hierbei betonen Rippen, Vordächer und Reliefs aerodynamische Formen. Beispiele sind Kinopaläste wie die **Academy Cathedral** (1939) in Inglewood und das **Paramount Theater** (Miller & Pflueger, 1931) in Oakland.

PWA

Die PWA-Bewegung wurde nach der Public Works Administration benannt, die in den 1930er Jahren öffentliche Gebäude finanzierte. Sie verbindet Jugendstil mit Elementen des Modernismus. Typisch für diesen architektonischen Stil sind flache Pfeiler und gemeißeltes Dekor. Ein herausragendes Beispiel dieses Stils ist das **Monterey County Courthouse** (1937) in Salinas.

Ende 20. / Anfang 21. Jahrhundert

Die Vielfalt der Ansätze führender Architekten schuf einige außerordentliche zeitgenössische Gebäude. Zu den bemerkenswerten Leistungen der 1960er Jahre gehören die erdverbundenen, scheunengleichen Bauwerke von **Sea Ranch**. Die ökologisch orientierte Ferienhäuser-Kolonie an der nordkalifornischen Küste entstand 1965 aus mehreren Bauten von Moore Lyndon Turnbull Whittaker. Einen starken Kontrast hierzu bildet das **Salk Institute** in La Jolla (1959–65) von Louis Kahn: Moderne Laboratorien aus Gussbeton umgeben einen mit Travertin gepflasterten Platz, symbolischer Treffpunkt von Meer und Festland.

Das **San Francisco Museum of Modern Art** (1995) des Architekten Mario Botta ist ein Wahrzeichen. Durch die abgeflachten Zylinder im Zentrum fällt Tageslicht ins Innere des Gebäudes und erhellt ein riesiges Atrium. Die Kulturstätte wurde nach umfassender Erweiterung im Jahr 2016 wiedereröffnet.

Postmoderne

Als eine Reaktion auf die vielfach kritisierte Unpersönlichkeit der Geschäftstürme propagierten in den 1970er Jahren Architekten wie etwa

George Washington Smiths Casa del Herrero in Montecito (1925)

Michael Graves, Venturi Scott-Brown und Robert Stern einen dekorativen modernistischen Stil. So spielte Robert Stern an **The Library** (1984) in San Juan Capistrano mit kräftigen Farben und historischen Elementen (Säulen, Ziergiebel und Pergolen).

Auch Jon Jerde greift architektonische Zitate und Farben auf. Seine **Westfield Horton Plaza** (1989), ein berühmtes Einkaufszentrum in San Diego, erstreckt sich unter freiem Himmel über mehrere Ebenen. Die Kuppeln und Fliesen erinnern an zahlreiche Gebäude in Spanien.

Postmoderne Westfield Horton Plaza

Das programmatische Donut Hole in La Puente

Programmatische Gebäude

Als Autos ab den 1920er Jahren zunehmend an Bedeutung gewannen, entwickelte sich entlang den Straßen zwischen den weit voneinander entfernten Gemeinden eine heftige Konkurrenz um die Aufmerksamkeit der Autofahrer. Vielerorts entstand an den Straßenrändern eine vollkommen neue Architektur: Motels in Form eines Wigwams oder Schuhwerkstätten in einem gigantischen Schuh (Doschander's Shoe Repair Shop, Bakersfield, 1947) erregten zunächst großes Aufsehen.

Einige Beispiele jener Zeit sind noch in abgelegenen Gegenden zu finden. Am bekanntesten ist das **Donut Hole** (1958) in La Puente, das man durchfahren kann.

Frank Lloyd Wright

Der in Wisconsin geborene Frank Lloyd Wright (1867–1959) lebte in den 1920er Jahren in Kalifornien und war danach immer wieder hier tätig. Früchte seines Schaffens reichen vom **Hollyhock House** (1917–20) in Hollywood bis zum 1972 vollendeten **Marin County Civic Center** in San Rafael, nördlich von San Francisco. Weitere Gebäude sind der alte VC Morris Store (1949), die heutige **Xanadu Gallery** in San Francisco und von Maya-Tempeln inspirierte »Block«-Häuser in L. A.

Frank Lloyd Wrights Hollyhock House in Hollywood

Moderne Architektur

Straßenkarte *siehe hintere Umschlaginnenseiten*

Multikulturelles Kalifornien

In Kalifornien lebt das bunteste Völkergemisch der USA. Im 19. Jahrhundert lockten Gold-, Silber- und Ölfunde Einwanderer verschiedenster Nationalitäten an. Noch heute kommen Bauern, Fischer und Winzer aus aller Welt wegen der Landschaft und des Klimas. Mitte des 21. Jahrhunderts wird Kalifornien vermutlich keine klare ethnische Mehrheit mehr haben. Die Gruppen konzentrieren sich auf bestimmte Gegenden: Die Hispanier ziehen den Süden vor, Asiaten und Europäer Silicon Valley und das nördliche Farmland. Die meisten Gemeinden feiern ihre kulturellen Wurzeln noch heute mit eigenen Festen *(siehe S. 40 – 43).*

San Franciscos Chinatown

Mexikanische Straßenmusiker beim Fest Cinco de Mayo in Los Angeles

chinesische Gemeinden. Viele Chinesen leben heutzutage in Mittelklassevierteln, doch die Chinatowns von Los Angeles und San Francisco ziehen als Schmelztiegel chinesischer Kultur mit traditionellen Läden und Lokalen viele Urlauber an.

Indianer

In Kalifornien leben heute mehr Indianer als in jedem anderen Bundesstaat der Vereinigten Staaten. Die ursprüngliche Bevölkerung wuchs in den 1960er Jahren, als sie nach und nach mehr politische Rechte erlangte, und siedelt heute im ganzen Staatsgebiet. Nur wenige Indianer leben noch in Reservaten.

Mädchen in Indianerkleidung

Hispanier

Das reiche hispanische Erbe ist in Kalifornien allgegenwärtig. Im 17. und 18. Jahrhundert gründeten spanische Eroberer *(siehe S. 50f)* viele der heutigen Städte. Bereits in den 1940er Jahren war in Kalifornien die größte mexikanische Gemeinde außerhalb Mexikos ansässig. Politische Unruhen und wirtschaftliche Schwierigkeiten in einigen Staaten Mittel- und Südamerikas lassen den Strom der Einwanderer auch heute nicht abreißen. Mittlerweile weist beinahe jede Stadt mexikanische Einflüsse in Architektur, Küche und Kunst auf. Zu den größten hispanischen Festivals zählen Cinco de Mayo am 5. Mai *(siehe S. 41)* sowie einige andere größere Fiestas.

Chinesen

Die ersten chinesischen Immigranten lockte der Goldrausch *(siehe S. 52f)* an, weitere kamen in den 1860er Jahren wegen Chinas Wirtschaftsproblemen. Als billige Arbeitskräfte wurden sie u. a. beim Bau der transkontinentalen Eisenbahn *(siehe S. 54f)* eingesetzt.

Später blieben sie, viele von ihnen wurden erfolgreiche Geschäftsleute. Von Seiten der weißen Bevölkerung schlug ihnen blanker Rassismus entgegen. Es wurde behauptet, sie nähmen »weiße Jobs« weg. Gegen Ende des 19. Jahrhunderts schränkte der Kongress die Einwanderungsmöglichkeiten drastisch ein. Das Gesetz wurde erst 1943 aufgehoben.

Aus dieser Antipathie entstanden einige gettoähnliche

Afroamerikaner

Afroamerikaner leben in Kalifornien seit der mexikanischen Herrschaft. Die wachsende Schwerindustrie im Zweiten Weltkrieg führte zur größten Einwanderungswelle aus den ärmeren Südstaaten.

Rotchev House in Fort Ross

In der Folgezeit verursachten verbreitete Armut und Rassismus ein ständiges Anwachsen von Gettos.

Rassendiskriminierung ist in den USA noch immer ein alltägliches Problem, doch Afroamerikaner haben u. a. in der Politik und im Geschäftsleben immer mehr Einfluss. Oakland (siehe S. 426–429) ist einer der Schauplätze für traditionelle Feste.

Japaner

Japanische Einwanderer kommen seit Anfang des 20. Jahrhunderts. Die meist bäuerlichen Immigranten legten im wahrsten Sinne des Wortes den Samen der Landwirtschaft Kaliforniens. Im Zweiten Weltkrieg galten sie als Gefahr für die nationale Sicherheit und wurden für die Dauer des Kriegs interniert. Die nachfolgende Generation hat diese Vorkommnisse überwunden. Seit den 1980er Jahren sind japanische Geschäfte sehr erfolgreich.

Italiener

Italiener leben seit Ende des 19. Jahrhunderts in Kalifornien. Damals siedelten vor allem Fischer in North Beach, San Francisco (siehe S. 336–347). Mildes Klima und ertragreiche Böden zogen Winzer an, die den heute renommierten Weinbau begründeten.

Russen

Pelzjäger aus Russland und Alaska gehörten zu Beginn des 19. Jahrhunderts zu den ersten europäischen Siedlern. Für kurze Zeit errichteten sie einen Außenhandelsposten in Fort Ross (siehe S. 464). Heute zählt die russische Gemeinde in und um San Francisco ungefähr 25 000 Personen.

Iren

Iren sind an der Westküste der USA weniger vertreten als an der Ostküste, Kalifornien kennt keine typisch irischen Gegenden. Die irischstämmige Bevölkerung hat sich dem multikulturellen Lebensstil angepasst, doch ihre Präsenz spürt man immer noch in den vielen irischen Bars, vor allem aber bei den Paraden am St Patrick's Day (siehe S. 40).

Englisches Pub in Santa Monica

Weitere Kulturen

Während der letzten Jahrzehnte stieg die Zahl asiatischer Immigranten kontinuierlich. Long Beachs »Little Phnom Penh« ist die größte kambodschanische Gemeinde außerhalb des Mutterlands in Südostasien. Während der Kriege in den 1950er und 1970er Jahren zog die liberale Atmosphäre Kaliforniens zahlreiche Koreaner und Vietnamesen an. Sie wohnten zunächst in den ärmeren Vierteln der Innenstädte. In Fresno (siehe S. 520f) lebt weltweit die zweitgrößte Hmong-Gemeinde außerhalb von Laos.

Seit den 1970er Jahren lockt die Hightech-Industrie zunehmend sehr gut ausgebildete Inder und Pakistani nach Silicon Valley (siehe S. 432). Santa Monica (siehe S. 80–83) beherbergt eine große britische Gemeinde mit »originalen« Pubs. In der 1911 von dänischen Einwanderern gegründeten Stadt Solvang (siehe S. 223) wird noch dänisches Erbe gepflegt. Der Bundesstaat Kalifornien ist zudem Heimat der zweitgrößten jüdischen Gemeinde der USA. Zwei Drittel der Mitglieder leben in Los Angeles.

Dänische Windmühle in Solvang

Das Jahr in Kalifornien

Kaliforniens angenehmes Klima *(siehe S. 44f)* erlaubt das ganze Jahr über Feste unter freiem Himmel. Der riesige Bundesstaat bietet an verschiedenen Orten die unterschiedlichsten Freizeitaktivitäten: Im Winter kann man im Norden Ski fahren, im warmen Süden hingegen an langgestreckten Stränden sonnenbaden. Mit großer Leidenschaft werden die jährlichen Paraden und Festivals zelebriert, die sich dem landwirtschaftlichen Erbe, den vielfältigen ethnischen Traditionen *(siehe S. 38f)* oder etwa der Erinnerung an sozialgeschichtlich bedeutende Ereignisse wie etwa dem Goldrausch widmen. Darüber hinaus gibt es in Kalifornien eine Vielzahl von Jazz-, Film- oder anderen Kulturfestivals und natürlich zahlreiche Sportveranstaltungen von nationaler Bedeutung.

Ein kulinarisches Highlight: LA Food & Wine Festival *(Aug)*

Zu den vielfältigen Festlichkeiten gehören vor allem Musikveranstaltungen und Aktivitäten für Kinder.
Redwood Coast Dixieland Jazz Festival *(Ende März)*, Eureka. Treffen einiger der weltbesten Dixieland-Bands.

April
Major League Baseball *(Apr– Sep)*. Saisonstart mit den kalifornischen Teams San Francisco Giants, L. A. Dodgers, Oakland Athletics, Anaheim Angels und San Diego Padres.
Toyota Grand Prix *(Mitte Apr)*, Long Beach. Das größte Autorennen der USA.
Agua Cahuilla Indian Heritage Festival *(Mitte Apr)*, Palm Springs. Fest zu Ehren der Indianer, die die Heilkraft der einheimischen heißen Quellen entdeckten.
Cherry Blossom Festival *(Mitte Apr)*, San Francisco. Tanz- und Kampfkunst aus Japan sind Teil des alljährlichen Kirschblütenfests *(siehe S. 356)*.
San Francisco International Film Festival *(Mitte Apr – Anfang Mai)*. Independent-Filme aus der ganzen Welt.

Frühling
Wenn Wildblumen mit Blüten in allen Farben die Berghänge bedecken, die Grauwale mit ihrem neugeborenen Nachwuchs nach Norden schwimmen und die Menschen ihre Sonnenbrillen suchen, die sie seit Herbst nicht mehr gebraucht haben, dann ist Frühling, der in Kalifornien schon recht früh im Jahr beginnt. Mit ihm untrennbar verbunden sind die glamouröse Oscar®-Verleihung in Hollywood, die Festlichkeiten zum Cinco de Mayo (5. Mai) in Los Angeles und San Francisco, Baseballspiele und der Bay-to-Breakers-Lauf in San Francisco.

März
Snowfest *(Anfang März)*, Tahoe City. Beim winterlichen Karneval gibt es u. a. Skirennen, »Eisbär«-Schwimmen im eiskalten Wasser, Live-Musik, Paraden und Theateraufführungen.

St Patrick's Day Parade *(Wochenende um den 17. März)*, San Francisco. Parade auf der Market Street, anschließend Irish Coffee in den irischen Bars.
Return of the Swallows *(19. März)*, Mission San Juan Capistrano *(siehe S. 244f)*. Menschenmengen begrüßen die Schwalben, die aus argentinischen Gefilden in die Missionsgärten zurückkehren.

Kleeblatt zum St Patrick's Day *(März)*

Die Schwalben kommen zur Mission San Juan Capistrano zurück

Mai
Raisin Festival *(Anfang Mai)*, Selma. Umzug, Kunstwettbewerb und Krönung der Weintraubenkönigin.
Cinco de Mayo *(5. Mai)*, Los Angeles und San Francisco. Größtes mexikanisches Fest in Kalifornien mit viel Mariachi-Musik.

Calaveras County Fair *(Mitte Mai)*, Angels Camp. Wettkampf der Springfrösche *(siehe S. 482)* und Rodeo.

California Strawberry Festival *(Mitte Mai)*, Oxnard. Kunsthandwerk und Wettbewerbe.

Bay-to-Breakers *(3. So)*, San Francisco. Eines der beliebtesten Spaßrennen der Welt (12,5 km) vom Embarcadero bis zum Ocean Beach.

Carnaval *(letztes Wochenende)*, San Francisco. Salsa und Reggae im Mission District.

Sacramento Music Festival *(letztes Wochenende)*. Musikfest u. a. mit Jazz und Swing.

Umzug am Lesbian and Gay Pride Day in San Francisco *(Juni)*

Mexikanische Tänzerin, Cinco de Mayo in Los Angeles *(5. Mai)*

Sommer

Keine andere Jahreszeit offenbart kalifornische Klischees derart perfekt. An den Stränden tummeln sich gebräunte muskulöse Menschen und waghalsige Surfer. Im Juni paradieren bunt gekleidete Schwule und Lesben durch San Francisco. Besucher genießen Open-Air-Konzerte, Wildwest-Festivals (etwa die Old Miners' Days in Big Bear Lake) und das Gilroy Garlic Festival.

Juni

San Mateo Country Fair *(Anfang Juni)*. Zahlreiche Attraktionen wie Live-Musik und Pferdeshows.

Beaumont Cherry Festival *(Anfang Juni)*, Beaumont. Vier Tage voller Musik, Paraden und jeder Menge Kirschen.

Mainly Mozart Festival *(Mitte Juni)*, San Diego. Orchester spielen Mozarts Werke.

Lesbian and Gay Pride Day *(So Ende Juni)*, San Francisco. Große Homosexuellenparade.

Lumber Jubilee *(Ende Juni)*, Tuolumne. Wettbewerbe im Baumfällen zum Gedenken an Kaliforniens Holzindustrie.

Juneteenth *(Ende Juni)*, Oakland. Afroamerikanische Kultur mit Jazz- und Gospel.

Juli

Fourth of July Fireworks. Die schönsten Feuerwerke sind in Disneyland und im Rose Bowl zu sehen.

Mammoth Jazz *(Wochenende nach dem 4. Juli)*. Konzerte mit Weltklasse-Jazz.

California State Fair *(Mitte Aug – Anfang Sep)*, Sacramento. Von Starauftritten bis zu Schweinerennen.

Obon Festival *(Mitte Juli)*, San José. Taiko-Trommler und -Tänzer beleben das japanischamerikanische Fest.

Carmel Bach Festival *(Mitte Juli – Anfang Aug)*. Bach-Konzerte und -Workshops.

Gilroy Garlic Festival *(Ende Juli)*. Diese Fest widmet sich Knoblauch in allen Variationen.

Old Miners' Days *(Ende Juli – Mitte Aug)*, Big Bear Lake. Erinnerung an die große Zeit des Goldrauschs.

Festival of the Arts *(Juli/Aug)*, Kunstfestival in Laguna Beach.

International Surf Festival *(Ende Juli/Aug)*. Surfevents an den Stränden von L. A.

August

San Francisco Marathon *(Ende Juli/Anfang Aug)*.

Outside Lands *(Anfang Aug)*, San Francisco. Beliebtes Fest mit Musik und Comedy.

Old Spanish Days Fiesta *(Anfang Aug)*, Santa Barbara. Spanische Märkte, Karneval und Tanz.

Nisei Week *(Mitte Aug)*. Japanisches Festival in Little Tokyo, Los Angeles.

Pebble Beach Concours d'Elegance *(Mitte Aug)*. Klassische Automobilschau.

Bigfoot Days *(Ende Aug/Anfang Sep)*, Willow Creek. Paraden zu Ehren des legendären Waldmenschen.

LA Food & Wine Festival *(Ende Aug/Anfang Sep)*. Viertägiges Festival rund um kulinarische Spezialitäten Kaliforniens.

Wettbewerb beim International Surf Festival *(Juli/Aug)*

Umzug zum mexikanischen Unabhängigkeitstag *(16. Sep)*

Herbst

In der Hochsierra färben sich die Blätter in allen erdenklichen gelben und roten Schattierungen. Die Winzer im Napa Valley *(siehe S. 466f)* feiern die Lese mit Weinproben und Live-Musik. Im ganzen Staat wird auf den »Oktoberfesten« Bier in großen Krügen serviert, dazu spielt eine Kapelle bayerische Blasmusik. Rodeos erinnern an die Geschichte Kaliforniens.

September

Pro Football *(Sep – Dez)*. Die San Francisco ʼ49ers, Oakland Raiders und San Diego Chargers treten an.

Los Angeles County Fair *(ganzer Monat)*, Pomona. Zum Angebot der riesigen Messe gehören u. a. Pferderennen, eine Miniatureisenbahn und diverse kulturelle Veranstaltungen.

California State Gold Panning Championship *(Anfang Sep)*, Forest Hill. Ein Goldwaschwettbewerb erinnert an die Zeit des Goldrausches.

Oktoberfest *(Mitte Sep – Mitte Okt)*, Torrance. Größtes Bierfest in Südkalifornien. Zutritt besteht nur für Besucher ab 21 Jahren – außer am Sonntag (Familientag). Deutsche Tänzer, deutsches Essen, deutsches Bier.

Mexican Independence Day *(16. Sep)*. Die Mexikaner feiern in L. A., Calexico und Santa Maria ihre Unabhängigkeit.

Monterey Jazz Festival *(3. Wochenende)*. Das älteste, alljährlich stattfindende Jazzfestival der Welt gibt es seit 1958. Alle Größen des Showbiz traten hier schon auf.

Danish Days *(Mitte Sep)*, Solvang. Stände mit dänischem Essen, bunte Umzüge *(siehe S. 223)*.

Sonoma County Harvest Fair *(Ende Sep/Anfang Okt)*, Santa Rosa. Traubenstampfen und Zehn-Kilometer-Lauf sind die Höhepunkte der Messe.

TARFEST *(Ende Sep)*, Los Angeles. Dreitägiges Festival mit Musik, Film und Kunst.

Oktober

Black Cowboy Parade *(Anfang Okt)*, Oakland. Im Gedenken an die Rolle der Afroamerikaner bei der Besiedlung des amerikanischen Westens.

Columbus Day Parade *(So um den 12. Okt)*, San Francisco. Bands und Festwagen ziehen von der Columbus Avenue zu Fisherman's Wharf.

San Francisco Jazz Festival *(Ende Okt – Anfang Nov)*. Jazzgrößen spielen überall in der Stadt.

Pumpkin Festival *(Mitte Okt)*, Half Moon Bay. Prämierung des schwersten Kürbisses. Es gibt Kürbisschnitzereien, serviert werden Kürbisgerichte.

Grand National Rodeo *(Mitte Okt)*, Daly City. Größtes zweitägiges Rodeo in den USA. Geschicklichkeitswettbewerbe und Viehschau.

Craftsman Weekend *(Mitte Okt)*, San Gabriel Valley. Größtes Fest zum Arts-and-Crafts-Stil im Westen der USA, inklusive Führungen zu Gebäuden.

Halloween *(31. Okt)*, San Francisco. Kostümierte machen sämtliche Straßen der Stadt unsicher.

Schmetterlinge *(Ende Okt – Mitte März)*, Pacific Grove. Jährliche Wanderung Tausender von Monarchfaltern in die wärmeren Gefilde des Südens *(siehe S. 514)*.

Kostümierte Teilnehmer der Doo Dah Parade in Pasadena *(Nov)*

November

Día de los Muertos/Tag der Toten *(1. Nov)*. El Pueblo (Los Angeles) und im Mission District (San Francisco) sind die Zentren des religiösen mexikanischen Fests. Der Glaube besagt, dass die Seelen der Toten zurückkommen, um ihre lebenden Verwandten zu besuchen.

Death Valley ʼ49ers Encampment *(Anfang Nov)*, Wettbewerbe der Fiedel-, Banjo-, Mandolinen- und Gitarrenspieler, Hufeisenwerfen, Pionierkostüme, Lesungen von Cowboy-Gedichten und Goldwaschen.

California Indian Center Powwow *(Ende Nov)*, Los Angeles. Festivitäten zu Ehren des indianischen Erbes mit Kunsthandwerk und Essen.

Día de los Muertos *(1. Nov)* – mexikanische Musiker bei den Feierlichkeiten

Ein Grauwal nähert sich einem Boot, Baja California

Doo Dah Parade *(Ende Nov)*, Pasadena. Parodieparade mit Straßenkarneval und bunten Kostümen.

Winter
Kalifornier lieben helles Licht. Zur Weihnachtszeit zeigen sich zahlreiche Gebäude und öffentliche Plätze im Glitzerglanz. In den Kirchen ertönen Weihnachtslieder, Filmstars nehmen an den winterlichen Paraden teil. Am Lake Tahoe beginnt die Skisaison. Die Autobahnen in Richtung Norden sind voller ungeduldiger Skifahrer.

Dezember
Hollywood Christmas Parade *(1. Do nach Thanksgiving)*, Los Angeles. Am Hollywood und Sunset Boulevard drängen sich die Menschen, um den Umzug, den es seit 1931 gibt, zu sehen.

Lichterpracht bei der Newport Beach Christmas Boat Parade

Newport Beach Christmas Boat Parade *(Mitte Dez)*. Fünf Nächte mit Sternsingern. Hunderte von weihnachtlich dekorierten Booten erleuchten den Hafen von Newport.
International Tamale Festival *(Anfang Dez)*, Indio. Mexikanischer Tanz und Unmengen von *tamales* (gefüllte Maismehlfladen).
Walbeobachtung *(Ende Dez–Apr)*. Jedes Jahr ziehen die Grauwale von der Beringstraße südwärts in Richtung Baja California. Sie können von Booten oder einigen Küstenstädten aus beobachtet werden *(siehe S. 586)*.

Januar
Bald Eagles *(Jan/Feb)*, Mount Shasta. Vogelfreunde beobachten nistende Weißkopfseeadler *(siehe S. 440 f)*.
Tournament of Roses Parade *(1. Jan)*, Pasadena. Auf den Blumenkorso folgt ein Footballspiel *(siehe S. 159)*.
Palm Springs International Film Festival *(Anfang–Mitte Jan)*. Kino und Preise.
Gold Discovery Day *(24. Jan)*, Coloma. Jahrestag des ersten Goldfunds *(siehe S. 479)*.
Napa Valley International Mustard Festival *(Jan–März)*, im ganzen Tal. Feier zu Ehren von Senf und Wein aus dem Napa Valley.

Februar
Academy Awards Ceremony *(Ende Feb)*, Los Angeles. Die Größen Hollywoods geben sich zur Oscar-Verleihung ein Stelldichein.
Los Angeles Marathon *(Feb)*. Nicht nur wegen des Streckenverlaufs mitten durch die Stadt ist der Marathonlauf populär.
AT&T Pebble Beach Pro-Am Golf Tournament *(Ende Jan–Anfang Feb)*. Profis und Prominente spielen Golf.
Dickens Festival *(Anfang Feb)*, Riverside. Nachbildung eines englischen Marktplatzes (19. Jh.) zur Erinnerung an den berühmten Schriftsteller Charles Dickens.
Riverside County Fair and National Date Festival *(Mitte–Ende Feb)*, Indio. Dattelgerichte, Kamelrennen.
Chinese New Year Festival *(Mitte Feb–Anfang März)*, San Francisco. Größtes chinesisches Neujahrsfest der USA.

Chinesisches Neujahrsfest in San Francisco *(Feb/März)*

Feiertage
New Year's Day *(1. Jan)*
Martin Luther King Jr Day *(3. Mo im Jan)*
Presidents' Day *(3. Mo im Feb)*
Memorial Day *(letzter Mo im Mai)*
Independence Day *(4. Juli)*
Labor Day *(1. Mo im Sep)*
Veterans Day *(11. Nov)*
Thanksgiving *(4. Do im Nov)*
Christmas Day *(25. Dez)*

Klima

Außer an extremen Orten – in den Bergen oder in den Wüsten – ist das Klima Kaliforniens im Sommer weder zu schwül noch im Winter zu kalt. Die gemäßigte nördliche Coastal Range ist im Winter recht feucht. Im Osten gibt es auf den Sierra Nevada Mountains Schnee. Zentralkalifornien und Central Valley haben Mittelmeerklima. In Richtung Süden wird es trockener und wärmer mit sehr heißen Sommertemperaturen in der Wüste.

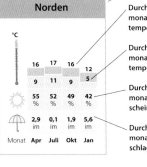

Durchschnittliche monatliche Höchsttemperatur

Durchschnittliche monatliche Tiefsttemperatur

Durchschnittliche monatliche Sonnenscheindauer

Durchschnittlicher monatlicher Niederschlag (Tage)

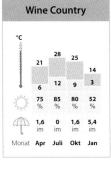

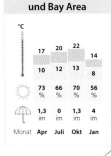

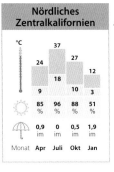

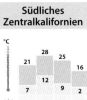

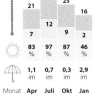

Gold Country

°C

	33		
19		23	
	13		12
4		7	0

	70 %	89 %	78 %	54 %
	3 im	0,2 im	2,3 im	6,7 im

Monat **Apr** **Juli** **Okt** **Jan**

Hochsierra

°C

	25		
10		15	
	7	0	5
-3			-7

	65 %	82 %	70 %	50 %
	2 im	0,3 im	2,1 im	5,6 im

Monat **Apr** **Juli** **Okt** **Jan**

Mojave-Wüste

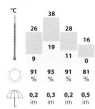

°C

	38		
26		28	
	19		16
9		11	0

	91 %	93 %	91 %	81 %
	0,2 im	0,3 im	0,2 im	0,5 im

Monat **Apr** **Juli** **Okt** **Jan**

Los Angeles

°C

	29		
22		22	20
	18	16	
13			10

	70 %	67 %	80 %	76 %
	1,2 im	0,2 im	0,4 im	2,7 im

Monat **Apr** **Juli** **Okt** **Jan**

Orange County

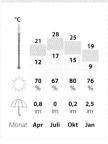

°C

	28		
21		25	
	17	15	19
12			9

	70 %	67 %	80 %	76 %
	0,8 im	0 im	0,2 im	2,5 im

Monat **Apr** **Juli** **Okt** **Jan**

Palm Springs

°C

	43		
31		33	
	24		21
12		15	6

	94 %	91 %	92 %	84 %
	0,1 im	0,2 im	0,2 im	1 im

Monat **Apr** **Juli** **Okt** **Jan**

Independence

esno

Death
Valley

kersfield

Santa
Barbara

Los
Angeles

San
Bernardino

Anaheim

Palm Springs

San Diego

San Diego

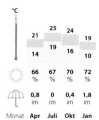

°C

	25	24	
21			19
14	19	16	
			10

	66 %	67 %	70 %	72 %
	0,8 im	0 im	0,4 im	1,8 im

Monat **Apr** **Juli** **Okt** **Jan**

Die Geschichte Kaliforniens

Europäische Seefahrer erreichten das von indianischen Volksgruppen besiedelte Kalifornien Mitte des 16. Jahrhunderts und kolonialisierten das Gebiet, Franziskanermönche errichteten Missionsstationen. Mitte des 19. Jahrhunderts lockten Goldfunde Massen von Abenteurern an. Die Fertigstellung der transkontinentalen Eisenbahn verstärkte die Zuwanderung. Kalifornien entwickelte sich zum Ausgangspunkt sozialer Bewegungen und zur Wiege der Filmindustrie. Der bevölkerungsreichste US-Bundesstaat ist zudem ein Zentrum der Hightech-Industrie.

Der Seefahrer Juan Rodríguez Cabrillo 1542 segelte im Auftrag Spaniens von Mexiko nach Norden und »entdeckte« den Landstrich. Erst rund zwei Jahrhunderte später erhob Spanien Anspruch auf das Territorium. 1769 wurde Pater Junípero Serra beauftragt, in Kalifornien Franziskaner-Missionen zu errichten.

Goldrausch

Das Gebiet blieb bis 1848, als Mexiko Kalifornien an die USA abtrat, recht abgelegen. Dies sollte sich rasch ändern. 1849 strömten Horden von Glücksrittern nach Nordkalifornien. Der Goldrausch, dem Silberfunde in der westlichen Hochsierra und die Fertigstellung der transkontinentalen Eisenbahn 1869 folgten, brachte nicht nur Wohlstand, sondern auch viele soziale Probleme mit sich.

Das moderne Kalifornien

1906 schien das gewaltige Erdbeben von San Francisco die Blütezeit Kaliforniens zu beenden. Doch Hollywoods rasch mächtig werdende Filmindustrie zog in den folgenden Jahrzehnten weltweite Aufmerksamkeit auf sich. Ergiebige Erdölfunde befriedigten die Bedürfnisse einer zunehmend vom Auto abhängigen Gesellschaft und gaben der Wirtschaft Kaliforniens einen kräftigen Schub.

1937 wurden die riesigen Orangenpflanzungen des auch landwirtschaftlich höchst ertragreichen US-Bundesstaats zum Symbol einer fruchtbaren Zukunft. Als 1945 die UNO-Charta in San Francisco unterzeichnet wurde, betrat Kalifornien endgültig die Weltbühne. Mit Silicon Valley verfügt es über einen bedeutenden Standort der Hightech-Industrie.

Frühe Landkarte der Vereinigten Staaten, auf der Kalifornien als Insel zu sehen ist

◀ Das Wandgemälde des Santa Barbara County Courthouse *(siehe S. 224)* zeigt Cabrillos Landung in Kalifornien

Anfänge

Schätzungsweise 100 000 bis 275 000 Menschen lebten zur Zeit der europäischen Eroberung im heutigen Kalifornien. Sie kannten weder eine politische Zentralmacht noch Kriege. Landwirtschaft wurde nur am Colorado River betrieben. Die Lebensgrundlage bildeten Jagd, Fischfang und das Sammeln von Wildfrüchten. Höchster religiöser Würdenträger und medizinischer Fachmann war der Schamane, von dem man glaubte, dass er in direkter Kommunikation mit der Geisterwelt stand. In den Dörfern lebten zwischen 100 und 150 Menschen in kegel- oder kuppelförmigen Behausungen. Sie kannten keine sozialen Gegensätze – es gab allerdings große Unterschiede zwischen den Stämmen.

Tcholovoni
Verschiedene Stämme, auch die Tcholovoni, siedelten in kleinen Dörfern am Ufer der San Francisco Bay.

»Geldbeutel«
Die Menschen Nordkaliforniens verwendeten Muschelgeld, das sie in reich verzierten Behältnissen aufbewahrten.

Geschenkkörbe wurden oft mit Perlen verziert. Dieser stammt von den Miwok.

Schmuck
Die Halskette aus Abalone- und Venusmuschelschalen gilt als eines der frühesten Artefakte kalifornischer Indianer.

Wachtelfedern
und geometrische Tänzer zieren diesen Korb der Yokut.

Aalreuse

Korbwaren
Das Korbflechten hatte große Bedeutung. Eine breite Palette von Materialien wurde in fantasievollen oder symbolischen Mustern geflochten. Die Körbe wurden in allen Lebenslagen benutzt: für Jagd, Vorratshaltung, Kochen oder Essen.

Kopfschmuck
Die Federkrone aus schwarz-weißen Elsterfedern stammt von den Miwok.

3 400 000 v. Chr. Vulkanasche vom Mount St. Helens bildet den Versteinerten Wald von Calistoga *(siehe S. 465)*	**200 000 v. Chr.** Möglicherweise leben bereits Frühmenschen nahe dem heutigen Calico, die Ausgrabungen sind umstritten *(siehe S. 289)*	*Frühes Werkzeug aus Feuerstein*
3 400 000 v. Chr.	**2 000 000 v. Chr.**	**200 000 v. Chr.**
3 000 000 v. Chr. Plattenbewegungen formen den Red Rock Canyon *(siehe S. 293)* im Death Valley	*Säbelzahntiger-Skelett aus den Teergruben von La Brea*	**40 000 v. Chr.** Mammuts, Tiger und andere Lebewesen des Pleistozäns geraten in die Falle der Teergruben von La Brea *(siehe S. 123)*

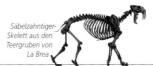

ANFÄNGE | **49**

Kule Loklo
Im Foyer des Rincon Center *(siehe S. 321)* sind auf
einem Wandgemälde von Anton Refregier die frühen
Bewohner der Bay Area abgebildet.

Kaliforniens Anfänge

Das Page Museum at the La Brea Tar Pits
(siehe S. 122f) zeigt Rekonstruktionen
von Fossilien aus Teergruben. Im Chumash Painted Cave State Historic Park
(siehe S. 223) finden sich Höhlenmalereien der Chumash. Das Historic Southwest Museum in LA *(siehe S. 157)* und
die California Academy of Sciences in
San Francisco *(siehe S. 374f)* präsentieren
indianische Artefakte.

Jahrhundertealte Höhlenmalereien
haben sich im Chumash Painted Cave
State Historic Park im südlichen Kalifornien hervorragend erhalten.

Körbe gab es in
vielen Materialien,
unzähligen Formen
und fantasievollen
Mustern.

Wasserkorb

Schöpfkellen waren dicht
geflochten, damit sie große
Wassermengen halten
konnten.

Festkleidung
Schürzen aus Tierfellen und
Tierschwänzen wurden zu den
traditionellen White-Deerskin-
Tänzen getragen.

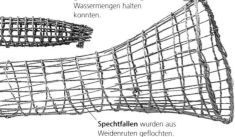

Spechtfallen wurden aus
Weidenruten geflochten.

8000 v. Chr. Das Klima ist
warm genug für Bäume
mit Zapfenfrüchten

1000 v. Chr.
Im Death Valley ent-
steht der Ubehebe-
Krater *(siehe S. 296)*

*Indianische
Wohnstatt*

10 000 v. Chr.   **6000 v. Chr.**   **1000 v. Chr.**   **100 n. Chr.**

10 000–8000 v. Chr. Ende
des Pleistozäns (Eiszeit); erste
Indianer siedeln im Gebiet
des heutigen Kalifornien

6000 v. Chr. Das Klima
ist warm genug für
Laubbäume

100 n. Chr. Aus einem aus-
getrockneten See entsteht
der Devil's Golf Course im
Death Valley *(siehe S. 295)*

Kolonialzeit

Obwohl die Spanier Kalifornien schon 1542 »entdeckt« hatten, kolonialisierten sie es erst im 18. Jahrhundert. Ihre Herrschaft basierte auf den drei Säulen *Presidio* (Fort), *Pueblo* (Ort) und – vor allem – *Mission* (Kirche). 1769 begannen Franziskanermönche in San Diego mit dem Bau von 21 Missionen, die im Abstand von ca. 50 Kilometern entlang dem Camino Real (Königsweg) entstanden. Sie wollten die »unwissenden Indianer« missionieren, beuteten sie aber auch als billige Arbeitskräfte aus. Die Europäer schleppten Krankheiten ein, gegen die die Ureinwohner wehrlos waren. Bereits um 1900 hatten sie die indianische Bevölkerung auf 16 000 Menschen dezimiert.

San Francisco de Solano (1823)
San Rafael Arcángel (1817)

San Francisco de Asis (1776)

San José (1797)
Santa Clara de Asis (1777)

Santa Cruz (1791)
San Juan Bautista (1797)

Nuestra Señora de la Soledad (1791)
San Carlos Borromeo de Carmelo (1770)
San Antonio de Padua (1771)

El Camino Real

San Miguel Arcángel (1797)

San Luis Obispo de Tolosa (1772)
La Purísma Concepción (1787)
Santa Inés (1804)

Santa Barbara (178

San Buenaventura (1782)

Sir Francis Drake
Der englische Seemann landete 1579 in Kalifornien, um sein Schiff, die *Golden Hind*, zu reparieren. Er nannte das Land »Nova Albion« und nahm es für Königin Elizabeth I in Besitz.

Pater Junípero Serra
Der aus Mallorca stammende Pater Junípero Serra leitete die Errichtung der Franziskaner-Missionen in Kalifornien.

Jedediah Smith
Der Pelzjäger Jedediah »Strong« Smith war 1828 der erste Weiße, der Kalifornien vom Osten der USA aus auf dem Landweg über die Sierra Nevada Mountains erreichte.

1524 Hernán Cortés, der spanische Eroberer Mexikos, bestärkt König Karl V., die »kalifornischen Inseln« unter Kontrolle zu bringen

1579 Der englische Freibeuter Sir Francis Drake ankert mit seinem Schiff *Golden Hind* nahe Point Reyes *(siehe S. 418)*

1500

1600

1650

1542 Juan Rodríguez Cabrillo segelt von Mexiko aus nordwärts nach San Diego und wird dadurch zum offiziellen »Entdecker« Kaliforniens

1595 Der Seefahrer Sebastián Rodríguez Cermeño »entdeckt« die Monterey Bay

Juan Rodríguez Cabrillo

1602/03 Der spanische Entdecker Sebastián Vizcaíno segelt die kalifornische Küste hinauf und benennt dabei topografische Punkte (darunter San Diego, Santa Barbara, Point Concepción und Carmel)

Mission San Gabriel Arcángel
Ferdinand Deppes Werk (1832) gilt als eines der
ersten Missionsgemälde und zeigt die zentrale
Rolle der Mission in der Gemeinde – umgeben
von indianischen Unterkünften.

Kalifornien in der Kolonialzeit

Artefakte der Missionszeit zeigen San
Franciscos Mission Dolores (siehe S. 365),
das Oakland Museum of California (siehe
S. 428f), die Mission San Carlos Borro-
meo de Carmelo (siehe S. 516f) und die
Mission Santa Barbara (siehe S. 226f).
Die meisten Missionen bieten Besuchern
Führungen an.

Renovierte Wohnquartiere sind im
Santa Barbara Mission Museum zu sehen.

US-Sieg
Am 9. Juli 1846 landeten
70 US-Matrosen und Mari-
nesoldaten in San Francisco
(damals Yerba Buena) und
nahmen es ein.

n Fernando Rey de España (1797)

• San Gabriel Arcángel (1771)

• San Juan Capistrano (1776)

• San Luis Rey de Francia (1798)

• San Diego de Alcalá (1769)

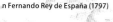

Missionsartefakte
Die Franziskaner brachten viele
Gegenstände von Spanien oder
Mexiko nach Kalifornien. Diese
dienten als Dekor oder für prak-
tische Zwecke wie diese
Gebetsglocken.

El Camino Real
*Die 21 Missionen entlang dem Camino Real, der
von San Diego nach Sonoma führte, lagen jeweils
einen Tagesritt auseinander.*

Vater Eusebio
cesco Kino be-
dass Baja Cali-
nia nicht Insel,
rn Halbinsel ist

1781 Der Pueblo Los
Angeles wird gegründet

1776 Kapitän Juan Bautista de Anza
erreicht San Francisco und errichtet
ein neues Fort (presidio, siehe S. 380f)

1835 William Richardson gründet
Yerba Buena (San Francisco)

1822 Die mexikanische
Revolution beendet die
spanische Herrschaft

1700 — **1750** — **1800**

1769 Gaspar de Portolá entdeckt die San
Francisco Bay; Gründung der ersten Mission
in San Diego (siehe S. 264)

1804 Kaliforniens
erster Orangen-
hain in der Mis-
sion San Gabriel

John C. Frémont

1846 John C.
Frémont führt die
»Bear Flag Revolt«
(siehe S. 468) an;
US-Truppen for-
dern Kalifornien
von Mexiko

1777 Monterey wird Hauptstadt
des mexikanischen Kalifornien

Kanone eines
esidio (18. Jh.)

Lockruf des Goldes

Marktschreierisch verkündete der Reporter Sam Brannan 1848, als im Sacramento Valley Nuggets gefunden worden waren: »Gold, Gold, Gold!« Die meisten Goldsucher, die daraufhin nach Kalifornien kamen, fanden nicht ihr Glück – doch das Land wurde dadurch verändert, vor allem San Francisco. 1848 bis 1850 wuchs der Ort von 812 auf 25 000 Menschen an. Preise für Nahrung und Farmland schossen in die Höhe. Die Kriminalität stieg sprunghaft. Nach dem Ende des Goldrauschs 1859 wurde in der östlichen Sierra Silbererz gefunden – Nordkalifornien boomte erneut.

»Forty-Niners« 1849 (daher der Name) strömten Goldsucher aus allen Teilen des Landes nach Kalifornien. Auf ihrer Reise führten sie Werkzeuge, Waffen und Vorräte mit sich.

Mit Spitzhacken wurde die Waschrinne aus dem harten Fels geschlagen.

Saloon der Barbary Coast Glücksspiel und Prostitution gab es in San Franciscos Viertel »Barbary Coast« zuhauf. Oft wurden glücklose Spieler als Seeleute »verschachert«.

Hauptstadt Das Bauernnest Sacramento mauserte sich während des Goldrauschs innerhalb von zwei Jahren zur Stadt und wurde 1854 Hauptstadt.

Die Waschrinne war eine lange Mulde mit Holzbalken und Gittern. Wenn das Wasser hindurchfloss, blieben die Goldpartikel dahinter liegen.

Graf Agoston Haraszthy
Der ungarische Winzer pflanzte als Erster europäische Reben in Kalifornien an.

Ära des Goldrauschs

Viele Siedlungen, in denen sich einst Tausende von Goldsuchern drängten, sind heute Geisterstädte, darunter auch Bodie *(siehe S. 498)* und Calico *(siehe S. 289)*. Der Columbia State Historic Park *(siehe S. 484f)*, eine restaurierte Goldgräberstadt, erinnert an jene alten Zeiten. Das Wells Fargo History Museum in San Francisco *(siehe S. 318)* präsentiert vielfältige Objekte aus jener Zeit. Der Jackson Square Historical District *(siehe S. 318)* war einst Teil der »Barbary Coast«.

Altes Schulhaus, Geisterstadt Calico

Beim hydraulischen Abbau wurde der Fels mit Wasser weggesprengt, um das Gold freizulegen.

Silber aus der Comstock-Mine
Von 1859 bis Mitte der 1880er Jahre wurde in den Minen der Hochsierra Silber im Wert von 400 Millionen US-Dollar abgebaut.

Beim Goldwaschen wurden Erde und Wasser in einer flachen Pfanne so lange geschüttelt, bis sich die Goldrückstände abgesetzt hatten.

»Kaiser« Norton
Der selbst ernannte *Kaiser von Amerika* und Schutzherr Mexikos, der exzentrische Joshua Norton, druckte sein eigenes Geld und beriet in Sacramento die Gesetzgeber.

Abbautechniken
Im Lauf der Zeit kreierte man ausgeklügelte Techniken zum Goldabbau. Was als Abenteuer begonnen hatte, wurde zur hoch entwickelten Industrie.

---

855 In Los Angeles erstarkt das Vigilantentum

1856 Die Ermordung des Zeitungsverlegers James King löst San Franciscos zweiten Vigilanten-Aufstand aus; William T. Sherman führt das gegnerische Militär an

1859 Der Prospektor James Finney entdeckt Silber (Comstock-Mine)

1860 Der völlig verarmte Getreidehändler Joshua Norton erklärt sich selbst zum *Kaiser von Amerika* – bis zu seinem Tod 1880

1856　　　　　　　　**1858**　　　　　　　　**1860**

San Franciscos Vigilanten-Medaille

1857 Agoston Haraszthy, der Vater des kalifornischen Weinbaus, gründet das Weingut Buena Vista im Sonoma Valley *(siehe S. 469)*

1861 Kalifornien schwört den Treue-Eid auf die Union; erstes Ölvorkommen wird ausgebeutet

Bohrturm im Humboldt County

Goldenes Zeitalter

Für Kaliforniens Neureiche galt Ende des 19. Jahrhunderts der Nob Hill in San Francisco als beste Adresse *(siehe S. 334)*. Hier entstanden riesige Villen. Die Bahnlinien nach Süden und Osten brachten in dieser Zeit den wirtschaftlichen Aufschwung. Kalifornische Orangen konnten nun nach New York verkauft werden. Auf dem Rückweg quollen die Züge von Immigranten fast über, die auf ein besseres Leben an der Westküste hofften. Im L. A. County stiegen daraufhin die Grundstückspreise. Um 1900 lebten in San Francisco bereits 300 000 Menschen.

Viktorianisches Dekor
Die Fenster am Winchester Mystery House *(siehe S. 434f)* sind verziert.

Badezimmer mit Originalwanne und -fliesen

Vorderer Salon

Transkontinentale Eisenbahn
Am 12. Mai 1869 wurde der letzte Bolzen für die Bahnlinie eingeschlagen, die Ost- und Westküste verband.

Speisezimmer

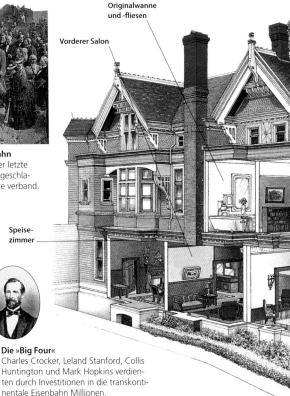

Die »Big Four«
Charles Crocker, Leland Stanford, Collis Huntington und Mark Hopkins verdienten durch Investitionen in die transkontinentale Eisenbahn Millionen.

1863 Baubeginn der Central Pacific Railroad

1869 Die transkontinentale Eisenbahn wird fertiggestellt

1871 Bei Ausschreitungen werden 20 Chinesen getötet

1873 A. Hallidie testet San Franciscos erste Cable Car

Cable Car in San Francisco

1873–75 In Riverside werden erstmals Orangen angebaut

1876 Die Southern Pacific Railroad erreicht Los Angeles

Kalifornische Orangen

1877 Aus Protest gegen Billigarbeit werden in San Francisco chinesische Läden angezündet

1882 Der US-Kongress erlässt den Chinese Exclusion Act, der die chinesische Zuwanderung begrenzt

1884 Sarah Winchester beginnt ihr 38 Jahre dauerndes Bauprojekt in San José *(s. S. 4*

1870　　**1875**　　**1880**

Sutro-Bad
Das größte Schwimmbad San Franciscos bestand von 1896 bis in die 1960er Jahre.

Goldenes Zeitalter

Im Haas-Lilienthal House (siehe S. 352) gibt es Führungen. Cable Cars kann man im Cable Car Museum (siehe S. 335) bewundern. Den »goldenen Bolzen« der transkontinentalen Eisenbahn und Erinnerungsstücke an die »Big Four«, die Großinvestoren der Eisenbahn, präsentiert das Cantor Arts Center. Eisenbahnfans sind vom California State Railroad Museum in Sacramento (siehe S. 477) begeistert.

Yosemite National Park
Yosemite wurde 1890 zum Nationalpark erklärt. Er war die erste Besucherattraktion Kaliforniens – und ein beliebtes Motiv für Werbung.

Das California State Railroad Museum dokumentiert die Geschichte der Eisenbahn an der Westküste.

Chinesische Immigranten
Die »Kulis«, die beim Eisenbahnbau gearbeitet hatten, gründeten kleine Unternehmen, Wäschereien oder Restaurants, litten aber unter dem Rassismus.

Das Wohnzimmer war ursprünglich das herrschaftliche Schlafzimmer.

Veranda

Flur mit viktorianischem Ecksofa

Haas-Lilienthal House

Der Lebensmittelhändler William Haas baute 1886 eines der vielen Queen-Anne-Häuser San Franciscos. Es ist heute Museum und dokumentiert, wie eine wohlhabende Familie Ende des 19. Jahrhunderts lebte (siehe S. 352).

1890 Yosemite wird Nationalpark (siehe S. 492–495)

Siegel der Stanford University

1893 Andrew Lawson, ein Geologe der University of California, entdeckt den San-Andreas-Graben

1896 Adolph Sutro, der Erbauer des Comstock-Tunnels, eröffnet in San Francisco das größte überdachte Meerwasser-Schwimmbad

1885

1890

1895

1888 In San Diego eröffnet das Hotel del Coronado (siehe S. 259)

1891 Die Stanford University (siehe S. 431) wird eröffnet; zu den ersten Absolventen gehört der spätere US-Präsident Herbert Hoover

1894 In San Franciscos Golden Gate Park findet die erste Weltausstellung an der Westküste statt

1897 San Franciscos Kaufleute statten Goldsucher auf dem Weg zum kanadischen Klondike River aus und werden reich

Der Aufstieg Hollywoods

Harvey Henderson Wilcox wollte 1887 seine Farm und den sie umgebenden Vorort von Los Angeles »Figwood« nennen, denn er baute Feigen an. Seine Frau bestand auf »Hollywood«. In den 1910er Jahren wurde der Ort durch die Filmindustrie berühmt. Hier wurde Unterhaltung produziert, die den Amerikanern über die grausame Realität des Ersten Weltkriegs, der Prohibition und der Wirtschaftskrise hinweghalf. Der Stummfilm schuf Stars wie Mary Pickford und Charlie Chaplin, die später von Ikonen wie Mae West oder Errol Flynn überflügelt wurden. Die Wall Street erkannte das finanzielle Potenzial – Hollywood wurde Investitionsobjekt.

Panamakanal
Zwei Weltausstellungen feierten die Fertigstellung des Kanals 1915.

Clara Bow, das »It«-Girl, war eines der ersten Sexsymbole Hollywoods.

Schauspieler wurden wegen ihres Aussehens ausgewählt und hatten meist wenig Bühnenerfahrung.

Erdbeben und Brand von San Francisco
Nach der Katastrophe von 1906 mussten viele Häuser abgerissen werden *(siehe S. 28 f)*.

Aquädukt von Los Angeles
Der riesige Bau, der den trockenen Süden mit Schmelzwasser aus der Hochsierra versorgte, kostete 24,5 Millionen US-Dollar.

Hollywoods Stummfilmära
Die Filmindustrie wuchs schnell, große Studios entstanden, und jährlich wurden Hunderte von Stummfilmen gedreht, z. B. Mantrap *(1927).*

1905 Der Tabakmagnat Abbot Kinney eröffnet westlich von Los Angeles das von Kanälen durchzogene Venice *(siehe S. 84)*; in den Teergruben von La Brea beginnen Ausgrabungen *(siehe S. 123)*

1907 Der politische »Boss« Abraham Ruef bekennt sich der Erpressung schuldig und bringt Bürgermeister Eugene Schmitz zu Fall

1913 Der Aquädukt von Owens Valley verbessert die Wasserversorgung von Los Angeles

1900

1905

1910

1901 Ein dreimonatiger Streik der Hafenarbeiter legt San Franciscos Wirtschaft lahm. Die Unruhen fordern vier Tote und 300 Verletzte

1906 Am 18. April ereignet sich in San Francisco das schlimmste Erdbeben in den USA mit der Stärke 7,8 auf der Richterskala; 3000 Menschen sterben, 250 000 werden obdachlos

Frühe Hollywood-Filmkamera

1911 *The Law the Range* von William und David Horsley der erste Hollywood-Fil

Prohibition (1920–33)
Während des landesweiten Alkoholverbots wurde Los Angeles zum beliebten Umschlagplatz für aus Mexiko eingeschmuggelten Alkohol.

Klassisches Hollywood

Wachsfiguren von Filmstars stehen bei Madame Tussaud's™ *(siehe S. 112 und 114)*. In den früheren Büros von Cecil B. De Mille präsentiert das Hollywood Heritage Museum *(siehe S. 116)* Exponate aus der frühen Zeit des Films. Im TCL Chinese Theatre sind rund 200 Stars in Zement verewigt *(siehe S. 114)*.

Im Vorhof des TCL Chinese Theatre sieht man Hand- und Fußabdrücke von Filmstars in Zement.

Studios arbeiteten wie Fabriken und oft an verschiedenen Streifen gleichzeitig.

Die Kameramänner verwendeten 35-mm-Kameras, die 20 bis 24 Bilder pro Sekunde aufnahmen.

Auch Regisseure kamen in der neuen Industrie zu Reichtum und Ruhm.

Orchester wurden oft engagiert. Sie spielten im Hintergrund, um die Schauspieler in die richtige Stimmung zu bringen.

Die Paramount Studios, heute noch in Hollywood situiert, ziehen nach wie vor Möchtegern-Stars an *(siehe S. 117)*.

Aimee Semple McPherson
Die umstrittene Evangelistin und Spiritualistin eröffnete 1923 in Los Angeles ihren Angelus Temple.

1916 Die Lockheed-Brüder beginnen, in Santa Barbara Flugzeuge zu bauen
W. R. Hearst

1924 Los Angeles überflügelt San Francisco als wichtigsten Hafen der Westküste

1929 Der Börsenkrach ist Auslöser einer Wirtschaftskrise; der Schauspieler Douglas Fairbanks sen. leitet die erste Verleihung der Academy Awards (Oscars)

1915

1915 In San Francisco und San Diego finden die Panama-Pazifik-Ausstellungen statt

1917 Die USA treten in den Ersten Weltkrieg ein

1920

Norma Talmadge

1919 W. R. Hearst beginnt den Bau seines Schlosses in San Simeon *(siehe S. 216–219)*

1925

1927 Norma Talmadge hinterlässt den ersten Zement-Fußabdruck am TCL Chinese Theatre *(siehe S. 114)*

1928 Der Zeichner Walt Disney kreiert Mickey Mouse

Der kalifornische Traum

Das Kino und das neue Medium Fernsehen machten Hollywood zum Symbol für Amerikas Aufschwung nach dem Krieg. Jeder wollte das angenehme Leben der Mittelklasse führen, das hier scheinbar allen zugänglich war. Luftfahrtindustrie, Reedereien und Landwirtschaft zählten zu den Kriegsgewinnern. Die 1950er Jahre verhießen Glück und Wohlstand. Für die heimkehrenden Soldaten wurden Vorstädte aus dem Boden gestampft, die den Bau von Highways erforderten. Doch die staatlichen Schulen litten unter Geldmangel, Nicht-Weißen schlugen Rassismus und Gewalt entgegen, und Politiker jagten in Hollywood das Gespenst des Kommunismus.

Olympische Spiele 1932
Los Angeles richtete die Olympiade von 1932 aus und baute dafür den Exposition Park *(siehe S. 168f).*

Einbauküche
mit praktischer Kunststoff-Arbeitsoberfläche.

Streik der Hafenarbeiter
Am 5. Juli 1934 schoss die Polizei auf die für bessere Bedingungen streikenden Dockarbeiter. Zwei Menschen starben.

Haushaltsgeräte wurden billiger und erleichterten die Hausarbeit.

Hoover Dam
1936 wurde der Hoover Dam am Colorado River zur Stromerzeugung gebaut.

1932 Los Angeles richtet seine ersten Olympischen Spiele aus

1934 Die Insel Alcatraz wird zum Hochsicherheitsgefängnis *(siehe S. 342f)*

1936 Der Hoover Dam versorgt Südkalifornien mit dem benötigten Strom

1940 Los Angeles eröffnet den ersten Freeway: den Arroyo Seco Parkway

1942 Japane[...] werden »aus Sicherheitsg[...] den« in Lage[...] deportiert *(siehe S. 499[...)*

1930

1935

1940

1933 Die Prohibition endet; »Sunny Jim« Rolph, Bürgermeister von San Francisco und kalifornischer Gouverneur, schockiert seine Anhänger, indem er einen Lynch-Mob gutheißt

»Sunny Jim« Rolph

1937 Eröffnung der Golden Gate Bridge

1939 San Franciscos dritte Weltausstellung, die Golden Gate Exposition, findet auf Treasure Island statt

1941 Japan greift in Pearl Harbor die US-Flotte an

1943 Kalifornien wird der führende Agrarstaat der USA

Golden Gate Bridge
Am 28. Mai 1937 überquerten die schwarzen Limousinen eines offiziellen Konvois als erste Fahrzeuge die Brücke, die San Francisco mit Marin County verbindet.

Kalifornischer Traum
Das Petersen Automotive Museum in L. A. zelebriert Kaliforniens Autoträume *(siehe S. 122)*. Dem Mythos »Surfen« und allen Facetten dieses für Kalifornien typischen Wassersports widmet sich das Santa Cruz Surfing Museum *(siehe S. 511)*. Ein Ausflug zum Dornröschenschloss in Disneyland® ist das ultimative Kalifornien-Erlebnis und lässt nicht nur Kinderherzen höherschlagen *(siehe S. 237)*.

Das Petersen Automotive Museum zeigt Klassiker. Der Cadillac von 1959 ist ein Paradebeispiel für den kalifornischen Traum.

Land des Überflusses
In den 1940er Jahren boomte Kaliforniens Landwirtschaft. Hier erzielten die Böden die höchsten Erträge.

Große Kühlschränke, üppig gefüllt, sind ein Symbol für das kalifornische »gute Leben«.

Kalifornische Küche
Eduardo Paolozzis Bild verdeutlicht den Traum der 1950er Jahre vom weißen kalifornischen Mittelklasse-Lebensstil mit Kleinfamilie, Häuschen im Grünen und Freizeitaktivitäten.

San Francisco Giants
Willie Mays war Mitglied der ersten Mannschaft, die 1958 als Profi-Baseballteam in Kalifornien agierte.

*45 Ende des Zweiten Weltkriegs; vom . April bis zum 25. Juni treffen sich .ernationale Delegierte in San Francisco d gründen die Vereinten Nationen

1955 Eröffnung von Disneyland® in Anaheim; der 24-jährige Schauspieler James Dean stirbt bei einem Autounfall nahe Paso Robles

James Dean

945

1950

1955

Flagge der Vereinten Nationen

1953 Der Beginn des Kalten Kriegs führt zum Boom der kalifornischen Rüstungsindustrie

1958 Die New York Giants ziehen nach San Francisco; nun gibt es auch an der Westküste hochklassigen Baseball

Kalifornien heute

Seit 1962 hat Kalifornien New York als bevölkerungs-
reichster Staat der USA überholt. Es war und ist Ausgangspunkt vieler Entwicklungen. An der UC Berkeley
begann in den 1960er Jahren das Free Speech Movement, Haight-Ashbury war das Mekka der Hippiebewe-
gung. Im Silicon Valley boomte die Hightech-Industrie.
Wirtschaftlich profitiert Kalifornien von der geografischen Nähe zu Fernost. Schattenseiten sind die Bedro-
hung durch Erdbeben sowie die bei großer Hitze gelegentlich auftretenden Dürren und Waldbrände.

1984 Los Angeles
richtet seine zwei-
ten Olympischen
Spiele aus

1968 Der demokratische Präsi-
dentschaftskandidat Robert
Kennedy wird nach Bekanntga-
be seines Siegs in den Vorwah-
len am 5. Juni im Ambassador
Hotel in Los Angeles ermordet

1978 Apple
Computer pro-
duziert seinen
ersten Computer

1967 Im »Summer of Love«
strömen über eine halbe
Million junger Menschen
nach Haight-Ashbury
(siehe S. 363)

1962 Marilyn
Monroe stirbt im
Alter von 36 Jah-
ren in Hollywood
an einer Überdosis
Schlaftabletten

1970er Jahre Huey Newton,
Mitbegründer der Black
Panther Party in Oakland,
wird 1967 verhaftet und
zum Symbol des Wider-
stands in den 1970er Jahren

1987 Steven
Spielberg
eröffnet sein
eigenes Studio
»Dreamworks«

1960   **1970**   **1980**

1960   **1970**   **1980**

1960 Olym-
pische Win-
terspiele in
Squaw Val-
ley nahe
dem Lake
Tahoe

1966 Los
Angeles wird
mit sieben
Millionen
Einwohnern
das bevölke-
rungsreichste
County der
USA

1969 Das American Indian
Movement besetzt Alcatraz
Island *(siehe S. 342f)*, um
seine Differenzen mit dem
Bureau of Indian Affairs
öffentlich zu machen

1978 San Franciscos Bürgermeister
George Moscone und sein Stell-
vertreter Harvey Milk werden am
27. November im Rathaus von dem
Expolizisten Dan White erschossen

1968 Richard Nixon wird der
erste in Kalifornien geborene
Präsident der USA. Nach seinem Rücktritt zieht er sich
1974 nach San Clemente
zurück *(siehe S. 242)*

1976 Französische Weintester verleihen
bei einer Blindprobe kalifornischem Wein
die beiden höchsten Auszeichnungen

1960er Jahre Surfen wird ein
beliebter Sport in Kalifornien

1989 Die Bay Area wird vom zweitschlimmsten
Erdbeben erschüttert (7,1 auf der Richterskala),
67 Menschen sterben, 1800 werden obdachlos

1992 Nach dem Freispruch von vier weißen Polizisten, die den schwarzen Autofahrer Rodney King zusammengeschlagen hatten (wie auf Videos zu sehen war), brechen in Los Angeles Unruhen aus

2004 Der Filmstar Arnold Schwarzenegger, der bis 2011 mit der Journalistin und Kennedy-Nichte Maria Shriver verheiratet ist, wird Gouverneur von Kalifornien; Anfang 2011 tritt er zurück.

2006 Die Kongressabgeordnete Nancy Pelosi (Demokraten) aus San Francisco wird als erste Frau zum Sprecher des Repräsentantenhauses der Vereinigten Staaten gewählt

1994 Ein Erdbeben der Stärke 6,8 auf der Richterskala erschüttert Los Angeles und tötet mehr als 60 Menschen, 9000 werden verletzt; viele Autobahnen sind zerstört

2011 Der Demokrat Jerry Brown wird Gouverneur von Kalifornien

2013 Legalisierung der Homo-Ehe in Kalifornien (zwei Jahre bevor dies für die gesamten USA beschlossen wird)

2016 Donald Trump, Kandidat der Republikaner, wird 45. Präsident der Vereinigten Staaten

| 2000 | 2010 | 2020 |

| 2000 | 2010 | 2020 |

2001 Energiekrise: In allen größeren Städten Kaliforniens gibt es Stromausfälle

2008 Das von Daniel Libeskind entworfene Contemporary Jewish Museum in San Francisco eröffnet

1996 Der Demokrat Willie Brown, 15 Jahre lang Sprecher des kalifornischen Unterhauses, wird San Franciscos erster schwarzer Bürgermeister

1995 Der America's Cup, ein Yachtrennen mit Teilnehmern aus fünf Nationen, findet von Januar bis Mai in San Diego statt

91 In San Francisco wird Aids häufigsten Todesursache für nner

LOS ANGELES

Los Angeles im Überblick

Der Großraum Los Angeles erstreckt sich über
1200 Quadratkilometer. Er besteht aus 88 verschiedenen Städten, in denen rund 13 Millionen
Menschen leben. Im Folgenden werden sechs
Areale vorgestellt: Downtown – ein Schmelztiegel der Kulturen – mit El Pueblo, Chinatown,
Little Tokyo und dem Geschäftsviertel. Glanz
und Glamour des Films machen nur eine Seite
Hollywoods und West Hollywoods aus, Museen
und Sammlungen die andere. Beverly Hills, Bel
Air und Westwood sind das bevorzugte Revier
der Stars. Strände und Häfen an der Küste von
Santa Monica Bay, Palos Verdes und Long Beach
zeigen die Bedeutung des Meers. Zur Umgebung von Downtown gehören auch Vorstädte
wie Pasadena.

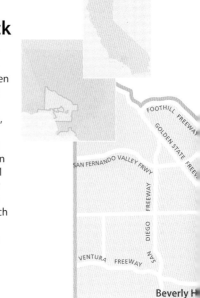

FOOTHILL FREEWAY

GOLDEN STATE FREEWAY

SAN FERNANDO VALLEY FRWY

FREEWAY

SAN DIEGO

VENTURA FREEWAY

Beverly H
Bel Air u
Westwo
Seiten 92–

Santa Monica Bay
Seiten 78–91

SANTA M

Der Sunset Boulevard
(siehe S. 106–111) ist eine
der bekanntesten Straßen
der Welt. Der von unzähligen Clubs und Hotels ge-
säumte Teil heißt Sunset
Strip und ist Zentrum des
Nachtlebens.

**Das J. Paul Getty Museum
im Getty Center** *(siehe
S. 86–89)* bietet von einem
Hügel aus überwältigende
Ausblicke auf Los Ange-
les und die Santa Moni-
ca Mountains. Zu seiner
erstklassigen Sammlung
gehört auch die marmor-
ne *Venus* (1773) von
Joseph Nollekens.

0 Kilometer 5

0 Meilen 5

LACMA *(siehe S. 118–121)*
befindet sich seit 1965 im
Hancock Park. Das Los Angeles
County Museum of Art wurde in
den letzten Jahren nach Plänen
von Renzo Piano umgestaltet.

◀ **Blick auf Los Angeles, die »Stadt der Engel«**

In den Universal Studios *(siehe S. 150–153)* nördlich von Hollywood können Besucher auf einer Studio-tour das Filmgelände erkunden. Die spannenden Fahrten wandeln auf den Spuren von Filmen des Studios, etwa *Jurassic Park*.

Huntington Library, Art Collections and Botanical Gardens *(siehe S. 162–165)* in Pasadena sind eine wahre Schatztruhe. Die North Vista ist eine der schönsten Stellen der Gärten.

d um Downtown
Seiten 144–169

GLENDALE FREEWAY

FREEWAY

PASADENA FREEWAY

Hollywood und West Hollywood
Seiten 104–123

FREEWAY

Downtown Los Angeles
Seiten 124–133

WAY

HARBOR FREEWAY

LONG BEACH FREEWAY

El Pueblo *(siehe S. 130f)* im Herzen von Downtown ist die früheste Sied-lungsstätte von Los Angeles. Vor allem bei Festen drängt sich die hiesige mexikanische Bevöl-kerung in den Kir-chen, auf dem Platz und den farbenfro-hen Märkten.

HARBOR FREEWAY

SAN DIEGO FREEWAY

Long Beach und Palos Verdes
Seiten 134–143

Die *Queen Mary* *(siehe S. 138f)*, eines der berühmtesten Kreuz-fahrtschiffe der Welt, liegt nun dauerhaft in Long Beach am Kai und dient als Besucherattraktion und Luxushotel. Einige der Art-déco-Elemente sind erhalten.

Los Angeles: Topografie

Los Angeles breitet sich in einem weiten, flachen Becken zwischen dem Pazifischen Ozean und den Bergen aus. Die San Gabriel Mountains und die Traverse Range, die sich im Norden erstrecken, treffen östlich der Stadt auf die Santa Ana Mountains. Die Santa Monica Mountains und die Hollywood Hills im Nordwesten teilen das Becken und trennen das Stadtzentrum vom San Fernando Valley im Norden. Die Küstenlinie reicht von den felsigen Klippen von Palos Verdes bis zu den Sandstränden der Santa Monica Bay. Downtown L.A. und die imposanten Wolkenkratzer des Geschäftsviertels liegen im Zentrum, Hollywood, Beverly Hills und Santa Monica im Westen.

Hollywood *(siehe S. 104–123)* ist der Geburtsort der modernen Filmindustrie. Sein berühmtes Wahrzeichen *(siehe S. 149)* überragt Tinseltown.

Im San Fernando Valley *(siehe S. 148)*, dem größten Vorstadtbereich von Los Angeles, liegt die Mission San Fernando Rey de España.

San Gabriel Mountains

134

5

Burbank

101

Santa Susana Mountains

Hollywood Hills

San Fernando Valley

Mulholland Drive

405

Sunset Boulevard

101

Santa Monica Mountains

10

Malibu *(siehe S. 90f)* besitzt ausgezeichnete Surfareale, Gebiete mit Wildtieren und Privatstrände am Fuß der schroffen Berge.

Hwy 1

Santa Monica *(siehe S. 80–83)* schmiegt sich an eine palmengesäumte Steilküste und bietet einen herrlichen Blick auf die Bucht. Die Stadt verfügt über Piers und Vergnügungsparks, ist allerdings auch für ihre exzellenten Restaurants und Fachgeschäfte, ihr Nachtleben und ihre lebendige Kunstszene bekannt.

Beverly Hills *(siehe S. 92–101)* ist die Heimat der Schönen und Reichen. Die exklusiven Läden am Rodeo Drive sind Zeugnisse ihres Lebensstils.

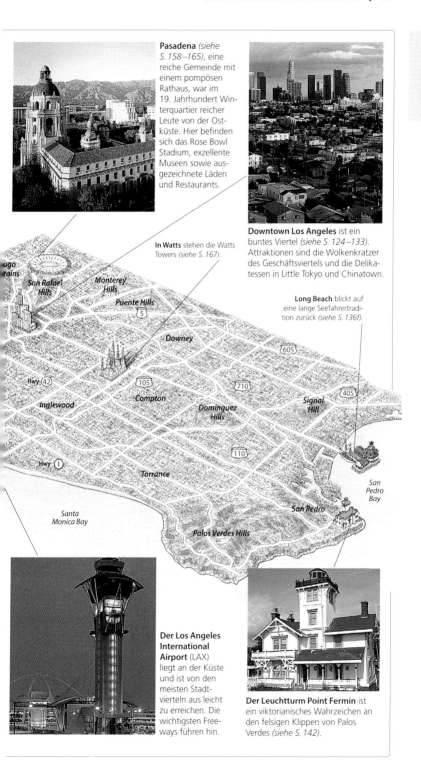

Pasadena *(siehe S. 158–165)*, eine reiche Gemeinde mit einem pompösen Rathaus, war im 19. Jahrhundert Winterquartier reicher Leute von der Ostküste. Hier befinden sich das Rose Bowl Stadium, exzellente Museen sowie ausgezeichnete Läden und Restaurants.

In Watts stehen die Watts Towers *(siehe S. 167)*.

Downtown Los Angeles ist ein buntes Viertel *(siehe S. 124–133)*. Attraktionen sind die Wolkenkratzer des Geschäftsviertels und die Delikatessen in Little Tokyo und Chinatown.

Long Beach blickt auf eine lange Seefahrertradition zurück *(siehe S. 136f)*.

Der Los Angeles International Airport (LAX) liegt an der Küste und ist von den meisten Stadtvierteln aus leicht zu erreichen. Die wichtigsten Freeways führen hin.

Der Leuchtturm Point Fermin ist ein viktorianisches Wahrzeichen an den felsigen Klippen von Palos Verdes *(siehe S. 142)*.

Los Angeles: Küste im Norden

Über 30 Millionen Menschen suchen jährlich die Strände bei Los Angeles auf. Sie gehören zu den beliebtesten Freizeitzielen an der Westküste. An der Küste von Malibu, die von Point Dume zur Malibu Lagoon reicht, wechseln sich felsige Abschnitte mit Stränden ab. Sie erstrecken sich als langer Sandstrand bis nach Santa Monica und Venice. Im Landesinneren bieten die zerklüfteten Santa Monica Mountains von vielen Wanderwegen aus Panoramablicke auf den Pazifik. Im Wasser vor dem Malibu Pier sowie an den beiden Staatsstränden Leo Carillo und Topanga kann man am besten surfen.

Castro Crest besticht durch die riesigen Flächen aus frei liegendem rotviolettem Sandstein und die Eichenwälder. Die Wanderwege des Parks bieten fantastische Ausblicke auf die Küste bis zu den Channel Islands und zu den Bergen von Santa Susana.

Cold Creek Canyon Preserve entstand 1970 zum Schutz der Tier- und Pflanzenwelt in den Santa Monica Mountains. Hier finden sich Rotluchs, Königslaubfrosch und die seltene Stendelwurz (Orchideenart).

0 Kilometer   5
0 Meilen   5

Santa Barbara

Mulholland Highway

Mulholland Highway

Castro Crest

Las Virgenes Canyon Road

Corral Canyon Road

N1

23

N9

Hwy ①

Malibu

①

②

④

③   Point Dume

① ★ **Leo Carrillo State Beach**
Bei Ebbe kann man die Vielfalt der Lebensformen in den Gezeitenbecken um Sequit Point erkunden.

⑤ ★ **Surfrider County Beach**
Viele Surferfilme wurden an diesem hervorragenden Surfstrand gedreht. Vom Malibu Pier aus kann man die Wellenreiter am besten beobachten.

② Zuma County Beach
🏄🏖🏊🎣🚻
Der wunderbar weiße Sand an Malibus größtem Strand ist im Sommer äußerst beliebt. Man kann sehr gut schwimmen und surfen, muss aber auf die Strömung achten.

③ Point Dume County Beach
🏄🏖🏊🎣🚻
An dem geschützten Sandstrand kann man angeln, tauchen, sonnenbaden und die Gezeitenbecken bei Point Dume erkunden.

④ Paradise Cove
🏖🏊🎣🚻🛶
Die Privatbucht war Schauplatz der TV-Serie *Detektiv Rockford*. Am Pier kann man gut angeln, am Strand herrlich sonnenbaden und schwimmen.

⑥ Topanga State Beach
🏄🏖🏊🚻🛶
An dem beliebten Sandstrand, den die Mündung des Topanga Creek unterteilt, treffen sich vor allem Windsurfer.

⑩ Marina del Rey Harbor
🏖🏊🚻🛶
Dies ist einer der größten künstlichen Häfen der Welt *(siehe S. 84)*. Im malerischen Fisherman's Village beim Basin H gibt es Läden, Cafés und Restaurants.

Nevada

Kalifornien

Pazifischer Ozean

Zur Orientierung

Legende
- Freeway
- Highway
- Andere Straße
- Fluss

⑨ ★ Venice Beach
🏄🏖🏊🎣🚻
Vor dem Hintergrund des malerischen Venice *(siehe S. 84)* tummeln sich hier Straßenkünstler, Skater und Bodybuilder, die am Muscle Beach trainieren.

Hollywood

Cold Creek Canyon Preserve

Pacific Palisades

Sunset Blvd

Santa Monica

Wilshire Blvd

Beverly Hills

Downtown Los Angeles

Venice

Long Beach

Palos Verdes

⑦ ★ Will Rogers State Beach
🏄🏖🏊🎣🚻🛶
Der exzellente Surfstrand ist nach dem Hollywood-Schauspieler Will Rogers *(siehe S. 85)* benannt.

⑧ ★ Santa Monica State Beach
🏄🏖🏊🎣🚻
Dies ist einer der beliebtesten Strände von Santa Monica *(siehe S. 80–83)*. Die Häusergruppe am westlichen Ende des Strands wird »Goldküste« genannt.

Los Angeles: Küste im Süden

Die Küste zwischen Dockweiler State Beach und Torrance County Beach ist mit ihrem seichten Wasser und den breiten Sandstränden ideal für Familien. Manhattan Beach und Redondo Beach, die beiden größten Orte, bieten mit das sauberste Wasser der Region. Südlich schützt die felsige Steilküste von Palos Verdes Buchten mit Gezeitenbecken voller Meerestiere und -pflanzen. Hinter dem Hafen von San Pedro ändert sich das Bild der Küste. Bei Long Beach brechen sich die Wellen an weißen Sandstränden. Belmont Shores zieht Angler an. Windsurfer, Paddler und Jetski-Fahrer bevölkern Alamitos Bay mit den künstlichen Kanälen und Inseln von Naples.

Hollywood
Beverly Hills

Santa Monica

42

Hwy ①

①

Vista del Mar Boulevard

Sepulveda Boulevard

405

105

Manhattan B

②

Artesia Blvd

③

107

Torrance

To

④

⑤

Hwy ①

N7

Palos Verdes

Palos Pen

Drive

② ★ **Manhattan State Beach**

Der lange Strand, auch über den Küstenradweg erreichbar, ist ideal zum Schwimmen, Surfen und Angeln.

③ ★ **Hermosa City Beach**

Der Familienstrand bietet ideale Bedingungen für alle Strandsportarten und eignet sich hervorragend zum Angeln (Barsche).

The Port of Los Angeles hat auf einer Länge von 45 Kilometern einen Ausfuhrhafen für Erdöl sowie Häfen für Kreuzfahrtschiffe und Frachter. Hier liegt die zweitgrößte Fischereiflotte des Landes.

⑤ ★ **Torrance County Beach**

Der Strand am Ende des Küstenradwegs *(siehe S. 182)* ist bei Surfern, Schwimmern, Anglern und Tauchern beliebt.

④ ★ **Redondo State Beach**

Eine Bronzebüste erinnert an George Freeth, der 1907 am Redondo Beach das Surfen in Kalifornien einführte.

① Dockweiler State Beach

Am nördlichen Ende von Dockweiler liegt nahe der Hafeneinfahrt ein Nistgebiet der seltenen Zwergseeschwalbe.

⑥ Cabrillo Beach

In Cabrillo, das ein Wellenbrecher unterteilt, gibt es einen Anglerpier am Meer und einen geschützten Sandstrand an der San Pedro Bay.

⑦ Long Beach City Beach

Am westlichen Ende von Long Beach Strand, wie er auch genannt wird, befindet sich im einstigen Hauptquartier der Küstenwache ein Museum.

⑧ Belmont Shores

Am Belmont Pier, am nördlichen Ende des Strands, wird nach Heilbutten, Bonitos und Barschen geangelt. Hier brütet auch der bedrohte Kalifornische Pelikan. Nach Süden hin erstreckt sich der Strand bis zur Mündung des San Gabriel River.

Zur Orientierung

⑨ Alamitos Bay

Die geschützte Bucht ist ideal zum Windsurfen, Wasserskifahren und Schwimmen.

The Port of Los Angeles

Legende

- Freeway
- Highway
- Andere Straße
- Fluss
- Aussichtspunkt

Die Palos Verdes Peninsula erhebt sich bis zu 400 Meter über dem felsigen Ufer, das viele Watvögel bewohnen. Steile Pfade führen hinauf zu den Klippen, die ein fantastisches Panorama bieten.

Los Angeles: Filmindustrie

Der Begriff »Industrie« wird in Los Angeles unweigerlich mit Filmindustrie assoziiert. Die großen Traumfabriken beschäftigen über 60 000 Menschen und setzen jährlich etwa vier Milliarden US-Dollar um. Doch der Hollywood Boulevard hat viel von seinem Glanz verloren. Einige Studios stehen heute an kostengünstigeren Standorten. Aber Hollywood gilt noch immer als Ort, an dem Träume wahr werden können. Viele hoffen auf eine millionenschwere Karriere, wie sie die Sekretärin Ava Gardner oder der Footballspieler John Wayne vorlebten.

Filmcrews bei Außenaufnahmen für Hollywood-Filme sind ein gewohnter Anblick in den Straßen von Los Angeles.

Am Griffith Observatory *(siehe S. 154)* wurde das dramatische Autorennen als Höhepunkt des Kultfilms *Denn sie wissen nicht, was sie tun* (1955) gedreht. Der Film verhalf James Dean, der im selben Jahr bei einem Autounfall mit nur 24 Jahren starb, zu ewigem Starruhm.

Schriftsteller in Hollywood

Seit den 1930er Jahren wird das Phänomen Hollywood auch literarisch verwertet. Autoren wie Nathanael West und F. Scott Fitzgerald, die hier arbeiteten, verewigten die seichten und häufig grausamen Seiten der Stadt. Wests *Tag der Heuschrecke* (1939) gilt als die klassische Abrechnung mit der Filmindustrie. Fitzgeralds posthum veröffentlichter Roman *Der letzte Tycoon* (1941) schildert die Karriere von Irving Thalberg, einem der einflussreichsten Produzenten während Hollywoods Goldenem Zeitalter. Jüngeren Datums ist James Ellroys *Stadt der Teufel* (1997), ein Kriminalroman, der die Korruption im Los Angeles von 1950 beschreibt.

F. Scott Fitzgerald

Last Action Hero, Arnold Schwarzeneggers Hit von 1993, erforderte inszenierte Explosionen, Autorennen und Stuntmen, die durch die Luft flogen.

Filmschauplätze in Los Angeles

In den 1940er und 1950er Jahren wurde in den Kulissen und Sets der großen Studios gedreht. Heute filmen Regisseure gern an interessanten Schauplätzen in der Stadt. Einige Locations, die im fertigen Film oft in andere Städte »versetzt« werden, sind deshalb Zuschauern in der ganzen Welt zu einem vertrauten Anblick geworden.

Millionenverträge sind in Hollywood seit Charlie Chaplins Abschlüssen von 1917 normal. Top-Schauspieler verdienen enorme Summen, die Gagen für Stars wie Robert Downey Jr., Leonardo DiCaprio, Bradley Cooper, Sandra Bullock, Angelina Jolie und Jennifer Lawrence liegen zwischen 50 und 75 Millionen. Nach eigenen Angaben rechnen sich für die Produzenten diese hohen Ausgaben, denn die Stars locken sehr viele Zuschauer in die Kinos.

Leonardo DiCaprio

Angelina Jolie

Venice *(siehe S. 84)* mit seinen farbenfrohen Häusern ist für Außenaufnahmen besonders beliebt, wie in dem 1991 gedrehten Hit *L. A. Story* (Szenenfoto mit Sarah Jessica Parker und Steve Martin) zu sehen ist.

Kassenknüller

Kritiker preisen *Citizen Kane* (1941), *Casablanca* (1943) ist die berühmteste Hollywood-Liebesgeschichte – doch zu den zehn finanziell erfolgreichsten Filmen aller Zeiten zählen andere Streifen:

1 *Avatar – Aufbruch nach Pandora* (2009)
2 *Titanic* (1997)
3 *Jurassic World* (2015)
4 *Marvel's The Avengers* (2012)
5 *Furios 7* (2015)
6 *The Avengers: Age of Ultron* (2015)
7 *Harry Potter und die Heiligtümer des Todes, Teil 2* (2011)
8 *Frozen* (2013)
9 *Iron Man 3* (2013)
10 *Minions* (2015)

Die einzigen bis 1980 produzierten Filme der Top-100-Liste sind *Das Imperium schlägt zurück* (1980) auf Platz 57 und *Der Weiße Hai* (1975) auf Platz 71.

Den Santa Monica Pier *(siehe S. 82f)* kennen Filmfans aus der Gangsterkomödie *Der Clou* (1973), in der Robert Redford und Paul Newman die Hauptrollen spielten.

Stars beobachten – ein Sport, den Einheimische und Besucher gleichermaßen gern betreiben. Eine gute Gelegenheit, Stars, Regisseure und Filmbosse zu sehen, bieten Wolfgang Pucks Lokal Spago *(siehe S. 550)* und die Polo Lounge im Beverly Hills Hotel *(siehe S. 528)*.

Filmplakat zu *Avatar*

Highlights: Museen und Sammlungen

Die Vielfältigkeit von Los Angeles spiegelt sich auch in den Museen wider. Die breit gefächerten Themen der Sammlungen reichen von Naturgeschichte bis zu indianischen Artefakten, von der Geschichte der Cowboys bis zum Holocaust. Sie zeigen alte Meister, Impressionisten sowie europäische und asiatische Werke. Einige Museen präsentieren Privatsammlungen der Superreichen, etwa von Norton Simon, J. Paul Getty, Eli Broad oder Henry und Arabella Huntington. Zur »Museum Row« am Wilshire Boulevard zählen fünf Museen, darunter das berühmte LACMA (Los Angeles County Museum of Modern Art).

Das LACMA ist eines der Spitzenmuseen von Los Angeles. Es zeigt u. a. *La Trahison des images (Ceci n'est pas une pipe)*, das René Magritte um 1928 malte *(siehe S. 118–121)*.

Rund um Downtown
Seiten 144–169

Beverly Hills, Bel Air und Westwood
Seiten 92–103

Santa Monica Bay
Seiten 78–91

Das J. Paul Getty Museum hat eine erstklassige Sammlung impressionistischer Gemälde. *Der Spaziergang* (1870) von Auguste Renoir ist eines der berühmten Esponate *(siehe S. 86–89)*.

Das Museum of Tolerance ist ganz der Völkerverständigung gewidmet. Die Skulptur von Präsident Sadat von Ägypten, US-Präsident Carter und dem israelischen Ministerpräsidenten Begin verdeutlicht dieses Anliegen *(siehe S. 97)*.

0 Kilometer   5

0 Meilen

Das Historic Southwest Museum beherbergt Tausende von indianischen Artefakten. Trotz der derzeitigen Umgestaltung sind samstags einige Höhepunkte der Sammlung zu sehen *(siehe S. 157).*

Das Autry National Center vermittelt die Geschichte des amerikanischen Westens im Aufeinandertreffen von indianischen und westlichen Kulturen. Die Wachsfigur von Billy the Kid ist eines der Ausstellungsstücke *(siehe S. 155).*

Das Norton Simon Museum wurde 1969 erbaut. Es präsentiert europäische, indische und südostasiatische Kunst aus einem Zeitraum von über 2000 Jahren *(siehe S. 160f).*

GLENDALE FREEWAY

...URA FREEWAY

GOLDEN STATE FREEWAY

PASADENA FREEWAY

...lywood und
...t Hollywood
...ten 104–123

Rund um Downtown
Seiten 144–169

**Downtown
Los Angeles**
Seiten 124–133

LONG BEACH FREEWAY

HARBOR FREEWAY

CENTURY FREEWAY

**Huntington Library,
Art Collections and
Botanical Gardens** in Pasadena zeigen u. a. Rogier van der Weydens *Madonna mit Kind* aus dem 15. Jahrhundert *(siehe S. 162–165).*

Das Natural History Museum of Los Angeles County ist eines der drei Museen im Exposition Park. Zu den Exponaten gehört dieses acht Millionen Jahre alte Skelett eines kurzbeinigen Rhinozerosses *(siehe S. 168).*

Highlights: Architektur des 20. Jahrhunderts

Noch über ein Jahrhundert nach ihrer Gründung 1781 prägten bescheidene Ziegelbauten die damalige Kleinstadt Los Angeles. Erst Ende des 19. Jahrhunderts führten Siedler aus dem Osten und Mittleren Westen den viktorianischen Baustil aus ihrer Heimat ein. Die Anbindung an die transkontinentale Eisenbahn 1887 löste einen gigantischen Bauboom aus, seither ist die Stadt stetig gewachsen. Im 20. Jahrhundert stand Los Angeles' Architektur vollkommen im Zeichen von innovativen »Neo«-Stilen. Architekten wandeln viele baufällige Geschäftshäuser in moderne Bauten um.

Beverly Hills Civic Center (1990)
Das Gebäude von Charles Moore zeigt einen Mix aus spanischem Kolonialstil, Art déco und Postmoderne *(siehe S. 96)*.

2 Rodeo (1990)
Das Potpourri aus europäischen Baustilen, zu dem sogar ein Nachbau der Spanischen Treppe in Rom gehört, ist Teil eines bekannten Einkaufsviertels *(siehe S. 98)*. An der kopfsteingepflasterten Straße stehen »viktorianische« Straßenlampen.

SAN FERNANDO VALLEY FRWY

GOLDEN STATE FREEWAY

SAN DIEGO FREEWAY

VENTURA FREEWAY

Beverly Hills, Bel Air und Westwood
Seiten 92–103

Santa Monica Bay
Seiten 78–91

SANTA

Eames House (1949)
Charles und Ray Eames entwarfen das Haus samt Atelier als einen der 36 Prototypen, die die Zeitschrift *Arts & Architecture* in Auftrag gegeben hatte.

Binoculars Building (1991)
Das eindrucksvolle Bauwerk, Sitz der L. A.-Niederlassung von Google, entwarf Stararchitekt Frank Gehry *(siehe S. 82)*.

Michael D. Eisner Building (1991)
Den klassisch inspirierten Ziergiebel von Michael Graves' postmodernem Disney®-Gebäude in Burbank tragen 5,7 Meter hohe Statuen in Form der Sieben Zwerge. Im Inneren befinden sich witzige Mickey-Mouse-Stühle *(siehe S. 149)*.

Ennis House (1923)
Fundament, Grundriss und Innenausstattung dieses Hauses tragen die Handschrift von Frank Lloyd Wright.

Gamble House (1908)
Dies ist ein Musterbeispiel für Charles und Henry Greenes Arts-and-Crafts-Bungalows aus dem frühen 20. Jahrhundert. Die ausladenden Dachvorsprünge, Veranden und das elegante Interieur sind typisch für den Baustil der Brüder *(siehe S. 158)*.

Rund um Downtown
Seiten 144–169

GLENDALE FRWY

PASADENA FREEWAY

Hollywood und West Hollywood
Seiten 104–123

Downtown Los Angeles
Seiten 124–133

HARBOR FREEWAY

CENTURY FREEWAY

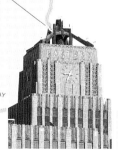

Union Station (1939)
Im letzten der großen amerikanischen Bahnhöfe finden sich in der gewölbten Bahnhofshalle, den Bogen, Wartehallen und Innenhöfen sowohl Mission-Revival-Stil als auch moderne Architekturstile *(siehe S. 132)*.

Eastern Columbia Building (1930)
Das Gebäude von Claude Beelman ist eines der schönsten Art-déco-Beispiele in Los Angeles.

Will Rogers State Beach, Santa Monica *(siehe S. 69)*

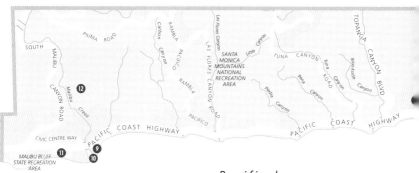

Pazifischer
Ozean

Sehenswürdigkeiten auf einen Blick

Districts
1. *Santa Monica S. 80–83*
2. Venice
3. Marina del Rey
11. Malibu Colony

Museen und Sammlungen
4. Museum of Flying
5. *J. Paul Getty Museum im Getty Center S. 86–89*
8. Getty Villa
9. Adamson House und Malibu Lagoon Museum

Parks und Strände
6. Will Rogers State Historic Park
7. Topanga State Park
10. Malibu Lagoon State Beach
12. Malibu Creek State Park

Santa Monica Bay

Hohe Temperaturen, frische Brisen, kilometerlange Sandstrände, exzellente Surfbedingungen und exquisite Museen – an der Santa Monica Bay zeigt sich Kalifornien von seiner besten Seite. Als der im Auftrag der spanischen Krone segelnde portugiesische Entdecker Juan Rodríguez Cabrillo 1542 hier landete *(siehe S. 50)*, lebten die Chumash und Tongva/Gabrielino auf dem Gebiet – seit rund 2500 Jahren. Anfang des 19. Jahrhunderts wurde Santa Monica Bay in mehrere Ländereien aufgeteilt, darunter Rancho Topanga Malibu Sequit und Rancho San Vicente y Santa Monica: Letzteres Areal erwarb John Percival Jones 1875. Der Senator aus Nevada hoffte, dass hier der Hafen von Los Angeles

gebaut werden würde – doch dies geschah in San Pedro *(siehe S. 142f)*. Stattdessen entstanden die Erholungsgebiete Santa Monica und Venice. Sie sind bis heute die attraktivsten Ecken von Los Angeles.

Frederick und May Rindge kauften 1887 Rancho Topanga Malibu Sequit. Die Familie kämpfte jahrelang gegen die Erschließung ihres Eigentums. Nachdem sie den Rechtsstreit verloren hatte, verkaufte sie Malibu an die Reichen und Berühmten. Weite Gebiete der Santa Monica Bay sind noch recht unerschlossen. Die ausgedehnten Staatsparks von Topanga und Malibu Creek sind mit ihren kilometerlangen Wanderwegen die grünen Lungen von Los Angeles.

Straßenkarte *Ausschnitt A*

Zeichenerklärung *siehe hintere Umschlagklappe*

❶ Im Detail: Santa Monica

Santa Monicas frische Meeresbrisen, das milde Klima (die Sonne scheint an 328 Tagen im Jahr) und fußgängerfreundliche Straßen sind für Urlauber ideal. Die Stadt liegt auf einer Klippe hoch über den kilometerlangen Sandstränden der Santa Monica Bay. Am Klippenrand erstreckt sich der palmenbestandene, zehn Hektar große Palisades Park. Von hier aus hat man eine herrliche Fernsicht, vor allem bei Sonnenuntergang. Eine Treppe führt hinunter zu Strand und Pier. Nahe dem von Hotels gesäumten Ufer verläuft die Third Street Promenade, in deren Straßencafés und Lokalen ein buntes Treiben herrscht.

Blick vom Palisades Park
Der Park auf der Klippe bietet einen beeindruckenden Fernblick über die Santa Monica Bay. Nach Norden kann man bis Malibu sehen.

★ Third Street Promenade
Brunnen mit Metallfiguren in Form von Dinosauriern zieren den belebten Straßenzug. Dies ist eines der besten Einkaufsviertel von Los Angeles.

Hotels säumen den Strand.

★ Palisades Park
In dem schmalen Park mit alten Palmen kann man wunderbar spazieren gehen, joggen oder von einer Parkbank den Ausblick genießen. Abends erlebt man hier einen grandiosen Sonnenuntergang.

Legende
— Routenempfehlung

0 Meter 200
0 Yards 200

Hotels und Restaurants in Los Angeles *siehe Seiten 528–531 und 550–556*

Santa Monica Place
Die lebhafte Shopping Mall
wurde 1979 von Frank Gehry
entworfen. 2008 wurde der
Komplex umfassend renoviert
und erstrahlt nun in neuem
Glanz mit edlen Läden und
einem Dachrestaurant.

Großraum
Los
Angeles

Rund um
Downtown

Santa Monica
Bay

Beverly
Hills,
Bel Air
und
West-
wood

Zur Orientierung
Siehe Straßenkarte, Ausschnitt A

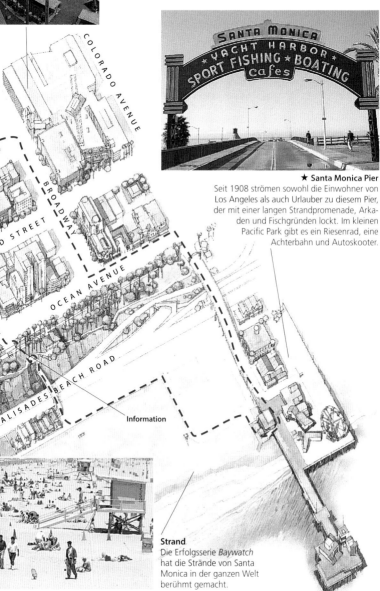

★ **Santa Monica Pier**
Seit 1908 strömen sowohl die Einwohner von
Los Angeles als auch Urlauber zu diesem Pier,
der mit einer langen Strandpromenade, Arka-
den und Fischgründen lockt. Im kleinen
Pacific Park gibt es ein Riesenrad, eine
Achterbahn und Autoskooter.

Information

Strand
Die Erfolgsserie *Baywatch*
hat die Strände von Santa
Monica in der ganzen Welt
berühmt gemacht.

Straßenkarte *siehe hintere Umschlaginnenseiten*

Überblick: Santa Monica

Santa Monica ist seit Ende des 19. Jahrhunderts der Star unter den Badeorten von Los Angeles. Damals fuhr man mit der Tram zu Strandfesten. Die verschlafen wirkende Küstenstadt war gleichzeitig Zentrum der Glücksspiel-schiffe. In den 1920er und 1930er Jahren erwarben Film-stars wie Cary Grant und Mary Pickford Land und be-gründeten die »Goldküste«. Strand und Pier sind nun Besucherattraktionen. Heute ist Santa Monica auch für seine Restaurants *(siehe S. 554)*, Shopping-Meilen und die Kunstszene berühmt. Viele Galerien sind in der Bergamot Station und im Edgemar-Komplex in der Main Street untergebracht.

Das Binoculars Building, Sitz der Niederlas-sung von Google in L.A., entwarf Frank Gehry

Rund um Santa Monica

Viele Grünflächen lockern das Stadtbild auf. Die schönste ist der 2,5 Kilometer lange, sehr schmale und überaus gepfleg-te **Palisades Park** am Rand der Steilküste mit subtropischen Bäumen und Pflanzen. Hier kann man fantastische Son-nenuntergänge, den rauschen-den Ozean und mächtige Pal-men genießen. Am nördlichen Ende des Parks bietet Inspira-tion Point einen atemberau-benden Blick auf die Bucht von Malibu bis Palos Verdes.

Zwischen Wilshire Boulevard und Broadway erstreckt sich die **Third Street Promenade**, eine früher heruntergekom-mene Einkaufsstraße, die gründlich saniert wurde und heute einer der quirligsten Orte in ganz Los Angeles ist. Die drei Häuserblocks umfas-sende Fußgängerzone säumen Geschäfte, Cafés, Restaurants, Buchläden und Kinos. Abends herrscht hier eine grandiose Stimmung: Straßenkünstler unterhalten mit Musik, Tanz, Marionettentheater und Zau-bertricks. In der nahe gele-ge-nen Arizona Avenue findet samstags und mittwochs ein Markt statt, der als einer der besten der Stadt gilt. Eine weitere lohnende Einkaufsecke liegt in der Main Street, die Richtung Süden nach Venice führt *(siehe S. 84)*. Um 1900 war die **Main Street** ein Geschäftsviertel und Areal für den Pacific Ocean Park, einen Vergnü-gungspark mit Pools und Uferpier. Als jedoch der Großteil der Attraktio-nen Anfang der 1970er Jahre abgerissen wurde, verkam die Main Street völlig. Heute befinden sich in der wiederbelebten Straße zahl-reiche Läden, ausgezeich-nete Restaurants und Kunst-galerien ersten Ranges.

An der Main Street ste-hen einige Kunstwer-ke – neben dem Civic Auditorium etwa Paul Conrads *Chain Reaction* (1991), ein Mahnmal gegen den Atomkrieg aus rostfreiem Stahl und Kupfer. *Ocean Park Pier* (1976), ein Wandbild von Jane Golden und Barbara Stroll, ist an der Kreuzung zum Ocean Park Boulevard zu sehen. Es zeigt den Pacific Ocean Park zu Beginn des 20. Jahrhunderts.

Ein charmantes Beispiel der spanischen Kolonialarchitektur befindet sich an der Ecke Main Street und Pier Avenue. Ganz in der Nähe erhebt sich das Binoculars Building, das 1991 von Frank Gehry entworfen wurde. Der in Form eines riesi-gen Fernglases gehaltene Vor-bau des Gebäudes dominiert die Straße *(siehe S. 76)*.

🎠 Santa Monica Pier

Colorado Ave u. Ocean Ave.
📞 1-310-458-8901. **Looff Carousel** ⏱ Zeiten bitte erfragen (1-310-394-8042). **Arkade** ⏱ Zeiten bitte tel. erfragen (1-310-451-5133). **Pacific Park** ⏱ Zeiten bitte tel. erfragen (310 260-8774). 🎟
🌐 santamonicapier.org

Santa Monicas Wahrzeichen ist der älteste Vergnügungspier (1909) der Westküste. Am westlichen Ende gibt es im Pacific Park ein Riesenrad mit der Höhe eines elfstöcki-gen Gebäudes. Das Karussell von 1922 mit seinen 44 hande-fertigten Pferden ähnelt dem in Santa Cruz *(siehe S. 510)*, das in George Roy Hills Film *Der Clou* *(siehe S. 73)* zu sehen ist. Auf dem Unterdeck des Piers kann man angeln. Im Som-mer finden hier am Donnerstagabend kostenlose Veranstal-tungen statt *(siehe S. 177)*.

Chain Reaction von Paul Conrad

Ferienwohnungen am Palisades Park

Hotels und Restaurants in Los Angeles *siehe Seiten 528–531 und 550–556*

🏛 Bergamot Station

2525 Michigan Ave. ☎ 1-310-453-7535. ⏱ Di–Fr 10–18, Sa 11–17.30 Uhr. ♿

Die Bergamot Station ist ein zwei Hektar großer Kunstkomplex, der sich auf dem Gelände des einstigen Red-Line-Trolley-Bahnhofs befindet. Die schrillen Gebäude aus Aluminiumgleisen besitzen High-tech-Flair. Hier gibt es auch einige Ateliers, in denen renommierte Künstler tätig sind. Mehr als 25 Galerien und ein kleines Museum präsentieren die neuesten Arbeiten zeitgenössischer Künstler aus unterschiedlichen Bereichen wie Malerei, Bildhauerei, Fotografie, Möbeldesign, Glaskunst und afrikanische Kunst.

Plakat für eine Ausstellung im Kunstkomplex Bergamot Station

🏛 California Heritage Museum

2612 Main St. ☎ 1-310-392-8537. ⏱ Mi–So 11–16 Uhr. ⏺ 1. Jan, 4. Juli, Thanksgiving, 25. Dez. ♿
🌐 californiaheritagemuseum.org

Der Architekt Sumner P. Hunt errichtete 1894 das Gebäude im Queen-Anne-Stil für Roy Jones, den Sohn des Gründers von Santa Monica *(siehe S. 79)*. Unten vermitteln ein viktorianisches Speisezimmer, ein Arts-and-Crafts-Wohnzimmer und eine Küche aus den 1930er Jahren den Lebensstil in Südkalifornien zu verschiedenen Zeiten. Das Obergeschoss zeigt Sonderausstellungen zu Themen wie Surfen *(siehe S. 202f)*, Hollywood-Western, Quilts oder Möbel im Monterey-Rancho-Stil.

Viktorianische Fassade des California Heritage Museum

🏛 Angels Attic

516 Colorado Ave. ☎ 1-310-394-8331. ⏱ Do–Sa 12–16 Uhr. ⏺ einige Feiertage. ♿
🌐 angelsattic.com

Die Sammlungen des Museums verteilen sich auf zwei viktorianische Villen, die im Jahr 1895 errichtet und später originalgetreu restauriert wurden. Schon die beiden Gebäude sind eine Sehenswürdigkeit für sich. Neben wunderschönen Elementen im Queen-Anne-Stil gehört auch der hübsche Garten zu den Highlights des Anwesens.

Angels Attic präsentiert eindrucksvolle, nicht nur für Kinder interessante Sammlungen von Puppen, Puppenhäusern und anderem Spielzeug von nostalgisch bis modern. Besucher erhalten zudem einen Überblick über wechselnde Trends in den Bereichen Innenarchitektur und Mode sowie über die Entwicklung der Spielzeugindustrie.

Infobox

Information
Straßenkarte Ausschnitt A.
🚇 90 000. ℹ Palisades Park, 1400 Ocean Ave, 1-310-393-7593. 🎪 Santa Monica Festival (Mai). 🌐 santamonica.com

Anfahrt
✈ LAX 13 km südöstl. von Santa Monica. 🚌 4th St u. Colorado Blvd.

Raymond Chandler

Der Romancier und Drehbuchautor Raymond Chandler (1888–1959) schrieb einige seiner Krimis in Santa Monica, einer Stadt, die er verabscheute und – kaum kaschiert – als lasterhaftes Bay City in *Leb wohl, mein Liebling* verspottete. In den 1920er und 1930er Jahren herrschten in Santa Monica Korruption und Verbrechen. Vor der Küste ankerten Schiffe, auf denen illegales Glücksspiel betrieben wurde. Die *Rex*, die acht Kilometer vor der Küste Santa Monicas lag, erscheint in *Leb wohl, mein Liebling* als *Royal Crown*. Romane wie *Leb wohl, mein Liebling*, *Der tiefe Schlaf*, *Das hohe Fenster*, *Die kleine Schwester* und *Der lange Abschied*, die auch verfilmt wurden, schildern Schattenseiten von Los Angeles. Chandler war prominenter Vertreter des Hard-Boiled-Krimis mit umgangssprachlichen wie eleganten Dialogen. Hauptfigur seiner Werke ist der Detektiv Philip Marlowe, ein Einzelgänger mit zynischem bis sarkastischem Blick auf die Welt.

Filmplakat für *Tote schlafen fest* (1946) nach dem Roman *Der tiefe Schlaf*

❷ Venice

Straßenkarte Ausschnitt A.
📞 1-310-822-5425.
🌐 venicechamber.net

Venice ist seit Langem ein beliebter Tummelplatz der Lebenskünstler. Zwischen 1910 und 1920 füllten ausgelassene Massen die Tanzhallen. In den 1950er Jahren kamen die Beatniks. Heute säumen Künstlerateliers, Restaurants, Bars und Läden die Straßen.

Der Tabak-Tycoon Abbot Kinney gründete den Ort 1905 als amerikanische Version von Venedig. Der schwerreiche Industrielle wollte eine kulturelle Renaissance in Südkalifornien einleiten, ließ ein Kanalsystem bauen und importierte Gondeln sowie Gondolieri. Doch er hatte bei den Plänen die Gezeiten nicht berücksichtigt, daher war das Gebiet ständig mit Abwasserproblemen konfrontiert.

Heute existieren nur noch ein paar der ursprünglich elf Kilometer langen Kanäle. Die anderen wurden 1927 aufgefüllt. Der Kreisverkehr an der Windward Avenue bildete die Hauptlagune. Der hier nach Südosten abgehende Grand Boulevard war der Grand Canal. Am besten sieht man die Kanäle an der Dell Avenue, wo es noch alte Brücken gibt und Boote und Enten sanft auf dem Wasser schaukeln.

Venice vermittelt so etwas wie Zirkusatmosphäre. Am Wochenende sausen spärlich bekleidete Männer und Frauen auf Rädern und Skates die Promenade entlang. Jongleure, Akrobaten und Ein-Mann-Bands locken Zuschauer in Scharen an. Muscle Beach, an dem einst auch Berühmtheiten wie Arnold Schwarzenegger trainierten, ist das Mekka der Bodybuilder.

Wichtigste Flaniermeile ist der Abbot Kinney Boulevard mit bunten Läden, Galerien und vielen Performances.

Yachten im Hafen, Marina del Rey

❸ Marina del Rey

Straßenkarte Ausschnitt A.
ℹ️ 4701 Admiralty Ave, Marina del Rey, 1-310-305-9545.
🌐 visitmarinadelrey.com

Marina del Rey erstreckt sich auf einer Fläche von nur 3,4 Quadratkilometern, fast die Hälfte besteht aus Wasser. Hier liegt der weltweit größte künstliche Yachthafen. Die Einwohner, vorzugsweise jung (ledig oder mit Familie), genießen Skaten, Radfahren und Wassersport. Vom Paddelboot bis zur Yacht ist alles zu mieten, auch Boote zum Hochseefischen oder für einen Luxustörn.

Fisherman's Village am Fiji Way gleicht einem Fischerdorf in Neuengland. Die meisten Läden, Restaurants und Cafés bieten einen wunderbaren Ausblick auf den Hafen.

❹ Museum of Flying

3100 Airport Ave. 📞 1-310-398-2500. 🕐 Fr–So 10–17 Uhr.
🌐 museumofflying.com

Das neue Museum of Flying beschäftigt sich mit der Geschichte des Santa Monica Airport, in dem es nun untergebracht ist. Ein weiterer Schwerpunkt ist die Rolle der Douglas Aircraft Company für die Entwicklung der zivilen und Militärflugfahrt. Zudem werden weitere südkalifornische Airlines präsentiert sowie ca. 25 Flugzeuge – vom Nachbau eines Doppeldeckers der Brüder Wright bis hin zum Düsenjet. Es gibt auch viele interaktive Exponate. Besucher

Von schmucken Häusern gesäumter Kanal in Venice

Hotels und Restaurants in Los Angeles *siehe Seiten 528–531 und 550–556*

des Museums erhalten außerdem Zugang zu einer Aussichtsplattform mit Blick auf die Landebahn.

»Yellow Peril Boeing Stearman« im Museum of Flying

❺ J. Paul Getty Museum im Getty Center

Siehe S. 86–89.

❻ Will Rogers State Historic Park

1501 Will Rogers State Park Road, Pacific Palisades. **Straßenkarte** Ausschnitt A. ☎ 1-310-454-8212. ◯ tägl. 8 Uhr bis Sonnenuntergang. ● 1. Jan, Thanksgiving, 25. Dez. 🅿 ♿ Rasen. 🎦 🔲 parks.ca.gov

Der ehemalige Cowboy Will Rogers (1879–1935) wurde Filmstar, Radiokommentator und Zeitungskolumnist. Der »Cowboy-Philosoph« war für seinen derben Humor und seine scharfsinnigen Kommentare bekannt, die er bei der Vorführung von Seiltricks von sich gab. Seine Karriere dauerte von 1905 bis zu seinem Tod. Als seine Witwe Betty Rogers 1944 starb, vermachte sie das Haus und das umliegende Land dem Staat. Laut Testament durfte nichts verändert werden. An den Wochenenden sollten Polospiele stattfinden (Rogers war Polospieler).

Wanderwege führen von der Ranch weg. Der Rasen an der Ostseite des Hauses ist ideal für ein Picknick. Führungen durch das Haus zeigen das Wohnzimmer, in dem Rogers seine Seiltricks übte.

Wildtiere der Santa Monica Bay

Zu den Meeressäugern der Santa Monica Bay gehören unter anderem Robben, Kalifornische Seelöwen und Große Tümmler. Von Dezember bis Februar sieht man häufig Grauwale auf ihrer Wanderung von Alaska nach Baja California, wo sie kalben. Einer der besten Plätze zur Walbeobachtung ist Point Dume. In den Bergen gibt es eine Vielzahl an Wildtieren. Der seltene, bis zu zwei Meter lange Puma lebt vor allem in felsigen, entlegenen Gebieten. Sein naher Verwandter, der kleinere Rotluchs, ist an den Büscheln auf seinen Ohrspitzen gut zu erkennen. In der Dämmerung jagen Kojoten bisweilen Haustiere. Der freche, intelligente Waschbär durchstöbert Campingplätze. Maultierhirsche, Audubonkaninchen und Stinktiere gibt es zuhauf. Die Bucht ist auch die Heimat seltener Vögel wie Steinadler und Rotschwanzbussard.

Waschbär *(Procyon lotor)*

❼ Topanga State Park

20825 Entrada Rd, Topanga. **Straßenkarte** Ausschnitt A. ☎ 1-310-455-2465; 1-805-488-8147 (für Feuerschutzbestimmungen im Sommer und Herbst). ◯ tägl. 8 Uhr bis Sonnenuntergang. 🅿 ♿ 🔲 parks.ca.gov

Der Staatspark erstreckt sich von Pacific Palisades bis zum San Fernando Valley *(siehe S. 148)*. »Topanga« ist das indianische Wort für »Platz, an dem sich Berge und Meer treffen«. Vor etwa 5000 Jahren lebten hier die Tongva/Gabrielino und Chumash. Heute praktizieren die Bewohner der Platanen- und Eichenwälder einen alternativen Lebensstil.

Die Entrada Road, die vom Highway 27 abzweigt, führt zum nördlich von Topanga gelegenen Parkeingang. Der überwiegende Teil des etwa 5300 Hektar großen Parks liegt innerhalb der Stadtgrenzen von Los Angeles und macht das Areal damit zum größten Stadtpark der USA – mit viel Platz zum Wandern und Radfahren.

Wenn man die Santa Monica Mountains hochsteigt, reicht der Blick weit über Canyons, Klippen und Wiesen bis zum Meer und zum San Fernando Valley. Insgesamt führen über 50 Kilometer Wege durch den Park. Am Parkzentrum Trippet Ranch beginnen vier Routen: ein 1,6 Kilometer langer Naturlehrpfad, der Dead Horse Trail, der Musch Ranch Trail, der zum Campingplatz führt, und die East Topanga Fire Road zur Eagle Junction. Sehr beliebt ist auch der vier Kilometer lange Eagle Rock/Eagle Spring Trail.

Rad fahren darf man auf den Feuerwehrwegen, reiten fast überall.

Wanderwege in den Santa Monica Mountains im Topanga State Park

Straßenkarte *siehe hintere Umschlaginnenseiten*

❺ J. Paul Getty Museum im Getty Center

Das Getty Center wurde im Dezember 1997 eröffnet. Es nimmt architektonisch und kulturell eine dominante Stellung in der Stadt ein. Der Komplex auf dem Sepulveda Pass inmitten der wilden Schönheit der Santa Monica Mountains nahe dem San Diego Freeway (I-405) beherbergt außer dem Museum Forschungs- und andere Einrichtungen der Getty Foundation. Getty, der sein Vermögen im Ölgeschäft erwarb, war ein leidenschaftlicher Kunstsammler. Er wollte seine Schätze, vor allem europäische Kunstwerke von der Renaissance bis zum Postimpressionismus, kostenlos öffentlich präsentieren. Viele Werke der Dauerausstellung unterliegen einer wechselnden Hängung. Die Getty Villa in Malibu zeigt griechische, etruskische und römische Artefakte *(siehe S. 90).*

Zur Orientierung

- Dargestelltes Areal
- Forschung, Restaurierung, Lehre, Verwaltung, Restaurant, Café und Auditorium
- Tramhaltestelle

★ *Schwertlilien* **(1889)**
Vincent van Gogh schuf das Bild in der Klinik von St-Rémy. Der Stil offenbart den Einfluss Paul Gauguins (1848–1903) und des japanischen Holzschnittkünstlers Hokusai (1760–1849).

Ostpavillon

Nordpavillon

Innenhof

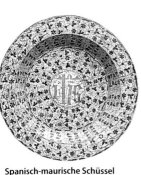

Spanisch-maurische Schüssel
Die reich verzierte Steingutschüssel wurde Mitte des 15. Jahrhunderts in Valencia hergestellt. Die glänzenden Farben waren damals eine Spezialität maurischer Töpfer.

Eingang

Schmuckschrank (17. Jh.)

Dieser Schrank stammt wahrscheinlich von dem französischen Meister André-Charles Boulle. Er wurde anlässlich der Siege von Louis XIV hergestellt.

Südpavillon

Westpavillon

Südlicher Vorbau

Infobox

Information
1200 Getty Center Drive.
Straßenkarte Ausschnitt A.
📞 1-310-440-7300.
🕐 tägl. 10–17.30 Uhr (Sa bis 21 Uhr). ⬤ Feiertage. 🎫 frei.
🅿 15 US-$. ♿🅿🖼🚻📷
🌐 getty.edu

Koreanischer Mann
(um 1617)
Die schwarz-rote Kreidezeichnung schuf Peter Paul Rubens.

★ Heuschober im Schnee, morgens (1891)
Monets Bild ist Teil einer Serie, die dieselbe Landschaft zu verschiedenen Tages- und Jahreszeiten zeigt.

Wechselausstellungen und ein Gartencafé sind in diesem Gebäude untergebracht.

★ Die Entführung der Europa (1632)
Das Landschaftsbild Rembrandts zeigt den in einen Stier verwandelten Gott Jupiter, der Europa, die Prinzessin von Tyros, entführt.

Kurzführer

Von unten ähnelt der Komplex (Entwurf von Richard Meier) einer Festung, doch oben vermitteln Brunnen, Gehwege, Innenhöfe und Nischen einen behaglichen Eindruck. Eine Elektrotram pendelt zwischen Parkplatz und Gebäuden. Das großzügige Foyer öffnet sich zu einem zentralen Innenhof, umgeben von fünf zweistöckigen Pavillons. Der Künstler Robert Irwin legte westlich des Museums einen Garten an. Gegenüber der Tramhaltestelle befinden sich am Hauptplatz ein Café und ein Restaurant. Ein weiteres Café und ein Buchladen sind im Museum untergebracht.

J. Paul Getty Museum: Sammlungen

Die Sammlung von Antiquitäten, Gemälden europäischer Künstler, Skulpturen und kunsthandwerklichen Arbeiten von J. Paul Getty (1892–1976) konzentriert sich auf Werke vor dem 20. Jahrhundert. Der Kunstmäzen war einer der erfolgreichsten Unternehmer seiner Zeit und ein rastloser Sammler. Das Aufspüren eines Objekts erfreute ihn fast mehr als dessen Besitz. Seit seinem Tod vermehrt der Getty Trust die Bestände des Museums kontinuierlich. Zudem entstanden im Lauf der Zeit neue Abteilungen für Fotografien, Zeichnungen und Handschriften.

Mann mit Pflug (1860–62) von Jean-François Millet

Europäische Malerei und Bildhauerei

Diese exzellente Sammlung präsentiert europäische Gemälde vom 13. bis zum späten 19. Jahrhundert. Zu den italienischen Arbeiten aus Renaissance und Barock gehören unter anderem *Die Anbetung der Heiligen Drei Könige* (1495–1505) von Andrea Mantegna und *Die Dogana in Venedig* (1744) von Canaletto. Rembrandts *Entführung der Europa* (1632) ist ein Höhepunkt der flämischen und niederländischen Kollektion, zu der auch eine Ölskizze von Peter Paul Rubens (1577–1640) und ein Porträt von Anthonis van Dyck gehören.

Die französische Abteilung zeigt *Das Wettrennen der reiterlosen Pferde* (1817) des romantischen Malers Théodore Géricault. Paul Cézannes *Stillleben mit Äpfeln* (1900) verdeutlicht die Beschäftigung des Künstlers mit Licht- und Farbabstufungen und die Entwicklung der Malerei im späten 19. Jahrhundert, die sich vom realistischen Stil entfernt und einem abstrakteren Ansatz zuwendet. Claude Monets *Heuschober im Schnee, morgens (siehe S. 87)* sowie van Goghs *Schwertlilien (siehe S. 86)* vervollständigen die Abteilung der (post-)impressionistischer Werke.

Die europäischen Skulpturen stammen aus der Zeit vom 16. bis 19. Jahrhundert. Pier Jacopo Anticos *Büste des Marc Aurel* (um 1520) entstand Ende der italienischen Hochrenaissance. Als Manierist ist Benvenuto Cellini mit *Satyr* (um 1542) vertreten. Bemerkenswerte Beispiele barocker Bildhauerei sind *Plutos Raub der Proserpina* (um 1693–1710) von François Girardon und Giovanni Lorenzo Berninis *Knabe mit dem Drachen* (um 1614). Beeindruckend sind außerdem drei Statuen von Joseph Nollekens: *Venus*, *Juno* und *Minerva* (1773).

Zeichnungen

Rembrandts Rötelzeichnung *Nackte Frau mit Schlange* (um 1637) bildete den Grundstock der grafischen Sammlung, zu der mehr als 400 Werke aus der Zeit vom 15. bis 19. Jahrhundert gehören. *Der Hirschkäfer* (1505) von Albrecht Dürer ist eine detailgenaue Wasserfarben-Gouache-Illustration. Leonardo da Vincis *Drei Skizzen eines Kindes mit Lamm* (um 1503–06) sind hingegen freier gehaltene Studien.

Unter den zahlreichen Porträtzeichnungen der illustren Sammlung findet sich *Koreanischer Mann (siehe S. 87)* von Peter Paul Rubens. Das *Selbstporträt* (um 1857/58) von Edgar Degas wurde in Öl auf Papier ausgeführt und zeigt den jungen Künstler am Anfang seiner außerordentlichen Karriere.

Fotografien

Zahlreiche bedeutende Privatsammlungen wie etwa die von Bruno Bischofberger, Arnold Crane und Samuel Wagstaff bildeten die Basis dieser Abteilung, die sich auf europäische und amerikanische Fotografien von den Anfängen bis in die 1950er Jahre konzentriert. Von den Pionieren besitzt die Sammlung vor allem Werke aus den frühen 1840er Jahren.

Cape Horn, Oregon (1867) von Carleton E. Watkins

Bei Daguerreotypien war die Identität des Abgebildeten häufig wichtiger als die des Künstlers. Es gibt ein schönes Porträt von Louis Jacques Mandé Daguerre, das 1848 von Charles R. Meade aufgenommen wurde.

Der Engländer William Henry Fox Talbot (1800–1877) machte als Erster Abzüge von Negativen. Hübsch ist sein Bild *Eiche im Winter* (um 1845). Weitere Höhepunkte sind Werke von Hippolyte Bayard (1801–1887), der Porträtistin Julia Margaret Cameron (1815–1879), des Kriegsfotografen Roger Fenton (1819–1869), Gustave Le Gray (1820–1882) und Nadar (1820–1910).

Wichtige Fotografen des frühen 20. Jahrhunderts sind Edward Weston (1886–1958) und Walker Evans (1903–1975), der großen Einfluss auf die amerikanische Dokumentarfotografie ausübte.

Renaissance-Glasschale
aus Chalzedon (Achat), um 1500

Angewandte Kunst

Die Abteilung umfasst europäische Exponate aus der Zeit vor 1650 und Arbeiten aus Südeuropa von 1650 bis 1900. Ihr Erwerb vervollständigte den Bestand an französischem Kunstgewerbe.

Höhepunkte sind Glas- und Steingutwaren aus Italien und Spanien, schmiedeeiserne Arbeiten aus Deutschland, Frankreich und Italien sowie reich verzierte Möbel. Hierzu gehört ein mit außergewöhnlichen Einlegearbeiten versehener Schrank aus Augsburg (um 1620–30), der auf vier Seiten geöffnet werden kann und viele Schubladen und Fächer besitzt.

Korb aus Sèvres-Porzellan
(Mitte 18. Jh.)

Kunsthandwerk

Gettys erste Sammlerliebe galt dem Kunsthandwerk, nachdem er in New York ein Penthouse mit französischen und englischen Antiquitäten (18. Jh.) angemietet hatte. Ursprünglich konzentrierte sich die Sammlung auf Möbel der Zeit von Louis XIV bis zur napoleonischen Ära (1643–1815), umfasste also Régence, Rokoko und Empire.

Unter Louis XIV erlebte das französische Kunsthandwerk seine Blütezeit, wobei die Gestaltung mehr der Schönheit als der Funktion diente. Der führende Meister war André-Charles Boulle (1642–1732), der komplizierte Furnier- und Einlegearbeiten schuf. Das Museum besitzt einige Stücke des französischen Königshauses, die von ihm stammen sollen. Zwei Kassetten (um 1680–85), die für den Sohn von Louis XIV erstellt wurden, dienten wohl der Aufbewahrung von Juwelen und Wertgegenständen.

Einige Gobelins sind in exzellentem Zustand und beeindrucken durch ihre Farben. Zum Bestand gehören auch ein Meisterwerk für Louis XIV von Jean de la Croix, der es 1662–1712 webte, sowie Keramiken und silberne und vergoldete Objekte wie Kerzenhalter und Wandleuchten.

Exponate aus Deutschland, Italien und Nordeuropa wurden ebenfalls erworben. So stammt etwa das klassizistische Stehpult (um 1785) von dem deutschen Kunsttischler David Roentgen (1743–1807).

Handschriften

Das Museum begann 1983 mit dem Erwerb illuminierter Manuskripte. Den Grundstock legte die Sammlung Ludwig mit 144 vor allem deutschen Texten. Mit den Handschriften aus dem 6. bis 16. Jahrhundert besitzt die Kollektion heute Meisterwerke aus der byzantinischen und ottonischen Periode sowie aus Romanik, Gotik und Renaissance.

Illuminierte Schriften wurden vollständig von Hand geschrieben und illustriert. Die meisten entstanden in Klöstern, damals die Zentren des europäischen Geisteslebens. Ab dem 12. Jahrhundert wurden sie auch in den immer zahlreicheren Universitäten angefertigt. Die meisten Bücher sind religiösen Inhalts, einige handeln von Philosophie, Geschichte, Gesetzgebung und Wissenschaft. Könige, Adlige und Kirchenobere ließen die reich bebilderten Werke anfertigen. Einige sind auch mit Juwelen und Edelmetallen verziert.

Die Schriften werden rollierend ausgestellt. Attraktionen sind ein ottonisches Liederbuch aus Reichenau oder St. Gallen (950–975), eine gotische englische Apokalypse (um 1250), zwei byzantinische Liederbücher, *Die Visionen von Tondal* (1474) in der flämischen Abteilung und das Stundenbuch von Simon de Varie, das Jean Fouquet 1455 illuminierte.

Der Evangelist Johannes (um 1120–40) aus dem Liederbuch der Abtei von Helmarshausen

❽ Getty Villa

17985 Pacific Coast Hwy. **Straßenkarte** Ausschnitt A. 📞 1-310-440-7300. 🕐 Mi–Mo 10–17 Uhr. ⬤ Feiertage. ♿ frei. ♿ 🌐 getty.edu

Die Getty Villa ist die Heimstatt der Antikensammlung des J. Paul Getty Museum *(siehe S. 86–89)* im Getty Center. Das Museum präsentiert auf zwei Stockwerken rund 1200 griechische, etruskische und römische Artefakte von etwa 6500 v. Chr bis 400 n. Chr. Das Haus ist der Villa dei Papiri nachgebildet, dem Landhaus eines römischen Konsuls. Der äußere Garten des Peristyliums besitzt ein Bassin, das von Bronzeplastiken umgeben ist.

J. Paul Gettys originales Heim auf dem Gelände, der Sitz des ersten Getty-Museums, beherbergt heute unter anderem eine Forschungsbibliothek, Seminar- und Leseräume, Unterhaltungsbereiche und Büros für Studenten und Personal. Im Amphitheater kann man griechische Dramen und Tanzaufführungen sehen. Das gemütliche Cáfe ist ein beliebter Treffpunkt.

Etwa einen Kilometer von der Getty Villa entfernt steht die **Villa Aurora** (520 Paseo Miramar, Tel. 310-454-4231, www.villa-aurora.org), in der Lion Feuchtwanger lebte. In der heutigen Künstlerresidenz finden Lesungen und andere Kulturveranstaltungen statt.

Dekorative Fassade und Grundstück des Adamson House

❾ Adamson House und Malibu Lagoon Museum

23200 Pacific Coast Hwy. **Straßenkarte** Ausschnitt A. 📞 1-310-456-9575. 🕐 tägl. 8–18 Uhr. ⬤ 1. Jan, 4. Juli, Thanksgiving, 25. Dez. ♿ ♿ ♿ 📞 Fr, Sa 11–15 Uhr. 🌐 adamsonhouse.org

Das Adamson House wurde 1930 für das Ehepaar Merritt und Rhoda Adamson gebaut. Rhoda war die Tochter von Frederick und May Rindge, den letzten Besitzern des Rancho Malibu. Bis 1928 besaß die Familie ein 39 Kilometer langes Landstück an der Küste von Malibu.

Von dem idyllischen Haus am Strand mit dem 2,5 Hektar großen Garten sieht man den Pier von Malibu und die Malibu Lagoon. Stiles Clements entwarf das Haus im spanischen Kolonialstil mit Fliesen aus der

Keramikfabrik Malibu Potteries, die May Rindge gegründet hatte. Alle Fliesen in und am Haus sowie auf dem Grundstück sind Unikate. Auf Böden, Wänden, Türrahmen und Brunnen prangen komplizierte Muster. Zur Ausstellung gehört auch das Mobiliar aus den 1920er Jahren.

In der umgebauten Garage liegt das Malibu Lagoon Museum, das sich der Geschichte von Malibu widmet. Artefakte, Dokumente und Fotografien erzählen die Geschichte der Familie Rindge sowie die der Chumash und von José Tapia, der 1802 Malibus erster spanischer Landbesitzer wurde.

❿ Malibu Lagoon State Beach

Straßenkarte Ausschnitt A. 📞 1-310-457-8143. 🕐 tägl. 8 Uhr bis Sonnenuntergang. ♿ ♿ 🌐 parks.ca.gov

Die Chumash errichteten an den Ufern der Lagune Humaliwo ihr größtes Dorf. Im 16. Jahrhundert lebten hier etwa 1000 Menschen – das war die höchste Einwohnerzahl nördlich des heutigen Mexiko.

In der Bucht, die ein wichtiger Futterplatz für 200 verschiedene Arten von Zugvögeln ist, lebt eine Vielzahl von Meerestieren.

Östlich der Lagune ist der 14 Hektar große Surfrider

Getty Villa mit dem äußeren Garten des Peristyliums

Hotels und Restaurants in Los Angeles *siehe Seiten 528–531 und 550–556*

Exklusive Strandhäuser in der Malibu Colony

County Beach den Wellenreitern vorbehalten. Malibu gilt als einer der besten Surfplätze Südkaliforniens. Nahe dem Pier sollen sich die idealen Wellenkämme für Surfer mit Longboards brechen. Am Strand gibt es Volleyballfelder.

Blick über die Malibu Lagoon zu den Santa Monica Mountains

⓫ Malibu Colony

Straßenkarte Ausschnitt A. 🚌
🛈 238554 Malibu Colony Rd.

May Rindge verkaufte einen Teil des Ufergrundstücks 1928 an Hollywood-Stars wie Bing Crosby, Gary Cooper und Barbara Stanwyck, um mit dem Geld den Rechtsstreit um Malibu zu finanzieren. Heute ist die Kolonie ein privates Anwesen, das immer noch Stars anlockt.

Vom Strand aus gibt es nur eingeschränkten Zugang zur Kolonie, doch auf der Malibu Colony Plaza beim Eingang kann man gelegentlich Filmstars sehen.

⓬ Malibu Creek State Park

Straßenkarte Ausschnitt A.
📞 1-818-880-0367 bzw. 1-800-444-7275 für die Reservierung von Campingplätzen. ⏱ tägl. Sonnenauf- bis Sonnenuntergang. 🅿 ♿
📷 🌐 parks.ca.gov

Der 4000 Hektar große Park war bis Mitte des 19. Jahrhunderts Siedlungsgebiet der Chumash. Seine Wälder, Wiesen und Felsen lassen den Eindruck entstehen, man sei meilenweit von der Zivilisation entfernt.

Etwa 800 Hektar des Parks gehörten einst der 20th Century Fox, die ihn als Drehort nutzte (siehe S. 72f). M.A.S.H. (1970), *Butch Cassidy und Sundance Kid* (1969) und *Planet der Affen* (1968) entstanden hier. Der Staat kaufte das Land 1974 von der Filmgesellschaft zurück.

Das Informationszentrum am Parkplatz erläutert Flora, Fauna und Geschichte des Gebiets. Der überwältigende Gorge Trail führt zu einem Gezeitenbecken, das in den Filmen *South Pacific* (1958) und *Tarzan* (1959) als pseudo-tropische Kulisse diente.

Abseits der Crags Road leben im und am sumpfigen Century Lake Zwergwelse, Barsche, Büffelkopffenten, Wasserhühner, Stockenten und Rotdrosseln. Im Frühling bedecken Wildblumen die Wiesen. Immergrüne Eichen sowie Redwood- und Hartriegelhaine finden sich überall auf dem Gelände.

Innerhalb des Parks gibt es etwa 20 Wege, auf denen man wandern, Rad fahren oder reiten kann, ein Naturzentrum und viele Picknickbereiche.

Felsen im Malibu Creek State Park

Straßenkarte *siehe hintere Umschlaginnenseiten*

Beverly Hills, Bel Air und Westwood

Beverly Hills, seit den frühen 1920er Jahren *die* Adresse für die Erfolgreichen in der Unterhaltungsbranche, ist eine von Los Angeles unabhängige Stadt. Wer Rang und Namen im Showbiz hat, ist hier vertreten. Beverly Hills' »Goldenes Dreieck« ist mit seinen zahlreichen renommierten Restaurants, Cafés und Läden die Antwort der US-amerikanischen Westküste auf New Yorks Madison Avenue. Südlich der Canyons von Bel Air drängeln sich in Westwood Village die UCLA-Studenten. Das Geschäftsviertel Century City dominieren Hochhäuser. Die drei Areale bilden zusammen die Westside.

Sehenswürdigkeiten auf einen Blick

Historische Gebäude
- ① Beverly Hills Civic Center
- ⑧ The Beverly Hills Hotel
- ⑪ Hotel Bel-Air

Museen und Sammlungen
- ② The Paley Center for Media
- ⑤ Museum of Tolerance

Parks und Gärten
- ⑦ Greystone Park and Mansion
- ⑨ Virginia Robinson Gardens

Shopping-Meilen
- ③ Rodeo Drive *S. 98*
- ④ 2 Rodeo
- ⑥ Century City

Universität
- ⑫ UCLA und Westwood Village

Tour
- ⑩ Häuser der Stars *S. 100f*

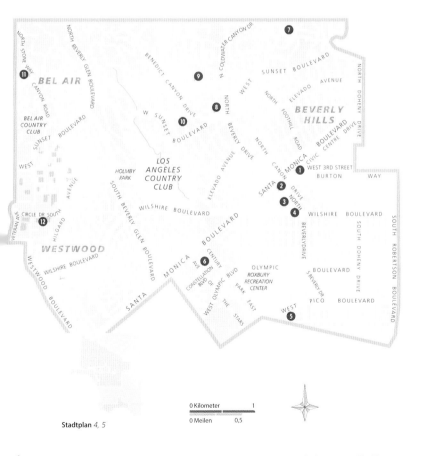

Stadtplan *4, 5*

0 Kilometer 1
0 Meilen 0,5

◀ Eingang der Beverly Hills City Hall, Civic Center *(siehe S. 96)*   Zeichenerklärung *siehe hintere Umschlagklappe*

Im Detail: »Goldenes Dreieck«

Das Areal zwischen Santa Monica Boulevard, Wilshire Boulevard und North Crescent Drive wird »Goldenes Dreieck« genannt. Hier ist das Geschäftsviertel von Beverly Hills. Die zahlreichen hier ansässigen Läden, Restaurants und Kunstgalerien gehören zu den teuersten der Welt. Am Rodeo Drive, der das Viertel durchschneidet, befinden sich viele internationale Designerboutiquen. Am Wilshire Boulevard bieten die besten amerikanischen Department Stores eine unglaubliche Auswahl an Waren. Im Norden liegen der wunderschön gepflegte Beverly Gardens Park, das elegante Civic Center mit der herausragenden City Hall und das Paley Center for Media.

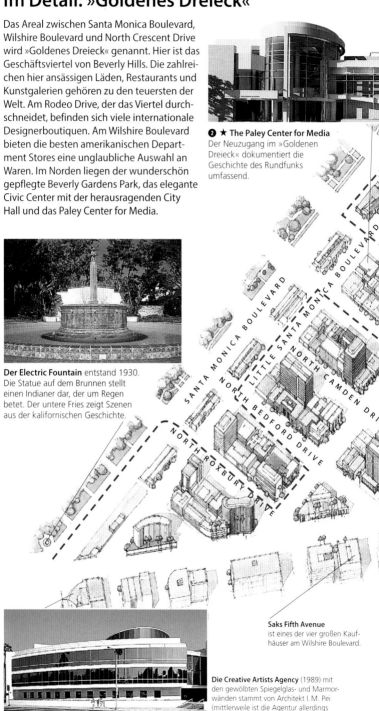

❷ ★ **The Paley Center for Media**
Der Neuzugang im »Goldenen Dreieck« dokumentiert die Geschichte des Rundfunks umfassend.

Der Electric Fountain entstand 1930. Die Statue auf dem Brunnen stellt einen Indianer dar, der um Regen betet. Der untere Fries zeigt Szenen aus der kalifornischen Geschichte.

SANTA MONICA BOULEVARD

LITTLE SANTA MONICA BOULEVARD

NORTH CAMDEN DRIVE

NORTH BEDFORD DRIVE

NORTH ROXBURY DRIVE

Saks Fifth Avenue
ist eines der vier großen Kaufhäuser am Wilshire Boulevard.

Die Creative Artists Agency (1989) mit den gewölbten Spiegelglas- und Marmorwänden stammt von Architekt I. M. Pei (mittlerweile ist die Agentur allerdings umgezogen).

Hotels und Restaurants in Los Angeles *siehe Seiten 528–531 und 550–556*

❶ ★ **Beverly Hills Civic Center**
Die 1932 im Stil der spanischen Neorenaissance erbaute City Hall wurde renoviert und erweitert.

Zur Orientierung
Siehe Stadtplan 5

Beverly Hills, Bel Air und Westwood

Holly-wood und West Holly-wood

Santa Monica Bay

Rund um Downtown

Den Anderson Court
entwarf Frank Lloyd Wright 1953.

❹ **2 Rodeo**
Das 1990 gebaute Einkaufszentrum um-schließt den ersten Straßenneubau, seit Beverly Hills 1914 von Los Angeles unabhängig wurde.

NORTH CRESCENT DRIVE

NORTH CANON DRIVE

TH BEVERLY DRIVE

DAYTON WAY

NORTH RODEO DRIVE

WILSHIRE BOULEVARD

Das MGM Building ließ Louis B. Mayer in den 1920er Jahren in weiß-goldenem Art-déco-Stil errichten. Es war die Zentrale der neu gegründeten Metro-Goldwyn-Mayer-Filmstudios.

❸ **Rodeo Drive**
Die drei Häuserblocks bilden eine der berühmtesten Shopping-Meilen der Welt.

0 Meter 100
0 Yards 100

Legende
— Routenempfehlung

Das Beverly Wilshire wurde 1928 eröffnet. Eine Privatstraße verbindet das Hotel mit dem 1970 hinzugefügten zweiten Flügel *(siehe S. 528)*.

Stadtplan *Los Angeles siehe Seiten 186–197*

Beverly Hills Civic Center mit der City Hall im Hintergrund

❶ Beverly Hills Civic Center

455 N Rexford Drive. **Stadtplan** 5 F3.
📞 1-310-285-1000. ⏰ So–Fr 10–17 Uhr (Do bis 21.30 Uhr). ⬤ Feiertage. ♿ 🌐 beverlyhills.org

Die City Hall wurde von der in Beverly Hills ansässigen Firma Koerner and Gage 1932 entworfen. Den majestätischen, hoch aufragenden Turm bedeckt eine gekachelte Kuppel. Heute ist das Civic Center ein Symbol für das elegante, von Europa inspirierte Beverly Hills.

Der Architekt Charles Moore verband das Gebäude im Jahr 1990 sehr geschickt mit einem neuen Civic Center durch eine Reihe von diagonalen, zu Fuß erreichbaren Innenhöfen. Die Balkone und Korridore der oberen Stockwerke sind im spanischen Kolonialstil gehalten. Die neuen Gebäude beherbergen neben einer öffentlich zugänglichen Bibliothek auch eine Polizeistation und die Feuerwehr.

Die City Hall dominiert die Silhouette, kein anderes Gebäude darf höher als 14 Meter bzw. drei Etagen sein.

❷ The Paley Center for Media

465 N Beverly Drive. **Stadtplan** 5 F3.
📞 1-310-786-1091. ⏰ Mi–So 12–17 Uhr. ⬤ Feiertage. 🅿 ♿ 🎦 🌐 paleycenter.org

Im Paley Center for Media kann man Nachrichten sowie Sport- und Unterhaltungssendungen aus den Kindertagen bis zur Gegenwart des Rundfunks hören und sehen.

Hier erfreuen sich Popfans an legendären Beatles-Konzerten (in Originallänge!) oder am Fernsehdebüt von Elvis Presley. Sportbegeisterte sind fasziniert von alten olympischen Wettkämpfen.

Besucher aller Altersklassen kommen hierher. Sie können

Lucille Ball, amerikanischer TV-Star der 1950er Jahre

bis zu vier Medien aus dem Computerkatalog der Bibliothek auswählen und auf Monitoren ansehen. Das Museum besitzt ein Theater mit 150 Sitzplätzen, in dem unter anderem Ausstellungen, Seminare und Filmvorführungen zu speziellen Themen oder einzelnen Schauspielern und Regisseuren stattfinden.

Die Bestände umfassen über 75 000 Fernseh- und Radioprogramme, u. a. Klassiker wie etwa *I Love Lucy* und *Sergeant Bilko*. In der Sammlung zur Geschichte der Werbung gibt es zahlreiche populäre TV- und Radio-Spots.

Die Bestände sind doppelt so groß wie die des Museum of Television and Radio in New York, das 1975 von dem mittlerweile verstorbenen William S. Paley, dem damaligen Vorstand von CBS Television, gegründet wurde.

❸ Rodeo Drive

Siehe S. 98.

Spanische Treppe zum 2 Rodeo

❹ 2 Rodeo

Stadtplan 5 F3. ℹ 268 N Rodeo Drive, 1-310-247-7040.
🌐 2rodeo.com

Das 1990 erbaute 2 Rodeo an der Ecke Rodeo Drive *(siehe S. 98)* und Wilshire Boulevard ist eines der teuersten Einkaufs-

zentren. Sein Platz und die viktorianischen Straßenlaternen ähneln der Hollywood-Kulisse einer europäischen Geschäftsstraße. Exklusive Namen wie Versace und Jimmy Choo säumen die Via Rodeo, eine Straße, die an der Spanischen Treppe, die zum Wilshire Boulevard hinunterführt, endet.

Geschichte des Rassismus im Museum of Tolerance

❺ Museum of Tolerance

9786 W Pico Blvd. **Stadtplan** 5 F5. 📞 1-310-553-8403. 🕐 So–Fr 10–17 Uhr (Do bis 21.30 Uhr). ● 1. Jan, Thanksgiving, 25. Dez, wichtige jüdische Feiertage. 🅿 ♿ ◫ 🏠 🆆 museumoftolerance.com

Das Museum steht im Zeichen der Toleranz und Völkerverständigung und beschäftigt sich mit der Geschichte von Rassismus und Diskriminierung in den USA sowie mit dem Holocaust.

Der Rundgang durch die beliebte Kulturstätte beginnt im Tolerancenter, in dem Besucher mit interaktiven Exponaten zum Thema Rassismus und Engstirnigkeit konfrontiert werden. Filme über Bosnien und Herzegowina sowie über Ruanda thematisieren Verletzungen der Menschenrechte.

Eine Videowand mit insgesamt 16 Bildschirmen zeigt den Kampf der Bürgerrechtsbewegung in den 1960er Jahren. Interaktive Videomonitore stellen dem Besucher Fragen zu Zivilcourage und sozialer Gerechtigkeit. Sie geben darüber hinaus Hintergrundinformationen zu den Rassenunruhen von 1992 in Los Angeles *(siehe S. 61).*

Am Anfang der Holocaust-Abteilung bekommt jeder Besucher das Foto und Informationen zu einem Kind, dessen Leben durch diese Zeit verändert wurde.

Während des Rundgangs wird die Geschichte des Kindes aktualisiert und sein Schicksal im Dritten Reich aufgezeigt: Wachsmodelle in einem Straßencafé aus dem Vorkriegs-Berlin stellen Gäste dar, die die bevorstehende Machtübernahme der Nationalsozialisten diskutieren. In der Holocaust-Abteilung ist die Wannsee-Konferenz nachgebildet, bei der über die »Endlösung der Judenfrage« entschieden wurde. In der »Hall of Testimony« gibt es Videos, in denen KZ-Überlebende ihre erschütternden Erfahrungen schildern. Zu den Exponaten zählen Anne Franks Originalbriefe und Erinnerungsstücke aus den Konzentrationslagern.

In den oberen Stockwerken des Museum of Tolerance finden Sonderausstellungen, Filme und Vorträge statt. Ein multimediales Lernzentrum gibt detaillierte Informationen zum Zweiten Weltkrieg.

Vor einem Besuch sollte man sich besser mit dem Museum in Verbindung setzen, da die Tickets nur für bestimmte Zeitfenster und Abteilungen gelten. Einige Bereiche und verschiedene Exponate sind für Kinder unter zwölf Jahren nicht geeignet.

Westfield Century City

❻ Century City

Stadtplan 5 D5. ℹ 2029 Century Park East, 90067, 1-310-553-2222. 🆆 centurycitycc.com

Dieses Gelände gehörte ursprünglich der 20th Century Fox und wurde 1961 an eine Baugesellschaft verkauft, die auf der 73 Hektar großen Fläche einen Hochhauskomplex mit Büros, Läden und Wohnungen baute.

Heute sind nur noch Agenten, Rechtsanwälte und Produktionsfirmen hier. Abends tut sich auf den Straßen recht wenig. Dies wird sich nach Fertigstellung der im Bau befindlichen Hotels und Apartmentblocks vermutlich ändern.

Das Westfield Century City Shopping Center ist allerdings ein voller Erfolg. Mittlerweile gehört es zu den populärsten Einkaufszentren der gesamten Region – auch wegen seines reichhaltigen Angebots an hervorragenden Restaurants. Der Komplex, der zum Teil überdacht ist, umfasst insgesamt 150 Läden und ein Kino mit 15 Sälen.

❼ Greystone Park and Mansion

905 Loma Vista Drive. **Stadtplan** 5 F1. **Park** 🕐 Zeiten bitte telefonisch erfragen, 1-310-550-4196. **Mansion** 🕐 nur zu bestimmten Veranstaltungen. ♿ Terrasse und unteres Gelände.

Im Jahr 1928 ließ der einflussreiche Ölmillionär Edward L. Doheny für seinen Sohn das Herrenhaus mit 55 Zimmern im Tudorstil erbauen. Drei Wochen nach dem Einzug der Familie fand man den Sohn mit seinem Sekretär tot im Schlafzimmer – wohl Mord und Selbstmord. Ehefrau und Kinder des Toten zogen kurze Zeit später aus. Seitdem stand das Anwesen die meiste Zeit leer.

Greystone gehört heute der Stadt Beverly Hills und dient als Kulisse für Filme wie den im Jahr 2007 produzierten Streifen *There Will Be Blood.* Vor allem die Treppe des Hauses wurde zu einer der gefragtesten Kulissen von Hollywood.

Auf dem Anwesen werden auch viele Musikvideos gedreht. Den sieben Hektar großen Park mit schönem Blick auf Los Angeles kann man besuchen.

Stadtplan Los Angeles *siehe Seiten 186–197*

❸ Rodeo Drive

Der Name stammt von El Rancho Rodeo de las Aguas (Ranch am Zusammenfluss der Wasser), dem Namen einer frühen spanischen Länderei, zu der Beverly Hills gehörte. Nun ist Rodeo Drive eine der berühmtesten und exklusivsten Shopping-Adressen der Welt. Neben italienischer Designermode und französischer Haute Couture finden sich auch Juweliere und führende Department Stores. Hier kann man zudem wunderbar Prominente beobachten.

Gepflasterte Gehwege mit Pflanzen schaffen eine angenehme Atmosphäre.

Cartier (Nr. 370) ist für seine klassischen Uhren und die Diamantringe bekannt.

411 •

• 420

Barakat (Nr. 405) verkauft sowohl Schmuck als auch präkolumbische und antike griechische Artefakte.

BRIGHTON WAY

• 370

• 434

HERMÈS

RODEO DRIVE

Gucci (Nr. 47) verkauft nicht nur farbenprächtige Schals und wunderbare Accessoires aus Leder, sondern produziert auch Heimtextilien.

• 317

VAN CLEEF & ARPELS

DAYTON WAY

• 273

Lalique (Nr. 238) ist berühmt für Art-déco- und Jugendstil-Glaswaren. Die mattierten Lampen sind typischer Lalique-Stil.

Christian Dior (Nr. 309) – der Name steht für französische Haute Couture. Der Gründer des Hauses schuf in den 1950er Jahren den »New Look«.

| 0 Meter | 50 |
| 0 Yards | 50 |

• 230

Hotels und Restaurants in Los Angeles *siehe Seiten 528–531 und 550–556*

Beverly Hills Hotel – exklusiv und extravagant

❽ The Beverly Hills Hotel

9641 Sunset Blvd. **Stadtplan** 5 D2.
📞 1-310-276-2251, 1-800-283-8885. 🕐 tägl. ♿ Siehe **Hotels** S. 528. 🌐 beverlyhillshotel.com

Das extravagante Hotel im Mission-Revival-Stil trägt den Spitznamen »Pink Palace«. Burton E. Green ließ es 1912 errichten, um Beverly Hills attraktiver zu gestalten. Die 21 separaten Bungalows des Hotels in einer fünf Hektar großen Gartenanlage boten Filmstars wie Marilyn Monroe, Clark Gable, Richard Burton und Elizabeth Taylor romantische Zuflucht.

Das Hotel wurde für die stolze Summe von etwa 100 Millionen US-Dollar renoviert, wobei sein Stil aus der Blütezeit Hollywoods wiederbelebt wurde. Die legendären Pools gelten in Los Angeles als absolut chic. In dem exzellenten Hotelrestaurant Polo Lounge tätigen die Großen der Filmindustrie wieder bevorzugt ihre Geschäfte.

❾ Virginia Robinson Gardens

1008 Elden Way. **Stadtplan** 5 D1.
📞 1-310-550 -2087. 🅿♿📷 obligatorisch Di–Sa 9.30–16 Uhr. Reservierung erforderlich.
🌐 robinsongardens.org

Der Kaufhauserbe Harry Robinson und seine Frau Virginia erwarben im Jahr 1908 ein Grundstück in Beverly Hills. Drei Jahre später war auf diesem das erste Haus der Stadt entstanden – inmitten einer insgesamt sechs Hektar großen, aufwendig gestalteten Gartenanlage, deren Antlitz von Terrassen, Teichen und Brunnen geprägt wurde.

Das Anwesen gehört dem Los Angeles County, der Garten ist seit 1982 öffentlich zugänglich. Sehr schön ist der ein Hektar große Palmenwald mit den größten Königspalmen außerhalb Australiens. Bei Führungen durchs Haus sieht man noch die originalen Möbel.

❿ Tour: Häuser der Stars

Siehe S. 100f.

⓫ Hotel Bel-Air

701 Stone Canyon Rd. **Stadtplan** 4 A1. 📞 1-310-472-1211, 1-800-648-4097. 🕐 tägl. ♿
🌐 hotelbelair.com

Das Bel-Air gilt als eines der besten Hotels der USA. Es liegt in einem bewaldeten Canyon und vermittelt ein Flair von Abgeschiedenheit. Die Gebäude im Mission-Revival-Stil aus den 1920er Jahren liegen in einem rund elf Hektar großen Garten.

Unter den in Südkalifornien sonst nur selten anzutreffenden Pflanzen sind Küsten-Redwoods, weiß blühende Strelitzien und der größte Brasilianische Florettseidenbaum außerhalb Südamerikas. Im Garten wachsen und duften Rosen, Gardenien, Jasminsträucher und Orangenbäume. Das Bel-Air ist so perfekt, dass ein Gast gleich 40 Jahre lang dablieb.

Pool des Hotel Bel-Air inmitten einer wunderschönen Gartenanlage

⑩ Tour: Häuser der Stars

In Los Angeles lebt man vom Image – wer in Beverly Hills wohnt, hat es »geschafft«. Als Mary Pickford und Douglas Fairbanks 1920 ihr Anwesen Pickfair am oberen Ende des Summit Drive bauten, taten es ihnen viele gleich – und blieben. Der Sunset Boulevard trennt die zwei Welten, die der Besitzenden und die der »Habenichtse«. Obwohl die Anwohner südlich des Boulevards nicht arm sind, gelten nur die nördlich dieser Grenze als reich. Die folgenden Adressen sind (teils ehemalige) Wohnsitze von Prominenten. Es werden auch Bustouren *(siehe S. 183)* angeboten.

⑬ James Stewarts früheres Haus, 918 Roxbury Drive

Südlich des Sunset Boulevard

Starten Sie die Tour an Faye Dunaways elegantem Haus am Palm Drive Nr. 714 ①. Sie spielte 1967 neben Warren Beatty die Hauptrolle in *Bonnie und Clyde*. Fahren Sie südwärts und biegen Sie rechts in die Elevado Avenue ein. Das frühere Haus von Rita Hayworth ② steht an der Ecke (Palm Drive Nr. 512).

Am Maple Drive biegen Sie rechts ab. Das weiß-grüne Haus im neuenglischen Stil (Nr. 720) gehörte George Burns und Gracie Allen ③. Fahren Sie nun Richtung Norden. Kurz vor dem Sunset Boulevard biegen Sie links in die Lomitas Avenue und zwei Straßen weiter wieder links in die Foothill Road. An der Ecke (Nr. 701) liegt das bescheidene Haus von Carroll Baker ④, die 1956 mit James Dean in dem Streifen *Giganten* spielte. Seinerzeit galt sie als Nachfolgerin von Marilyn Monroe.

Biegen Sie nun rechts in die Elevado Avenue und an der ersten Kreuzung rechts in den Alpine Drive ein, dann links in die Lomitas Avenue und wieder links in den Crescent Drive. Hier befindet sich das unauffällige Haus von Doris Day (Nr. 713) hinter hoher Hecke und großem Tor ⑤.

Weiter geht es nun rechts in die Carmelita Avenue und noch einmal rechts in den Cañon Drive. Hinter einer niedrigen Mauer können Sie das Haus (Nr. 603) sehen, in dem Robert Wagner und Natalie Wood lebten ⑥. Etwas weiter im Norden, an der Kreuzung Elevado Avenue, zeigen üppige Palmen, wo das ummauerte, bewachte Anwesen von Kirk Douglas am Cañon Drive Nr. 707 beginnt ⑦.

Links geht es in die Elevado Avenue. Wenn Sie den Rodeo Drive überqueren, sehen Sie rechts das Haus von Gene Kelly (Nr. 725) ⑧.

Legende

•••• Routenempfehlung

Klassiker wie *Ein Amerikaner in Paris* (1951) und *Du sollst mein Glücksstern sein* (1952) machten ihn unsterblich.

Fahren Sie auf der Elevado Avenue weiter, bis rechts der Bedford Drive abzweigt. Das Haus des Schauspielers Steve Martin (Nr. 721) ⑨ hat vorn keine Fenster und ist zudem hinter einer Hecke von Bougainvilleen versteckt.

① Faye Dunaways Haus, 714 Palm Drive

⑭ Gene Hackmans früheres Haus, 9906 Sunset Boulevard

Zur Orientierung
Siehe Stadtplan 5

⑪ gelegentlich für seine Shows. Seine Nachbarn in Nr. 1000 waren Lucille Ball und Desi Arnaz ⑫. Ihre erfolgreiche Show *I Love Lucy (siehe S. 96)* ist noch heute täglich zu sehen. Nahebei steht am Roxbury Drive Nr. 918 das im Pseudo-Tudorstil erbaute ehemalige Haus von James Stewart ⑬.

Am Sunset Boulevard biegen Sie rechts ab. An der südwestlichen Ecke von Sunset Boulevard und Greenway Drive wohnte früher Gene Hackman (Nr. 9906) ⑭. Berühmt wurde der Schauspieler vor allem durch seine Rolle in dem preisgekrönten Film *The French Connection*.

Biegen Sie rechts in den North Carolwood Drive ein. Rechts steht am Monovale Drive Nr. 144 ⑮ ein ehemaliges Haus von Elvis Presley. Barbra Streisands schwer bewachtes Anwesen liegt am Carolwood Drive Nr. 301 ⑯. Sie gewann 1969 einen Oscar für ihre schauspielerische Leistung als Fanny Brice in der Musicalverfilmung *Funny Girl*. Der verstorbene Walt Disney, der mit seinen Comicfiguren Weltruhm erlangte, lebte weiter nördlich am Carolwood Drive (Nr. 355) ⑰. Sein Haus liegt in einer Kurve.

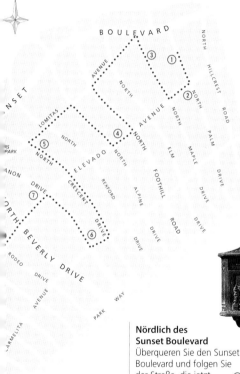

⑰ **Walt Disneys Briefkasten**

Nördlich des Sunset Boulevard

Überqueren Sie den Sunset Boulevard und folgen Sie der Straße, die jetzt Benedict Canyon Drive heißt. An der Ecke zum North Roxbury Drive steht das Beverly Hills Hotel *(siehe S. 99)*. Die Bungalows hinter der rosa Fassade bildeten die Kulisse mancher Treffen, angeblich auch von Marilyn Monroe mit John und Robert Kennedy.

Am Roxbury Drive biegen Sie links ab und fahren Richtung Süden. Das Ziegelhaus (Nr. 1002) benutzte Jack Benny

In Lana Turners ⑩ Haus am Bedford Drive Nr. 730 (Ecke Lomitas Avenue) erstach ihre Tochter Cheryl Crane ihren kriminellen Liebhaber Johnny Stompanato.

Biegen Sie nun rechts in die Lomitas Avenue und dann links in den Cañon Drive ein.

0 Meter 500
0 Yards 500

Routeninfos

Länge: 8 km.
Hinweis: Die (ehemaligen) Häuser der Filmstars sind Privatbesitz. Bei unbefugtem Betreten der Grundstücke können Sie daher verhaftet werden.

⓬ University of California Los Angeles (UCLA) und Westwood Village

Die UCLA (einschließlich des renommierten UCLA Hospital) genießt einen guten akademischen Ruf. Der Campus, der mit 40 000 Studenten eine Stadt in der Stadt bildet, erstreckt sich auf 170 Hektar. Die Anlage wurde 1925 im Stil der südeuropäischen Romanik begonnen. Die ersten vier Gebäude wurden so errichtet, doch als die Universität expandierte, verlegte man sich auf modernere Stile. Der schön gestaltete Park entschädigt für die heute existierende enttäuschende Mischung eher langweiliger Bauwerke.

Die im romanischen Stil gehaltene Fassade der Royce Hall

Überblick: UCLA und Westwood Village

Seit seiner ersten Erschließung im Jahr 1928 ist Westwood Village am Rand des Campus der UCLA ein Anziehungspunkt für Studenten und Besucher, die sich hier eine kleine Pause gönnen wollen. Es gibt eine riesige Auswahl an Restaurants und Imbissständen und dazu die größte Ansammlung von Kinos in ganz Los Angeles. An manchen Abenden geben sich hier Hollywood-Größen auf roten Teppichen ein Stelldichein. Einige Kinos wie das Fox oder das Bruin zeigen Premieren der neuesten Filme.

🏛 Royce Quadrangle

Dickson Plaza. 📞 1-310-825-2101. 🕐 tägl.

Diese vier Gebäude aus roten Ziegeln, die ältesten auf dem Campus der UCLA in Westwood, sind der Romanik nachempfunden. Die Royce, Kinsey und die Haines Hall sowie die Powell Library gelten als schönste Gebäude der UCLA. Glanzstück ist die Royce Hall.

Ihr Grundriss basiert auf demjenigen der Basilika von San Ambrogio in Mailand.

In der Aula finden regelmäßig kulturelle Veranstaltungen wie Konzerte, Tanzdarbietungen und Theateraufführungen statt. Die benachbarte große Rotunde der Powell Library wurde nach dem Vorbild von San Sepolcro in Bologna gestaltet.

🏛 Hammer Museum

10899 Wilshire Blvd. 📞 1-310-443-7000. 🕐 Di–Fr 11–20, Sa, So 11–17 Uhr. 🔴 1. Jan, 4. Juli, Thanksgiving, 25. Dez. 🎫 ♿ 📷 📶
🌐 hammer.ucla.edu

Das Hammer Museum präsentiert eine sehr interessante Auswahl der illustren Sammlung des Geschäftsmanns Armand Hammer (1899–1990). Ein zentraler Schwerpunkt liegt auf Werken von (Post-)Impressionisten, darunter sind so einflussreiche Künstler wie Mary Cassatt (1845–1926), Claude Monet (1840–1926), Camille Pissarro (1830–1903) sowie Vincent van Gogh (1853–1890).

Die Armand Hammer Daumier and Contemporaries Collection präsentiert in wechselnden Ausstellungen Gemälde, Skulpturen und Lithografien des französischen Künstlers Honoré Daumier und einiger seiner Zeitgenossen im 19. Jahrhundert. Weitere Exponate stammen vom UCLA Grunwald Center for the Graphic Arts, zu dessen Beständen über 35 000 Werke von der Renaissance bis zur Gegenwart gehören.

🔹 Franklin D. Murphy Sculpture Garden

📞 1-310-443-7000. 🕐 tägl.

Der größte Skulpturenpark der Westküste zeigt mehr als 70 Skulpturen (20. Jh.). Highlights der Sammlung sind Henry Moores *Two-Piece Reclining Figure, No. 3* (1961) und Jacques Lipchitz' *Badende* (1923–25).

Eingang zum Hammer Museum

UCLA und Westwood Village

① Franklin D. Murphy Sculpture Garden
② Fowler Museum at UCLA
③ Royce Quadrangle
④ Mildred E. Mathias Botanical Garden
⑤ Westwood Village
⑥ Hammer Museum
⑦ Westwood Memorial Park

Hotels und Restaurants in Los Angeles *siehe Seiten 528–531 und 550–556*

Herbst (1948) von Henri Laurens (1885–1954)

Beverly Hills Hollywood

New Wight Art Gallery

Franklin D. Murphy Sculpture Garden ①

Royce Hall

③

Powell Library

Fowler Museum

BRUIN WALK

Hilgard Bus Terminal

UCLA

DRIVE SOUTH

Mildred E. Mathias Botanical Garden ④

AVENUE

Westwood Village ⑤

Beverly Hills

Hammer Museum ⑥

Westwood Memorial Park ⑦

WILSHIRE BLVD

BOULEVARD

eter _____ 500
rds _____ 500

Infobox

Information
Stadtplan 4 A3.
UCLA-Campus *i* 1-310-825-4321. **w** ucla.edu
Westwood Village *i* 2990 S Sepulveda Blvd, 1-310-481-0600. **w** westwoodvillageonline.com

Anfahrt
🚌 20, 21, 22.

🌳 Mildred E. Mathias Botanical Garden
i 1-310-825-1260. 🕐 Mo–Fr 8–17, Sa, So 8–16 Uhr. ⬤ Feiertage. ♿

Der ruhige, in 13 thematische Sektionen gegliederte Garten wurde in einem kleinen schattigen Canyon angelegt. Auf diesem Areal gedeihen nicht weniger als 4000 Arten seltener und lokaler, tropischer und subtropischer Pflanzen aus mehreren Kontinenten. Zu den spektakulären Gehölzen des Botanischen Gartens gehören beachtliche Eukalyptusbäume und einige äußerst seltene Redwood-Arten.

🏛 Fowler Museum at UCLA
i 1-310-825-4361. 🕐 Mi–So 12–17 Uhr (Do bis 20 Uhr). ⬤ Feiertage. 📷 **w** fmch.ucla.edu

Das Fowler Museum trägt mit seinen rund 750 000 Ausstellungsstücken zum Verständnis fremder Kulturen bei und gehört zu den führenden Universitätsmuseen der Vereinigten Staaten. Die in ihrer Qualität und Vielfalt bestechenden Exponate konzentrieren sich auf prähistorische, historische und zeitgenössische Ethnien in Afrika, Asien, Amerika und Ozeanien.

🪦 Westwood Memorial Park
1218 Glendon Ave. *i* 1-310-474-1579. 🕐 tägl. 8 Uhr bis Sonnenuntergang. ♿

Der kleine Friedhof versteckt sich hinter Kinos und dem Parkplatz des iPic Theater. Hier fanden Prominente wie Dean Martin, Peter Lorre, Buddy Rich, Natalie Wood und Marilyn Monroe ihre letzte Ruhe. Noch viele Jahre nach ihrem Tod ließ Joe DiMaggio, der zweite Ehemann von Marilyn Monroe, jede Woche sechs rote Rosen auf Marilyns Grab legen.

Der ruhige und schattige Westwood Memorial Park

Marilyn Monroe

Marilyn Monroe (1926–1962), als Norma Jean Baker in der Sozialstation des Los Angeles General Hospital geboren, wurde im Alter von zwei Wochen von ihrer Mutter in eine Pflegefamilie gegeben. Bereits mit 16 Jahren schloss sie ihre erste, vier Jahre dauernde Ehe, die sie zugunsten Hollywoods aufgab. 1950 begann ihre Karriere mit *Asphalt-Dschungel* und *Alles über Eva*. Filme wie *Das verflixte 7. Jahr* (1955) und *Manche mögen's heiß* (1959) machten sie zum Sexsymbol Hollywoods. In den letzten Lebensjahren versuchte sie vergeblich, ihrer Filmpersönlichkeit zu entfliehen.

Gedenkplakette für Marilyn Monroe

Stadtplan Los Angeles *siehe Seiten 186–197*

Hollywood und West Hollywood

Harvey Henderson und Daeida Wilcox gründeten 1887 in einem Vorort von Los Angeles eine christliche Gemeinde, frei von Glücksspiel und Saloons – und nannten sie Hollywood. Ironischerweise ließ sich hier die seinerzeit skandalträchtige Filmindustrie nieder. Cecil B. De Mille drehte 1913 in einer Scheune an der Vine Street *The Squaw Man*. Die Filmstudios brachten viel Geld und jede Menge Glamour. In den 1980er und 1990er Jahren verkam das Gebiet allmählich, doch inzwischen hat es sich wieder erholt. Mit dem Sunset Boulevard ist Hollywood das Zentrum des Nachtlebens in Los Angeles. Im lebhaften West Hollywood lebt eine große Schwulengemeinde. Den Wilshire Boulevard zwischen La Brea und Fairfax Avenue nennt man auch Miracle Mile oder Museum Row.

Sehenswürdigkeiten auf einen Blick

Museen und Sammlungen
2 Madame Tussaud's™ Hollywood
7 Hollywood Museum
9 Hollywood Heritage Museum
14 *Los Angeles County Museum of Art S. 118–121*
16 Petersen Automotive Museum
18 Page Museum at the La Brea Tar Pits
19 Craft and Folk Art Museum

Friedhof
11 Hollywood Forever Cemetery

Historische Straßen und Gebäude
1 Hollywood Roosevelt Hotel
6 Walk of Fame
8 Hollywood Bowl
12 Paramount Studios
15 Miracle Mile

Markt
13 Farmers Market

Kinos und Theater
3 TCL Chinese Theatre
4 Hollywood and Highland
5 El Capitan Theatre
10 Pantages Theater
17 The Improv
20 Wiltern Theatre

Siehe S. 112f

Siehe S. 109–111

Siehe S.106–108

HOLLYWOOD

HOLLYWOOD FREEWAY

HOLLYWOOD BLVD

Hollywood/ Highland

Hollywood/Vine

WEST

SUNSET

BOULEVARD

MONICA

BOULEVARD

SANTA

MONICA

BOULEVARD

WEST HOLLYWOOD

MELROSE

AVENUE

MELROSE

AVENUE

BEVERLY

BOULEVARD

BEVERLY

WILSHIRE COUNTRY CLUB

WEST 3RD STREET

WEST 3RD STREET

WEST

HANCOCK PARK

WEST 6TH STREET

WILSHIRE

WILSHIRE

BOULEVARD

Wilshire/ Western

Wilshire/ Normandie

WEST OLYMPIC BOULEVARD

WEST 8TH ST

WEST OLYMPIC BOULEVARD

NORTH SUNSET BOULEVARD

CRESCENT HEIGHTS BOULEVARD

FAIRFAX AVENUE

NORTH GARDNER ST

SOUTH GARDNER ST

NORTH LA BREA AVENUE

NORTH HIGHLAND AVENUE

N CAHUENGA BLVD

CAHUENGA BLVD

COLE AVE

VINE STREET

GOWER STREET

N ROSSMORE AVE

S ROSSMORE AVE

BRONSON AVE

NORTH WILTON PLACE

WESTERN AVENUE

NORTH NORMANDIE AVENUE

SOUTH FAIRFAX AVENUE

PAN PACIFIC PARK

SOUTH HIGHLAND AVE

S LA BREA AVENUE

CRENSHAW BLVD

SOUTH WILTON PLACE

BRONSON ST

WEST 3RD STREET

SANTA MONICA BOULEVARD

Stadtplan *1, 2, 3, 6, 7, 8, 9*

0 Kilometer 2
0 Meilen 1

◀ TCL Chinese Theatre *(siehe S. 114)*

Zeichenerklärung siehe hintere Umschlagklappe

Sunset Boulevard: Sunset Strip

Der Sunset Boulevard schlängelt sich über 42 Kilometer von Downtown zum Pacific Coast Highway. In den 1920er Jahren führte die damals noch ungepflasterte Straße von den neu gegründeten Filmstudios in Hollywood zu den Häusern der Leinwandstars in den Hügeln. Auch heute säumen die Villen der Reichen und Berühmten eine weite Strecke des Boulevards (siehe S. 100f). Der 2,4 Kilometer lange Sunset Strip, der Mitte der 1930er Jahre gepflastert wurde, ist der lebhafteste Abschnitt mit Restaurants, Luxushotels und Clubs. Spieler und Alkoholschmuggler kamen in Massen hierher. Berühmt sind die Nachtclubs Trocadero, Ciro's und den Mocambo: Hier traf die junge Margarita Cansino den Studioboss Harry Cohen, der sie in Rita Hayworth umtaufte. Noch heute ist der Sunset Strip das Zentrum des Nachtlebens von Los Angeles.

Crescent Heights mit Blick auf Sunset Strip und Santa Monica Mountains

Originales Spago
Wolfgang Puck, Mitbegründer der kalifornischen Küche, betrieb bis 1997 sein erstes Restaurant in L. A. im Haus Nr. 8795. In den 1970er und 1980er Jahren fanden hier Partys zur Oscar®-Verleihung statt, die der legendäre Hollywood-Agent Irving »Swifty« Lazar ausrichtete.

Rainbow Bar & Grill
Die Wände des Lokals (Nr. 9015) in der früheren Villa Nova sind mit Weinfässern und Goldenen Schallplatten verziert. Hier machte Vincente Minnelli Judy Garland 1945 einen Heiratsantrag. 1953 traf Marilyn Monroe bei einem Blind Date auf Joe DiMaggio.

Roxy on Sunset
Der Nachtclub (Nr. 9009) steht auf dem Grundstück des alten Club Largo.

Der Viper Room, ein beliebter Musikclub in Nr. 8852 (siehe S. 179), wurde von Johnny Depp mitgegründet. Im Oktober 1993 brach der Filmstar River Phoenix nach einem tödlichen Drogencocktail vor dem Lokal zusammen.

CLARK ST

LARRABEE ST

HORN AVE

HOLLOWAY

HAMMOND ST

HILLDALE AVE

SAN VICENTE BLVD

Hotels und Restaurants in Los Angeles siehe Seiten 528–531 und 550–556

Andaz West Hollywood Hotel
Im früher als »Riot Hyatt« (Nr. 8401) bekannten Hotel stiegen oft Rockstars ab *(siehe S. 531)*. Auch Jim Morrison war hier zu Gast, als er in Los Angeles mit den Doors auftrat.

Sunset Tower Hotel
Das Art-déco-Gebäude war in der Hoch-Zeit Hollywoods ein Apartmenthaus, in dem Stars wie Jean Harlow und Clark Gable wohnten *(siehe S. 531)*.

The Comedy Store
Der für Stand-up-Comedy weltberühmte Club, in dem oft gedreht wird, liegt auf dem Gelände des Nachtclubs Ciro's (1940er Jahre).

Im Cabo Cantina (The Source),
Nr. 8301, lästerte Woody Allen in seinem Film *Der Stadtneurotiker* (1976) über Los Angeles.

```
0 Meter        100
0 Yards        100
```

N LA CIENEGA BLVD

OLIVE DRIVE

Das Mondrian Hotel in Nr. 8440 ehrte den Künstler Piet Mondrian mit Streifen in den Grundfarben. Die Bemalung wurde inzwischen verändert *(siehe S. 531)*.

House of Blues
Die Bluesbar wurde mitsamt Blechdach von Clarksdale, Mississippi, hierher transportiert. Mitbesitzer war der Schauspieler Dan Aykroyd, der zusammen mit John Belushi im Kultfilm *Blues Brothers* (1980) auftrat *(siehe S. 179)*.

Sunset Plaza
Das Areal mit hippen Läden und Cafés geht man am besten zu Fuß ab.

Stadtplan Los Angeles *siehe Seiten 186–197*

Sunset Strip (Fortsetzung)

Pink Taco, das sich hinter der großen Reklametafel westlich des Chateau Marmont versteckt, ist bei den Youngsters beliebt. Es steht auf dem Grundstück des Players Club, der in den 1940er Jahren dem Regisseur Preston Sturges gehörte.

Chateau Marmont
Das 1929 eröffnete Hotel (Nr. 8221) ist der Nachbau eines Loire-Schlosses *(siehe S. 531)*. Hier residierten einst Errol Flynn und Greta Garbo. Zu den heutigen Stammgästen gehören u. a. Christopher Walken und Winona Ryder.

N LAUREL AVE

N FAIRFAX AVE

N LAUREL AVE

Zum alten Studio-Are (2 km)

Directors' Guild of America
Dies ist eines der vielen Bürogebäude am Strip, die mit der Filmindustrie verbunden sind.

Vom Trocadero sind nur noch drei Stufen des alten Gebäudes erhalten. In der Blütezeit des Clubs spielte Nat King Cole Klavier.

Schwab's
Der frühere Drugstore war ein beliebter Treff von Filmstars und Kritikern. Gegenüber lag einst der Garden of Allah, ein Apartmenthaus, in dem u. a. Scott Fitzgerald und Dorothy Parker wohnten. Das Gebäude wurde 1959 abgerissen.

Reklametafeln

Die auffälligsten Kunstwerke am Sunset Strip sind die riesigen handgemalten Reklametafeln, die teilweise die besten Künstler Hollywoods gestalteten. Sie werben, oft dreidimensional, für Filme, Platten und Stars, aber auch für bestimmte Artikel. Die Technik kam 1953 auf, als das Sahara Hotel in Las Vegas eine Reklametafel mietete, davor einen Swimmingpool errichtete und ihn mit Models im Badeanzug umgab. In den 1960er Jahren nutzte die Plattenindustrie die Tafeln – die Größe des Werbeplatzes war mit manchen Stars sogar vertraglich vereinbart. Der wachsenden Nichtrauchergemeinde zum Trotz ritt vor dem Chateau Marmont noch lange Zeit der Marlboro-Cowboy.

**Der Marlboro-Mann –
nun vom Sunset Strip verschwunden**

Hotels und Restaurants in Los Angeles siehe Seiten 528 – 531 und 550 – 556

Sunset Boulevard: Altes Studio-Areal

In der ersten Hälfte des 20. Jahrhunderts bildete dieser drei Kilometer lange Abschnitt den Nabel von Hollywoods Filmwelt. Große Studios wie 20th Century Fox, RKO, Warner Brothers, Paramount und United Artists residierten hier. In den Straßen sah man zahlreiche Regisseure, Schauspieler und Stars. In der sogenannten Gower Gulch produzierten Filmteams billige Western am Fließband. Heute sind die meisten Filmfirmen weggezogen. Der alte Studio-Distrikt liegt zwei Kilometer östlich der Boutiquen und Clubs auf dem Strip *(siehe S. 106–108)*.

Der Sunset Boulevard zu seiner Glanzzeit in den 1940er Jahren

LA BREA AVE

N MANSFIELD AVE

N HIGHLAND AVE

LELAND WAY

Jim Henson Company
Das Gebäude im Pseudo-Tudorstil, das sich von der südöstlichen Ecke des Sunset Boulevard die La Brea Avenue hinunterzieht, ließ Charlie Chaplin als Unterkunft für Studioarbeiter bauen.

Crossroads of the World
Hollywoods erste Shopping Mall (Nr. 6621) aus dem Jahr 1936 beherbergt heute Büros. Das Gebäude in der Form eines Ozeandampfers überragt ein Turm, auf dem ein Globus thront.

Hollywood High School
Die Liste der berühmten Absolventen dieser Schule (Nr. 6800) ist lang. Darunter findet sich auch Lana Turner, die Regisseur Mervyn LeRoy 1936 entdeckte, als sie im gegenüberliegenden, heute abgerissenen Top Hat Malt Shop Mineralwasser trank. Auf dem Gelände des Top Hat steht heute eine Garage.

Stadtplan Los Angeles *siehe Seiten 186–197*

Sunset Boulevard: Altes Studio-Areal (Fortsetzung)

Hollywood Athletic Club
Filmstars der 1930er und 1940er Jahre machten sich hier fit. Im Pool trainierte *Flash-Gordon*-Star Buster Crabbe für olympisches Gold 1932.

ArcLight Cinerama Dome
Der Kuppelbau (Nr. 6360) beherbergte das erste Breitwandkino an der Westküste.

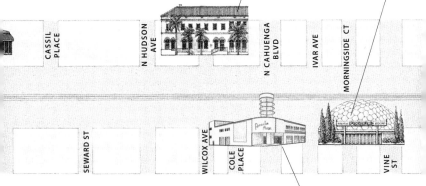

CASSIL PLACE · N HUDSON AVE · N CAHUENGA BLVD · IVAR AVE · MORNINGSIDE CT · SEWARD ST · WILCOX AVE · COLE PLACE · VINE ST

Zeitkapsel

1954 beschloss die Handelskammer von Los Angeles, die Geschichte Hollywoods in einer Zeitkapsel aufzubewahren. Unter dem Pflaster an der berühmten Kreuzung von Sunset Boulevard und Vine Street wurden eine Kopie von Bing Crosbys Hit *White Christmas*, der in jenem Jahr herauskam, das Drehbuch des erfolgreichsten Films der damaligen Zeit *(Vom Winde verweht)* und verschiedene Radio- und TV-Bänder deponiert. 2004 wurde die Zeitkapsel nach insgesamt 50 Jahren wieder hervorgeholt.

Sänger Bing Crosby

Eine an dieser Stelle im Pflaster eingelassene Plakette verweist darauf, dass hier 1913 der Aufstieg Hollywoods mit *The Squaw Man* von Cecil B. De Mille und Jesse Lasky begann. Tatsächlich lag ihr Studio, das später an die North Highland Avenue *(siehe S. 116)* verlegt wurde, in der Vine Street Nr. 1521. Damals gab es die Stadt Hollywood schon seit zehn Jahren. In dieser Dekade waren bereits zahlreiche Kurzfilme gedreht worden.

Plakat für den Kinohit
Vom Winde verweht (1939)

Amoeba Music
Der Plattenladen in Nr. 6400 ist fast schon ein Wahrzeichen Hollywoods. Die Auswahl an Musik und Filmen (darunter viele von Indie-Labels) ist gigantisch.

Hollywood Palladium
Norman Chandler, ein Spross der *Los Angeles Times*-Dynastie, ließ das Gebäude als Theater und Tanzpalast (Nr. 6215) bauen. Lana Turner eröffnete es 1940, Frank Sinatra gab das Premierenkonzert.

Warner Brothers Studio
Hier (Nr. 5800) wurde Al Jolsons *The Jazz Singer* (1927), der erste Tonfilm, gedreht. Ein Jahr später zog das Studio nach Burbank *(siehe S. 149)*. Im Gebäude befinden sich heute lokale Radiosender.

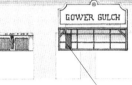

Gower Gulch
In den 1930er Jahren erhielt die Gower Street den Namen Gower Gulch (»Schlucht«). Grund dafür waren die zahlreichen Cowboy-Darsteller, die sich hier in voller Montur tummelten. An jene Zeit erinnert noch ein alter Waggon *(links)*.

Sunset Boulevard Theatre
In den 1940er Jahren befand sich hier (Nr. 6220) Earl Carrolls Vanities Theater, auf dessen riesiger Drehbühne 60 Tänzer Platz fanden.

Hinweis
Dieser Teil des Sunset Boulevard östlich der Vine Street war vor einiger Zeit Tummelplatz für Drogenhändler und Prostituierte. Seit einiger Zeit profitiert das Viertel aber von der Gentrifizierung. Treffen Sie die üblichen Sicherheitsvorkehrungen: Schließen Sie Ihr Auto ab, tragen Sie keinen Schmuck – und die Brieftasche an unauffälliger Stelle.

Hollywood Boulevard

Der Hollywood Boulevard steht noch immer für Glamour – Besucher, die hier das Goldene Zeitalter des Kinos suchen, sind aber wohl eher enttäuscht. Seit Jahren schon wird versucht, den Boulevard zu sanieren. Nur das TCL Chinese Theatre mit den Abdrücken der Stars in Zement und der Walk of Fame werden den hohen Erwartungen gerecht. Premieren von Disney®-Filmen zeigt das El Capitan Theatre, in dem auch häufig Comicfiguren in Lebensgröße bewundert werden können. Weitere Attraktionen sind Madame Tussaud's™, das Hollywood Guinness World of Records Museum, Ripley's Believe It or Not!® und das Dolby Theatre, Sitz der Academy Awards.

Zur Orientierung
Siehe Stadtplan 2

Madame Tussaud's™ hat Wachsfigurenmuseen auf der ganzen Welt. In Hollywood sind natürlich besonders viele Filmstars zu sehen. Das eröffnet die Möglichkeit, sich Berühmtheiten einmal ganz aus der Nähe anzusehen oder sich mit ihnen fotografieren zu lassen.

Im Dolby Theatre werden regelmäßig die Academy Awards verliehen. Mit den begehrten Preisen wurden schon Stars wie Celine Dion und Prince ausgezeichnet.

TCL Chinese Theatre

Hollywood Boulevard, Nordseite

❻ ★ **Walk of Fame**
Marilyn Monroes Stern glänzt im Pflaster des Hollywood Boulevard vor Nr. 6776. Das Kamerasymbol unter ihrem Namen weist sie als Filmstar aus.

MARILYN MONROE

Das Hollywood Guinness World of Records Museum zeigt mit Modellen, Videos und Spezialeffekten die unglaublichsten Rekorde. Früher war hier das erste Kino der Gegend.

Ripley's Believe It or Not!® wird von einem Tyrannosaurus Rex bewacht und besitzt über 300 recht bizarre Exponate, u. a. Schrumpfköpfe und zweiköpfige Kälber.

Hollywood Boulevard, Südseite

Hotels und Restaurants in Los Angeles *siehe Seiten 528–531 und 550–556*

Legende

▶▶▶▶▶▶ Nordseite nach Osten

◀◀◀◀◀◀ Südseite nach Westen

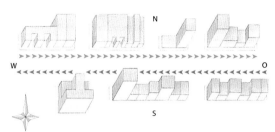

N

W   O

S

| 0 Meter | 200 |
| 0 Yards | 200 |

Die First National Bank
an der Kreuzung zur High-land Avenue hat eine Fassade mit Steinreliefs historischer Figuren wie etwa Christoph Kolumbus und Nikolaus Kopernikus.

❹ Hollywood and Highland
Der Komplex bietet Läden und Unterhaltung.

❸ ★ TCL Chinese Theatre
Hier sind die Stars in Zement verewigt.

▶▶

❺ El Capitan Theatre
Neonlicht begrüßt die Besucher des wunderschön renovierten Art-déco-Kinos mit altmodischem Komfort, das Filme in modernster Soundqualität zeigt.

In der Masonic Hall ist nun ein TV-Studio von Disney.

❶ The Hollywood Roosevelt Hotel
Charlie Chaplin (1889–1977) ziert die Wand des Hotels aus den 1920er Jahren.

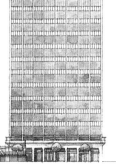

▶▶

Stadtplan Los Angeles *siehe Seiten 186–197*

Sid Graumans berühmtes TCL Chinese Theatre am Hollywood Boulevard

❶ The Hollywood Roosevelt Hotel

7000 Hollywood Blvd. **Stadtplan** 2 B4. 📞 1-323-856-1970; 1-844-340-1927. ♿ Siehe **Hotels** S. 529. 🅦 thehollywoodroosevelt.com

Das nach dem US-Präsidenten Theodore Roosevelt benannte Hotel wurde 1927 von den Besitzern Louis B. Mayer, Mary Pickford, Marcus Loewe, Douglas Fairbanks sen. und Joseph Schenk eröffnet und bald zu einer der Top-Adressen Hollywoods. Gäste waren beispielsweise Marilyn Monroe, Ernest Hemingway und Clark Gable. Am 16. Mai 1929 fand das erste Academy-Award-(»Oscar«-) Bankett im Blossom Room des Roosevelt statt.

Das 1986 renovierte Hotel erstrahlt nun wieder im spanischen Neokolonialstil. David Hockney (siehe S. 32) verzierte den Swimmingpool 1987.

Das Hollywood Roosevelt Hotel – einst Bühne für die Oscars

❷ Madame Tussaud's™ Hollywood

6933 Hollywood Blvd. **Stadtplan** 2 B4. 📞 1-323-798 1670. 🕐 Juni–Aug: tägl. 10–22 Uhr (letzter Einlass 21 Uhr); Sep–Mai: tägl. 10–20 Uhr (letzter Einlass 19 Uhr). 🅿 ♿ 🅦 madametussauds.com

Dies ist das erste Museum der Kette, das ganz neu konzipiert wurde. Der dreistöckige Bau zeigt Wachsfiguren von Hollywood-Größen wie Johnny Depp, Nicole Kidman, Denzel Washington, Clark Gable, James Dean und Audrey Hepburn. Sportler, Popstars und Filmcharaktere sind ebenfalls vertreten. Besucher können über 80 Figuren in elf Bereichen (z. B. »Roter Teppich«) bewundern, anfassen und fotografieren.

❸ TCL Chinese Theatre

6925 Hollywood Blvd. **Stadtplan** 2 B4. 📞 1-323-461-3331; 1-213-464-8111. 🕐 tägl. 🎦 ♿ 🅦 tclchinesetheatres.com

Eine der berühmtesten Sehenswürdigkeiten Hollywoods hat sich kaum verändert: TCL Chinese Theatre, das 1927 mit der Premiere von Cecil B. De Milles König der Könige eröffnet wurde. Sein Äußeres, eine überaus opulente Mischung aus chinesischen Tempeln, Pagoden, Löwen und Drachen, verkörpert die Geis-

teshaltung seines Schöpfers Sid Grauman: Im Showgeschäft muss man auffallen.

Grauman dachte sich auch einen der langlebigsten Werbetricks Hollywoods aus: Er lud Filmstars ein, ihre Hand- und Fußabdrücke sowie Autogramme im Hof des Kinos in Zement zu hinterlassen. Angeblich trat der Stummfilmstar Norma Talmadge bei der Eröffnung (siehe S. 57) zufällig in den noch feuchten Zement. Andere behaupten, der Steinmetz Jean Klossner habe zuerst seine Hand als Zeichen hineingedrückt. Sid Grauman lud am 17. Mai 1927 Norma Talmadge, Mary Pickford und Douglas Fairbanks ein, sich hier zu verewigen.

Alle können den Hof, aber nur Kinobesucher das Interieur der verschiedenen Kinosäle bewundern.

❹ Hollywood and Highland

6801 Hollywood Blvd. **Stadtplan** 2 B4. 📞 1-323-467 6412. 🕐 Mo–Sa 10–22, So 10–19 Uhr. 🅿 ♿ 🅦 hollywoodandhighland.com

Der Shopping- und Unterhaltungskomplex wurde 2001 eröffnet. Er umfasst Restaurants, Clubs, Boutiquen, ein Hotel und ein Kino. Hier werden auch Konzerte und Theaterstücke aufgeführt. Im **Dolby Theatre**, dem Schauplatz der Academy-Awards-Verleihung, kann man einen Blick hinter die Kulissen werfen.

❺ El Capitan Theatre

6838 Hollywood Blvd. **Stadtplan** 2 B4. ☎ 1-818-845-3110. ◯ tägl. 🅿 🆆 elcapitantheatre.com

Das traditionsreiche Kino wurde 1926 – ursprünglich als Theater – errichtet und schon nach kurzer Zeit umfunktioniert. In diesem Haus fanden Premieren wie Orson Welles' *Citizen Kane* (1941) statt. Im Jahr 1942 wurde es in Hollywood Paramount umbenannt. Disney und Pacific Theatres erwarben El Capitan 1991 und restaurierten das Art-déco-Interieur. Heute haben viele Disney-Zeichentrickfilme hier Premiere.

Sterne auf dem Walk of Fame

❻ Walk of Fame

Stadtplan 2 B4. 🛈 7018 Hollywood Blvd. ☎ 1-213-469-8311. 🆆 walkoffame.com

Der Walk of Fame mit seinen über 2000 polierten Marmorsternen wird als einziger Geh-

steig der Gegend sechsmal die Woche geputzt. Seit Februar 1960 verewigt man hier Prominente aus Film, Fernsehen, Theater und Musik. Der Ruhm hat einen stolzen Preis: Anwärter auf einen Stern müssen von der Handelskammer erst einmal für würdig befunden werden und 25 000 US-Dollar bezahlen. Die berühmtesten Sterne ehren Charlie Chaplin (Nr. 6751) und Alfred Hitchcock (Nr. 6506).

❼ The Hollywood Museum

1660 N Highland Ave. **Stadtplan** 2 B4. ☎ 1-323-464-7776. ◯ Mi–So 10–17 Uhr. 🆒 🆆 thehollywoodmuseum.com

Das Museum ist in einem wunderschön restaurierten Art-déco-Gebäude aus den 1930er Jahren untergebracht, in dem der Visagist Max Factor sein Studio unterhielt. Auf drei Stockwerken werden fabelhafte Kleider gezeigt, die Stars wie etwa Marilyn Monroe, Judy Garland, Elizabeth Taylor und Jodie Foster trugen. Auch Sylvester Stallones Boxhandschuhe und andere Accessoires werden präsentiert. Im Untergeschoss liegt Hannibal Lecters Zelle.

Das Museum bietet Führungen an, für die telefonische Reservierung erforderlich ist (1-323-464-7770).

❽ Hollywood Bowl

2301 N Highland Ave. **Stadtplan** 2 B3. ☎ 1-323-850-2000. ◯ Ende Juni – Ende Sep. 🅿 🆒 Tickets ◯ Di–So 10–18 Uhr. **Hollywood Bowl Museum** ☎ 1-323-850-2058. ◯ Di–So 12 –14 Uhr. ● Feiertage. 🆆 hollywoodbowl.com

Die Hollywood Bowl liegt in einem natürlichen Amphitheater, das die Cahuenga-Pass-Gabrielino-Indianer als heiliges Land verehrten. Heute wird sie von den Bewohnern der Stadt »verehrt«. Seit 1922 ist sie das Sommerdomizil der LA Philharmonic *(siehe S. 129)*. An warmen Abenden lauschen Tausende der Musik unter Sternen. Während der Saison finden auch Jazz-, Country-, Folk- und Popkonzerte statt. Beliebt sind die Events mit Feuerwerk am 4. Juli, die Ostermesse und die Tschaikowski-Galarevue mit Feuerwerk, Kanonen und Militärkapelle.

Die muschelförmige Bühne wurde 1929 von Lloyd Wright entworfen, dem Sohn von Frank Lloyd Wright. Die Bowl hat 18 000 Sitzplätze, darunter die heiß begehrten Privatlogen in der ersten Reihe.

Das Hollywood Bowl Museum dokumentiert die Geschichte der Bowl anhand von Videos, alten Programmen, Plakaten und Memorabilien von Stars – von Jascha Heifetz bis zu den Beatles.

Die Hollywood Bowl in den Hollywood Hills

Stadtplan Los Angeles *siehe Seiten 186–197*

Mausoleum von William A. Clark jun. im Hollywood Memorial Park

❾ Hollywood Heritage Museum

2100 N Highland Ave. **Stadtplan** 2 B3. ☎ 1-323-874-2276. ⭘ Mi–So 12–16 Uhr. ♿ 🅿 📷 ⬜ hollywoodheritage.org

Cecil B. De Mille und die Jesse L. Lasky Feature Play Company mieteten im Jahr 1913 die einstige Scheune, die zu jener Zeit an der Vine Street gleich nördlich des Sunset Boulevard stand. Noch im selben Jahr drehte De Mille hier *The Squaw Man*, den ersten Spielfilm Hollywoods. 1935 wurde die Filmgesellschaft in Paramount Pictures umbenannt.

Die Scheune wurde 1983 auf den Parkplatz der Hollywood Bowl *(siehe S. 115)* versetzt. 13 Jahre später wurde sie nach einem Brand renoviert. Heute ist in dem Gebäude ein Museum untergebracht, das Requisiten, Kostüme und Fotografien aus den Kindertagen des Films zeigt.

❿ Pantages Theater

6233 Hollywood Blvd. **Stadtplan** 2 C4. ☎ 1-323-468-1770. ⭘ tägl. 🅿 ♿ ⬜ hollywoodpantages.com

Eine Vorstellung im Pantages Theater beschwört die glorreichen Tage der Filmpaläste der 1930er Jahre herauf. Das in Marmor und Bronze gehaltene Art-déco-Kino von 1929 mit großem Foyer und luxuriösen Sitzplätzen hatte sich ganz dem Komfort verschrieben. Im Jahr 1930 wurde es mit *The Floradora Girl* eröffnet. Marion Davies, die Geliebte von W. R. Hearst *(siehe S. 218)*, spielte die Hauptrolle. 1949–59 fanden hier die Oscar-Verleihungen statt.

Heute zeigt der in den 1980er Jahren renovierte Bau Broadway-Musicals. Nur bei Aufführungen kann man das Innere mit den Gewölbedecken, riesigen Leuchtern und verzierten Säulen betreten.

Die elegante Art-déco-Fassade des Pantages Theater

⓫ Hollywood Forever Cemetery

6000 Santa Monica Blvd. **Stadtplan** 8 C1. ☎ 1-323-469-1181. ⭘ Mo–Fr 8–17, Sa, So 8.30–16.30 Uhr. ⭘ Feiertage. ♿ ⬜ hollywoodforever.com

Im vorderen Büro des Friedhofs kann man einen Lageplan kaufen, der sich wie eine frühe Geschichte des Films liest. Im Osten an einem Teich befindet sich Tyrone Powers weißes Grabmal. Marion Davies' Mausoleum daneben trägt ihren Familiennamen Douras. Cecil B. De Mille, Nelson Eddy und zahlreiche andere Hollywood-Größen ruhen hier.

Das Grabmal von Douglas Fairbanks sen. soll angeblich von seiner Exfrau, dem Stummfilmstar Mary Pickford, bezahlt worden sein. Die größte Attraktion befindet sich im Inneren des düsteren Cathedral Mausoleum: das Grab von Rudolph Valentino. Lange Zeit kam am 23. August, seinem Todestag, eine »Dame in Schwarz« hierher.

Die Rückseite des Filmgeländes der Paramount Studios bildet die südliche Wand des Friedhofs, Columbia lag im Norden. Columbia-Boss Harry Cohn hat sein Grab so ausgewählt, dass er sein Studio im Auge behalten kann.

Hotels und Restaurants in Los Angeles *siehe Seiten 528–531 und 550–556*

⑫ Paramount Studios

5555 Melrose Ave. **Stadtplan** 8 C1.
🏠 1-323-956-5000. **Besucher-zentrum und Tickets** 860 N Gower St. 🏠 1-323-956-1777. ⭘ für Führungen: Mo–Fr 9–18 Uhr (Reservierung obligatorisch).
🔴 1. Jan, Ostersonntag, Thanksgiving, 25. Dez.
🅦 paramountstudiotour.com

Paramount ist heute nicht nur das letzte Studio, das in Hollywood liegt, es war auch das erste, das hier produzierte. Cecil B. De Mille, Jesse Lasky und Samuel Goldwyn taten sich 1914 mit Adolph Zukor zu dem »Regisseursstudio« zusammen. Zu den bekanntesten ihrer Stars gehörten Gloria Swanson, Rudolph Valentino, Mae West, Marlene Dietrich, Gary Cooper und Bing Crosby.

Schauspieler umarmen die schmiedeeisernen Tore an der Bronson Avenue und Marathon Street und zitieren die angeblich Glück bringende Endzeile Norma Desmonds aus *Boulevard der Dämmerung*: »I'm ready for my close-up, Mr De Mille.«

Klassiker wie etwa *Die Zehn Gebote*, *Kampf der Welten* und *Der Pate I, II* und *III* entstanden auf dem 25 Hektar großen Gelände. Im Rahmen von drei Führungen (Studio Tour, VIP Studio Tour und Paramount After Dark Tour) können Besucher hinter die Kulissen blicken und den Glanz der Filmwelt spüren.

Melrose Avenue

Seit Mitte der 1980er Jahre gehört die Melrose Avenue mit ihren vielen verrückten Geschäften und exzellenten Restaurants zu *den* Straßen der Stadt. Zwischen La Brea Avenue und Fairfax Avenue erstreckt sich eine der wenigen nicht überdachten Shopping-Meilen von Los Angeles. In den bis spät in die Nacht geöffneten Läden findet man unter anderem witzige Mode aller Stilrichtungen, aus den 1950er Jahren über Punk bis hin zur klassischen Designermode *(siehe S. 170f)*. In den Restaurants werden Spezialitäten aus aller Herren Länder serviert, wobei sich mexi-

Attraktives Schaufenster in der Melrose Avenue

kanisches und thailändisches Essen besonderer Beliebtheit erfreuen. Doch auch für Pasta- und Pizzalokale findet man an nahezu jeder Straßenecke.

Am westlichen Ende der Melrose Avenue steht am San Vincente Boulevard der 183 Meter hohe, blaue Glasbau des Pacific Design Center, der 1975 von César Pelli entworfen wurde. Hier befindet sich die größte Verkaufsausstellung für Design und Innenarchitektur an der amerikanischen Westküste. Obwohl vor allem der Großhandel bedient wird, hat auch die Allgemeinheit Zutritt.

⑬ Farmers Market

6333 W 3rd St. **Stadtplan** 7 D3.
🏠 1-323-933-9211. ⭘ Mo–Fr 9–21, Sa 9–20, So 10–19 Uhr.
🔴 1. Jan, Ostersonntag, Memorial Day, 4. Juli, Labor Day, Thanksgiving, 25. Dez. ♿
🅦 farmersmarketla.com

Während der Wirtschaftskrise 1934 *(siehe S. 57)* begannen einige Landwirte, ihre Erzeugnisse auf einem Feld am damaligen Stadtrand direkt zu verkaufen. Seither ist der Farmers Market ein beliebter Treff. Hier werden unter anderem frische Blumen, Fleisch, Käse, Obst,

Uhrenturm am Eingang zum Farmers Market

Gemüse, Brot und Delikatessen verkauft. In mehr als 100 Läden kann man von Antiquitäten über T-Shirts bis hin zu Gartengeräten alles erwerben.

Zu den empfehlenswertesten der zahlreichen Cafés und Restaurants zählen Bob's Donuts, Magee's Kitchen, wo vor allem Corned Beef und Truthahn- sowie Schinkengerichte serviert werden, und The Gumbo Pot mit süßen *beignets* (Schmalzgebäck) und scharfer Cajun-Küche. Nahe dem Markt liegt das Shopping- und Unterhaltungszentrum The Grove.

Plakat für Paramounts *Kampf der Welten* (1953)

Stadtplan Los Angeles *siehe Seiten 186–197*

⑭ Los Angeles County Museum of Art

Das Los Angeles County Museum of Art (LACMA), das größte Kunstmuseum der USA westlich von Chicago, beherbergt eine der besten Sammlungen des Landes. Das Broad Contemporary Art Museum wurde vom Kunstsammler Eli Broad gestiftet und zeigt dessen umfassende Privatsammlung zeitgenössischer Kunstwerke. Der Bau wurde nach Plänen des Architekten Renzo Piano errichtet. Er leitet auch die Neugestaltung des gesamten Museumsareals, das entlang dem Wilshire Boulevard zwischen La Brea Tar Pits im Hancock Park und Fairfax Avenue neun Ausstellungsbereiche umfasst. Im Zug dieser Umbauarbeiten können einige Werke ihren Standort wechseln.

★ *Im Wald von Giverny* (1887)
Monets Gemälde zeigt Blanche und Suzanne Hoschedé, die Töchter von Monets Lebensgefährtin.

★ *Seifenblasen* (nach 1739)
Dieses Bild ist typisch für den Pariser Künstlers Jean-Baptiste-Siméon Chardin, der vor allem Szenen aus dem ländlichen Leben darstellt.

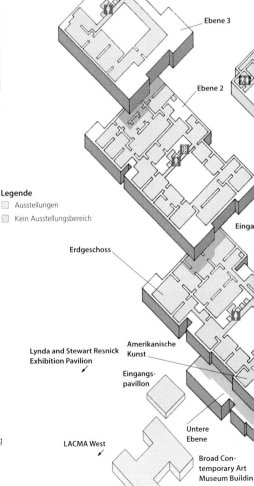

Legende
☐ Ausstellungen
☐ Kein Ausstellungsbereich

Ebene 3

Ebene 2

Einga

Erdgeschoss

Athene
Die Marmorstatue aus dem 2. Jahrhundert n. Chr. ist eine Nachbildung des griechischen Originals aus dem 5. Jahrhundert v. Chr.

Lynda and Stewart Resnick Exhibition Pavilion
↙

LACMA West
↙

Amerikanische Kunst

Eingangspavillon

Untere Ebene

Broad Contemporary Art Museum Buildin

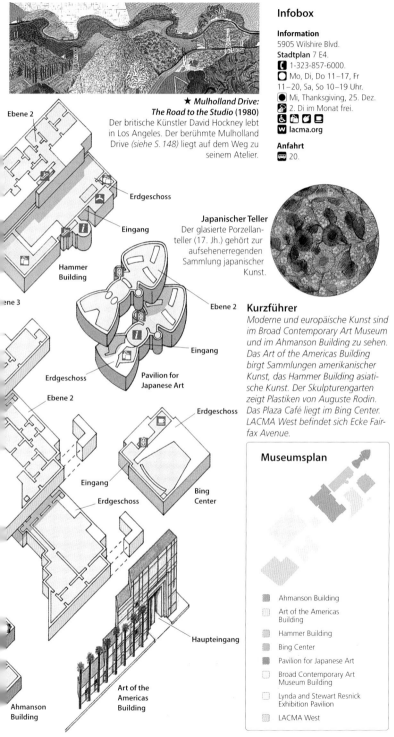

★ *Mulholland Drive:*
The Road to the Studio (1980)
Der britische Künstler David Hockney lebt
in Los Angeles. Der berühmte Mulholland
Drive *(siehe S. 148)* liegt auf dem Weg zu
seinem Atelier.

Ebene 2

Erdgeschoss

Eingang

Hammer
Building

ene 3

Ebene 2

Eingang

Erdgeschoss

Pavilion for
Japanese Art

Ebene 2

Erdgeschoss

Eingang

Erdgeschoss

Bing
Center

Haupteingang

Ahmanson
Building

Art of the
Americas
Building

Infobox

Information
5905 Wilshire Blvd.
Stadtplan 7 E4.
1-323-857-6000.
Mo, Di, Do 11–17, Fr
11–20, Sa, So 10–19 Uhr.
Mi, Thanksgiving, 25. Dez.
2. Di im Monat frei.
lacma.org

Anfahrt
20.

Japanischer Teller
Der glasierte Porzellan-
teller (17. Jh.) gehört zur
aufsehenerregenden
Sammlung japanischer
Kunst.

Kurzführer

Moderne und europäische Kunst sind
im Broad Contemporary Art Museum
und im Ahmanson Building zu sehen.
Das Art of the Americas Building
birgt Sammlungen amerikanischer
Kunst, das Hammer Building asiati-
sche Kunst. Der Skulpturengarten
zeigt Plastiken von Auguste Rodin.
Das Plaza Café liegt im Bing Center.
LACMA West befindet sich Ecke Fair-
fax Avenue.

Museumsplan

- Ahmanson Building
- Art of the Americas
  Building
- Hammer Building
- Bing Center
- Pavilion for Japanese Art
- Broad Contemporary Art
  Museum Building
- Lynda and Stewart Resnick
  Exhibition Pavilion
- LACMA West

Stadtplan Los Angeles *siehe Seiten 186–197*

LACMA: Sammlungen

Das LACMA bietet einen weltumspannenden kunsthistorischen Überblick und besitzt über 100 000 Objekte verschiedener Kulturen von prähistorischer Zeit bis zur Moderne. Die Schätze alter Kunst umfassen präkolumbische Artefakte und die größte Sammlung islamischer Kunst im Westen der USA. Die Abteilungen zum Kunsthandwerk zeigen europäische und amerikanische Exponate vom Mittelalter bis zur Gegenwart mit Gemälden und Skulpturen aus dieser Zeitspanne. Das Museum beherbergt außerdem eine ausgezeichnete Sammlung von Kleidung und Textilien. Die Dauerausstellung wird laufend durch erstklassige Wechselausstellungen ergänzt.

Die büßende Magdalena **(um 1640) von Georges de la Tour**

Amerikanische Kunst

Die Abteilung zeigt amerikanische Kunst vom 18. Jahrhundert bis ca. 1940. Aus der Kolonialzeit stammen John Singleton Copleys *Portrait of a Lady* (1771) und Benjamin Wests *Cymon und Iphigenie* (1773).

Mitte des 19. Jahrhunderts wandten sich Künstler wie Edwin Church (1826–1900), Winslow Homer (1836–1910) und Thomas Moran (1837–1926) von der Porträtmalerei ab und den Landschaften zu. Für seine Szenen des Lebens in New York City – u.a. in *Cliff Dwellers* (1913) – ist George Bellows (1882–1925) bekannt. Impressionistische Werke sind Childe Hassams *Avenue of the Allies* (1918) und Mary Cassatts *Mother About to Wash her Sleepy Child* (1880).

Der Bereich Kunsthandwerk zeigt u.a. Chippendale, Föderalstil und Leuchten von Louis C. Tiffany (1848–1933).

Balzac **von Auguste Rodin (1890er Jahre)**

Europäische Malerei, Bildhauerei und Kunsthandwerk

Die Sammlung zeigt europäische Kunst vom 12. bis 20. Jahrhundert, von mittelalterlichen Sakralwerken über Renaissance-Porträts von Lucas Cranach d. Ä. (1472– 1553) und Hans Holbein (1497–1543) bis zu religiösen Werken der italienischen Renaissance von Fra

Bartolommeo (1472–1517) und Tizian (um 1490–1576).

Besonders stark sind die holländische und die flämische Schule vertreten. Highlights sind Rembrandts *Auferstehung des Lazarus* (um 1630) und Anthonis van Dycks *Andromeda am Felsen* (1637/38).

Die französische und italienische Schule repräsentieren Georges de la Tours *Die büßende Magdalena* (um 1640) und Guido Renis *Porträt des Kardinals Roberto Ubaldino*, das vor 1625 entstand. Zur beeindruckenden französischen Kunst aus dem 18. und 19. Jahrhundert gehören Werke von Eugène Delacroix (1798–1863) und Camille Corot (1796–1875).

Die Sammlung europäischer Skulpturen konzentriert sich vor allem auf französische Bildhauer des 19. Jahrhunderts. Hierzu zählt mit über 40 Werken Auguste Rodin (1840–1917).

Highlights der Impressionisten und Postimpressionisten sind *Im Wald von Giverny* von Claude Monet *(siehe S. 118)* und Edgar Degas' *Bellelli-Schwestern* (1862–64), Gemälde von Auguste Renoir (1841–1919), Vincent van Gogh (1853–1890) sowie Paul Cézanne (1839–1906).

Unter den kunsthandwerklichen Objekten finden sich etwa ein emaillierter und vergoldeter Wasserkrug aus blauem Glas (um 1500) und eine Schmuckplatte aus Limoges, die Psyche und Cupido zeigt (Mitte 16. Jh.).

The Cotton Pickers **(1876) von Winslow Homer**

Moderne und zeitgenössische Kunst

Das dem LACMA angegliederte Broad Contemporary Art Museum ist ein Standort für die Präsentation von moderner und zeitgenössischer Kunst. Schon das von dem Kunstmäzen Eli Broad gestiftete Gebäude ist ein Kunstwerk für sich. Es umfasst insgesamt etwa 200 Werke seiner beeindruckenden Privatsammlung sowie einen Bestand moderner Kunstwerke des LACMA – Gemälde, Skulpturen und Installationen aus der Zeit von 1945 bis heute. Zu den Werken gehören Richard Serras *Band* (2006), John Baldessaris *Wrong* (1966–68) und Roy Lichtensteins *Cold Shoulder* (1963).

Fotografien, Drucke und Zeichnungen

Die hervorragende fotografische Sammlung vermittelt einen guten Einblick in dieses Medium, angefangen von Daguerreotypien (frühes 19. Jh.) über Albuminabzüge bis zu abstrakten Collagen. Beeindruckend ist die Werkschau zu Edward Weston (1886–1958).

Zum Bereich Drucke und Zeichnungen gehört die Robert Gore Rifkind Collection deutscher Expressionisten. Erich Heckels Holzschnitt *Stehendes Kind* (1910) ist einer der herausragenden Drucke.

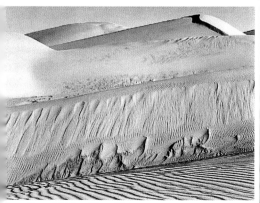
Dunes, Oceano (1936) von Edward Weston

Antike und islamische Kunst

Artefakte aus Ägypten, Vorderasien, Persien, Griechenland und Rom bilden die exquisite Antikensammlung. Darunter finden sich Steinmetzarbeiten eines assyrischen Palasts (9. Jh. v. Chr.), eine seltene ägyptische Bronzeplastik aus der 25. Dynastie und kostbare persische Figuren (3000 v. Chr.). Die islamische Kunst deckt einen Zeitraum von fast 1400 Jahren ab. Stark vertreten sind Persien und die Türkei.

Steinmetzarbeiten, Keramikgefäße und Statuen aus Mittelamerika und Peru gehören zu den präkolumbischen Beständen. Der *Stehende Krieger*, ein aus Mexiko stammendes Bildnis, ist das größte bekannte Werk seiner Art.

Indische und südostasiatische Kunst

Mit mehr als 5000 Objekten, von denen einige aus dem 3. Jahrhundert v. Chr. stammen, bietet das Museum eine der größten Sammlungen außerhalb Asiens. Zur indischen Kunst gehören zum Beispiel Skulpturen und Aquarelle auf Textilien und Papier. Auch Manuskripte und *thankas* (Malereien auf Tuch) aus Tibet und Nepal sowie Stein- und Bronzefiguren aus Indonesien, Thailand, Sri Lanka, Kambodscha und Birma (Myanmar) sind zu sehen.

Beamtenpaar, Tang-Dynastie, China

Fernöstliche Kunst

Zu dieser Sammlung gehören Keramiken, Skulpturen, Wandschirme und Rollbilder aus China, Japan und Korea. Glanzpunkt ist hierbei die Shin'enkan Collection. Die 200 Wandschirme und Rollbilder aus der Edo-Zeit (1615–1868) gelten als die besten Exponate in der westlichen Welt. Zu diesen Meisterwerken gehören u. a. Jakuchus Rollbild *Hahn, Henne und Hortensie* (18. Jh.) und Suzuki Kiitsus *Muscheln und Pflaumen* aus dem 19. Jahrhundert. Beeindruckend ist auch die Bushell Collection, die *netsuke* (geschnitzte Verschlüsse für kleine Behälter), Keramik, Skulpturen und Holzschnitte zeigt.

Kleidung und Textilien

Mehr als 55 000 Artefakte aus mehr als 300 Kulturen sind in dieser Abteilung zu sehen. Die ältesten Stücke sind ein besticktes Leichentuch aus Peru (etwa 100 v. Chr.) und eine koptische Tunika (5. Jh.) aus Ägypten. Bedeutend sind auch der persische »Ardebil«-Teppich (frühes 16. Jh.), der für den gleichnamigen Schrein im Nordwesten des Landes gefertigt wurde. Die Robe eines französischen Adligen aus Seide, Gold und Silber ist eines von zwei erhaltenen Gewändern aus dem 17. Jahrhundert in den USA.

⓯ Miracle Mile

Wilshire Blvd zwischen La Brea Ave u. Fairfax Ave. **Stadtplan** 7 D4.
🛈 685 S Figueroa St, 1-213-689-8822; 6801 Hollywood Blvd, 1-323-467-6412.
W discoverlosangeles.com

Rolls-Royce mit runden Türen im Petersen Automotive Museum

Im Jahr 1920 erwarb A. W. Ross das 7,2 Hektar große Grundstück am Wilshire Boulevard und ließ hier ein Einkaufsviertel für die wohlhabenden Familien aus dem nahe gelegenen Hancock Park errichten. Wegen der Art-déco- und modernen Läden, der breiten Gehwege und Straßen wurde es »Wundermeile« genannt. Die Kaufhäuser verfügten über Parkplätze, was viele Bewohner aus Städten anlockte.

Mittlerweile hat das Areal allerdings seinen Glanz verloren. Lediglich Geschäfte für verschiedenste ethnische Gruppen befinden sich noch hier. Dennoch geht es mitunter immer noch sehr lebhaft zu.

Das westliche Ende der Miracle Mile ist wesentlich besser erhalten. Im früheren Gebäude der May Company ist nun das Academy Museum of Motion Pictures untergebracht. Wegen des LACMA (siehe S. 118–121) und einigen weiteren Museen in einem Abstand von weniger als einer Meile wird dieser Abschnitt auch als »Museum Row« bezeichnet.

Goldfassade am Gebäude des LACMA West, Wilshire Boulevard

⓰ Petersen Automotive Museum

6060 Wilshire Blvd. **Stadtplan** 7 D4.
📞 1-323-930-2277. 🕐 Di–So 10–18 Uhr. ⬤ 1. Jan, Thanksgiving, 25. Dez. 🅿 ♿ 📷 🏠
W petersen.org

Dioramen und Wechselausstellungen schildern die Geschichte der Autokultur in den Vereinigten Staaten (siehe S. 204f). Im Untergeschoss sieht man Raritäten wie den amerikanischen Hänger »Stuck in the Mud« (1911) und Earl Coopers »White-Squadron«-Rennwagen (1915). Ein Ford-T-Modell von 1922 erscheint in einer Filmszene mit Stan Laurel und Oliver Hardy. Drei Oldtimer zieren eine nachgestellte Straßenszene der 1920er Jahre.

Zu sehen sind auch eine Autowerkstatt aus den 1920er Jahren und ein Autosalon aus den 1930er Jahren, dessen opulente Ausstattung die damalige Wirtschaftskrise leugnete. Eine Reklametafel aus den 1930er Jahren zeigt, wie der Autohandel für sich warb.

Im Obergeschoss gibt es frisierte Autos und Motorräder, Oldtimer und Autos von Prominenten, etwa Rita Hayworths 53er Cadillac oder Clark Gables 41er Cadillac.

⓱ The Improv

8162 Melrose Ave. **Stadtplan** 7 D1.
📞 1-323-651-2583. 🕐 Vorstellungen: Mo–Fr 20, Sa, So 20.30 und 22.30 Uhr. 🅿 ♿
W hollywood.improv.com

Als das Improv 1975 eröffnete, wurde es sofort zum beliebtesten Comedy Club der Stadt. Mittlerweile ist es in der ganzen Welt bekannt. Renommierte Größen wie etwa Jay Leno, Richard Lewis und Damon Wayans traten hier regelmäßig auf. Der Club ist auch eine wichtige Bühne für neue Talente. Viele große Karrieren nahmen hier ihren Anfang.

Essen kann man im Showroom selbst oder im Restaurant, das eine Auswahl an Burgern, Pastagerichten, Steaks und Sandwiches bietet. Da The Improv eine echte Institution ist, ist es ratsam, einen oder zwei Tage im Voraus einen Tisch zu buchen.

Der Entertainer Drew Carey beim Auftritt im Improv

⓲ Page Museum at the La Brea Tar Pits

5801 Wilshire Blvd. **Stadtplan** 7 E4.
📞 1-323-934-7243. 🕐 tägl. 9.30–17 Uhr. ⬤ 1. Jan, 4. Juli, Thanksgiving, 25. Dez. 🅿 1. Di im Monat frei. ♿ 📷 🏠 W tarpits.org

Das 1976 eröffnete Page Museum besitzt über eine Million Fossilien, die in den Teergruben von La Brea gefunden wurden. Sie stammen von über 500 Säugetieren, Vögeln, Reptilien, Pflanzen und Insekten. Einige davon sind um die

La Brea Tar Pits

Der Teer der Gruben entstand vor ungefähr 40 000 Jahren, als Erdöl auf die Erdoberfläche gelangte und zu einer zähen Masse verdickte. Tiere, die hier trinken wollten, blieben darin stecken und starben. Ihre Knochen wurden zu Fossilien.

Jahrhundertelang nutzten Indianer den Teer, um Körbe und Boote abzudichten. Später teerten mexikanische und spanische Siedler ihre Hausdächer damit. 1906 entdeckten Geologen hier die größte Ansammlung von Fossilien aus dem Pleistozän, die jemals gefunden wurde und die auf weltweites Interesse stieß. 1916 wurde das Gelände dem County übertragen.

Modelle der La-Brea-Gruben zeigen, wie die Tiere einst im Teer feststeckten

40 000 Jahre alt. Zu den Highlights zählen Mastodonten, Säbelzahntiger, amerikanische Löwen und ein Mammut. Über 400 ausgestellte Wolfsschädel zeigen die Variationsbreite innerhalb einer einzigen Spezies.

Es wurde auch ein menschliches Skelett entdeckt: die »La-Brea-Frau«. Ein Hologramm verwandelt sie in eine Person aus Fleisch und Blut.

In Grube 91 wurden die meisten Fossilien gefunden. Im Sommer können Besucher den Paläontologen zu bestimmten Zeiten bei der Arbeit zusehen. Im Museum erlaubt das mit Glaswänden umgebene Labor, den Forschern beim Säubern, Identifizieren und Katalogisieren der Fossilien über die Schulter zu schauen.

⑲ Craft and Folk Art Museum

5814 Wilshire Blvd. **Stadtplan** 7 E4. ☎ 1-323-937-4230. ◯ Di–Fr 11–17, Sa, So 12–18 Uhr. ● 1. Jan, Thanksgiving, 25. Dez. 🅿 ♿ 🎫 Mi. 🆆 cafam.org

Die sehenswerte Sammlung präsentiert über 3000 Volkskunst- und Handwerksobjekte aus der ganzen Welt – von Quilts aus dem 19. Jahrhundert über zeitgenössische Möbel bis hin zu afrikanischen Masken. Dauerausstellungen zeigen Design bei Spielzeug, Glas und Textilien. In der mexikanischen Abteilung gibt es Pappmaschee-Exponate der Familie Linares.

Zudem finden Sonderausstellungen statt. Veranstaltungen wie Kunstgespräche richten sich an unterschiedliche Altersgruppen.

Afrikanische Maske, Craft Museum

⑳ Wiltern Theatre

3790 Wilshire Blvd. **Stadtplan** 9 D4. ☎ 1-213-388-1400. ◯ nur zu Aufführungen. 🅿 ♿ 🎫

Das 1931 als Kino erbaute Wiltern Theatre wurde 1985 renoviert und ist heute ein Zentrum für darstellende Künste. Turm und Flügel des Art-déco-Gebäudes sind mit türkisfarbenem Terrakotta überzogen. Das Sonnenmotiv des Vordachs am Haupteingang findet sich im Auditorium wieder, Wolkenkratzerreliefs schmücken dort die Decke.

Um das Innere des Baus zu bewundern, ist eine Eintrittskarte für eine Veranstaltung erforderlich.

Mammut im Page Museum at the La Brea Tar Pits

Stadtplan Los Angeles siehe Seiten 186–197

Downtown Los Angeles

Die früher recht unbedeutende Siedlung Los Angeles ist heute unbestritten eine der gewaltigsten Metropolen der Welt. Ihre spanischen Wurzeln findet man noch immer in El Pueblo, wo das Avila Adobe und die Old Plaza Church noch an die Zeiten der mexikanischen Besiedlung erinnern, als *rancheros* und *señoras* die Straßen bevölkerten. Nördlich von El Pueblo erstreckt sich Chinatown mit seinen schier zahllosen asiatischen Läden und Restaurants. Im Süden bildet Little Tokyo das Zentrum der größten japanischen Gemeinde in ganz Nordamerika. Das Geschäftsviertel in Downtown verläuft um Bunker Hill, dem früher einmal wohlhabenden Viertel der viktorianischen Elite. Mittlerweile bestimmen Bürotürme wie etwa First Interstate World Center und Wells Fargo Center das Gesicht von Downtown. In dieser Gegend befinden sich auch Kulturstätten wie das Museum of Contemporary Art (MOCA) und die Walt Disney Concert Hall.

Sehenswürdigkeiten auf einen Blick

Historische Districts und Gebäude
1. Los Angeles Central Library
2. Angels Flight
3. Grand Central Market
5. Bradbury Building
8. El Pueblo S. 130f
9. Chinatown
10. Union Station
12. Los Angeles City Hall
13. Little Tokyo

Museen und Sammlungen
4. The Broad
6. Museum of Contemporary Art
11. Geffen Contemporary at MOCA
14. Japanese American National Museum
15. Fashion Institute of Design and Merchandising

Kunstzentrum
7. Walt Disney Concert Hall

Kirche
16. Cathedral of Our Lady of the Angels

Stadtplan *11*

◀ **Gefliese Kuppel der Los Angeles City Hall** *(siehe S. 132f)*   **Zeichenerklärung** *siehe hintere Umschlagklappe*

Im Detail: Business District

Im 20. Jahrhundert dehnte sich Los Angeles weiter Richtung Meer aus. In der Folgezeit spielte Downtown phasenweise nur eine Nebenrolle im Gefüge der Stadt. Heute befindet sich ein neu belebtes Geschäftsviertel rund um die Flower Street. Auf den Gehwegen drängeln sich wieder Einheimische und Urlauber. Hier ist das Zentrum des kalifornischen Bankenwesens. Dessen Macht symbolisieren Wolkenkratzer wie das Wells Fargo Center. Weiter östlich haben sich Juwelen-, Spielzeug-, Lebensmittel- und Textilgroßhandel angesiedelt. Das Museum of Contemporary Art (MOCA), die Walt Disney Concert Hall und die Los Angeles Central Library haben ein kulturelles Umfeld geschaffen, das die Menschen wieder ins Stadtzentrum zieht.

Am Westin Bonaventure Hotel sind die Fahrstühle außen. Der Blick von hier über das ganze Geschäftsviertel ist grandios.

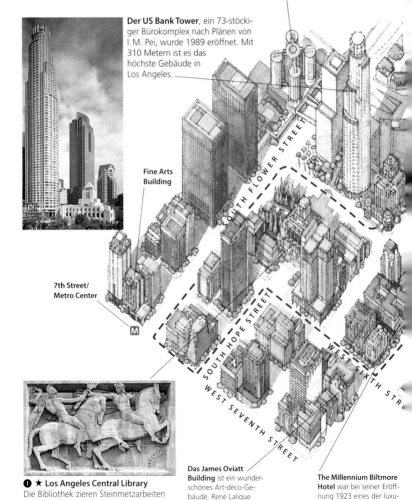

Der US Bank Tower, ein 73-stöckiger Bürokomplex nach Plänen von I. M. Pei, wurde 1989 eröffnet. Mit 310 Metern ist es das höchste Gebäude in Los Angeles.

Fine Arts Building

7th Street/ Metro Center

Ⓜ

SOUTH FLOWER STREET

SOUTH HOPE STREET

WEST SIXTH STREET

WEST SEVENTH STREET

❶ ★ Los Angeles Central Library
Die Bibliothek zieren Steinmetzarbeiten und Inschriften zum Thema »Aufklärung und Wissen«.

Das James Oviatt Building ist ein wunderschönes Art-déco-Gebäude. René Lalique gestaltete einige der Glasfenster.

The Millennium Biltmore Hotel war bei seiner Eröffnung 1923 eines der luxuriösesten Hotels in Los Angeles (*siehe S. 528*).

❺ ★ Museum of Contemporary Art
Das Sandsteingebäude des MOCA, das 1986 an der
California Plaza eröffnet wurde, fand weithin Bewun-
derung. Hier wird eine aufsehenerregende Sammlung
von Kunst nach 1940 präsentiert.

Zur Orientierung
Siehe Stadtplan 11

Im Wells Fargo Center,
einer Filiale des kalifornischen
Unternehmens *(siehe S. 318),*
befinden sich ein Museum
und ein Skulpturenhof mit
Werken von Künstlern wie
Jean Dubuffet.

❷ Angels Flight
Die Standseilbahn
führt von der
South Hill Street
zur California Plaza.

❹ ★ Bradbury Building
Das Atrium des unauffälligen
viktorianischen Bürogebäudes
gehört zu den schönsten der
Vereinigten Staaten.

Pershing Square

**❸ Grand Central
Market**
Der überdachte Markt
liegt im Herzen des
alten Theaterviertels.

Legende
— Routenempfehlung

Der Pershing Square war 1866
der erste öffentliche Park der
Stadt. Der heutige Platz ist immer
noch ein beliebter Treffpunkt und
wurde mit Bäumen, Bänken und
Statuen gestaltet.

0 Meter	500
0 Yards	500

Stadtplan Los Angeles *siehe Seiten 186–197*

Fassade der Los Angeles Central Library

❶ Los Angeles Central Library

630 W 5th St. **Stadtplan** 11 D4.
📞 1-213-228-7000. ⏰ Mo–Do
10–20, Fr, Sa 10–17.30, So 13–
17 Uhr. ⬤ Feiertage. ♿ ⓦ lapl.org

Das 1926 errichtete städte-
bauliche Schmuckstück wurde
1986 durch Brandstiftung ver-
wüstet. Sieben Jahre dauerte
die 214 Millionen US-Dollar
teure Renovierung, die eine
Erweiterung mit einschloss.
Durch diese baulichen
Maßnahmen konnte
die Kapazität der Biblio-
thek auf mehr als
2,1 Millionen Bände
verdoppelt werden.

Das Gebäude kombi-
niert würdevolle Archi-
tektur mit byzantini-
schen, ägyptischen und
römischen Elementen
sowie mit Inschriften
und Skulpturen zum
Thema »Aufklärung
und Wissen«. Die
sehenswerten Fresken
von Dean Cornwell
(1892–1960) am Rundbau
dokumentieren die Geschichte
des Bundesstaats Kalifornien.

Beeindruckend sind die
Details im Tom Bradley Wing,
etwa die drei Atriumlüster von
Therman Statom, die Natur,
Metaphysik und Technik sym-
bolisieren.

Der schön gestaltete Garten
mit seinen Brunnen, Bänken
und Restaurants am Eingang
Flower Street wird von Besuchern gern für eine Pause
genutzt. In der Bibliothek

finden Veranstaltungen statt,
z. B. Prosa- und Lyriklesungen,
Vorträge, Konzerte und Theateraufführungen.

❷ Angels Flight

Zwischen Grand, Hill, 3rd u. 4th St.
Stadtplan 11 D4. 📞 1-213-626-
1901. ⬤ bitte Website prüfen.
ⓦ angelsflight.org

Die 1901 erbaute Bahn mit
dem Beinamen »kürzeste
Eisenbahn der Welt« transportierte fast 70 Jahre
lang Fahrgäste auf den
96 Metern zwischen Hill
Street und Bunker Hill.
Die Standseilbahn war
außerordentlich beliebt.
1969 war sie jedoch in
miserablem Zustand. Die
Stadt ließ sie demontieren
und versprach, sie nach
Sanierung des herunter-
gekommenen Bunker
Hill wieder in Betrieb zu
nehmen. 1996, also
27 Jahre später, wurde
das Versprechen einge-
löst. Derzeit ist sie jedoch wieder außer Betrieb.

**Statue an der
Bibliothek**

❸ Grand Central Market

317 S Broadway. **Stadtplan** 11 E4.
📞 1-213-624-2378. ⏰ tägl. 9–
18 Uhr. ⬤ 1. Jan, Thanksgiving,
25. Dez. ♿
ⓦ grandcentralsquare.com

Seit 1917 besteht die beliebte
Markthalle, in der mehr als
40 Stände sorgfältig arrangier-

te Waren anbieten. Bauern-
stände verkaufen günstig
frisches Obst und Gemüse,
freundliche Verkäufer offe-
rieren kostenlose Proben.

Unter den zahlreichen Cafés
und Imbissbuden befindet sich
das China Café, das sein beliebtes *chow mein* seit den
1930er Jahren serviert. An den
mexikanischen Ständen werden mit Fleisch oder Seafood
gefüllte *tacos* und *burritos* serviert. Gäste können beobachten, wie eine wacklige Maschine die *masa* (Maismehlteig) in
schmackhafte Tortillas verwandelt. Am Tresen kann man
außerdem kostenlos naschen.

Wenn man vom Markt auf
den Broadway geht, findet
man sich auf der Haupteinkau-
fsstraße von Los Angeles'
hispanischer Gemeinde wieder.
Vor dem Zweiten Weltkrieg
befand sich hier das Kinovier-
tel, mit extravaganten Kinos
und modischen Läden. Heute
sind die meisten Kinos entweder geschlossen oder werden
mittlerweile für Gottesdienste
auf Spanisch genutzt. In dieser
Straße pulsiert das Leben, man
fühlt sich in eine lateinamerikanische Metropole wie Lima
oder Mexiko-Stadt versetzt.
Doch Vorsicht, hier tummeln
sich Taschendiebe.

❹ The Broad

221 S Grand Ave. **Stadtplan** 11 D4.
📞 1-213-232-6200. ⏰ Di, Mi
11–17, Do, Fr 11–20, Sa 10–20,
So 10–18 Uhr. ⓦ thebroad.org

Das sehenswerte Museum The
Broad präsentiert insgesamt
rund 2000 Kunstwerke der
umfangreichen Sammlung von
Eli und Edythe Broad. Zu den
hier vertretenen Künstlern ge-
hören Jasper Johns, Robert
Rauschenberg, Andy Warhol,
Ed Ruscha, Roy Lichtenstein,
Keith Haring, Jean-Michel
Basquiat und Jeff Koons.

Neben der Kunst faszinieren
auch Architektur und Gestaltung des Hauses. Die
eindrucksvolle Plaza schmücken
rund 100 Jahre alte Olivenbäu-
me, Grünflächen schaffen ein
luftiges Ambiente.

Hotels und Restaurants in Los Angeles *siehe Seiten 528–531 und 550–556*

Atrium des Bradbury Building

❺ Bradbury Building

304 S Broadway. **Stadtplan** 11 E4.
📞 1-213-626-1893. ⏰ Mo–Fr 9–
18 Uhr, Sa, So 9–17 Uhr. ♿ von
der 3rd St.

Das Bradbury Building wurde
1893 von George Herbert
Wyman entworfen. Es ist eines
der wenigen noch verbliebenen viktorianischen Bauwerke
von Los Angeles.

Hinter der schlichten roten
Fassade verbirgt sich ein über-
wältigendes Atrium mit Glasdach, schmiedeeisernen
Geländern, Eichenpaneelen,
glasierten Ziegelwänden und
zwei Paternostern. Es ist das
einzige Bürogebäude der
Stadt, das offizielles historisches Wahrzeichen ist. Filmfans kennen es als Filmkulisse,
etwa aus Ridley Scotts *Blade
Runner* (1982).

❻ Museum of Contemporary Art

250 S Grand Ave. **Stadtplan** 11 D4.
📞 1-213-621-2766. ⏰ Mo, Fr 11–
17, Do 11–20, Sa, So 11–18 Uhr.
⬤ 1. Jan, 4. Juli, Thanksgiving,
25. Dez. 🎟 Do 17–20 Uhr frei. ♿
🌐 moca.org

Das vom American Institute of
Architecture zu einem der
zehn schönsten Bauwerke der
USA gekürte Museumsgebäu-
de ist genauso sehenswert wie
die darin ausgestellten Exponate. Das MOCA wurde 1986

von dem japanischen Architekten Arata Isozaki entworfen.
Es ist eine Kombination aus
Pyramiden, Zylindern und
Würfeln. Seine warmen Sand-
steinmauern auf dem Fundament aus rotem Granit bilden
einen angenehmen Kontrast
zu den kühlen Farben der benachbarten Wolkenkratzer.

Eine breite Treppe führt vom
tiefer liegenden Eingang zur
Ausstellungsfläche. Tageslicht
fällt durch pyramidenförmige
Oberlichter in vier der sieben
Abteilungen.

Das 1979 gegründete MOCA
hat in kurzer Zeit eine aner-
kannte Sammlung von Kunstwerken aus der Zeit nach 1940
zusammengetragen, darunter
Werke von Piet Mondrian,
Jackson Pollock, Louise Nevel-
son und Julian Schnabel.
Die Panza Collection
zeigt 80 Arbeiten aus
Pop-Art und abstraktem
Expressionismus, etwa
von Robert Rauschen-
berg, Mark
Rothko und
Claes Olden-
burg. 1995 erwarb
das MOCA die 2100
Fotografien der Freidus
Collection, darunter Ar-
beiten von Diane Arbus
und Robert Frank. Sie
belegen die Geschich-
te der US-amerikani-
schen Dokumentar-
fotografie in der Zeit von den
1940er bis zu den 1980er
Jahren.

Das MOCA steht auf der
Nordseite der 4,5 Hektar großen California Plaza. Der Aus-

**Coca Cola Plan
(1958) von Robert
Rauschenberg**

bau des Geländes legte den
Grundstock für das MOCA, da
1,5 Prozent des Etats der Stadt
für die Förderung von Kunst
verwendet werden müssen.
Der Brunnen auf dem Platz
wiederholt seine Wasserspiele
alle 20 Minuten. Am Ende
schwappt eine Welle mit etwa
45 000 Litern Wasser über den
Rand.

❼ Walt Disney Concert Hall

135 N Grand Ave, CA 90012. **Stadt-
plan** 11 D3. 📞 1-213-972-7211.
🚇 ♿ Dorothy Chandler Pavilion
(Tickets) ⏰ Do–Sa 10–18 Uhr.
**Mark Taper Forum und Ahmanson
Theatre (Tickets)** ⏰ Di–Sa 12–20,
So 12–19 Uhr. **Walt Disney Concert
Hall (Tickets)** ⏰ Di–So 12–17 Uhr.
🌐 musiccenter.org

Der früher Music Center
genannte Komplex ge-
hört zu den drei größ-
ten Veranstaltungsorten
für darstellende Künste
in den USA. Die
Walt Disney
Concert
Hall bietet Platz für
2265 Besucher. Sie
wurde von Frank Gehry
entworfen, 2003 eröff-
net und ist die Heim-
stätte von Los Ange-
les Philharmonic und
Los Angeles Master
Chorale. Der Dorothy
Chandler Pavilion ist Bühne
für Los Angeles Opera. Das
Ahmanson Theatre zeigt
Broadway-Stücke, das Mark
Taper Forum zeitgenössisches
Theater.

Walt Disney Concert Hall, entworfen von Frank Gehry

Stadtplan Los Angeles *siehe Seiten 186–197*

❽ Im Detail: El Pueblo

El Pueblo de la Reina de Los Angeles ist der älteste Teil der Stadt. El Pueblo wurde 1781 von Felipe de Neve, dem spanischen Gouverneur Kaliforniens, gegründet und steht heute unter Denkmalschutz. Die Läden entlang der Olvera Street verkaufen mexikanische Kleidung, *huaraches* (Ledersandalen), *piñatas* (Strohtiere) und *churros,* ein spanisch-mexikanisches Fettgebäck. Bei Festen vibriert El Pueblo von Farben und Klängen. Die Segnung der Tiere (April), Cinco de Mayo (5. Mai), das Fest zum mexikanischen Unabhängigkeitstag (13.–15. September) und die Kerzenprozession von Las Posadas (16.–24. Dezember) werden hier leidenschaftlich gefeiert *(siehe S. 40–43).*

★ **Our Lady Queen of the Angels Church**
Die Verkündigung (1981) von Isabel Piczek ziert die älteste Kirche der Stadt.

Pico House
Das dreigeschossige Haus ließ Pío Pico, der letzte mexikanische Gouverneur Kaliforniens, 1870 bauen. Jahrelang war es das beste Hotel am Platz. Das Erdgeschoss wird für Ausstellungen und andere Veranstaltungen genutzt.

An dieser Stelle lag der erste Friedhof von Los Angeles.

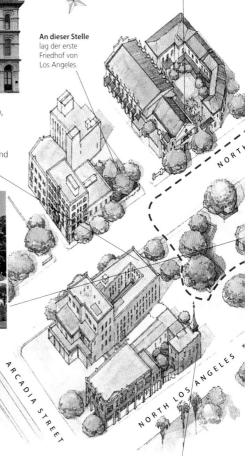

NORTH

NORTH LOS ANGELES

ARCADIA STREET

Feuerwache

Plaza
Neben dem schmiedeeisernen Musikpavillon in der Mitte gibt es eine Liste der ersten 44 Siedler und eine Statue von Felipe de Neve.

Legende
— Routenempfehlung

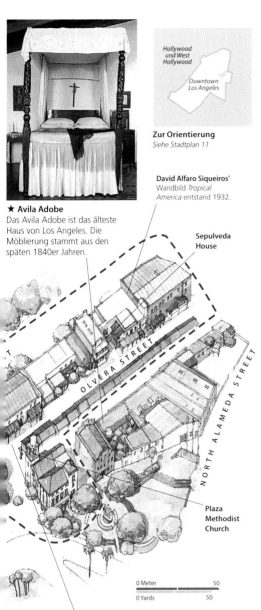

Zur Orientierung
Siehe Stadtplan 11

David Alfaro Siqueiros'
Wandbild *Tropical America* entstand 1932.

★ **Avila Adobe**
Das Avila Adobe ist das älteste Haus von Los Angeles. Die Möblierung stammt aus den späten 1840er Jahren.

Sepulveda House

Plaza Methodist Church

0 Meter — 50
0 Yards — 50

Olvera Street
Nach einer Kampagne der Aktivistin Christine Sterling in den 1930er Jahren wurde die Fußgängerzone als mexikanischer Marktplatz erhalten.

Chinatown

Stadtplan 11 F2. 727 N Broadway, Suite 208, 1-213-680-0243. chinatownla.com

Die ersten chinesischen Einwanderer kamen während des Goldrauschs *(siehe S. 52f)*, um in den Minen und beim Eisenbahnbau zu arbeiten. Vielen von ihnen schlug Rassismus entgegen. Die erste Chinatown entstand 1870 auf dem Gelände der heutigen Union Station *(siehe S. 132)*. 1920 wurde sie gut 800 Meter nach Norden verlegt. Heute wohnen und arbeiten in diesem Viertel über 12 000 Menschen.

Das verzierte East Gate am North Broadway führt zum Gin Ling Way und zur New Chinatown Central Plaza, einer Fußgängerzone, die bunte Häuser mit pagodenartigen Dächern säumen. Die Läden bieten hier wirklich alles an, von exquisitem Jadeschmuck über Antiquitäten bis zu billigem Krimskrams.

Die Gebäude der umliegenden Straßen sind ein wenig zurückhaltender. Ihre Restaurants servieren chinesische Spezialitäten wie etwa Dim Sum (gefüllte Teigtaschen) und scharfe Gerichte der Szechuan-Küche.

Im Vergleich zu den Feierlichkeiten in San Francisco *(siehe S. 43)* ist das hiesige Neujahrsfest Anfang Februar relativ klein. Drachen- und Löwentänzer schlängeln sich durch das Viertel, begleitet von Trommeln, Festwagen und Knallfröschen.

Restaurant in Chinatown, gekrönt von einer Pagode

Stadtplan Los Angeles siehe Seiten 186–197

Die fantastische Mischung architektonischer Stile an der Fassade der Union Station

⑩ Union Station

800 N Alameda St. **Stadtplan** 11 F3.
📞 1-800 872-7245. ⭘ tägl.
24 Std. ♿ 🆆 amtrak.com

Der Passagierbahnhof von 1939 war der letzte große Bahnhof, der in den Vereinigten Staaten errichtet wurde. Sein Äußeres ist eine architektonische Mischung aus spanischem Missionsstil, maurischem Stil und Streamline-Moderne (siehe S. 34–37). Die Fliesen im Inneren, die Marmor-Einlegearbeiten auf dem Boden und die filigranen Verzierungen über den Fenstern und Türen zeigen spanische Motive.

Die Wartehalle mit dem 15,8 Meter hohen Dach ist aus Filmen der 1940er Jahre bekannt. Hier wurden die Stars häufig bei ihrer Ankunft in Los Angeles fotografiert. Die Halle erscheint auch in späteren Filmen, etwa Sydney Pollacks *Cherie Bitter* (1973) und Barry Levinsons *Bugsy* (1991). Der Bahnhof ist heute ruhiger, täglich fahren Züge nach Chicago, Seattle und San Diego.

⑪ Geffen Contemporary at MOCA

152 N Central Ave. **Stadtplan** 11 F4.
📞 1-213-626-6222. ⭘ Mo, Fr
11–17, Do 11–20, Sa, So 11–18 Uhr.
⬤ 1. Jan, 4. Juli, Thanksgiving, 25. Dez. 🎟 Do 17–20 Uhr frei. ♿
🏙 🆆 moca.org

Die einstige Polizeigarage diente dem MOCA 1983 als vorübergehende Ausstellungsfläche, bis das Museum an der California Plaza (siehe S. 129) fertiggestellt war. In den 1980er Jahren renovierte Frank Gehry die Halle, die zur festen Einrichtung wurde. Wechselausstellungen zeigen nun Teile der Sammlungen des MOCA.

⑫ Los Angeles City Hall

200 N Spring St. **Stadtplan** 11 E4. 📞
1-213-485-2121. ⭘ Mo–Fr 8–17
Uhr. ⬤ Feiertage. ♿ von der Main
St. 🎫 reservieren 1-213-978-1995.

Bis 1957 war das 28-stöckige Bauwerk das höchste Gebäude in Downtown – alle anderen waren auf zwölf Etagen begrenzt. Bei seinem Bau 1928 wurde dem Mörtel Sand aus jedem kalifornischen County und Wasser von jeder der 21 Missionen des Bundesstaats beigefügt.

Heute wird die City Hall von den umliegenden Wolkenkratzern überragt, doch der charakteristische Turm ist immer noch ein Wahrzeichen. Sie ist einer der beliebtesten Schauplätze für Film und TV, u. a. war sie die Arbeitsstätte von Clark Kent in *Superman*.

Der Rundbau hat eine schön gefliste Kuppel mit exzellenter Akustik. Die acht Figuren symbolisieren Erziehung, Gesundheit, Gesetzgebung, Kunst, Dienstleistung, Verwaltung, Schutz und Vertrauen.

Onizuka Street in Little Tokyo mit Blick auf die Los Angeles City Hall

Bei den 45-minütigen Führungen steigt man zu einer Aussichtsfläche des Turms auf, der durch das Northridge-Erdbeben 1994 *(siehe S. 61)* beschädigt wurde, mittlerweile aber wieder renoviert ist. Von dort genießt man einen schönen Panoramablick über die Stadt.

Rotunde der City Hall

⓭ Little Tokyo

Stadtplan 11 E4. ⓲ 244 S
San Pedro St, 1-213-628-2725.
🆆 visitlittletokyo.com

Little Tokyo befindet sich in einem sehr belebten Areal zwischen 1st, 3rd, Los Angeles und Alameda Street. Der Andrang ist groß, die Märkte, Läden, Restaurants und Tempel des Viertels ziehen Scharen von Besuchern an.

Die ersten Japaner siedelten sich 1884 hier an. Herz des Viertels ist das Japanese American Cultural and Community Center (244 South San Pedro Street), das Kulturveranstaltungen und Festivals wie die Nisei Week *(siehe S. 41)* organisiert. Im fächerförmigen Japan America Theater treten Künstler und Gruppen aus Japan auf. Dort kann man zum Beispiel das traditionelle Kabuki-Theater sehen.

Die Japanese Village Plaza (335 East Second Street) wurde im Stil eines japanischen Bauerndorfs errichtet, mit blauen Dachziegeln, Holzrahmen, Teichen und Pfaden. Ein traditioneller Feuerturm markiert den Eingang an der 1st Street. Hier befinden sich auch der Nijiya Market und der Mikawaya Candy Store. Gleich in der Nähe der San Pedro Street trifft man in der Onizuka Street auf weitere Läden und Fachgeschäfte.

⓮ Japanese American National Museum

369 E 1st St. **Stadtplan** 11 F4.
📞 1-213-625-0414. 🕐 Di, Mi, Fr–So 10–17, Do 12–20 Uhr.
⬤ 1. Jan, Thanksgiving, 25. Dez.
🚌 ♿ 🅿 🆆 janm.org

In dem früheren Nishi Hongwanji Buddhist Temple ist heute ein Museum eingerichtet. 1925 entwarf der Architekt Edgar Cline das Gebäude mit zwei Gesichtern: Der Eingang an der 1st Street hat eine Ziegelfassade, der zeremonielle Eingang an der Central Avenue mischt orientalische und ägyptische Motive.

Das Museum mit der weltweit größten Sammlung japanisch-amerikanischer Exponate ist der Geschichte der Japaner in den Vereinigten Staaten gewidmet. Sonderausstellungen präsentieren Themen wie »Issei-Pioniere« oder »amerikanische Konzentrationslager«. Außerdem werden Workshops angeboten.

⓯ Fashion Institute of Design and Merchandising

919 South Grand Avenue. **Stadtplan** 10 C5. 📞 1-213-623-5821.
🕐 Di–Sa 10–17 Uhr. 🅿 ♿
🆆 fidmmuseum.org

Das Institut widmet sich der Mode, Grafik, Innenausstattung und der Unterhaltungsindustrie. Die insgesamt rund 12 000 Exponate der Sammlung reichen vom späten

Eingang zum Japanese American National Museum

18. Jahrhundert bis zur Gegenwart. Zu sehen sind die Entwicklung von der Schneiderei bis zur Haute Couture, Theater- und Filmkostüme, Textilien und Accessoires. Auch weltberühmte Marken und Couturiers wie Commes des Garçons, Christian Dior, Issey Miyake und Yves Saint Laurent werden hier präsentiert. Viele Kleidungsstücke stammen von den Schönen und Berühmten, unter ihnen auch Marlene Dietrich, Fred Astaire und Carole Lombard.

⓰ Cathedral of Our Lady of the Angels

555 W Temple St. **Stadtplan** 11 E3.
📞 1-213-680-5200. 🕐 tägl. frühmorgens bis 18 Uhr.

Die im Jahr 2002 geweihte katholische Kathedrale wurde vom spanischen Architekten José Rafael Moneo gebaut. Auffallend ist das Fehlen eines Kirchturms.

Kostümausstellung im Fashion Institute of Design and Merchandising

Stadtplan Los Angeles *siehe Seiten 186–197*

Point Vicente Lighthouse, Palos Verdes

Long Beach und Palos Verdes

Der Pazifische Ozean ist die verbindende Kraft dieser sehr vielgestaltigen Region. Die Halbinsel Palos Verdes trotzt den Wellenbrechern des Meers. Viele Tanker laufen die geschäftigen Häfen von Los Angeles und Long Beach an. Die großartige Küste der Halbinsel ist eine wohlhabende Wohngegend, deren Herrenhäuser von welliger Hügellandschaft umrahmt werden. Das Arbeiterviertel San Pedro an der südöstlichen Seite wird seit vielen Generationen von Fischern bewohnt und beherbergt den Hafen von Los Angeles. Long Beach, die fünftgrößte Stadt des Bundesstaats Kalifornien, erhielt diesen Namen wegen ihres ungefähr neun Kilometer langen weißen Sandstrands und lockt schon seit langer Zeit Wassersportler und Sonnenanbeter an. An diesem schönen Strand ankert auch das berühmte Wahrzeichen: der Luxusliner *Queen Mary*.

Sehenswürdigkeiten auf einen Blick

Historisches Schiff
6 *Queen Mary S. 138f*

Districts
1 Long Beach
4 Naples
8 Ports O'Call Marketplace
11 San Pedro

Historische Gebäude
2 Rancho Los Cerritos
3 Rancho Los Alamitos

Moderne Architektur
12 Wayfarers Chapel

Parks und Gärten
10 Point Fermin Park
13 South Coast Botanic Garden

Museen und Sammlungen
5 Aquarium of the Pacific
7 Los Angeles Maritime Museum
9 Cabrillo Marine Aquarium

Straßenkarte *Ausschnitt A*

Zeichenerklärung siehe hintere Umschlagklappe

❶ Im Detail: Long Beach

Vor dem Hintergrund aus Palmen und Meer präsentiert Long Beach eine Mischung aus sorgfältig sanierten Gebäuden und modernen Hochhäusern. Die Pine Avenue im Herzen der Stadt hat sich noch den Charme des frühen Mittleren Westens bewahrt, als die Stadt ihren Spitznamen »Iowa am Meer« erhielt. Gäste kommen, um zu entspannen, eine Tasse Kaffee oder exzellentes Essen zu genießen. Das Long Beach Convention and Entertainment Center steht dort, wo früher die Achterbahn des Pike Amusement Park lockte. Heute ziehen die Musik- und Tanzprogramme des Terrace Theater Besucher an. Die Läden und Restaurants im Shoreline Village blicken auf die *Queen Mary*.

Farmers and Merchants Bank Tower
1922 war das neu errichtete Terrakottahaus der erste Wolkenkratzer in Long Beach. Seine Halle ist ein schönes Beispiel für das Design jener Zeit.

Transit Mall

Long Beach Municipal Auditorium Mural
Das Wandbild von 1938, das einen Tag am Strand darstellt, befand sich ursprünglich im Municipal Auditorium. Es wurde verlegt, als man das Gebäude 1979 für den Bau des Terrace Theater abgerissen hatte.

Die Promenade ist Schauplatz des Bauernmarkts. Jeden Freitag bieten hier Stände Obst, Gemüse und Kunsthandwerk feil.

Das Ocean Center Building
wurde 1929 im südländischen Stil erbaut. Es markiert den Beginn des »Walk of a Thousand Lights« im Pike Amusement Park.

★ Pine Avenue
Im Herzen des Geschäftsviertels von Long Beach säumen Läden, Cafés und Lokale die Pine Avenue. Den Masonic Temple (Nr. 230) errichteten Freimaurer 1903.

Legende
— Routenempfehlung

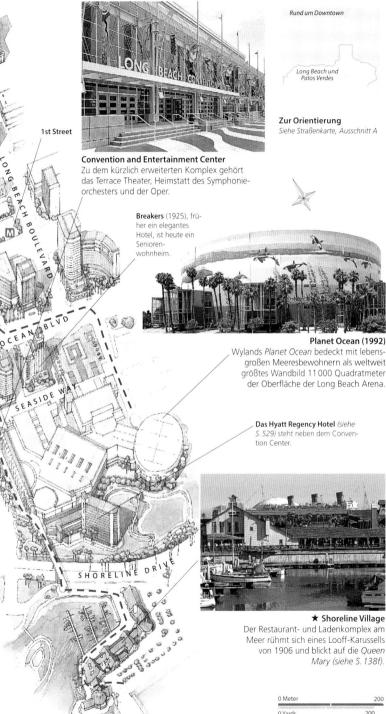

Rund um Downtown

Long Beach und Palos Verdes

Zur Orientierung
Siehe Straßenkarte, Ausschnitt A

1st Street

Convention and Entertainment Center
Zu dem kürzlich erweiterten Komplex gehört das Terrace Theater, Heimstatt des Symphonieorchesters und der Oper.

Breakers (1925), früher ein elegantes Hotel, ist heute ein Seniorenwohnheim.

Planet Ocean (1992)
Wylands *Planet Ocean* bedeckt mit lebensgroßen Meeresbewohnern als weltweit größtes Wandbild 11 000 Quadratmeter der Oberfläche der Long Beach Arena.

Das Hyatt Regency Hotel *(siehe S. 529)* steht neben dem Convention Center.

★ **Shoreline Village**
Der Restaurant- und Ladenkomplex am Meer rühmt sich eines Looff-Karussells von 1906 und blickt auf die *Queen Mary* (siehe S. 138f).

0 Meter 200
0 Yards 200

Straßenkarte *siehe hintere Umschlaginnenseiten*

❷ Rancho Los Cerritos

4600 Virginia Rd. **Straßenkarte** Ausschnitt A. ☎ 1-562-206-2040. ◐ Mi–So 13–17 Uhr. ● 1. Jan, Ostersonntag, Thanksgiving, 25. Dez. ♿ 🅿 Sa, So 13, 14, 15, 16 Uhr. 🆆 **rancholoscerritos.org**

Rancho Los Cerritos war Teil des 121 400 Hektar großen Gebiets, das der spanische Soldat Manuel Nieto zwischen 1784 und 1790 geschenkt bekam. Die Mission San Gabriel beanspruchte fast die Hälfte des Landes. Der Rest ging nach Nietos Tod im Jahr 1804 an seine Kinder. 1844 kaufte John Temple Los Cerritos und baute ein Adobe-Ranchhaus. Später verkaufte er das Anwesen an Flint, Bixby & Co. 1955 kaufte die Stadt das Areal auf.

Das Haus im Monterey-Stil (siehe S. 34) ist mit Möbeln der 1870er Jahre eingerichtet und zeigt das Leben derer, die von 1840 bis 1940 hier lebten.

❸ Rancho Los Alamitos

6400 Bixby Hill Rd. **Straßenkarte** Ausschnitt A. ☎ 1-562-431-3541. ◐ Mi–So 13–17 Uhr. ● 1. Jan, Ostersonntag, Thanksgiving, 25. Dez. **Spende.** ♿ 🅿 🆆 **rancholosalamitos.com**

Rancho Los Alamitos liegt auf einer seit 500 v. Chr. bewohnten Hochebene. 1790 war sie Teil der Landzuweisung an Manuel Nieto. Das Haus wurde 1806 erbaut. 1881 kaufte die Familie Bixby die Ranch, 1968 ging sie an die Stadt Long

Kakteengarten auf dem Gelände von Rancho Los Alamitos

Beach. Das Haus ist bis heute im Stil der 1920er und 1930er Jahre möbliert. Umgeben ist es von einem typischen Garten aus der Pionierzeit, in dem auch Kakteen wachsen.

❹ Queen Mary

Pier J, 1126 Queens Hwy. **Straßenkarte** Ausschnitt A. ☎ 1-877-342-0738. ◐ tägl. 10–18 Uhr (Restaurant bis 22 Uhr). 🍽 ♿ 🅿 siehe **Hotels** S. 529 und **Restaurants** S. 552. 🆆 **queenmary.com**

Das Schiff mit dem Namen der Gattin des britischen Königs George V setzte auf der Jungfernfahrt am 27. Mai 1936 Maßstäbe für Seereisen. Die Queen Mary verkehrte für die Cunard White Star Line zwischen Southampton und New York.

Obwohl die Kabinen der zweiten und dritten Klasse

Royal Jubilee Week (1935) von A. R. Thomson hängt über der Bar in der Observation Lounge

gegenüber dem luxuriösen Raumangebot der ersten Klasse klein wirken, fand man sie

damals chic. Auf ihren fünftägigen Reisen beförderte die Queen Mary durchschnittlich 3000 Passagiere und Besatzungsmitglieder. Ihnen standen zwei Schwimmbecken, Turnhalle, Tanzsaal und Kinderspielzimmer zur Verfügung. Und alle, ob königliche Familie oder Hollywood-Stars, kamen auf die Queen Mary.

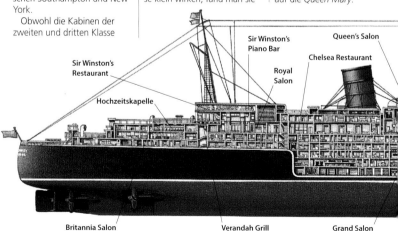

Sir Winston's Piano Bar

Queen's Salon

Sir Winston's Restaurant

Chelsea Restaurant

Royal Salon

Hochzeitskapelle

Britannia Salon

Verandah Grill

Grand Salon

Hotels und Restaurants in Los Angeles *siehe Seiten 528–531 und 550–556*

➍ Naples

Straßenkarte Ausschnitt A.
🚌 Long Beach. ℹ️ One World
Trade Center, Suite 300 (562 436-
3645). **Gondola Getaway** 5437 E
Ocean Blvd, 1-562-433-9595.
🌐 visitlongbeach.com

Im Jahr 1903 begann der
Unternehmer Arthur Parson
eine Version des italienischen
Neapel zu schaffen, inklusive
sich schlängelnder Straßen und
Wasserwege (auch wenn es
beim Original keine Kanäle
und Gondeln gibt).

Um die Fehler Abbot Kinneys
in Venice zu vermeiden *(siehe
S. 84)*, legte er die Kanäle so
an, dass die Gezeiten des Pazifiks sie säuberten.

Das Ende der 1920er Jahre
fertiggestellte Viertel besteht
aus drei Inseln in der Alamitos

Bay. Eine bemerkenswerte
Vielfalt an Stilen – viktoria-
nisch, Mission-Revival- und
Arts-and-Crafts-Stil *(siehe
S. 34–37)* – ist in den Straßen,
die italienische Namen tragen,
zu beobachten. Der längste
Kanal von allen ist der Rivo
Alto Canal, auf dem Rundfahr-
ten mit einer venezianischen
Gondel angeboten werden.

➎ Aquarium of the Pacific

100 Aquarium Way, Long Beach.
Straßenkarte Ausschnitt A.
📞 1-562-590-3100. 🕐 tägl. 9–
18 Uhr. ⬤ Grand-Prix-Wochenen-
de, 25. Dez. 🎫 Kombitickets. ♿
📷 📱 🌐 visitlongbeach.com

Das Aquarium gehört zu den
größten der Vereinigten Staaten und präsentiert die Bewoh-

In einem Kanal in Naples liegen
Boote an Privatstegen

ner und das Ökosystem des
Pazifischen Ozeans. In insgesamt 19 Habitaten und 32 Aus-
stellungsarealen leben Indivi-
duen von über 500 Spezies. Zu
sehen sind Simulationen dreier
Zonen des Pazifiks: Südkalifornien, tropischer und Nördlicher
Pazifik.

Von 1939 bis 1946 diente
sie als Kriegsschiff und transportierte als *Grey Ghost*
mehr als 800 000 Solda-
ten. Am Ende des
Kriegs brachte sie im
Rahmen der »Opera-
tion Diaper« über
22 000 Kriegsbräu-
te und deren Kin-
der in die USA.

Die Stadt Long
Beach kaufte das
Schiff 1967 nach 1001 Atlantik-
überquerungen. Fest am Kai
vertäut, dient es heute als

**Detail im Grand Salon
des Schiffs**

Hotel und Besucherattraktion.
Man kann einige Bereiche des
originalen Maschi-
nenraums sowie
Kajüten und eine
Ausstellung über
die Kriegsjahre
besichtigen. Das
Innere zieren Art-
déco-Werke von
über 30 Künst-
lern. Der Grand
Salon und die Ob-
servation Lounge (heute Restaurants) spiegeln den Stil der
damaligen Zeit.

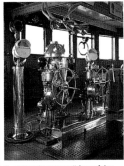

Zwei Messingsteuerräder auf der
Brücke der Queen Mary

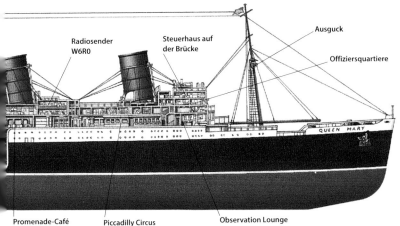

Radiosender
W6R0

Steuerhaus auf
der Brücke

Ausguck

Offiziersquartiere

QUEEN MARY

Promenade-Café
und Bar

Piccadilly Circus

Observation Lounge

Radfahrer am Venice Beach, Los Angeles ▶

7 Los Angeles Maritime Museum

Berth 84, 6th St, San Pedro. **Straßenkarte** Ausschnitt A. 1-310-548-7618. Di–So 10–17 Uhr. Feiertage. **Spende.** **lamaritimemuseum.org**

Das in einem renovierten Terminal des Fährhafens untergebrachte Schifffahrtsmuseum präsentiert maritime Gemälde und Memorabilien. Queen Victoria als Galionsfigur aus Holz ist nur eine der zahlreichen Attraktionen. Zu den Highlights gehören die große Modellschiffsammlung sowie Bug und Brücke des US-Marinekreuzers *Los Angeles*. Fischerboote, die im frühen 20. Jahrhundert in Monterey *(siehe S. 512f)* gebaut wurden, befinden sich im Museumsdock.

Queen Victoria als Galionsfigur

8 Ports O'Call Marketplace

Berth 75–79, San Pedro. **Straßenkarte** Ausschnitt A. 1-310-548-8076. So–Do 11–19, Fr, Sa 11–20 Uhr. **sanpedro.com**

Ports O'Call Marketplace vereint Nachbauten von verschiedenen Häfen aus aller Welt. So kann man hier unter anderem Elemente eines Fischerdorfs im Neuengland des 19. Jahrhunderts, eines Mittelmeerhafens oder einer mexikanischen Stadt sehen.

Kopfsteingepflasterte Wege verbinden die bunten Läden und die Restaurants, die mit einem geradezu verführerischen Angebot an Seafood locken. Vom Kai aus können Besucher die großen Fracht- und Kreuzfahrtschiffe auf großer Fahrt beobachten. Täglich gibt es Rundfahrten durch den inneren Hafen, Yachthafen, Verladepier, zur Station der Küstenwache und den Schiffsfriedhöfen. Bei einem Rundflug in einem Helikopter bietet sich ein fantastischer Blick auf den Hafen und seine Umgebung. Im Winter gibt es Walbeobachtungstouren.

Straßenszene im malerischen Ports O'Call Marketplace

9 Cabrillo Marine Aquarium

3720 Stephen White Dr, San Pedro. **Straßenkarte** Ausschnitt A. 1-310-548-7562. Di–Fr 12–17, Sa, So 10–17 Uhr. Thanksgiving, 25. Dez. nur Parkplatz. **cabrillomarineaquarium.org**

Das von Frank Gehry entworfene, von geometrischen Kettengliedern umzäunte Cabrillo Marine Aquarium birgt eine der größten Sammlungen zur Meeresflora und -fauna Südkaliforniens. Haie, Muränen, Aale und Rochen begeistern jedes Jahr Tausende von Besuchern. In der Ausstellungshalle erläutern Exponate die hiesigen Pflanzen und Tiere, die in den drei Habitaten Felsküste, Strände und Wattenmeer sowie Ozean leben.

In einem Gezeitenbecken dürfen Besucher Seegurken, -anemonen, -sterne und -igel berühren. In dem kleinen Museum zirkulieren ungefähr 64 400 Liter Meerwasser. Ein Gezeitentank erlaubt Besuchern den Blick unter eine Welle. Eine weitere Ausstellung zeigt anschaulich, wie die Menschen den Hafen von Los Angeles im Lauf der Zeit veränderten.

Der gut erhaltene Leuchtturm von Point Fermin

10 Point Fermin Park

807 Paseo del Mar, San Pedro. **Straßenkarte** Ausschnitt A. 1-310-548-77055. tägl.

Der ruhige, etwa 15 Hektar große Park befindet sich auf einem Felsvorsprung oberhalb des Pazifiks. Zwischen Januar und März kann man hier vorbeiziehende Grauwale beobachten. An klaren Tagen sieht man bis Catalina Island. Der Leuchtturm im Eastlake-Stil stammt aus dem Jahr 1874. Seine Ziegel und das Holz wurden um Kap Hoorn verschifft. Ursprünglich besaß der Leuchtturm Ölleuchten. 1925 bekam er elektrisches Licht.

11 San Pedro

Straßenkarte Ausschnitt A. LAX, 24 km nordwestl. von San Pedro. MTA. San Pedro Chamber of Commerce, 390 W 7th St, 1-310-832-7272. **sanpedro.com**

San Pedro ist wegen des Port of Los Angeles und seiner Arbei ter- und Fischertraditionen bekannt. Eine stark osteuropäische und südländische Atmosphäre prägt das Industriezentrum, dessen Hafen zu den wichtigsten Umschlagplät zen des Landes gehört. Im Ver gleich zu Palos Verdes sind die Häuser von San Pedro klein. In

Hotels und Restaurants in Los Angeles *siehe Seiten 528–531 und 550–556*

Koreanische Freundschaftsglocke im Angels Gate Park von San Pedro

Angels Gate Park am Ende der Gaffey Street befindet sich eine Freundschaftsglocke, ein Geschenk, das Südkorea 1976 den USA machte.

Stufen führen zur Wayfarers Chapel auf dem Gipfel

⑫ Wayfarers Chapel

5755 Palos Verdes Drive S, Rancho Palos Verdes. **Straßenkarte** Ausschnitt A. **☎** 1-310-377-1650. **◯** vorher anrufen (wird oft für Hochzeiten gebucht). **Park ◯** tägl. 8–17 Uhr. **♿**
W wayfarerschapel.org

Die Kapelle aus Glas und Redwood-Holz steht hoch auf einem Gipfel. Unten von der Straße sieht man nur einen schmalen Turm aus Stein und Beton im Grün.
Als der Architekt Lloyd Wright (Frank Lloyd Wrights Sohn) die Kapelle 1949 ent-

warf, versuchte er, einen Ort der Andacht inmitten der Natur zu schaffen. Diesem Charme erliegen noch heute viele Brautleute. Die Kapelle wird von der Swedenborgschen Kirche unterhalten, die sich auf Emanuel Swedenborg, den schwedischen Mystiker (18. Jh.), beruft.

⑬ South Coast Botanic Garden

26300 Crenshaw Blvd, Palos Verdes. **Straßenkarte** Ausschnitt A. **☎** 1-310-544-6815. **◯** tägl. 9–17 Uhr. **⬤** 25. Dez. **🅿️♿🎁**
W southcoastbotanicgarden.org

Der 35 Hektar große Park entstand auf 3,2 Millionen Tonnen Abfall – entsorgt zwischen 1956 und 1960. Zuvor war hier algenreiche Diatomeenerde

abgebaut worden. Heute wird das Gas, das sich unterirdisch durch die Zersetzung des Abfalls bildet, zur Stromgewinnung genutzt.
Der Park demonstriert die Renaturierung von Böden, mit Fokus auf dürreresistenter Landschaftsgestaltung. Pflanzen aller Kontinenter, außer der Antarktis, gedeihen hier.
Die Pflanzen im Herb Garden sind in drei Kategorien unterteilt: duftend, heilkräftig und Küchenkräuter. Im Rose Garden wachsen 1600 Rosenarten, auch Miniatur-, Floribunda- und Grandiflora-Arten sowie Teehybriden. Eines der innovativsten Areale ist der Garden for the Senses. Hier wurden die Pflanzen wegen ihrer Farbe, ihres Dufts oder wegen der Beschaffenheit ihrer Blätter ausgewählt.

Children's Garden im South Coast Botanic Garden

Straßenkarte *siehe hintere Umschlaginnenseiten*

Rund um Downtown

Von den Freeways aus sind die schier zahllosen Attraktionen, die im Gebiet von Los Angeles liegen, kaum zu würdigen. Doch schon ein wenig abseits des Zentrums lockt manche Sehenswürdigkeit. So liegen etwa in der vornehmen Stadt Pasadena mit ihrer hübschen Altstadt das exzellente Norton Simon Museum und der Komplex Huntington Library, Art Collection and Botanical Gardens. All diesen bedeutenden Sehenswürdigkeiten verdankt Pasadena seinen Ruf als kulturelle Hochburg.

Nordöstlich von Downtown Los Angeles befinden sich das Heritage Square Museum mit historischen Gebäuden und das Lummis House. Im Norden Hollywoods bietet der Griffith Park Gelegenheit zum Picknicken, Wandern und Ponyreiten. Darüber hinaus kann man hier den Zoo von Los Angeles, das Griffith Observatory, die im Stil eines griechischen Amphitheaters errichtete Freilichtbühne und das Autry National Center besuchen.

Die Universal Studios bieten Touren durch die spektakulären Filmkulissen. Sie sind eines der vier großen Studios in Burbank, das Hollywood als neues Film- und Fernsehzentrum ablöste. Etwas weiter nördlich vermittelt im flachen San Fernando Valley die Mission San Fernando Rey de España einen Einblick in Kaliforniens Ursprünge.

Herausragende Attraktionen im Süden von Downtown sind das Natural History Museum of Los Angeles County und das California Museum of Science and Industry im Exposition Park – neben der University of Southern California. Der Mulholland Drive führt durch ausnehmend schöne Bergszenerien und bietet einzigartige Ausblicke auf Los Angeles und das San Fernando Valley.

Meditativer japanischer Garten in den Huntington Botanical Gardens *(siehe S. 162–165)*

◄ Rathaus im Civic Center, Pasadena *(siehe S. 158)*

Überblick: Rund um Downtown

In der Umgebung von Los Angeles liegen viele Museen, Sammlungen, historische Gebäude und Parks. Die Besichtigung von Heritage Square und Historic Southwest Museum bietet sich auf dem Weg nach Pasadena an. Für die Universal Studios braucht man einen ganzen Tag, andere Studios kann man bei einem Ausflug zum Griffith Park oder zur Mission San Fernando Rey de España besuchen. Versäumen Sie nicht den Flower Market und die drei Museen im Exposition Park. Zwischen Museumsbesuchen können Sie nach Osten zu den Watts Towers fahren.

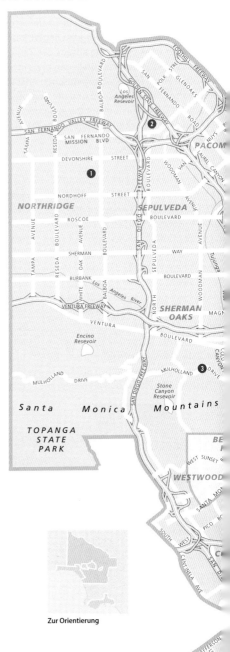

Zur Orientierung

Sehenswürdigkeiten auf einen Blick

Districts

- ❶ San Fernando Valley
- ⓮ *Pasadena S. 158–165*
- ⓴ LA Arts District

Historische Straßen und Gebäude

- ❷ Mission San Fernando Rey de España
- ❸ Mulholland Drive
- ❼ »Hollywood«
- ❽ Hollyhock House
- ⓫ Heritage Square Museum
- ⓬ Lummis House
- ㉑ Watts Towers

Museen und Sammlungen

- ❹ Los Angeles Police Museum
- ⓭ *Historic Southwest Museum S. 157*

Parks und Gärten

- ❾ *Griffith Park S. 154f*
- ⓱ *Exposition Park und University of Southern California S. 168f*

Shopping

- ⓯ El Mercado
- ⓰ Flower Market

Sport- und Unterhaltungsstätten

- ❿ Dodger Stadium
- ⓲ L.A. Live
- ⓳ Staples Center

Filmstudios

- ❺ Burbank
- ❻ *Universal Studios Hollywood*^{SM} *S. 150–153*

Weitere Zeichenerklärungen *siehe hintere Umschlagklappe*

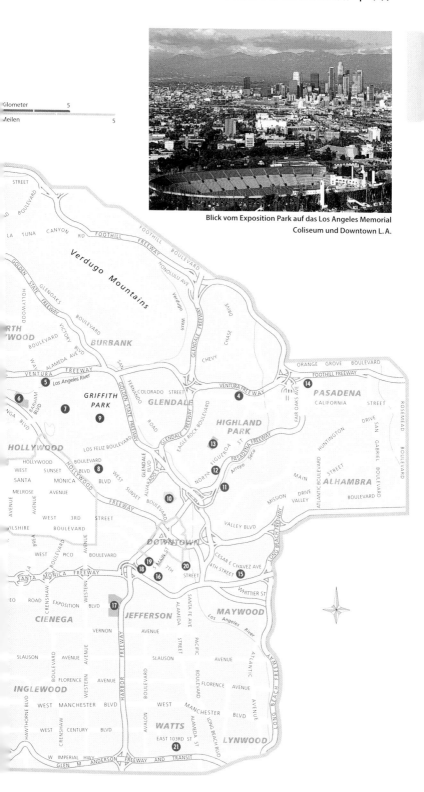

Blick vom Exposition Park auf das Los Angeles Memorial
Coliseum und Downtown L.A.

Blick auf das San Fernando Valley vom Mulholland Drive

❶ San Fernando Valley

Straßenkarte Ausschnitt A. 🛫 Burbank-Glendale-Pasadena, 32 km südöstl. von San Fernando. 🚌 MTA. ℹ️ 200 Magnolia Blvd, 1-818-377-6388. 🔳 thevalley.net

Die Santa Monica Mountains teilen Los Angeles in zwei Hälften *(siehe S. 66f)*. Nördlich erstreckt sich das San Fernando Valley in einer endlos erscheinenden Aneinanderreihung von hübschen Häusern, Freeways und Einkaufszentren wie die Sherman Oaks Galleria *(siehe S. 170)*. Die Leute südlich der Berge betrachten »The Valley« gern etwas herablassend, da es im Sommer heißer und stärker vom Smog geplagt ist.

Im 19. Jahrhundert gab es im San Fernando Valley nur Ranches, Orangenhaine und Farmland, das man nicht bewässern musste. 1913 wurde der L. A. Aqueduct *(siehe S. 206f)* fertig, seither fließt ausreichend Wasser. Unzählige Vororte entstanden im Lauf der Zeit. Heute leben in diesem Areal, das 460 Quadratkilometer umfasst, über eine Million Menschen.

Am 17. Januar 1994 lag das San Fernando Valley im Epizentrum eines verheerenden Erdbebens, das 6,8 auf der Richterskala erreichte *(siehe S. 28f)*. Auch im Februar 1971 richtete ein Erdbeben erheblichen Schaden an.

❷ Mission San Fernando Rey de España

15151 San Fernando Mission Blvd, Mission Hills. **Straßenkarte** Ausschnitt A. 📞 1-818-361-0186. 🕐 tägl. 9–16.30 Uhr. ⬤ Thanksgiving, 25. Dez. 🅿️ ♿ nur Gelände. 📷 🔳 missiontour.org

San Fernando Rey de España wurde 1797 als eine von 21 Franziskaner-Missionen in Kalifornien *(siehe S. 50f)* gegründet und nach König Fernando III von Spanien benannt. Die Kirche ist eine Nachbildung des Originals, das ein Erdbeben 1971 vollständig zerstörte. Der *convento* (Wohntrakt) mit seinem Portikus aus 21 Bogen ist das größte erhaltene Missionsgebäude in Kalifornien. Bei einer Führung können Besucher erleben, wie Mönche und Indianer zur Zeit der spanischen Herrschaft die Mission bewirtschafteten.

Detail des Missionsaltars

❸ Mulholland Drive

An den Highways 1 u. 27 vom Hollywood Fwy zum Leo Carrillo State Beach. **Stadtplan** 1 C2. ℹ️ Malibu Chamber of Commerce, 23805 Stuart Ranch Rd, Ste 100, (310 456-9025).

Der Mulholland Drive, eine der bekanntesten Straßen von Los Angeles und Kulisse zahlreicher Filmproduktionen, erstreckt sich über etwa 34 Kilometer von Nord-Hollywood bis zur Küste von Malibu *(siehe S. 66f)*. Da er sich entlang den Santa Monica Mountains windet, bietet er spektakuläre Ausblicke auf die Stadt, das San Fernando Valley und einige exklusive Gebäude. David Hockney hielt diese Eindrücke auf dem Gemälde fest, das jetzt im LACMA *(siehe S. 119)* hängt.

Die Straße ist nach William Mulholland *(siehe S. 206)* benannt, der am L. A. Aqueduct arbeitete.

❹ Los Angeles Police Museum

6045 York Blvd. **Straßenkarte** Ausschnitt A. 📞 1-323-344-9445. 🕐 Mo–Fr 10–16, dritter Sa im Monat 9–15 Uhr. 🔳 laphs.org

Das in einem 1925 im Highland Park eingerichteten Polizeirevier untergebrachte Museum dokumentiert sämtliche Facetten des Polizeiwesens in Los Angeles. Zu den hier gezeigten Objekten gehören unter anderem Schusswaffen, Handschellen und Autos mit Einschusslöchern. Besucher können Zellen besichtigen und von sich ein »Fahndungsfoto« machen lassen.

Mission San Fernando Rey de España in den Mission Hills

Warner Brothers Studios in Burbank

❺ Burbank

Straßenkarte Ausschnitt A. ✈
Burbank-Glendale-Pasadena.
🚌 MTA. ℹ 200 W Magnolia
Burbank, 1-818-346-3111.
🔲 burbankchamber.org

Seit 1915 die Universal Studios hierherzogen *(siehe S. 150 – 153)*, kämpft Burbank mit Hollywood um den Spitzenplatz in der Filmbranche. Heute stehen hier vier große Studios: Universal, Disney, NBC und Warner Brothers.

Die Disney Studios sind nicht zugänglich, doch das von Michael Graves entworfene Gebäude ist von der Alameda Avenue aus zu sehen. Bei NBC werden *The Tonight Show* und andere Programme live vor Publikum aufgenommen. Auf dem nahe gelegenen Warner-Brothers-Gelände werden Touren durch faszinierende Film- und TV-Kulissen angeboten.

❻ Universal Studios Hollywood℠

Siehe S. 150 – 153.

❼ »Hollywood«

Mt Cahuenga, oberhalb von Hollywood. ℹ Hollywood Visitors Information Center, 6541 Hollywood Blvd, 1-323-467-6412.
🔲 hollywoodsign.org

Die Buchstabenfolge »Hollywood« war und ist ein Kult-Emblem für die Filmindustrie. Heute stehen die Lettern auf den Hollywood Hills unter Denkmalschutz. Obwohl man das Zeichen von vielen Stellen in L.A. aus sieht, ist es nicht zugänglich. Es gibt keinen öffentlichen Weg zu den 13 Meter hohen Buchstaben.

Der Schriftzug wurde 1923 als »Hollywoodland« errichtet. Er sollte für das Bauprojekt von Harry Chandler, dem früheren Herausgeber der *Los Angeles Times*, werben. Das »land« wurde 1949 entfernt. 30 Jahre später ermöglichten Spenden (27 000 US-Dollar pro Buchstabe) das neue »Hollywood«. Hier war der Ort eines Selbstmords – das enttäuschte Starlet Peg Entwhistle sprang 1932 vom »H«.

❽ Hollyhock House

4808 Hollywood Blvd. ☎ 1-323-913-4030. **Park** ⭕ Do–So 11–15 Uhr. 🎫 Mi–So.
🔲 hollyhockhouse.net

Der amerikanische Architekt Frank Lloyd Wright *(siehe S. 37)* entwarf zahlreiche Häuser in Los Angeles. Hollyhock House war das erste und ist immer noch eines der bekanntesten. Es zeigt Wrights Vorliebe für den präkolumbischen Stil. Das auf einem Hügel gelegene, um einen zentralen Innenhof errichtete Haus ähnelt einem Maya-Tempel.

Das Anwesen wurde 1921 für die Ölerbin Aline Barnsdall erbaut, die ihre Lieblingsblume, die Malve, als durchgängiges dekoratives Motiv haben wollte. Daher ziert ein Band stilisierter, aus Beton geformter Malven die Außenfront. Die Blumen finden sich im Inneren als Verzierungen wieder, z.B. an den Esszimmerstühlen und anderen von Wright entworfenen Möbeln. Der angrenzende Barnsdall Park, der von Aline Barnsdall gestiftet wurde, ist ein Kunstpark mit Galerien.

Der berühmte Schriftzug in den Hollywood Hills hoch über Los Angeles

❻ Universal Studios Hollywood^SM

Carl Laemmle kaufte 1915 auf dem Gelände eine Hühnerfarm und verlegte sein Filmstudio von Hollywood hierher. Besucher zahlten 25 Cent Eintritt, um bei den Dreharbeiten zuzusehen zu dürfen – und kauften gleich Laemmles frische Eier. Mit dem Aufkommen des Tonfilms benötigten die Studios aber Ruhe – die Besucher mussten draußen bleiben. Seit 1964 sind die Universal Studios Hollywood im Rahmen einer Tour zu besichtigen. Die Studio Tour über das insgesamt 168 Hektar große Gelände führt an Soundbühnen und Settings vorbei. Die Attraktionen versetzen einen für einen Augenblick in die Magie- und Glamourwelt Hollywoods.

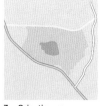

Zur Orientierung

🔲 Universal City
🔲 Universal Studios

Die Studio Tour führt an über 500 Filmkulissen und Fassaden vorbei

Parkerkundung

Mit einer Fläche von etwa 168 Hektar sind die Universal Studios Hollywood^SM die größten Film- und Fernsehstudios weltweit und bieten zusätzlich einen Themenpark. Das Gebiet ist in drei Regionen unterteilt: Entertainment Center, Studio Center und Filmgelände.

Direkt hinter dem Eingang wandert man durch »Straßen der Welt« – Filmkulissen von Amerika von 1950 bis hin zu europäischen Orten. Einzige Möglichkeit, das Gelände von Universal Studios zu erkunden, ist die Teilnahme an der Studio Tour, die am Entertainment Center beginnt. Versäumen Sie auf keinen Fall die Special Effects Stage und einige spektakuläre Shows wie etwa Animal Actors. Ein futuristischer Fahrstuhl, der Starway, verbin-

det den oberen und unteren Bereich des Filmgeländes. Im unteren sind die Hauptattraktionen, darunter etwa Revenge of the Mummy – The Ride und Jurassic Park® – The Ride. Universal CityWalk verbindet Filmstudios, Themenpark und 19 Kinos miteinander und bietet über 65 verschiedene Shopping- und Unterhaltungsangebote.

Studio Tour

Die klassische Studio Tour gibt Besuchern einen ganz persönlichen Einblick in die Vergangenheit, Gegenwart und Zukunft des Filmgeschäfts in Hollywood. Die Besucher sitzen in Bussen, die mit neuester Technik ausgerüstet sind (HD-Monitore, digitales Soundsystem). Während der Fahrt erläutern Berühmtheiten wie der Comedian Jimmy Fallon die Kulissen. Es gibt darüber hin-

aus Hunderte von Clips von bekannten Filmen oder Top-TV-Shows zu sehen.

Besucher der Studio Tour erleben ein Erdbeben, treffen King Kong, den Weißen Hai und viele Dinosaurier, überleben den Einsturz einer Brücke sowie eine Springflut und eine Schneelawine. Die Tour führt auch an Bates Motel vorbei, Kulisse für Hitchcocks *Psycho* (1960), und Wisteria Lane aus *Desperate Housewives*.

Ein beliebter Teil der Tour sind Montagefilme von Filmstars »Before They Were Stars« und die Demonstration spezieller Wettereffekte. 35 Soundbühnen, die TV- und Filmkulissen, Kameras, Lichter und viel Action vermitteln eine Vorstellung von Realität und Illusion des Films. Spezielle Installationen wie »The Mummy«, »Earthquake – The Big One«, »King Kong« oder »Jaws Lake« versetzen den Zuschauer direkt in die jeweilige Filmszene.

Die Studio Tour mit all ihrer virtuellen Realität, den aufregenden Fahrten und Attrak-

Filmkulissen auf dem Filmgelände

Teilnehmer der Studio Tour werden unter den Filmkulissen für Hunderte von Kinofilmen und Fernsehproduktionen sicherlich einige sofort wiedererkennen. Jeder Wagen hat einen LCD-Bildschirm, Audiosystem und DVD-Spieler zur näheren Erläuterung jeder Attraktion.

1. *Courthouse Square*: meistbesuchte Filmkulisse **(Zurück in die Zukunft; To Kill a Mockingbird; Batman & Robin; Bruce Almighty)**.
2. *Psycho House/Bates Motel*: bekannteste Filmkulisse **(Psycho**, Original und Remake des Films).
3. *Wisteria Lane*: Vorstadtidylle aus der beliebten Fernsehserie **Desperate Housewives**.
4. *Denver Street*: Um für Filme überlebensgroß zu wirken, werden Schauspieler hier durch Kulissen im 7/8-Maßstab »vergrößert« **(Winchester '73; Babe)**.
5. *Falls Lake mit Backdrop*: flexibelste Kulisse **(Apollo 13; Drei Engel für Charlie; O Brother, Where Art Thou?; Van Helsing)**.

Besucher erleben Action-Szenen und können Teil der Show sein

Eintrittskarten und Pässe

Normaler Eintritt: Tickets für Erwachsene oder Kinder (drei bis neun Jahre), Parkgebühren werden extra berechnet.

1. *2-Day-Ticket:* Gültig für zwei Besuche aller Attraktionen innerhalb von 30 Tagen.
2. *Front of Line Pass:* Bevorzugter Einlass zu den Attraktionen, reservierte Sitzplätze für alle Shows.
3. *Annual Pass:* Unbeschränkter Zugang zum Park für ein Jahr (30 Tage sind ausgenommen). Freier Gäste-Pass für September bis Dezember.
4. *VIP:* Private Tram, persönliche Touren, Erste-Reihe-Vorteile und begleiteter Extra-Zugang für alle Shows.
5. *SeaWorld Combo Pass:* Zugang zu Universal Studios und SeaWorld San Diego, 14 Tage lang gültig. Weitere Informationen unter 1-800-UNIVERSAL (1-800 864-8377) oder auf der Website.

tionen gibt einen umfassenden Einblick in die alltägliche Arbeit der Universal Studios Hollywood^{SM}.

Universal CityWalk®

Architekt Jon Jerde entwarf 1993 eine Reihe von festlichen Fassaden für die Läden und Restaurants der Promenade von CityWalk®. Mit zusätzlich über 30 Attraktionen, darunter Bars, Nachtclubs und Theater, gehört der CityWalk® zu den Unterhaltungsmekkas in Südkalifornien. Ein riesiger neonbeleuchteter Baseballspieler schwingt seinen Schläger über einem Sportgeschäft. Um in ein Eiscafé zu kommen, muss man unter einem umgedrehten pinkfarbenen Cabrio hindurchgehen, das in ein Hollywood-Freeway-Straßenschild gerast ist.

Auf den Jillian's Hi-Life Lanes, einer Multimedia-Bowlingbahn mit fetzigem Rock 'n' Roll als Hintergrundmusik, kann der Besucher überschüssige Energie abbauen. Howl at the Moon, eine beliebte Pianobar, ermutigt das Publikum, beim Wettbewerb zum besten Pianisten mitzumachen.

Samba Steakhouse and Lounge bietet ein authentisch brasilianisches Ambiente mit entsprechender Küche und Unterhaltung. Gäste können sich an Congas versuchen oder an einer der spontanen Darbietungen teilnehmen. In den Tanzeinlagen wird das brasilianische Lebensgefühl ausgedrückt.

Das dreistöckige IMAX® 3D Theater zeigt die neuesten Filme. Das virtuelle iFLY-Indoor-Skydiving bildet einen starken

Infobox

Information
Straßenkarte Ausschnitt A.
100 Universal City Plaza,
Universal City.
📞 1-800 864-8377.
🌐 universalstudioshollywood.com
🕐 🔵 Zeiten variieren, bitte der Website entnehmen.
🎢 ♿ 🎫 🔵 🔵 🖥

Anfahrt
🚌 424.

Kontrast zu den modernen Boutiquen, Läden mit Markenkleidung und Restaurants. Ein Abstecher ins Reich kalifornischer Fantasie und Unterhaltung ist mit Abstand die beste Möglichkeit, um Souvenirs und Erinnerungsstücke aus dem Filmmekka Hollywood zu erwerben.

Lichterglanz, große Gebäude und Unterhaltungsangebote am CityWalk®

Fahrten und Special Effects

Themenparks sind für ihre aufregenden Fahrten und aufwendig produzierten Shows bekannt. Dies bietet auch Universal. Die atemberaubenden Special Effects machen die *thrill rides* besonders realistisch. Zu den gefragtesten Attraktionen gehört »Revenge of the Mummy – The Ride«, ein spannender Mix aus Hochgeschwindigkeitsschlitten und viel Technologie. Bei einigen Shows – darunter auch WaterWorld – wird das Publikum mit einbezogen. Auch King Kong ist zu sehen. Man kann zudem einen Blick auf eine aktuelle Filmproduktion werfen. Jede Attraktion ist einen Besuch wert. Die Faszination Film hat bisher noch jeden in ihren Bann gezogen.

Ein Star von Animal Actors gibt Pfötchen

Entertainment Center
Das Entertainment Center hat Dutzende von Souvenirläden und Lokalen. Acht spektakuläre Shows geben dem Besucher einen Einblick in Stunts und Spezialeffekte.

Animal Actors
Stars aus der Tierwelt, Multimedia-Effekte und einzigartige Sketche des Animal Planet Network bieten angenehme Unterhaltung für Familien mit Kindern.

Transformers™: The Ride – 3D
Dieses Spektakel orientiert sich am gleichnamigen Action-Film und ist wahrlich nichts für schwache Nerven. Besucher werden in die Höhe katapultiert und erleben dabei die ultimative Schlacht zwischen guten und bösen Transformers.

Ob man will oder nicht: Wer hier dabei ist, wird unweigerlich Teil des Geschehens. Die 3-D-Effekte und die Technik der Flugsimulation sind sensationell.

WaterWorld®
Aus Kevin Costners Film sind 16 Minuten wilde Action zu sehen. Das Publikum wird mit einbezogen und sitzt quasi als Teil in der aufregenden Hightech-Show aus Feuerbällen, Kampfszenen, Jetski-Verfolgungsjagden und außergewöhnlichen Stunts.

Das Programm basiert auf dem 1995 produzierten Film und setzt zeitlich am Ende des Streifens an. Die Stunts zu Wasser und zu Land ziehen jeden in den Bann. Die Besu-

cher dürfen hier nicht zimperlich sein: Wer vorne in den Soak Zones sitzt, wird unweigerlich nass. Etwas trockener geht es in den Splash Zones weiter hinten zu, doch auch dort bekommt man Wasser ab.

Shrek 4D
Diese auch in ihrer Vielfalt faszinierende »multi-sensorische« Show erzählt die Fortsetzung von Shreks Abenteuern – als »größtes Märchen, das nie erzählt wurde«. Die Story setzt an der Stelle ein, wo der originale DreamWorks-Film endete. Präsentiert wird eine kunterbunte, atemberaubend echt wirkende Comic-Animation.

The Simpsons Ride
Homer, Marge, Bart, Lisa und Maggie Simpson – die Stars der am längsten laufenden Fernsehserie – begleiten die Besucher durch die Mega-Attraktion im Universal Orlando Resort in Florida und in den Universal Studios Hollywood. Die spektakuläre Reise mit der ganzen Familie Simpson wird zu einem fast unvorstellbaren Abenteuer. Besucher erleben bei einer rasanten Fahrt mit einer Simulator-Achterbahn einen bislang noch völlig unbekannten Teil von Springfield. Simpsons Ride löste den Simulator »Back to the Future« ab.

Spaß für Groß und Klein – Transformers™: The Ride – 3D

Hotels und Restaurants in Los Angeles *siehe Seiten 528–531 und 550–556*

King Kong 360 – 3D

Peter Jacksons Film *King Kong* (2005) gewann 2006 drei Oscars® (bester Tonschnitt, beste Tonmischung und beste visuelle Effekte). 2010 wurde die Tram Tour um eine neue Attraktion bereichert. Die gesamte Tram steht auf einer beweglichen Bühne, die eine Bewegungssimulation ermöglicht. Zwei gebogene Leinwände umgeben das Ganze. Zuschauer bekommen 3-D-Brillen ausgehändigt und haben das Gefühl, durch einen Dschungel zu fahren. Plötzlich befinden sie sich mitten im Kampf zwischen dem neun Meter großen King Kong und einem elf Meter großen Tyrannosaurus Rex. Die Visual Effects Society verlieh dieser Show einen Preis für die außergewöhnlichen visuellen Effekte.

Despicable Me Minion Mayhem

Mit dem Flugsimulator wird man in die Welt des Streifens *Despicable Me* katapultiert. Mit 3-D-Brille dringt man ein in die Welt des Schurken Gru und seiner Untergebenen. Am Schluss endet alles in einer Party.

Special Effects Stage

Hier kann man selbst auf die Bühne klettern und mitmachen, um hinter die Kulissen der Spezialeffekte zu blicken. Techniker demonstrieren u. a. 3-D-Technologien und zeigen, wie ein Film produziert wird.

King Kong fasziniert alle Besucher der Universal Studios Hollywood^{SM}

Studio Center

Der StarWay, der die obere und untere Ebene der Universal-Filmstudios miteinander verbindet, bietet spektakuläre Ausblicke. Das Studio Center auf der unteren Ebene bietet drei aufregende Fahrten. Andere Shows lüften die Geheimnisse von einigen der erfolgreichsten Filme und Fernsehserien des Studios. Fotografieren ist erlaubt, man bekommt genügend interessante Motive vor die Linse.

Die beeindruckendsten Figuren sind u. a. ein sieben Meter großer Hai und Woody Woodpecker, das Maskottchen von Universal. Vielleicht treffen Sie auf alte Bekannte wie Charlie Chaplin, Frankenstein, Dracula oder sogar auf Marilyn Monroe.

Revenge of the Mummy^{SM} – The Ride

Dies ist die beste Hochgeschwindigkeitstour in Kalifornien. Neueste Techniken und Animationseffekte machen eine Fahrt zum Gruselerlebnis der ganz besonderen Art. Die Lichteffekte mit dem Wechsel von taghell und stockdunkel steigern die Spannung.

Jurassic Park® – The Ride

Die gerade einmal fünfminütige Tour basiert auf einem der erfolgreichsten Filme aller Zeiten und führt durch 2,5 Hektar exotische prähistorische Wildnis. Steven Spielbergs Filmepos wird mithilfe von hoch komplizierten Computern und Robotern mit ausgefeiltem technischem Innenleben Realität. Im dunstigen Jurassic Park werden Besucher von Angesicht zu An-

Jurassic Park – The Ride wirkt täuschend echt

Zeichen des Jurassic Park®

gesicht mit meterhohen Dinosauriern konfrontiert. Ein erschreckender Tyrannosaurus Rex mit rasiermesserscharfen Zähnen scheint die Zuschauer für sein Mittagessen zu halten. Die Fahrt endet mit einem 25 Meter tiefen Fall in völliger Dunkelheit.

The NBC Universal Experience

Diese Attraktion vermittelt einen ungewöhnlich nahen Blick auf nie zuvor gesehene Requisiten, Kostüme, Artefakte und Special-Effect-Hilfsmittel, die aus den bekanntesten Universal-Produktionen stammen, darunter diverse Blockbuster sowie Filme, die erst noch ins Kino kommen. Highlights sind die Oscar®-Statuette für *Der Clou*, Requisiten und Kostüme von Guillermo del Toros *Hellboy – Die Goldene Armee*, der »Speak 'N Spell transmitter« aus *E. T. – Der Außerirdische*, Gregory Pecks Brieftasche und Brille aus *Wer die Nachtigall stört* und Militärutensilien aus *Im Westen nichts Neues*. Die Objekte wechseln ständig. Sie stammen von neuesten Filmen und Klassikern.

❾ Griffith Park

Der Griffith Park ist eine 1600 Hektar große Wildnis mit Hügeln, dicht bewaldeten Tälern und grünen Wiesen inmitten von Los Angeles. Oberst Griffith J. Griffith, ein Waliser, der 1865 in die USA gekommen war und dort durch große Minen- und Grundstücksspekulationen reich wurde, hatte das Land 1896 der Stadt geschenkt. Heute kann man im Park entspannen, Sehenswürdigkeiten besichtigen, picknicken, wandern oder reiten. Nachts sollte man ihn allerdings meiden.

Das Griffith Observatory auf dem Mount Hollywood

Überblick: Griffith Park

Die Ranger-Station am Crystal Springs Drive verteilt Karten mit Picknickplätzen, Wander- und Reitwegen. Es gibt zwei 18-Loch-Golfplätze an der Ostseite sowie Tennisplätze am Riverside Drive und im Vermont Canyon.

In den Hügeln über dem Griffith Park Drive steht ein Karussell von 1926. Erwachsene und Kinder können auf den 66 geschnitzten Pferden reiten und der riesigen Orgel mit Riemenantrieb lauschen. Auf der anderen Straßenseite findet seit den 1960er Jahren sonntags ein informelles Treffen von Schlagzeugern statt.

Fern Dell am Eingang zur Western Avenue ist ein schattiges Tälchen mit einem Fluss und kleinen Wasserfällen.

🔭 Griffith Observatory

2800 Observatory Rd. 📞 1-213-473-0800. 🕐 Di–Fr 12–22, Sa, So 10–22 Uhr. 🔷 Planetarium.
🌐 griffithobservatory.org

Das Art-déco-Observatorium auf dem Mount Hollywood, das im Jahr 2006 renoviert wurde, bietet atemberaubende Ausblicke. Es ist der Volksbildung gewidmet und in drei Hauptabteilungen gegliedert: das Hall-of-Science-Museum, den Vorführsaal des Observatoriums und die verschiedenen Teleskope.

Das Planetarium ist mit moderner Technik ausgestattet. In der Rotunde der Hall of Science demonstriert das Foucaultsche Pendel die Erddrehung. Die Wandgemälde über dem Pendel schuf Hugo Ballin 1934. Die Decke schmücken Gestalten aus der antiken Mythologie.

Etwa 9000 Sterne, Monde und Planeten werden an die Decke des Planetariums projiziert und führen auf eine spektakuläre Reise durch Zeit und Raum. In klaren Nächten ist das 30-Zentimeter-Zeiss-Teleskop auf dem Dach öffentlich zugänglich.

🚋 Travel Town Museum

5200 Zoo Drive. 📞 1-323-662-5874 für Zugfahrt. 🕐 Mo–Fr 10–17, Sa, So 10–18 Uhr. 🔴 25. Dez.
🌐 traveltown.org

Die Museumszüge und -waggons beschwören den Geist des Eisenbahnzeitalters herauf. Kinder und Erwachsene können auf Güterwaggons klettern oder mit einem kleinen Zug fahren.

Gleich östlich von Travel Town lädt am Wochenende der Zoo Drive zu Fahrten mit Mini-Zügen ein.

Lokomotive von 1922, eine von 16 Dampfloks in Travel Town

🎭 Greek Theatre

2700 N Vermont Ave.
📞 1-323-665-1927. 🕐 für Aufführungen. 🔷 für Konzerte.
🌐 greektheatrela.com

Die Open-Air-Bühne im Stil eines griechischen Amphitheaters hat eine exzellente Akustik. Über 6000 Menschen können in Sommernächten Pop- oder auch Klassikkonzerten lauschen. Nehmen Sie einen Pullover mit, die Abende sind oft kühl.

Hotels und Restaurants in Los Angeles siehe Seiten 528–531 und 550–556

Flamingos im Los Angeles Zoo

🔲 Los Angeles Zoo

5333 Zoo Drive. 📞 1-323-644-4200. 🕐 tägl. 10–17 Uhr. ⬤ 25. Dez. 🅿 🆆 lazoo.org

In dem 46 Hektar großen hügeligen Gehege leben mehr als 1200 Säugetiere, Reptilien und Vögel in Nachbildungen ihrer natürlichen Umgebung.

Im »Kinderhort« gibt es viele neugeborene Tiere, auch aus dem Zuchtprogramm seltener und gefährdeter Tierarten. Das Koalahaus ist schwach erleuchtet, um die Nachttiere zur Aktivität anzuregen. Schwerpunkt von Adventure Island sind die Tiere des Südwestens. Relativ neu sind das Zentrum mit Elefanten, Nashörnern und anderen Dickhäutern, der Rainforest of the Americas und das Insektenzentrum. Es gibt einige Tiershows. Auf lange Fußwege sollte man sich einstellen. Der Safari-Shuttlebus bringt Besucher auch an die entfernteren Stellen des Zoos.

🏛 Autry National Center

4700 Western Heritage Way (gegenüber dem Zoo). 📞 1-323-667-2000. 🕐 Di–Fr 10–16, Sa, So 10–17 Uhr (Sommer: Do bis 20 Uhr). ⬤ 4. Juli, Labor Day, Thanksgiving, 25. Dez. 🅿 2. Di im Monat frei. ♿ 🆆 theautry.org

Das von Gene Autry (der »singende Cowboy«) gegründete Autry National Center präsentiert die zahlreichen Kulturen, die den amerikanischen Westen geprägt haben.

Bilder und Skulpturen von Künstlern wie Albert Bierstadt und Frederic Remington spiegeln das Leben romantisch wider. Werkzeuge, Feuerwaffen, Stammeskleidung und religiöse Abbildungen verdeutlichen die kulturelle Vielfalt der Stämme. Das Museum beherbergt auch Film- und TV-Memorabilien.

2020 will das Museum einen neuen Sitz in Burbank beziehen. Eventuell sind einige Räume geschlossen.

🔲 Bird Sanctuary

Vermont Canyon Rd (nördl. des Greek Theatre). 📞 1-323-913-4688. 🕐 tägl. 10–17 Uhr.

In dem abgelegenen Canyon wurden viele Bäume und Büsche angepflanzt, um einheimischen Vögeln Nistmöglichkeiten zu bieten. Man sieht vielleicht nicht allzu viele der Tiere, doch sind sie deutlich zu hören. Je nach Saison fließt Wasser im Flussbett und trägt zur Schönheit der Szenerie bei.

Infobox

Information
Stadtplan 3 D1–F2. 📞 1-323-913-4688. 🕐 tägl. 5–22.30 Uhr. 🛈 4730 Crystal Springs Drive. ♿ 🅿 ☕ 🚻 ⊟ 🆆 laparks.org/griffithpark

Anfahrt
🚌 96.

Griffith Park

① Travel Town Museum
② Los Angeles Zoo
③ Autry National Center
④ Karussell
⑤ Bird Sanctuary
⑥ Greek Theatre
⑦ Griffith Observatory
⑧ Fern Dell

San Fernando Valley
Ventura
Zoo Drive
Zoo Drive
Pasadena
134
Crystal Springs Drive
Golden State Freeway
Griffith Park Drive
Trail
Valle Drive
Mineral Wells Trail
Vista Del Valle Drive
Fern Canyon Trail
Golden State Freeway
Vermont Canyon Road
Coolidge Trail
Crystal Springs Drive
Griffith Park Drive
Downtown Los Angeles

Kilometer 1
Meilen 0,5

Stadtplan Los Angeles siehe Seiten 186–197

⑩ Dodger Stadium

1000 Elysian Park Ave (am Stadium Way). **Stadtplan** 11 F1. 📞 1-323-224-1507. **Tickets** 📞 1-323-224-1471. ⭕ nur für Spiele und andere Events. 🅿️ ♿ 🇼 dodgers.com

Das Baseballstadion verfügt über rund 56 000 Sitzplätze. 1962 wurde es für das Brooklyn-Team gebaut, das 1958 nach Los Angeles gekommen war. Die Konsolenform garantiert von jedem Sitzplatz aus freien Blick auf das Spielfeld. Das Stadion bietet darüber hinaus eine imposante Sicht auf die Stadt. Im Süden liegt Downtown, im Norden und Osten sind die San Gabriel Mountains zu sehen. Im Rahmen der 2008 abgeschlossenen Umbauarbeiten wurde das Stadion modernisiert und zählt nun zu den eindrucksvollsten in Kalifornien.

Das Hale House im Queen-Anne-Stil im Heritage Square Museum

⑪ Heritage Square Museum

3800 Homer St. 📞 1-323-225-2700. ⭕ Ende März– Okt: Fr–So 12–17 Uhr; Nov–Mitte März: Fr–So 11.30–16.30 Uhr. 🅿️ ♿ 📷 🇼 heritagesquare.org

Die meisten viktorianischen Gebäude der Stadt wurden abgerissen, aber einige konnte das Cultural Heritage Board retten und hier wiederaufbauen: eine Kirche, ein Eisenbahn- und ein Kutschendepot (1865–1914).

Das Hale House im Queen-Anne-Stil (siehe S. 35) wurde authentisch bis in kleinste Details restauriert.

Renovierter Innenraum im Lummis House (19. Jh.)

⑫ Lummis House

200 East Ave 43. 📞 1-818-243-6488. ⭕ Sa, So 10–15 Uhr. **Spende.** ♿ 📷

Das auch als »El Alisal« (spanisch: »Ort des Bergahorns«) bekannte Haus errichtete Charles Fletcher Lummis (1859–1928) aus Zement und Steinen aus dem Flussbett. Die unterschiedlichen Stilelemente – indianisch, Mission Revival und Arts and Crafts – zeugen von den bedeutenden Einflüssen in Lummis' Leben. Das zwischen 1898 und 1910 errichtete Gebäude lässt schon auf den ersten Blick auf einen kreativen, unabhängigen Kopf schließen.

Charles Fletcher Lummis war Herausgeber einer Zeitung, Schriftsteller, Fotograf, Künstler und Historiker. 1885 durchquerte er zu Fuß die USA von Ohio nach Los Angeles, wo er sich niederließ. Als Herausgeber der Los Angeles Times spielte er eine zentrale Rolle im kulturellen Leben der Stadt. Als Mitbegründer des California Landmark Club unterstützte er die Erhaltung der Missionen (siehe S. 50f). Seine Sammlung indianischer Artefakte war der Grundstock des Southwest Museum.

Heute kümmert sich das LA Parks Department um Pflege und Erhaltung des Anwesens. Nur wenig aus dem Besitz Lummis' ist noch erhalten, lediglich einige Indianerartefakte. Im Inneren befindet sich ein herrlicher Jugendstil-Kamin.

Der Garten war ursprünglich mit Gemüse und Obstbäumen bepflanzt. 1985 wurde er neu gestaltet. Heute wachsen hier einige dürreresistente Arten sowie in Südkalifornien beheimatete Pflanzen.

Los Angeles Dodgers

Die Dodgers wurden 1890 in Brooklyn, New York, gegründet. Ihr Name kommt von ihrem Training. Sie übten das blitzschnelle Ausweichen (to dodge) vor den Straßenbahnen. Seit ihrem Umzug nach Los Angeles 1958 sind sie eine der erfolgreichsten Baseballmannschaften der USA. 1955 gewannen sie erstmals die World Series, was ihnen seither noch fünfmal gelang. Heute ist der Besuch des Dodger Stadium ein Frühjahrsritus der Fans.

Im Lauf der Jahre hatte das Team herausragende Spieler wie Sandy Koufax und Roy Campanella. 1947 machten die Dodgers Schlagzeilen, als sie den in Pasadena geborenen Jackie Robinson verpflichteten, den ersten Afroamerikaner in der oberen Liga. 1995 kam der japanische Pitcher Hideo Nomo. Die Endspiele brachten Tokyo zum Stillstand, weil sich Nomo auf der anderen Seite des Pazifiks auf seinen Einsatz vorbereitete.

Mitglieder des siegreichen Teams in den World Series von 1959

Kurzführer

Das Museum wird derzeit umgestaltet. Wegen der geringen Größe der Kulturstätte können von den rund 250 000 Artefakten nur etwa zwei Prozent ausgestellt werden. Derzeit sind zwei Bereiche geöffnet: einer zeigt circa 100 Tonwaren, der andere Höhepunkte der Sammlung.

Historic Southwest Museum

⑬ Historic Southwest Museum

234 Museum Drive. 📞 1-323-221-2165. ○ Sa 10–16 Uhr. 🎨 📷 🏠
W theautry.org

Das Museum, eines der ältesten von Los Angeles, heißt offiziell Historic Southwest Museum Mt. Washington Campus. Charles Fletcher Lummis, ein Fotograf, Amateur-Anthropologe und Historiker, der der Idee von L.A. als multikultureller Stadt anhing, begründete die herausragende Sammlung.

1884 wanderte Lummis in Knickerbockern und Straßenschuhen von Ohio nach Kalifornien, um einen Job als Reporter für die *Los Angeles Times* anzutreten. Dabei bekam er einen tiefen Einblick in die zahlreichen Naturschönheiten und die kulturelle Vielfalt des Südwestens. Diese Eindrücke prägten ihn für den Rest seines Lebens.

1903 begann Lummis mit seinem Plan, ein großes, charakteristisches Museum für Südkalifornien« zu errichten. Als das Museum 1914 eröffnet wurde, beherbergte es Abteilungen zu schalentragenden Weichtieren sowie zu asiatischer und euro-

Relief eines Seqouyah

päischer Kunst – neben archäologischen Artefakten des Südwestens und Kaliforniens. Hinzu kamen die Munk Library of Arizoniana und die Lummis Library. In den 1920er Jahren verlagerte das Museum seinen Schwerpunkt auf Anthropologie, hauptsächlich auf das indianische Erbe.

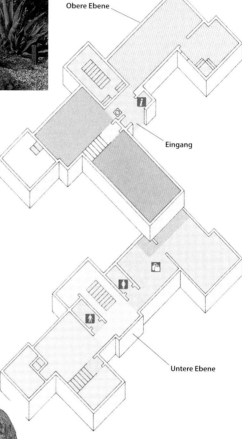

Obere Ebene

Eingang

Untere Ebene

Legende

☐ Nordwestküste
☐ Konservierungsabteilung
▨ Prärie
▦ Menschen in Kalifornien
☐ Zeitgenössische Kunst
▥ Menschen des Südwestens
☐ Kein Ausstellungsbereich

⓮ Pasadena

Mit Fertigstellung der Santa-Fe-Bahnstrecke 1887 kamen wohlhabende Leute aus dem Osten, um die Winter in der Wärme und Sonne Südkaliforniens zu verbringen. Viele ließen sich in Pasadena nieder. Bald gesellten sich sonnenhungrige Künstler und Bohemiens dazu. Diese Mischung aus Kreativität und Reichtum schuf eine Kulturhochburg. Zu den Glanzlichtern der Region gehören Huntington Library, Art Collections and Botanical Gardens *(siehe S. 162–165)* und die exzellente Gemäldesammlung alter Meister und Impressionisten im Norton Simon Museum *(siehe S. 160f).*

Pasadenas Rathaus im Civic Center

Überblick: Pasadena

Östlich des Norton Simon Museum liegt **Old Pasadena**, einst ein heruntergekommener Stadtteil. Mehrere Blocks von Geschäftshäusern aus den 1880er und 1890er Jahren wurden hier saniert und von Läden, Restaurants und Kinos bezogen.

Die architektonische Stilmischung – viktorianisch, spanischer Kolonialstil und Art déco – schafft eine angenehme Atmosphäre. Edward Bennett entwarf Anfang der 1920er Jahre das herausragende **Civic Center** an der Union Street (Ecke Garfield Avenue), in dem Rathaus, Polizeirevier, Bibliothek und Auditorium untergebracht sind. Nordöstlich des Gamble House sind zahlreiche Beispiele der Arts-and-Crafts-Architektur *(siehe S. 35)* zu sehen, insbesondere am von Bäumen gesäumten **Prospect Boulevard**.

Tiffany-Leuchte im Gamble House

🏛 Rose Bowl

1001 Rose Bowl Drive. 📞 1-626-577-3101. 📷
🌐 rosebowlstadium.com

Das Stadion fasst mehr als 100 000 Menschen. Es wurde 1922 in einem wohlhabenden Viertel für das jährlich stattfindende Rose-Bowl-American-Footballturnier gebaut, bei dem Collegemannschaften von der West- und Ostküste gegeneinander antreten. Das erste Spiel wurde mit über einer Stunde Verspätung angepfiffen, weil die Gastmannschaft im Verkehr stecken geblieben war, ein Schicksal, das heute viele Besucher trifft.

In diesem Stadion trägt das Footballteam der UCLA, die Bruins, seine Heimspiele aus. Viele Super-Bowl-Spiele, die Weltmeisterschaft von 1994 und das Fußballturnier der Olympischen Sommerspiele von 1984 fanden in diesem eindrucksvollen Stadion statt.

🏛 Gamble House

4 Westmoreland Place. 📞 1-626-793-3334. 🕐 Do–So 12–15 Uhr.
⬤ Feiertage. 📷 🎟 obligatorisch.
🌐 gamblehouse.org

Das Holzhaus, ein Meisterstück seiner Zeit, vertritt die Arts-and-Crafts-Bewegung, die das einfache Design mit Handwerkskunst verband. Das Gebäude wurde 1908 für David Gamble von der Procter and Gamble Company erbaut und gilt als Krönung der Karriere der Brüder Charles und Henry Greene, zweier Architekten aus Boston, die 1893 zu Besuch nach Pasadena kamen – und blieben *(siehe S. 35).*

Das Haus ist dem Klima angepasst. Große Terrassen und Veranden machen das Leben drinnen und draußen angenehm. Dachvorsprünge spenden Schatten. Die Sonne lässt die Eingangstür aus Bleiglas farbenfroh aufleuchten.

🏛 Pacific-Asia Museum

46 N Los Robles Ave. 📞 1-626-449-2742. 🕐 Mi–So 10–18 Uhr.
⬤ Feiertage. 📷 🎟
🌐 pacificasiamuseum.org

Das von Grace Nicholson gegründete und 1924 im traditionellen nordchinesischen Stil erbaute Pacific-Asia Museum zeigt fernöstliche Kunst. Wechselausstellungen zur Kunst Asiens und des pazifischen Raums ergänzen die Dauerausstellung. Der Garten im Innenhof ist einer von den wenigen chinesischen Gärten in den USA.

Die voll besetzte Rose Bowl während eines Footballspiels

Hotels und Restaurants in Los Angeles *siehe Seiten 528–531 und 550–556*

◻ Los Angeles County Arboretum & Botanic Gardens

301 N Baldwin Ave, Arcadia.
▮ 1-626-821-3222. ◻ tägl.
9–16.30 Uhr. ● 25. Dez. ▯▯
▯ jeden 3. Do im Monat frei.
�w arboretum.org

Die Baumschule östlich von Pasadena zeigt auf 51 Hektar über 30 000 Pflanzenarten entsprechend ihrer geografischen Herkunft. Im Park befinden sich Kräutergarten, Wasserfall, Lilienteiche und ein Dschungel – einst Kulisse für Tarzan-Filme (1932–48) mit Johnny Weissmuller und für einige Filmszenen aus John Hustons *African Queen* (1951).

Tropische Landschaft im Los Angeles County Arboretum

Zu den historischen Bauten gehören die indianischen *wickiups* (Hütten) und das rekonstruierte Adobe-Haus (1839) von Hugo Reid.

▥ Kidspace Children's Museum

480 North Arroyo Blvd, Brookside Park. ▮ 1-626-449-9144.
◻ tägl. 10–17 Uhr. ● Mo im Winter, Feiertage. ▯▯
�w kidspacemuseum.org

Kindern und ihren Familien wird an dieser Wirkungsstätte des Museums im Brookside Park viel Anregendes für Kreativität und Fantasie geboten. Es gibt 17 Abteilungen im

Infobox

Information
Straßenkarte Ausschnitt A.
▯ 145 000. ▯ 300 E Green St, 1-626-795-9311; 1-800-307-7977. ▯ Tournament of Roses Parade (1. Jan).
�w pasadenacal.com

Anfahrt
▭ 79 von Downtown L. A.

Gebäude und zehn Themenbereiche im Freien. Darüber hinaus finden Lehrprogramme statt. Ein Café und ein Lernmittelladen runden das breite Angebot ab.

Rosenparade

1890 entschied sich der Pasadena Valley Hunt Club, mit der Tournament of Roses Parade die milden Winter der Region zu feiern – und für einen Besuch der Stadt in dieser Jahreszeit zu werben. Man ahnte nicht, dass sich die Parade der mit Rosengirlanden geschmückten Pferdekutschen einmal zu einem weltbekannten Neujahrsspektakel entwickeln würde. Heute werden die Festwagen mit Motoren betrieben.

Wagen der Rosenparade

Zentrum von Pasadena

① Rose Bowl
② Gamble House
③ Norton Simon Museum
④ Civic Center
⑤ Pacific-Asia Museum
⑥ Kidspace Children's Museum
⑦ Huntington Library, Art Collections and Botanical Gardens

0 Kilometer 1
0 Meilen 1

Bakersfield
Santa Clarita

Rose Bowl
①

⑥ Kidspace Children's Museum

② Gamble House

Charles Green House

ARROYO SECO

Colorado Street Bridge

Oxnard

③ Norton Simon Museum

Old Pasadena

COLORADO BOULEVARD

Armory Center

Pasadena Memorial Park

M Memorial Park

PASADENA

Civic Center ④

Museum of California Art

⑤ Pacific-Asia Museum

GREEN STREET

Pasadena Central Park

Del Mar M

DEL MAR BOULEVARD

DEL MAR BLVD

⑦ Huntington Library, Art Collections and Botanical Gardens

↓ Downtown Los Angeles

Zeichenerklärung
siehe hintere Umschlagklappe

Pasadena: Norton Simon Museum

Norton Simon (1907–1993) war ein Geschäftsmann, der
die Leitung eines multinationalen Unternehmens mit dem
Aufbau einer international anerkannten Kunstsammlung
verband. Von den 1950er bis zu den 1980er Jahren trug er
Exponate aus über 2000 Jahren westlicher und asiatischer
Kunst zusammen. In der europäischen Abteilung sind die
alten Meister und die Impressionisten stark vertreten, aber
auch Renaissance, Postimpressionismus, deutscher Expressionismus und moderne Kunst. Die Skulpturen aus Indien
und Südostasien gehören zu den schönsten außerhalb
ihrer Ursprungsländer und gewähren einen Einblick in die
Rolle von Kunst und Religion in diesen Kulturen.

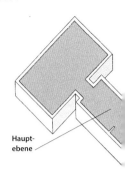

Haupt-
ebene

Skulpturengarten

★ Frau mit Buch (1932)
Pablo Picasso war eine der
stärksten künstlerischen Persönlichkeiten im 20. Jahrhundert. Er beeinflusste die
kubistische und surrealis-
tische Bewegung entschei-
dend. Seine Geliebte Marie-
Thérèse Walter war Sujet
vieler seiner Werke in den
1930er Jahren.

Untere
Ebene

***Kleine 14-jährige
Tänzerin* (1878–81)**
Die Bronzestatue
ist eine von über
100 Arbeiten von
Edgar Degas in diesem
Museum. Eines der
bevorzugten Themen
des Künstlers war
das Ballett.

Legende
▨ 14.–17. Jahrhundert
▨ 17./18. Jahrhundert
▨ 19. Jahrhundert
▨ 20. Jahrhundert
☐ Südasien
▨ Wechselausstellungen
☐ Kein Ausstellungsbereich

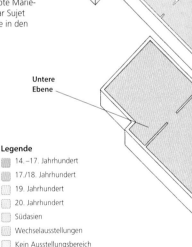

**★ *Stillleben mit Zitronen,
Orangen und einer Rose* (1633)**
Der Spanier Francisco Zurbarán
schuf bedeutende kontempla-
tive Stillleben. Viele seiner Werke wurden nach Lateinamerika
gebracht, wo sie die einheimischen Maler beeinflussten.

Kurzführer

Die Abteilungen des Museums erstrecken sich über zwei Ebenen. Europäische Malerei, Drucke, Skulpturen und Wandteppiche von der Renaissance bis zum 20. Jahrhundert sowie Wechselausstellungen finden sich auf der Hauptebene. Die untere Ebene beherbergt Norton Simons eindrucksvolle Sammlung indianischer und südostasiatischer Arbeiten. Im Außenbereich gibt es einen ausgedehnten Skulpturengarten mit einem Teich im Zentrum, der von Claude Monets Garten inspiriert wurde.

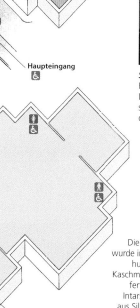

Theater

Wendeltreppe

Haupteingang

Wendeltreppe

Infobox

Information

411 W Colorado Blvd. 📞 1-626-449-6840. 🕐 Mo, Mi, Do 12–17, Fr, Sa 11–20, So 11–17 Uhr. ⦿ 1. Jan, Thanksgiving, 25. Dez. 🖼️🎫♿🏠📷🏛️
🌐 nortonsimon.org

Anfahrt
🚌 180, 181.

Die Heiligen Paul und Frediano (um 1483)
Das Tafelbild gehört zu einem von dem Florentiner Künstler Filippino Lippi gefertigten Paar. Hier wird der Einfluss seines bekannteren Vaters, Fra Filippo Lippi, und seines Mentors Botticelli deutlich.

Selbstporträt (um 1636–38)
Rembrandt malte während seines Lebens fast 100 Selbstporträts. Dieses zeigt den Künstler mit Anfang dreißig.

Buddha
Die Bronzestatue wurde im 8. Jahrhundert in Kaschmir angefertigt. Die Intarsien sind aus Silber und Kupfer.

Pasadena: Huntington Library, Art Collections and Botanical Gardens

Die stilvolle Villa wurde zwischen 1909 und 1911 für Henry Huntington (1850–1927) errichtet, der durch den Bau eines Straßenbahnnetzes in Los Angeles ein Vermögen verdient hatte. 1913 heiratete er Arabella, die Witwe seines Onkels. Mit ihr trug er eine der weltweit bedeutendsten Bibliotheken und Sammlungen britischer Kunstwerke (18. Jh.) zusammen. Die Erweiterung von 2009 verdoppelte die Ausstellungsfläche – für die wachsende Sammlung amerikanischer Kunst.

Mausoleum
Der vom Architekten John Russell Pope entworfene Bau in Form eines griechischen Tempels besteht aus Yule-Marmor aus Colorado.

Haupteingang

① ② ⑳ ⑲ ⑱ ⑰ ⑯ ⑮ ⑭ ⑬

Nordaussicht
Vor dem Hintergrund der San Gabriel Mountains entsteht der Eindruck eines europäischen Gartens aus dem 17. Jahrhundert mit einem barocken Springbrunnen.

★ **Japanischer Garten**
Als Ort der stillen Einkehr gibt es im traditionellen japanischen Garten stets fließendes und stehendes Wasser, häufig von einer kleinen Brücke (»Mondbrücke«) überspannt.

Rosengarten
Rund 1200 Rosensorten zeichnen die Entwicklung der Blume von den Anfängen bis zu modernen Züchtungen nach.

★ Gutenberg-Bibel
Diese Bibel druckte Johannes Gutenberg aus Mainz um 1455 auf Pergament. Das Exemplar ist der älteste Druck in der Bibliothek.

Infobox

Information
1151 Oxford Rd. ☎ (626) 405-2100. ◯ Juni–Aug: Mi–Mo 10–17 Uhr; Sep–Mai: Mo, Mi–Fr 12–16.30, Sa, So 10.30–16.30 Uhr. ● Feiertage. ▨ ♿ ▨ ▨ ▨
Ⓦ huntington.org

Dschungelgarten
Palmen, Farne, Ingwer und andere Pflanzen dieses Gartens sind typisch für den tropischen Regenwald. In der grünen Wildnis rauschen Wasserfälle.

★ *Knabe in Blau*
(um 1770)
Thomas Gainsboroughs Porträt des Kaufmannssohns Jonathan Buttall gehört zu den berühmtesten Gemälden der Sammlung.

Außerdem

① Orangenhain

② Munger Research Center

③ Dibner Hall of the History of Science

④ Huntington Library

⑤ Palmengarten

⑥ Wüstengarten

⑦ Seerosenteiche

⑧ Huntington Art Gallery

⑨ Subtropischer Garten

⑩ Shakespeare-Garten

⑪ Australischer Garten

⑫ Zen-Garten

⑬ Japanisches Haus

⑭ Kräutergarten

⑮ Boone Gallery

⑯ Chinesischer Garten

⑰ Virginia Steele Scott Galleries

⑱ Kameliengarten

⑲ Rose Hills Foundation Conservatory for Botanical Science

⑳ Garten für Kinder

Huntington: Sammlungen

Henry und Arabella Huntington übergaben 1919 ihr Haus und ihre Gärten einer Stiftung, die eine nichtkommerzielle Forschungsstätte einrichten sollte. Heute dient das Anwesen sowohl Wissenschaftlern als auch der Allgemeinheit als Bildungseinrichtung und Kulturzentrum. Es umfasst eine der weltweit größten Forschungsbibliotheken, eine herausragende Kunstsammlung mit rund 650 Gemälden und 440 Skulpturen sowie mehr als 50 Hektar Gärten mit Pflanzen aus aller Welt.

Diana, Göttin der Jagd (1782) von Jean-Antoine Houdon

Huntington Library

Seit 1920 widmet sich die Bibliothek britischer und amerikanischer Geschichte und Literatur. Sie zieht jährlich etwa 2000 Wissenschaftler an. Besondere Werke und Sonderausstellungen sind in der Exhibition Hall zu sehen.

Unter den 600 000 Büchern und sechs Millionen Manuskripten sind die Autobiografie von Benjamin Franklin und das Ellesmere-Manuskript von Chaucers *Canterbury-Erzählungen* (um 1410). Zu den vor 1501 gedruckten Büchern gehört eine Gutenberg-Bibel (um 1455) – eines von nur noch zwölf Exemplaren.

Es gibt Erstausgaben und Manuskripte von Mark Twain, Charles Dickens und Lord Tennyson, zudem Ausgaben von Shakespeares Theaterstücken, Briefe von George Washington, Benjamin Franklin und Abraham Lincoln.

Pilgerin, Canterbury-Erzählungen

Huntington Art Gallery

Die Huntington-Villa zeigt den Großteil der Sammlung, u. a. britische und französische Kunst aus dem 18. und frühen 19. Jahrhundert. Am bekanntesten sind die Porträts in der Thornton Portrait Gallery – wohl mit der beste Ort, um britische Kunst zu studieren. Zu den Hauptwerken zählen Thomas Gainsboroughs *Knabe in Blau* (um 1770), *Pinkie* (1794) von Thomas Lawrence sowie Werke von Constable, Romney, Reynolds, van Dyck und Turner. Mobiliar aus dem 18. Jahrhundert schmückt den Large Library Room, darunter zwei für Louis XIV angefertigte Savonnerie-Teppiche und fünf Beauvais-Gobelins.

Im Obergeschoss des palastartigen Bauwerks sind Gemälde aus der Renaissance zu sehen. Auch Bronzen britischer und französischer Künstler sind hier ausgestellt.

Boone Gallery

Die Boone Gallery präsentiert Sonderausstellungen zu Themen britischer und amerikanischer Kunst, daneben auch seltene Bücher und Manuskripte sowie einzelne Stücke der Dauerausstellung.

Das 1911 im Stil des Neoklassizismus errichtete Gebäude wurde zunächst als Garage genutzt. Seit der von Mary-Lou und George Boone finanzierten Renovierung 2000 dient es als Ausstellungsareal.

Virginia Steele Scott Galleries of American Art

Nach einer Erweiterung stehen über 15 000 Quadratmeter Ausstellungsfläche mehr zur Verfügung. Dafür wurden die Virginia Steele Scott Gallery sowie die Lois and Robert F.

Dibner Hall of the History of Science

Wie grandiose Ideen die Welt veränderten, ist Thema dieser Sammlung. Die Burndy Library, früher im MIT untergebracht, und Huntingtons eigene wissenschaftliche Sammlung präsentieren hier in vier Abteilungen Erfindungen von weltberühmten Wissenschaftlern – von Ptolemäus bis Einstein.

Besucher können in einem Lesesaal Übersetzungen und Neuausgaben studieren.

Französische Möbel im Large Library Room

Erburu Gallery verbunden. Hier findet sich eine der größten Sammlungen amerikanischer Kunst Südkaliforniens. Sie reicht von der Kolonialzeit bis etwa 1950. Unter den bekannten Werken sind *The Meeting of Lear and Cordelia* (1784) von Benjamin West (1738–1820), *Chimborazo* (1864) von Frederic Edwin Church (1826–1900) und *Breakfast in Bed* (1897) von Mary Cassatt (1844–1926). In der Abteilung steht auch die Marmorstatue *Zenobia in Chains* (1859) von Harriet Hosmer (1830–1908). Sie wurde in einer Privatsammlung entdeckt, nachdem sie lange als verloren oder zerstört galt. Weitere Werke stammen von Edward Hopper (1882–1967). Von Edward Henry Weston (1886–1958) sind bahnbrechende Fotos zu sehen.

Wüstengarten

Botanical Gardens

Im Jahr 1904 beauftragte Henry Huntington den Landschaftsgärtner William Hertrich mit der Gestaltung des inzwischen 15 Gärten umfassenden Geländes.

Der Wüstengarten beherbergt auf fünf Hektar Fläche über 4000 dürreresistente Arten aus aller Welt. Im Rosengarten wird die Geschichte der Rosenzüchtung erläutert. Die ältesten findet man im Shakespeare-Garten.

Der japanische Garten mit Mondbrücke, Zen-Garten und japanischen Pflanzen gehört zu den beliebtesten Gärten.

Huntington Art Gallery

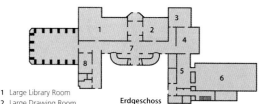

Erdgeschoss

1 Large Library Room
2 Large Drawing Room
3 Small Drawing Room
4 Dining Room
5 Anteroom
6 Thornton Portrait Gallery
7 Foyer
8 Small Library
9 Europäische und Renaissance-Kunst
10 Keramik
11 Britische Kunst
12 Wedgwood
13 Silber
14 Miniaturen und Ölbilder (frühes 19. Jh.)
15 Bleiglas von Morris & Co.

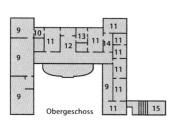

Obergeschoss

Dibner Hall of the History of Science

1 Astronomie
2 Naturgeschichte
3 Medizin
4 Licht
5 Lesesaal

Huntington Library

1 Mittelalterliche Manuskripte und frühe Drucke
2 Englische/amerikanische Literatur
3 Amerikanische Geschichte
4 Wechselausstellungen

Erdgeschoss

Virginia Steele Scott Galleries of American Art

1 20. Jahrhundert
2 19. Jahrhundert
3 Skulpturen
4 18. Jahrhundert
5 17. Jahrhundert
6 Dorothy Collins Brown Wing
7 Susan and Stephen Chandler Wing: Wechselausstellungen

Erdgeschoss

Cowboystiefel, El Mercado

⓯ El Mercado

3425 E 1st St. ☎ 1-323-268-3451.
🕐 tägl. 10–18 Uhr. ♿
🅦 elmercadodelosangeles.com

East Los Angeles ist das Zentrum der mexikanisch-amerikanischen Bevölkerung *(siehe S. 38)*, und dieser Markt versorgt sie. Auf drei Ebenen drängen sich Taco-Verkäufer, Mariachis (Straßenmusikanten) und Familien, die gut essen wollen. El Mercado orientiert sich nicht wie die Olvera Street *(siehe S. 131)* an Urlaubern. Daher sind Essen und Musik hier noch authentisch.

Auf der Hauptebene bieten die Stände Köstlichkeiten jeglicher Art. *Tortillarias* verkaufen frische, heiße Tortillas, in Bäckereien gibt es traditionelles mexikanisches Brot und Gebäck, Delikatessenläden bieten Fleischsorten an, die Sie vielleicht noch gar nicht kennen. Auf dem Zwischengeschoss spielen zwischen den Restaurants Mariachis auf.

Los Angeles Lakers

Basketball entstand 1891 in Springfield (Massachusetts) als Mannschaftssport, der während der rauen Winter in der Halle gespielt werden konnte. Die Winter in Los Angeles sind zwar warm, doch faszinierte das dynamische Spiel auch hier. Die Lakers, das Team von L. A., hat eine sehr große Fangemeinde. Legendäre Spieler wie »Magic« Johnson, Wilt Chamberlain, Shaquile O'Neal, Kareem Abdul-Jabbar und Kobe Bryant machten das Team zu einem der erfolgreichsten in der National Basketball Association (NBA). Die Lakers begannen in Minnesota, 1960 kamen sie nach Los Angeles. Seither gewannen sie elfmal die NBA-Meisterschaft, letztmals in der Saison 2009/2010. Heute spielt das Team im neuen Staples Center.

»Magic« Johnson

Kleidung in leuchtenden Farben, Möbel und Kunsthandwerk füllen die Läden im Untergeschoss – dazu hört man die Klänge von Salsa-Musik. Vor allem sonntags ist hier jede Menge los.

⓰ Flower Market

754 Wall St. ☎ 1-323-627-2482.
🕐 Mo, Mi, Fr 8–12 Uhr, Di, Do, Sa 6–12 Uhr. ♿
🅦 originallaflowermarket.com

Schon vor Sonnenaufgang kommen die Händler zu diesem Blumengroßmarkt. Die Stände vor den Lagerhäusern bersten vor Blütenpracht – ein krasser Kontrast zu den grauen Gebäuden. Die Vielfalt an Blumen, die auf dem Markt angeboten wird, ist überwältigend: Kalifornische Sorten konkurrieren hier mit Pflanzen aus Kolumbien, Neuseeland, Frankreich und den Niederlanden.

Jeder kann zu den günstigen Preisen kaufen (nach 8 Uhr gibt es Sonderangebote). Am besten jedoch kommt man früh, da die Bestände recht schnell ausverkauft sind.

⓱ Exposition Park und University of Southern California

Siehe S. 168 f.

⓲ L. A. Live

Downtown. **Stadtplan** 10 C5.
☎ 1-213-763 5483. 🅦 lalive.com

Downtown Los Angeles hatte lange Zeit das Image eines reinen Wohn- und Shopping-Viertels. Doch Downtown verändert sich rasend schnell und gewinnt dadurch zunehmend an Attraktivität. In der Gegend um Los Angeles Convention Center und Staples Center *(siehe S. 167)* entstanden im Rahmen des inzwischen vollendeten Großprojekts zahlreiche Theater, Hotels und Restaurants.

Staples Center – Spielstätte der L. A. Lakers und der L. A. Clippers

Hotels und Restaurants in Los Angeles *siehe Seiten 528–531 und 550–556*

⑲ Staples Center

1111 S Figueroa St. **Stadtplan** 10
C5. ☎ 1-213-742-7349 (Tickets).
🅿 für Veranstaltungen.
♿ für Veranstaltungen.
Ⓦ staplescenter.com

Das Staples Center hat Downtown revitalisiert und ist nun Mittelpunkt für die Sportfans von L. A. Das Stadion ist Heimstatt von drei Profi-Clubs: den L. A. Lakers und L. A. Clippers (Basketball) sowie den L. A. Kings (Eishockey). Hier finden die US Figure Skating Championships statt, ebenso Pop- und Rockkonzerte, WWF Wrestling, Hollywood-Preisverleihungen und College-Abschlussfeiern.

⑳ LA Arts District

Östlich von Downtown. **Stadtplan** 11 F5. Ⓦ downtownmuse.com

Der kunterbunte Arts District zwischen Little Tokyo im Osten und dem LA River im Westen zählt zu den angesagtesten Kunstarealen an der Westküste. In früheren Fabriken und Lagerhäusern hielten Galerien, Ateliers und Boutiquen Einzug. Die Fassaden mancher Gebäude zieren eindrucksvolle Wandgemälde. Das Areal ist reich bestückt mit Restaurants und Bars, von denen einige zu den renommiertesten der Metropole gehören.

Die Anziehungskraft des LA Arts District ist ungebrochen, der Zuzug von Künstlern weiterhin stark.

Guerilla Atelier – Store und Galerie im LA Arts District

Die mit Muscheln, Porzellan und Glas verzierten Watts Towers

㉑ Watts Towers

1727 E 107th St, Watts. **Straßenkarte** Ausschnitt A. ☎ 1-213-847-4646. 🕐 Do, Fr 11–15, Sa 10.30–15, So 12–15 Uhr. ♿ für die Führung. ♿ nur Arts Center.
Ⓦ wattstowers.us

Die Watts Towers sind ein Meisterwerk der Volkskunst. Sie bilden die Vision von Simon Rodia, einem Einwanderer aus Neapel, ab. Von 1921 bis 1954 formte der Fliesenleger ein riesiges Skelett aus Stahlrohren, Leitungen und sonstigen Fundstücken. Der größte der Türme ist 30 Meter hoch. Rodia verzierte sie unter anderem mit Fliesen-, Muschel-, Porzellan- und Glasstücken. Bemerkenswerterweise gab er keinerlei Begründung für seine Tätigkeit an. Nach der Fertigstellung der Türme vermachte er einem Nachbarn das Grundstück und verließ die Stadt.

Es gab wiederholt Versuche, die Türme abzureißen, doch nun stehen sie unter Denkmalschutz und werden renoviert. In dem Stadtteil, in dem 1965 die schlimmsten Rassenunruhen von Los Angeles tobten, sind sie ein Symbol der Hoffnung. Neben den Türmen stellt das Watts Towers Arts Center zeitgenössische Werke afroamerikanischer Künstler der Gemeinde aus und bietet Workshops für Künstler.

In South Central Los Angeles ist die Kriminalitätsrate relativ hoch. Aus diesem Grund ist daher zu allen Tageszeiten Vorsicht anzuraten.

Straßenkarte *siehe hintere Umschlaginnenseiten*

⑰ Exposition Park und University of Southern California

Im Exposition Park fanden in den 1880er Jahren zunächst Volksfeste, Märkte und Pferderennen unter freiem Himmel statt. Ende des 19. Jahrhunderts blühten hier aber Trinkerei, Glücksspiel und Prostitution. Heute ist es ein Kulturort mit mehreren Museen. Im zentralen Rosengarten wachsen mehr als 19 000 Rosensträucher. Die University of Southern California (USC) mit ungefähr 33 000 Studenten belegt gegenüber dem Park eine Fläche von 62 Hektar. Sie wurde 1880 gegründet und ist die älteste und größte Privatuniversität im Westen der USA. Das auf dem Gelände des Parks geplante Museum of Narrative Art wird eine persönliche Sammlung von George Lucas, dem Erfinder von *Star Wars*, umfassen – ein Muss für Cineasten.

Bovard Administration Building

🏛 Doheny Memorial Library

Hoover St u. Childs Way, USC.
📞 1-213-740-2924. 🕐 tägl.

Die majestätisch wirkende Hauptpräsenzbibliothek der USC mit italienisch-romanischen, ägyptischen und maurischen Einflüssen entstand im Jahr 1932 zum Gedenken an Edward L. Doheny jun., einen Kurator der Universität. Sie beeindruckt durch eine monumentale Marmortreppe am Eingang und kunstvolle Stein- und Holzarbeiten.

🏛 Natural History Museum of Los Angeles County

900 Exposition Blvd. 📞 1-213-763-3466. 🕐 tägl. 9.30–17 Uhr.
⬤ 1. Jan, 4. Juli, Thanksgiving, 25. Dez. 🦽 🌐 nhm.org

Das Museum gehört zu den bedeutendsten Museen für Naturkunde und Kulturgeschichte in den Vereinigten Staaten. 2006 begann eine groß angelegte Renovierung (135 Mio US-$). Das Beaux-Arts-Gebäude von 1913 wurde dabei von Grund auf saniert. Heute beherbergt es die Age

of Mammals Hall und die bei Besuchern besonders beliebten Dinosaur Mysteries. 2012 wurden Abteilungen zu Umwelt und Ökosystemen in Südkalifornien eröffnet. Auch die Rotunda mit dem schönen Bleiglas-Oberlicht ist wieder zugänglich.

🏛 Bovard Administration Building

Hahn Plaza, USC. 🕐 tägl.

Der architektonisch interessante italienisch-romanische Bau ist nach George Bovard, dem vierten USC-Präsidenten, benannt. Den früheren Glockenturm zieren acht Skulpturen berühmter Männer, darunter auch John Wesley, Abraham Lincoln, Theodore Roosevelt, Cicero und Platon. Das Norris Auditorium bietet 1600 Plätze.

Roger Nobel Burnham schuf 1930 die Statue *Tommy Trojan*, das Symbol der USC.

Exposition Park und USC

① Bovard Administration Building
② Tommy Trojan
③ Doheny Memorial Library
④ Mudd Memorial Hall
⑤ USC Fisher Museum of Art
⑥ Natural History Museum of Los Angeles County
⑦ Aerospace Museum
⑧ California African American Museum
⑨ California Science Center
⑩ Los Angeles Memorial Coliseum

Sant Be

0 Meter — 200
0 Yards — 200

CHILDS
AVENUE
MCCLINTOCK
DOWNEY W
WEST 37TH STREET

↑ *Hollywood*

Lindhurst Galleries

Sculpture Garden
EXPOSITIO

⑥ Natural History Museum of Lo Angeles Count

VERMONT AVENUE
MENLO AVENUE

COLISEUM DRIV

Los Me Co

LEIGHTON AVE

SOUTH PARK

MARTIN LUTHER

Natural History Museum

Zeichenerklärung
siehe hintere Umschlagklappe

Los Angeles Memorial Coliseum

⌂ Los Angeles Memorial Coliseum

3911 S Figueroa St. ☎ 1-213-747-7111. ◷ für Veranstaltungen.
🅿 🎫 auf Anfrage.
🖥 lacoliseum.com

In dem Bau von 1928 fanden zweimal Olympische Spiele (1932 und 1984), zwei Super Bowls und eine Weltmeisterschaft statt. Er ist Heimstatt des USC-Footballteams.
Er diente auch als Bühne für Rockkonzerte, die USA-Tour von Nelson Mandela, die Messe mit Johannes Paul II. von 1987 und die Rede von John F. Kennedy für seine Kandidatur 1960. Seit der Renovierung 2008 gibt es ein modernes Soundsystem, Videowände und Sitze.

🏛 California Science Center

700 Exposition Park Drive. ☎ 1-323-724-3623. ◷ tägl. 10–17 Uhr.
● 1. Jan, Thanksgiving, 25. Dez.
🎫 🖥 californiasciencecenter.org

Das California Museum of Science and Industry ist eines der größten seiner Art in den USA. »World of Life« in der Kinsey Hall of Health erklärt, wie Lebewesen funktionieren. Hier steht »Body Works«, eine 15 Meter hohe, transparente menschliche Gestalt mit erleuchteten Organen. »The Creative World« zeigt, wie Menschen Dinge produzieren. In »Ecosystems« kann man acht Lebensräume erkunden. Das IMAX®-Kino zeigt auf seiner sieben Stockwerke hohen Leinwand Naturfilme. An der Fassade des von Frank Gehry entworfenen Aerospace Museum ist ein F-104-Starfighter befestigt. Ausgestellt sind Fluggeräte, vom Gleiter der Gebrüder Wright bis zur Weltraumkapsel *Gemini 11*. Das Spaceshuttle *Endeavour* ist im Samuel Oschin Pavilion zu sehen.

🏛 USC Fisher Museum of Art

Harris Hall, USC. ☎ 1-213-740-4561. ◷ Di–Fr 12–17 Uhr, Sa 12–16 Uhr. ● Feiertage, im Sommer.
🖥 fisher.usc.edu

Die nach ihrer Mäzenin, der Frau von Walter Harrison Fisher, benannte Sammlung zeigt französische und amerikanische Landschaftsmalerei (19./20. Jh.) und Werke von Peter Paul Rubens.

Infobox

Information
Straßenkarte Ausschnitt A.
☎ 1-213-740-2311.
Park frei zugänglich.
University of Southern California 🎫
🖥 usc.edu

Anfahrt
🚌 DASH-Shuttlebus C vom Business District. 🚌 81.

🏛 California African American Museum

600 State Drive. ☎ 1-213-744-7432. ◷ Di–Sa 10–17 Uhr.
● 1. Jan, Thanksgiving, 25. Dez.
🖥 caamuseum.org

Das Museum dokumentiert die Leistungen der Afroamerikaner in Wissenschaft, Politik, Religion und Sport. Die Dauerausstellung präsentiert Arbeiten von Künstlern wie Martin Pierré, Betye Saar, Noah Purifoy und Robert Duncanson, dem Landschaftsmaler (19. Jh.). Im Skulpturenhof sind häufig Sonderausstellungen zu sehen.

⌂ Mudd Memorial Hall

Trousdale Parkway u. Exposition Blvd, USC. ◷ tägl.

Die Halle der philosophischen Fakultät ist ein spannender Stilmix aus Renaissance- und italienischen Elementen. Ihr Glockenturm ist 44 Meter hoch und war 1939 Schauplatz im Film *Der Glöckner von Notre Dame*. Statuen der großen Philosophen sind im Außenbereich zu sehen – der Kyniker Diogenes wacht über dem Eingang. The Hoose Library of Philosophy ist mit ungefähr 60 000 Büchern eine der größten Bibliotheken des Landes.

Fassade der Mudd Memorial Hall im italienisch anmutenden Stil

Map labels

JEFFERSON
SOUTH BOULEVARD
H STREET
HOOVER ST
TROUSDALE PARKWAY
School of a-Television
Bovard Administration Building ①
② Tommy Trojan
③ Doheny Memorial Library
WEST 35TH ST
FIGUEROA STREET
Downtown Los Angeles ↗
ERSITY OF THERN IFORNIA
rial Hall
EVARD
KINSEY DRIVE
Aerospace Museum ⑦
RIVE
⑧ California African American Museum
cience r
oosition Park
FIGUEROA STREET
LA Sports Arena
DRIVE
ULEVARD
Long Beach ↓

Straßenkarte *siehe hintere Umschlaginnenseiten*

Shopping

Alles, was man für Geld kaufen kann, gibt es in Los Angeles – von erlesenem Cartier-Schmuck bis hin zu Öko-Lebensmitteln. Das milde Klima der Metropole lädt zum Bummeln und Flanieren ein, man muss nicht in überdachte Shopping Malls gehen. Melrose Avenue *(siehe S. 117)* und Santa Monicas Third Street Promenade *(siehe S. 82)* sind aufregend. Der edle Rodeo Drive *(siehe S. 98)* und das »Goldene Dreieck« *(siehe S. 94f)* bieten Flagship Stores. Santa Monicas Montana Avenue zieht sowohl Filmstars als auch Normalos an. Trendige Mode und Haushaltswaren gibt es am Robertson Boulevard / Ecke Burton Way und am Beverly Boulevard / Martel Avenue. Old Pasadena *(siehe S. 158)* mit ausgefallenen Läden in restaurieren Gebäuden (19. Jh.) ist ein Shopping-Paradies.

Das Innere des Westside Pavilion, südlich von Westwood Village

Shopping Malls

Shopping Malls in Los Angeles stellen alle anderen der Vereinigten Staaten in den Schatten. Eine der neuesten Malls (unter freiem Himmel) ist **The Grove** – mit zahllosen Läden und Unterhaltungsangeboten. Man trifft hier auf Familien und Teenager, die die Läden, Kinos und Lokale besuchen. Ebenfalls unter freiem Himmel findet der nahe Farmers Market *(siehe S. 117)* statt, wo es viele kuriose Souvenirläden und gute, dabei preisgünstige Imbissstände gibt.

Als kleine, überdachte Shopping Mall ist das trendige **Beverly Center** empfehlenswert, das 160 Läden umfasst. Die **Westfield Century City** ist von den Bürotürmen der Century City umstellt, befindet sich aber unter freiem Himmel. Hier kann man in 120 Läden stöbern. Die neuen Kinos, die in Stadienform erbaut wurden, und die edlen Terrassenlokale machen diesen Ort vor allem am Wochenende attraktiv. Der nahe **Westside Pavilion** bietet viele Läden mit Kindermode. Er wird durch ein kleines Programmkino und ein Cineplex bereichert. Ruhiger geht es am **Santa Monica Place** *(siehe S. 81)* zu, der nur einen kurzen Spaziergang vom Strand entfernt ist und direkt neben der Third Street Promenade liegt. Hier findet man Sportkleidung und Sonnenbrillen. Etwas außerhalb, im San Fernando Valley, bietet der **Westfield Fashion Square** unterschiedliche Läden, die aber alle auf Familien zugeschnitten sind. Die **Sherman Oaks Galleria** ist ein kleines Einkaufszentrum mit Fitness-Center und Spa. Hinzu kommen ein Cineplex, Läden und Restaurants.

Department Stores

Shopping Malls haben üblicherweise mindestens ein Kaufhaus (Department Store) mit einer Riesenauswahl an Waren von Kosmetik über Kleidung bis zu Haushaltswaren. Altbekannt sind **Bloomingdale's** mit seinen Shop-im-Shop-Boutiquen und **Macy's**, das unter eigenem Label günstige Mode verkauft. Der im Bereich von Beverly Hills glamouröse Wilshire Boulevard *(siehe S. 94f)* gilt als Kaufhaus-Meile. Unter den vier größten vor Ort sind **Barneys**

Ladenschild, Melrose Avenue

New York und **Saks Fifth Avenue**. Die Delikatessenabteilung von Barneys liegt ganz oben und ist zur Mittagszeit brechend voll mit Kunden und Filmleuten aus Hollywood.

Die Schuhabteilung bei **Nordstrom** gilt als Muss – vor allem im Januar und im Juni, wenn die Schuhe nur die Hälfte kosten.

Discounter

Viele Discounter in Los Angeles gehören zu großen Ketten. Hier wird auf den Dollar geachtet. Das Ambiente ist eher unspektakulär, man sollte auch keinerlei Service erwarten. **Target** etwa bietet Haushaltswaren, Campingzubehör und Freizeitkleidung, **Costco** hingegen verkauft alles – von Lebensmitteln bis zu PCs. Günstig sind hier Wein und Spirituosen. Einige Läden verkaufen Benzin – man muss dafür allerdings eine Mitgliedsgebühr zahlen.

Elegante Läden am Rodeo Drive *(siehe S. 98)*

Schnäppchenjäger werden in den Filialen von **99 Cents Only** fündig. Man weiß nie, was gerade angeboten wird – es reicht von Lebensmitteln bis zu Blumentöpfen. **Nordstrom Rack** verkauft hochwertige Kleidung, Kosmetik und Dessous. Auch hier wechselt das Vorrätige praktisch täglich und nach Saison. **Ross** und **Marshall's** verkaufen aktuelle Mode zu günstigen Preisen.

Delikatessen

Die Lebensmittelmärkte spiegeln die ethnische Vielfalt der Region wider – und die Botschaft, sich gesund zu ernähren. Der Grand Central Market in Downtown *(siehe S. 128)* hat sowohl Verkaufs- als auch preisgünstige Imbissstände. Farmers Market *(siehe S. 117)* bietet frisches Obst und Gemüse sowie Spezialitäten wie frische Erdnussbutter. Hier kann man auch wunderbar im Freien essen. Im Markt gibt es **Monsieur Marcel**, einen französischen Mini-Markt, der sich auf Käse, Wein und andere Köstlichkeiten spezialisiert hat.

Die hiesige Kette **Trader Joe's** verkauft Healthfood, Fertiggerichte und Wein. Das reichhaltige Angebot reicht von Vitaminpillen bis zu frischem Seafood. **Whole Foods Market** bedient ebenfalls gesundheitsbewusste Kunden. Köstliche Gerichte – Suppen, Salate oder Sushi – können an Ort und Stelle an Tischen verzehrt werden. Die edelsten Delikatessen der Stadt bietet **Bristol Farms**. Alle Filialen der Kette sind spektakulär und besitzen zudem Sushi-Bar und Café.

Käse-Liebhaber finden bei **The Cheese Store of Beverly Hills** die größte Auswahl vor. Es gibt hier auch Trüffeln und Trüffelöle.

The Wine Merchant in Beverly Hills ist die beste Weinhandlung und auf kalifornische Weine spezialisiert. **Silverlake Wine** veranstaltet wöchentlich Weinproben.

Falls Sie es exotischer lieben – es gibt im Osten der Stadt jede Menge mexikanischer, chinesischer und thailändischer Märkte. Unbedingt einen Besuch wert ist **India's Sweets and Spices**, hier findet man alle indischen Spezereien. In der kleinen Cafeteria werden neben anderen Speisen auch vegetarische Köstlichkeiten angeboten.

Kleidung

In Los Angeles dominieren einerseits Casual Wear und andererseits eher kurzlebige Modestile. Hollywoods Einfluss mit geradezu zahllosen superschlanken Schauspielerinnen hat dazu geführt, dass die meisten Boutiquen nur kleine Größen anbieten.

Die Haute Couture ist natürlich in Beverly Hills überproportional vertreten, hier liegen – ganz standesgemäß – rote Teppiche vor den Läden. Die großen Namen von **Armani** über **Chanel** bis **Versace** konzentrieren sich am Rodeo Drive, sie befinden sich alle in Gehentfernung. Die Läden bieten auch Leder-Accessoires und ganz spezielle Star-Duftkreationen.

Für einige knappe und entsprechend begehrte Dinge werden Sie auf eine Warteliste gesetzt. Ebenfalls am Rodeo Drive ist der architektonisch reizvolle Flagship Store von **Prada**, der eher wie ein Museum wirkt.

Marktstände im Grand Central Market *(siehe S. 128)*

Fashion Victims sollten **Anthropologie** aufsuchen. Hier gibt es ungewöhnliche Mode zu günstigen Preisen. **Eduardo Lucero** und **Trina Turk** sind zwei beliebte Designer, die in ihren Boutiquen Mode mit dem gewissen Touch verkaufen. **American Rag** bietet Neues und Secondhand-Ware: Kleidung und Schuhe für Frauen, Männer und Kinder.

Fred Segal in West Hollywood ist eine Ansammlung von Boutiquen. Hier kaufen Filmstars und Proms. Auch **Maxfield** zieht modebewusste, zahlungskräftige Kunden an, die seine Auswahl an Labels schätzen.

Modebewusste Männer sind bei **Ermenegilo Zegna** und **John Varvatos** richtig. Für den hippen Los-Angeles-Look sollte man allerdings **Urban Outfitters** aufsuchen. Hier kaufen die Jüngeren ein. Falls Sie Ihren Bikini zu Hause vergessen haben: Gehen Sie zu **Everything But Water**.

Kissen von Gucci

Ein Hollywood-Klassiker: die Fred-Segal-Boutique in der Melrose Avenue

Mode für Kinder

Saisonale günstige Kindermode ist in Läden wie Target (siehe S. 170) häufig rasch ausverkauft. **Old Navy** bietet stilvolle Kinderklamotten und ist bekannt für seine Schlussverkäufe. **GapKids** findet man in den meisten Shopping Malls. Hier gibt es den Jeans- und T-Shirt-Look. Für Markenware (z. B. Guess und Juicy Couture) bietet sich Bloomingdale's (siehe S. 170) an.

Für Kinder-Designermode gibt es spezialisierte Boutiquen, etwa **Flicka** im Larchmont Boulevard. **Rightstart** bietet Spielzeug, Bücher und Accessoires. Für das Baby, das schon alles hat, findet sich bestimmt noch etwas bei **James Perse** – seine edlen Baumwollteile entzücken Hollywoods Mütter.

Vintage-Mode

Vintage-Mode kann in Los Angeles alles Mögliche sein – von kaum getragener Haute Couture der Vergangenheit bis zu Klamotten, die gestern noch »in« waren. Man muss sich bei Charity-Läden wie **NCJW/LA Council Thrift Shops** und **Goodwill** schon etwas durchwühlen, kann aber auf Schätze stoßen – jedoch ohne Gewähr. Teenager und Modefreaks präferieren Läden, die

Altes witzig recyceln. Bei **Buffalo Exchange** bringen Kunden eigene Klamotten zum Verkauf oder Tausch mit. **Lemon Frog** bietet ein großes Sortiment an Kleidung, Schuhen, Schmuck, Sonnenbrillen und anderen Accessoires in allen Preisklassen. Squaresville in der Vermont Avenue und **Wasteland** in der Melrose Avenue stehen für Retro-Look. Hohe Preise sollten Sie nicht erstaunen – Vintage-Mode von Designern ist eben teuer.

Bei **reVamp** findet man Kleidung, die Mode von 1910 bis 1950 kopiert. Kleider aus Filmen und Fernsehshows findet man bei **It's A Wrap**.

Fachgeschäfte

Hollywood-Souvenirs gibt es eigentlich überall in Los Angeles. **Fantasies Come True** verkauft ausschließlich Disney-Produkte. Mitten in Hollywood liegt **Larry Edmund's Cinema Bookshop** mit neuen und antiquarischen Büchern sowie alten Plakaten. **Dark Delicacies** bedient die Horror-Fans.

In diesem Laden ist alles handgemacht: **The Folk Tree** in Pasadena bietet eine tolle Auswahl an lateinamerikanischem (Kunst-)Handwerk. **New Stone Age** verkauft ausgefallene künstlerische Keramik sowie Schmuck.

Kunst und Antiquitäten

Gute Antiquitätenläden findet man überall in der Stadt. Die Läden in Beverly Hills und West Hollywood eignen sich eher für den großen Geldbeutel. **Richard Shapiro** bietet Antiquitäten in Museumsqualität. Sein weinumrankter Laden liegt in der Nähe von 25 weiteren Antiquitätengeschäften, etwa **Rose Tarlow**, ein Laden, der auch Stoffe und Kerzen führt, und **Off the Wall**, wo man Möbel der 1950er Jahre und hübsche dekorative Dinge erwerben kann. Schon ein Schaufensterbummel an dieser Ecke ist ein vergnügliches Unternehmen. Am Sunset Boulevard hat **Wells Antiques** die beste Auswahl an alten Fliesen und kalifornischer Keramik.

Auch die Kunstgalerien von Los Angeles decken ein sehr breites Spektrum ab, es reicht von den (preiswerten) Werken der Kunststudenten in der Chung King Road bis hin zu den bekannten (und hochpreisigen) Künstlern in der **Gagosian Gallery**. Bergamot Station (siehe S. 83) beherbergt mehrere Galerien, darunter auch bekannte Fotogalerien wie **Peter Fetterman**.

Informieren Sie sich über die Wochenend-Vernissagen, bei denen die Kunstszene von Los Angeles aufkreuzt.

Auf einen Blick

Shopping Malls

Beverly Center
8500 Beverly Blvd.
Stadtplan 6 C2.
📞 1-310-854-0070.

Santa Monica Place
395 Santa Monica Place,
Santa Monica.
📞 1-310-394-5451.

Sherman Oaks Galleria
15301 Ventura Blvd,
Sherman Oaks.
📞 1-818-382-4100.

The Grove
189 The Grove Drive.
Stadtplan 7 D3.
📞 1-323-900-8080.

Westfield Century City
10250 Santa Monica
Blvd, Century City.
📞 1-310-277-3898.

Westfield Fashion Square
14006 Riverside Drive,
Sherman Oaks.
📞 1-818-783-0550.

Westside Pavilion
10800 W Pico Blvd.
📞 1-310-470-8752.

Department Stores

Barneys New York
9570 Wilshire Blvd.
Stadtplan 5 F4.
📞 1-310-276-4400.

Bloomingdale's
Beverly Center,
8500 Beverly Blvd.
Stadtplan 6 C2.
📞 1-310-360-2700.

Macy's
Beverly Center,
8500 Beverly Blvd.
Stadtplan 6 C2.
📞 1-310-854-6655.

Nordstrom
Westside Pavilion,
10830 W Pico Blvd.
📞 1-310-470-6155.

Saks Fifth Avenue
9600 Wilshire Blvd.
Stadtplan 5 E4.
📞 1-310-275-4211.

Discounter

99 Cents Only
601 S Fairfax Ave.
Stadtplan 7 D4.
📞 1-323-936-3972.

Costco
2901 Los Feliz Blvd.
📞 1-323-644-5201.

Marshall's
2206 Sawtelle Blvd.
📞 1-310-312-1266.

Nordstrom Rack
227 N Glendale Ave,
Glendale.
📞 1-818-240-2404.

Ross
6298 W 3rd St.
📞 1-323-936-2864.

Auf einen Blick

Target
7100 Santa Monica Blvd,
W Hollywood.
Stadtplan 7 F1.
📞 1-323-603-0004.

Delikatessen

Bristol Farms
9039 Beverly Blvd.
Stadtplan 6 A2.
📞 1-310-248-2804.
🔲 bristolfarms.com

**India's Sweets
and Spices**
3126 Los Feliz Blvd.
📞 1-323-345-0360.

Monsieur Marcel
Farmers Market, 6333 W
3rd St.
Stadtplan 7 D3.
📞 1-323-939-7792.
🔲 mrmarcel.com

Silverlake Wine
2395 Glendale Blvd.
📞 1-323-662-9024.
🔲 silverlakewine.com

**The Cheese Store of
Beverly Hills**
419 N Beverly Drive,
Beverly Hills.
Stadtplan 5 F3.
📞 1-310-278-2855.
🔲 cheesestorebh.com

The Wine Merchant
228 N Canon Drive.
Stadtplan 5 F3.
📞 1-310-278-7322.
🔲 beverlyhillswine
merchant.com

Trader Joe's
7304 Santa Monica Blvd.
Stadtplan 7 F1.
📞 1-323-851-9772.
🔲 traderjoes.com

Whole Foods Market
6350 W 3rd St.
Stadtplan 7 D3.
📞 1-323-964-6800.
🔲 wholefoods.com

Kleidung

American Rag
150 S La Brea Ave.
Stadtplan 7 F2.
📞 1-323-935-3154.
🔲 amrag.com

Anthropologie
320 N Beverly Drive,
Beverly Hills.
Stadtplan 5 F3.
📞 1-310-385-7390.
🔲 anthropologie.com

Armani
436 N Rodeo Drive,
Beverly Hills. **Stadtplan**
5 F3. 📞 1-310-271-
5555. 🔲 armani.com

Chanel
400 N Rodeo Drive,
Beverly Hills. **Stadtplan**
5 F3. 📞 1-310-278-
5500. 🔲 chanel.com

Eduardo Lucero
7378 Beverly Blvd.
Stadtplan 7 E2.
📞 1-323-933-2778.

Ermenegildo Zegna
301 N Rodeo Drive,
Beverly Hills. **Stadtplan**
5 F3. 📞 1-310-247-
8827. 🔲 zegna.com

Everything But Water
Beverly Center, 8500
Beverly Blvd.
Stadtplan 6 C2.
📞 1-310-289-1550.

Fred Segal
8118 Melrose Ave.
Stadtplan 7 D1.
📞 1-323-651-1935.

John Varvatos
8800 Melrose Ave.
Stadtplan 6 B2.
📞 1-310-859-2791.

Maxfield
8825 Melrose Ave.
Stadtplan 6 B2.
📞 1-310-274-8800.

Prada
343 N Rodeo Drive,
Beverly Hills.
Stadtplan 5 F3.
📞 1-310-278-8661.
🔲 prada.com

Trina Turk
8008 W 3rd St.
Stadtplan 6 C3.
📞 1-323-651-1382.
🔲 trinaturk.com

Urban Outfitters
1440 Third St Prome-
nade, Santa Monica.
📞 1-310-394-1404.

Versace
248 N Rodeo Drive,
Beverly Hills. **Stadtplan**
5 F3. 📞 1-310-205-
3921. 🔲 versace.com

Mode für Kinder

Flicka
204 N Larchmont Blvd.
Stadtplan 8 B3.
📞 1-323-466-5822.

GapKids
6801 Hollywood Blvd.
Stadtplan 2 B4.
📞 1-323-462-6124.
🔲 gap.com

James Perse
8914 Melrose Ave.
Stadtplan 6 A2.
📞 1-310-276-7277.
🔲 jamesperse.com

Old Navy
8487 W 3rd St.
Stadtplan 6 C3.
📞 1-323-658-5292.
🔲 oldnavy.com

Rightstart
2212 Wilshire Place,
Santa Monica.
Stadtplan 10 B3.
📞 1-310-829-5135.
🔲 rightstart.com

Vintage-Mode

Buffalo Exchange
131 N La Brea Ave.
Stadtplan 7 F3.
📞 1-323-938-8604.

Goodwill
4575 Hollywood Blvd,
Hollywood.
📞 1-323-644-1517.
🔲 goodwill.com

It's A Wrap
3315 N Magnolia Ave,
Burbank.
📞 1-818-567-7366.
🔲 itsawraphollywood.
com

Lemon Frog
1202 N Alvarado St,
Echo Park. **Stadtplan** 10
C1. 📞 1-213-413-2143.

**NCJW/LA Council
Thrift Shops**
360 N Fairfax Ave.
Stadtplan 7 D2.
📞 1-323-934-1956.

reVamp
834 S Broadway.
Stadtplan 10 D5.
📞 1-213-488-3387.
🔲 revampvintage.com

Wasteland
7428 Melrose Ave.
Stadtplan 7 E2.
📞 1-323-653-3028.

Fachgeschäfte

Dark Delicacies
4213 Burbank Blvd,
Burbank. 📞 1-818-556-
6660. 🔲 darkdel.com

Fantasies Come True
4383 Tujunga Ave, Stu-
dio City. **Stadtplan** 2 A1.
📞 1-818-985-2636. 🔲
fantasiescometrue.com

**Larry Edmund's
Cinema Bookshop**
6644 Hollywood Blvd.
Stadtplan 2 B4.
📞 1-323-463-3273.
🔲 larryedmunds.com

New Stone Age
8407 W 3rd St. **Stadtplan**
6 C3. 📞 1-323-658-5969.
🔲 newstoneagela.com

The Folk Tree
217 S Fair Oaks Ave, Pasadena. 📞 1-626-795-
8733. 🔲 folktree.com

Kunst und
Antiquitäten

Gagosian Gallery
456 N Camden Drive,
Beverly Hills. **Stadtplan**
6 A2. 📞 1-310-271-
9400. 🔲 gagosian.com

Off the Wall
737 N La Cienega Blvd,
W Hollywood.
Stadtplan 6 B2.
📞 1-323-930-1185.
🔲 offthewallantiques.
com

Peter Fetterman
Bergamot Station, 2525
Michigan Ave, Gallery
A7, Santa Monica.
📞 1-310-453-6463.
🔲 peterfetterman.com

Richard Shapiro
8905 Melrose Ave,
W Hollywood. **Stadtplan**
6 A2. 📞 1-310-275-
6700. 🔲 rshapiro
antiques.com

Rose Tarlow
8540 Melrose Place,
W Hollywood. **Stadtplan**
6 C1. 📞 1-323-651-
2202. 🔲 rosetarlow.com

Wells Antiques
2162 Sunset Blvd.
📞 1-213-413-0558.
🔲 wellstile.com

Viele der hier gelisteten
Läden haben mehrere
Filialen.

Stadtplan Los Angeles *siehe Seiten 186–197*

Bücher und Musik

In Los Angeles werden mehr Bücher gekauft als in jeder anderen Stadt der USA. Beliebte eigenständige Buchhandlungen sind **Book Soup** und **Skylight Books**. In jeder finden auch Lesungen statt. Die Buchhändler sind gebildet und ihren Kollegen bei den Buchhandelsketten überlegen. Book Soup hat viele Kunstbücher und Reiseführer für Kalifornien und Los Angeles im Angebot.

Hennessey & Ingalls hat die größte Auswahl der gesamten Westküste an Büchern zu Kunst und Architektur. **Children's Book World** führt mehr als 80 000 Bücher für Kinder, Eltern und Lehrer.

Die Filialen der Buchhandelskette **Barnes & Noble** haben – wie viele andere Buchläden auch – einladende Café-Bars.

Amoeba Music in Hollywood ist der größte unabhängige Plattenladen der Stadt mit zwei Stockwerken voller neuer und gebrauchter LPs und CDs. Hier werden auch wöchentliche, kostenlose Konzerte veranstaltet. **Origami Vinyl** hat sich auf Vinyl-Schallplatten spezialisiert und bietet eine Bühne für Indie-Bands.

Bauernmärkte

Die 80 zertifizierten Bauernmärkte (Farmers' Markets) der Stadt sind eine gute Möglichkeit, frische südkalifornische Waren zu sehen, zu riechen und zu probieren. Auf jedem Markt gibt es Stände mit frischen Produkten direkt vom Feld, einschließlich biologischer Nahrungsmittel. Man findet auch Stände mit Essen und Kunsthandwerk. Öffnungszeiten und Orte erfahren Sie auf der Website von **Los Angeles Times Farmers Markets**.

Santa Monica Wednesday and Saturday Farmers' Market in der Arizona und Second Street ist der größte und beliebteste Markt. Die Warenqualität ist sehr hoch, Küchenchefs kaufen hier ein. Profis tauchen schon am frühen Morgen auf. Am Sonntagmorgen sollte man den in der Ivar Avenue ansässigen **Hollywood Farmers' Market** besuchen, der illustre Kunden anzieht. Hier kann man viele bekannte Gesichter entdecken. **Santa Monica Sunday Farmers' Market** in der Main Street ist bei Familien beliebt, die für die köstlichen Crêpes und Omeletts Schlange stehen, um dann auf dem Grünstreifen ein gemütliches Picknick abzuhalten.

Flohmärkte

Die bekanntesten Flohmärkte von Los Angeles finden sonntags an verschiedenen Plätzen im Freien statt. Hunderte, bisweilen Tausende von Ständen ziehen sich bis auf die Parkplätze – und es braucht Stunden, um sich durchzuwühlen und zu handeln. Komfortable Schuhe und ein wachsames Auge auf seine Wertsachen sind unabdingbar. Man kann hier durchaus eine Entdeckung machen. Es gibt Antiquitäten, Schmuck, Vintage-Mode – neben allerlei Krimskrams.

An jedem ersten Sonntag im Monat gibt es auf dem **Pasadena City College Flea Market** zusätzlich gebrauchte LPs zu kaufen. Am zweiten Sonntag im Monat werden auf dem **Rose Bowl Flea Market**, einem der größten und beliebtesten, seltene Sammlerstücke angeboten. Allerdings muss jeder, der früh kommt, mehr Eintritt bezahlen. Der **Long Beach Outdoor Antique & Collectible Market** findet jeden dritten Sonntag im Monat statt und bietet gute Chancen auf Schnäppchen.

Haushaltswaren

Eine Unmenge an Läden in Los Angeles verkauft Haushaltswaren und Interior Design. Auch **IKEA** ist hier vertreten. **Pottery Barn** und **Crate & Barrel** bedienen die Kunden, die auf Wertarbeit und Design achten. Beide haben mehrere Filialen. Gleiches gilt für den Haushaltswaren-Supermarkt **Bed, Bath & Beyond**. Günstig sind hier Küchenzubehör, Bilderrahmen, Handtücher und hübsch gestaltete Accessoires.

Bei Anthropologie *(siehe S. 173)* gibt es witzige, flohmarktartige Haushaltswaren. Gläser und Geschirr wechseln jede Saison Stil und Farbe. **Shabby Chic** in der Montana Avenue verhalf dem südkalifornischen Freizeit-Stil, der gemütliche Sofas und Stühle in Übergröße präferiert, zum Durchbruch.

Wer alte Möbel oder nachgebaute alte Möbel sucht, sollte die Geschäfte entlang dem Beverly Boulevard von La Brea West bis Crescent Heights abklappern. Läden wie **Modern One**, **Twentieth Design** und **Modernica** bieten das Beste an Design aus den 1950er Jahren. **Grace Home Furnishings** ist für seine Möbel im Retro-Stil, aber auch für schicke, moderne Entwürfe bekannt. **Bountiful** am charmanten Abbot Kinney Boulevard in Venice verkauft Stilmöbel und hat eine Auswahl luxuriöser Bade- und Haushaltsartikel.

Geschenke und Spielzeug

Luxuriöse Geschenke – von erlesenen Bilderrahmen bis hin zu edlem Schmuck – kann man bei **Gearys** in Beverly Hills finden. Der illustre Laden führt auch umfangreiche Hochzeits- und Geschenklisten – ein Zeichen von Gediegenheit. Am anderen Ende der Preisskala steht **Wing Hop Fung** in Chinatown mit Importen aller Art, vom Spielzeug bis zum Teeservice. In der Gegend gibt es auch noch weitere Läden, die Souvenirs anbieten.

Sumi's in Silver Lake führt so Allerlei, das Designer aus Kalifornien, aber auch aus aller Welt entwarfen. Bei **Compartes Chocolatier** gibt es handgemachte Schokoladen und Pralinen – sehr hübsch in Geschenkverpackungen drapiert. Bei **Wacko** findet man Geschenke mit Pepp, hier entdeckt man auch Ausgefallenes und Seltenes.

Die Niederlassungen von Target *(siehe S. 170)* und **Toys 'R' Us** führen große Sortimente an Spielzeug, Spielen und Sportartikeln. **PuzzleZoo** verkauft Puzzles, Spiele und Elektronik-Spielzeug.

Kosmetik

Schönheit wird in Los Angeles großgeschrieben – dank des Jugendwahns, der von Film und Fernsehen auf alle übergreift. Ganze Kaufhäuser, die erlesene Seifen und teure Kosmetikprodukte verkaufen, sprossen wie Pilze aus dem Boden.

Sephora ist eine Art »Superkaufhaus« für Cremes und Make-up – mit Dutzenden von Produktlinien. Die Verkäufer sind sehr hilfsbereit und bieten viele Proben an. Produkte von **Aveda** richten sich nach ökolo-

gischen Kriterien. Es gibt Düfte, Cremes und Haarpflegemittel. Kunden erhalten auch eine kurze Massage sowie Tee.

Wilshire Beauty etablierten die Visagisten und Haarkünstler, die für die Frisuren von Rita Hayworth und das Make-up von Bette Davis zuständig waren. **The Salon** in der Santa-Monica-Filiale von Fred Segal ist auf Schönheitspflege spezialisiert. Duftmischungen Ihrer Wahl werden zusammengestellt, Make-up-Profis hübschen Sie mit den eigenen Marken (etwa Stilla) auf.

Cost Plus World Market bietet Produkte fürs Bad sowie Kerzen zu erschwinglichen Preisen. Trader Joe's *(siehe S. 171)* führt eine Bio-Produktlinie für Haut- und Haarpflege, darunter Salz-Peelings und Lavendel-Shampoos.

Equinox Spa verkauft Hautpflege- und Anti-Aging-Produkte. **Privé Salon**, ebenfalls ein Spa, führt eine eigene Haarpflege-Linie. **MAC** ist für seine jahreszeitlich wechselnde Farbpalette bekannt – und wegen der Stars und Make-up-Artisten aus Hollywood.

Auf einen Blick

Bücher und Musik

Amoeba Music
6400 Sunset Blvd.
Stadtplan 2 C5.
1-323-245-6400.

Barnes & Noble
1201 3rd St Promenade, Santa Monica.
1-310-260-9110.

Book Soup
8818 W Sunset Blvd.
Stadtplan 1 A5.
1-310-659-3110.

Children's Book World
10580 1/2 W Pico Blvd, West LA.
1-310-559-2665.

Hennessey & Ingalls
214 Wilshire Blvd, Santa Monica.
1-310-458-9074.

Origami Vinyl
1816 W Sunset Blvd.
Stadtplan 10 C1.
1-213-413-3030.

Skylight Books
1818 N Vermont Ave.
1-323-660-1175.

Bauernmärkte

Hollywood Farmers' Market
Ivar/Selma Ave.
Stadtplan 2 C4.
1-323-463-3171.

Los Angeles Times Farmers Markets
projects.latimes. com/farmers-markets

Santa Monica Sunday Farmers' Market
Ocean Park u. Main St, Santa Monica.
1-310-458-8712.

Santa Monica Wednesday and Saturday Farmers' Market
Arizona u. 2nd Sts, Santa Monica.
1-310-458-8712.

Flohmärkte

Long Beach Outdoor Antique & Collectible Market
Veterans Stadium, Faculty Ave/Conant St, Long Beach.
1-323-655-5703.

Pasadena City College Flea Market
1570 E Colorado Blvd, Pasadena.
1-626-585-7906.

Rose Bowl Flea Market
1001 Rosebowl Dr, Pasadena.
1-323-560-7469.

Haushaltswaren

Bed, Bath & Beyond
1557 Vine St. **Stadtplan** 2 C5. 1-323-460-4500.

Bountiful
1335 Abbot Kinney Blvd, Venice. 1-310-450-3620.

Crate & Barrel
189 The Grove Drive.
Stadtplan 7 D3.
1-323-297-0370.

Grace Home Furnishings
11632 Barrington Ct.
1-310-476-7176.

IKEA
600 N San Fernando Blvd, Burbank.
1-818-842-4532.

Modern One
7956 Beverly Blvd.
Stadtplan 7 D2.
1-323-651-5082.

Modernica
7366 Beverly Blvd.
Stadtplan 7 E2.
1-323-933-0383.

Pottery Barn
300 N Beverly Drive.
1-310-860-9506.

Shabby Chic
1013 Montana Ave, S. Monica. 1-310-394-1975.

Twentieth Design
8057 Beverly Blvd.
Stadtplan 7 D2.
1-323-904-1200.

Geschenke und Spielzeug

Compartes Chocolatier
912 S Barrington Ave.
1-310-826-3380.

Gearys
351 N Beverly Drive, Beverly Hills. **Stadtplan** 5 F3. 1-310-273-4741.

PuzzleZoo
1411 3rd St Prom, S. Monica. 1-310-393-9201.

Sumi's
1812 N Vermont Ave.
1-323-660-0869.

Toys 'R' Us
11136 Jefferson Blvd, Culver City.
1-310-398-5775.

Wacko
4633 Hollywood Blvd.
1-323-663-0122.

Wing Hop Fung
725 W Garvey Ave, Mont. Park. 1-323-940-8000.

Kosmetik

Aveda
8500 Beverly Blvd.
Stadtplan 6 C2.
1-310-659-5067.

Cost Plus World Market
6333 W 3rd St. **Stadtplan** 7 D3. 1-323-935-5530.

Equinox Spa
2025 Ave of the Stars.
Stadtplan 5 D5.
1-310-556-2256.

MAC
133 N Robertson Blvd.
Stadtplan 6 B2.
1-310-854-0860.

Privé Salon
7373 Beverly Blvd.
Stadtplan 7 E2.
1-323-931-5559.

Sephora
6801 Hollywood Blvd.
Stadtplan 2 B4.
1-323-462-6898.

The Salon
500 Broadway, Santa Monica. 1-310-394-8509.

Wilshire Beauty
5401 Wilshire Blvd.
Stadtplan 7 F4.
1-323-937-2000.

Stadtplan Los Angeles *siehe Seiten 186–197*

Unterhaltung

Los Angeles ist schon seit Anfang des 20. Jahrhunderts das weltweite Zentrum der Filmindustrie. Daher überrascht es keineswegs, dass sich die Stadt selbstbewusst als Welthauptstadt der Unterhaltung betrachtet. Eine große Anzahl von Künstlern aus allen Genres sorgt auch dafür, dass in der Metropole immer zahllose Veranstaltungen geboten werden. Allerdings ist nach Einbruch der Dunkelheit nur in ganz bestimmten Stadtteilen etwas los. Die Stadt verfügt über unglaublich viele Kinos, das Angebot reicht von den erhabenen Filmpalästen aus den 1930er Jahren bis zu den modernen Multiplex-Kinos. Darüber hinaus gibt es hier ganz unterschiedliche Theatergruppen, ein renommiertes Symphonieorchester und ein Opernensemble. Die beiden Letzteren geben im Sommer Vorstellungen an Orten wie etwa der Hollywood Bowl *(siehe S. 115)*. Am Sunset Boulevard finden sich außerdem viele Jazz- und Bluesbars sowie Clubs.

Veranstaltungs-magazine

Information

Diverse Publikationen helfen, die große Vielfalt an Unterhaltungsangeboten zu sichten. *LA Weekly* – eine wöchentlich erscheinende Zeitung, die in Bars, Clubs und kleineren Läden in der ganzen Stadt kostenlos erhältlich ist – bietet den ausführlichsten Überblick zu Kunstevents und Unterhaltung. Das Magazin ist vor allem auf junge Leute zugeschnitten und läuft der *Los Angeles Times*, die aber auch eine wichtige Informationsquelle ist, den Rang ab.

Monatlich erscheint das *Los Angeles Magazine* mit detaillierten Informationen zu allen wichtigen Ereignissen und verlässlichen Restaurantbewertungen. Infos für Urlauber werden jeden Monat im *Where Magazine* veröffentlicht, das in vielen Hotels ausliegt. Das *Odyssey Magazine*, *Edge Los Angeles* und das *Curve Magazine* wenden sich an Schwule und Lesben.

Die Zentrale des **Los Angeles Conventions and Visitors Bureau** in Hollywood bietet Informationen in zahlreichen Sprachen. Eine Broschüre führt vor allem Restaurants, Hotels, Läden und kulturelle Attraktionen auf. Auch ein Blick auf die Website der Agentur lohnt sich. Eine weitere Quelle ist **Visit West Hollywood**. Auch online gibt es umfangreiche Infos, etwa unter **www.laweekly.com**.

Tickets

Am einfachsten ist es, Eintrittskarten für Konzerte, Theater und Sportevents bei **Ticketmaster** zu kaufen. Man kann die Tickets auch online (mit Kreditkarte) erwerben. Wer sich die zum Teil happigen Vorverkaufsgebühren sparen will, kann bei den Kassen der Veranstaltungsorte anrufen, allerdings muss man auch in diesem Fall mit zusätzlichen Gebühren rechnen. Weitere Optionen sind der Online-Händler **StubHub** oder Agenturen wie **Prestige Tickets** und **Los Angeles Times Tickets**.

Infos über Theateraufführungen erhält man telefonisch bei **LA Stage Alliance**.

Ermäßigte Tickets

Eine gute und bewährte Quelle für ermäßigte Eintrittskarten für alle möglichen Veranstaltungen (Musik, Theater, Sportevents) ist **Barry's Tickets**. Für Theateraufführungen am selben Tag bekommt man hier Tickets zum halben Preis. Allerdings sind selten Eintrittskarten für die großen Shows dabei.

Kurz vor der Veranstaltung kann man bei den Kassen direkt anrufen und nach ermäßigten Eintrittskarten fragen. Viele Theater bieten Last-Minute-Rabatte auf nicht verkaufte Plätze an.

Studenten, die einen gültigen ISIC-Ausweis besitzen *(siehe S. 592)*, bekommen für manche Konzerte und Theaterstücke ermäßigte Karten. Am besten versucht man es bei den der Universität angeschlossenen Veranstaltungsorten wie dem Geffen Playhouse *(siehe S. 179)*.

Gratiskonzerte gibt's im LACMA *(siehe S. 118–121)*

Die Hollywood Bowl, eine der großen Konzertbühnen *(siehe S. 115)*

Kostenlose Veranstaltungen

Die meisten Stadtviertel von Los Angeles veranstalten – vor allem im Sommer – Feste mit Essen und Live-Musik. Auskünfte und Listen mit aktuellen Veranstaltungen erteilt das **Los Angeles Department of Cultural Affairs**, das eine übersichtliche Website bietet. Im Sommer gibt es jeweils am Donnerstagabend auf dem Santa Monica Pier Konzerte verschiedener Musikrichtungen *(siehe S. 82f).*

Ebenfalls im Sommer kann man bei den mittäglichen Konzertproben der LA Philharmonic in der Hollywood Bowl zuhören *(siehe S. 115).*

Für manche Museen ist der Eintritt kostenlos, z. B. für das California Science Center *(siehe S. 169)*, für Travel Town im Griffith Park *(siehe S. 154)* und für das J. Paul Getty Museum *(siehe S. 86–89).* Auf der Plaza des LA County Museum of Art *(siehe S. 118–121)* gibt es freitags und sonntags Jazz- und Kammermusikkonzerte.

Relief an einem Theater

Behinderte Reisende

Wie überall in Kalifornien *(siehe S. 592)* sind auch in Los Angeles fast alle Kinos, Theater und Clubs für Rollstühle geeignet. Die meisten Einrichtungen haben behindertengerechte Parkplätze und Toiletten. Die Website **discoverlosangeles. com** listet barrierefreie Sehenswürdigkeiten und Veranstaltungen auf. **LA Tourist** ist ein weiterer Informationsdienst zu Veranstaltungen in der Metropole und bietet Hinweise, inwieweit diese für Menschen mit Mobilitätseinschränkungen sowie Hör- und Sehbehinderte geeignet sind.

AbilityTrip informiert über Transportmöglichkeiten zu den einzelnen Veranstaltungen. **Travelers Aid International** ist ein Portal mit Weblinks zu Informationsstellen für Behinderte.

Art-déco-Fassade des Pantages Theater *(siehe S. 116)*

Auf einen Blick

Information

Los Angeles Convention and Visitors Bureau
6801 Hollywood Blvd, Hollywood, CA 90028.
Stadtplan 2 B4.
☎ 1-323-467-6412.
🖥 discoverlosangeles.com

Los Angeles Department of Cultural Affairs
201 N Figueroa St, Suite 1400, Los Angeles, CA 90012.
Stadtplan 11 D3.
☎ 1-213-202-5500.
🖥 culturela.org

Visit West Hollywood
8687 Melrose Ave, Suite M-38.
Stadtplan 6 B5.
☎ 1-800-368-6020.
🖥 visitwesthollywood.com

Tickets

Barry's Tickets
☎ 1-866-708-8499.
🖥 barrystickets.com

LA Stage Alliance
☎ 1-213-614-0556.
🖥 lastagealliance.com

Los Angeles Times Tickets
☎ 1-866-215-8463.
🖥 tickets.latimes.com

Prestige Tickets
☎ 1-888-595-6260.
🖥 prestigetickets.com

StubHub
🖥 stubhub.com

Ticketmaster
☎ 1-213-381-2000.
🖥 ticketmaster.com

Behinderte Reisende

AbilityTrip
🖥 abilitytrip.com

LA Tourist
🖥 latourist.com

Travelers Aid International
1612 K St, NW, Suite 206, Washington, DC 20006.
🖥 ustravability.org

Stadtplan Los Angeles *siehe Seiten 186–197*

Veranstaltungsorte

Seiner Größe und Bedeutung angemessen, weist Los Angeles ein breites Unterhaltungsangebot auf. Edle Restaurants, Konzertsäle und Lounges gibt es überall in der Stadt. Die Grand Avenue in Downtown Los Angeles ist eine Kulturmeile. Dort sind etwa das Museum of Contemporary Art und die Walt Disney Concert Hall *(siehe S. 129)*. Hollywood und West Hollywood bieten Kinos, Theater und Nachtclubs. Manche wie der Viper Room *(siehe S. 106)* gehören Promis. Tagsüber kann man Live-TV-Shows erleben oder eine der vielen Sportveranstaltungen besuchen. Fast jedes Wochenende gibt es irgendein faszinierendes (Straßen-)Fest irgendwo in der Stadt.

Die berühmte Bar The Rooftop im Standard Downtown Hotel

Bars

Die Auswahl an Bars ist riesig – vom traditionellen Pub bis zum trendigen Hotspot. Genießen Sie die Szene, doch seien Sie sich im Klaren, dass es in Los Angeles strenge Gesetze in Bezug auf Alkoholkonsum und Autofahren unter Alkoholeinfluss gibt.

Bei **Musso and Frank Grill**, einer historischen Hollywood-Legende, sind Dekor und Cocktails seit den Zeiten, als der Autor William Faulkner hier verkehrte, fast unverändert. Es gibt zahllose Themenbars. Das kitschige, aber hippe **El Carmen** bietet über 270 verschiedene Tequila-Sorten – neben authentischen mexikanischen Snacks. Eine Art englisches Gastropub ist **Father's Office** in Santa Monica mit 36 Biersorten und einer Auswahl an edleren Weinen. Das angebotene Essen ist in der ganzen Stadt bekannt. Das trendige **Covell** führt ein gutes Sortiment an Weinen und Biersorten und überzeugt außerdem mit kreativem Essen und günstigen Preisen. **Tom Bergin's Tavern** ist ein irisches Pub mit altgedienten Barkeepern, die den besten Irish Coffee mixen. Filmstars kann man gut in der **Polo Lounge** des Beverly Hills Hotel *(siehe S. 528)* oder in der **Windows Lounge** im Four Seasons Hotel beobachten – beides Treffs der Reichen und Schönen. Die Bar **The Rooftop** im Standard

Downtown bietet das ganze Jahr über Aussicht auf Wolkenkratzer beim Dinner unter freiem Himmel. Die Bar wird sanft von den Lichtern der nahen Bürotürme erleuchtet. Auf dem Dach sorgt eine offene Feuerstelle für Wärme. Eleganz und Gemütlichkeit prägen das Ambiente in der **The Lounge** in der Lobby des Hotel Casa del Mar. Von den so stilvollen wie bequemen Sitzmöbeln hat man einen wunderbaren Blick auf das Meer.

Clubs

Die Clubszene von Los Angeles ändert sich ständig – informieren Sie sich am besten vor Ort. Denken Sie daran, dass Sie sich ausweisen müssen. Nur wer älter als 21 Jahre ist, erhält Alkohol.

Die beste Clubszene bietet Hollywood. **The Avalon** ist einer der ältesten und beliebtesten Clubs der Gegend, oft mit weltberühmten DJs und Gigs. Er beherbergt auch den stilvollen Spider Club, eine abgeschiedene VIP-Lounge. Als die etwas andere Clubbing-Erfahrung kann man das **CineSpace** testen, das überall in der Lounge Filmleinwände hat. Im hippen Dekor des **Zanzibar** in Santa Monica legen angesagte DJs auf. Rock und Indies sind in der **Bar Chloe** und **Hotel Cafe** am besten. An vielen Abenden kann man hier Live-Auftritte interessanter Bands erleben.

Die Schwulengemeinde in West Hollywood liebt Discos wie **The Factory**. Für Salsa, Merengue und lateinamerikanischen Rock bieten sich **The Conga Room** und **The Mayan** an.

Comedy Clubs

Gute Unterhaltung garantiert ist in den Comedy Clubs der Metropole. Newcomer wie renommierte Comedians erlebt man in **The Comedy Store**, **The Improv** und **Laugh Factory**.

THE COMEDY STORE

Schild am Sunset Boulevard

Lounge at Casa – Lounge in der Lobby des Hotels Casa del Mar

Kinos

In der Regel verbringen Urlauber wenig Zeit in den Kinos von Los Angeles, wo ständig Klassiker und neueste Produktionen zu sehen sind. Besonders verlockend sind die alten Kinopaläste, etwa TCL Chinese Theatre und El Capitan (siehe S. 114f).

Multiplexe wie **The Grove, ArcLight Cinemas** und **AMC Universal CityWalk 19** bieten Luxusunterhaltung. **The Egyptian Theater**, das 1922 als Stummfilm-Kino entstand, repräsentiert das alte Hollywood am besten. Es wird von der American Cinematheque geführt und zeigt einen Mix aus Kultfilmen und internationalen Produktionen. Nostalgiker werden das **Silent Movie Theatre** lieben, das Klassiker aus den 1920er Jahren spielt – oft mit Musikbegleitung.

Studiotouren und TV-Shows

Einige Fernseh- und Filmstudios bieten Backstage-Touren oder Karten für populäre Shows an. In den Hightech-Studios von **CBS-TV** werden Sitcoms und Game Shows mit Publikum aufgenommen. Um dabei zu sein, sollten Sie etwa sechs Wochen vor Urlaubsantritt Karten reservieren. Bedingung: Das Publikum muss Englisch sprechen. In der Produktionszeit von Juli bis März gibt es auf der Website von **TV Tickets** Karten für Dutzende Shows.

Die Touren von **Warner Bros** geben vermutlich den besten Einblick in das TV-Geschehen. Die »De-luxe-Tour« umfasst auch ein Mittagessen in der Studiokantine. Besucher der **Paramount Studios** (siehe S. 117) müssen mindestens zwölf Jahre alt sein. Es gibt auch kostenlose Tickets für Shows.

Theater

Hunderte von Theaterproduktionen pro Jahr bereichern die kulturelle Szene in L.A. Die Walt Disney Concert Hall (siehe S. 129) in Downtown beherbergt zwei sehr renommierte Theater: **Mark Taper Forum**

und **Ahmanson Theatre**. Letzteres und das Pantages Theater (siehe S. 116) präsentieren Broadway-Musicals, während das Mark Taper Forum für experimentelles Theater bekannt ist. Im **Dolby Theatre** am Sunset Boulevard werden die Oscars verliehen. Das **Nokia Theatre** in Downtown bietet Varieté, Konzerte und Tanzveranstaltungen. Mediterran wirken das **Geffen Playhouse** und das **Pasadena Playhouse**. Beide bringen Klassiker, aber auch modernere Stücke auf die Bühne. Alternatives Theater findet man eher an kleinen Bühnen, etwa bei **The Actors' Gang** oder dem innovativen **REDCAT Theater**. Im Sommer kann man im Amphitheater des **Theatricum Botanicum** Dramen von Shakespeare genießen.

Plaza und Brunnen der Walt Disney Concert Hall

Rock, Jazz und Blues

Der Sunset Strip (siehe S. 106–108) rockt – insbesondere im legendären **Whisky A Go-Go** geht die Post ab. Seit den Tagen der Doors gibt es hier Rockmusik großer Namen. Das nahe gelegene **Roxy** wirkt schon etwas heruntergekommen, was die Rock-Legenden keineswegs von Auftritten abhält. **The Viper Room** führt unbekannte Bands ein und ist bei der Jugend Hollywoods angesagt.

Es gibt eine lebendige Jazzszene. Sie trifft sich an so heimeligen Orten wie dem **Baked Potato**, wo wöchentlich Jamsessions stattfinden, oft von bekannten Studiomusi-

Schild des Roxy, Sunset Boulevard

kern. Auf der Speisekarte stehen »gebackene Kartoffeln« mit Pfiff. Klassisch und edel geht es im renommierten **Catalina Bar & Grill** zu. Bekannt für Live-Jazz und Blues ist die **Piano Bar**.

Im **House of Blues** gibt es fantastische Gospel- und Soulkonzerte. Empfehlenswert: der »Gospel brunch«. Im Grunge-Dekor des **Troubadour** treten neue interessante Gruppen auf. **McCabe's Guitar Shop** ist bei Musikern beliebt, da er ganz auf Musik setzt. Das aus den 1920er Jahren stammende **Fonda Theatre** präsentiert ein buntes Programm. Die Dachterrasse mit Bar und Blick auf den Hooywood Boulevard zieht Gäste magisch an.

Großkonzerte finden in den Arenen statt, also im Staples Center (siehe S. 167), Hollywood Bowl (siehe S. 115) und Greek Theatre (siehe S. 154).

Das berühmte Tor zu den Paramount Studios (siehe S. 117)

Oper, Tanz und klassische Musik

Die **LA Philharmonic** bespielt im Winter die Walt Disney Concert Hall *(siehe S. 129)*. Während der Saison führt das Weltklasse-Orchester sowohl Klassisches als auch zeitgenössische Musik auf. Im Sommer ist das Orchester in der Hollywood Bowl *(siehe S. 115)* zu hören. Die »Schüssel« ist berühmt für magische Musikerlebnisse und gleichzeitig ein wunderbarer Ort, um unter freiem Himmel zu picknicken.

Die **LA Opera** unter der Leitung von Plácido Domingo ist zwischen September und Juni im Dorothy Chandler Pavilion *(siehe S. 129)* zu Hause und bietet erlesenen Musikgenuss. Kammermusik kann man an mehreren Orten in der ganzen Stadt hören, darunter in der **Colburn School of Performing Arts**. Die Colburn School bietet auch kostenlose Musik-, Tanz- und Theaterveranstaltungen an.

Musik, Tanz und Schauspiel präsentiert das historische **Alex Theatre** von Glendale. Die für ihre fantastische Akustik gerühmte Royce Hall ist der Hauptsaal im **Center**

for the Art of Performance at UCLA. Jährlich gibt es hier mehr als 200 Vorstellungen, darunter auch Spitzentheater, Lesungen, Musik und Tanz – oft mit bekannten internationalen Künstlern. Im **Ford Amphitheatre** kann man Musik- und Tanzvorstellungen sowie Open-Air-Kino beim Picknick im Freien genießen.

Outdoor-Aktivitäten

Die Strände von Los Angeles bieten Schwimmern und Surfern ideale Möglichkeiten. Auch Beachvolleyball ist beliebt. Der insgesamt 43 Kilometer lange Strand mit Wegen für Radfahrer und Skater ist einfach einladend. Überall kann man Räder und Skateboards mieten.

Griffith Park *(siehe S. 154f)* und Topanga State Park *(siehe S. 85)* sind von kilometerlangen Wanderwegen durchzogen. Im Griffith Park stehen außerdem Reitwege, zwei Golfplätze und zwei Tenniszentren zur Verfügung. In einer ganzen Reihe von Stadtparks kann man kostenlos Tennis spielen.

Zu den renommiertesten Sportevents gehören Baseballspiele im Dodger Stadium

(siehe S. 156), Footballspiele im **StubHub Center** von Galaxy sowie Eishockey und Basketball im Staples Center *(siehe S. 167)*. Pferderennen gibt es auf dem historischen **Santa Anita Racetrack**, Polo im Will Rogers State Historic Park *(siehe S. 85)*.

Spaß für Kinder

Los Angeles bietet eine ganze Reihe von familienfreundlichen Events – vom kostenlosen Theater am Strand von Venice bis zu den IMAX®-Vorstellungen im **California Science Center**. In den wärmeren Monaten kann man an den Strand gehen. Der **Under the Sea Indoor Playground** bietet u. a. eine Riesenrutsche.

Kinder lieben das **Kidspace Children's Museum**, das mit seinen Exponaten zum Anfassen Spaß und Wissenschaft verbindet. Seit 1963 verzaubert das **Bob Baker Marionette Theater** Kinder mit traditionellem Marionettenspiel. Das Musiktheater im **Santa Monica Playhouse** ist ganz auf junge Zuhörer zugeschnitten.

Achten Sie auf die Veranstaltungshinweise in den Tageszeitungen *(siehe S. 176)*.

Auf einen Blick

Bars

Covell
4628 Hollywood Blvd, Los Feliz. 📞 1-323-660-3400. 🔳 barcovell.com

El Carmen
8138 W 3rd St. **Stadtplan** 6 C3. 📞 1-323-852-1552.

Father's Office
1018 Montana Ave, Santa Monica.
📞 1-310-736-2224.
🔳 fathersoffice.com

The Lounge
Hotel Casa del Mar, 1910 Ocean Way, Santa Monica.
📞 1-310-581-5533.
🔳 hotelcasadelmar.com

Musso and Frank Grill
6667 Hollywood Blvd.
Stadtplan 2 B4.
📞 1-323-467-7788.

Polo Lounge
Beverly Hills Hotel, 9641 Sunset Blvd. **Stadtplan** 5 D2. 📞 1-310-276-2251. 🔳 thebeverlyhillshotel. com

The Rooftop
Standard Downtown Hotel, 550 S Flower St. **Stadtplan** 11 D4.
📞 1-213-892-8080.
🔳 standardhotels.com

Tom Bergin's Tavern
840 S Fairfax Ave.
Stadtplan 7 D4.
📞 1-323-936-7151.
🔳 tombergins.com

Windows Lounge
Four Seasons Hotel, 300 S Doheny Drive.
Stadtplan 6 A3.
📞 1-310-273-2222.

Clubs

The Avalon
1735 Vine St. **Stadtplan** 2 C4. 📞 1-323-462-8900. 🔳 avalonhollywood.com

Bar Chloe
1449 2nd St, Santa Monica. 📞 1-310-899-6999. 🔳 barchloe.com

CineSpace
6356 Hollywood Blvd. **Stadtplan** 2 C4.
📞 1-323-817-3456.
🔳 cine-space.com

The Conga Room
L.A. Live Downtown, 800 W Olympic Blvd. **Stadtplan** 10 C5. 🔳 congaroom.com

The Factory
652 N La Peer Drive. **Stadtplan** 6 A2. 📞 1-310-659-4551. 🔳 factory nightclub.com

Hotel Cafe

1623/2 Cahuenga Blvd. **Stadtplan** 2 C4.
📞 1-323-461-2040.
🔳 hotelcafe.com

The Mayan
1038 S Hill St. **Stadtplan** 10 C5. 📞 1-213-746-4287.

Zanzibar
1301 Fifth St, Santa Monica. 📞 1-310-451-2221. 🔳 zanzibarlive.com

Comedy Clubs

The Comedy Store
8433 W Sunset Blvd. **Stadtplan** 1 A5.
📞 1-323-650-6268. 🔳 thecomedystore.com

The Improv
8162 Melrose Ave. **Stadtplan** 7 D1. 📞 1-323-651-2583. 🔳 improv.com

Auf einen Blick

Laugh Factory
8001 W Sunset Blvd.
📞 1-323-656-1336.
🌐 laughfactory.com

Kinos

AMC Universal CityWalk 19
100 Universal City Plaza, Universal City.
📞 1-818-508-0711.
🌐 amctheatres.com

ArcLight Cinemas
6360 W Sunset Blvd.
Stadtplan 2 C5.
📞 1-323-464-1478.
🌐 arclightcinemas.com

The Egyptian Theater
6712 Hollywood Blvd.
Stadtplan 2 B4.
📞 1-323-466-3456.
🌐 americancine mathequecalendar.com

The Grove
189 Grove Drive. Stadtplan 7 D3. 📞 1-323-692-0829. 🌐 thegrovela.com

Silent Movie Theatre
611 N Fairfax Ave. Stadtplan 7 D1. 📞 1-323-655-2510. 🌐 cinefamily.org

Studiotouren und TV-Shows

CBS-TV
7800 Beverly Blvd. Stadtplan 7 D2. 📞 1-323-575-2345. 🌐 cbs.com

Paramount Studios
5555 Melrose Ave.
Stadtplan 8 C1.
📞 1-323-956-4848. 🌐 paramount studios.com

TV Tickets
🌐 tvtickets.com

Warner Bros
3400 Riverside Dr, Burbank.
📞 1-818-972-8687.
🌐 wbsstudiotour.com

Theater

The Actors' Gang
9070 Venice Blvd, Culver City. 📞 1-310-838-4264.
🌐 theactorsgang.com

Ahmanson Theatre, Mark Taper Forum
135 N Grand Ave.
Stadtplan 11 E3.
📞 1-213-972-7211.
🌐 musiccenter.org

Dolby Theater
6801 Hollywood Blvd.
Stadtplan 2 B4.
📞 1-323-308-6300.
🌐 dolbytheatre.com

Geffen Playhouse
10886 Le Conte Ave.
Stadtplan 4 A4.
📞 1-310-208-2028.
🌐 geffenplayhouse.com

Nokia Theatre
776 Chick Hearn Ct.
Stadtplan 10 C5.
📞 1-213-763-6030.
🌐 nokiatheatrelalive. com

Pasadena Playhouse
39 S El Molino Ave, Pasadena.
📞 1-626-356-7529.
🌐 pasadenaplay house. org

REDCAT Theater
631 W 2nd St. Stadtplan 11 D3. 📞 1-213-237-2800. 🌐 redcat.org

Theatricum Botanicum
1419 Topanga Canyon Blvd, Topanga.
📞 1-310-455-2322.
🌐 theatricum.com

Rock, Jazz und Blues

The Baked Potato
3787 Cahuenga Blvd W, Studio City.
📞 1-818-980-1615.
🌐 thebakedpotato.com

Catalina Bar & Grill
6725 W Sunset Blvd.
Stadtplan 2 B5.
📞 1-323-466-2210.
🌐 catalinajazzclub.com

Jazz Bakery
3233 Helms Ave, Culver City. 📞 1-310-271-9039. 🌐 jazzbakery.org

The Fonda Theatre
6126 Hollywood Blvd.
Stadtplan 2 B4.
📞 1-323-464-6269.
🌐 hob.com

McCabe's Guitar Shop
3101 Pico Blvd, Santa Monica. 📞 1-310-828-4497. 🌐 mccabes.com

Piano Bar
6429 Selma Ave. Stadtplan 2 C4. 📞 1-323-466-2750. 🌐 pianobar hollywood.com

The Roxy
9009 W Sunset Blvd.
Stadtplan 6 A1. 📞 1-310-278-9457. 🌐 theroxy onsunset.com

Troubadour
9081 Santa Monica Blvd.
Stadtplan 6 A2.
📞 1-310-276-1158.
🌐 troubadour.com

The Viper Room
8852 W Sunset Blvd.
Stadtplan 6 B1.
📞 1-310-358-1880.
🌐 viperroom.com

Whisky A Go-Go
8901 W Sunset Blvd.
Stadtplan 6 B1.
📞 1-310-652-4202.
🌐 whiskyagogo.com

Oper, Tanz und klassische Musik

Alex Theatre
216 N Brand Blvd, Glendale. 📞 1-818-243-2539. 🌐 alextheater.com

Center for the Art of Performance at UCLA
340 Royce Drive. Stadtplan 4 A4. 📞 1-310-825-2101. 🌐 uclalive.org

Colburn School of Performing Arts
200 S Grand Ave.
Stadtplan 11 D4.
📞 1-213-621-2200.
🌐 colburnschool.edu

Ford Amphitheatre
2580 E Cahuenga Blvd.
Stadtplan 2 B3.
📞 1-323-461-3673.
🌐 fordamphitheatre.org

LA Opera
135 N Grand Ave.
Stadtplan 11 E3.
📞 1-213-972-8001.
🌐 laopera.com

LA Philharmonic
🌐 laphil.org

Outdoor-Aktivitäten

Griffith Park
4730 Crystal Springs Drive. Stadtplan 3 F2.
📞 1-323-913-4688.
🌐 laparks.org

Santa Anita Racetrack
285 W Huntington Drive, Arcadia.
📞 1-626-574-7223, 1-800 574-6401.
🌐 santaanita.com

StubHub Center
18400 Avalon Blvd, Carson.
📞 1-310-630-2000.
🌐 stubhubcenter.com

Spaß für Kinder

Bob Baker Marionette Theater
1345 W 1st St.
Stadtplan 10 C3.
📞 1-213-250-9995.
🌐 bobbaker marionettes.com

California Science Center
700 State Drive.
📞 1-213-724-3623
🌐 california sciencecenter.org

Kidspace Children's Museum
480 N Arroyo Blvd, Pasadena.
📞 1-626-449-9144.
🌐 kidspacemuseum. org

Santa Monica Playhouse
1211 4th St, Santa Monica.
📞 1-310-394-9779.
🌐 santamonica playhouse.com

Under The Sea Indoor Playground
12211 W Washington Blvd, No. 120.
📞 1-310-915-1133.
🌐 undertheseaindoor playground.com

Stadtplan Los Angeles *siehe Seiten 186–197*

In Los Angeles unterwegs

Die ungeheure Größe der bis weit in die Umgebung ausufernden Metropole (rund 1200 Quadratkilometer) mag zunächst einmal entmutigen. Das relativ dichte Netz von Freeways *(siehe S. 184f)* erleichtert jedoch das Autofahren in Los Angeles, auch wenn es dort vor allem in den Hauptverkehrszeiten häufig Staus gibt. Das zeitlich effektivste Verkehrsmittel für die Stadt ist das Auto, obwohl das Netz der öffentlichen Verkehrsmittel in Down-town Los Angeles und Hollywood recht gut ausgebaut ist. Busse (200 Linien) verkehren auf den meisten Hauptstraßen der Stadt. Das kontinuierlich wachsende Netz der U-Bahn (Metro) ist sehr nützlich – vor allem, wenn man in Downtown unterwegs ist. Manche Viertel erkundet man am besten zu Fuß. Taxis müssen meist telefonisch bestellt werden. Sie fahren auch vom Flughafen ab, sind aber vergleichsweise teuer.

Verkehr auf dem Freeway Richtung Downtown Los Angeles

Mit dem Auto
Planen Sie Ihre Fahrten rechtzeitig, dann werden Sie keine Probleme haben. Sehen Sie sich auf der Karte *(siehe S. 184f)* an, welche Freeways und Abfahrten Sie brauchen. Vermeiden Sie die Stoßzeiten: montags bis freitags 7–9.30 und 16–18.30 Uhr.

»Carpool Lines« sind für Autos mit mindestens zwei Personen reserviert. Hier kommt man in der Regel schneller voran als auf den Freeways. Beachten Sie die Schilder mit den Einschränkungen der Parkmöglichkeiten. Horten Sie möglichst viele 25-Cent-Stücke für die Parkuhren. Nachts ist es sicherer, einen bewachten Parkplatz zu benutzen.

Zu Fuß
Trotz ihrer gewaltigen Ausdehnung lässt sich die Stadt teilweise gut zu Fuß erkunden.

Die Third Street Promenade, der Strand und die Main Street in Santa Monica *(siehe S. 80–83)* sind schön zum Spazierengehen. Zum Bummeln eignen sich der Business District in Downtown *(siehe S. 126f)*, Old Pasadena *(siehe S. 158)*, Melrose Avenue *(siehe S. 117)*, das »Goldene Dreieck« in Beverly Hills *(siehe S. 94f)* und Pine Avenue in Long Beach *(siehe S. 136)*. Bleiben Sie nachts auf belebten Straßen, vor allem, wenn Sie allein unterwegs sind.

Mit dem Fahrrad
Der 40 Kilometer lange Küstenradweg entlang der Santa Monica Bay eignet sich hervorragend zum Radfahren. Beliebt sind auch der Griffith Park und der Oceanside Bike Path in Long Beach. Fahrradfahren auf Freeways ist verboten. Das **L A Department of Transportation** gibt detaillierte Tourenkarten heraus. Fahrräder kann man stunden- oder tageweise leihen, etwa bei **Perry's Café Bike Rentals** am Strand von Santa Monica sowie an einigen Pizzaständen.

Bus und Metro
Die **Metropolitan Transportation Authority (MTA)** ist für den Großraum Los Angeles zuständig. Bushaltestellen haben ein Metro-Schild. Für Besucher eignen sich folgende Busse: Wilshire Blvd bis Santa Monica State Beach: Busse 20 und 720; nach Westwood und zur UCLA: Bus 21; Santa Monica Blvd zum Strand: Bus 4; Sunset Blvd bis Pacific Palisades: Bus 2.

Der **DASH**-Shuttlebus versorgt Gebiete wie Downtown Los Angeles und Hollywood. **Santa Monica Blue Bus Co.** und **Long Beach Transit** bedienen diese Gemeinden.

Die Metro hat sechs Linien (Red, Purple, Blue, Green, Gold und Expo Line) mit mehr als 70 Stationen in und um Los Angeles. Die Metro Liner genannten Schnellbusse (Orange und Silver Line) schaffen eine Verbindung zum Metrolink Rail System, das hauptsächlich die Vororte von Los Angeles sowie ganz Südkalifornien bedient. Eine Zugverbindung zwischen Downtown Los Angeles und Santa Monica ist geplant.

Mit dem Fahrrad auf dem Küstenradweg durch Venice

Metro-Linien und Busse fahren zwischen 5 und 0.30 Uhr, an Feiertagen gilt ein eingeschränkter Fahrplan. Tickets kauft man in Metro-Stationen und in vielen Läden. Eine Einzelfahrt kostet 1,75 US-Dollar, ein Wochenpass 25 US-Dollar. Die Website www.metro.net erleichtert die Routenplanung.

Taxis und Limousinen
Taxis sind eine gute und bequeme Alternative zum eigenen Auto: Zwei zuverlässige Unternehmen sind **Yellow Cab** und **Independent Cab Co.** Limousinen (mit und ohne Fahrer) kann man bei **Limousine Connection** und bei **Orange County Limo Rental** mieten.

Stadtführungen
Private Buslinien wie **Guideline Tours** bieten Besichtigungstouren durch die Stadt und zu den großen Themenparks an. **Hollywood Tours** und **Starline Tours** fahren Sie an den Residenzen der Filmstars vorbei. **Dearly Departed Tours** sucht Orte berühmter Verbrechen und Skandale auf. **Another Side of LA Tours** arrangiert Helikopterflüge und Stadtführungen mit dem Segway.

Falls Sie nicht an einer Tour teilnehmen möchten und sich lieber allein auf den Weg machen, gibt es auf der Website von **LA Conservancy** kostenlose Audio-Clips, die Infos über Downtown Los Angeles liefern.

Auf einen Blick

Fahrrad

LA Department of Transportation (LADOT)
100 Main St.
1-213-972-4962.
ladottransit.com

Perry's Café Bike Rentals
1200 Palisades Beach Road, Santa Monica.
1-310-458-3975.

Öffentliche Verkehrsmittel

DASH
1-818-808-2273.
ladottransit.com

Long Beach Transit
1-562-591-2301.
lbtransit.com

Metropolitan Transportation Authority (MTA)
1-800-266-6883.
metro.net

Santa Monica Blue Bus Co.
1-310-451-5444.
bigbluebus.com

Taxis und Limousinen

Independent Cab Co.
1-800-521-8294.

Limousine Connection
1-800-266-5466.

Orange County Limo Rental
1-888-766-7433.

Yellow Cab
1-877-733-3305.

Stadtführungen

Another Side of LA Tours
1-310-289-8687.
anothersideoflosangeles tours.com

Dearly Departed Tours
1-323-466-3696.
dearlydepartedtours.com

Guideline Tours
1-800-604-8433.
guidelinetours.com

Hollywood Tours
1-800-789-9575.
hollywoodtours.us

LA Conservancy
laconservancy.org

Starline Tours
1-800-959-3131.
starlinetours.com

Metro-Netz

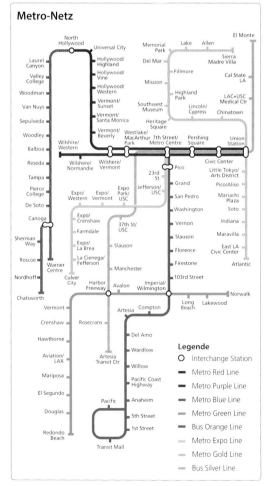

Legende

○ Interchange Station
— Metro Red Line
— Metro Purple Line
— Metro Blue Line
— Metro Green Line
— Bus Orange Line
— Metro Expo Line
— Metro Gold Line
— Bus Silver Line

Freeway-Plan

Ein Auto ist in Los Angeles unentbehrlich. Es ist in dieser riesigen Stadt das schnellste Transportmittel. Alle Freeways sind nummeriert, die meisten haben auch Namen wie der Golden State Freeway (I-5). Planen Sie Ihre Tour vorab, da die Ausfahrten eher nach Straßennamen und Fahrtrichtung als nach Gebieten ausgeschildert sind. Meiden Sie Freeways zu den Stoßzeiten (7–9.30 und 16–18.30 Uhr). Weitere Einzelheiten finden Sie auf den Seiten 182f.

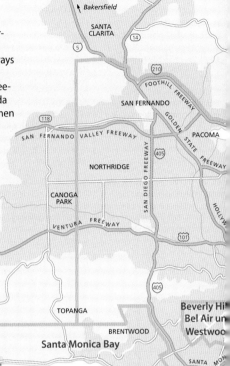

Fahrtziel	Freeway	Ausfahrt
Santa Monica Bay		
Getty Center	I-405	Getty Center Dr
Malibu	I-10	Hwy 1
Santa Monica	I-10	4th Street
Venice Beach	I-405	Venice Blvd
Beverly Hills, Bel Air und Westwood		
»Goldenes Dreieck«	I-405	Santa Monica Blvd
UCLA	I-405	Wilshire Blvd
Hollywood und West Hollywood		
Hollywood Blvd	US 101	Hollywood Blvd
Sunset Blvd	US 101	Sunset Blvd
Downtown Los Angeles		
Business District	Hwy 110	6th Street
El Pueblo	US 101	Alameda Street
Long Beach und Palos Verdes		
Naples	I-405	Studebaker Rd
Queen Mary	I-710	Pico Avenue
San Pedro	I-110	Gaffey Street
Rund um Downtown		
Exposition Park	I-110	Exposition Blvd
Griffith Park	I-5	Zoo Drive
Pasadena	Hwy 110	Arroyo Parkway
Universal Studios	US 101	Cahuenga Blvd

Legende
Freeway
Highway
Fluss

Rund um Downtown

Hollywood und
West Hollywood

Downtown
Los Angeles

Long Beach und
Palos Verdes

Pazifischer
Ozean

URBANK

GLENDALE

PASADENA

ARCADIA

AZUSA

San Bernardino →

ALHAMBRA

EL MONTE

COVINA

MONTEREY PARK

JEFFERSON

PICO RIVERA

Riverside →

SOUTHGATE

DOWNEY

WHITTIER

WATTS

CENTURY

NORWALK

LA HABRA

LYNWOOD

COMPTON

PARAMOUNT

FULLERTON

BREA

BELLFLOWER

BUENA PARK

LAKEWOOD

CARSON

CYPRESS

ANAHEIM

ORANGE

SIGNAL HILL

GARDEN
GROVE

LONG BEACH

WESTMINSTER

SANTA ANA

PEDRO

FOUNTAIN
VALLEY

San Diego →

HUNTINGTON
BEACH

John Wayne
Airport

Laguna Beach →

GLENDALE FRWY

PASADENA FREEWAY

HARBOR FREEWAY

LONG BEACH FRWY

CENTURY FREEWAY

GARDENA FRWY

ARTESI FREEWAY

SAN GABRIEL RIVER FREEWAY

FOOTHILL FREEWAY

SAN BERNARDINO FREEWAY

POMONA FREEWAY

SANTA ANA RIVERSIDE FREEWAY

ORANGE FREEWAY

GARDEN GROVE FREEWAY

SAN DIEGO FREEWAY

0 Kilometer   10
0 Meilen   10

Stadtplan

Die unten abgebildete Karte zeigt, welche Teile von Los Angeles der *Stadtplan* abdeckt, nämlich Beverly Hills, Bel Air und Westwood, Hollywood und West Hollywood sowie Downtown Los Angeles. Der *Stadtplan* enthält alle Sehenswürdigkeiten sowie Bahnhöfe, Metro-Stationen, Bushaltestellen und Notdienste. Den *Freeway-Plan* finden Sie auf den Seiten 184f. Die Stadtplanverweise im Abschnitt zu Los Angeles in diesem Buch beziehen sich auf die Karten der folgenden Seiten. Verweise erfolgen auch für Shopping *(siehe S. 170–175)*, Unterhaltungsangebote *(siehe S. 176–181)*, Hotels *(siehe S. 528–531)* und Restaurants *(siehe S. 550–556)*. Verweise auf Straßenkarten beziehen sich auf die Karten der hinteren Umschlaginnenseiten. Die für Sehenswürdigkeiten etc. im *Stadtplan* verwendeten Symbole sind unten bzw. auch auf der hinteren Umschlagklappe aufgelistet.

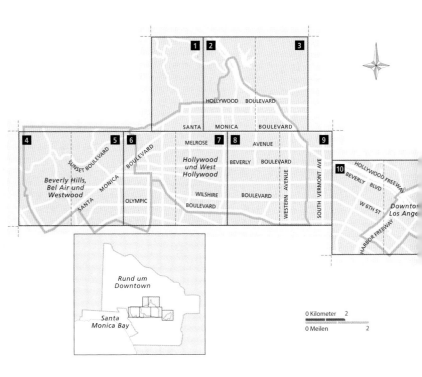

Legende

Hauptsehenswürdigkeit	Polizei
Sehenswürdigkeit	Golfplatz
Amtrak-Bahnhof	Eisenbahn
Metro-Station	Freeway
Bus-Endhaltestelle	Fußgängerzone
Information	
Krankenhaus mit Notaufnahme	

Maßstab der Karten 1–11

0 Meter   500
0 Yards   500

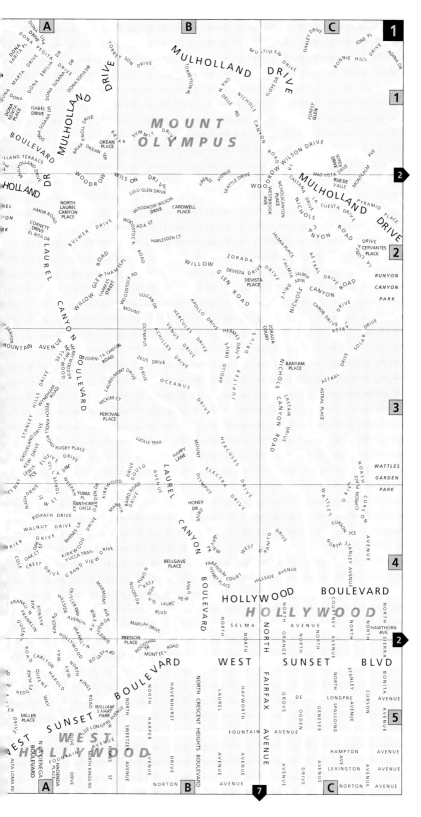

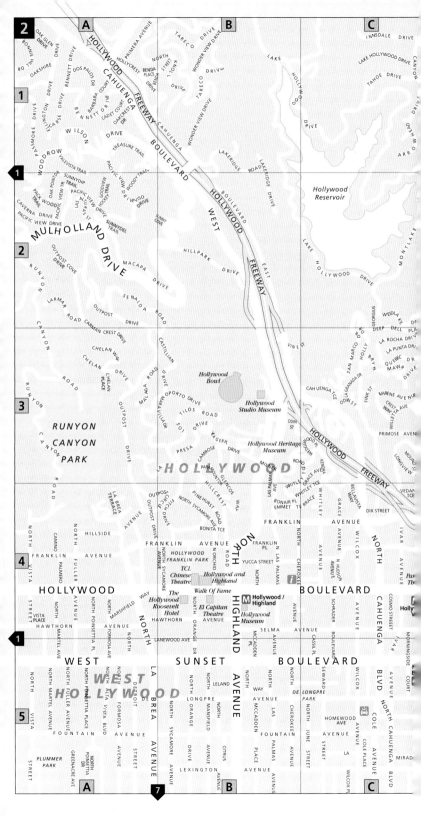

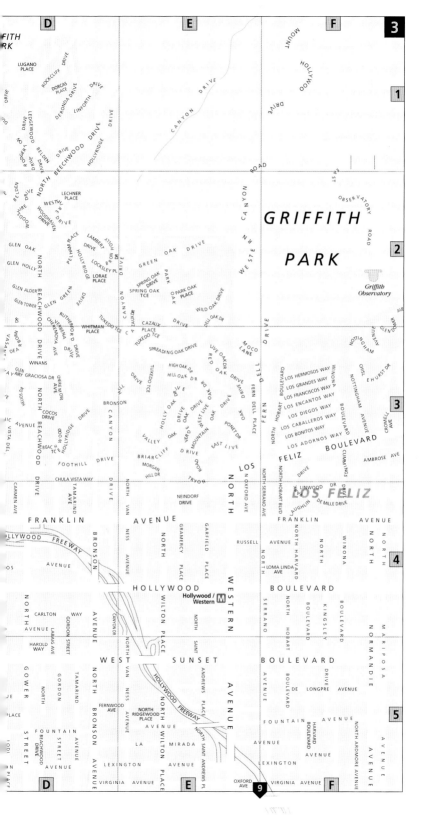

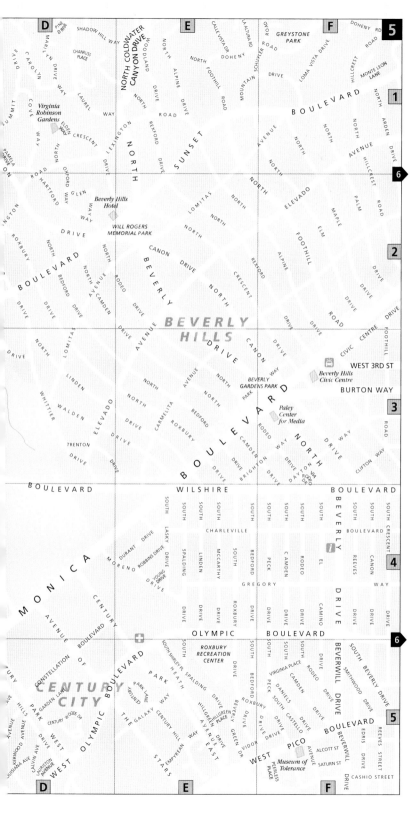

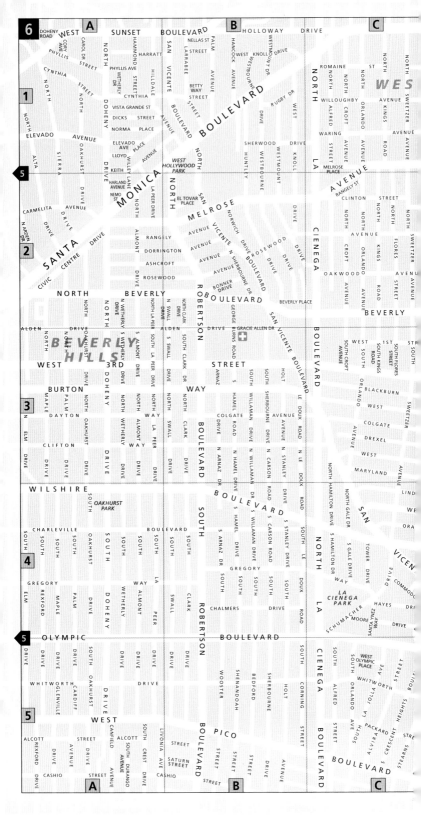

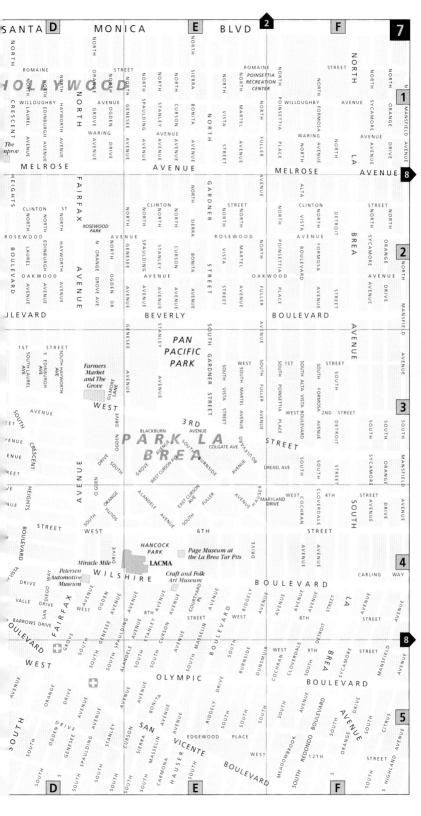

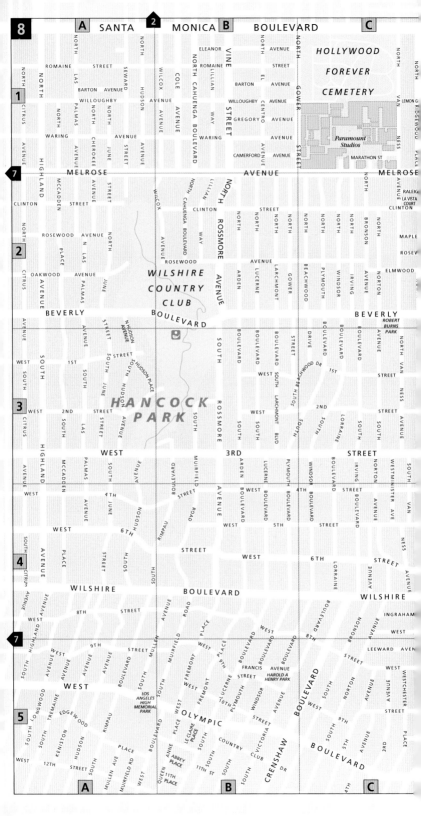

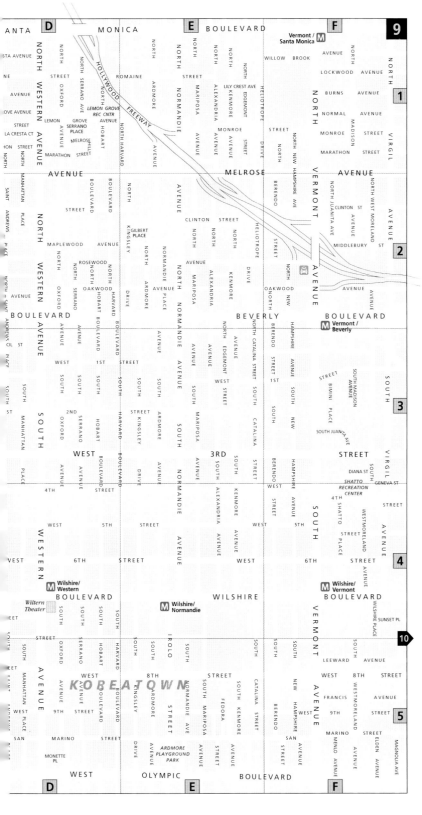

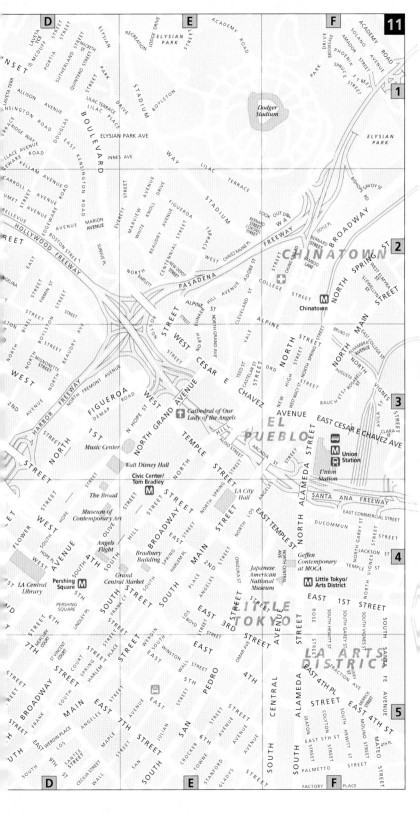

SÜD-KALIFORNIEN

Südkalifornien im Überblick

Südkalifornien ist eine Region starker Kontraste. Sengend heiße Wüsten werden von schneebedeckten Bergen mit Blick auf die Küste abgelöst. Man kann morgens surfen, nachmittags Ski fahren und abends Golf spielen. Von San Simeon bis San Diego säumen Urlaubsorte den Küstenstreifen mit zerklüfteten Felsen und Stränden. Attraktionen am Weg sind die historischen Missionen, die bezaubernden Städte Santa Barbara und San Diego sowie die Vergnügungsparks des Orange County. Im Landesinneren befinden sich zwei der interessantesten Naturparks der USA: Death Valley und Joshua Tree National Park.

Zur Orientierung

Die Mission Santa Barbara
(siehe S. 226f) ist die meistbesuchte Mission des Staats und die einzige unter den Missionen, die seit ihrer Gründung 1786 ununterbrochen betrieben wird. Fassade und Inneres sind traditionell klassisch gestaltet.

Hearst Castle® *(siehe S. 216 – 219)* ließ der Zeitungsmagnat William R. Hearst an der Küste des südlichen Zentralkaliforniens errichten. In den 1930er und 1940er Jahren bewirtete er hier seine Gäste – Hollywood-Stars und Adlige – verschwenderisch. Der Neptune Pool des Anwesens ist faszinierend.

Bakersfield

San Luis Obispo

Santa Maria

Südliches Zentralkalifornien
Seiten 208 – 229

Moj

Lompoc

Santa Barbara

Los Angele
Seiten 62 – 19

Ventura

San Fernando

Oxnard

Los Angeles

Santa Monica

Anaheim

Orange Cou
Seiten 230 – 2

Mission San Juan Capistrano
(siehe S. 244f) im südlichen Ora County gilt als »Juwel der Miss nen«. Sie wurde 1776 gegründ und inzwischen wunderschön renoviert. Sie besitzt eine Samm lung historischer Exponate.

◄ Garten der Mission San Juan Capistrano, Orange County *(siehe S. 244f)*

Im Death Valley National Park *(siehe S. 294–297)* in der Mojave-Wüste befindet sich einer der heißesten Orte der Erde und der tiefste Punkt des Kontinents. Im 225 Kilometer langen Death Valley stößt man auf ausgetrocknete Seen und Sanddünen, an Quellen auf kleine Vorposten der Zivilisation. Trotz der rauen Bedingungen ist die Landschaft reich an Pflanzen und Tieren. Scotty's Castle ist eine der bekanntesten Sehenswürdigkeiten.

pipe
lls

Mojave-Wüste
Seiten 284–297

Baker

Barstow

Needles

Der Joshua Tree National Park *(siehe S. 282f)* ist wegen seiner unverwechselbaren Bäume berühmt. Er ist von Palm Springs aus leicht zu erreichen und bietet atemberaubende Aussichten auf die kahle Wüstenlandschaft mit ihren beeindruckenden Felsformationen.

San Bernardino

side

Palm
Springs

Indio

Blythe

Temecula

Inland Empire und Colorado-Wüste
Seiten 272–283

anside

Escondido

San Diego County
Seiten 248–271

El Centro

0 Kilometer 50
0 Meilen 50

Im Balboa Park *(siehe S. 260–263)* in San Diego fand 1915 die Panama Pacific Exposition statt. Er beherbergt viele Museen, etwa das San Diego Museum of Man im Wahrzeichen des Parks, dem California Building. Sein Nachbar im Norden ist der berühmte San Diego Zoo.

Surfen und Strandkultur

Wenn Südkalifornier am Altar der Jugend, Gesundheit und Schönheit beten, so sind die Strände ihre Kirchen. Hier stellen schöne Menschen ihre durch Body-Shaping und Chirurgie optimierten Körper unter der ewig scheinenden Sonne zur Schau. Die bevorzugten Sportarten sind Skating und Volleyball – doch die Surfer gelten als die Coolsten. Surfen wurde auf Hawai'i als religiöse Zeremonie praktiziert. 1907 führte es der Hawaiianer George Freeth *(siehe S. 70)* in Kalifornien ein. In den 1920er Jahren machte es Olympia-Schwimmer Duke Kahanamoku in Waikiki populär. Das Lied »Surfin' USA« der Beach Boys begründete 1961 den Siegeszug des Sports um die Welt. Heute ist Surfen Teil des Alltags geworden. Die von Surfern präferierte legere Kleidung hielt Einzug auf Modenschauen. Viele Menschen reden im »Surferjargon«, obwohl sie gar nicht in die Nähe eines Strands kommen.

Die Beach Boys besangen den Spaß beim Surfen, auch wenn nur Schlagzeuger Dennis Wilson surfen konnte.

Filme wie *Gidget* (1959), *Ride the Wild Surf* (1964) und *Beach Blanket Bingo* (1965) sowie der Dokumentarfilm *Endless Summer* machten den Lebensstil der Surfer einem breiten Publikum bekannt. Partys im Stil dieser Filme standen in den 1960er Jahren hoch im Kurs.

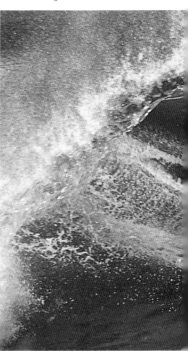

Wo man Surfen lernen kann

Anfänger sollten mit Body Surfing ohne Brett beginnen. Mit einem halblangen Boogie Board kann man dann Surfen schneller erlernen. Geeignet sind Strände, an denen sich die Wellen parallel zum Strand brechen. Am besten lernt man Boogie-Board-Surfen in Santa Monica *(siehe S. 69)*, in Carpinteria *(S. 213)* und in Del Mar *(S. 253)*. Die Anfänger sollten berühmte Surfstrände wie etwa Surfrider *(S. 68)*, San Clemente *(S. 234)* und Huntington *(S. 234)* eher meiden – die dortigen Bedingungen überfordern alle Nichtexperten.

Kinder mit Boogie Boards

Rettungsschwimmer werden im Sommer an den meisten Stränden eingesetzt. Ihre deutlich erkennbaren grauen Stationen erlangten durch die Fernsehserie *Baywatch* weltweit Berühmtheit. Folgen Sie ihren Anweisungen und informieren Sie sich über die Gezeiten.

Eine *tube* ist eine zylindrische Röhre, die beim Brechen einer Welle und dem Einrollen des Wellenkamms entsteht.

Highlights

Ein berauschendes Surferlebnis ist *to beat the tube.* Man surft unter dem Wellenkamm und reguliert Geschwindigkeit und Position so, dass man vor der Welle bleibt. Ist man zu schnell, gerät man aus der Welle heraus, ist man zu langsam, wird man vom Brett gerissen. Die Welle verliert nahe dem Strand an Schwung. Dann schießt man aufrecht stehend aus der *tube.*

Durch Gewichtsverlagerung beeinflusst man beim Surfen Geschwindigkeit und Richtung. In der Hocke bringt man den Schwerpunkt nach unten und erhöht so die Stabilität.

Sport und Spaß am Strand

Südkaliforniens eindrucksvolle Strände sind bei Sportbegeisterten jeder Couleur beliebt – bei den meisten natürlich im Sommer, doch abgehärtete Naturen sind das ganze Jahr über aktiv. Segeln ist populär, mit Tausenden von Segelbooten in einer Kette von Yachthäfen entlang der Küste. Auch Windsurfer und Drachenflieger nutzen die meist auflandigen Winde. Mit einem meerestauglichen Kajak kann man die Felsküsten der Channel Islands *(siehe S. 228)* und des Festlands erkunden. Volleyball, früher nur Freizeitsport, ist heute eine bedeutende Profisportart. Wettkämpfe werden hier jeden Sommer ausgetragen.

Moderne Surfboards sind aus leichtem, industriell gefertigtem Material wie Fiberglas hergestellt und ermöglichen hohe Geschwindigkeiten. Ihre grellen Farben kann man gut im Wasser ausmachen.

Die ersten Boards kamen aus Hawai'i und wurden wegen ihrer eigentümlichen Form »Sargdeckel« genannt. Das Holz, aus dem sie waren, machte sie schwer und unflexibel. Surfbretter der ersten Stunde zeigt das Surfing Museum in Santa Cruz *(siehe S. 511).*

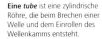

Beachvolleyball in Santa Monica

Kaliforniens Autokultur

Es ist schwer, Südkalifornien zu begreifen, ohne den Einfluss des Autos zu würdigen. Die Einführung des Freeway-Systems in Los Angeles *(siehe S. 58)* brachte 1940 eine vollkommen neue, um das Auto kreisende Kultur hervor. Der Besitz eines Autos wurde zum Bestandteil der Identität, die gerade Straße durch die Wüste zum Symbol der Freiheit. Sonderanfertigungen machten das Auto zum Kunstobjekt. Den Autokinos folgten die »Drive-in«-Banken und -Restaurants. Der Preis dafür war der Smog, eine Glocke aus Ozon und Abgasen über der Stadt. Die Abgase haben sich zwar verringert, doch muss Los Angeles mit ca. acht Millionen Autos auf zunehmend verstopften Straßen fertigwerden.

Los Angeles' Freeways wuchsen in den 1950er Jahren zu einem Netz, das die Stadt mit anderen Teilen des Bundesstaats verbindet.

Ford-Thunderbird-Plakette

Das Verdeck aus Segeltuch konnte bei Sonnenschein geöffnet und bei Regen geschlossen werden.

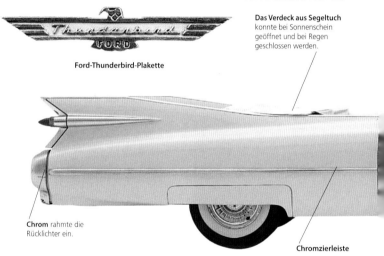

Chrom rahmte die Rücklichter ein.

Chromzierleiste

Geburtsstätte der Motorrad-Gangs

In den 1950er Jahren gab es viele rivalisierende Banden von *outlaw bikers*. Veteranen des Zweiten Weltkriegs gründeten 1948 in San Bernardino die bekannteste: die Hells Angels. Ihr berüchtigter Ruf wurde 1953 im Film *Der Wilde* mit Marlon Brando gefestigt. Der inzwischen weltweit agierende Club gliedert sich in Untergruppen, die »Charter«. Einzelne Mitglieder oder »Charter« agieren kriminell.

Marlon Brando

Diese japanischen Autos wurden via Worldport LA *(siehe S. 70)* importiert. Sie sind weiterhin eine starke Konkurrenz für amerikanische Modelle.

Diese Autoreklame von Pontiac stammt von 1950. Je mehr die Autos zu Statussymbolen wurden, desto bunter wurde die Werbung der konkurrierenden Hersteller.

Autokultur

Die Kalifornier sind stolz auf Kultur und Geschichte ihrer Autos. Viele Städte veranstalten Paraden oder Autoschauen mit Vorkriegsmodellen, »Klassikern« und Sonderanfertigungen. Auskünfte erteilen örtliche Informationsstellen *(siehe S. 591)*. Eine der größten Shows – Automobile Club of Southern California NHRA Drag Race – findet jährlich im November auf den Los Angeles County Fairgrounds statt. Das ganze Jahr über gibt es in Südkalifornien spektakuläre Shows, bei denen z. B. Muscle Cars, klassische Modelle, Sammlerobjekte oder ausgefallene Wagen im Einsatz sind. Kalifornien ist auch Austragungsort von Autorennen wie dem Toyota Grand Prix in Long Beach im April. Hervorragende Automuseen sind das Petersen Automotive Museum *(siehe S. 122)* in Los Angeles und das San Diego Automotive Museum *(siehe S. 263)*.

Der »Tucker Torpedo«, eines der Exponate im Petersen Automotive Museum in Los Angeles

Chromeingefasste Ausstellfenster wurden von innen bedient.

Gebogene Windschutzscheiben imitieren Flugzeugdesign.

Pinkfarbener Cadillac

Das prächtige Design und abklappbare Verdeck des pinkfarbenen Cadillac von 1959 entsprachen dem kalifornischen Image und Klima. Wegen seiner zwei Tonnen Gewicht erforderte das Fahren so viel Kraft, dass er schon bald von moderneren Modellen abgelöst wurde.

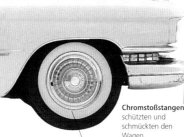

Chromstoßstangen schützten und schmückten den Wagen.

Weißwandreifen galten als besonders chic.

Das »Model T« von Ford (liebevoll »Tin Lizzie« genannt) kam 1908 auf den Markt. 1913 führte Henry Ford das Fließband ein. In der Folge kosteten Autos nur noch 500 US-Dollar. Dieses Foto eines Verkehrsstaus auf der Strandpromenade von 1924 zeigt, in welch kurzer Zeit die Kalifornier vom Auto abhängig wurden.

Wohnmobile wurden in den 1960er Jahren populär. Die Kalifornier konnten nun die Wildnis ihres Landes erkunden, ohne auf Komfort verzichten zu müssen.

Wüsten und Wasserversorgung

Ein großer Teil Kaliforniens besteht aus Wüste. Bis 1913 waren die Siedler von Brunnen abhängig. Da die Bevölkerung schnell wuchs, wurde es bald nötig, eine neue Wasserversorgung zu entwickeln. Heute besteht hier eines der ausgeklügeltsten Wasserversorgungssysteme der Welt. Dieses Netz hat die einst unwirtliche Wüste in fruchtbares Land verwandelt. Es schuf das Wüstenferienparadies Palm Springs und ermöglichte die große Bevölkerungsdichte Südkaliforniens. Doch der hohe Wasserverbrauch im Süden stellt hohe Anforderungen an die wichtigsten Wasserquellen der Region, den Colorado River und die Flüsse der Sierra Nevada Mountains.

Das Delta des Sacramento/San Joaquin River versorgt Farmen mit Wasser. Zu Spitzenzeiten lässt das Wasserabpumpen den Fluss rückwärtsfließen. Dann dringt Salzwasser aus der San Francisco Bay ein.

Cuyama River · San Luis Obispo · California Aqueduct · Bakersfield · Santa Barbara · Los A... · Owens Lake · Dea... N... · Los Angeles Aqueduct

Der Owens Lake *(siehe S. 499)* liegt im Owens Valley zwischen Sierra Nevada Mountains und Mojave-Wüste. Der L. A. Aqueduct bezog Wasser aus dem Owens River, was den 260 Quadratkilometer großen See austrocknen ließ.

Der Los Angeles Aqueduct machte das San Fernando Valley sehr fruchtbar *(siehe S. 148)*. Bei der Fertigstellung 1914 verdienten Landspekulanten ein Vermögen.

William Mulholland

William Mulholland (1855–1935) war Leiter des städtischen Wasserdezernats *(siehe S. 148)*. Mulholland und sein Kollege Fred Eaton entwarfen einen Betonaquädukt und eine Reihe von Tunnels vom Owens Valley nach Los Angeles. Die Kosten betrugen über 24 Millionen US-Dollar. Ab 1929 reichte die Kapazität jedoch nicht mehr aus, und Mulholland ließ Wasser von anderswo herleiten.

0 Kilometer 75
0 Meilen

Legende

- Bewohntes Gebiet
- Fluss
- Ausgetrocknetes Flussb.
- Kanal
- Aquädukt

Zur Orientierung
Südkalifornien

Im Death Valley *(siehe S. 294–297)* ist es so heiß, dass der Talboden flimmert. Die geringe Niederschlagsmenge ernährt dennoch die 900 verschiedenen Pflanzenarten des Death Valley National Park.

Palm Springs *(siehe S. 278–280)* liegt am Rand des Wüstengebiets, in dem man selten Wolken sieht. Doch Wasser von den nahen Bergen und aus unterirdischen Quellen halten die üppige Ferienoase grün.

Parker Dam

Der Joshua Tree National Park *(siehe S. 282f)* liegt in der Wüste. Hier gedeihen die an das Wüstenklima angepassten Joshua-Bäume, die 25 Vogelarten eine Heimat bieten.

Der All American Canal bringt Wasser vom Colorado River ins Imperial Valley, das die USA ganzjährig mit Salat, Melonen, Tomaten und Erbsen versorgt.

üdkaliforniens Wasserversorgung

wei Hauptwasserquellen versorgen Südkalifornien und Los Angeles: Schmelzwasser aus den Sierra Nevada Mountains im Norden, das er Aquädukt nach Los Angeles itet, und Wasser vom Colorado ver im Südosten. Das System des olorado River Aqueduct transortiert Wasser vom 1080 Kilometer entfernten Parker Dam über sgesamt 635 Kilometer Rohrtungen.

Der Salton Sea entstand 1905 und leidet seit Jahren unter einer Algenblüte. Im Rahmen ökologischer Projekte wird versucht, den früheren Zustand herzustellen.

Südliches Zentralkalifornien

Wer das südliche Zentralkalifornien erkundet, überquert Pässe und fährt an Flüssen mit bewaldeten Ufern entlang. Entlang der Küste erstrecken sich breite Sandstrände vor gelbbraunen Hügeln. In dieser Region liegen einige hübsche Orte. In den Tälern stößt man auf vereinzelte Farmen und Weinberge. Im Los Padres National Forest im Landesinneren leben u.a. Pumas, Adler und Kondore.

Das spanische Erbe der Region ist in Santa Barbara besonders gut zu erkennen. Hier befinden sich auch die bedeutendste Festung der Gegend und die »Königin der Missionen« *(siehe S. 226f)*. Der Mission-Revival-Stil *(siehe S. 35)* der Stadt selbst mit ihren schönen roten Dachziegeln fand überall im Bundesstaat eine ganze Reihe Nachahmer.

Nach der Auflösung der wohlhabenden Missionen in den 1830er Jahren wurde das Land in einige große Ranches aufgeteilt. Der Goldrausch von 1849 brachte Unmengen von Zuwanderern aus dem Osten. Sie teilten die Ländereien auf und gründeten kleine Farmgemeinden. Für das Land warben sie mit dem Slogan »halbtropisches Paradies« – schon die erste Ernte würde die Kosten des Landerwerbs wieder hereinholen.

Zu Beginn des 20. Jahrhunderts zog die Küste jeden Sommer Tausende von Menschen in Seebäder wie Pismo Beach und Avila Beach. Weiter nördlich, oberhalb von San Simeon, ließ sich der Millionär William Randolph Hearst seinen »Privatspielplatz« erbauen, ein legendäres Museumsschloss, das heute als Hearst Castle® bekannt ist.

Die südliche Küste ist ideal für Outdoor-Aktivitäten, von Pferdewagentouren über Weinproben im hübschen Santa Ynez Valley bis zum Entspannen an leeren Stränden. Die Aktiveren können den Kern River nahe Bakersfield mit dem Kajak erkunden. Vor der Küste gewähren die Channel Islands einen einmaligen Einblick in das Ökosystem der Region. Zudem kann man die jährliche Wanderung der Grauwale beobachten. Der Osten wird vom Los Padres National Forest mit seiner atemberaubenden Landschaft dominiert. Hier gibt es Spuren der Chumash-Indianer, die einst in blühenden Gemeinden entlang der Küste lebten. In den Hügeln stößt man auf rätselhafte Felszeichnungen – stille Zeugen ihrer Existenz.

Kürbisse in allen Farben und Formen in Morro Bay *(siehe S. 220)*

◀ Casa Grande, Hearst Castle® *(siehe S. 218)*

Überblick: Südliches Zentralkalifornien

Das Hinterland der Strände im südlichen Zentralkalifornien und die Küstenebenen bestehen aus niedrigen Hügeln mit Eichenwäldchen. Im Los Padres National Forest gibt es Hunderte von Kilometern bergiger Wanderwege. Die sanfte Landschaft um Santa Ynez ist ideal für den Weinbau. Entlang der Küste des San Luis Obispo County sind die Städte Morro Bay und Pismo Beach für Fischerei und Muschelzucht bekannt. Im Nordwesten lockt Hearst Castle® Tausende von Besuchern an.

Glockenturm der Mission
San Miguel Arcángel

Sehenswürdigkeiten auf einen Blick

1 Mission San Miguel Arcángel
2 *Hearst Castle® S. 216–219*
3 Cambria
4 Paso Robles
5 Atascadero
6 Morro Bay
7 San Luis Obispo
8 Pismo Beach
9 Lompoc Valley
11 Solvang
12 Mission Santa Inés
13 Chumash Painted Cave State Historic Park
14 *Santa Barbara S. 224–227*
15 Ventura
16 Channel Islands National Park
17 Ronald Reagan Presidential Library
18 Ojai
19 Los Padres National Forest
20 Bakersfield

Tour

10 Weingüter im Santa Ynez Valley *S. 222*

Legende

▬ Interstate Highway
▬ US Highway
▬ State Highway
▭ Highway
▬ Panoramastraße
– Eisenbahn (Hauptstrecke)
— Eisenbahn (Nebenstrecke)
△ Gipfel

0 Kilometer   25
0 Meilen   25

Weitere Zeichenerklärungen *siehe hintere Umschlagklappe*

Im südlichen Zentralkalifornien unterwegs

Die Highways 101 und 1 führen entlang der Küste an allen Hauptsehenswürdigkeiten vorbei. Amtrak bietet mit dem *Coast Starlight* täglich Fahrten von Los Angeles nach San Francisco mit Stopps in Santa Barbara und San Luis Obispo. Auch Greyhound-Busse halten in diesen Städten. Es gibt zwar Straßen durch den Los Padres National Forest nach Bakersfield, doch der einfachste Weg dorthin ist die I-5 von Los Angeles aus. Von Ventura und Oxnard sind Ausflüge zum Channel Islands National Park möglich.

Zerklüftete Berge im riesigen Los Padres National Forest

Stearns Wharf, ein Pier in Santa Barbara

Küste

Die Küste des südlichen Zentralkalifornien bietet kilometerlange, breite Sandstrände und mit die besten Surfplätze im Bundesstaat. Das Meer ist kühler als vor Los Angeles und San Diego, dafür reizt die Abgeschiedenheit zum Schwimmen, Sonnenbaden und Picknicken. Das zerklüftete Gebirge im Hintergrund scheint so nahe, dass man meint, die Kiefern und die Chaparralbüsche zu riechen. Einige Strände liegen in Staatsparks mit Wander- und Naturpfaden in die Berge und atemberaubender Aussicht auf die unberührte Küste (Details auf www.parks.ca.gov).

③ ★ Avila Beach

🏄 🏖 🎣 🏊 🚶 ♿ 🚻

Der weiße Sandstrand in der Nähe eines Küstenorts hat einen Angelpier aus Holz. Im Sommer ist er voller Surfer und Schwimmer.

④ ★ Pismo State Beach

🏄 🏖 🎣 ♿ 🚻 ⛺

Die Ecke ist vor allem für Muscheln bekannt *(siehe S. 220f)*, doch der Sandstrand ist auch ideal zum Volleyballspielen.

Monterey
• San Simeon
①
Hwy ①   46
Salinas
King City
41   101
Morro Rock
②
• San Luis Obispo
227
③
Pismo Beach
④
Hwy ①
166
• Santa Maria
101
Hwy ①   135
La Purísima
Concepción Mis
246
Lompoc •
Hwy ①
Point
Concepción

| 0 Kilometer | 20 |
| 0 Meilen | 20 |

La Purísima Concepción, die elfte der kalifornischen Missionen *(siehe S. 50f)*, liegt im Lompoc Valley *(siehe S. 221)* und ist die am vollständigsten wiederhergestellte Mission. Ein Besuch bietet Einblick in das Leben der Franziskaner und der Indianer.

Den Morro Rock, ein Wahrzeichen der Gegend, nutzten die spanischen Entdecker als Navigationshilfe. Am schönsten ist der Felsen bei Sonnenaufgang oder -untergang *(siehe S. 220)*.

Zur Orientierung

① William R. Hearst Memorial State Beach

Der sichelförmige geschützte Strand unterhalb von Hearst Castle® *(siehe S. 216–219)* eignet sich zum Picknicken. Am Pier kann man Boote zum Hochseefischen mieten.

② Montana de Oro State Park

Der felsige Strand gehört zum 3250 Hektar großen Park. Wanderwege winden sich durch die Berge. Im Winter sieht man Monarchfalter in den Eukalyptusbäumen.

⑦ ★ East Beach

Der Sandstrand erstreckt sich über 2,5 Kilometer von Stearns Wharf aus, Santa Barbaras Angelpier. Kinder lieben den Strand und die Planschbecken.

⑤ Gaviota State Park

Der Strand (9 km) in einer geschützten Bucht bietet einen Spielplatz und einen Angelpier. Nebenan ist ein Parkgelände (1100 ha) mit Wanderwegen.

⑥ El Capitan State Beach

Der Strand eignet sich gut zur Beobachtung der Tierwelt in felsigen Gezeitenbecken und in den Wäldern. Im Winter ziehen Grauwale dicht am Ufer entlang.

⑧ Carpinteria State Beach

Der geschützte Strand vor dem Hintergrund der Santa Ynez Mountains ist einer der sichersten und schönsten in Südkalifornien.

⑩ Point Mugu State Park

Der Park am Westrand der Santa Monica Mountains ist von Wanderwegen durchzogen. Vor der Küste sieht man oft Delfine und Seelöwen.

⑪ Leo Carrillo State Beach North

Dieser Teil des Leo Carrillo State Beach *(siehe S. 68)*, der über das Los Angeles County hinausreicht, ist eines der besten Surfreviere Kaliforniens.

⑨ ★ San Buenaventura State Beach

Von den Wellenbrechern des Hafens geschützt, eignet sich der breite Strand nahe dem Stadtzentrum von Ventura gut zum Schwimmen.

Los Padres National Forest

Santa Barbara

Ojai

Ventura

Los Angeles

Oxnard

Channel Island National Park

Malibu

Legende
- Interstate Highway
- State Highway
- Highway
- Fluss
- Aussichtspunkt

Bogengang in der Mission San Miguel Arcángel

❶ Mission San Miguel Arcángel

775 Mission St, San Miguel. **Straßenkarte** B5. 🅒 1-805-467-3256. 🅞 tägl. 10–16.30 Uhr. 🅐 🅦 missionsanmiguel.org

Die Mission war die Nummer 16 an der kalifornischen Küste *(siehe S. 50f).* Sie wurde 1797 von Pater Fermín de Lasuén, dem Nachfolger von Pater Junípero Serra *(siehe S. 50),* gegründet. Neun Jahre später vernichtete ein Brand die Originalkirche. Das heutige Gebäude, das als Pfarrkirche diente, wurde 1819 vollendet.

Neben Getreideanbau und Viehzucht stellten die Mönche ihren eigenen Opferwein her. Heute gibt es in den umliegenden Hügeln mehr als 30 Kellereien. Nach der Säkularisierung 1834 diente die Mission als Lagerhaus und Bar. Im Jahr 1928 wurde sie an die Mönche zurückgegeben und renoviert. Die Mission, die wegen der schweren Erdbebenschäden 2003 geschlossen wurde, ist mittlerweile wieder geöffnet und zu besichtigen.

Die sechs Räume des Museums sind noch im Stil des frühen 19. Jahrhunderts möbliert. Das Museum bietet außerdem einen Shop. Sehr hübsch präsentiert sich auch der Innenhofbereich.

❷ Hearst Castle®

Siehe S. 216–219.

❸ Cambria

Straßenkarte B5. 🌄 6000. 🚌 🅑 767 Main St. 🅒 1-805-927-3624. 🅦 cambriachamber.org

Zwischen zerklüfteter Küste und kiefernbewachsenen Bergen liegt Cambria, das von Hearst Castle® aus gut erreichbar ist. Es war 1866 zunächst eine Quecksilberminen-Siedlung. Später wurde es ein Zentrum für Milch- und Holzwirtschaft. Heute zieht der Ort Künstler und Kunsthandwerker an.

Die Stadt gliedert sich in zwei Teile: East Village, eine Ansammlung von Häusern im Arts-and-Crafts-Stil *(siehe S. 35),* und das modernere West Village. Die Main Street, die beide verbindet, säumen Läden, Kunstgalerien, Lokale und das Lull House, Cambrias ältestes Wohnhaus.

Zwischen den Häusern am Hillcrest Drive, nördlich der Main Street, liegt Nit Wit Ridge, das vom Bauunternehmer Art Beal (Spitzname »Captain Nit Wit«) errichtet wurde. Die witzige Behausung besteht aus allen möglichen Materialien – von Muscheln bis zu alten Reifen.

Statue des Erzengels Michael

Der Bau begann in den 1930er Jahren und dauerte 60 Jahre lang. Im Norden am Moonstone Drive bietet das schöne Leffingwell Landing schöne Ausblicke auf Brandung und bisweilen auf Seelöwen, Wale und Otter. Bei Ebbe kann man an den Gezeitenbecken am Fuß der Klippen picknicken.

❹ Paso Robles

Straßenkarte B5. 🌄 30000. 🚌 🅑 1225 Park St. 🅒 1-805-238-0506. 🅦 pasorobleschamber.com

Paso Robles gehörte einst zur 10500 Hektar großen Ranch El Paso de Robles. 1857 wurde die schwefelhaltige Quelle, deren Heilkräfte schon die Indianer geschätzt hatten, in ein Kurbad verwandelt. Nachdem die Southern Pacific Railway 1886 hierherführte, entwickelte sich der Ort sehr schnell.

Heute ist Paso Robles umgeben von Pferdehöfen, Weinbergen, Weinkellereien und mehr als 2000 Hektar Mandelbaumhainen, die im Frühjahr blühen. Die heißen Quellen sind stillgelegt – sie verschmutzten den Salinas River –, doch es gibt viel zu sehen. In der Vine Street, zwischen 12th und 20th Street, stehen renovierte Häuser (Ende 19. Jh.) wie die viktorianische **Call-Booth House Gallery**, die vor allem Werke lokaler Künstler zeigt.

Auch einige der zahlreichen Restaurants von Paso Robles

Nit Wit Ridge in Cambria – ein Haus, das aus Müll erbaut wurde

Hotels und Restaurants im südlichen Zentralkalifornien *siehe Seiten 532 und 556–558*

Weinfest in der Eos Estate Winery in Paso Robles

befinden sich in Häusern aus dem 19. Jahrhundert: Touch of Paso liegt in der einstigen Post an der Overland-Stage-Company-Route.

Paso Robles Inn and Gardens (1003 Spring Street) steht am Ort des Hot Springs Hotel von 1860. Man ersetzte es 1891 durch ein dreistöckiges Hotel aus rotem Backstein nach Entwürfen von Stanford White. Dieses wiederum wurde 1940 bei einem Brand zerstört. Der landschaftlich gestaltete Garten des heutigen Hotels lädt zum Spazierengehen ein.

Es gibt eine ganze Reihe von Hotels mit gutem Preis-Leistungs-Verhältnis. Ein Aufenthalt hier ist ideal für einen Besuch von Hearst Castle.

Wichtige Events in Paso Robles sind Ende Juli/Anfang August die California Mid-State Fair – eine große Messe für Land- und Viehwirtschaft mit Unterhaltungsprogramm – und im Mai das Weinfest, auf dem man Wein aus 200 Kellereien probieren kann.

Umgebung: 27 Kilometer nordwestlich von Paso Robles, etwas abseits der Straße G14, liegt das Naherholungsgebiet **Lake Nacimiento** in einem hübschen Tal mit Kiefern und Eichen. Am See kann man angeln (Barsche, Zwergwelse), zelten, picknicken und Wassersport treiben.

An der zweiten Kreuzung der Highways 46 und 41, 41 Kilometer östlich von Paso Robles, erinnert das aus rostfreiem Stahl errichtete **James**

Dean Monument an den Filmschauspieler, der hier am 30. September 1955 im Alter von 24 Jahren bei einem Autounfall in seinem silbernen Porsche starb. Eine Metalltafel informiert über sein Leben.

Call-Booth House Gallery
1315 Vine St. ☎ 1-805-238-5473. ◯ Mi–So 11–15 Uhr. ● Feiertage. 🏛

❺ Atascadero

Straßenkarte B5. 🔺 28 000. 🚉 San Luis Obispo. 🚌 Dial-A-Ride, 1-805-466-7433. 🚌 ℹ 6904 El Camino Real, 1-805-466-2044. 🌐 atascaderochamber.org

Atascadero, spanisch für »schlammiger Ort«, wurde 1913 vom Verleger Edward G. Lewis gegründet, der die 9300 Hektar große Ranch kaufte, um seine Idealstadt zu bauen. Hauptquartier war ein attraktives Haus im Stil der italienischen Renaissance, das er 1914 für fast eine halbe Million US-Dollar bauen ließ. Das Gebäude, in dem früher das

Atascadero Historical Society Museum mit Hunderten Bildern von Lewis' offiziellem Fotografen sowie Artefakten der ersten Siedler aus dieser Gegend untergebracht war, wurde Ende 2003 bei einem Erdbeben stark beschädigt. Teile der Exponate sind nun im Colony House zu sehen.

Unglücklicherweise ging Lewis bankrott, bevor Atascadero fertig wurde. Seit den 1950er Jahren wächst der Ort jedoch, da sein ländliches Flair immer noch viele Menschen anlockt. 1979 wurden Atascadero Stadtrechte verliehen.

Heute besuchen Urlauber die Antiquitätenläden, Boutiquen und den wöchentlichen Bauernmarkt. Eine Woche dauert die Colony-Days-Feier, bei der die Stadt mit Paraden und Festlichkeiten an ihre Anfänge erinnert.

Im Süden der Stadt, am Highway 41, liegt Atascadero Park and Lake mit schönen Spazierwegen, Angelplätzen, Picknickstellen und einem Kinderspielplatz. Direkt daneben beherbergt der ein Hektar große **Charles Paddock Zoo** – benannt nach dem früheren Park Ranger, der den Zoo 1955 gründete – mehr als 100 Tierarten, darunter Affen, Meerkatzen, Braunbären, ein Tigerpaar und einen Jaguar. Sie finden hier ähnliche Bedingungen wie in der Natur vor.

Charles Paddock Zoo
9305 Pismo Ave, Atascadero. ☎ 1-805-461-5080. ◯ Apr–Okt: tägl. 10–17 Uhr; Nov–März: tägl. 10–16 Uhr. ● Thanksgiving, 25. Dez. 🏛📷🅿 🌐 charlespaddockzoo.org

Enten auf dem Atascadero Lake

❷ Hearst Castle®

Hearst Castle®, einst Privatspielplatz und Museum des Medienmagnaten William R. Hearst, thront auf einem Berg oberhalb von San Simeon. Heute ist es eine Besucherattraktion. Seine drei Gästehäuser sind großartig, doch Highlight einer Führung ist die doppeltürmige Casa Grande. Sie wurde von der in Paris ausgebildeten Architektin Julia Morgan entworfen und von 1922 bis 1947 erbaut. Die 115 Zimmer enthalten viele Kunstwerke und zeigen den Glamour der 1930er und 1940er Jahre.

Fassade
Die Gussbeton-Fassade der Casa Grande gibt sich mediterran und ist mit Fragmenten antiker Architektur verziert.

Theater
Die Wände des Privatkinos bedeckt Damast. Die Leuchter vergoldeter Karyatiden erhellen die 50 Plätze.

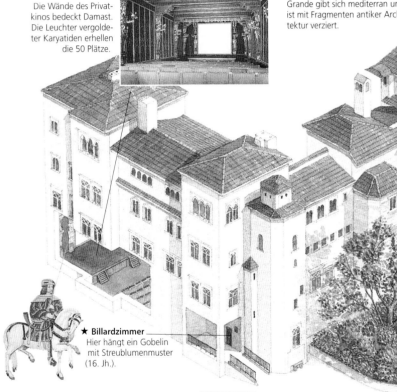

★ **Billardzimmer**
Hier hängt ein Gobelin mit Streublumenmuster (16. Jh.).

1865 George Hearst kauft 19425 Hektar Land nahe San Simeon

1919 W. R. Hearst erbt das Vermögen der Familie und plant ein Haus auf »Camp Hill«

1921 Fertigstellung der Casa del Mar

1922 Baubeginn der Casa Grande

1924 Casa del Sol fertiggestellt

1928 Hearst zieht in die Casa Grande

Truhe aus dem 16. Jahrhundert mit dem Bild Jesus trifft den hl. Petrus

1935 Fertigstellung des Neptune Pool

1947 Hearst leidet unter Herzproblemen und verlässt San Simeon

1951 Hearst stirbt

1958 Hearst Castle® wird öffentlich zugänglich

Klassische griechische Amphore (3. Jh. v. Chr.)

| 1920 | 1930 | 1940 | 1950 |

Hotels und Restaurants im südlichen Zentralkalifornien *siehe Seiten 532 und 556–558*

★ Gotisches Arbeitszimmer
Von hier aus kontrollierte Hearst sein Imperium. Seine Bücher schützte er mit Gittern.

Infobox

Information
750 Hearst Castle Rd. **Straßenkarte** B5. 📞 1-805-927-2070; 1-800 444-4445. 🕐 tägl. 9 – 16 Uhr. ⬤ 1. Jan, Thanksgiving, 25. Dez. 🅿 ♿ vorher anrufen. 📷 🎥 obligatorisch.
W hearstcastle.org

Anfahrt
🚌 nach San Simeon.

Celestial Suite
Die beiden Schlafzimmer der »Himmelssuite« liegen hoch im Nord- und Südturm, verbunden durch ein großzügiges Wohnzimmer.

★ Gesellschaftssaal
Ein französischer Kamin (16. Jh.) beherrscht den Raum. Italienisches Chorgestühl steht vor den Wänden mit flämischen Gobelins.

Haupteingang

★ Speisesaal
Wandteppiche, Chorgestühl und Banner bedecken die Wände des riesigen Speisesaals. Auf den langen Tischen stehen silberne Kerzenhalter und Vorlegeplatten.

Hearst Castle®: Häuser und Gelände

Besucher müssen an einer der rund ein Dutzend Führungen teilnehmen, die am Besucherzentrum starten. Tour Nr. 1 (Grand Rooms Tour) ist bei der ersten Besichtigung besonders empfehlenswert. Auf den anderen Touren sieht man die oberen Stockwerke des Haupthauses, zwei Gästehäuser, die Küche, den Weinkeller und den Garten. Im Frühling und Sommer treten bei den Abendtouren Schauspieler in Kostümen der 1930er Jahre auf.

Gold und Glasdekor des Roman Pool

Casa Grande: Haupthaus

Die Casa Grande wurde in verstärktem Beton errichtet, um den kalifornischen Erdbeben standzuhalten. Sie sollte aussehen wie eine Kathedrale des Mittelmeerraums.

Gäste übernachteten in einem der 22 Schlafzimmer, umgeben von Werken aus der Kunstsammlung des Magnaten. Hearst wohnte in der Gothic Suite auf der zweiten Etage. Sein Schlafgemach besaß eine eindrucksvolle spanischen Zimmerdecke (14. Jh.). An der Wand hing die *Madonna mit Kind* aus der Schule von Duccio di Buoninsegna (um 1255–1318). Ein Wohnzimmer mit Blick aufs Meer verband es mit dem Schlafzimmer von Marion Davies.

Das gotische Arbeitszimmer auf der anderen Seite der Halle barg Hearsts wertvollste Bücher und Manuskripte. Von hier aus leitete er sein Medienimperium.

Ein mächtiger französischer Kamin (16. Jh.) beherrscht den Gesellschaftssaal im Erdgeschoss. Er stammt aus dem Château des Jours der Familie d'Anglure in Burgund. Der angrenzende Speisesaal hat einen Renaissance-Esstisch sowie Chorgestühl und schöne Fliesen aus Siena. Die Gäste nahmen hier ihre Abendmahlzeiten ein.

Im Billardzimmer mit seiner spanisch-gotischen Decke gibt es einen Wandteppich (16. Jh.) mit Streublumenmuster, der eine Hirschjagd zeigt. Nebenan befindet sich das einstige Privatkino Hearsts. Hier sahen sich bis zu 50 Gäste Filmpremieren an. Die Leinwand konnte entfernt werden, wodurch eine kleine Bühne für Theateraufführungen entstand.

Der beheizte Innenpool ist mit Mosaiken aus Blattgold und venezianischem Glas ausgekleidet. Hier stehen acht Marmorstatuen.

Hearst hatte ständig neue Ideen, die er dann möglichst gleich in Renovierungs- oder Umbauarbeiten umsetzen ließ. So wurde unter großen Kosten eine tragende Wand entfernt, um eine Bowlingbahn einzurichten. Mit unzähligen Schlaf- und Badezimmern, zwei Pools und dem Kino war die Casa Grande für die vielen Gäste von Hearst ein vergoldetes Spielhaus.

Gelände und Neptune Pool

Hearst ließ einen felsigen Hügel in einen Garten Eden verwandeln. 4,5 Meter hohe Fächerpalmen, italienische Zypressen und riesige Eichen wurden unter immensen Kosten die unbefestigte Straße hinaufbefördert. Jedes Jahr pflanzte man unzählige Blumen. Massen fruchtbarer Erde wurden für den 51 Hektar großen Park herangeschafft. Fünf

William Randolph Hearst

W. R. Hearst (1863–1951), Sohn eines Multimillionärs, war ein überschwänglicher Mensch, der sein Vermögen mit der Publikation von Printmedien machte. Er heiratete 1903 Millicent Willson, eine New Yorker Entertainerin. Als seine Mutter 1919 starb, erbte er den Besitz in San Simeon. Zu ihren Ehren baute er das Schloss und zog mit seiner Geliebten, der Schauspielerin Marion Davies, dort ein. In den nächsten 20 Jahren hieß das Paar in San Simeon viele Gäste fürstlich willkommen. Als Hearst 1947 unter Herzproblemen litt, zog er nach Beverly Hills, wo er 1951 starb.

W. R. Hearst mit 31 Jahren

Gewächshäuser sorgten das ganze Jahr über für Blütenpracht. Um die Wassertanks auf dem nahen Hügel zu kaschieren, pflanzte Hearst nicht weniger als 6000 Monterey-Kiefern in herausgesprengte Felslöcher. Verschiedenste Obstbäume sorgten für frisches Obst.

Hearst sammelte auch klassische und moderne Statuen. Sie zieren die Terrassen. Zu den erlesensten gehören die vier Figuren von Sechmet, der ägyptischen Kriegsgöttin. Die ältesten Werke stammen von 1560–1200 v. Chr.

Highlight ist jedoch zweifellos der 32 Meter lange Neptune Pool aus weißem Marmor, flankiert von Säulengängen und dem Nachbau einer bemerkenswerten antiken Tempelfassade, deren Säulen mit einem authentischen Fries dekoriert sind. Die Statuen am Pool schuf der Pariser Bildhauer Charles-Georges Cassou in den 1930er Jahren.

Hearst ließ zudem einen 1,6 Kilometer langen überdachten Reitweg anlegen. So konnte er bei jedem Wetter ausreiten. Zwei Tennisplätze befinden sich auf dem Dach des Roman Pool.

Auf »Camp Hill« hatte Hearst seinen Privatzoo. Die Reste der Gehege, in denen Löwen, Bären, Elefanten, Pumas und Leoparden lebten,

Julia Morgan

Julia Morgan, die Architektin von San Simeon, begann im Alter von 47 Jahren ihre 30 Jahre währende Zusammenarbeit mit Hearst. Sie war nicht nur eine der ersten Frauen, die an der University of California at Berkeley einen Ingenieursgrad erworben hatte, sondern auch die erste, die einen Abschluss in Architektur an der École Nationale et Spéciale des Beaux-Arts in Paris vorweisen konnte. Das Multitalent entwarf fast alle Details – Fliesen, Fenster, Schwimmbecken, Brunnen – und führte ein strenges Regiment über die Mitarbeiter. Ihr Verhältnis zu Hearst war von Respekt, aber auch Differenzen geprägt. Sogar wenn sie Pläne durchgegangen waren, telegrafierte Hearst ihr später oft noch Änderungswünsche.

**Julia Morgan
(1872–1957)**

Fassade der Casa del Sol

sind noch erkennbar. Giraffen, Strauße, Zebras und ein kleiner Elefant liefen sogar frei herum.

Gästehäuser

Bis Mitte der 1920er Jahre, bis die Casa Grande fertiggestellt war, lebte Hearst in der Casa

del Mar, dem mit 20 Räumen größten der drei Gästehäuser. Er genoss die Jahre in dem kleinen Haus, gab allerdings mit Blick auf die vollendete Casa Grande zu: »Wenn ich gewusst hätte, dass sie so groß wird, hätte ich die kleinen Häuser größer bauen lassen.« Die »kleinen« Häuser sind aber selbst Herrenhäuser.

Die Casa del Sol besitzt 21 Räume, die sich über drei Stockwerke erstrecken. Den Springbrunnen auf einer großen Terrasse schmückt eine Bronzekopie des *David* von Donatello. Die Casa del Monte, mit zwölf Räumen das kleinste Haus, liegt den Bergen zugewandt.

Der Neptune Pool, umgeben von Säulengängen und dem Nachbau einer antiken Tempelfassade

Fischerboote am Morro Rock in der Morro Bay

❻ Morro Bay

Straßenkarte B5. 🏔 10 000.
🚌 Dial-A-Ride, 1-805-772-2744.
ℹ 845 Embarcadero Road, Suite D,
1-805-772-4467. 🗔 morrobay.org

Der Hafen entstand 1870, um die Produkte der hiesigen Milch- und Viehwirtschaft zu verschiffen. Heute ist der Tourismus die Haupteinnahmequelle. Am Wasser reihen sich u. a. Galerien, Läden, ein Aquarium und eine Reihe von Fischrestaurants. Walbeobachtungs- und Bootstouren in die Bucht sowie die Fischfangflotte starten von hier. Eine Redwood-Treppe (zum 100. Geburtstag des Orts) führt vom Steinpelikan auf den Klippen hinunter zum Embarcadero mit seinem Riesenschachbrett und Riesenschachfiguren. Die Aussicht vom Black Hill Lookout lohnt die Wanderung vom Parkplatz zum Berggipfel.

Die Attraktion der Bucht ist Morro Rock, ein 175 Meter hoher Vulkankegel – einer von neun in der Gegend. Juan Rodríguez Cabrillo nannte ihn 1542 »El moro«, weil er ihn an einen Mohren erinnerte. Seit 1933 verbindet ihn ein Damm mit dem Festland. Von 1880 bis 1969 wurde er als Steinbruch genutzt. Eine Million Tonnen Gestein wurden für die Konstruktion von Wellenbrechern entlang der Küste weggesprengt.

Heute ist Morro Rock ein Naturreservat. Hier nisten Wanderfalken. Im Coleman Park am Fuß des Felsens kann man gut angeln.

❼ San Luis Obispo

Straßenkarte B5. 🏔 46 000.
✈ San Luis Obispo. 🚉 🚌
ℹ 895 Monterey Street, Suite 200,
1-805-781-2777. 🗔 visitslo.com

Das Städtchen in einem Tal der Santa Lucia Mountains entwickelte sich rund um die **Mission San Luis Obispo de Tolosa**, die Pater Junípero Serra *(siehe S. 50)* am 1. September 1772 gegründet hatte. Als fünfte der 21 Missionen und eine der reichsten dient sie heute noch als Pfarrkirche. Neben der Kirche zeigt das Missionsmuseum Artefakte der Chumash, darunter Körbe, Boote, Schmuck, das Bett des Paters und den Originalaltar der Mission.

Die Mission Plaza vor der Mission teilt ein baumgesäumter Bach in zwei Hälften. Hier fanden in den 1860er Jahren Bärenhatzen und Stierkämpfe statt. Heute ist der Park Schauplatz weniger blutiger Veranstaltungen. Westlich davon (800 Palm Street) befindet sich

der Ah Louis Store, den 1874 ein chinesischer Koch und Eisenbahnarbeiter *(siehe S. 54f)* eröffnete. Früher diente er als Post, Bank und Gemischtwarenladen. Heute ist er ein Geschenkeladen mit unregelmäßigen Öffnungszeiten.

🏛 Mission San Luis Obispo de Tolosa
751 Palm St. 📞 1-805-781-8220.
🕐 März–Okt: tägl. 9–17 Uhr; Nov–Feb: tägl. 9–16 Uhr. ⬤ Feiertage.

❾ Pismo Beach

Straßenkarte B5. 🏔 8000. ✈ San Luis Obispo. 🚉 San Luis Obispo.
🚌 ℹ 581 Dolliver St, 1-800-443-7778. 🗔 classiccalifornia.com

Pismo Beach ist wegen der Pismo-Muschel bekannt. Ende des 19. Jahrhunderts wurden rund 40 000 Muscheln täglich geerntet. 1911 durften nur noch 200 Muscheln pro Tag und Sammler eingeholt werden. Heute braucht man eine Lizenz. Es gibt strenge Regeln

Pismo Beach vor dem Hintergrund einer Hügelkette

Hotels und Restaurants im südlichen Zentralkalifornien *siehe Seiten 532 und 556–558*

in Bezug auf Größe und Quantität. Jeden Herbst findet in Pismo Beach ein Muschelfest statt.

Der Strand des Orts *(siehe S. 212)* erstreckt sich über etwa 13 Kilometer nach Süden zum Santa Maria River. Hier kann man zelten, picknicken, Boot fahren und angeln. Da der Sand sehr hart ist, dürfen Autos über Rampen an der Grand Avenue am Grover Beach und der Pier Avenue in Oceano den Strand befahren.

Die Dünen schützen Vögel, Füchse, Kaninchen, Kojoten sowie Salbei, Wildblumen und andere Küstenpflanzen. Muschelhügel in den Dünen, nahe dem Arroyo Grande Creek, erinnern daran, dass hier die Chumash lebten.

In den 1930er und 1940er Jahren waren die Dünen vor allem bei Künstlern, Nudisten und Mystikern Kult. Filmemacher lockte das Wüstenambiente. Einer der hier gedrehten Filme ist *Der Scheich* (1921) mit Rudolph Valentino *(siehe S. 116).*

❾ Lompoc Valley

Straßenkarte B5. 🚆 Santa Barbara. 🚌 Lompoc. 🛈 111 S. I. St, Lompoc, 1-805-736-4567. 🆆 **lompoc.com**

Das Lompoc Valley ist einer der weltgrößten Produzenten von Blumensamen. Das Tal ist von Hügeln und ausgedehnten Blumenfeldern umgeben. Letztere stehen vom Frühling bis zum Frühsommer in farbenprächtiger Blüte. Angepflanzt werden unter anderem Ringelblumen,

Ökologie der Dünen

Küstendünen sind das Produkt von Wind – und von Pflanzen. Grünalgen (»Meersalat«) binden knapp über der Flutlinie Sand. Dahinter fixieren Strandhafer und Buschlupinen weiteren Sand in kleinen, von Wurzeln gehaltenen Hügeln. Lupinenreste mischen sich mit Sand und bilden Erde, auf der sich Pflanzen wie Dünenknöterich ansiedeln, der die Lupinen verdrängt. Schließlich wurzeln Lampranthus, Eisenkraut und Trichterwinden im Sandboden. Die Pflanzen bieten Nahrung und Schutz für Insekten, Käfer, Grillen und winzige Mäuse. Die meisten Tiere sind am Strand vom Tau abhängig, der von den Pflanzen auf den Sand tropft. Wenn Teile des zarten Pflanzenbewuchses von Sturmfluten, Windverwehungen oder Menschen zerstört werden, breitet sich der Sand weiter landeinwärts aus – eine neue Düne entsteht.

Die Mittagsblume (Lampranthus) blüht auf Sanddünen

Tagetes, Astern, Lobelien, Rittersporn, Kapuzinerkresse und Kornblumen. Bei der Handelskammer in Lompoc gibt es eine Karte zu Lage und Bewuchs der Blumenfelder. Auf der Civic Center Plaza zwischen Ocean Avenue und C Street zeigt ein Schaugarten all diese Blumen.

La Purísima Concepción, fünf Kilometer nordöstlich der Stadt, war die elfte kalifornische Mission. Seit den 1930er Jahren ist sie ein State Historic Park. Die Gebäude (frühes 19. Jh.) wurden sorgfältig restauriert. Die Anlage vermittelt einen sehr guten Eindruck vom Missionsleben. Zu besichtigen sind hier insbesondere die mit originalem Mobiliar eingerichteten Zellen der Mönche. Die

einfache, schmale Kirche ist mit farbenfrohen Mustern verziert. In den angrenzenden Werkstätten wurden neben Stoffen, Kerzen und Lederwaren auch Möbel für die Mission angefertigt.

Die Gartenanlage der Mission wurde originalgetreu rekonstruiert. Hier gedeihen noch heute die gleichen Obst-, Gemüse- und Kräuterarten wie bereits im 19. Jahrhundert. Auch das Kanalsystem, das die Mission mit Wasser versorgte, kann besichtigt werden.

🏠 **La Purísima Concepción Mission**
2295 Purísima Rd, Lompoc.
📞 1-805-733-3713. ⏰ tägl. 9–17 Uhr. ⬤ 1. Jan, Thanksgiving, 25. Dez. ♿

Die Mission La Purísima Concepción im Lompoc Valley

⑩ Tour: Weingüter im Santa Ynez Valley

Das Santa Ynez Valley gehört zu den jüngsten und erlesensten Weinbaugebieten. Hier gibt es oft Küstennebel, was je nach Höhenlage und Entfernung zum Meer ein spezielles Mikroklima fördert. Die Trauben wachsen länger heran als in Nordkalifornien. Diese Bedingungen und die unterschiedlichen Böden lassen viele klassische Rebsorten hervorragend gedeihen.

Routeninfos

Länge: 48 km.

Rasten: Bei Los Olivos Wine Merchant *(siehe S. 556)* isst man sehr gut. Dort stellt man Ihnen auch einen Picknickkorb zusammen. Die meisten Weingüter haben Picknickplätze, wo man einen lokalen Wein genießen kann.

W santaynezwinecountry.com

⑤ **Fess Parker Winery**
Pinot Noir, Syrah und Riesling reifen auf dem Weingut des Exschauspielers Fess Parker. Probieren kann man sie in einem attraktiven Gebäude.

⑥ **Brander Vineyard**
In einem Gebäude in französischem Stil mit Blick auf die Weinberge bietet Brander, 1975 gegründet, preisgekrönten Sauvignon Blanc und andere Weine an.

③ **Firestone Vineyard**
Der größte Hersteller der Region präsentiert in seinem geräumigen Degustationsraum neben der Kellerei ausgezeichneten Cabernet Sauvignon, Chardonnay und Merlot.

④ **Curtis Winery**
Die Probierstube neben dem Weinkeller bietet Degustationen. Die Kellerei ist vor allem für ihren Syrah bekannt.

② **Santa Ynez**
Inmitten der das Städtchen umgebenden Weinberge und Kellereien liegen die Santa Ynez Winery und die Sunstone Vineyards and Winery.

① **Gainey Vineyard**
Die Weine der Kellerei, die im Stil einer Hazienda gebaut ist, sind ausgezeichnet.

Santa Maria

Fess Parker Winery ⑤

Curtis Winery ④

③ Firestone Vineyard

Foxen Canyon Road

Alamo Pintado Creek

Zaca Station Road

Figueroa Mountain Road

101

• Los Olivos

⑥ Brander Vineyard

154

Santa Barbara

Santa Ynez ②

Gainey ① Vineyard

246

Sunstone Vineyards and Winery •

0 Kilometer   2

0 Meilen   2

Legende

▬▬▬ Routenempfehlung

⋯⋯⋯ Andere Straße

Kirchenfassade und Glockenturm der Mission Santa Inés

⓫ Solvang

Straßenkarte C5. 🏔 5000. 🚌
ℹ 1639 Copenhagen Drive, 1-800 468-6765. **W** solvangusa.com

Der Ort im skandinavischen Stil wurde 1911 von einer Gruppe dänischer Pädagogen gegründet. 360 000 US-Dollar kosteten die 3650 Hektar Senfsaat- und Bohnenfelder, auf denen eine dänische Kolonie samt Schule entstand. Das Schulhaus, ein zweistöckiges Holzgebäude in der Alisal Road, ist heute das Bit O'Denmark Restaurant. In der dänisch beeinflussten Kirche (1928) hängt die Nachbildung eines Segelschiffs von der Decke.

Bei einer Stadtrundfahrt in der Pferdetram *honen* (Henne) sieht man Windmühlen, Dächer, auf denen Holzstörche stehen, und Gaslaternen. Restaurants bieten u. a. *æbleskiver*, ein dänisches Gebäck, das Krapfen ähnelt, an.

⓬ Mission Santa Inés

1760 Mission Dr, Solvang. **Straßenkarte** C5. **📞** 1-805-688-4815.
🕘 tägl. 9–17 Uhr. ⬤ Ostern, Thanksgiving, 25. Dez. 🅿 ♿ 📷
missionsantaines.org

Gegründet wurde Santa Inés am 17. September 1804 – als Nummer 19 der kalifornischen Missionen *(siehe S. 50f)*. 1812

zerstörte ein Erdbeben die Kirche. Sie wurde mit 1,5 Meter dicken Wänden wiederaufgebaut und fünf Jahre später erneut geweiht. Vor der Säkularisierung 1834 war die Mission mit rund 12 000 Stück Vieh relativ wohlhabend, später verließen viele die Mission. 1843 entstand hier das erste Priesterseminar Kaliforniens. Nach dem Zweiten Weltkrieg wurden Mission und Glockenturm renoviert. Die Kosten dafür übernahm W. R. Hearst *(siehe S. 218)*. Zur Mission gehört auch ein kleines Museum mit Mobiliar der Zeit, einigen Pergamenten, Gewändern der ersten Mönche und originalen Wandbildern der Indianer. Es gibt auch einen hübsch gestalteten Garten.

Madonnenstatue

⓭ Chumash Painted Cave State Historic Park

Painted Cave Road. **Straßenkarte** C5. **📞** 1-805-733-3713. 🚌 von Santa Barbara. Parkplatz nur für zwei Fahrzeuge. **W** parks.cal.gov

In den Santa Ynez Mountains, 13 Kilometer nordwestlich von Santa Barbara, gibt es einige abgelegene Höhlen mit Zeichnungen und Einritzungen der Chumash-Indianer. Am bekanntesten ist eine sechs mal zwölf Meter große Höhle (etwas abseits vom Highway 154) mit ockerfarbenen Einkerbungen.

Manche Zeichnungen in roter, schwarzer oder weißer Farbe erinnern an Tiere wie etwa Echsen, Schlangen und Skorpione. Die Stämme tauschten die Farbpigmente untereinander. Manche Experten nehmen an, dass die Zeichnungen religiöse Symbole darstellen. Andere halten eine tiefere Bedeutung für unwahrscheinlich.

Höhlenzeichnungen der Chumash-Indianer

Monarchfalter

Jedes Jahr wandern Millionen von Faltern aus dem Westen der USA und Kanada nach Mexiko, Süd- und Zentralkalifornien, um dort zu überwintern. Auf ihrer Reise, die im Oktober/November beginnt, legen die Falter bis zu 130 Kilometer pro Tag bei einer Geschwindigkeit von maximal 50 km/h zurück. Sie lassen sich meist in den Eukalyptuswäldern der Küste nieder. Nach der Paarung im Januar/Februar treten sie den Rückflug an. Man kann Exemplare im Montana de Oro State Park *(siehe S. 213)* sowie in Pismo Beach und Ventura sehen.

Monarchfalter

⑭ Im Detail: Santa Barbara

Santa Barbara ist ein südkalifornisches Juwel: eine ganze Stadt in einem durchgängigen Architekturstil. Nach dem verheerenden Erdbeben von 1925 hielt man sich streng an die südländische Bauweise. Die Stadt wurde 1782 – vier Jahre vor der Mission Santa Barbara *(siehe S. 226f)* – als spanische Garnison gegründet. Im 19. Jahrhundert war sie ein ruhiges Dorf mit ein paar Hundert Familien und Zentrum für die nahen Ranches. Bemerkenswert ist, dass etwa ein Dutzend Wohnhäuser die Zeit überdauert hat. Heute ist Santa Barbara ein beliebter Urlaubsort mit Sandstränden, guten Cafés, Restaurants und Kunstgalerien.

Zur Mission Santa Barbara

★ Museum of Art
Das Museum präsentiert asiatische und amerikanische Kunst, Antiquitäten, Drucke, Zeichnungen und Fotografien. In der französischen Abteilung (19. Jh.) befindet sich *Der reife Weizen* (1884) von Jules Bastien-Lepage.

★ County Courthouse
Das Gerichtsgebäude im spanischen Kolonialstil (1929) mit tunesischen Fliesen und schmiedeeisernem Dekor wird noch genutzt. Die Wandbilder von D. S. Groesbeck im Mural Room zeigen Ereignisse der kalifornischen Geschichte *(siehe S. 46–61).* Der Glockenturm bietet schöne Ausblicke.

Paseo Nuevo
Das farbenfrohe Shopping- und Restaurantzentrum unter freiem Himmel ergänzt eine ältere Arkade auf der anderen Seite der State Street.

Legende
— Routenempfehlung

Hotels und Restaurants im südlichen Zentralkalifornien *siehe Seiten 532 und 556–558*

★ Presidio
Santa Barbaras Presidio bauten die Spanier 1782 als letztes Glied einer Kette von 14 Festungen entlang der kalifornischen Küste.

Infobox

Information
Straßenkarte C5. 🖼 90 000.
Visitors' Center 1 Garden St, 1-805-965-3021.
W santabarbaraca.com
Museum of Art 1-805-963-4364. Di–So 11–17 Uhr.
County Courthouse 1-805-962-6464. tägl. 10–17 Uhr.
Presidio 1-805-946-9719. tägl. 10.30–16.30 Uhr.
W sbthp.org
Santa Barbara Historical Museum 1-805-966-1601. Di–Sa 10–17, So 12–17 Uhr. Spende.
W santabarbaramuseum.com

Anfahrt
Santa Barbara Airport, 13 km nördl. von Santa Barbara. 34 W Carrillo. Stearns Wharf.

Das Cañedo Adobe beherbergte einst Offiziere der Festung. Heute ist es Sitz des El Presidio de Santa Barbara State Historic Park.

El Cuartel war der Aufenthaltsort für die Familien.

Lobero Theatre
Das hübsche Gebäude von 1924 steht auf dem Grundstück des früheren Theaters, das der italienische Musiker José Lobero 1873 hatte erbauen lassen.

Zum East Beach

Historical Museum
Die Sammlung ist in zwei Lehmziegelhäusern untergebracht. Zu den Artefakten gehört eine Holzstatue der hl. Barbara, einer Märtyrerin aus dem 4. Jahrhundert.

0 Meter 100
0 Yards 100

Mission Santa Barbara

Santa Barbara, die »Königin der Missionen«, ist die meistbesuchte kalifornische Mission. Der Grundstein für die
zehnte der von den Spaniern erbaute Missionen *(siehe
S. 50f)* wurde 1786, am Tag der hl. Barbara, gelegt. Drei aus
Adobe-Ziegeln gebaute Kirchen wurden durch Erdbeben
zerstört. Die heutige Kirche wurde 1820 fertiggestellt. Ihr
Doppelturm und die Mischung aus romanischem, maurischem und spanischem Stil inspirierte Architekten zu
dem, was man heute Missionsstil nennt *(siehe S. 34)*. 1925
beschädigte ein weiteres Erdbeben Türme und Kirchenfassade. Diese Teile wurden wiederhergestellt, doch che-
mische Reaktionen innerhalb der Bausubstanz erforderten 1953 den Neubau der gesamten Frontseite. Man hielt
sich dabei an den ursprünglichen Entwurf. Santa Barbara
ist die einzige Mission, die seit ihrer Gründung ununterbrochen in Betrieb ist.

Zentraler Brunnen
Palmen überragen den
Springbrunnen mitten im
heiligen Garten.

Eingang

Arkadengang
Die Front des Museums
bildet ein offener Säulen-
gang. Die früheren Wohn-
räume zeigen heute die
Sammlung von Artefakten
der Mission.

Küche
Die Küche zeigt die
typische Einrichtung des
frühen 19. Jahrhunderts.
Die Mission lebte von
eigener Land- und
Viehwirtschaft.

★ Heiliger Garten
Der schön gestaltete Garten fungierte einst als Gelände, auf dem Indianer westliches Handwerk erlernen konnten. Werkstätten und Unterkünfte befanden sich in den umliegenden Gebäuden.

Infobox

Information
2201 Laguna St.
📞 1-805-682-4713.
🕐 tägl. 9–17 Uhr (letzter Einlass 16.30 Uhr). 🎫 📷 Do, Fr 11, Sa 10.30 Uhr. ♿ 📷
🌐 santabarbaramission.org

Anfahrt
🚌 22.

★ Kirche
Die schmale Kirche hat einen klassizistischen Innenraum mit auf Wand und Türen aufgemalten Marmorsäulen und anderen Imitaten. Die hölzerne Altarwand musste nach dem Erdbeben 1915 ersetzt werden. Sie weist eine Reihe von Holzstatuen auf.

★ Hauptfassade
Die Kirchenfassade entwarf Pater Antonio Ripoll, der ein Bewunderer des römischen Architekten Vitruv (wirkte um 27 v. Chr.) war und sich beim Bau der Kirche an dessen Ideen orientierte.

Außerdem

① **Schlafzimmer** eines Missionars mit der Originalmöblierung aus dem frühen 18. Jahrhundert.

② **Die Breite des Schiffs** war von der Höhe der Bäume abhängig, deren Stämme als Querbalken dienten.

③ **Die Kapelle** seitlich des Altars ist für das heilige Sakrament bestimmt.

④ **Im Friedhofsgarten** liegen ungefähr 4000 Indianer und Mönche begraben.

Kirche der Mission San
Buenaventura in Ventura

⑮ Ventura

Straßenkarte C5. 🏙 108 000.
🚏 ℹ 101 S California St, Suite C,
1-805-648-2075.
🌐 ventura-usa.com

Von der **Mission San Buenaventura**, die 1782 gegründet
und 1809 fertiggestellt wurde,
blieb eine Kirche mit Garten
und gefliestem Springbrunnen
erhalten. Ein Museum vermittelt ein Bild des Originalkom-
plexes. Zwei Adobe-Häuser
sind in der Stadt zu sehen. Das
winzige **Ortega Adobe** veranschaulicht die früher ziemlich
harten Lebensbedingungen.
Das **Olivas Adobe** ist eine
zweistöckige Hazienda im
Monterey-Stil *(siehe S. 34)* mit
Rosen- und Kräutergarten.
   Ventura ist ein Landwirt-
schaftszentrum. Ventura Harbor Village hat Läden, Restaurants, ein Karussell und ein
Theater. Man kann neben
Hafenrundfahrten auch Walbe-
obachtungs- und Bootsfahrten
zum Channel Islands National
Park unternehmen. Zudem
sind Angelausrüstungen und
Kajaks zu mieten.

🏛 **San Buenaventura Mission**
211 E Main St. ☎ 1-805-643-4318.
🕐 tägl. ⬤ 1. Jan, Ostern, Thanksgiving, 25. Dez.
🌐 sanbuenaventuramission.org

🏚 **Ortega Adobe**
100 W Main St. ☎ 1-805-648-
2075. 🕐 tägl. ⬤ 1. Jan, Ostern,
Labor Day, Thanksgiving, 25. Dez.

🏚 **Olivas Adobe**
4200 Olivas Park Drive. ☎ 1-805-
658-4728. **Gelände** 🕐 tägl. **Haus**
🕐 Sa, So. ⬤ 1. Jan, Ostern,
Thanksgiving, 25. Dez.

⑯ Channel Islands National Park

Straßenkarte C6. 🚉 Ventura.
🚌 **Besucherzentrum** 1901 Spinnaker Dr, Ventura. ☎ 1-805-658-
5730. 🕐 tägl. 🚢 Island Packers,
1867 Spinnaker Drive, 1-805-642-
1393. 🌐 nps.gov/chis

Die vulkanischen, unbewohnten Inseln Santa Barbara, Anacapa, San Miguel, Santa Cruz
und Santa Rosa bilden den
Channel Islands National Park.
Der Zugang zu den Inseln
wird von den Rangern, die im
Besucherzentrum Genehmi-
gungen erteilen, streng über-
wacht. Zelten kann man auf
allen Inseln außer Santa Cruz.
Man muss mindestens zwei
Wochen im Voraus buchen
und Verpflegung und
Wasservorräte mitbrin-
gen, da es auf den
Inseln keine Versor-
gung gibt.
   Je nach Insel und
Jahreszeit hat man
vielleicht das Glück,
Delfine, Grauwale und
Kalifornische Pelikane
auf dem Santa Monica
Channel zu entdecken.
Zur Vielfalt der Tier-
welt auf den kleinen,
malerischen Inseln
gehören Kormorane,
Seelöwen, See-Elefan-
ten und Möwen.
   Tagesausflüge nach Anacapa, der dem Festland am
nächsten gelegenen Insel,
bieten einen Einblick in das
einzigartige Ökosystem. Mehr
erfährt man bei einer Ranger-
Führung auf San Miguel und
Santa Rosa. Besucher müssen

auf den gekennzeichneten
Wegen bleiben. Das Mitbringen von Tieren ist nicht erlaubt.
   Die Gezeitenbecken auf
den Inseln bieten eine reiche
Meeresflora und -fauna. Ein
Großteil der hier lebenden
Pflanzen- und Tierarten steht
unter Naturschutz.
   Kajakausflüge sind wegen
der vielen Höhlen ein einzigartiges Erlebnis. Auch Schnorcheln und Sporttauchen bietet
sich hier an.

⑰ Ronald Reagan Presidential Library

40 Presidential Drive, Simi Valley.
Straßenkarte C5. ☎ 1-800 410-
8354. 🕐 tägl. 10–17 Uhr. ⬤ 1. Jan,
Thanksgiving, 25. Dez. 📷 ♿
🌐 reagan.utexas.edu

Kalifornischer
Pelikan

Präsident Reagans gesamte
Dokumente sind in diesem
Mission-Revival-Gebäude
untergebracht. Eine Aus-
stellung in der Biblio-
thek zeigt das Leben
Reagans. Hinzu
kommen Wechsel-
ausstellungen mit
Geschenken, Klei-
dung, Kunstwerken
und anderen Objek-
ten, die mit Reagans
achtjähriger Amtszeit
im Weißen Haus zu tun haben,
darunter ein Stück der Berliner
Mauer mit Graffiti. Bei der
Replik des Oval Office in Originalgröße stimmt jedes Detail.
Im Air-Force-One-Pavillon kann
man an Bord der Maschine
gehen, mit der sechs Präsidenten flogen (1973–2001).

Rekonstruktion des Oval Office in der Reagan Presidential Library

Arkade im Mission-Revival-Stil an der Main Street in Ojai

⑱ Ojai

Straßenkarte C5. 🚠 8000. 🚌 🚉
ℹ️ 150 W Ojai Ave, 1-805-646-8126. 🅆 ojaichamber.org

Der 1874 gegründete Ort trug früher den Namen des Autors Charles Nordhoff, der um 1875 ein für Kalifornien werbendes Buch schrieb. 1917 wurde er in Ojai umbenannt, dem Wort der Chumash-Indianer für »Mond«, da er in ein halbmondförmiges Tal eingebettet ist.

Ojais Arkade im Mission-Revival-Stil wurde 1917 von Richard Requa entworfen und vom Glasfabrikanten und Millionär J. Libby finanziert. Ihr Turm ist der Nachbau eines Glockenturms in Havanna. Die Arkade bildet auf der Hauptstraße die Front zweier Blocks mit Geschäften.

Der Buchladen Barts Corner (302 West Matilija Street) hat rund 25000 Bücher, viele davon sind im Freien. Nachteulen stöbern hier und bezahlen durch den Türschlitz.

Spirituelle Gruppen zogen sich seit den 1920er Jahren ins Ojai Valley zurück. Heute haben hier einige religiöse Gruppen ihren Hauptsitz.

⑲ Los Padres National Forest

Straßenkarte C5. 🚌 Santa Barbara.
Besucherzentrum 6755 Hollister Ave, Suite 150, Goleta. 📞 1-805-968-6640. 🅾️ Mo–Fr 8–16.30 Uhr.
🅆 fs.fed.us/r5/lospadres

Der Los Padres National Forest bedeckt fast 8100 Quadratkilometer Land – von Wüstenlandschaft bis zu kiefernbewachsenen Bergen von 2700 Metern Höhe. Hier leben Schwarzbären, Füchse, Hirsche und Pumas. Unter den Vögeln finden sich Steinadler und kalifornische Kondore, mit einer Flügelspannweite von drei Metern die größten Vögel Nordamerikas.

Auf den Ausläufern an der Küste wachsen Redwoods, in höheren Lagen gedeihen Tannen. Im Sommer kann es brütend heiß werden, von Mai bis Oktober regnet es selten.

Den Wald durchziehen Hunderte von Wanderwegen für erfahrene Wanderer, aber nur wenige Straßen (mit Ausnahme von Highway 33 und 150). Der Highway 154 führt auf dem Weg von Santa Ynez (siehe S. 222) nach Santa Barbara (siehe S. 224–227) ein Stück durch das Gebiet und überquert die spektakuläre Cold Spring Arch Bridge.

88 Campingplätze sind über den Park verteilt, ideal für Outdoor-Aktivitäten wie Angeln, Reiten und Skifahren auf dem Mount Pinos.

⑳ Bakersfield

Straßenkarte C5. 🚠 363000. 🚌
ℹ️ 515 Truxton Ave, 1-868-425-7353. 🅆 visitbakersfield.com

Bakersfield ist nach Thomas Baker benannt, einem Siedler, der Luzernen pflanzte und damit die Tiere der ersten Reisenden fütterte, die hier vor der Überquerung der Tehachapi Mountains, der »Grenze« zwischen Nord- und Südkalifornien, rasteten.

Die Stadt erreicht man auf der I-5 von San Francisco vor dem Anstieg des Grapevine Canyon nach Los Angeles. Einige Nebenstraßen führen von Santa Maria oder Ojai durch den Los Padres National Forest hierher.

Die jüngere Geschichte von Bakersfield begann 1850 mit der Entdeckung von Gold und in späterer Zeit von Öl. Viele Menschen kamen hierher und bebauten das fruchtbare Land.

Bakersfield gehört zu den am schnellsten wachsenden Städten Kaliforniens, ist aber noch ländlich geprägt und ein Zentrum der Country Music. Darüber hinaus gibt es hier edle Antiquitätenläden. Das **Kern County Museum** zeigt Ausstellungsstücke zur Entwicklung der Erdölindustrie.

Der Kern River ist bei Raftern und Kajakfahrern beliebt (siehe S. 584). Lake Isabella, 65 Kilometer östlich, ist ein Wassersportzentrum.

🏛️ **Kern County Museum**
3801 Chester Ave. 📞 1-661-437-3330. 🅾️ Mo–Sa 10–17, So 12–17 Uhr. 🔴 1. Jan, Thanksgiving, 24., 25., 31. Dez. 📷
🅆 kcmuseum.org

Die Cold Spring Arch Bridge im Los Padres National Forest

Orange County

Etwa vor einem Jahrhundert wurde Orange County seinem Namen gerecht. Das trockene, sonnige Land zwischen den Santa Ana Mountains im Osten und der Pazifikküste im Westen war damals von Orangenhainen bedeckt. Heute ist das Gebiet mit Freeways und Vorstadtsiedlungen übersät. Besucher können hier unter anderem interessante Museen, historische Sehenswürdigkeiten und vielfältige Unterhaltungsangebote genießen.

Noch Mitte der 1950er Jahre führten die Straßen zu den Vergnügungsparks durch Orangenhaine. Damals zog Disneyland die ersten begeisterten Massen an, und ein Einheimischer, nämlich Richard Nixon, wurde Vizepräsident der USA. Die Orangenhaine mussten den Städten weichen, die Aufkleber der Obstkisten wurden begehrte Sammlerobjekte. Mehr als zwei Millionen Menschen genießen heute ständigen Sonnenschein und hohen Lebensstandard.

Die Küste des Orange County ist eine Aneinanderreihung von breiten Sandstränden, Surferspots, Yachthäfen und Künstlerenklaven. In den Küstenorten kann man von den Bars auf den Klippen bei atemberaubender Aussicht den Sonnenuntergang bewundern. Im Landesinneren gibt es eine Vielzahl kultureller Sehenswürdigkeiten. Die Mission San Juan Capistrano, 1776 gegründet, erinnert an die Besiedelung durch die spanischen Franziskaner. Das Bowers Museum in Santa Ana präsentiert Kunst von indigenen Völkern aus der ganzen Welt. In Yorba Linda gedenkt die Nixon Presidential Library and Museum des berühmtesten Sohns von Orange County.

Die Region gehört zu den bedeutendsten Vergnügungszentren Kaliforniens. Für Familien, die Aufregung und Achterbahnfahrten lieben, ist Knott's Berry Farm® ideal, der älteste Vergnügungspark der USA – und natürlich Disneyland®, das Königreich der Fantasie, »die berühmteste Menschenfalle, die je von einer Maus aufgestellt wurde«.

Nixon Presidential Library and Museum *(siehe S. 242)* – Ansicht mit Garten und Pool

◀ Yachten in der Avalon Bay, Catalina Island *(siehe S. 246f)*

Überblick: Orange County

Ein Großteil der 2050 Quadratkilometer des Orange County ist zersiedelte Landschaft, verbunden durch Freeways, auf denen Tag und Nacht der Verkehr tobt. Anaheim, das Domizil von Disneyland®, ist die zweitgrößte Stadt nach Santa Ana. Knott's Berry Farm® liegt nur ein paar Kilometer nordwestlich bei Buena Park. Hierher strömen die Besuchermassen. Der Küstenstreifen ist ebenfalls fast komplett bebaut, doch diese Orte bieten mehr Abwechslung und Charakter als jene um die Vergnügungsparks. Landeinwärts stößt man im Osten auf offenes Land, das teilweise zum riesigen Cleveland National Forest und zu den Santa Ana Mountains gehört.

Two Harbors auf Catalina Island

Legende

≈ Interstate Highway
≈ State Highway
— Highway
··· Nebenstraße
·-· Eisenbahn (Hauptstrecke)
··· Eisenbahn (Nebenstrecke)
△ Gipfel

Die gewaltige Christ Cathedral in Garden Grove, südlich von Anaheim

Sehenswürdigkeiten auf einen Blick

❶ *Disneyland® Resort S. 236–239*
❷ *Knott's Berry Farm® & Soak City S. 240f*
❸ Nixon Presidential Library and Museum
❹ Christ Cathedral
❺ Bowers Museum
❻ Heritage Museum of Orange County
❼ *Mission San Juan Capistrano S. 244f*
❽ *Catalina Island S. 246f*

Im Orange County unterwegs

Die I-5 ist die Hauptverkehrsader von Nord nach Süd, von Los Angeles nach San Diego. Es gibt neue mautpflichtige Schnellstraßen, die sie entlasten sollen. Der landschaftlich schöne Highway 1 (Pacific Coastal Hwy) verbindet viele Urlaubsorte des County. Amtrak-Züge *(siehe S. 602)* und Pendlerzüge von Metrolink fahren von Los Angeles nach Süden. Die meisten Buslinien sind auf Pendler zugeschnitten. Shuttle- und Reisebusse bieten schnelle Verbindungen zu den Parks und nach Los Angeles. Fähren nach Catalina Island verkehren das ganze Jahr über. Überfahrten vom Festland nach Avalon oder Two Harbors dauern etwa eine Stunde.

Küste

Die Strände und Urlaubsorte entlang der Küste des Orange County repräsentieren das klassische Südkalifornien. Der nördliche Küstenabschnitt ist flach. Südlich der Balboa Peninsula locken schöne Klippen und geschützte Buchten. Teure Eigenheime, luxuriöse Yachthäfen, Sport und moderner Lebensstil spiegeln Reichtum und Vitalität der Gegend wider.

Der Balboa Pavilion wurde 1905 als Endstation der Pacific Electric Red Car Line von Los Angeles eröffnet. Hier spielten in den 1930er und 1940er Jahren Stars der Big-Band-Ära wie Count Basie. Heute ist der Holzpavillon ein Restaurant und Ausgangspunkt für Bootsrundfahrten um Newport Harbor.

③ ★ **Huntington State Beach**

Als »Surf-City USA®« besitzt Huntington ein Surfmuseum. Hier werden internationale Wettbewerbe veranstaltet, aber auch ansonsten ist es interessant, den Wellenreitern zuzusehen.

Upper Newport Bay Ecological Reserve, ein keilförmiges Küstenfeuchtgebiet (ca. 405 ha), ist Zufluchtsort für Tiere, darunter Zugvögel. Auf dem Areal gibt es einen Fahrradweg, Angelplätze sowie Führungen zu Fuß und im Kajak.

Legende

≋ Interstate Highway

▬ State Highway

▭ Highway

〜 Fluss

❅ Aussichtspunkt

① **Seal Beach**

Dies ist ein ruhiger, 1,6 Kilometer langer, ebener Strand. Der Pier ist bei Anglern sehr beliebt. Geht man die 570 Meter bis zum äußersten Ende, kann man im Norden die Hochhäuser von Long Beach *(siehe S. 136f)* sehen.

② **Bolsa Chica State Beach**

Bolsa Chica bietet flache, wilde Strände. Ölförderanlagen und 120 Hektar geschütztes Feuchtgebiet der Bolsa Chica Ecological Reserve verleihen diesem Strand eine ganz eigene Atmosphäre.

④ **Newport Beach**

Bekannt für superteure Häuser und entsprechenden Lebensstil, rühmt sich Newport Beach eines fünf Kilometer langen, breiten Strands und zweier Piers. Frischer Fisch der historischen Dory-Flotte wird am Nordende des Piers verkauft.

⑦ **Aliso Beach**

Der kleine Sandstrand liegt an der Mündung des Aliso Creek. Am 190 Meter langen Betonpier stößt man auf Angler. Am Südende gibt es ein Naturschutzgebiet mit Arealen von Riesentang (Braunalgen).

⑧ **Doheny State Beach**

Der Sandstrand ist ein Naturschutzgebiet und liegt nahe der Mündung des San Juan Creek. Der Strand ist attraktiv für Schwimmer, Surfer, Angler, Vogelfreunde, Radfahrer und Camper.

⑨ **San Clemente State Beach**

Das am Hügel gelegene San Clemente besitzt einen schmalen Sandstrand. Nahe dem Bahnhof liegt der Pier der Gemeinde. Weiter südlich bietet der 40 Hektar große State Beach schöne Picknickstellen und einen Campingplatz.

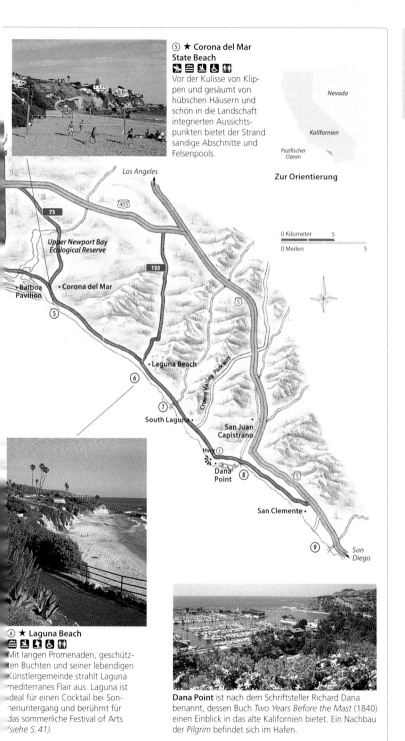

⑤ ★ **Corona del Mar State Beach**
🏄 ♨ ⛱ ♿ 🚻

Vor der Kulisse von Klippen und gesäumt von hübschen Häusern und schön in die Landschaft integrierten Aussichtspunkten bietet der Strand sandige Abschnitte und Felsenpools.

Zur Orientierung

Nevada

Kalifornien

Pazifischer Ozean

0 Kilometer 5
0 Meilen 5

Los Angeles

Upper Newport Bay Ecological Reserve

73

405

133

• Balboa Pavilion

• Corona del Mar

⑤

⑤

• Laguna Beach

⑥

⑦

South Laguna •

Crown Valley Parkway

San Juan Capistrano

Hwy ①

Dana Point

⑧

⑤

San Clemente •

⑨

San Diego

⑥ ★ **Laguna Beach**
♨ ⛱ 🏄 ♿ 🚻

Mit langen Promenaden, geschützten Buchten und seiner lebendigen Künstlergemeinde strahlt Laguna mediterranes Flair aus. Laguna ist ideal für einen Cocktail bei Sonnenuntergang und berühmt für das sommerliche Festival of Arts (siehe S. 41).

Dana Point ist nach dem Schriftsteller Richard Dana benannt, dessen Buch *Two Years Before the Mast* (1840) einen Einblick in das alte Kalifornien bietet. Ein Nachbau der *Pilgrim* befindet sich im Hafen.

❶ Disneyland® Resort

Disneys® »magisches Königreich« in Anaheim ist nicht allein die Top-Attraktion Kaliforniens, sondern auch Teil des »American Dream«. Der ursprüngliche Disneyland® Park, Disney's California Adventure™, Downtown Disney® und drei riesige Hotels sind mittlerweile Vorbild für Vergnügungsparks weltweit. Die Besucher dieses »glücklichsten Platzes auf Erden« erleben ein Fantasieland, aufregende Fahrgeschäfte, Glitzershows und Shopping-Vergnügen in einem Ambiente mit Paraden, Feuerwerk – und mit Mickey Mouse.

Überblick: Disneyland®

Im Disneyland® Park liegen über 43 Hektar verstreut acht Themenbereiche, die sogenannten »Länder«. Zu den einzelnen Zielen des Parks gelangt man mit der Disneyland® Railroad und einer Monorail. Der kleinere California Adventure™ Park ist in vier Themenbereiche aufgeteilt (siehe S. 239), die man bequem zu Fuß erkunden kann. Dieser jüngste Nostalgie-Park im typischen Disney-Stil ist für die ganze Familie geeignet. Im Herzen der Anlage, zwischen diesen beiden Themenparks, liegt der Bereich von Downtown Disney®. Hier findet man viele Restaurants, Läden und Unterhaltungsangebote.

Um das ganze Areal zu sehen, braucht man mindestens drei Tage. Für alle Themenparks zusammen gibt es ein Kombiticket (siehe S. 237). Dieses gilt dann für alle Fahrgeschäfte und Shows. Dazu bekommt man eine Karte des Parks und einen Veranstaltungskalender für den entsprechenden Tag.

In der Hauptsaison sind beide Parks bis in den späten Abend geöffnet. Es lohnt sich auf jeden Fall, sich auch die **Fireworks Show**, die nach Einbruch der Dunkelheit in Disneyland® stattfindet, anzusehen.

Main Street U.S.A.®

Die makellos saubere, kunterbunte Straße mit Nachbauten von Häusern aus dem späten 19. Jahrhundert heißt die Besucher willkommen. Der Platz am Rathaus ist der ideale Ort, um die täglich stattfindende Parade mit Disney®-Figuren und Szenen aus Disney®-Filmen zu sehen. Doch dies ist nicht die einzige Möglichkeit, seine Lieblingsfiguren aus der Disney®-Welt zu treffen. Mit ein wenig Glück hat man bei seinem Aufenthalt auch die Gelegenheit, sich zusammen mit Mickey Mouse und Co. fotografieren zu lassen.

Informationen über den Park, Karten und Veranstaltungspläne gibt es in der **City Hall**. Das **Main Street Cinema** zeigt Disney®-Stummfilme. Entlang der Main Street U.S.A.® befinden sich neben zahlreichen Attraktionen auch Läden und Imbissstände.

Tomorrowland®

In Tomorrowland® werden ferne Zukunftsvisionen wahr. Die Angebote wechseln häufig, um der realen Technologie immer einen Schritt voraus zu sein. Eine der ersten Attraktionen war 1955 **Autopia**, das seither ständig erneuert wurde und nun Besucher per Auto auf eine Reise in ein Paralleluniversum mitnimmt. Die Strecke führt durch Tomorrowland® und Fantasyland®.

Buzz Lightyear Astro Blasters
Bei der interaktiven Tour steuern die Besucher ihre Raumschiffe selbst.

Finding Nemo Submarine Voyage
Im computeranimierten Ambiente sind die Besucher Gäste im U-Boot von Nemo.

Star Tours©
Diese höchst rasante Fahrt wurde in Zusammenarbeit mit George Lucas, dem Regisseur von *Krieg der Sterne*, entworfen. Die brillante Flugsimulator-Technik macht die Tour besonders realistisch. Unlängst kam eine 3-D-Odyssee dazu, die insgesamt 50 verschiedene Kombinationen der Geschichte ermöglicht.

Space Mountain®
Die Attraktion wurde für das 21. Jahrhundert entsprechend nachgerüstet. Die Hochgeschwindigkeits-Achterbahnfahrt katapultiert einen auf 36 Meter Höhe – in fast völliger Dunkelheit mit Sternschnuppen und Meteoritenschauern. Sie ist für kleine Kinder ungeeignet.

Mickey's Toontown®
Hier sind alle Disney-Figuren zu Hause. Folglich kann man hier am ehesten auf Mickey, Goofy

Shopping

Je später der Abend, desto voller werden die Läden in Disneyland®, vor allem diejenigen der Main Street U.S.A.®. Wenn möglich, sollten Sie deshalb Ihre Einkäufe früher am Tag erledigen und sie dann am Abend im Redemption Center abholen. Neben den üblichen Disney-Souvenirs finden Sie in jedem der »Länder« noch spezielle Produkte. So kann man etwa im Adventureland® Kleidung à la Indiana Jones™ erstehen. Im Frontierland® gibt es (Kunst-)Handwerk der Ureinwohner.

Die umfassende Auswahl von allen Bereichen bietet jedoch Magic Kingdom®: Das Emporium in der Main Street U.S.A.® ist das größte Geschäft in Disneyland®. Hier findet man ein breites Sortiment an Souvenirs und Geschenkartikeln rund um die lustigen Disney-Figuren.

Hotels und Restaurants im Orange County siehe Seiten 533 und 558–560

Im Fantasyland® steht das Dornröschenschloss

Infobox

Information
Straßenkarte D6.
🛈 1313 Harbor Blvd, Anaheim.
📞 1-714-781-4565.
🕐 Juni–Aug: tägl. 8–24 Uhr;
Sep–Mai: tägl. 9–20 Uhr.
🅿️♿🎠📷🚭🚻
🌐 disneyland.com

Anfahrt
🚌 von LAX. 🚌 435.

und Co. treffen. Sie sind alle sehr nett und lassen sich mit Besuchern fotografieren.

Beliebt sind das Haus von Mickey Mouse und der Bauernhof von Minnie Mouse. Der Fan erkennt feinsinnige Anspielungen auf Disneys legendäre Detailverliebtheit. Die meisten Attraktionen dieses Bereichs eignen sich für Kinder ab drei Jahren. **Chip 'n Dale Treehouse** in einem riesigen Redwood und das Areal von Downtown sind ideal für die Kleinen.

Roger Rabbit's Car Toon Spin ist die größte und beliebteste Attraktion in Toontown. Hier begibt man sich auf eine verrückte Taxifahrt, bei der sich die herumwirbelnden Autos gefährlich nahe kommen.

Fantasyland®
Die leuchtend rosafarbenen und goldenen Türme des **Sleeping Beauty Castle** (Dornröschenschloss) und eine Nachbildung des Matterhorns lassen nicht nur Kinderherzen höherschlagen. Beliebte Märchenfiguren wie etwa Peter Pan und Schneewittchen liefern die Motive für Fahrten in fliegenden Galeonen, Kanalbooten und den herumsausenden Tassen des Verrückten Hutmachers. Hier gibt es fast doppelt so viele Attraktionen wie in den anderen »Ländern«. Die Menschenmassen zeugen von der ungebrochenen Anziehungskraft der »alten« Figuren.

Matterhorn Bobsleds
Die historische Attraktion bietet schon seit 1959 »eisige« Achterbahnfahrten. Die Kopie des berühmten Schweizer Gipfels erhebt sich rund 45 Meter über Disneyland®. Schlittenbobs mit vier Passagieren erklimmen den schneebedeckten Gipfel. Danach geht es mit hoher Geschwindigkeit durch den hohlen Gipfel abwärts, vorbei an tiefen Gletscherspalten und rauschenden Wasserfällen. Am Ende der Fahrt rast der Schlitten in einen Teich – und die vorderen Passagiere werden unter allgemeinem Gequietsche nass.

It's a Small World
In der »Kleinen Welt« kreuzt man in farbenfrohen Booten durch ein Areal, in dem nahezu 300 singende und tanzende Audio-Animatronics-Puppen auftreten. Sie orientieren sich an beliebten Disney®-Figuren, tragen aber Trachten aus der ganzen Welt.

Tickets und Tipps
Ein Tagesticket für Disneyland® oder Disney's California Adventure™ deckt den Eintritt und den Zugang zu den meisten Attraktionen ab. Parken kostet extra, ebenso bestimmte Shows, Essen und Trinken sowie die Arkaden. Mit Kombitickets für zwei bis fünf Tage sowie Jahrespässen hat man unbegrenzten Zugang. Der Fastpass gewährt für eine bestimmte Zeit Zugang zu ausgewählten Attraktionen, dies verringert die Wartezeit.

Man kann auch Zeit sparen, indem man die Eintrittskarten vorbestellt, etwa bei einem der Disney®-Stores oder online (www.disneyland.com). Tagesaktuelle Informationen zu Showzeiten, Wartezeiten oder geschlossenen Attraktionen finden Sie auf einer Tafel am Ende der Main Street U.S.A.® gegenüber dem Plaza Pavilion.

Das Mark Twain Riverboat auf den Rivers of America

Frontierland®

Das Areal lässt die abenteuerliche Zeit des Wilden Westens aufleben. Auf der Bühne des **Golden Horseshoe Jamboree** sorgen Billy Hill and the Hillbillies für Stimmung. An den Wochenenden wird Frontierland abends zum Schauplatz von **Fantasmic!** – einem Feuerwerk mit Soundeffekten und Show.

Downtown Disney®

Zwischen den Eingängen zu Disneyland® Park und Disney's California Adventure™ befindet sich Downtown Disney®. Entlang dieser Straße gibt es ein sehr großes Angebot an innovativen Restaurants sowie Läden und verschiedenste Unterhaltungsangebote. Da Besucher für diesen Bereich keinen Eintritt zahlen müssen, ist Downtown Disney® äußerst beliebt, allerdings auch immer sehr voll.

Die meistbesuchten Attraktionen von Downtown sind AMC Theatre®, ESPN Zone™ und das LEGO Imagination Center®. Viele Imbissstände, Restaurants, jede Menge Fach- und Spezialitätengeschäfte sowie ein Reisecenter komplettieren das totale Disney®-Erlebnis.

Der altertümlich anmutende Schaufelraddampfer **Mark Twain Riverboat** fährt auf den idyllischen Rivers of America. Auf dem 15-minütigen Ausflug sieht man Elche und Hirsche aus Plastik. Nehmen Sie sich auch Zeit für **Pirate's Lair** auf Tom Sawyer Island.

Wer den Nervenkitzel liebt, wird sich dem Bann der rasanten Achterbahn **Big Thunder Mountain Railroad** bestimmt nicht entziehen können. Aus Big Thunder, einer Bergwerksstadt der 1880er Jahre, fahren die Wagen ab und rasen mit hohem Tempo durch den Big Thunder Mountain, vorbei an herabstürzenden Felsen und donnernden Wasserfällen.

Critter Country

Das 1,6 Hektar große Critter Country ist im Stil des amerikanischen Nordwestens erbaut und liegt nahe dem New Orleans Square. Hier gibt es die beliebte Attraktion Splash Mountain. Auch das ruhigere Restaurant Hungry Bear befindet sich hier.

Splash Mountain

Dies ist eine Wassertour in ausgehöhlten Baumstämmen. Sie wird u. a. von Brer Rabbit und Brer Fox, den singenden Figuren aus dem Film *Song of the*

South (1946), begleitet. Die Tour endet mit steiler Fahrt auf einem Wasserfall in die Tiefe. Die vorn Sitzenden sollten darauf gefasst sein, dass sie nass werden.

Davy Crockett's Explorer Canoes

Bei der Kanufahrt flussabwärts im Pionierstil erzählen Führer Lehrreiches und stellen sicher, dass alles unfallfrei verläuft.

The Many Adventures of Winnie the Pooh

Der beliebteste Bär der Welt und seine Freunde begeben sich hier auf die Jagd nach Honig.

New Orleans Square

Der zauberhafte Platz ist dem French Quarter von New Orleans zur Zeit seiner Blüte (19. Jh.) nachgebildet. Schmiedeeiserne Balkone zieren die Ladenhäuser im französischen Stil.

The Haunted Mansion®

Diese Attraktion verspricht »999 Gespenster und Geister«. Einige Besucher sind so vertraut mit der Ankündigung, dass sie beim Hinuntersteigen in die Spukwelt der bösen Geister und Totengräber den Text mitsprechen. Die ätheri-

schen Geister, darunter ein sprechender Frauenkopf in einer Kristallkugel, sind sehr beeindruckend.

Die Planung dieser Attraktion nahm nicht weniger als 15 Jahre in Anspruch. Die Show ist einzigartig in Kalifornien. Da die Temperaturen angenehm kühl sind, ist ein Besuch vor allem an heißen Nachmittagen zu empfehlen.

Pirates of the Caribbean
Bei Nacht ist die aufregende Reise durch die Welt voller Grobiane – Audio-Animatronics® –, die tanzen und jede Menge Rum schlucken, am schönsten. Diese Animationstechnik, die mithilfe elektronischer Impulse die Figuren zum Leben erweckt, wurde in Disneyland®

perfektioniert. Figuren bekannter Kinofilme wurden in den Ablauf der Show integriert.

Adventureland®
Eine exotische Atmosphäre herrscht in diesem »Land«. Es bietet dunkle, feuchte Wasserfahrten unter tropischen Pflanzen. Es ist das kleinste, aber möglicherweise abenteuerlichste »Land« von Disneyland®. Im **Enchanted Tiki Room** zwitschern mechanische Vögel im Tropenwald.

Indiana Jones™ Adventure
Das Abenteuer wurde von der Filmtrilogie (ab 1982) inspiriert. In einem jeepähnlichen Gefährt erkundet man den Temple of the Forbidden Eye.

Packende Kulissen, ein realistischer Soundtrack und sensationelle Filmbilder machen die Fahrt zu einem unvergesslichen Erlebnis.

Jungle Cruise
Die Bootsfahrt im Safaristil durch einen Wald voller frei herumlaufender Affen und blutrünstiger Kopfjäger kommentiert ein – lebendiger – Kapitän, der während der ganzen Fahrt auf den dampfigen Wasserstraßen schreckliche, aber amüsante Witze erzählt.

Tarzan™'s Treehouse
Das Baumhaus ist ein Klettererlebnis, bei dem man Tarzan und Jane besuchen kann. Am Boden des Baums befindet sich ein interaktiver Bereich.

Disney's California Adventure™

Disney's California Adventure™, eine neuere Attraktion, liegt direkt neben Disneyland® und wurde auf den 22 Hektar Fläche des ehemaligen Parkplatzes errichtet. Das »Kalifornische Abenteuer« ist ebenfalls in »Länder« aufgeteilt, jedes davon mit Themenbereichen, die dem kalifornischen Traum huldigen. Zielgruppe dieses Parks sind ältere Teenager und Erwachsene, doch es gibt Angebote für alle Altersgruppen. Mit Disney's California Adventure™ entstand ein weiterer Meilenstein der Disney-Legende.

Hollywood Pictures Backlot
Das Backlot bietet einen sehr spannenden Einblick in die Filmindustrie. Zwei Blocks mit Fassaden und Kulissen vermitteln dem Besucher Hollywood-Atmosphäre. Zu den Highlights zählen **The Twilight Zone Tower of Terror™**, ein 13 Stockwerke hinabrasender Fahrstuhl, und **Monsters Inc. Mike and Sulley to the Rescue**, in der die Besucher um Monstropolis herumrasen, mit dem Auftrag, Boo sicher heimzubringen.

Golden State
Golden State zeigt Topografie und Landwirtschaft von Kalifornien – der felsige Grizzly Peak dient als Symbol für Disney's California Adventure™.

Traumhaft ist **Soarin'™ Over California**, ein simulierter Drachenflug, bei dem man Kalifornien auf einer Rundum-Leinwand bewundern kann. Man fühlt den Wind auf seiner Haut und riecht den Duft von Orangenblüten, während man

zwölf Meter über der Erde schwebt. **Grizzly River Run**, die Fahrt mit einem Gummifloß, sorgt für Abkühlung. In **Bug's Land** gibt es Fahrten für kleine Kinder und einen 3-D-Film mit Flik dem Käfer, dem Star aus *Das große Krabbeln*.

Paradise Pier
Am Paradise Pier stehen Achterbahnen und Riesenräder. Man kann auch einen Fallschirmsprung wagen. Die Achterbahn **California Screamin'**, **Mickey's Fun Wheel**, **Games of the Boardwalk** und **King Triton's Carousel** erinnern an frühere Zeiten, als sich noch viele Parks am Meer befanden.

Grizzly River Run, die Hauptattraktion in Disney's California Adventure™

❷ Knott's Berry Farm® & Soak City

Knott's Berry Farm® entwickelte sich von einer Boysenbeeren-Farm (Brombeerenart) von 1920 zu einem modernen Vergnügungskomplex im 21. Jahrhundert. Amerikas ältester Themenpark bietet mehr als 160 Attraktionen, wobei der Schwerpunkt auf authentischer Darstellung liegt. Das Herz des Parks bilden die Holzhäuser von Old West Ghost Town. Der Themenpark befindet sich in Buena Park, nur ungefähr zehn Kilometer von Disneyland® entfernt, und bietet fünf Themenbereiche, Dutzende Live-Shows, aufregende Fahrgeschäfte, Läden, Restaurants und ein Hotel.

Ghostrider
Die 1998 errichtete Mega-Holz-Achterbahn gehört zu den populärsten Achterbahnen der Welt. Mit einer Geschwindigkeit von 97 km geht es 33 Meter hinab. D zweieinhalb Minuten dauernde Fahrt ist ein Muss.

Old West Ghost Town
Die Straßen der Stadt aus der Zeit des Goldrauschs (um 1880) säumen authentische Gebäude. Eine Dampfeisenbahn von 1880, die **Ghost Town & Calico Railroad**, durchfährt den Park. Der **Butterfield Stagecoach** nimmt die Passagiere mit auf eine Reise in die Vergangenheit.

Das **Gold Trails Hotel and Mercantile**, ein restauriertes Schulhaus aus Kansas, und das **Western Trails Museum** erinnern an die Zeit des Wilden Westens. Line-Dance gibt es am **Calico Square**. Beim **Timber Mountain Log Ride** gleiten Besucher durch eine Sägemühle von 1880, bevor sie einen Wasserfall hinabstürzen. Im Herzen von Ghost Town steht der **Ghostrider**, eine Holz-Achterbahn. **Silver Bullet** ist die neueste Achterbahn, der **Pony Express** eine weitere Attraktion.

Die größte Holz-Achterbahn an der Westküste (36 m hoch)

1382 Meter lange Strecke

Eine Dampflok von 1880 fährt Besucher durch den Park

Camp Snoopy
Das 2,4 Hektar große Camp Snoopy, ein interaktives Paradies für Kinder, ist von der grandiosen Hochsierra inspiriert. Es gibt 30 kindgerechte Attraktionen und Fahrgeschäfte. Gastgeber sind die beliebten Peanuts-Figuren Snoopy, Lucy und Charlie Brown.

Für Kinder unter zwölf Jahren ist die **Timberline-Twister-Achterbahn** gedacht, ebenso wie die Red-Baron's-Flugzeuge und ein altmodisches Riesenrad mit Blick auf das Areal. Der **Charlie Brown Speedway** begeistert kleine Rennfahrer und auch deren Eltern. **Woodstock's Airmail** ist die kindgerechte Version von Supreme Scream®.

Kinder aller Altersstufen wollen in **Lucy's Tugboat** oder

Sierra Sidewinder einsteigen oder eine Show im **Camp Snoopy Theatre** sehen.

Fiesta Village
Kaliforniens spanisches Erbe wird in diesem »Dorf« gefeiert Fiesta Village hält Abenteuer

Kinder dürfen auf dem Charlie Brown Speedway ans Steuer

Hotels und Restaurants im Orange County *siehe Seiten 533 und 558–560*

und Nervenkitzel bereit. **Casa Arcada** wird die ganze Familie mit der neuesten Videotechnologie faszinieren, während eine Fahrt mit dem **Dentzel Carousel** angenehme, nostalgische Gefühle weckt.

Zwei große Achterbahnen, **Jaguar** (die eher familiengerechte Variante) und **Montezooma's Revenge** (für Leute, die wesentlich abenteuerlustiger sind), bieten aufregende Fahrten.

Supreme Scream, ein Turm, in dem der freie Fall simuliert wird

Indian Trails

In diesem Bereich wird Kunsthandwerk der amerikanischen Ureinwohner des pazifischen Nordwestens, der Great Plains, des Südwestens und des Westens ausgestellt. Totempfähle und Tipis der Navajo, Cherokee und Chumash sind entlang den »Indianerpfaden« zu sehen, die der Schönheit und Vielfalt indianischer Kunst gewidmet sind. Dabei können Besucher detailliert nachvollziehen, wie Glaube, Klima und Umgebung das tägliche Leben der Native Americans beeinflusst haben.

The Boardwalk

Beach Party heißt das Thema dieses Areals. Alles dreht sich um den Lebensstil an der süd-

kalifornischen Küste. Es gibt extreme Fahrgeschäfte: **Supreme Scream®** simuliert einen Raketenstart. Auch **Perilous Plunge** und **Xcelerator** sind nichts für Angsthasen. Haben Sie alles gut überstanden, entspannen Sie sich bei der Bühnenshow im **Charles M. Schulz Theater**.

Wild Water Wilderness

Die Magie der Wildnis zu Anfang des 20. Jahrhunderts wird mit reißenden Flüssen, Geysiren und einem imposanten Wasserfall nachempfunden. Die **Bigfoot Rapids** lassen Träume wahr werden. Die **Mystery Lodge** würdigt die Kultur der amerikanischen Ureinwohner. Es gibt Musik, Tanz und einen Geschichtenerzähler. In der **Ranger Station** stellt ein Naturwissenschaftler Sasquatch vor, das Wesen der Hochsierra, das auch als Bigfoot bekannt ist.

Soak City

Der neue Wasser-Abenteuerpark bietet 21 aufregende Wasserrutschen, alle der Surferkultur aus den Jahren 1950 bis 1960 gewidmet.

Die direkt neben Knott's Park liegende Soak City dehnt sich auf 5,3 Hektar Wasserfläche aus. Hier findet man Röhren, Wasserrutschen, Surfstrecken, eine Superrutsche mit sechs Bahnen und nicht zuletzt **Tidal Wave Bay** mit künstlichen Wel-

Infobox

Information
Straßenkarte D6.
🛈 8039 Beach Blvd, Buena Park. 📞 1-714-220-5200. ⭘ tägl.; Öffnungszeiten variieren, bitte der Website entnehmen.
⬤ 25. Dez. 🛇🛇🛇🛇🛇
Ⓦ knotts.com

Anfahrt
🚌 29, 38, 42.

len. In der **Gremmie Lagoon** können sich die Kleinen austoben. In der neuesten Attraktion, **Pacific Spin**, wird man in einen Tunnel gesogen. Für alle Fahrten gelten Größen- und Altersvorgaben. Umkleidekabinen sowie Schließfächer sind vorhanden.

Knott's Berry Farm® Resort Hotel

Viele Besucher der Unterhaltungsstätten Knott's Berry Farm® & Soak City übernachten im Knott's Berry Farm® Resort Hotel. Die 321 Zimmer sind mit Themen der Snoopy-Comics eingerichtet.

Erwachsene können Pool, Sportangebot und Fitness-Center, Kinder den Spielbereich nutzen. Familienfreundliche Restaurants, darunter das Amber Waves, runden die gehobene Atmosphäre ab. Es gibt Pauschalangebote und – für häufigere Besuche – Vergünstigungen.

Spektakuläre Wasserrutsche in Soak City

Das Haus, in dem Richard Nixon geboren wurde

❸ Nixon Presidential Library and Museum

18001 Yorba Linda Blvd, Yorba Linda. **Straßenkarte** D6. ☎ 1-714-993-5075. 🚍 nach Fullerton. ◐ Mo–Sa 10–17 Uhr, So 11–17 Uhr. ● Thanksgiving, 25. Dez. 📷 ♿ 📷 🖥 nixonlibrary.gov

Die Kombination aus Museum und Archiv würdigt Leben und Wirken Richard Nixons, des republikanischen Politikers und amerikanischen Präsidenten (1969–74). Das Haus, in dem Nixon 1913 geboren wurde, steht auf gepflegtem Gelände. In der Nähe befinden sich der Pool sowie die Gräber von Nixon und seiner Frau Pat mit schwarzen Granitgrabsteinen.

Im Museum zeigt eine Ausstellung die chronologische Abfolge vom Aufstieg und Fall Nixons, mit dem Schwerpunkt auf seiner Rolle als Friedensstifter und Politiker von internationalem Rang.

Die Abteilung für Außenpolitik besitzt die Nachbildung eines chinesischen Pavillons, der Exponate von Nixons China-Besuch 1972 beherbergt. In einem Nachbau der Basilius-Kathedrale gibt es eine Ausstellung zu seiner Reise in die Sowjetunion im selben Jahr.

Interessant ist darüber hinaus der World Leaders' Room mit Statuen berühmter Politiker wie Mao Tse-tung und Winston Churchill, umgeben von einigen der zahlreichen Geschenke, die Nixon während seiner Amtszeit erhielt. Darunter befinden sich eine Statue der Göttin Isis aus dem 6. Jahrhundert v. Chr. (vom ägyptischen Präsidenten Sadat), ein Gemälde von Sonia Delaunay (vom französischen Präsidenten Pompidou) und ein Malachit-Schmuckkästchen (vom sowjetischen Staats- und Parteichef Leonid Brežnev).

In anderen Abteilungen befindet sich drei Milliarden Jahre altes Mondgestein, ein 3,5 Meter langes Stück Berliner Mauer und Kleider der First Lady. Man kann auch die »Watergate-Tonbänder« hören, die zu Nixons Rücktritt führten. Im Presidential Forum besteht die Möglichkeit, dem verstorbenen Präsidenten per Bildschirm Fragen zu stellen. Wechselnde Exponate zeigen Events aus der Zeit der Präsidentschaft, z. B. Besuche von Stars wie Elvis Presley im Weißen Haus.

❹ Christ Cathedral

12141 Lewis St, Garden Grove. ☎ 1-714-971-2141. 🚍 45 N. ◐ Mo–Fr 10–15, Sa 9–16 Uhr. ♿ 🖥 christcathedralcalifornia.org

Ein Konstrukt aus einem Netz weißer Stahlträger mit über 10 000 versilberten Glaspaneelen – die Christ Cathedral (früher Crystal Cathedral) ist ein glitzerndes Monument, in dem Fernsehprediger Millionen von Amerikanern fesseln. Das Gotteshaus wurde 1955 von Robert H. Schuller gegründet, einem Vertreter der Reformed Church of America, der seinen Glaubensfeldzug mit Predigten in einem Autokino begonnen hatte. Die Roman Catholic Diocese of Orange kaufte die Kirche im Jahr 2012 und ließ sie anschließend renovieren.

Die 1980 von Philip Johnson entworfene schiffsförmige Kathedrale ist zugleich spiritueller Schrein und architekto-

Großer Innenraum der Christ Cathedral in Garden Grove

Hotels und Restaurants im Orange County *siehe Seiten 533 und 558–560*

nisches Wunder. Die Kathedrale, die 3000 Gläubigen Platz bietet, fungierte als Kanzel für R. Schuller und die Pastoren. Von hier wurde bis 2012 sein bekannter Sonntagsgottesdienst »Hour of Power« live ausgestrahlt. Dabei öffnete sich eine riesige Tür, damit die »Drive-in«-Gemeinde im Auto dem Gottesdienst folgen konnte. Die Farbvideo-Leinwand war 4,6 Meter breit, was jedem Besucher des Gotteshauses eine gute Sicht ermöglichte. Für musikalische Untermalung sorgte eine der größten Orgeln der Welt. Die Kirche wurde in den vergangenen Jahren sorgfältig restauriert und anschließend unter dem Namen Christ Cathedral wiedereröffnet.

1990 kam ein 72 Meter hoher Kirchturm mit polierten Prismen aus rostfreiem Stahl hinzu. Die Reformed Church of America besteht weiter, die »Hour of Power« wird ganz in der Nähe im Shepherd's Grove abgehalten.

Bowers Museum

2002 N Main St, Santa Ana. **Straßenkarte** D6. **1**-714-567-3600. nach Anaheim. 45 S. Di–So 11–16 Uhr. 1. Jan, Juli, Thanksgiving, 25. Dez. Sa, So. **bowers.org**

Eingang des im Missionsstil errichteten Bowers Museum

Die Institution galt lange Zeit als führendes Kunstmuseum des Orange County. Das Gebäude im Missionsstil beherbergt hochkarätige Dauer- und Wechselausstellungen. Es gibt ein hübsches Café und einen Laden, der Kunsthandwerk und Kunstbücher anbietet.

Das Museum wurde 1932 gegründet. Seine erstklassige Abteilung afrikanischer Masken – eine Sammlung von Paul und Ruth Tishman und jetzt langfristige Leihgabe der Disney Corporation – ist allein schon den Besuch wert. Andere Abteilungen mit Schätzen präkolonialer Kulturen aus Südostasien, Ozeanien, Mexiko und anderen Teilen Amerikas verdeutlichen das Engagement des Museums für die Volks-

kunst. Kunsthandwerkliche Exponate illustrieren Religion und Alltag dieser Völker.

Die oberen Etagen zeigen in Wandbildern aus den 1930er Jahren und Stuckarbeiten Szenen aus der Missions- und Pionierzeit Kaliforniens und des Orange County *(siehe S. 50f)*.

Ein Block weiter wurde eine ehemalige Bank in das **Kidseum** umgewandelt. In diesem Gebäude wird Kindern Kunst nahegebracht. Hier können sie Masken und Kostüme aus aller Welt anprobieren.

Maya-Statuette (800 – 950), Bowers Museum

Kidseum
1802 N Main St, Santa Ana. **1**-714-480-1520. Di–Fr 12 – 15, Sa, So 11 –15 Uhr.

❻ Heritage Museum of Orange County

3101 W Harvard St, Santa Ana. **Straßenkarte** D6. **1**-714-540-0404. nach Anaheim. 45 S. Fr 13–17, Sa 10–14, So 11–15 Uhr. 1. Jan, Ostersonntag, Thanksgiving, 25. Dez. **heritagemuseumoc.org**

Viktorianische Zeiten werden in dem 1898 von Hiram Clay Kellogg gebauten dreistöckigen Haus wach. Der von Schiffen faszinierte Ingenieur schuf ein Wohnhaus im nautischen Design. Der kabinenähnliche ovale Speiseraum hat einen in Planken verlegten Eichen- und Walnussfußboden, der an ein Schiffsdeck erinnert. Einige der Schubladen in den Holzschränken können auch in der Küche auf der anderen Wandseite geöffnet werden. Früchte sind auf die Decke gemalt. Eine elegante, runde Treppe mit einer mastähnlichen Säule in der Mitte dominiert den Raum.

Das Haus beherbergt ein kinderfreundliches Museum, das aber auch für Erwachsene von historischem und architektonischem Interesse ist. Besucher können altertümliche Kleider anprobieren und den Alltag um 1900 erleben.

Die oberen Räume sind mit Schulmöbeln, Puppenhäusern und Spielzeug der damaligen Zeit ausgestattet. Im Schlafzimmer des Hausherrn, heute der Textilienraum, sind eine Nähmaschine mit Pedal und ein Spinnrad ausgestellt. Unten können Kinder Instrumente wie ein Stereoskop oder ein Kurbeltelefon kennenlernen. Die Küche hat noch eine Eisbox und eine Buttermaschine. Nebenan befinden sich ein Ranchhaus (1899), ein Kutschenstall, ein Wasserturm und ein Garten mit Orangenbäumen.

Geräte zur Orangenkultivierung, Heritage Museum of Orange County

❼ Mission San Juan Capistrano

Das »Juwel unter den Missionen« wurde 1776 gegründet. Seine Kapelle ist das einzige erhaltende Gebäude in Kalifornien, in dem Pater Junípero Serra *(siehe S. 50)* predigte. Als eine der größten und wohlhabendsten hatte diese Mission als Glanzstück eine 1806 fertiggestellte Kirche aus Natursteinquadern. Sie wurde allerdings sechs Jahre später durch ein Erdbeben zerstört. Danach stand sie lange Zeit als Ruine in einer Anlage aus Lehmziegel- und Backsteinhäusern. Gebäude, Ziergärten und historische Ausstellungen lassen heute den früheren Glanz der Mission erahnen.

★ **Mönchszellen**
Die Mönche lebten i
nur spärlich möblier-
ten Räumen und
schliefen auf harten
Betten. Besuchern is
eine komfortablere
Unterkunft vergönn

Außerdem

① **Eine Runddachhütte** aus Holzstangen erinnert an die traditionellen Häuser der Indianerdörfer zur Missionszeit.

② **Die Küchen** sind mit Ecköfen und Küchenutensilien ausgestattet.

③ **In der Bodega**, dem Lagerhaus, wurden Talg, Getreide, Wolle und Felle aufbewahrt.

④ **Nur Ruinen** sind von der kreuzförmigen Kirche übrig. Das Gotteshaus wurde bei einem Erdbeben 1812 zerstört.

Glocken
Die vier Originalglocken der Kirche hängen heute in der Mauer eines kleinen Gartens. Das größere Paar stammt von 1796.

Junípero Serra
Eine Statue des Paters mit einem Indianerjungen befindet sich in einer Gartenecke.

Infobox

Information
26801 Ortega Hwy, San Juan Capistrano. **Straßenkarte** D6.
📞 1-949-234-1300. ⏱ tägl. 8.30–17 Uhr. ⬤ Thanksgiving, 25. Dez. 🅿️🅰️📷🚫
W missionsjc.com

★ Innenhof
Der Hof war das Herzstück der Anlage und Zentrum des Missionslebens. Er ist von einem Kreuzgang umgeben, hat in der Mitte einen Brunnen, alten Baumbestand und einen schönen Garten.

Kreuzgang
Die Arkaden umrahmen den Innenhof. Die gefliesten Wände sorgen für Schatten und Kühle. Hier konnte man umhergehen oder sitzen und meditieren.

★ Serra's Chapel
Der 300 Jahre alte Altar besteht aus Kirschholz und ist mit Blattgold bedeckt. Er wurde 1906 aus Barcelona hierhergebracht.

Die Schwalben der Mission

Jedes Frühjahr kehren Tausende Wanderschwalben aus Südamerika nach San Juan Capistrano zurück. Ihre Ankunft wird am 19. März, dem Tag des hl. Joseph, gefeiert *(siehe S. 40)*. Seit mehr als 200 Jahren nisten die Vögel in den Ziegeldächern und Adobe-Mauern der Mission. Sie verwenden Lehmklumpen, um ihre geschlossenen Nester zu bauen, in denen sie vier bis fünf Eier ausbrüten. Im Herbst fliegen die Schwalben wieder nach Süden.

Eine Schwalbe der Mission

❽ Catalina Island

Das nur rund 50 Kilometer vom Festland entfernte Catalina Island ist leicht zu erreichen. Ihren Namen erhielt die Insel durch den Entdecker Sebastián Vizcaíno, der 1602 – am Tag der heiligen Katharina von Alexandria – hier an Land ging. Ein Großteil der bergigen Landschaft ist unberührt und seit Langem ein beliebtes Wochenendziel.

Größter Ort ist die Hafenstadt Avalon. Die großen Gebäude wurden vom Kaugummi-Millionär William Wrigley jun. errichtet, der die Insel 1919 kaufte. Nun gehört der überwiegende Teil der ca. 200 Quadratkilometer großen Insel der Catalina Island Conservancy, die sich um den Naturschutz kümmert.

Two Harbors
Yachten ankern in den Buchten flachen Landenge. Es gibt ein Ta zentrum, ein B&B, ein Restaurar und einen Laden.

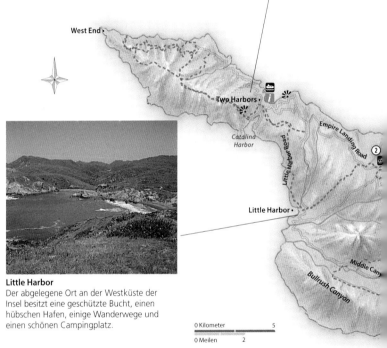

West End •

Two Harbors •

Catalina Harbor

Little Harbor Road

Empire Landing Road

Little Harbor •

Middle Can

Bullrush Canyon

0 Kilometer   5
0 Meilen   2

Little Harbor
Der abgelegene Ort an der Westküste der Insel besitzt eine geschützte Bucht, einen hübschen Hafen, einige Wanderwege und einen schönen Campingplatz.

Flora und Fauna

Catalina Island wurde im Lauf der Jahrhunderte ein Refugium für Pflanzen und Tiere, die auf dem Festland nicht verbreitet waren. Eisenholz und einige Arten von Mahagonibäumen sowie die äußerst giftige wilde Tomate gehören zu den endemischen Pflanzenarten der Insel. Es haben sich auch eigene Tierarten entwickelt wie der kleine, graue Catalina-Fuchs. Einige von Siedlern mitgebrachte Tiere sind verwildert, darunter Ziegen, Schweine und Hirsche. Auch eine kleine Bisonherde, die 1924 für Dreharbeiten hierhergebracht und nie wieder eingefangen wurde, lebt auf der Insel.

Einer der wilden Bisons auf Catalina Island

Hotels und Restaurants im Orange County *siehe Seiten 533 und 558–560*

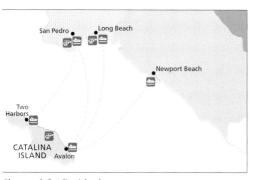

ähren nach Catalina Island

Infobox

Information
Straßenkarte C6.
🅦 catalinainfo.com
𝐢 Foot of Green Pleasure Pier, Avalon, 1-310-510-1520. 🖼
Catalina Arts Festival (Mitte Sep).

Anfahrt
🚁 **Island Express Helicopter Service** 1-800-228-2566 von San Pedro, John Wayne Airport und Long Beach zum Nature Center. 🚢 **Catalina Express** 1-800-481-3470 von San Pedro, Long Beach und Dana Point nach Avalon oder von San Pedro nach Two Harbors. **Catalina Passenger Service** 1-800-830-7744 von Newport Beach nach Avalon.

★ Avalon Casino
Führungen zeigen ein Art-déco-Juwel (1929), einst Bühne für Big Bands, das inzwischen liebevoll restauriert wurde.

★ Avalon Bay
Avalon hat etwa 4000 Einwohner, einen Pier, Restaurants und Hotels. Einheimische fahren in Golf-Karts, die vermietet werden.

Legende

⸺ Straße
Piste
- - - Pfad
- - - Trans-Catalina Trail (TCT)
⸻ Fluss

Außerdem

① **Der Black Jack Mountain** ist 610 Meter hoch und damit der zweithöchste Berg auf Catalina Island. In den 1920er Jahren wurden hier Blei, Zink und Silber abgebaut.

② **Airport-in-the-Sky und Nature Center**

③ **Das Catalina Island Museum** befindet sich nahe dem Zentrum von Avalon. Das Geschichtsmuseum erzählt, wie die Insel für Viehzucht, Bergbau, Tourismus und auch als Filmkulisse diente.

④ **Lovers Cove Marine Reserve** wird von Glasbodenbooten angefahren. Dabei kann man die farbige Unterwasserwelt erleben.

⑤ **Zu den Seal Rocks** führen Bootsausflüge, die man bei vier Agenturen buchen kann. Auf den Rocks kann man Kolonien vorbeiziehender Seelöwen beobachten.

★ Wrigley Memorial & Botanic Gardens
Der 15 Hektar große Park zu Ehren von William Wrigley jun. enthält ein imposantes Denkmal sowie Pflanzenarten, die nur hier wachsen.

San Diego County

Der spanische Pater Junípero Serra gründete 1769 in San Diego die erste von 21 Missionsstationen auf dem Gebiet des heutigen Kalifornien *(siehe S. 50f)*. Aus dieser mit mildem Klima und einem natürlichen Hafen gesegneten Siedlung entstand im Lauf der Zeit die achtgrößte Stadt der Vereinigten Staaten. Sie rühmt sich mehrerer interessanter Museen und einiger spannender Stadtviertel mit bemerkenswerter Architektur. Die Pazifikküste sowie ausgedehnte Wälder und Parks im Hinterland ziehen viele Besucher an.

Der Charakter San Diegos war schon immer vom Meer beeinflusst. Im 19. Jahrhundert tauchten Pelzhändler, Goldsucher und Walfänger in der Bucht auf. Die US-Marine kam 1904 und dehnte sich derart aus, dass die Stadt heute die weltweit größte Militärbasis besitzt. In der Bucht sieht man häufig Flugzeugträger – neben Kreuzfahrtschiffen, Yachten, Fischer- und Segelbooten. San Diego ist eine Stadt für Sport und Freizeitvergnügen. Die dreimalige Gastgeberin des America's Cup und Heimat des Baseballteams Padres und des Footballteams Chargers bietet reichlich Gelegenheit zum Surfen, Segeln und Golfen.

Wer zum ersten Mal hier ist, wird von der Weitläufigkeit und der Vielfalt an Angeboten überrascht sein. Vielen Besuchern sind der Zoo und der Meerespark SeaWorld bekannt, doch nur wenige wissen, dass San Diego eine rasch wachsende Metropole mit glitzernden neuen Wolkenkratzern ist. Dank der vielen Museen im Balboa Park gewinnt sie auch kulturell immer mehr an Ansehen.

Die zerklüftete Küste nördlich der Stadt wird von wohlhabenden Gemeinden und Naturreservaten gesäumt. Im Landesinneren befinden sich kleine Ortschaften, umgeben von einer schönen Landschaft und fruchtbarem Farmland. Wälder und Parks machen diesen Teil des San Diego County zu einem Paradies für Wanderer und Camper. Nach Osten wird die Landschaft zunehmend bergig und geht schließlich in Wüste über. Im Süden liegt – nur eine kurze Fahrt von San Diego entfernt – die mexikanische Grenzstadt Tijuana.

Bazaar del Mundo in San Diegos Altstadt *(siehe S. 258f)*

◄ Turm des San Diego Museum of Man im Balboa Park *(siehe S. 262)*

Überblick: San Diego County

Das 10 350 Quadratkilometer große San Diego County bietet eine abwechslungsreiche Küste mit Felsklippen, Sandstränden und Marschland sowie ein bergiges Hinterland. Eine natürliche Grenze nach Osten bildet die Anza-Borrego-Wüste *(siehe S. 280f)*. Die Stadt San Diego liegt nahe der mexikanischen Grenze an einer großen Bucht, die von zwei Halbinseln geschützt wird. Grandiose Strände und vielfältige Freizeitangebote sind die Hauptattraktionen an diesem Teil der Pazifikküste. Eine Fahrt ins Landesinnere führt in die Stille des Cleveland National Forest oder in die Wildnis von Staatsparks wie Palomar Mountain und Cuyamaca Rancho.

Cuyamaca Rancho State Park

Der Yachthafen Shelter Island in der San Diego Bay

0 Kilometer 15
0 Meilen 15

Margarita Peak
972 m

Los Angeles

Riverside

Rainbow

Fallbrook

Camp Pendleton

Bonsal

MISSION SAN LUIS REY
8 76

Oceanside

Vista

LEGOLAND® 7

San Mar

Carlsbad

Leucadia

Encinitas

Cardiff-by-the-Sea

Ranc
Santa

Solana Beach

Del Mar

Torrey Pines State Beach

LA JOLLA 5

SA
DE

Pacific Beach

MISSION BAY 4

SEAWORLD 3

Ocean Beach

SAN DIEGO

Coronado

Point Loma

Silver Strand
Beach

LIVING C
DISCOVERY CE

TIJUANA R
NATIONAL ESTUA
RESEARCH RESE

Legende

Interstate Highway

State Highway

Highway

Nebenstraße

Panoramastraße

Eisenbahn (Hauptstrecke)

Eisenbahn (Nebenstrecke)

Staatsgrenze

△ Gipfel

Weitere Zeichenerklärungen *siehe hintere Umschlagklappe*

Sehenswürdigkeiten auf einen Blick

Cabrillo National Monument in San Diego

Surfer an Swami's Beach bei Encinitas

Im San Diego County unterwegs

Die Hauptverkehrsrouten verlaufen in Nord-Süd-Richtung. Entlang der Küste gelangt man über die Interstate 5 oder mit dem Zug ins Orange County (siehe S. 233) und nach Los Angeles. Auf der malerischen Strecke zwischen San Diego und Oceanside verkehrt der Coaster Train. Während sich das Hinterland ohne Auto kaum erkunden lässt, bietet sich in San Diego die Benutzung der öffentlichen Verkehrsmittel an (siehe S. 270). Die Stadt hat ein dichtes Busnetz, zwei Linien fahren bis an die mexikanische Grenze und nach El Cajon.

Küste

Zwischen Orange County und der mexikanischen Grenze erstreckt sich die 112 Kilometer lange Küste des San Diego County mit fantastischen Sandstränden und beliebten Ferienorten. In Del Mar und Mission Beach pflegt man eine regelrechte Strandkultur – und treibt exzessiv Sport. Ruhe und Entspannung findet man in Naturschutzgebieten wie Batiquitos Lagoon, Torrey Pines State Reserve und Living Coast Discovery Center *(siehe S. 268).* In Carlsbad gibt es Legoland California, einen Vergnügungspark für Kinder von zwei bis zwölf Jahren mit Burg und Miniaturstädten.

San Clemente

Die **Batiquitos Lagoon** liegt zwischen South Carlsbad Beach und Leucadia State Beach. Hier gibt es Zonen mit Festland, nur zeitweise überfluteten Arealen und Wasserflächen. Die Lagune bietet zahlreichen Fischarten, Salzwasserpflanzen und Vögeln, etwa der Zwergseeschwalbe und dem Schneeregenpfeifer, eine Heimat.

Del Mar Racetrack wurde in den 1930er Jahren durch Bing Crosby und andere Hollywood-Stars berühmt. Die großen Rennen sind nach wie vor gesellschaftliche Höhepunkte. Die Saison dauert von Ende Juli bis Mitte September. Im Juni findet in der Nähe die San Diego County Fair statt.

Torrey Pines State Reserve und Santa Rosa Island *(siehe S. 228)* sind die einzigen Orte der Welt, an denen die Torrey-Kiefer *(Pinus torreyana)*, ein Relikt aus der Phase vor der letzten Eiszeit, wächst. Sie ist an die trockene, sandige Gegend gut angepasst.

Legende

![Interstate Highway] Interstate Highway

![State Highway] State Highway

![Highway] Highway

![Fluss] Fluss

![Aussichtspunkt] Aussichtspunkt

0 km   5

0 Meilen   5

① ★ **San Onofre State Beach**
Trotz seiner Nähe zu einem Atomkraftwerk und der Militärbasis Camp Pendleton lohnt sich ein Besuch des beliebten Strands, um die Surfer in Aktion zu sehen.

③ **Swami's Beach**
Der Surferstrand ist nach dem Gründer des hier errichteten Self-Realization Fellowship Temple benannt.

④ **Cardiff State Beach**
Südlich von Encinitas liegt der weiße Sandstrand von Cardiff, der gute Schwimm- und Surfmöglichkeiten, Campingplätze sowie Strandrestaurants bietet.

⑥ **Torrey Pines State Beach**
Der beliebte Strand lädt zum Schwimmen und Picknicken ein. Im Süden liegt die Torrey Pines State Reserve mit schönen Wanderwegen durch die Kiefernwälder an der Küste.

⑨ **Mission Beach**
Am belebtesten Strand San Diegos kann man gut Leute beobachten oder sich im Belmont Park *(siehe S. 265)* vergnügen.

⑩ **Ocean Beach**
Der T-förmige Pier am Strand ist auch bei Pelikanen beliebt. Besucher lieben die Aussicht.

⑫ **Silver Strand Beach**
Zwei militärische Sperrgebiete flankieren den langen, schmalen Strand. Sein Name bezieht sich auf die silbrigen Muscheln im Sand.

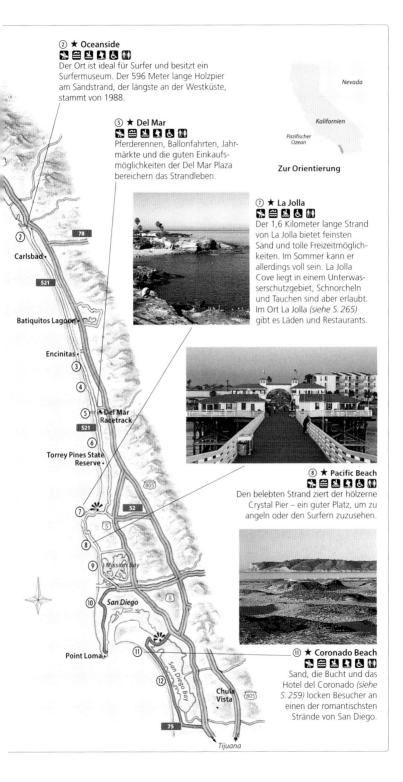

② ★ **Oceanside**
Der Ort ist ideal für Surfer und besitzt ein Surfermuseum. Der 596 Meter lange Holzpier am Sandstrand, der längste an der Westküste, stammt von 1988.

⑤ ★ **Del Mar**
Pferderennen, Ballonfahrten, Jahrmärkte und die guten Einkaufsmöglichkeiten der Del Mar Plaza bereichern das Strandleben.

Nevada

Kalifornien

Pazifischer Ozean

Zur Orientierung

⑦ ★ **La Jolla**
Der 1,6 Kilometer lange Strand von La Jolla bietet feinsten Sand und tolle Freizeitmöglichkeiten. Im Sommer kann er allerdings voll sein. La Jolla Cove liegt in einem Unterwasserschutzgebiet, Schnorcheln und Tauchen sind aber erlaubt. Im Ort La Jolla *(siehe S. 265)* gibt es Läden und Restaurants.

Carlsbad

Batiquitos Lagoon

Encinitas

③

④

⑤ Del Mar Racetrack

⑥

Torrey Pines State Reserve

⑦

⑧

⑨ Mission Bay

⑩ San Diego

Point Loma

⑪

⑫

San Diego Bay

Chula Vista

Tijuana

⑧ ★ **Pacific Beach**
Den belebten Strand ziert der hölzerne Crystal Pier – ein guter Platz, um zu angeln oder den Surfern zuzusehen.

⑪ ★ **Coronado Beach**
Sand, die Bucht und das Hotel del Coronado *(siehe S. 259)* locken Besucher an einen der romantischsten Strände von San Diego.

❶ San Diego

Die hakenförmige Bucht San Diegos breitet sich über 57 Quadratkilometer aus. Der natürliche Seehafen wird durch die vorgelagerte Halbinsel Coronado *(siehe S. 259)* geschützt. Hier entstand die zweitgrößte Stadt Kaliforniens. Die Bucht wurde 1542 vom Seefahrer Juan Rodríguez Cabrillo entdeckt. Die Kolonialisierung begann erst 1769, als im Gefolge einer spanischen Expedition der Missionar Junípero Serra zur Sicherung von Alta California (der Teil nördlich von Baja California) hier eintraf. Das Militär errichtete eine Festung und eine Mission nahe dem San Diego River, in der Gegend, die heute als Old Town bekannt ist *(siehe S. 258f)*.

Läden im Seaport Village

Überblick:

Downtown San Diego

Der Aufstieg San Diegos setzte um 1870 ein, als Alonzo Horton, ein Geschäftsmann aus San Francisco, im Hafenviertel zu investieren begann. Er entwarf das Straßenraster im Gaslamp Quarter *(siehe S. 256f)*, dem Viertel, das mit dem Einkaufszentrum Westfield Horton Plaza das Herzstück des sanierten Innenstadtbezirks bildet. Früher war der Broadway, an dessen westlichem Ende das **Santa Fe Depot** steht, die Hauptstraße der Stadt. Der Bahnhof im spanischen Kolonialstil mit Türmen und bunt gefliestem Inneren wurde 1915 für die Panama Pacific Exposition im Balboa Park *(siehe S. 260–263)* erbaut.

Seit den 1980er Jahren spielt sich in Downtown ein architektonisches Wettrennen ab. Höchstes Gebäude San Diegos ist das 34 Stockwerke hohe **America Plaza** (1991) in der Nähe des Santa Fe Depot. Das 1989 eröffnete **San Diego Convention Center** im Hafenviertel hat die Form einer Galeone.

Die Promenaden und Piers am **Embarcadero** verdeutlichen San Diegos Rolle als bedeutender Handels- und Militärhafen. Im nördlichen Teil liegen die historischen Schiffe des **Maritime Museum**. Nur ein Stückchen weiter südlich befindet sich der **Broadway Pier**, von wo aus die Hafenrundfahrten starten. Das **Seaport Village** bietet neben vielen Läden und Restaurants auch die Aussicht auf die Flugzeugträger der **North Island United States Naval Air Station**.

🏬 Westfield Horton Plaza

Broadway, G St, 1st u. 4th Ave.
📞 1-619-239-8180. 🕐 tägl.
⬤ Ostern, Thanksgiving, 25. Dez.
🌐 westfield.com/hortonplaza

Das innovativ konzipierte Shopping-Center von 1985 wurde zum Katalysator für die Erneuerung des Stadtzentrums. Es ist in Pastelltönen gehalten und beherbergt auf ineinander verschachtelten Stockwerken 120 Läden, die Einkaufszentren Nordstrom und Macy's und Cafés. Architekt John Jerde konzipierte auch das Luxushotel Bellagio in Las Vegas. Ein abendlicher Einkaufsbummel lässt sich mit einem Restaurantbesuch im Gaslamp Quarter verbinden.

Das attraktive Shopping-Center Westfield Horton Plaza

Zentrum von San Diego

① Cabrillo National Monument
② Junípero Serra Museum
③ Maritime Museum
④ Santa Fe Depot
⑤ Museum of Contemporary Art
⑥ Westfield Horton Plaza
⑦ Seaport Village
⑧ Embarcadero
⑨ New Children's Museum
⑩ Gaslamp Quarter
⑪ Little Italy
⑫ Hotel del Coronado
⑬ USS Midway Museum

🏛 Maritime Museum

1492 North Harbor Drive. 📞 1-619-234-9153. 🕐 tägl. 9–20 Uhr (im Sommer bis 21 Uhr). 🌐
🌐 **sdmaritime.com**

Das Handelsschiff *Star of India* (1863) und die *Berkeley* (1898), eine Fähre aus der San Francisco Bay, sind hier zu sehen. Weitere Highlights sind die dampfbetriebe Yacht *Medea* (1904) und HMS *Surprise*, die Nachbildung einer Fregatte (18. Jh.).

🏛 Museum of Contemporary Art

1001 u. 1100 Kettner Blvd. 📞 1-619-234-1001 🕐 Do–Di 11–17 Uhr.
● 1. Jan, 25. Dez. 🌐 **mcasd.org**

Das Museum ist das Downtown-Gegenstück zum gleichnamigen Haus in La Jolla *(siehe S. 265)*. In vier Abteilungen werden Wechselausstellungen mit Werken zeitgenössischer Künstler und Teile der Sammlung präsentiert.

Infobox

Information
Straßenkarte D6. 🗺 1 350.000.
🛈 1040 1/3 W Broadway.
🏴 Street Scene Festival (Aug).
🌐 **sandiego.org**

Anfahrt
✈ Lindbergh Field Airport, 3707 N Harbor Drive. 🚉 1050 Kettner Blvd. 🚌 120 West Broadway.

🏛 USS Midway Museum

910 North Harbor Drive. 📞 1-619-544-9600. 🕐 tägl. 10–17 Uhr.
● Thanksgiving, 25. Dez.
🌐 **midway.org**

Zu den spannendsten Bereichen des Museumsschiffs gehören der Maschinenraum, der Kapitänsraum und der Schlafraum der Besatzung.

🏛 Little Italy

Zwischen W Laurel St und W A St, Pacific Hwy und Front St. 🛈 1-619-233-3898. 🌐 **littleitalysd.com**

Der auch Middletown genannte Stadtteil lebte einst von der Fischerei, wurde in den letzten Jahrzehnten aber zum Künstlerviertel. Italienische Restaurants, Cafés, kleine Läden und Galerien säumen die Straßen.

🏛 New Children's Museum

200 W Island Ave. 📞 1-619-233-8792. 🕐 Mo, Di, Fr, Sa 10–16, Do 10–18, So 12–16 Uhr. 🌐
🌐 **thinkplaycreate.org**

Das Museum ist auf dem neuesten Stand der Technik und ein Spaß für die ganze Familie. In den von Rob Wellington Quigley gestalteten Räumen vergnügen sich Kinder aller Altersklassen.

0 Kilometer 1
0 Meilen 1

Das New Children's Museum bietet Kindern viele Aktionsmöglichkeiten

Zeichenerklärung *siehe hintere Umschlagklappe*

San Diego: Spaziergang im Gaslamp Quarter

In den 1880er Jahren waren die 16 Blocks des Gaslamp Quarter ein berüchtigtes Areal voller Spelunken, Bordelle und Spielhöllen, in denen manch naiver Zeitgenosse von Betrügern ausgenommen wurde. Trotz starker Polizeipräsenz und der Entstehung einer asiatischen Gemeinde blieb die Gegend zwielichtig. Erst in den 1970er Jahren bemühte man sich, das Viertel wiederzubeleben und die vielen historischen Gebäude zu erhalten. 1980 wurde es unter Denkmalschutz gestellt. In der Folge entwickelte sich das Gaslamp Quarter zum neuen Zentrum von San Diego, ideal für Shopping sowie Restaurant- und Discobesuche. Es gibt hier noch viele Bauten aus dem 19. Jahrhundert zu bewundern, von der einfachen Bäckerei bis hin zu reich verzierten Bürogebäuden und einem grandiosen viktorianischen Hotel. Besonders reizvoll ist der Bezirk nachts, wenn die Bürgersteige von den anmutigen Gaslaternen beleuchtet werden.

Infobox

Information
Broadway u. 4th bis 6th Ave.
Straßenkarte D6. **ℹ** 410 Island Ave, (619) 233-4692.
W gaslampquarter.org

Anfahrt
🚌 1. 🚋 Bayside.

Das Lincoln Hotel (Nr. 536) wurde 1913 erbaut und weist chinesische Einflüsse auf.

Das Backesto Building, ein Büroblock in Nr. 614, datiert von 1873.

Old City Hall
In dem Bürogebäude von 1874 war einst die Stadtverwaltung untergebracht.

Fifth Avenue, Westseite

★ Louis Bank of Commerce
Die 1888 errichtete Bank war der erste Granitbau der Stadt. Die Bank existierte nur fünf Jahre lang. Später diente der Bau u. a. als Austernbar und Bordell.

Marston Building
Das Kaufhaus an der Ecke 5th Avenue und F Street wurde 1881 von George Marston, einem Lokalpolitiker, gebaut und nach einem Brand 1903 rekonstruiert.

Fifth Avenue, Ostseite

W

STREET

G STREET

F STREET

Legende

▶▶ Westseite nach Norden

◀◀ Ostseite nach Süden

FIFTH AVENUE

N

MARKET

G STREET

F STREET

O

Llewelyn Building
Das 1877 erbaute Haus beherbergte bis
1906 ein Schuhgeschäft, später eine
Reihe von Hotels.

Gaslamp Quarter am Abend
Abends wimmelt es in den Straßen des Viertels von Menschen.
Man isst und trinkt in den Restaurants und Bars oder bummelt
einfach herum.

★ **Yuma Building**
Das 1886 erbaute Geschäftshaus war
einer der ersten Ziegelbauten im Stadtzentrum. 1915 befand sich hier ein Bordell – das erste, das in San Diego nach
einer Polizeirazzia geschlossen wurde.

0 Meter	10
0 Yards	10

Wyatt Earp
Der Gesetzeshüter Wyatt Earp
unterhielt nach 1880 die Oyster
Bar an der Fifth Avenue. Seriö-
sere Läden zogen in das Areal
nördlich der Market Street, um
sich vom »Milieu« des Rotlicht-
bezirks abzugrenzen.

Abstecher von Downtown San Diego

Rund sechs Kilometer nördlich des heutigen Stadtzentrums liegt die Old Town. Hier finden sich die ältesten Gebäude San Diegos – viele davon wurden saniert – sowie das faszinierende Junípero Serra Museum. Westlich davon verläuft die Küstenlinie in südlicher Richtung bis zur Spitze der Point Loma Peninsula, von wo aus man eine fantastische Sicht auf den Pazifik und die Stadt auf der anderen Seite der Bucht hat. Südlich von Point Loma befindet sich Coronado mit seinen zahlreichen Luxushotels und beliebten Sandstränden in privilegierter Lage am Ende einer länglichen Halbinsel in der San Diego Bay.

Viktorianisches Haus, Heritage Park

Das Innere der Mason Street School in der Old Town

Überblick: Old Town

Bis in die 1870er Jahre lag das Zentrum San Diegos rund um den Presidio (die ehemalige spanische Festung) der jetzigen Old Town. Heute bilden hier etwa 20 sanierte bzw. rekonstruierte historische Gebäude dieser Periode ein denkmalgeschütztes Ensemble, in dessen Mitte sich ein grasbewachsener Platz befindet, auf dem immer wieder Paraden und Fiestas stattfinden. Das Besucherzentrum des historischen Ensembles ist im **Robinson Rose Building** an der Westseite untergebracht.

Weitere interessante Bauwerke sind das **Colorado House** und die **Mason Street School** von 1865. Mexikanische Einflüsse weist das Shopping-Center **Fiesta de Reyes** *(siehe S. 581)* an der Nordecke des Platzes auf.

Die Old Town erstreckt sich weit jenseits der Grenzen des gleichnamigen Staatsparks. Das **Whaley House** (2482 San Diego Avenue), der erste zweistöckige Ziegelbau Kaliforniens von 1856, diente früher als Gerichtsgebäude.

🏛 Junípero Serra Museum

2727 Presidio Drive. 📞 1-619-232-6203. 🕙 Sa, So 10–17 Uhr (Juli, Aug: auch Fr). 🚾 **w** sandiegohistory.org

Das weiß gekalkte Museum, das Juwel des Presidio Park, entstand 1929 im Spanish-Revival-Stil *(siehe S. 35)* und ist nach dem Missionar Junípero Serra benannt. Auf dem Gelände des Parks oberhalb des San Diego River befand sich einst das 1769 von den Spaniern erbaute Fort mit Missionsstation. Die Ruinen werden derzeit noch archäologisch untersucht. Einige der Funde, feines Por-

zellan oder Kanonenkugeln, sind im Museum ausgestellt, das auch die Entwicklung San Diegos und seiner indianischen, spanischen, mexikanischen und amerikanischen Bewohner dokumentiert. Sehr interessant ist das Gemälde *La Madre santisima de la Luz* von Luis Mena, das er um 1760 in Mexiko malte. Es zeigt vor der Jungfrau Maria kniende Indianer und ist ein künstlerisches Zeugnis aus der Zeit der ersten Mission, die 1774 nach San Diego de Alcalá umzog *(siehe S. 264)*. Im ersten Stock findet man Objekte zur ersten spanischen Expedition nach Kalifornien und zur Stadtentwicklung.

🏛 Heritage Park

2450 Heritage Park Row. 📞 1-858-565-3600. 🕙 tägl. ● Thanksgiving, 25. Dez. **w** sandiegocounty.gov/parks/heritage.htmlg

Die schön restaurierten viktorianischen Wohnhäuser und die erste Synagoge im Osten von Old Town stammen aus anderen Teilen der Stadt.

Das Junípero Serra Museum in San Diegos Old Town

⊞ Casa de Estudillo

Old Town State Historic Park.
📞 1-619-220-5422. 🕐 tägl. 10–
17 Uhr. ⬤ 1. Jan, Thanksgiving,
25. Dez. **Spende**. 🎫 🏛 ♿

Unter den originalen Lehm-
ziegel- und Holzbauten im
Old Town San Diego State
Historic Park ist dies einer der
beeindruckendsten. 1829 ließ
ihn der Festungskommandant
José María de Estudillo errichten. Das Haus hat 13 Zimmer,
die um einen Innenhof grup-
piert sind, und ist mit Möbeln
im mexikanisch-kalifornischen
Stil ausgestattet.

⊞ Seeley Stable

Old Town State Historic Park.
📞 1-619-220-5427. 🕐 tägl.
⬤ 1. Jan, Thanksgiving, 25. Dez.
Spende.

Das in einem rekonstruierten
Stall eingerichtete Museum
präsentiert eine Sammlung von
Pferdewagen, Kutschen und
interessanten Dingen aus der
Wildwest-Ära.

Überblick: Point Loma Peninsula

Am Südende der Halbinsel
befindet sich der 63 Hektar
große Park **Cabrillo National
Monument**, benannt nach
Juan Rodríguez Cabrillo *(siehe
S. 50)*, dem Seefahrer, der 1542
als erster Europäer kalifornischen Boden betrat. Heute
schmückt den Aussichtspunkt,
von dem aus man die Schiffe
in der Bucht sieht, eine Statue
des Entdeckers.

Von Ende Dezember bis
Ende Februar ist der nahe
gelegene Whale Overlook ein
beliebter Ort, um den Grauwalen bei ihrer jährlichen
Wanderung nach Süden
zuzusehen.

Mit einer Infobroschüre
können Besucher auch den
Bayside Trail, einen drei Kilometer langen Wanderweg
rund um die Landspitze, der
z. B. an Felsenpools vorbei-
führt, erkunden.

🏛 Cabrillo National Monument Visitor Center

Spitze der Point Loma Peninsula.
📞 1-619-557-5450. 🕐 tägl.
9–17 Uhr. 🎫 🎫 🌐 nps.gov/cabr

Old Point Loma Lighthouse

Ein kleines Museum im Besucherzentrum beim Parkein-
gang zeigt einen Film über
Cabrillos 1300 Kilometer lange
Reise entlang der Küste.

⊞ Old Point Loma Lighthouse

Cabrillo National Monument Park.
📞 1-619-557-5450. 🕐 tägl.
9–17 Uhr. 🎫 ♿ 🎫

Ein kurzer Spaziergang führt
vom Rodríguez-Cabrillo-Denk-
mal zum Leuchtturm. Ab 1855
war er 36 Jahre lang in Betrieb.
Obwohl er eigentlich nicht
öffentlich zugänglich ist, zeigen die unteren Räume das
Leben eines Leuchtturmwär-
ters um 1890.

Überblick: Coronado

Das wohlhabende Coronado
liegt am Ende einer 1650 Hek-
tar großen Halbinsel in der San
Diego Bay. Der Geschäftsmann
Elisha Babcock jun. kaufte das
Areal 1885, um daraus einen
Luxus-Urlaubsort zu machen.
Heute sind hier die exklusivs-
ten Villen, Boutiquen, Hotels
und Restaurants in San Diego.
An der Pazifikseite liegt ein
schöner Strand *(siehe S. 253)*,
der im Süden am berühmten
Hotel del Coronado endet.

🚢 Coronado Ferry

1050 N Harbor Drive. 📞 1-619-234-
4111. 🕐 tägl. 🎫 🌐 sdhe.com

Bis zur Eröffnung der San
Diego–Coronado Bay Bridge
1969 war die Fähre Hauptverbindung zum Festland. Zur
Freude der Anwohner und
Urlauber ist sie nun wieder in
Betrieb. Die 15-minütige Fahrt
zwischen dem Broadway Pier
am Embarcadero (San Diego
Convention Center) und dem
Ferry Landing Marketplace
ist gegen Abend, wenn die
untergehende Sonne die Wolkenkratzer anstrahlt, besonders schön. Von der Anlegestelle aus gelangt man über
die Orange Avenue per Bus
oder zu Fuß zur Pazifikseite.

🏨 Hotel del Coronado

1500 Orange Ave, Coronado.
📞 1-619-435-6611; 1-800-468-
3533. 🕐 tägl. 🎫 ♿ 🎫
🌐 hoteldel.com

Das 1888 eröffnete viktorianische Grandhotel *(siehe S. 533)*
ist schön erhalten und seit
1977 ein »National Historic
Landmark«. Es wurde von
Architekten und Arbeitern,
die vom Eisenbahnbau kamen,
errichtet, was sich etwa in der
hölzernen Kuppeldecke des
Crown Room zeigt, in der kein
einziger Nagel steckt.

Die umfangreiche Liste illus-
trer Gäste liest sich wie ein
Who's who der amerikanischen
Geschichte des 20. Jahrhun-
derts: Präsidenten von Roose-
velt bis Clinton, Filmstars von
Marilyn Monroe bis Brad Pitt.
Das Hotel diente bei diversen
Filmen als Kulisse, z. B. *Manche
mögen's heiß* (1959) mit Mari-
lyn Monroe, Jack Lemmon und
Tony Curtis.

Die eindrucksvollen Türme und Giebel des Hotel del Coronado

Balboa Park und San Diego Zoo

Der 1868 eröffnete, 485 Hektar große Balboa Park ist nach dem spanischen Entdecker benannt, der als erster Europäer den Pazifik erblickte. Seine Schönheit verdankt er auch der Landschaftsgärtnerin Kate Sessions, die 1892 einen Teil des Parks für eine Baumschule anmietete und als Gegenleistung überall Bäume anpflanzte. 1915 fand hier eine Weltausstellung anlässlich der Einweihung des Panamakanals *(siehe S. 353)* statt. Einige der damals im spanischen Kolonialstil erbauten Pavillons stehen noch heute an der Hauptstraße El Prado. Die gezeigten Tiere bildeten den Grundstock für den San Diego Zoo *(siehe S. 263)*. Später fügten die Organisatoren der in California Pacific International Exposition umgetauften Ausstellung weitere Ausstellungsflächen rund um die Pan-American Plaza hinzu. Heute gibt es hier zahllose Museen und Veranstaltungsorte.

Plaza de Panama
Der zentrale Platz war Mittelpunkt der Weltausstellung in San Diego.

★ San Diego Museum of Man
Das Geschichtsmuseum befindet sich in dem 1915 im Stil der spanischen Renaissance erbauten California Building, dessen Fassade mit Statuen berühmter Kalifornier verziert ist *(siehe S. 262)*.

Air and Space Museum
Auch Raumkapseln gehören zu den Objekten im Museum zur Geschichte der Luftfahrt *(siehe S. 263)*.

Außerdem

① Skyfari

② Tourbus

③ Eingang zum San Diego Zoo

④ Timken Museum of Art

⑤ Casa del Prado

⑥ San Diego Natural History Museum

⑦ Reuben H. Fleet Science Center

⑧ Casa de Balboa

⑨ Balboa Park Visitors Center

⑩ Plaza de Panama

⑪ Spreckels Organ Pavilion

⑫ Park Tram

⑬ Pan-American Plaza

⑭ San Diego Automotive Museum

⑮ El Prado

⑯ Old Globe Theatre

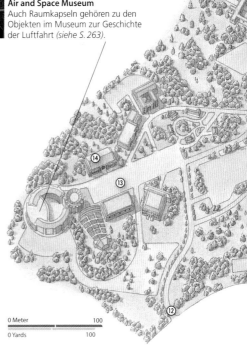

0 Meter 100
0 Yards 100

Infobox

Information

Park Blvd, Laurel u. 6th St.
Straßenkarte D6. [📞] 1-619-
239-0512; 1-619-231-1515.
San Diego Zoo [○] Sep–Juni:
tägl. 9–17 Uhr; Juli, Aug: tägl.
9–21 Uhr. 🅿️ 🏪 🛍️ 🖥️
Besucherzentrum [ℹ️] 1549 El
Prado. [○] tägl. 9.30–16.30
Uhr. [●] 1. Jan, Thanksgiving,
25. Dez. **Spreckels Organ
Pavilion** 🎵 (Gratiskonzerte So
14–15 Uhr; Juni–Sep: Mo
19.30 Uhr).
[w] balboapark.org
[w] sandiegozoo.org

Anfahrt
🚌 7.

★ San Diego Zoo
Orang-Utans zählen zu den rund
4000 Tieren in den Gehegen des
weltberühmten Zoos *(siehe S. 263)*.

Botanical Building
Das schattige Refugium tropischer
und subtropischer Pflanzen ist aus
dünnen Redwood-Stäben erbaut.

★ San Diego Museum of Art
Das wichtigste Kunstmuseum
im Park zeigt nordamerikanische
und europäische Werke. Es gibt
auch einen Skulpturengarten
und ein Café *(siehe S. 262)*.

Überblick: Balboa Park und San Diego Zoo

Der Balboa Park im Herzen von San Diego zählt zu den beliebtesten Attraktionen der Stadt. Am Wochenende sind die üppigen Grünflächen und autofreien Promenaden voller Spaziergänger, Jogger, Radfahrer und Straßenkünstler. Zwischen Museumsbesuchen kann man an einem schattigen Plätzchen picknicken oder auf einer der Wiesen Ball spielen. Nördlich der Museen und Freizeitanlagen liegt der San Diego Zoo. Hier leben rund 800 Arten aus der ganzen Welt in Habitaten, die den natürlichen Lebensraum der Tiere so genau wie möglich nachbilden.

Straßenkünstler am Sonntagnachmittag im Balboa Park

🏛 San Diego Museum of Man

1350 El Prado. 📞 1-619-239-2001. 🕐 Mo–Mi 10–17, Do–Sa 10–20.30 Uhr. ⬤ Thanksgiving, 25. Dez. 🔲 🌐 museumofman.org

Das Wahrzeichen der Panama Pacific Exposition von 1915 (siehe S. 260), auch California Building genannt, beherbergt ein anthropologisches Museum zur Frühgeschichte der Menschheit. Dokumentiert wird u. a. die Kultur des alten Ägyptens, der Maya und der Indianer Nordamerikas.

🏛 San Diego Museum of Art

1450 El Prado. 📞 1-619-232-7931. 🕐 Di–Sa 10–17 Uhr (im Sommer bis 20 Uhr), So 12–17 Uhr. ⬤ 1. Jan, Thanksgiving, 25. Dez. 🔲 🌐 sdmart.org

Die Sammlung des Museums wird von Wechselausstellungen begleitet. Im Erdgeschoss sieht man europäische und amerikanische Kunst von 1850 bis heute, ferner Arbeiten aus China, Japan und Südostasien. Im Obergeschoss werden Werke von 1300 bis 1850 gezeigt, darunter Luca Signorellis Marienkrönung (1508).

San Diego Museum of Art: Fassade im Stil der spanischen Renaissance

🏛 Timken Museum of Art

1500 El Prado. 📞 1-619-239-5548. 🕐 Di–So 10–16.30 (So ab 12 Uhr). 🌐 timkenmuseum.org

Das 1965 eröffnete Museum präsentiert in einladendem Ambiente eine Reihe von exquisiten Kunstwerken, darunter auch viele Bilder europäischer Meister wie Frans Hals (um 1581–1666), François Boucher (1703–1770) und Paul Cézanne (1839–1906), sowie Arbeiten amerikanischer Künstler (19. Jh.) wie Albert Bierstadts The Yosemite Falls (1864).

Bildnis eines Mannes (1634) von Frans Hals, Timken Museum of Art

🏛 Museum of Photographic Arts

1649 El Prado. 📞 1-619-238-7559. 🕐 Di–So 10–17 Uhr (Sommer: bis 20 Uhr). ⬤ 25. Dez. 🔲 🌐 mopa.org

Das facettenreiche Museum in der reich verzierten Casa de Balboa ist auf hochwertige Wechselausstellungen zum Thema Fotografie spezialisiert. Fast schon einen eigenen Besuch wert ist auch die gut sortierte Buchhandlung.

🏛 San Diego History Center

1649 El Prado. 📞 1-619-232-6203. 🕐 tägl. 10–17 Uhr. ⬤ Thanksgiving, 25. Dez. 🔲 🌐 sandiegohistory.org

Das Museum in der Casa de Balboa präsentiert die Historie der Region mit Trachten, Textilien, Kunst, Möbeln und Fotografien. Die Forschungsbibliothek bietet ein umfassendes Archiv mit Karten, architektonischen Skizzen und der größten Fotosammlung im Westen der USA.

🏛 Reuben H. Fleet Science Center

1875 El Prado. 📞 1-619-238-1233. 🕐 Mo–Do 10–17, Fr–So 10–18 Uhr. 🔲 IMAX®-Vorstellungen tel. erfragen. 🌐 rhfleet.org

Die große Attraktion ist das IMAX®-Kino im Space Center, das auf einer riesigen gewölbten Leinwand beeindruckende Filme sowie Laser- und Planetariumshows zeigt.

Der Komplex bietet außer dem Science Center, einem naturwissenschaftlichen Museum mit über 100 Exponaten zum Anfassen, noch ein Café und eine Buchhandlung, in der Spiele und Puzzles verkauft werden.

🏛 San Diego Natural History Museum

1788 El Prado, Balboa Park. 📞 1-619-232-3821. 🕐 tägl. 10–17 Uhr. ⬤ 1. Jan, Thanksgiving, 25. Dez. 🌐 sdnhm.org

Das Museum wurde 1874 gegründet, verfügt über eine renommierte Forschungsabtei-

lung und ist der Erforschung der Region von Baja California gewidmet.

Auf einer Riesenleinwand werden Filme gezeigt. Es gibt zudem Programme für Besucher jeden Alters. Das Museum ist die älteste wissenschaftliche Institution ihrer Art in Südkalifornien.

🏛 San Diego Air and Space Museum

2001 Pan-American Plaza. 📞 1-619-234-8291. ⏱ tägl. 10.30–16.30 Uhr (im Sommer bis 17.30 Uhr).
🚫 1. Jan, Thanksgiving, 25. Dez.
♿ 🌐 sandiegoairandspace.org

Das Museum deckt einen Zeitraum von fünf Jahrhunderten der Luftfahrtgeschichte ab und lässt auf eindrucksvolle Weise die Besucher an der Entwicklung in diesem Bereich teilnehmen. Zu sehen sind mehr als 60 Fluggeräte und Raumfahrzeuge – sowohl Originale als auch Rekonstruktionen in voller Größe.

Die Abteilung zu Apollo 9 (»Apollo 9 Has Landed«) präsentiert eine originale Apollo-Kommandokapsel.

Ein »Tucker Torpedo« von 1948 im Automotive Museum

🏛 San Diego Automotive Museum

2080 Pan-American Plaza.
📞 1-619-231-2886. ⏱ tägl.
🚫 1. Jan, Thanksgiving, 25. Dez.
♿ 🌐 sdautomuseum.org

Kalifornien ist auch international für seine spezielle Autokultur (siehe S. 204f) bekannt. Traumwagen und -motorräder aus den USA und Europa füllen das nostalgische Museum. Da die meisten der Exponate in Privatbesitz sind, ändert sich die Sammlung ständig, doch hochglanzpolierter Lack und Weißwandreifen sind garantiert zu sehen.

San Diego Zoo

Der San Diego Zoo ist einer der bekanntesten Zoos der Welt. Er wird sowohl wegen seiner Arterhaltungsprogramme als auch wegen der besonders lehrreichen Form der Familienunterhaltung geschätzt. Angesichts von rund 4000 Tieren auf einer Fläche von 40 Hektar empfiehlt es sich, an der 35-minütigen Führung per Bus teilzunehmen. Eine Fahrt in 55 Meter Höhe mit der Gondelbahn Skyfari im Süden des Tierparks lohnt sich ebenfalls. Anschließend kann man seine Lieblingstiere zu Fuß aufspüren. Für Kinder gibt es einen Streichelzoo. Im Sommer kann das Zoogelände auch nachts besucht werden.

Sehenswürdigkeiten auf einen Blick

① Flamingolagune
② Reptilienhaus
③ Streichelzoo
④ Petting Paddock
⑤ Insektenhaus
⑥ Wegeforth Bowl
⑦ Tigerpfad
⑧ Scripps-Vogelhaus
⑨ Affengehege
⑩ Owen's Rain Forest Aviary
⑪ Sun Bear Forest
⑫ Panda-Canyon
⑬ Wings of Australasia
⑭ Gorilla Tropics
⑮ Nilpferde
⑯ Lost Forest
⑰ Ituri Forest
⑱ Eagle Trail
⑲ Northern Frontier
⑳ Elefantengehege
㉑ Hunte Amphitheatre
㉒ African Rocks
㉓ Städtischer Dschungel
㉔ Australian Outback

Junger Takin *(Budorcas taxicolor)* **im San Diego Zoo**

Kirche in der Mission San Diego de Alcalá

❷ Mission San Diego de Alcalá

10818 San Diego Mission Rd, San Diego. **Straßenkarte** D6. ☎ 1-619-281-8449. 🚌 13, 20. ⭕ tägl. 9– 16.30 Uhr. ⬤ 1. Jan, Thanksgiving, 25. Dez. **Spende**. ⭘ tägl. ♿ 🅆 missionsandiego.com

Die 1769 am Ort des heutigen Junípero Serra Museum im Presidio Park *(siehe S. 258)* errichtete Mission wurde im Jahr 1774 nach Mission Valley verlegt. Dort war das Land fruchtbarer – und es gab mehr Indianer zu bekehren. Der Name Diego bezieht sich auf den hl. Didacus, der 1400 in Alcalá in Spanien geboren wurde.

Die erste der kalifornischen Missionen *(siehe S. 50f)* ist heute von Freeways umgeben, doch haben sich die harmonischen Gebäude und der Garten durchaus eine friedvolle Atmosphäre bewahren können. Zu Beginn des 20. Jahrhunderts wurde der Komplex nach den ursprünglichen Plänen von 1813 renoviert. In der Kirche sind noch viele Elemente im Originalzustand erhalten, darunter die Bodenfliesen und Adobe-Ziegel der Taufkapelle.

Im Garten befinden sich der Glockenturm Campanario und eine Statue des hl. Franziskus. Ein kleines Museum ehrt den ersten Märtyrer Kaliforniens, Pater Luis Jayme, der 1775 bei

einem Angriff von 600 Indianern auf die Mission getötet wurde.

❸ SeaWorld

500 SeaWorld Drive. **Straßenkarte** D6. ☎ 1-800 257-4268. 🚌 9. ⭕ tägl. 🅿 ♿ 🄲 🅆 seaworld.com

SeaWorld ist zweifellos einer der interessantesten Themenparks Kaliforniens. Hier kann man eine große Zahl an Meeresbewohnern hautnah erleben. Besonders beliebt sind die Wal- und Delfinshows.

In diesem Meerespark an der Mission Bay kann man mühelos einen ganzen Tag verbringen. Ein sehr guter Einstieg für einen Besuch ist die fünfminütige Fahrt zur Panoramaplattform des 98 Meter hohen Skytower. Weitere interessante

Statuette, San Diego de Alcalá

Perspektiven eröffnet der Bayside Skyride in der Nordwestecke des Parks: Die Seilbahn führt in 30 Meter Höhe rund 1000 Meter weit über die Bucht. Kinder tollen mit Figuren aus der Sesamstraße herum und lieben Journey to Atlantis, die größte Attraktion: Am Ende dieser Fahrt saust man 18 Meter in die Tiefe. Zu den populärsten Fahrgeschäften gehört auch die Achterbahn Manta.

Die Stars von SeaWorld sind die dressierten Wale und Delfine, deren Intelligenz und akrobatische Virtuosität faszinieren. Zu den zahlreichen anderen Anziehungspunkten zählen insbesondere die Becken mit Haien und Meeresschildkröten sowie die Süßwasseraquarien. Man hat die Möglichkeit, Killerwale (Orcas) und Robben zu füttern oder Rochen und Seesterne zu berühren.

SeaWorld hat noch eine andere, ernste Seite. Das Personal engagiert sich stark für die Rettung und Pflege kranker, verwaister und gestrandeter Tiere. Außerdem werden Zuchtprogramme organisiert.

❹ Mission Bay

Straßenkarte D6. 🚌 von Downtown San Diego. **Besucherzentrum** ☎ 1-619-276-8200. ⭕ Mo–Sa 9–17, So 9.30–16.30 Uhr. 🅆 sandiego.gov

Der Mission Bay Park ist ein etwa 1800 Hektar großes gepflegtes Freizeitgelände,

Giant Dipper im Belmont Park

Segelvergnügen auf den ruhigen Wassern der Mission Bay

in dem die Einwohner San Diegos entspannen oder Sport treiben. Das einstige Sumpfgebiet wurde seit den 1930er Jahren systematisch trockengelegt, wodurch eine überaus reizvolle Landschaft mit Stränden, Inseln und mehreren Wassersportzentren entstand. An einigen Abschnitten der 43 Kilometer langen Küste darf man Wasserski fahren, schwimmen und segeln.

In der Südwestecke der Bucht erstreckt sich Mission Beach *(siehe S. 252)*, einer der beliebtesten Strände des San Diego County mit Surfläden, Bars, Clubs und Restaurants. **Belmont Park** ist ein traditioneller Vergnügungspark am Strand mit der kleinen Achterbahn Giant Dipper aus dem Jahr 1925.

🎡 **Belmont Park**
146 Mission Blvd. ☎ 1-858-228-283. 🕐 So–Do 11–23, Fr, Sa 1–24 Uhr. 🌐 belmontpark.com

❺ La Jolla

Straßenkarte D6. 🚗 42 000. 🚌 von San Diego. 🛈 1162 Prospect St, 1-858-454-5718.
🌐 lajollabythesea.com

Der Ursprung des Namens »La Jolla« ist nicht geklärt. Manche meinen, er beziehe sich auf das spanische *la joya* (Juwel), während andere behaupten, er stamme von einem gleichlautenden indianischen Wort ab, das »Höhle« bedeutet.

Das Städtchen, sechs Kilometer nördlich von Mission Bay, ist ein elegantes Seebad mit schönen Klippen und Buchten *(siehe S. 253)*. Seine hübschen Straßen werden unter anderem von Confiserien, Designerboutiquen und erstklassigen Juweliergeschäften gesäumt. Urlauber und Einheimische lieben die zahlreichen Kunstgalerien und gehobenen Restaurants mit Meerblick.

Das **Museum of Contemporary Art** in exponierter Lage direkt am Ozean ist eine Zweigstelle des gleichnamigen Hauses in Downtown San Diego *(siehe S. 255)*. Es präsentiert moderne Kunst nach 1950 und bietet eine Buchhandlung, ein Café und einen Skulpturengarten.

La Jolla ist auch Sitz der University of California in San Diego und des berühmten **Salk Institute for Biological Studies**, das Jonas Salk, der Entdecker des Polio-Impfstoffs, 1960 gründete.

Am Scripps Beach befindet sich die Scripps Institution of Oceanography, zu der das großartige **Birch Aquarium at Scripps** mit seinen interaktiven Exponaten gehört. Hier gibt es etwa Fütterungen im Seetang-»Wald«. Verschiedene Meereslebewesen aus dem Nordpazifik und den Tropen können bestaunt werden, darunter ein Riesenkrake aus Alaska.

🏛 **Museum of Contemporary Art**
700 Prospect St. ☎ 1-858-454-3541. 🕐 Do–Di 11–17 Uhr. ● 1. Jan, Thanksgiving, 25. Dez. 📷 🌐 mcasd.org

🏛 **Salk Institute for Biological Studies**
10010 N Torrey Pines Rd. ☎ 1-858-453-4100. 🕐 Mo–Fr. ● Feiertage. 🕐 12 Uhr. 🌐 salk.edu

🐟 **Birch Aquarium at Scripps**
2300 Expedition Way. ☎ 1-858-534-3474. 🕐 tägl. 9–17 Uhr. ● 1. Jan, Thanksgiving, 25. Dez. 📷 🌐 aquarium.ucsd.edu

Die hübsche Felsküste von La Jolla

❻ San Diego Zoo Safari Park

Hwy 78, 15500 San Pasqual Valley Rd. **Straßenkarte** D6. 📞 1-619-231-1515. 🚌 Escondido. 🕐 tägl. 9–17 Uhr 🅿 ♿ 📷
🆆 sdzsafaripark.org

Als ländliches Gegenstück zum San Diego Zoo *(siehe S. 263)* zeigt dieser 730 Hektar große Wildpark eine enzyklopädische Vielfalt an Vögeln und Säugetieren. Die 1972 eröffnete Anlage, ein Refugium für bedrohte Tiere, betreibt zahllose Programme zur Arterhaltung. Neben der Versorgung seiner 3200 Bewohner widmet sich der Park dem Austausch mit zoologischen Institutionen in aller Welt und der Aufgabe, bedrohte Tierarten wieder auszuwildern. Ein Beispiel ist der Kalifornische Kondor, der einst vor dem Aussterben stand.

Einen Besuch im San Diego Zoo Safari Park beginnt man am besten mit der beliebten Tour »Journey Into Africa«. Sie dauert 25 Minuten und verläuft über drei Kilometer, vorbei an afrikanischen Habitaten mit Giraffen, Nashörnern und Gazellen. Es gibt ein Wasserloch mit Reihern, Straußen und vielen anderen Vögeln. Eine weitere Tour ist die »Tethered Balloon Safari«. Hierbei genießt man in rund 120 Meter Höhe den Blick auf Löwen, Giraffen, Zebras und Geparden.

Beliebt sind große Tiere wie Elefanten, Löwen und Nashör-

Besucher in Legoland° bei der Bootsfahrt »California Coast Cruise«

ner. Doch auch die verschiedenen simulierten Ökosysteme des Parks, etwa der australische Regenwald oder der Dschungel, haben ihre ganz eigenen Reize. Bei Kindern populär ist vor allem das Streichelgehege. Informieren Sie sich vor einem Besuch telefonisch über die täglichen Sonderveranstaltungen.

Die zentralen Einrichtungen des Areals befinden sich im Nairobi Village. Hier gibt es auch Läden, die Souvenirs und Bücher verkaufen.

❼ Legoland®

1 Legoland Dr, Carlsbad. **Straßenkarte** D6. 📞 1-760-918-5346. 🚌 S Carlsbad. 🕐 tägl.; Öffnungszeiten variieren nach Jahreszeit, siehe Website. ♿ 🆆 legoland.com

Der 744 Hektar große Park ist vor allem bei Familien mit Kindern beliebt. Mehr als 60 Fahrbetriebe, Shows und andere

Attraktionen sorgen dafür, dass hier keine Langeweile aufkommt. So gibt es etwa ein SEA LIFE Aquarium mit kindgerechten Erläuterungen und einen Wasserpark mit Rutschen.

Zu den Highlights gehört der Bereich mit sieben Miniaturstädten der USA, die aus insgesamt 24 Millionen Legosteinen erbaut wurden. Für kleinere Kinder sind in der DUPLO-Abteilung afrikanische Wildtiere wie Giraffen und Löwen aufgebaut.

Ein beliebter Bereich ist auch das »Land of Adventure«, wo einen die Fahrt »Pharaoh's Revenge« in das Ägypten der 1920er Jahre entführt.

❽ Mission San Luis Rey

Hwy 76 (Mission Ave), Rancho del Oro Drive, San Luis Rey. 📞 1-760-757-3651. 🚌 von San Diego. 🕐 Mo–Fr 9.30–17, Sa, So 10–17 Uhr. 🅿 Spende. 🆆 sanluisrey.org

Im San Diego Zoo Safari Park können sich die Tiere frei bewegen

Hotels und Restaurants im San Diego County *siehe Seiten 533f und 560 – 562*

Fassade der Mission San Luis Rey

San Luis Rey de Francia zählte einst zu den größten und blühendsten Missionen Kaliforniens *(siehe S. 50f)*. Gegründet wurde sie 1798 vom spanischen Pater Fermín Lasuén, benannt nach dem französischen König Louis IX. Ihr Erfolg basierte auf der Kooperation der hier ansässigen Indianer, der Luiseño. Über 3000 von ihnen arbeiteten in der Mission. Sie hüteten Schafe und Kühe oder bauten Getreide, Gemüse und Obst an. Die allermeisten Gebäude wurden zu Beginn des 20. Jahrhunderts renoviert. Besucher kommen zuerst in ein **Museum**, das die

Statue in der Kirche

Geschichte der Mission dokumentiert. Von den ausgestellten Gewändern und Kultgegenständen überlebten viele nur, weil christianisierte Indianer einige der Schätze nach der Säkularisierung der Kirche 1833 versteckten. Deren Familien gaben die Objekte erst zurück, als die ehemalige Mission 1893 schließlich in ein Franziskanerkloster umgewandelt wurde.

Die Kirche hat einen kreuzförmigen Grundriss wie die in San Juan Capistrano *(siehe S. 244f)*, besitzt allerdings als einzige Missionskirche eine hölzerne Kuppeldecke. Die Holzkanzel ist original, die Muster wurden mit noch er-

haltenen Schablonen aufgetragen. Die Mission fungiert nach wie vor als Gotteshaus. Auf dem Gelände befindet sich ein großer Friedhof, eine teilrenovierte Wäscherei und Kaliforniens ältester Pfefferbaum, der 1830 aus Peru hierherkam.

Museum
Eastern Cloister. ◯ tägl. ● 1. Jan, Thanksgiving, 25. Dez. 🔲 ♿

❾ Palomar Observatory

Straßenkarte D6. 🚌 von Julian.

Die Serpentinenstraße, die den dicht bewaldeten, 1900 Meter hohen Palomar Mountain hinaufführt, bietet atemberaubende Ausblicke auf das nördliche San Diego County. Im 645 Hektar großen Palomar Mountain State Park finden sich gute Wanderwege und Plätze zum Forellenangeln und Zelten.

Den Gipfel krönt die surreal wirkende weiße Kuppel des **Palomar Observatory**. Das vom California Institute of Techno-

logy betriebene, international renommierte Observatorium wurde 1948 eröffnet. Es beherbergt ein Hale-Teleskop mit einem Spiegeldurchmesser von 5,10 Metern. Mit ihm werden Teile des Universums erforscht, die über eine Milliarde Lichtjahre entfernt sind. Von 1948–56 wurde hier mithilfe des Oschin-Teleskops der gesamte Nachthimmel fotografiert. Eine zweite Serie mit Digitalaufnahmen fand 1985–2000 statt. Derzeit wird im Rahmen eines Forschungsprojekts der Palomar Transient Factory ein großer Bereich des Universums systematisch abgesucht.

Es ist nicht gestattet, selbst durch das 540 Tonnen schwere Teleskop zu schauen. Anhand einer Ausstellung und einer Fotogalerie wird seine Funktionsweise anschaulich erklärt.

Palomar Observatory
35899 Canfield Rd, Palomar Mountain. 📞 1-760-742-2119.
◯ tägl. 9–15 Uhr. ● 24., 25. Dez. 🔲 Sa, So 10–16 Uhr.
🌐 astro.caltech.edu/palomar

Kuppel des Palomar Observatory bei Sonnenuntergang

❿ Julian

Straßenkarte D6. 🏔 1500. 🚌 von San Diego. 🛈 2129 Main St, 1-760-765-1857. 🌐 julianca.com

Wenn die Einwohner von San Diego einen Ausflug machen oder ein romantisches Wochenende »auf dem Land« verbringen wollen, begeben sie sich gern in den nordöstlich gelegenen Bergort Julian. Hier wurde 1870 Gold gefunden. Die renovierten alten Holzhäuser entlang der Hauptstraße erinnern an die damalige Zeit.

Im Herbst lockt die Apfelernte Hunderte von Besuchern an. Man probiert den berühmten Apfelkuchen und kauft ländliche Souvenirs in den netten Läden. Das geradezu herrlich vollgestopfte **Julian Pioneer Museum** quillt über vor Antiquitäten und alten Fotografien. In den **Eagle and High Peak Mines** kann eine echte Goldmine besichtigt werden, ausgestellt sind Werkzeuge aus der Zeit des Goldrauschs.

Reklame in Julian

Wer über Nacht in Julian bleiben möchte, findet in der Stadt und in ihrer Umgebung zahlreiche anheimelnde Hotels sowie Bed-and-Breakfast-Angebote.

🏛 **Julian Pioneer Museum**
2811 Washington St. ☎ 1-760-765-0227. ⬤ Apr–Nov: Fr–So; Dez– März: Sa, So. ♿

🌐 julianpioneermuseum.org

⛏ **Eagle and High Peak Mines**
C St. ☎ 1-760-765-0036. ⬤ tägl., vorher anrufen. ⬤ 1. Jan, Ostersonntag, Thanksgiving, 25. Dez. ♿

⓫ Cuyamaca Rancho State Park

Straßenkarte D6. 🚌 🛈 1-760-765-0755. ⬤ tägl.

🌐 cparks.ca.gov

Nur rund eine Stunde Fahrzeit östlich von San Diego liegt der Cuyamaca Rancho State Park – ein idealer Ort, um dem Alltag zu entfliehen. Ungefähr die Hälfte seiner 10 100 Hektar ist Wildnis, in der Stinktiere, Luchse, Kojoten, Maultierhirsche (Großohrhirsche) und Pumas leben.

Neben Gelegenheiten zum Reiten, Zelten und Mountainbiken bietet der Park auch ein Netz an Wanderwegen mit einer Gesamtlänge von rund 210 Kilometern. Anstrengend, aber durchaus lohnenswert ist der Cuyamaca Peak Trail. Vom Gipfel aus kann man die fantastische Aussicht auf die bewaldeten Hügel des nördlichen San Diego County bis hinüber zum Palomar Mountain (siehe S. 267) genießen.

Am Nordende des Parks befinden sich die Ruinen der Stonewall-Mine. Der früher rund 500 Menschen zählende Goldgräberort förderte in den 1880er Jahren Gold im Wert von zwei Millionen US-Dollar.

⓬ Lake Morena Park

Straßenkarte D6. 🚌 von San Diego. ☎ 1-619-478-5473.

Der üppig grüne, mit vielen Eichen bestandene Park an einem fischreichen See ist eine

Ufer des Lake Morena

Oase in der dürren südöstlichen Ecke des San Diego County. Das Areal hat eine Fläche von etwa 1300 Hektar. Wer angeln möchte, kann sich ein Boot mieten.

⓭ Living Coast Discovery Center

100 Gunpowder Point Dr.
Straßenkarte D6. ☎ 1-619-409-5900. 🚌 E St, Bay. ⬤ tägl. 10–17 Uhr. ⬤ Feiertage. ♿ ♿

🌐 thelivingcoast.org

In diesem Zoo, Aquarium und 130 Hektar großen Schutzgebiet an der San Diego Bay kann man die artenreiche Tier- und Pflanzenwelt des Marschlands kennenlernen. Kostenlose Busse fahren vom Parkplatz an der I-5 und vom Busbahnhof in San Diego aus zum Nature Center. Zu den ganzjährig hier lebenden Vögeln zählen Reiher, Fischadler und Turmfalken.

⓮ Tijuana River National Estuarine Research Reserve

301 Caspian Way. **Straßenkarte** D6. ☎ 1-619-575-3613. ⬤ Mi–So 10–17 Uhr. ⬤ 1. Jan, Thanksgiving 25. Dez. 🌐 trnerr.org

Das Schutzgebiet im Mündungsbereich des Tijuana River ist über 1000 Hektar groß. Mehr als 370 Vogelarten nister und brüten im Marschland – teils Zugvögel, teils ganzjährig hier lebende Vögel. Dazu kommen Meeresbewohner und Amphibien.

Mit Pferden durch den Cuyamaca Rancho State Park

Hotels und Restaurants im San Diego County siehe Seiten 533f und 560–562

⑮ Tijuana

Für Besucher San Diegos ist ein Abstecher nach Mexiko sehr verlockend. Die Grenze bei Tijuana ist die am stärksten frequentierte der Welt und markiert den Unterschied zwischen amerikanischer und mexikanischer Lebensart besonders deutlich. Seit 2008/2009 machen immer wieder Kämpfe zwischen Drogenbanden Schlagzeilen. Informieren Sie sich in San Diego aktuell über die Lage.

Zur Orientierung

— Staatsgrenze

— San Diego Trolley

▨ Mexiko

Überblick: Tijuana

Die Grenzstadt ist nicht gerade repräsentativ für das Mexiko der Maya oder das der spanischen Kolonialarchitektur, doch fasziniert sie als pulsierende Metropole, auf deren Märkten es sehr hektisch zugehen kann.

Das futuristisch anmutende **Centro Cultural Tijuana** entstand 1982 am Ufer des Flusses Tijuana. Es birgt ein OMNIMAX-Kino, das Filme über Mexiko zeigt. Darüber hinaus präsentiert es Wechselausstellungen zu mexikanischen Themen. Die **Sociedad de Historia de Tijuana** ist ein Kulturzentrum, das u. a. ein Museum, eine Galerie, eine Bibliothek und ein Computerzentrum umfasst.

Die meisten Besucher kommen zum Shoppen und Ausgehen. Junge Amerikaner frequentieren die Stadt gern, da man hier schon mit 18 Jahren Alkohol trinken darf.

Am besten kauft man in den Seitenstraßen der belebten Avenida Revolución ein. Beliebte Souvenirs sind Keramik,

Spirituosen an einem Straßenstand in Tijuana

Ledersteifel, Silberschmuck und Tequila. Im **Tijuana Convention and Visitor's Bureau** spricht man auch Englisch.

🏛 **Centro Cultural Tijuana**
Paseo de los Héroes.
📞 011-52 1-664-687-9600, 1-664-687-9635. ⏱ tägl. 🎨

ℹ **Tijuana Convention and Visitor's Bureau**
Ave Revolución zwischen Calle 3 und 4. 📞 011-52 1-664-973-0430, 1-888-775-2417 (aus den USA), 1-888-025-0888 (aus Mexiko), 078 (Touristen-Hotline). ⏱ tägl.
🌐 seetijuana.com

Reiseinfos

Anfahrt: Da die San Diego Trolley (Tram) von San Diego bis zur Grenze fährt *(siehe S. 270)*, lässt sich diese am einfachsten und preiswertesten zu Fuß überqueren. Nehmen Sie eine Tram in Richtung Süden nach San Ysidro und folgen Sie der Menge über die Fußgängerbrücken und Gehwege. Sie können auch einen Bus von San Ysidro nach Tijuana besteigen oder über ein Reisebüro in San Diego einen Ausflug buchen. Wenn Sie mit Auto oder Motorrad einreisen, benötigen Sie einen mexikanischen Versicherungsschein. Mit der Mietwagenfirma müssen Sie einen Abstecher nach Mexiko explizit vereinbaren.

Visum: Besucher aus Deutschland, Österreich und der Schweiz benötigen bei der Einreise nach Mexiko einen gültigen Reisepass, jedoch kein Visum. Darüber hinaus muss beim Grenzübertritt eine ausgefüllte Touristenkarte vorgelegt werden, die bei den Grenzposten erhältlich ist. Sie wird bei der Einreise abgestempelt und ist bei der Ausreise vorzuzeigen. Weitere Infos erteilt das jeweilige mexikanische Konsulat in Ihrem Heimatland.

Es ist immer sinnvoll, sich vorab zu erkundigen, da sich die Bedingungen ändern können. Die Kontrollen bei der Rückreise in die USA sind sehr streng. Deshalb müssen unbedingt sämtliche relevanten Dokumente mitgeführt werden.

Währung: Für einen Abstecher nach Tijuana braucht man nicht unbedingt Geld umzutauschen, da im grenznahen Gebiet fast alle Läden und Restaurants US-Dollar und gängige Kreditkarten akzeptieren.

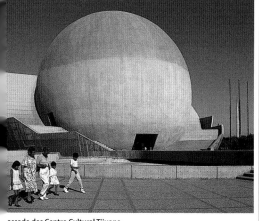

assade des Centro Cultural Tijuana

Praktische Hinweise

Die Freundlichkeit der Bewohner und das gute Nahverkehrssystem machen es leicht, sich in San Diego zurechtzufinden. Die Erneuerung des Stadtzentrums zeigt sich an der wachsenden Zahl an Läden, Restaurants und Nachtlokalen rund um die Westfield Horton Plaza (siehe S. 254) sowie im Gaslamp Quarter (siehe S. 256f). In dieser Gegend findet sich alles, was man von einer vibrierenden kalifornischen Großstadt erwarten kann. Öffentliche Verkehrsmittel fahren regelmäßig nach Old Town, Balboa Park, Coronado und sogar bis zur mexikanischen Grenze. Das Hafenviertel Embarcadero (siehe S. 254) erkundet man am besten zu Fuß. Informationen gibt es bei den Besucherzentren Westfield Horton Plaza, Balboa Park und Coronado.

Gelenkbus in San Diego mit Halterung für Fahrräder

Unterwegs in San Diego

Die drei Linien der **San Diego Trolley** verbinden Old Town mit Santee im Osten und Downtown im Süden mit der mexikanischen Grenze. Die Straßenbahnen fahren tagsüber alle 15 Minuten und verkehren bis etwa 1 Uhr nachts. Zudem gibt es ein sehr dichtes Busnetz.

Flagship San Diego Harbor Excursion setzt regelmäßig zur Halbinsel Coronado über (siehe S. 259). Fahrpläne und Pässe (ein bis vier Tage), die in allen Bussen, Bahnen und Fähren gelten, erhalten Sie im **Transit Store**. Die wichtigsten Sehenswürdigkeiten der Stadt können

Sie auf einer Stadtrundfahrt mit **Old Town Trolley Tours** sehen. Der **Amtrak**-Bahnhof liegt im schönen Santa Fe Depot in Downtown. Der **San Diego International Airport** befindet sich fünf Kilometer nordwestlich des Zentrums. Dort gibt es Busse, Taxis und Mietwagen.

Die **Balboa Park Tram**, eine kostenlose Straßenbahn, verkehrt im Balboa Park (siehe S. 260–263). Entlang der San Diego Bay bringt **San Diego Water Taxi** Besucher zu verschiedenen Sehenswürdigkeiten entlang der Küste.

San Diego ist eine radfahrerfreundliche Stadt, mit vielen Radwegen und Radvermietungen. Die Strecke von Mission Beach nach La Jolla (siehe S. 265) bietet schöne Blicke aufs Meer. Gegen ein kleines Entgelt können Räder in Bussen und Bahnen mitgenommen werden. In Downtown kann man ein Fahrradtaxi mieten.

Generell ist die Gegend nördlich und westlich des Zentrums ungefährlich, selbst nachts. Der Bereich südlich von Downtown und vor allem derjenige östlich des Gaslamp Quarter sollte bei Dunkelheit gemieden werden.

Einkaufen auf mexikanisch im Bazaar del Mundo

Shopping

Wenn Sie einen Abstecher ins mexikanische Tijuana (siehe S. 269) planen, sollten Sie vorher nicht allzu viel kaufen, da gerade die günstigen Einkaufsmöglichkeiten der Hauptgrund für den Ausflug über die Grenze sind. Es gibt aber dort in den Läden und auf Märkten jede Menge Billigware. In der Fiesta de Reyes (siehe S. 258) und auf dem Bazaar del Mundo in San Diegos Old Town findet man ebenfalls mexikanische Waren.

Die **Westfield Horton Plaza** ist ein Einkaufszentrum, das wohl sämtliche Wünsche befriedigt. Exklusive Designermode gibt es nebenan im Paladion. Geschenke und Souvenirs lassen sich gut im Seaport Village (siehe S. 254)

San Diegos Tram – die ideale Verbindung zur mexikanischen Grenze

Attraktive Läden im Seaport Village, direkt am Meer

direkt am Meer erstehen. Weiter die Küste hinauf finden sich in La Jolla die eleganten Geschäfte der Prospect Street. Del Mar und Carlsbad verfügen ebenfalls über ein gutes Angebot an Boutiquen, Antiquitätenläden und Galerien.

Im San Diego County gibt es auch eine ganze Reihe von Outlet Stores, bei denen Markenartikel zu reduzierten Preisen angeboten werden (siehe S. 579). Das Las Americas Factory Outlet Center in San Ysidro, kurz vor der mexikanischen Grenze, ist mit über 120 Läden eines der größten der Region. Fragen Sie an der Information auf dem Parkplatz nach Gutscheinen, mit denen Sie zusätzlich bis zu 15 Prozent Rabatt erhalten.

Wie in ganz Kalifornien werden auch hier alle gängigen Kreditkarten akzeptiert. Die meisten Läden haben montags bis samstags von 10 bis 18 Uhr geöffnet, manche sind auch sonntags offen. Alle Preise verstehen sich zuzüglich der lokalen County-Steuer, die derzeit 8,25 Prozent beträgt.

Unterhaltung

San Diego ist für sein kulturelles Angebot bekannt: Die Stadt verfügt über ein renommiertes Symphonieorchester, ein Opernensemble und Theatergruppen.

Veranstaltungstipps finden sich in der U-T San Diego und einer Reihe kostenloser Magazine. Der in Cafés, Bars und Buchläden ausliegende The Reader informiert jede Woche über Dichterlesungen, Live-

Musik und alternative Kunst. Karten gibt es bei **Times Arts Tix** an der Horton Plaza.

Die besten Restaurants und Nachtclubs der Stadt liegen im Gaslamp Quarter (siehe S. 256f). Ganz in der Nähe bieten die Theater Lyceum und Spreckels regelmäßig Aufführungen. Das Old Globe Theatre im Balboa Park (siehe S. 260) ist Teil eines mehrfach preisgekrönten Theaterkomplexes.

Wie die meisten Kalifornier sind auch die Einwohner von San Diego begeisterte Sportfans. Das Team der Chargers (Football) spielt in Mission Valley, das der Padres (Baseball) im PETCO Park. Wer lieber selbst aktiv werden will, kann an der Mission Bay (siehe S. 264f) zahlreiche Wassersportarten ausüben oder am Strand Beachvolleyball spielen.

Im San Diego County liegen außerdem 90 Golfplätze – fragen Sie in Hotels oder bei der Besucherinformation nach.

Spieler der Padres, des Baseballteam der Stadt

Auf einen Blick

Anreise

Amtrak
Santa Fe Depot, 1050 Kettner Blvd. 1-800-872-7245. amtrak.com

Balboa Park Tram
1-800-310-7106. balboapark.org/maps/tram

Flagship San Diego Harbor Excursion
1050 N Harbor Dr. 1-800-442-7847. flagshipsd.com

Metropolitan Transit System (MTS)
1255 Imperial Ave, #1000. 1-619-233-3004. sdmts.com

Old Town Trolley Tours
4010 Twiggs St. 1-888-910-8687. trolleytours.com

San Diego International Airport
Lindbergh Field. 1-619-400-2404. san.org

San Diego Trolley
1-619-557-4555. sdmts.com/trolley

San Diego Water Taxi
1-800-442-7847. flagshipsd.com

Transit Store
102 Broadway. 1-619-234-1060. sdmts.com

Shopping

Westfield Horton Plaza
G St u. 1st Ave. 1-619-239-8180. westfield.com/hortonplaza

Unterhaltung

Times Arts Tix
Broadway Circle, Horton Plaza. 1-858-381-5595. sdartstix.com

Information

Balboa Park
1549 El Prado. 1-619-239-0512. balboapark.org

Coronado
1100 Orange Ave. 1-619-437-8788. coronadovisitorcenter.com

San Diego Visitors Bureau
West Broadway ams Harbor Dr. 1-619-236-1212. sandiego.org

Inland Empire und Colorado-Wüste

Die Landschaft Südostkaliforniens ist eine der abwechslungsreichsten des Bundesstaats und reicht von kühlen, schattigen Kiefernwäldern bis zu sengend heißen Wüsten. Der Kontrast kann durchaus verblüffend sein: Wer die Palm Springs Aerial Tramway nimmt, erlebt den Übergang zwischen beiden Naturräumen innerhalb von einer Viertelstunde.

Das Gebiet des heutigen Anza-Borrego Desert State Park bildete um 1850 für Zehntausende von Siedlern und Goldsuchern das gefährliche Tor nach Kalifornien. Gut 30 Jahre später entwickelten sich nordwestlich der Wüste einige kleine Feriensiedlungen – das sogenannte Inland Empire – zum Zentrum des Orangenanbaus. Die aus Brasilien stammende, gut transportierbare Navelorange wurde für Millionen von Amerikanern zum Symbol des guten, gesunden Lebens in Kalifornien. In Redlands und Riverside stehen noch heute einige Villen der Zitrusmillionäre. Die meisten Haine mussten jedoch Asphalt und Beton weichen. Inzwischen ist Riverside praktisch ein Vorort von Los Angeles.

Im Herzen der Region liegt Palm Springs, ein beliebtes Ziel für Wochenendausflüge in die Wüstensonne. Nur zwei Autostunden von Los Angeles entfernt locken luxuriöse Hotels, Golfplätze sowie eine rekordverdächtige Anzahl an Tennisplätzen und Pools.

Im Osten von Palm Springs erstreckt sich mit dem Joshua Tree National Park eine besondere Attraktion. Hier sind die Tage heiß und trocken, die Nächte frostig. Die karge, teils bizarr wirkende Schönheit der Felslandschaft ruft unweigerlich Bilder von Desperados, tapferen Pionieren im Planwagen und umherziehenden Revolverhelden hervor – Klischees vom Wilden Westen, wie man ihn aus zahllosen Filmen und Romanen kennt.

Wenn es im Sommer in der Wüste zu heiß ist, können sich Besucher in einen der beschaulichen Bergorte in den San Bernardino Mountains flüchten, durch welche die spektakuläre Rundfahrt »Am Rand der Welt« führt.

Wildwest-Filmkulisse in Pioneertown nahe Yucca Valley *(siehe S. 277)*

Im Land bizarrer Felsen: Joshua Tree National Park *(siehe S. 282f)*

Überblick: Inland Empire und Colorado-Wüste

Das Inland Empire ist eine Region mit großen klimatischen und landschaftlichen Kontrasten. Im Nordwesten liegt der San Bernardino National Forest mit kühler Bergluft und atemberaubenden Ausblicken. Weiter südlich befindet sich das sonnenverbrannte Coachella Valley, das im Salton Sea endet. Die Wüstenoase Palm Springs flankieren der Joshua Tree National Park und der Bergort Idyllwild. Im Südwesten bildet der Anza-Borrego Desert State Park das Tor zum San Diego County.

Wildes Dickhornschaf, Anza-Borrego Desert State Park

Blick über den Golfplatz Desert Dunes nahe Palm Springs

Legende

═══	Interstate Highway
═══	State Highway
▬▬	Highway
⋯⋯	Nebenstraße
▬▬	Panoramastraße
⋯•⋯	Eisenbahn (Hauptstrecke)
⋯⋯	Eisenbahn (Nebenstrecke)
▪▪▪▪	Bundesstaatsgrenze
▮▮▮▮	Staatsgrenze
△	Gipfel

Weitere Zeichenerklärungen *siehe hintere Umschlagklappe*

Sehenswürdigkeiten auf einen Blick

Windkraftwerk im Coachella Valley

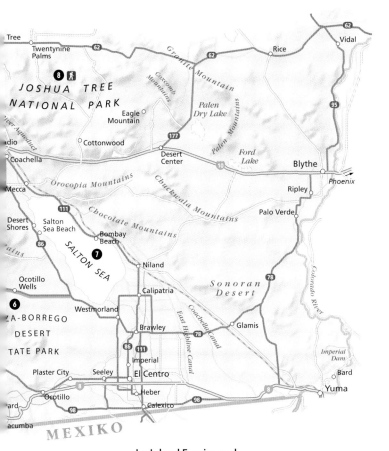

Im Inland Empire und in der Colorado-Wüste unterwegs

Die Wüste lässt sich am besten per Auto erforschen. Die I-10 durchquert die Region in West-Ost-Richtung. Palm Springs, 170 Kilometer südöstlich von Los Angeles und 190 Kilometer nordöstlich von San Diego gelegen, besitzt Flughafen sowie Greyhound- und Amtrak-Bahnhof und ist eine gute Basis zur Erkundung der Gegend.

❶ Tour: Rim of the World

Die Rundfahrt »Am Rand der Welt« führt durch die waldreichen San Bernardino Mountains und bietet spektakuläre Aussichten auf die Wüste jenseits der Berge. Wegen der Höhenlage sind die Jahreszeiten deutlich ausgeprägt. Wo im Sommer Kiefern duften, locken im Winter Langlaufstrecken. Die Route führt durch die Ferienorte an den Ufern von Lake Arrowhead und Big Bear Lake. Beide Seen sind beliebte Ausflugsziele bei allen, die der Hitze und dem Smog von Los Angeles entgehen wollen. Redlands, wo der Duft von Orangen in der Luft liegt, vermittelt einen Eindruck von der rauschenden viktorianischen Vergangenheit der Gegend.

Landschaft der San Bernardino Mountains

④ Heaps Peak Arboretum
Ein 1,6 Kilometer langer Lehrpfad führt über den Hang mit einheimischen und anderen Baumarten. Hier wachsen u. a. Hartriegel, Jeffrey- und Ponderosa-Kiefern, Schwarz- und Weißeichen sowie Grautannen (Colorado-Tannen).

③ Big Bear Lake
Die beliebte Feriengegend bietet gute Sportmöglichkeiten, darunter Angeln, Segeln, Schwimmen und Skifahren. Handelszentren sind die Orte Big Bear City im Osten und Big Bear Village im Süden.

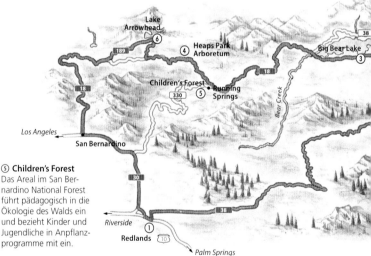

⑤ Children's Forest
Das Areal im San Bernardino National Forest führt pädagogisch in die Ökologie des Walds ein und bezieht Kinder und Jugendliche in Anpflanzprogramme mit ein.

⑥ Lake Arrowhead
Im Lake Arrowhead Village am Südufer finden sich Läden, Restaurants sowie Unterkünfte (sowohl in Hotels als auch in Blockhäusern). Die *Arrowhead Queen* befährt von hier aus den See. Das Nordufer ist überwiegend Privatgelände.

① Redlands
Der Ort ist für seine viktorischen Herrenhäuser berü die gegen Ende des 19. J hunderts von Großgrund zern gebaut wurden. Zu schönsten zählen Kimber Crest House and Gardens Morey Mansion und Edw Mansion.

Hotels und Restaurants im Inland Empire und in der Colorado-Wüste *siehe Seiten 534f und 562f*

uteninfos

ıge: 183 km.
'sichtsmaßnahmen: Die gstraßen sind recht kurven- :h. Mancherorts kommt es zu ınschlag. Beachten Sie daher Geschwindigkeitsbegrenzun- ı, und vermeiden Sie Nacht- rten. Im Winter sind Schnee- :en empfehlenswert. Einige ıßen sind bei schlechtem tter gesperrt.
ten: Neben dem Northwoods ort *(siehe S. 534)* am Big Bear e gibt es viele weitere Hotels, :khäuser und Restaurants in Bear und Lake Arrowhead. iches gilt für Redlands. Pick- :- und Zeltplätze sind gut geschildert.

Onyx Summit
t 2573 Metern ist Onyx Summit r höchste Punkt auf der Rund- ırt. Der Aussichtspunkt nahe m Gipfel bietet einen grandio- sen Blick auf die Berge des San Bernardino National Forest und die Wüste.

ende
Routenempfehlung
Andere Straße

Bau aus Adobe-Ziegeln: das hübsche Mission Inn in Riverside

❷ Riverside

Straßenkarte D6. 317 000. 3750 University Ave, 1-951-222-4700. **exploreriverside.com**

In Riverside finden sich einige der elegantesten Bauwerke Südkaliforniens. Ende des 19. Jahrhunderts war der Ort das Zentrum der kalifornischen Zitrusfrüchte-Industrie. 1905 hatte die Bevölkerung von Riverside das höchste Pro-Kopf-Einkommen der gesamten USA. Einer der beiden Orangenbäume aus der Anfangszeit steht noch heute im Park an der Kreuzung Magnolia und Arlington Avenue. Eliza und Luther Tihbetts pflanzten ihn 1875.

Das Adobe-Haus **Mission Inn Hotel & Spa** wurde 1876 mit zwölf Zimmern errichtet und am Anfang des 20. Jahrhunderts zu einem Hotel mit insgesamt 275 Zimmern erweitert *(siehe S. 535)*. Das Bauwerk ist eine Mischung aus kolonialer, maurischer und orientalischer Architektur. Interessant sind vor allem Wendeltreppen, Strebebogen und Wasserspeier. Das **Riverside Metropolitan Museum** informiert über die Geschichte der Stadt.

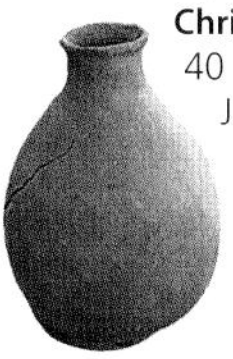
Krug im Hi-Desert Nature Museum

Mission Inn Hotel & Spa
3649 Mission Inn Ave. 1-951-784-0300. **missioninn.com**

Riverside Metropolitan Museum
3580 Mission Inn Ave. 1-951-826-5273. Mo–Sa 10–16.30, So 13–16.30 Uhr.

❸ Yucca Valley

Straßenkarte D5. 21 000. 56711 Twenty-nine Palms Hwy, 1-760-365-6323.

Yucca Valley ist ein Ort westlich des Joshua Tree National Park *(siehe S. 282f)*. Im **Desert Christ Park** erzählen über 40 Statuen aus den 1950er Jahren von Antone Martin das Leben Christi. Das **Hi-Desert Nature Museum** zeigt Kunsthandwerk und erläutert Geologie sowie Flora und Fauna der Region.

Sechs Kilometer nördlich liegt **Pioneertown**, eine 1947 als Filmkulisse errichtete Western-Stadt.

Desert Christ Park
Am Ende des Mohawk Trail. 1-760-364-0469. tägl.

Hi-Desert Nature Museum
57090 Twenty-nine Palms Hwy. 1-760-369-7212. Di–So 10–17 Uhr. Feiertage.

Christusstatue von Antone Martin im Desert Christ Park

❹ Palm Springs

Das seit rund 10 000 Jahren bewohnte Coachella Valley wurde 1853 von einer Regierungskommission bereist, die hier inmitten der Wüste einen Palmenhain rund um eine Mineralquelle vorfand. Das erste Hotel der Gegend wurde 1886 gebaut. Ende des 19. Jahrhunderts war Palm Springs bereits ein blühender Kurort. In den 1920er und 1930er Jahren entwickelte sich die Gegend zum bevorzugten Winterquartier der Reichen und Schönen Kaliforniens.

Überblick: Palm Springs

Der Bauboom der Nachkriegszeit *(siehe S. 58f)* ließ in Palm Springs Häuser und Hotels aus dem Boden schießen. Wegen der wachsenden Beliebtheit der Stadt ging man später dazu über, auch die Wüste im Osten zu erschließen. Zwischen Palm Springs und dem 35 Kilometer entfernten Indio, einem Zentrum des Dattelanbaus, entstanden von 1967 bis 1981 die Urlaubsorte Cathedral City, Rancho Mirage, Palm Desert, Indian Wells und La Quinta. Auch Desert Hot Springs, ein Mineralbad nordöstlich von Palm Springs, wurde zum beliebten Ferienziel. Der Bau zahlreicher luxuriöser Golfplätze datiert ebenfalls aus dieser Zeit *(siehe S. 281)*.

Diese Orte vereinigten sich zu Greater Palm Springs. Palm Desert, die beste Shopping-Adresse, hat mittlerweile einen städtischen Charakter entwickelt. Die luxuriösesten Resorts und Anwesen findet man nun in Indian Wells, Rancho Mirage und La Quinta. Millionen von Besuchern nutzen das nahezu unendliche Angebot an Aktivitäten wie Schwimmen sowie Golf- oder Tennisspielen. Andere schätzen die Shopping-Möglichkeiten oder vertreiben sich die Zeit an den Automaten in den zahlreichen Casinos.

In Palm Springs schimmert immer noch der Abglanz von Hollywood, denn viele Prominente aus dem Showbusiness besitzen hier eine Privatvilla. Einige Agenturen bieten Führungen zu diesen Star-Residenzen und zu einzelnen Orten, die mit bestimmten Prominenten in Verbindung stehen.

Werbung für Weizenkekse bei Ruddy's, Village Green

🏛 Village Green Heritage Center

221 S Palm Canyon Drive. 📞 1-760-323-8297. ⏰ Okt–Mai: Do–Sa 10–16, Mi, So 12–15 Uhr. ⬤ Feiertage. 🚶 Führungen zu Fuß: Mi–Sa 9.45 Uhr von McCallum Adobe. ♿ 🌐 palmsprings.com

Die Enklave im Herzen des Einkaufsviertels von Palm Springs umfasst vier historische Gebäude: Das in den 1950er Jahren hierhierverlegte McCallum Adobe wurde 1884 von John G. McCallum, dem ersten weißen Einwohner der Stadt, nahe dem Indianerdorf Agua Caliente erbaut – nahe den heißen Quellen, auf die sich der Name »Palm Springs« bezieht.

Das Cornelia White House von 1893, zum Teil aus Eisenbahnschwellen errichtet, steckt noch heute voller Antiquitäten aus der Pionierzeit.

Das Agua Caliente Cultural Museum dokumentiert die Geschichte der hier lebenden Cahuilla-Indianer anhand von Exponaten und Fotografien. Dazu präsentiert es unter anderem eine Sammlung von alten indianischen Korbwaren und weiterem Kunsthandwerk.

In der ehemals einzigen Apotheke der Stadt ist heute Ruddy's General Store Museum untergebracht, der exakte Nachbau eines Ladens aus der Zeit der Weltwirtschaftskrise. Die original verpackten Waren reichen von Lakritze und Schnürsenkeln bis hin zu Mehl und Medikamenten.

🎢 Wet 'n' Wild Palm Springs

1500 Gene Autry Trail. 📞 1-760-327-4664. ⏰ Mitte Mai–Aug: tägl.; Apr–Mitte Mai, Sep–Mitte Okt: Sa, So. ♿ 🌐 wetnwildpalmsprings.com

Der 6,5 Hektar große Wasserpark vermittelt mit neuester Technik südkalifornisches Strand-Feeling. Es gibt zahlreiche Wasserrutschen, darunter einen 20 Meter hohen »freien Fall« und einen rund 180 Meter langen »Fluss«, auf dem man sich in aufgeblasenen Autoschläuchen bewegt. Kleinere Kinder haben rund um Kahuna's Beach House Spaß in eigenen Becken mit Rutschen, Wasserspielen und Fontänen.

Im größten Wellenpool Kaliforniens kann man auf 1,2 Meter hohen Wellen surfen. Surfboards und Schläuche werden stunden- oder tageweise verliehen.

Rutschen beim Kahuna's Beach House, Wet 'n' Wild Palm Springs

Hotels und Restaurants im Inland Empire und in der Colorado-Wüste *siehe Seiten 534f und 562f*

Die Palm Springs Aerial Tramway auf dem Weg zur Bergstation

🚡 Palm Springs Aerial Tramway

1 Tram Way. 📞 1-760-325-1391. 🕐 tägl. ♿ 🌐 pstramway.com

Die Seilbahn mit zwei Gondeln aus der Schweiz für je 80 Personen ist eine der beliebtesten Attraktionen von Palm Springs. Ihre Talstation liegt zehn Kilometer nordwestlich der Stadt. Auf der vier Kilometer langen Fahrt zur Bergstation (Mount San Jacinto State Park and Wilderness Area) bewältigt man in rund zehn Minuten 1790 Meter Höhenunterschied.

Man schwebt durch fünf verschiedene Ökosysteme, von der Wuste bis zum alpinen Hochwald, was einer Reise von Mexiko nach Alaska entspricht. Die Temperaturen ändern sich schlagartig: Auf dem Gipfel kann es um einige Grade kälter sein als in der warmen Talsohle – nehmen Sie entsprechende Kleidung mit.

Oben auf dem Berg warten 85 Kilometer Wanderwege, von denen einer nach Idyllwild (siehe S. 280) führt. Im Winter wird hier das Adventure Center betrieben, wo man etwa Langlaufskier ausleihen kann. Es gibt Zeltplätze und Picknickplätze.

Die Aussichtsplattform auf 2600 Meter Höhe bietet einen grandiosen Blick auf das Coachella Valley, Palm Springs und die San Bernardino Mountains im Norden. An klaren Tagen kann man bis zum 80 Kilometer entfernten Salton Sea (siehe S. 281) sehen.

Beide Seilbahnstationen verfügen über Geschenkeläden, Bars und Imbisslokale. Auf der Bergstation gibt es zudem eine Cafeteria und ein Restaurant.

🏛 Palm Springs Art Museum

101 Museum Drive. 📞 1-760-322-4800. 🕐 Di, Mi, Fr–So 10–17, Do 12–20 Uhr. ● Feiertage. ♿ 🌐 psmuseum.org

Das Museum zeigt Gemälde und Skulpturen vom 19. Jahrhundert bis zur Gegenwart, indianisches Kunsthandwerk und Fotografien. Außerdem ist die William Holden Collection, eine Stiftung des 1981 verstorbenen beliebten US-Schauspielers, zu sehen.

Das benachbarte Annenberg Theater ist ein Bühnensaal mit 433 Plätzen, in dem Popkonzerte, Cabaret- und Comedy-Aufführungen auf dem Programm stehen. Brunnen zieren den üppigen gepflegten Garten, der eindrucksvoll dokumentiert, was in der Wüste bei entsprechender Bewässerung gedeihen kann.

Vom Museum aus können Besucher auf zwei interessanten Lehrpfaden die überaus artenreiche Tier und Pflanzenwelt der Gegend erkunden. Der drei Kilometer lange Museum Trail führt 240 Meter bergauf in den Mount San Jacinto State Park. Am Aussichtspunkt Desert Riders Overlook, von wo aus man auf Palm Springs und das Coachella Valley sehen kann, trifft man auf den

Infobox

Information
Straßenkarte D6. 🗺 46 000. ℹ 70–100 Hwy 111, Rancho Mirage, 1-800-967-3767; 1-760-770-9000. 🎞 Palm Springs International Film Festival (Anfang–Mitte Jan). 🌐 visitgreaterpalmsprings.com

Anfahrt
✈ Palm Springs Regional Airport, 1,5 km nordöstl. des Zentrums. 🚌 Indio. 🚌 3111 N Indian Ave.

Lykken Trail. Folgt man diesem Wanderweg, stößt man nach sechs Kilometern auf den Eingang zum Tahquitz Canyon (siehe S. 280).

Ausstellungshalle im Palm Springs Art Museum

Palmen

Nur eine Palmenart in Palm Springs stammt aus Kalifornien, die Wüstenfächerpalme (Washingtonia filifera), die in abgelegenen Bergoasen wächst. Im Unterschied zu anderen Palmen fallen die abgestorbenen unteren Blätter nicht ab, sondern »wandern« am Stamm hinunter und bilden einen »Rock«, unter dem Tiere Schutz finden. Dattelpalmen (Phoenix dactylifera) wurden 1890 versuchsweise aus Algerien eingeführt. Eine ausgewachsene Palme kann in einem Jahr weit mehr als 100 Kilogramm Datteln produzieren. Im Februar kann man beim jährlichen National Date Festival in Indio (siehe S. 43) Datteln in allen Variationen kosten.

Dattelpalmen im Coachella Valley

🦎 Indian Canyons

38520 S Palm Canyon Drive. 🎫
1-760-323-6018. 🕐 Okt–Juni: tägl.
8–17 Uhr; Juli–Sep: Fr–So 8–17
Uhr. 🚻 🔲 indian-canyons.com

Rund acht Kilometer südlich
von Palm Springs umgeben
kahle Hügel vier spektakuläre
Palmenoasen in Felsschluch-
ten. Murray, Tahquitz, Andreas
und Palm Canyon liegen an
kleinen, von Bergquellen
gespeisten Bächen auf dem
Gebiet der Cahuilla-Indianer.
Felsenkunst und andere Spuren der Ureinwohner sind noch
zu sehen.

Der 24 Kilometer lange Palm
Canyon ist die größte der
Schluchten – voller wilder
Fächerpalmen und mit zahl-
reichen endemischen Pflanzen
und Tieren *(siehe S. 279)*.
Neben dem Parkplatz werden
Getränke verkauft. Von dort ist
es nur ein kurzer, aber steiler
Abstieg zum Hauptweg. An
einem kleinen Bach stehen
Picknicktische.

**Oase mit Fächerpalmen in den
Indian Canyons**

🦁 The Living Desert, Zoo and Botanical Garden

47-900 Portola Ave, Palm Desert.
🎫 1-760-346-5694. 🕐 tägl. ⬤
25. Dez. 🚻 🔲 livingdesert.org

Der gut geplante Park gibt eine
Übersicht über Tiere und Pflanzen der nordamerikanischen
und afrikanischen Wüstengebiete. Trotz seiner Größe von
485 Hektar lässt sich das Wichtigste an einem halben Tag
sehen. Befestigte Wege führen
durch 40 Anpflanzungen und
an 60 Gehegen vorbei. Hier
leben rund 500 Wildtiere aus
Wüstengebieten. Besonders
interessant sind die Steinadler

**Blühender Ocotillo in The Living
Desert, Zoo and Botanical Garden**

und Berglöwen, man sieht aber
auch viele nachtaktive Tiere
und eine Ausstellung über
Jaguare. Es gibt Wanderwege
(besonders empfehlenswert im
Winter), Tiershows, eine Ausstellung mit Modelleisenbahnen und die Möglichkeit, auf
einem Kamel zu reiten. In der
Hitze des Sommers empfiehlt
sich ein Besuch am Vormittag.

➎ Palms to Pines Highway

Straßenkarte D6.
🔲 visitgreaterpalmsprings.com

Eine der interessantesten Strecken Kaliforniens beginnt an
der Kreuzung von Highway
111 und Highway 74 in Palm
Desert. Der Highway 74 führt
aus der Wüste mit ihren Palmen, Creosote-Büschen und
Eisenholzbäumen in eine
Berglandschaft voller Kiefern,
Wacholder und Bergmahagoni.

Die Aussicht vom 1500 Meter
hohen Santa Rosa Summit ist
spektakulär. Folgen Sie dem
Highway 74 nordwestlich zum
Mountain Center und zu den
üppigen Wiesen des Garner
Valley.

Fahren Sie vom Mountain
Center aus auf Highway 243
zum malerischen Bergort Idyllwild, der einige Restaurants,
Holzhütten und Zeltplätze bietet. Die renommierte Kunst-
und Musikschule von Idyllwild
veranstaltet im Sommer regelmäßig klassische Konzerte. In
der Umgebung ziehen zahlreiche Wanderwege die Outdoor-
Fans an. Landkarten sind in der
Ranger-Station erhältlich. Über
einen 13 Kilometer langen Pfad
gelangt man zur Bergstation
der Palm Springs Aerial Tramway *(siehe S. 279)*, mit der man
schnell in die Wüste zurückkehren kann. Im Sommer kann
man auf Maultieren ausreiten,
im Winter Skilanglauf betreiben.

➏ Anza-Borrego Desert State Park

200 Palm Canyon Dr. **Straßenkarte**
D6. 🎫 1-760-767-5311. 🚌 Escondido. **Besucherzentrum** 🎫 1-760-
839-4777. 🕐 ganzjährig tägl.
🔲 parks.ca.gov

Seit dem Goldrausch von 1849
(siehe S. 52f) zogen Zehntausende von Goldsuchern und
Siedlern durch die Anza-Borrego-Wüste. Diese Route war
zu jener Zeit der einzige ganzjährig zugängliche Landweg
nach Kalifornien. Heute ist das
einstige Tor nach Westen ein

Der pittoreske Bergort Idyllwild

Ödland im Anza-Borrego Desert State Park

abgeschiedener, urtümlicher Park mit Wüstenlandschaften von einzigartiger Schönheit.

Das gut ausgestattete Besucherzentrum liegt in Borrego Springs, dem einzigen größeren Ort in dem ansonsten fast unbesiedelten Park. Der nahe gelegene, 2,5 Kilometer lange Palm Canyon Nature Trail führt zu einer Oase, in der bedrohte Dickhornschafe leben.

Das Box Canyon Historical Monument liegt 50 Kilometer südwestlich des Besucherzentrums an der Landstraße S 2. Hier kann man noch den Pfad sehen, auf dem einst die Goldgräber dem Wüstenklima trotzten, um zu den 800 Kilometer nördlich gelegenen Goldfeldern zu gelangen.

Die Anza-Borrego-Wüste ist fast das ganze Jahr über unwirtlich, doch zwischen März und Mai erwacht das dürre Land nach intensiven Regenfällen zu neuem Leben. Kakteen und Wüstenblumen bieten dann einen wahre Farbenpracht.

Die geologische Beschaffenheit der Wüste ist ebenso faszinierend wie ihre Flora und Fauna. Im Verlauf der Jahrmillionen schoben sich die Erdschichten entlang der Verwerfungslinien übereinander und bildeten vielfarbige Felsformationen, steile Schluchten und schroffe Canyons, darunter auch die berühmten Borrego und Carizzo Badlands.

Viele Orte im Park, darunter die gepflegten Zeltplätze, lassen sich problemlos über asphaltierte Straßen erreichen. Weitere 800 Kilometer unbefestigter Strecken können mit Allradantrieb befahren wer-

den. Wer ein normales Auto fährt, sollte sich vor Fahrtantritt beim Besucherzentrum nach den jeweiligen Straßenbedingungen erkundigen.

❼ Salton Sea

Straßenkarte E6. 🚗 Mecca. 🚌 Indio. **Besucherzentrum** 📞 1-760-393-3052. 🕐 tägl. 🖥 desertusa.com/salton/salton.html

Dieses von Menschenhand geschaffene Gewässer hat eine bemerkenswerte Geschichte, vor allem was die ökologische Situation betrifft. Der See verzeichnet einen steigenden Gehalt an Salz und Selen, was die Nutzung als Erholungsgebiet vermehrt einschränkt. Die sommerliche Algenblüte tut ein Übriges. Diese Veränderungen führten im Lauf der Zeit zu einer drastischen Verschlechterung der Lebensbedingungen der Fisch- und Vogelwelt. Projekte zur Wiederbelebung des Ökosystems sind in Planung.

Der Salton Sea entstand im Jahr 1905 eher zufällig, als der Colorado River über die Ufer trat und in einen frisch angelegten, zum Imperial Valley führenden Bewässerungskanal drang. Ein Team von Ingenieuren brauchte fast zwei Jahre, um die Fluten durch Baumaßnahmen zu stoppen. In der Zwischenzeit war im 70 Meter unter dem Meeresspiegel gelegenen Salton-Becken ein rund 55 Kilometer langer See entstanden.

An der Ostseite des Sees gibt es Wanderwege und Zeltplätze, ein Besucherzentrum und einen Kinderspielplatz.

Golfen in der Wüste

Dank der Bewässerung durch unterirdische Quellen ist Palm Springs heute als Golf-Hauptstadt der USA bekannt. Es gibt über 100 Golfplätze in der Region, die meist von Privatclubs oder Hotels betrieben werden. Manche Plätze sind recht kahl, andere üppig grün. Zu den alljährlich hier stattfindenden Turnieren zählen Humana Challenge im Januar und Women's Kraft Nabisco Golf Championship Ende März/Anfang April. Einige der Anlagen sind öffentlich zugänglich, darunter Desert Dunes mit relativ schwierigem Sandterrain. Im Sommer sollte man seine Runde schon möglichst früh am Morgen beginnen. Im November und Dezember sind die Temperaturen angenehmer, dann macht es wesentlich mehr Spaß. Die meisten Plätze sind im Oktober geschlossen, weil neues Gras gesät wird.

Der Golfplatz Tahquitz Creek bei Palm Springs

❽ Joshua Tree National Park

Der Nationalpark wurde 1944 eingerichtet, um die Bestände der ungewöhnlichen, stachelblättrigen Josua-Palmlilie *(Yucca brevifolia)* zu schützen. Der Name des Baums geht auf mormonische Siedler zurück, die in seinen Ästen die zum Himmel erhobenen Arme des Propheten Josua sahen. Josua-Palmlilien sind eine nur hier lebende Yucca-Art, die bis zu 15 Meter hoch und bis zu 900 Jahre alt werden kann. Der gut 3000 Quadratkilometer große Park bietet ungewöhnliche Ansichten der kalifornischen Wüstenlandschaft mit verblüffenden Felsformationen. Er ist ein Paradies für Kletterer und eine faszinierende Wandergegend, in der es alte Minen, Palmenoasen und im Frühling viele Wüstenblumen zu entdecken gibt. Im Besucherzentrum erhält man den neuesten Wetterbericht.

Josua-Palmlilien
In der höher gelegenen, etwas kühleren und weniger trockenen Westhälfte des Parks wachsen die bizarren Bäume.

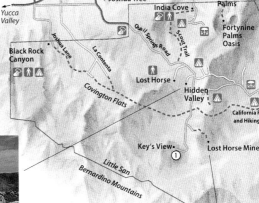

Hidden Valley
Gigantische Felsblöcke bilden hier eine natürliche Formation und früher ein legendäres Versteck für Viehdiebe des Wilden Westens.

0 Kilometer 10
0 Meilen 10

Außerdem

① **Key's View** heißt dieser Aussichtspunkt, von dem aus man einen wunderbaren Panoramablick genießt.

② **Die aride Wildnis** der Colorado-Wüste *(siehe S. 207)* nimmt die Osthälfte des Parks ein. Die unwirtliche Gegend ist schwer zu erreichen.

③ **Cottonwood Spring** ist eine künstlich angelegte Oase mit Palmen und Pappeln, die Wüstenvögel anzieht. In der Nähe befindet sich ein Besucherzentrum.

Lost Horse Mine
Ein 3,2 Kilometer langer Pfad führt zur alten Goldmine, die von einem Cowboy entdeckt wurde, der nach seinem Pferd suchte. In den ersten zehn Jahren förderte man hier Gold im Wert von 270 000 US-Dollar.

Hotels und Restaurants im Inland Empire und in der Colorado-Wüste *siehe Seiten 534f und 562f*

Wüstentiere

Trotz der Unwirtlichkeit der Wüste leben hier viele Tierarten, die sich den extremen Bedingungen, vor allem der Hitze und dem Wassermangel, angepasst haben. Die Kängururatte z. B. bezieht Nahrung und Wasser allein aus Samenkörnern. Die großen Hinterfüße ermöglichen es ihr, über den heißen Sand zu laufen. Kräftige Beine besitzt auch der Wegekuckuck (Großer Rennkuckuck; engl. Road-

runner), ein Laufvogel, der Flüssigkeit mit Insekten und anderer Beute aufnimmt. Der Eselshase tarnt sich mit sandfarbenem Fell vor Raubtieren wie Kojote, Luchs und Adler.

Der Kojote kann sich an viele Habitate anpassen

Infobox

Information
Straßenkarte D5.
Oasis Visitors' Center
74485 National Park Drive, Twentynine Palms.
1-760-367-5502.
tägl. 25. Dez.
W nps.gov/jotr

Anfahrt
Desert Stage Lines von Palm Springs nach Twentynine Palms.

Lost Palms Oasis
Ein 6,4 Kilometer langer Weg führt durch Wüstenlandschaft zum größten Palmenhain im Park. Dies ist eine der wenigen Stellen mit natürlichen Wasservorkommen.

Cholla Cactus Garden
Eine dichte Ansammlung von Feigenkakteen ist der Mittelpunkt eines kurzen Lehrpfads zur Wüstenflora und -fauna. Die flaumigen Enden haben spitze Stacheln.

Legende

- Interstate Highway
- Highway
- Nebenstraße
- Piste
- Wanderweg
- Nationalparkgrenze

Weitere Zeichenerklärungen *siehe hintere Umschlagklappe*

Mojave-Wüste

Die Mojave-Wüste ist immer noch ein Geheimtipp. Das ausgedehnte Trockengebiet wird von vielen, die auf dem Highway reisen, übersehen. Das Klima in dem Gebiet ist absolut extrem: Das Death Valley ist einer der heißesten Orte Nordamerikas. Die Wüste besitzt jedoch trotz dieser besonderen klimatischen Bedingungen eine erstaunliche Pflanzenvielfalt. Jedes Jahr, wenn für wenige Wochen die Blumen zwischen den kahlen Felsen blühen, ist es hier unbeschreiblich schön.

Im 19. Jahrhundert war die Mojave-Wüste der Landweg nach Kalifornien, der ganzjährig zugänglich war. Trapper, Händler und Siedler zogen Hunderte von Meilen entlang dem Old Spanish Trail von Santa Fe in New Mexico nach Los Angeles. Die Reise quer durch die Wüste – über Barstow und Tecopa – war ebenso anstrengend wie gefährlich.

Um 1870 fand man hier Gold, Silber und andere Rohstoffe, was zahllose Pioniere und Glücksritter anlockte. Städte wie Calico entstanden, doch viele der im Zuge des Bergbaus gegründeten Siedlungen wurden aufgegeben, als die Minen erschöpft waren. Mit der Eröffnung der Santa Fe Railroad 1883 entstand eine dauerhafte Bergbau-Industrie. Die Orte an der Bahnlinie blühten auf, die Bevölkerungszahl wuchs. Zu Beginn des 20. Jahrhunderts tauchte ein neuer Typus von Wüstenbewohner auf. Jack Mitchell machte in den 1930er Jahren im menschenleeren Osten der Region die spektakulären Mitchell Caverns zur Besucherattraktion. Ein anderer Enthusiast war »Death Valley Scotty«. Er verbrachte einen Großteil seines Lebens in einem in den 1920er Jahren von Albert Johnson erbauten Schloss, das nahe dem tiefsten und heißesten Punkt von Nordamerika liegt. Heute lockt der Death Valley National Park mit seinen historischen Wahrzeichen und imposanten Naturdenkmälern die Besucher an.

Hauptanziehungspunkt ist aber nach wie vor Las Vegas in Nevada. Die fünf Autostunden von Los Angeles entfernte Vergnügungsmetropole ist der Beweis dafür, dass man auch heute in der Wüste sein Glück machen kann.

Scotty's Castle *(siehe S. 296)*, ein Märchenschloss im maurischen Stil, Death Valley

Der Highway 190 verläuft durch das Death Valley stellenweise schnurgerade *(siehe S. 296f)*

Überblick: Mojave-Wüste

Die Mojave-Wüste liegt großteils auf einer Höhe von über 600 Metern. Im Winter ist es kalt, im Sommer extrem heiß, sodass viele Flüsse und Seen austrocknen. Dennoch haben sich zahlreiche Pflanzen- und einige Tierarten – von Schildkröten bis Füchsen – dem Klima angepasst und sind hier heimisch. Barstow, die größte Stadt der Region, ist eine Zwischenstation auf dem Weg nach Las Vegas. Im Norden der Wüste erstreckt sich der Death Valley National Park. Im Osten liegen die Ferienorte am Lake Havasu.

Sehenswürdigkeiten auf einen Blick

❶ Red Rock Canyon State Park
❷ Edwards Air Force Base
❸ Barstow
❹ Calico Ghost Town
❺ Kelso Dunes
❻ Cinder Cone National Natural Landmark
❼ Lake Havasu
❽ *Las Vegas S. 294*
❾ *Death Valley National Park S. 294–297*

Legende

══	Interstate Highway
══	US Highway
──	State Highway
⋯⋯	Highway
──	Panoramastraße
╍╍	Eisenbahn (Hauptstrecke)
───	Eisenbahn (Nebenstrecke)
▨▨▨	Bundesstaatsgrenze
△	Gipfel

Erzgießerei (19. Jh.) in der Geisterstadt Calico

Weitere Zeichenerklärungen *siehe hintere Umschlagklappe*

Sanddünen nördlich von Furnace Creek im Death Valley National Park

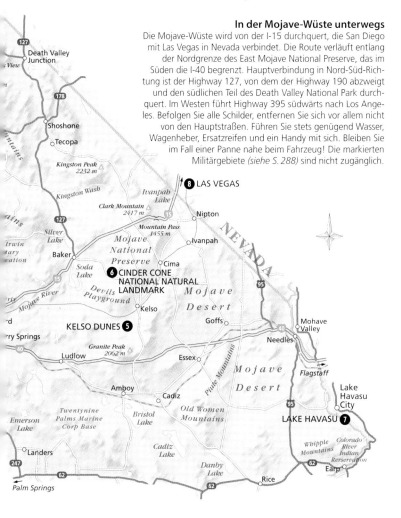

In der Mojave-Wüste unterwegs

Die Mojave-Wüste wird von der I-15 durchquert, die San Diego mit Las Vegas in Nevada verbindet. Die Route verläuft entlang der Nordgrenze des East Mojave National Preserve, das im Süden die I-40 begrenzt. Hauptverbindung in Nord-Süd-Richtung ist der Highway 127, von dem der Highway 190 abzweigt und den südlichen Teil des Death Valley National Park durchquert. Im Westen führt Highway 395 südwärts nach Los Angeles. Befolgen Sie alle Schilder, entfernen Sie sich vor allem nicht von den Hauptstraßen. Führen Sie stets genügend Wasser, Wagenheber, Ersatzreifen und ein Handy mit sich. Bleiben Sie im Fall einer Panne nahe beim Fahrzeug! Die markierten Militärgebiete *(siehe S. 288)* sind nicht zugänglich.

Faszinierendes Farbenspiel im Red Rock Canyon

❶ Red Rock Canyon State Park

Straßenkarte D5. 🚌 von Mojave, Ridgecrest. **Besucherzentrum**
📞 1-661-946-6092. ⏱ tägl.
🌐 parks.ca.gov

Schichten von weißem Ton, rotem Sandstein, rosafarbenem Vulkangestein und brauner Lava wechseln sich im Red Rock Canyon auf spektakuläre Weise ab. Der Park liegt in den El Paso Mountains, am Südende der Sierra Nevada Mountains. Wie die Hochsierra *(siehe S.488f)* ist auch er ein Produkt von Erdverwerfungen vor rund drei Millionen Jahren. Die sanft ansteigende Westseite des Canyons bildet einen starken Kontrast zu den schroffen, hohen Klippen auf der Ostseite, die von Wind und Wetter zerfurcht sind.

Verschiedene Ökosysteme ermöglichen ein vielfältiges pflanzliches und tierisches Leben. In den Felsen nisten Adler, Falken und Habichte. Wüstenfüchse, Kojoten und Luchse sind ebenso vertreten wie eine Reihe von Reptilien. Die Landschaft war Kulisse für zahllose Western, Science-Fiction-Filme und Werbekampagnen – weshalb sie vielen merkwürdig vertraut erscheint.

❷ Edwards Air Force Base

Straßenkarte D5. 📞 1-661-277-3517. 🚌 von Mojave, Rosamond.
🅿🚻📷 1. u. 3. Fr im Monat (nur nach Vereinbarung).
🌐 edwards.af.mil

Der als Landeplatz des Space-shuttle bekannte Militärflug-hafen ist seit 1933 mit der Geschichte der Luftfahrt ver-knüpft. Die 168 Quadratkilometer große Fläche des Rogers Dry Lake bildet eine riesige natürliche Landebahn, die sich perfekt für Notlandungen eignet. Hinzu kommt das ganzjährig sonnige und klare Wetter, das die Gegend zum idealen Ort für Pilotentraining und Probeflüge macht. Hier wurde 1942 der erste Düsenjet der Welt getestet. Am 14. Oktober 1947 durch-brach Chuck Yeager mit dem Raketenflugzeug Bell XS-1 zum ersten Mal die Schallmauer. Die dem Stütz-

Spaceshuttle Atlantis landet auf der Edwards Air Force Base

punkt angegliederte Piloten-schule bildet jedes Jahr 50 Ab-solventen aus.

Zu Edwards gehört auch das Neil A. Armstrong Flight Research Center (bis 2014 Dry-den Flight Research Center). Die früher beliebten Führungen durch das Gelände wurden eingestellt. Akutelle Infos finden Sie online (www.nasa. gov/centers/armstrong/about/ tour.html).

❸ Barstow

Straßenkarte D5. ⛰ 23000. 🚌
ℹ 681 North First Ave, 1-760-256-8617. 🌐 barstowchamber.com

Im 19. Jahrhundert gab es hier nur eine kleine Siedlung am Old Spanish Trail *(siehe S.285)*. 1886 wurde die Barstow-San-Bernardino-Eisenbahn eröffnet, die Kansas City mit der Pazifik-küste verband.

Aus dieser Zeit stammt auch der nun renovierte Bahn-hof, die Casa del Desierto.

Militär in der Mojave-Wüste

Weite Teile der Mojave-Wüste sind militärisches Sperrgebiet, das nicht betreten werden darf. Im Zweiten Weltkrieg bildete General Patton hier im 45300 Quadratkilometer großen Desert Trai-ning Center seine Truppen aus. Zu den heutigen Einrichtungen gehört das China Lake Weapons Center nördlich von Barstow, in dem Artillerie- und Bombentests durchgeführt werden. Nord-östlich von Barstow befindet sich das mehr als 2600 Quadrat-kilometer große Fort Irwin National Training Center (NTC), ein wichtiger Stützpunkt der US-Armee mit ungefähr 22000 Mann (einschließlich der zivilen Angestellten). Es ist eines der bedeu-tendsten Testgebiete für Panzer und andere Waffensysteme. Das Wüstenterrain wurde 1990/91 zur Vorbereitung auf den Golfkrieg genutzt.

Ein Talon-Trainingsjet auf der Edwards Air Force Base

Hotels und Restaurants in der Mojave-Wüste *siehe Seiten 535 und 563f*

Renovierte und rekonstruierte Gebäude in der Geisterstadt Calico

Von 1937 bis in die späten 1950er Jahre war Barstow ein wichtiger Ort an der Route 66, der einzigen asphaltierten Straße von Chicago zur Westküste. Heute ist die Stadt an der I-15 vor allem als Zwischenstation auf dem Weg von Los Angeles nach Las Vegas bekannt. Rund 21 Millionen Menschen reisen jährlich durch Barstow. Manche bleiben auch länger – wegen der Edelsteine und Mineralien, die in der umliegenden Wüste zu finden sind.

Das **Desert Discovery Center** in Barstow präsentiert sehenswerte Ausstellungen zur Flora und Fauna der Mojave-Wüste. Karten sowie Hotel- und Restaurantinfos gibt es hier ebenfalls. Das Zentrum hat auch eine Buchhandlung.

Desert Disovery Center
831 Barstow Rd, Barstow. **(** 1-760-252-6060. **◯** Di–Sa 11–16 Uhr. **◯** 1. Jan, 25. Dez, Feiertage. **♪** discoverytrails.org

❼ Calico Ghost Town

Straßenkarte D5. **(** 1-800 826-5426. ⛟ Yermo. **◯** tägl. 9–17 Uhr. **●** 25. Dez. **▣ ♿**
w calicotown.com

Die Bergbausiedlung (spätes 19. Jh.) liegt 19 Kilometer östlich von Barstow und ist zum Teil authentisch, zum Teil rekonstruiert. Am 26. März 1881 wurde in den Calico Mountains Silber gefunden. Bald trafen zahlreiche Abenteurer ein. Einige der Adern waren so ergiebig, dass bis zu elf Kilogramm Silber pro Tonne gewonnen wurden. Zwei Jahre später fand man fünf Kilometer östlich von Calico Borax – die Zukunft schien gesichert.

1890 hatte der Ort 1200 Einwohner (und 22 Saloons), doch als der Silberpreis fiel und die Boraxvorkommen erschöpft waren, zogen die Bergleute weiter. 1907 war Calico eine Geisterstadt.

Walter Knott, Gründer der Knott's Berry Farm *(siehe S. 240f)*, begann Ende der 1950er Jahre mit der Renovierung. Viele originale Bauten wurden erhalten. Besucher können in die Minen einfahren und die Stollen der Maggie Mine, eine der berühmtesten Silberminen der Westküste, erforschen. Es finden Führungen und Shows statt, darunter auch »Schießereien« auf der Main Street.

Werkzeug aus Feuerstein, Early Man Site

Umgebung: 16 Kilometer westlich von Calico befindet sich die Ausgrabungsstätte **Calico Early Man Site**. Die hier gefundenen Tausenden von Steinwerkzeugen sollen bis zu 200 000 Jahre alt sein. Der Archäologe Louis Leakey leitete die Ausgrabungen von 1964 bis zu seinem Tod 1972. Er sah hier Spuren von Frühmenschen – was die bisherigen Besiedlungstheorien revolutionieren würde. Führungen starten am Besucherzentrum.

▥ Calico Early Man Site
Nahe I-15 u. Minneola Rd. **(** 1-760-218-6931 **◯** Mi 12–16, Do–So 9–16 Uhr. **▣**
w calicoarchaeology.com

sa del Desierto, der historische Bahnhof von Barstow

Salzpfannen im Badwater Basin, Death Valley National Park *(siehe S. 295)* ▶

❺ Kelso Dunes

Straßenkarte E5. 🚌 Baker. 🛈 Mojave National Preserve, 1-760-252-6100. ◷ tägl. 🆆 nps.gov/moja

Die über 160 Meter hohen Kelso Dunes im Mojave National Preserve bestehen aus feinen Rosenquarzkörnern, die vom 56 Kilometer westlich gelegenen Mojave-Becken hergeweht werden. Die als »singende Dünen« bekannten Hügel produzieren bisweilen summende und rumpelnde Geräusche. Diese gehen auf das Abrutschen oberer Sandschichten zurück. Die dabei entstehenden Vibrationen werden durch tiefere Schichten verstärkt.

Wüstenlandschaft mit den Kelso Dunes im Hintergrund

❻ Cinder Cones National Natural Landmark

Straßenkarte E5. 🛈 1-760-252-6100. ◷ tägl. 🆆 nps.gov

Das ausgedehnte Areal mit den 32 Schlackenkegeln (engl. *cinder cones*), die im Mojave National Preserve aufragen, wurden 1973 zum National Natural Landmark erklärt. Die roten und schwarzen Hügel sowie die schwarzen Lavafelder gehen auf vulkanische Aktivitäten vor rund 7,6 Millionen Jahren zurück. Schlackenkegel entstehen, wenn lockeres (pyroklastisches) Material aus kleineren Vulkanschloten nach oben befördert wird. Sie werden in der Regel nur durch die Schwerkraft zusammengehalten und bilden konische Hügel.

Auch wenn die Lavafelder teilweise bewachsen sind, macht die Landschaft einen sehr kargen, jedoch durchaus imposanten Eindruck. Man kann die Cinder Cones von der Kelbaker Road aus betrachten oder auch zu den Kegeln wandern. Es gibt allerdings keine angelegten Wege, für deren Sicherheit der National Park Service zuständig wäre. Da in diesem Gebiet das Mobilfunknetz nicht immer zuverlässig ist, sollten Sie sich vor einer längeren Wanderung bei den Park Rangers nach entsprechenden Sicherheitsempfehlungen erkundigen.

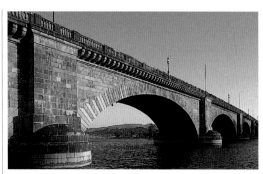

Die originale London Bridge steht heute in Lake Havasu City

❼ Lake Havasu

Straßenkarte E5. 🚌 Las Vegas. 🛈 1-520-453-3444. 🆆 golakehavasu.com

Der Lake Havasu ist ein 74 Kilometer langer See, der 1938 entstand, als der Colorado River durch den Parker Dam *(siehe S. 207)* gestaut wurde. Lake Havasu City, ein Ferienort an der Grenze zwischen Kalifornien und Arizona, wurde in den 1960er Jahren von dem Millionär Robert McCulloch errichtet. Er ließ Stein für Stein die London Bridge aus England in die neu angelegte Stadt bringen. Die Brücke überspannt den Bridgewater Channel, der eigens dafür geschaffen wurde und vom Lake Havasu zur Thomson Bay verläuft.

Der See selbst ist Teil eines Naturschutzgebiets, das von Vogelfreunden und Anglern frequentiert wird. Es gibt viele Zeltplätze und Yachthäfen, in denen man Boote und Wassersportzubehör mieten kann. Es werden auch verschiedene Rundfahrten veranstaltet, z. B. täglich ein Ausflug zur Topock Gorge am Nordende des Sees.

Umgebung: Südlich von Lake Havasu City liegt nahe beim Highway 95 das Indianerreservat Colorado River. Hier können riesige prähistorische Figuren bewundert werden, die aus dem Felsgestein des Wüstenbodens gestaltet wurden. Menschliche wie tierische Formen sind vertreten. Über ihre Bedeutung wird nach wie vor gerätselt.

Blick auf ein Lavafeld mit *cinder cones* im Hintergrund

Hotels und Restaurants in der Mojave-Wüste *siehe Seiten 535 und 563f*

❶ Las Vegas

Mit dem Bau des Hoover Dam in den 1930er Jahren entwickelte sich Las Vegas im Bundesstaat Nevada, etwa 70 Kilometer von der kalifornische Grenze entfernt, zur Großstadt. Die Legalisierung des Glücksspiels in Nevada 1931 ließ 1945/46 auf dem »Strip« außerhalb der Stadt das Hotelcasino Flamingo entstehen. Weitere folgten – und Las Vegas wurde zur weltberühmten Glücksspielmetropole.

Der »Strip« in Las Vegas

Überblick: Las Vegas

Las Vegas, die Hauptstadt des Glücksspiels, hat sich mittlerweile auch zur Metropole bei Restaurants und Theatern entwickelt. Berühmte Gastronomen aus New York, Los Angeles und San Francisco eröffnen entlang dem Strip immer mehr Genusstempel. Am Broadway erprobte Musicals und Vorstellungen des Cirque de Soleil füllen die Theater.

Die Versuche der Planer, Las Vegas ein familienfreundliches Image zu geben, scheiterten.

Infobox

Straßenkarte E4. 🏔 600 000.
ℹ 3150 Paradise Rd,
1-702-892-0711. 🆆 lvcva.com
Mirage 3400 Las Vegas Blvd S.
📞 1-888-987-6667.
Bellagio 3600 Las Vegas Blvd S.
📞 1-702-693-7111.
Luxor 3900 Las Vegas Blvd S.
📞 1-702-262-4000.
Venetian 3355 Las Vegas Blvd S.
📞 1-702-414-1000.
Wynn Las Vegas 3131 Las Vegas
Blvd S. 📞 1-702-770-7000.

Anfahrt

✈ McCarran International
Airport, 6,5 km südl. von Las
Vegas. 🚌 200 S Main St.
🚉 1 Main St.

Seither wird das Bild der Hauptstadt des Glücksspiels sowie des Entertainments wieder kultiviert. In Las Vegas leben rund 600 000 Menschen, die Zahl der Urlauber ist mit etwa 40 Millionen pro Jahr – Tendenz steigend – geradezu gigantisch. Neben dem breiten Unterhaltungsangebot prägen auch Museen und andere kulturelle Einrichtungen das Ambiente.

Die Hotelcasinos von Las Vegas bieten mehr als nur Unterkunft und Verpflegung. Sie sind architektonische Glanzstücke und gehören zu den interessantesten Sehenswürdigkeiten der Stadt. Einige von ihnen warten mit besonderen Attraktionen auf. Im Mirage gibt es einen Vulkanausbruch zu sehen, im Luxor das größte Atrium der Welt, im Bellagio fasziniert eine Blumenhalle. Das Venetian bietet Gondelfahrten auf dem hoteleigenen Kanal, das Wynn hat einen Golfplatz.

🎡 Stratosphere Tower

2000 Las Vegas Blvd S.
📞 1-702-380-7777.
🆆 stratospherehotel.com

Mit 350 Metern ist der Stratosphere Tower der höchste frei stehende Aussichtsturm der USA. An seiner Spitze befinden sich zwei Aussichtsplattformen, von denen man eine tolle Sicht auf Las Vegas hat – vor allem nachts. Es gibt ein Drehrestaurant mit Bar. Die ehemals höchste Achterbahn der Welt wurde durch drei Fahrgeschäfte ersetzt, die reichlich Nervenkitzel bieten.

🎡 Fremont Street Experience

Zwischen Charles u. Stewart St.
📞 1-702-678-5777. 🕐 tägl.
🆆 vegasexperience.com

Die erste Glücksspiel-Lizenz wurde in den 1930er Jahren in der Fremont Street erteilt. Mit der Zeit wurde das Zentrum wegen der Lichter und Neonreklamen als »Glitter Gulch« bekannt. Inzwischen hat man die fünf Blocks der Fremont Street zur Fremont Street Experience umgewandelt – eine überdachte, von Casinos gesäumte Fußgängerzone. Nachts findet hier stündlich eine Light-und-Sound-Show mit über 12 Millionen LEDs statt.

Umgebung: Der Lake Mead liegt 40 Kilometer östlich von Las Vegas. Er wurde 1936 fertiggestellt, nach dem Bau des Hoover Dam (1931–35). Der 175 Kilometer lange See hat über 800 Kilometer Ufer – ein Eldorado für Taucher, Boots- und Wasserskifahrer sowie für Angler. Der 220 Meter hohe Damm kann besichtigt werden. Ein Besucherzentrum informiert über die Naturgeschichte der Region. Im Valley of Fire State Park, 88 Kilometer nordöstlich von Las Vegas, gibt es orangefarbene Sandsteinformationen sowie Steinritzungen und andere Spuren einer frühen Zivilisation. Im Red Rock Canyon (nicht zu verwechseln mit dem gleichnamigen Park, *siehe S. 288*), 24 Kilometer westlich von Las Vegas, gibt es 900 Meter hohe Steilabbrüche, Felsgrate und Wanderwege.

Stratosphere Tower

NEVADA
Las Vegas ●
Bakersfield
●
I-15
● Barstow
KALIFORNIEN I-40
I-210 ● San Bernardino
● Los
Angeles
I-10

Death Valley National Park

In den Sommermonaten herrschen im »Tal des Todes« die höchsten Durchschnittstemperaturen der Welt. Es ist ein Land der Extreme, eine abgesunkene Mulde in der Erdkruste, in dem sich der tiefste Punkt Nordamerikas befindet. Das Tal wird auf beiden Seiten von Gebirgen gesäumt, deren westliches eine Höhe von 3350 Metern erreicht und von markanten Gipfeln geprägt wird. Das Farbenspiel, eindrucksvolle Felsformationen und glühende Salzebenen machen das Death Valley trotz der lebensfeindlichen Bedingungen so einzigartig – und zu einem beliebten Reiseziel Kaliforniens.

Zentrales Death Valley
Im Herzen des Death Valley bietet der Ort Furnace Creek Unterkunft und Verpflegung. Viele der beeindruckendsten Sehenswürdigkeiten des Parks lassen sich von hier aus gut erreichen.

Salt Creek
Im Salt Creek lebt eine nur im Death Valley vorkommende Fischart (pupfish), die den fast vierfachen Salzgehalt des Meerwassers und Temperaturen bis 44 °C verträgt. Die Fische locken andere Tiere an, z. B. Reiher. Auf Holzstegen können Besucher diesen einzigartigen Ort besichtigen, ohne das sensible Ökosystem zu stören.

Borax Museum
Furnace Creek Ranch. 1-760-786-2345. tägl.
Schon 1873 wurde im Death Valley Borax gefunden, doch der Abbau begann erst nach

Die gespenstischen Ruinen der Harmony Borax Works

1880. Man bereitete die kristallinen Borverbindungen zunächst auf und beförderte sie dann auf Maultierwagen zum 265 Kilometer entfernten Mojave-Bahnhof. Ein Gespann von 20 Tieren musste zwei Wagen von jeweils zehn Tonnen Gewicht ziehen. Die Zeit der mühseligen Karawanen dauerte von 1883 bis 1888.

Das damals zur Herstellung von hitzebeständigem Glas verwendete Borax ist heute eher als Bestandteil von Waschpulver bekannt.

Im Borax Museum sind Minenwerkzeuge und Transportmittel (19. Jh.) ausgestellt. Die Ruinen der Harmony Borax Works liegen am Highway 190, rund 1,5 Kilometer nördlich des Besucherzentrums.

Furnace Creek Visitor Center
Rte 190, Furnace Creek. 1-760-786-3200. tägl.
nps.gov/deva

Ausstellungen und ein Kurzfilm erläutern Natur- und Besiedlungsgeschichte des Death Valley. Im Winter finden abends geführte Wanderungen und Veranstaltungen statt.

Furnace Creek
Jahrtausendelang grub sich Wasser durch die östlichen Hügel und schuf einen Zugang zum Death Valley. Einst waren die Quellen im Winter Ziel der Shoshonen. Heute machen sie Furnace Creek zur Oase und zum Zentrum des Death Valley. Hier gibt es Lokale und Motels im Schatten von Dattelpalmen sowie den tiefstgelegenen Golfplatz der Welt (65 m u. d. M.). Auf einem Berghang thront das weithin sichtbare Vier-Sterne-Hotel The Inn at Furnace Creek (siehe S. 535) aus den 1920er Jahren.

Das historische Inn at Furnace Creek steht in einer spektakulären Landschaft

Hotels und Restaurants in der Mojave-Wüste *siehe Seiten 535 und 563f*

Salzformationen auf dem »Golfplatz des Teufels«

Südliches Death Valley
Einige der atemberaubendsten Naturschönheiten und meistbesuchten Attraktionen des Tals finden sich im Gebiet südlich von Furnace Creek.

🏜 Golden Canyon
Am Highway 178, fünf Kilometer südlich von Furnace Creek, beginnt ein 1,5 Kilometer langer Pfad zum Golden Canyon. Die golden schimmernden Felswände, denen er seinen Namen verdankt, wirken bei Nachmittagssonne am schönsten. Die Indianer nutzten den roten Ton des Areals für zeremonielle Bemalungen. Die Felsschichten waren ursprünglich horizontal geschichtet, wurden aber durch geologische Prozesse schräg gestellt. Reste einer Asphaltstraße, die einst hierherführte und 1976 bei einem Sturm zerstört wurde, verdeutlichen die Kraft reißender Wassermassen.

🏜 Devil's Golf Course
Die Salzsäulen befinden sich 19 Kilometer südlich von Furnace Creek am Highway 178. Bis vor etwa 2000 Jahren bedeckten Seen die Gegend. Als der letzte ausgetrocknet war, blieben auf einer Fläche von rund 520 Quadratkilometern Salz- und Kieselschichten zurück, die bis zu 300 Meter mächtig sind. Durch die starke Hitze enorme Verdustung entstanden an der Oberfläche Nadeln aus kristallinem Salz. Inzwischen besteht der Boden zu 95 Prozent aus Salz. Das durch Temperaturschwankungen in Bewegung geratende Salz verursacht Geräusche und bildet ständig neue Kristalle.

🏜 Badwater
Die Lufttemperaturen in Badwater erreichen wegen seiner Lage 50°C. Da die Bodentemperatur in diesem Gebiet um etwa 50 Prozent höher ist als die der Luft, kann man tatsächlich ein Ei auf der Erde braten. Es regnet selten, doch nach Gewittern sind Überflutungen häufig. Trotz der unwirtlichen Umgebung leben in dem Gebiet verschiedene Insektenarten und die endemische Badwater-Schnecke (Assiminea infirma).

Nördliches Death Valley
In diesem Bereich des Tals liegen der Ubehebe-Krater (siehe S. 296), der trotz seiner Schönheit kaum Besucher anzieht, und Scotty's Castle, das mehr Besucher anlockt als jede andere Sehenswürdigkeit im Park.

🏰 Scotty's Castle
Hwy 267. ☎ 1-760-786-2392. Schloss ◻ tägl. 🎟 🚹 Gelände ◻ tägl. 🌐 nps.gov/deva
Albert Johnson begann 1922 mit dem Bau der »Death Valley Ranch«, nachdem er Frank Lloyd Wrights Entwurf abgelehnt hatte. Das Material kam von der 32 Kilometer entfernten Bahnlinie. Als das Schloss 1931 fertig war, bedeckte es 2800 Quadratmeter. Nach Johnsons Tod 1948 blieb sein Freund »Death Valley Scotty« (siehe S. 296), dessen Namen der Bau trägt, bis zu seinem Tod 1954 hier wohnen.

Westliches Death Valley
Hier bedecken die Sanddünen bei Stovepipe Wells, der zweitgrößten Ortschaft des Death Valley (siehe S. 296), eine Fläche von 39 Quadratkilometern.

🏜 Sanddünen
Ein Spaziergang entlang den gewellten Sanddünen nördlich von Stovepipe Wells, die von den wechselnden Winden in die klassische Sichelform geweht werden, ist eines der schönsten Erlebnisse im Death Valley. Am Fuß der Dünen wächst Buffalo-Gras, von dessen Samen sich Tiere wie Kängururatten und Eidechsen ernähren. Zu den anderen, meist nachtaktiven Tierarten der Gegend zählen Klapperschlangen, Leguane und Kojoten.

Beeindruckende Sanddünen nördlich von Stovepipe Wells

Tour: Durch das Death Valley

Die Native Americans nannten das Tal »Tomesha« (»Land, wo die Erde brennt«) – ein adäquater Name für das Death Valley, das die höchste Durchschnittstemperatur der Welt hat. Der Spitzenwert wurde im Juli 1913 gemessen: 57 °C im Schatten. Das Tal erstreckt sich über eine Länge von 225 Kilometern und war einst ein unüberwindliches Hindernis für Siedler. Das Tal und sein Umland wurden 1994 zum Nationalpark erklärt *(siehe S. 294f)*. Heute lässt sich die einzigartige Landschaft bequem mit dem Auto erkunden. Kurze Fußwege führen von den Hauptstraßen aus zu Aussichtspunkten. Von dort blickt man auf die beeindruckendste Wüste Kaliforniens.

⑧ Scotty's Castle

Das Märchenschloss im maurischen Stil ließ Albert Johnson für 2,4 Millionen US-Dollar errichten, doch galt der exzentrische Walter Scott als Eigentümer. Nachdem Johnson sein Geld beim Börsen-Crash von 1929 verloren hatte, blieb der Bau unvollendet. 1970 erwarb der National Park Service das Gebäude, in dem heute stündlich Führungen stattfinden *(siehe S. 295)*.

⑦ Ubehebe-Krater

Der 2000 Jahre alte Ubehebe-Krater, einer von zwölf vulkanischen Kratern der Mojave-Wüste, ist über 800 Meter breit und 150 Meter tief.

»Death Valley Scotty«

Walter Scott, vorgeblicher Goldgräber, charmanter Scharlatan und Gelegenheitsdarsteller in Buffalo Bills Wildwest-Show, pflegte zu erzählen, dass er eine Goldmine entdeckt hätte. Die »Goldmine« war sein Freund Albert Johnson, Leiter einer Versicherung in Chicago und Besitzer des Schlosses, das in den 1920er Jahren von europäischen Handwerkern und Ureinwohnern im maurischen Stil errichtet worden war. Scott war nur zu Gast, Johnson bezahlte alles. »Er zahlt es mir durch sein Lachen zurück«, sagte Johnson. Johnson starb 1948, doch Scott durfte bis zu seinem Tod 1954 hier wohnen bleiben. Der Bau ist immer noch als Scotty's Castle bekannt.

⑥ Stovepipe Wells

Das 1926 gegründete Stovepipe Wells war der erste Ferienort des Tals. Angeblich fand ein durchreisender Holzfäller hier Wasser und blieb. Die Stelle markiert heute ein altes Ofenrohr, ähnlich denen, die seinerzeit für den Brunnenbau verwendet wurden

Legende

▬▬ Routenempfehlung

═══ Andere Straße

ℹ️ Information

0 Kilometer 10

0 Meilen

Das grandiose Scotty's Castle

② Zabriskie Point

Zabriskie Point wurde durch Antonionis gleichnamigen Film von 1970 berühmt. Hier sieht man auf die vielfarbigen Felswände des Golden Canyon *(siehe S. 295)*. Der Ort wurde nach dem Manager der Boraxförderung im Death Valley benannt *(siehe S. 294)*.

① Furnace Creek

Die hiesigen Quellen zählen zu den wenigen im Death Valley. Vermutlich retteten sie früher Hunderten von Goldsuchern, die die Wüste durchquerten, das Leben. Heute ist Furnace Creek *(siehe S. 294)* die größte Siedlung des Tals.

③ Dante's View

Der Punkt in 1650 Meter Höhe, dessen Name sich auf Dantes *Inferno* bezieht, bietet einen Blick auf das ganze Tal. Morgens ist die Sicht am besten. Im Hintergrund ragt der Telescope Peak in der Panamint Range auf.

Borax Museum •

Death Valley Museum and Visitor Center

① **Furnace Creek**

② **Zabriskie Point**

Golden Canyon

190 *Death Valley Junction*

Furnace Creek Wash

⑤ **Artist's Palette**

Devil's Golf Course

Badwater ④

③ **Dante's View**

178

Tecopa Hot Springs

⑤ Artist's Palette

Die vielfarbigen Hügel entstanden durch mineralische Ablagerungen und Vulkanasche. Am Spätnachmittag sind die Farbenspiele am schönsten.

Routeninfos

Länge: 380 km.

Reisezeit: Die beste Zeit für einen Besuch des Death Valley ist von Oktober bis April, wenn die Temperatur durchschnittlich 18 °C beträgt. Von Mai bis September erreicht die Bodentemperatur Extremwerte. Fahren Sie möglichst früh los, vor allem, wenn Sie wandern wollen. Tragen Sie einen Hut. Verwenden Sie Sonnencreme mit hohem Lichtschutzfaktor.

Vorsichtsmaßnahmen: Informieren Sie sich über das Wetter, und nehmen Sie ausreichend Wasser, Landkarten, Erste-Hilfe-Set, Mittel gegen Schlangenbisse, Handy, Wagenheber und Ersatzreifen mit. Bleiben Sie bei Ihrem Fahrzeug, falls Sie eine Panne haben. Wenn Sie in ein abgelegenes Gebiet wollen, informieren Sie jemanden davon. Die Gegend ist nicht für Felsklettern geeignet. Nähern Sie sich keinen Tieren und fassen Sie nie in Erdlöcher.

Rasten: Die einzigen Orte mit Unterkunft und Verpflegung sind The Inn at Furnace Creek, Stovepipe Wells Village und Panamint Springs Resort. Außerhalb des Parks gibt es Motels in Shoshone, Amargosa und Tecopa.

Im Notfall: 911 (Park Rangers) oder 1-760-786-3200. 🆆 nps.gov/deva

④ Badwater

Badwater *(siehe S. 295)* ist mit 85 Metern unter dem Meeresspiegel der tiefste Punkt in Nordamerika und einer der heißesten Orte der Welt. Das salzige Wasser ist zwar nicht giftig, aber ungenießbar, da es Sulfate enthält.

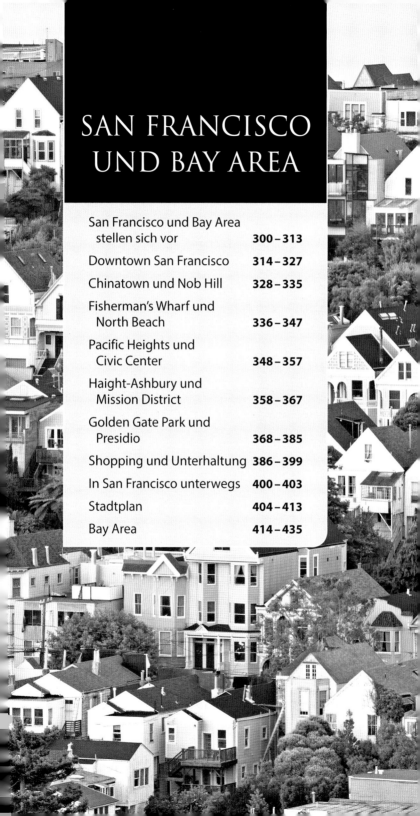

SAN FRANCISCO UND BAY AREA

San Francisco und Bay Area im Überblick

San Francisco ist eine überschaubare Stadt und gut zu Fuß zu erkunden. Die vielen Hügel sind zwar steil, bieten aber eine gute Orientierung und herrliche Aussichten. Das Stadtbild prägen zahlreiche ethnische Gruppen, die der Metropole ihr besonderes Flair verleihen. Die kleineren Städte Oakland und Berkeley erreicht man über die Bay Bridge. Die Golden Gate Bridge verbindet die Halbinsel mit Marin Headlands und Point Reyes National Seashore im Norden. Im Süden liegen San José und die zerklüftete Küsten mit ihrer vielfältigen Fauna und Flora.

Zur Orientierung

Die Golden Gate Bridge gehört ebenso wie die felsigen Marin Headlands und die idyllische Bucht zum Landschaftsbild *(siehe S. 384f).*

Golden Gate Park und Presidio
Seiten 368–385

Der Palace of Fine Arts, ein klassizistischer Bau, wurde 1915 für die Panama Pacific Exposition errichtet und 1962 renoviert *(siehe S. 353).*

◀ Viktorianische Häuser in San Francisco *(siehe S. 304f)*

Der Coit Tower wird nachts von Flutlicht angestrahlt *(siehe S. 346f).*

Bay Area
Seiten 414–435

Novato

Larkspur

Concord

Berkeley

SAN FRANCISCO

Oakland

Hayward

San Mateo

Fremont

Palo Alto

San José

Pescadero

Santa Cruz

0 Kilometer 25

0 Meilen 25

Fisherman's Wharf und North Beach
Seiten 336–347

Chinatown und Nob Hill
Seiten 328–335

Downtown
Seiten 314–327

Pacific Heights und Civic Center
Seiten 348–357

Das Chinatown Gateway, ein reich verziertes Tor, ist der Eingang zur historischen Chinatown *(siehe S. 332).*

aight-Ashbury und Mission District
Seiten 358–367

Die City Hall ist das imposanteste Bauwerk der Stadt. Die Rotunde des Rathauses enthält eine Fülle an architektonischem Dekor *(siehe S. 357).*

0 Kilometer 2

0 Meilen 2

Mission Dolores, eine der 21 Franziskanermissionen in Kalifornien, ist das älteste Gebäude der Stadt *(siehe S. 365).*

Mehr über San Francisco? Vis-à-Vis San Francisco

Topografie

San Francisco umfasst 43 Hügel und liegt an der Spitze einer Halbinsel, die im Westen vom Pazifik und im Osten von der San Francisco Bay begrenzt wird. Jenseits der Golden Gate Bridge im Norden erstrecken sich die rauen Marin Headlands und das Naturschutzgebiet der Point Reyes Peninsula. Die Diablo Coast Range mit dem 1170 Meter hohen Mount Diablo bildet den bergigen Hintergrund zu den dicht besiedelten Städten Richmond, Oakland und Berkeley und zudem eine natürliche Barriere zur Ebene des Central Valley. Im Süden umschließen die San Bruno Mountains, die sich entlang der Küste bis nach Big Sur erstrecken, das Industriegebiet von Silicon Valley.

In Vallejo, nördlich der Bucht, befindet sich der Naturpark Six Flags Discovery Kingdom. Hier gibt es u. a. auch Delfin-Shows *(siehe S. 419)*.

Sausalito, ein ehemaliges Fischerdorf jenseits der Golden Gate Bridge, besitzt viktorianische Häuser mit Blick auf die Bucht *(siehe S. 418)*.

Fähren

29

37

Richmond

Richm Bridg

Tiburon

101

Sonoma Mountains

Mount Tamalpais

1

Mount Reyes National Seashore

Pazifischer Ozean

Die Marin Headlands sind Teil der Golden Gate National Recreation Area. Bewaldete Hügel und stille Strände bieten den Städtern wunderbare Erholung. Man kann dort radeln, angeln oder Vögel beobachten *(siehe S. 420f)*.

Point Reyes Peninsula besitzt eine zerklüftete Küste. Die Halbinsel liegt im Bereich des San-Andreas-Grabens und ist nur teilweise mit dem Festland verbunden. Milchwirtschaft ist hier Haupterwerbszweig *(siehe S. 418)*.

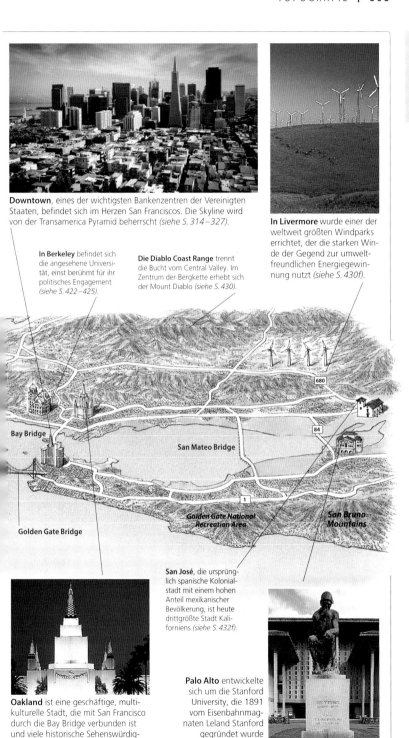

Downtown, eines der wichtigsten Bankenzentren der Vereinigten Staaten, befindet sich im Herzen San Franciscos. Die Skyline wird von der Transamerica Pyramid beherrscht *(siehe S. 314–327)*.

In Livermore wurde einer der weltweit größten Windparks errichtet, der die starken Winde der Gegend zur umweltfreundlichen Energiegewinnung nutzt *(siehe S. 430f)*.

In Berkeley befindet sich die angesehene Universität, einst berühmt für ihr politisches Engagement *(siehe S. 422–425)*.

Die Diablo Coast Range trennt die Bucht vom Central Valley. Im Zentrum der Bergkette erhebt sich der Mount Diablo *(siehe S. 430)*.

Bay Bridge

San Mateo Bridge

Golden Gate Bridge

Golden Gate National Recreation Area

San Bruno Mountains

Oakland ist eine geschäftige, multikulturelle Stadt, die mit San Francisco durch die Bay Bridge verbunden ist und viele historische Sehenswürdigkeiten aufweist *(siehe S. 426–429)*.

San José, die ursprünglich spanische Kolonialstadt mit einem hohen Anteil mexikanischer Bevölkerung, ist heute drittgrößte Stadt Kaliforniens *(siehe S. 432f)*.

Palo Alto entwickelte sich um die Stanford University, die 1891 vom Eisenbahnmagnaten Leland Stanford gegründet wurde *(siehe S. 431)*.

Viktorianische Häuser

Trotz Erdbeben, Bränden und dem Einzug des modernen Lebens säumen immer noch Tausende der dekorativen Häuser vom Ende des 19. Jahrhunderts die Straßen der Stadt. In vielen Wohngebieten sind sie sogar in der Überzahl. Viktorianische Häuser gleichen sich vor allem durch ihre Holzbauweise und die in Massenproduktion hergestellte Ornamentik. Die meisten wurden zwar auf kleinstem Raum mit ähnlichem Grundriss errichtet, unterscheiden sich aber in der Fassadengestaltung. Vier Hauptstile haben sich durchgesetzt, obgleich viele Häuser auch mehrere Stile kombinieren.

Detail eines Tors im Queen-Anne-Stil am Château Tivoli

Neogotik (1850–80)

Mit ihren Spitzbogen über Fenstern und Türen sind die neogotischen Häuser am leichtesten zu erkennen. Charakteristisch sind zudem die schrägen Giebeldächer, verzierten Giebeleinfassungen (ebenfalls mit Spitzbogenmotiven) und Veranden, die die gesamte Hausfront einnehmen. Schlichtere Häuser sind meist weiß getüncht. Die lebhaften Farben sind Kennzeichen späterer Zeit.

1111 Oak Street ist eines der ältesten neogotischen Häuser der Stadt. Der Vorgarten ist ungewöhnlich groß.

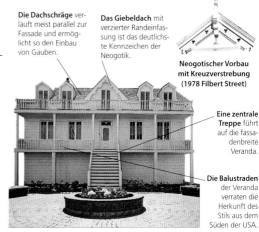

Die Dachschräge verläuft meist parallel zur Fassade und ermöglicht so den Einbau von Gauben.

Das Giebeldach mit verzierter Randeinfassung ist das deutlichste Kennzeichen der Neogotik.

Neogotischer Vorbau mit Kreuzverstrebung (1978 Filbert Street)

Eine zentrale Treppe führt auf die fassadenbreite Veranda.

Die Balustraden der Veranda verraten die Herkunft des Stils aus dem Süden der USA.

Italienisierender Stil (1850–85)

Häuser im italienisierenden Stil waren in San Francisco beliebter als sonst in den USA, ihre kompakte Form war der dichten Bebauung der Stadt angemessen. Charakteristisch sind das hohe Gesims, meist mit verzierten Stützbalken, die selbst bescheidenen Häusern das Flair eines Palais verleihen, sowie Verzierungen an Fenstern und Türen.

1913 Sacramento Street hat eine klassische italienisierende Fassade, die an ein Renaissance-Palais erinnert. Die Holzverkleidung imitiert Mauerwerk.

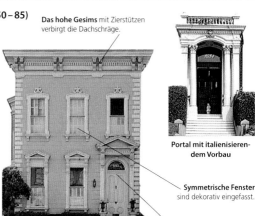

Das hohe Gesims mit Zierstützen verbirgt die Dachschräge.

Portal mit italienisierendem Vorbau

Symmetrische Fenster sind dekorativ eingefasst.

Klassizistische Haustüren, oft mit verzierten Vorbauten, sind charakteristisch für diesen Stil.

Stick-Stil (1860–90)

Dieser Architekturstil gehört wohl zu den vorherrschenden bei viktorianischen Häusern. Er wurde auch als Eastlake-Stil bezeichnet – nach dem Londoner Möbeldesigner Charles Eastlake – und sollte eine »bescheidenere« Architektur repräsentieren. Holzbauweise und Ornamentik betonen die vertikale Linie. Erkerfenster, giebelförmige Gesimse und rechte Winkel sind typisch für diesen Stil.

Giebeldach mit Eastlake-Fenstern (2931 Pierce Street)

Breite Holzleisten bilden dekorative Tragbalken, die die Grundstruktur eines Stick-Hauses betonen.

Schmuckgiebel mit Rosettenmotiven findet man an Vorbauten und Fensterrahmen.

1715–1717 Capp Street ist beispielhaft für den Stick-Stil. Die schlichte Fassade wird durch Ausschmückungen aufgelockert.

Benachbarte Haustüren werden oft von einem vorspringenden Überbau geschützt.

Queen-Anne-Stil (1875–1905)

Die Bezeichnung hat keinen Bezug zur gleichnamigen Epoche in Europa, auch wenn der englische Architekt Richard Shaw den Begriff prägte. Die Queen-Anne-Häuser repräsentieren einen eklektischen Stil mit unterschiedlichen Elementen. Typisch sind Türmchen und ausladende Fensterpaneele. Viele Häuser haben gedrechselte Balustraden und Balken (siehe S. 34f).

Palladianische Fenster wurden in Giebel eingesetzt, um ein zusätzliches Stockwerk vorzutäuschen.

Queen-Anne-Giebel mit Zierpaneelen (818 Steiner Street)

Türmchen mit Kreuzblume (1015 Steiner Street)

Runde, quadratische und polygonale Türmchen waren bei Bauten im Queen-Anne-Stil beliebt.

Ziergiebel werden von Fenstern und Paneelen geschmückt.

Rundbogenfenster sind für den Queen-Anne-Stil nicht typisch, doch manche Häuser weisen auch Anklänge an andere Stilrichtungen auf.

Die asymmetrische Fassade und die Ornamente von 850 Steiner Street sind typisch für ein Queen-Anne-Haus. Oft dominieren in solchen Bauten leuchtende Farben.

Viktorianische Häuser

Cable Cars

Die Cable Cars nahmen 1873 den Betrieb auf, den ersten Wagen fuhr ihr Erfinder Andrew Smith Halli-die. Er hatte die Idee zu dem neuen Transportsystem, als er den schweren Unfall einer Pferdetram beobachtete: Sie war eine glatte steile Hügelstraße hinuntergerutscht und hatte die Pferde mitgerissen. 1889 gab es bereits acht Cable-Car-Linien. Vor dem Erdbeben von 1906 *(siehe S. 28)* waren über 600 Cable Cars in Betrieb. Doch nach der Erfindung des Verbrennungsmotors galten sie als altmodisch. 1947 wollte man sie durch Busse ersetzen. Ein Sturm öffentlicher Empörung führte dazu, dass die heutigen drei Linien (25 km Strecke) erhalten blieben.

Das Cable Car Museum dient als Maschinenzentrum und Garage für alle Linien und ist zugleich Museum *(siehe S. 335)*.

Der Gripman (Fahrer) muss Kraft und gute Reflexe haben. Nur ein Drittel der Kandidaten besteht die Prüfung.

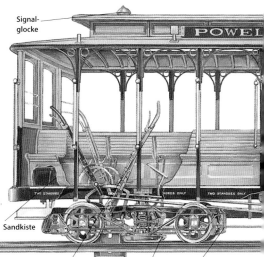

Signal-glocke

POWEL

Sandkiste

Greifer-hebel

Schienen-bremse und Seilgreifer

Notbremse

Radbackenbremse

Funktion von Cable Cars

Motorwinden im Maschinenzentrum (Cable Car Museum) halten Stahlseile in Kanälen unter den Straßen in Dauerbewegung. Wenn der Gripman (Fahrer) den Greiferhebel bedient, klammert sich der Greifer durch eine Rille in der Straße an das Stahlseil und zieht den Wagen mit 15,5 km/h. Um anzuhalten, lässt der Fahrer den Hebel los und betätigt die Bremse. An Straßenecken, an denen das Kabel über eine Rolle läuft, ist besonderes Geschick erforderlich, damit die Cable Cars im Leerlauf über die Rolle fahren können.

Greif-mechanismus

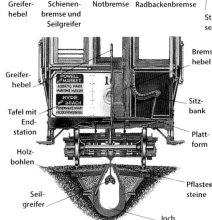

Greifer-hebel

Tafel mit End-station

Holz-bohlen

Seil-greifer

Brems-hebel

Sitz-bank

Platt-form

Pflaster-steine

Joch

Hatch House hieß das vierstöckige Gebäude, das 1913 komplett verschoben werden musste. Herbert Hatch gelang es, mit Winden und Hebevorrichtungen das Haus über die Schienen zu manövrieren, ohne den Fahrbetrieb zu stören.

Zum Abschluss der zweijährigen Sanierungsarbeiten wurde 1984 ein Fest gefeiert. Alle Wagen waren überholt und das Schienennetz mit verstärkten Kabeln versehen worden. Nun könnte das System für die nächsten 100 Jahre arbeiten.

Der Cable-Car-Signalglockenwettbewerb wird jährlich im Juli am Union Square veranstaltet. Dann demonstrieren die Schaffner die Bandbreite ihrer Klingelzeichen.

Bremsklotz   Bremsbacke

Der erste Wagen, der am 2. August 1873 von Smith Hallidie in der Clay Street getestet wurde, ist im Cable Car Museum zu besichtigen (siehe S. 335). Seit seiner Erfindung ist das Transportsystem im Prinzip unverändert in Betrieb.

Bei der Rekonstruktion der unter Denkmalschutz stehenden Cable Cars werden alle historischen Details berücksichtigt.

Andrew Smith Hallidie

Andrew Smith wurde 1836 in London geboren und nahm später den Namen seines Onkels an. Nach einer Mechanikerlehre wanderte er 1852 nach San Francisco aus und gründete eine Firma, die Stahlseile herstellte. 1873 testete er die ersten Cable Cars. Das profitable Projekt ermöglichte die Erschließung der Hügel San Franciscos.

Highlights: Museen und Sammlungen

In den Museen San Franciscos findet man nicht nur allumfassende Sammlungen wie diejenigen der Museen de Young und Legion of Honor, sondern auch zeitgenössische Kunst im San Francisco Museum of Modern Art. Hinzu kommen Wissenschaftsmuseen wie das Exploratorium und die California Academy of Sciences. Weitere Museen beschäftigen sich mit der Geschichte der Stadt sowie mit den Kulturen der Ureinwohner und der anderen Ethnien, die die Stadt zu dem machten, was sie heute ist.

Legion of Honor präsentiert europäische Kunst vom Mittelalter bis zum 19. Jahrhundert, darunter Monets *Segelboote auf der Seine (siehe S. 378f).*

Golden Gate Park und Presidio
Seiten 368–385

Das Museum de Young zeigt nordamerikanische Kunst, aber auch Werke aus Zentral- und Südamerika, von den pazifischen Inseln, aus Afrika und Europa *(siehe S. 371).*

0 Kilometer   2
0 Meilen   1

Die California Academy of Scien
mit Sitz in einem s
renovierten Bau in
den Gate Park um
ein Planetarium, e
Naturkundemuseu
und ein Aquarium
(siehe S. 374f).

Die Chinese Historical Society betreibt das kleinste Museum der Stadt, das die Geschichte der Chinesen in Kalifornien und ihren Einfluss auf die Entwicklung des Staats dokumentiert. Der prachtvolle Drachenkopf ist eines der Exponate der liebevoll zusammengestellten Sammlung (*siehe S. 334*).

m Fort Mason gibt es ethische Kunst zu sehen, etwa das abgebildete Werk *Muto* 1985) von Mimo Paladino *siehe S. 354f*).

Das Exploratorium ist eines der besten Wissenschaftsmuseen der USA. Besucher experimentieren hier mit *Sun Painting*, einer Orgie aus Licht und Farbe (*siehe S. 347*).

Fisherman's Wharf und North Beach
Seiten 336–347

Chinatown und Nob Hill
Seiten 328–335

Downtown
Seiten 314–327

Das Wells Fargo History Museum schildert die bewegte Geschichte Kaliforniens seit dem Goldrausch. Die Bronzekutsche (1984) stammt von M. Casper (*siehe S. 318*).

acific Heights nd Civic Center
Seiten 348–357

ght-Ashbury nd Mission District
iten 358–367

Das San Francisco Museum of Modern Art präsentiert umfangreiche Sammlungen moderner Kunst zu Themen wie Malerei, Bildhauerei, Fotografie, Architektur, Design und Medienkunst (*siehe S. 322f*).

as Asian Art Museum ist in nem Beaux-Arts-Gebäude von 917 untergebracht, das früher e Old San Francisco Main Library beherbergte (*siehe S. 356*).

Das Yerba Buena Center for the Arts präsentiert Wechselausstellungen mit Arbeiten zeitgenössischer Künstler. Eine feste Sammlung gibt es nicht (*siehe S. 326f*).

Wandbilder (Murals)

San Francisco ist sehr stolz auf seinen Ruf als welt-
offene Metropole mit einer überaus vielseitigen
Kulturszene. Die Kreativität spiegelt sich auch in
den farbenfrohen Wandbildern *(murals)* einzelner
Viertel wider. Viele dieser Bilder wurden in den
1930er Jahren gemalt, noch mehr in den 1970er
Jahren. Einige entstanden spontan, andere waren
Auftragsarbeiten. Eines der besten Wandbilder
ist *Carnaval Mural* in der 24th Street im Mission
District *(siehe S. 366)*.

503 Law Office, Dolores/Ecke 18th Street

Gestern und heute

Beispiele historischer Wandmalerei sind im Coit Tower *(siehe S. 346f)* zu
sehen. Die Bilder entstanden während der Depression der
1930er Jahre und wurden durch New-Deal-Programme von
Präsident Roosevelt finanziert. Es sind Zeitdokumente.
Viele einheimische Künstler waren beteiligt und behan-
delten Themen wie den Einsatz der Arbeiter oder den
natürlichen Reichtum Kaliforniens. Seither sind viele
moderne Wandbilder entstanden. Bemerkenswert
sind diejenigen des Precita Eyes Mural Arts Studio.

Die Naturschätze Kali-
forniens, Ausschnitt eines
Wandbilds im Coit Tower

**Das Wandbild im
Coit Tower zeigt
den Alltag wäh-
rend der Zeit der
Depression**

**Precita Eyes Mural Arts Asso-
ciation** ist eine städtische Organisation, die sich der Förderung
von Wandbildern verschrieben
hat. Sie bezuschusst u. a. neue
Wandbilder von etablierten
Künstlern und bietet Touren
zu Wandbildern an.

Mosaik-Wandbild (2007),
Precita Eyes, Hillcrest School

Balloon
Journey,
Precita Eyes

Dieses Wandbild (2007) stammt von Studenten von AYPAL (Asian Pacific
Islander Youth Promoting Advocacy and Leadership) in Zusammenarbeit mit
Precita Eyes. Die Organisation veranstaltet Workshops mit Jugendlichen in
den Stadtvierteln, aus denen zwischen 15 und 30 neue Wandbilder pro Jahr
hervorgehen. Besucher können Beispiele in der gesamten Bay Area sehen.

Stop the Violence
1212 Broadway
#400, Oakland

Modernes Leben

Nach wie vor ist das Leben in der Großstadt ein wichtiges Thema auf den Wandbildern von San Francisco. Vor allem im Mission District wird jeder Aspekt des Alltags an den Mauern von Restaurants, Bankfilialen und Schulen veranschaulicht. Es sind Szenen aus Familie, Gemeinde und Politik sowie die Darstellung von Menschen bei der Arbeit und in der Freizeit. Im Mission District gibt es etwa 200 Wandbilder, von denen viele in den 1970er Jahren entstanden, als die Stadtverwaltung junge Leute damit beauftragte, Kunst für den öffentlichen Raum zu schaffen.

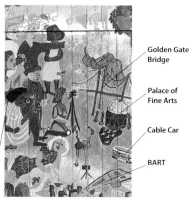

Golden Gate Bridge

Palace of Fine Arts

Cable Car

BART

Touristen

Dieses Wandbild in der Balmy Street im Mission District illustriert den touristischen Blick auf die Stadt. Kinder, Künstler und städtische Angestellte aus dem Viertel begannen in den 1970er Jahren, die kleine Straße farbenfroh auszuschmücken.

»Wand des Lernens« in der Franklin Street

Positively Fourth Street, ein verwittertes Wandbild im Fort Mason

Multikulturelle Stadt

Auf den *murals* von den ethnischen Gruppen geprägten Viertel wird der multikulturelle Charakter der Stadt lebendig. In Chinatown erinnern chinesisch-amerikanische Künstler an die »alte Heimat«. Im Mission District stellen die – auch politischen – Werke den Kampf und die Erfolge der lateinamerikanischen Bevölkerung dar.

Mexikanischamerikanische Tänzerin

Indianischer Trommler

Afroamerikanische Maracasspielerin

Weißer Bassist

Das multikulturelle San Francisco ist Thema dieses Bilds an der Park Branch Library in Haight-Ashbury.

Washington-Street-Wandbild mit chinesischem Thema

Wandbilder (Murals)

Balmy Street (24th u. 25th St).
Coit Tower, *S. 346f.*
Dolores/18th St, **Stadtplan** 10 E3.
Fort Mason, *S. 354f.*
Franklin Street, **Stadtplan** 4 E1.
Oakland, *S. 426f.*
Park Branch Library, 1833 Page St, **Stadtplan** 9 B1.
Precita Eyes Mural Arts & Visitor Center, 348 Precita Ave, **Stadtplan** 10 F5.
Washington Street, **Stadtplan** 4 E3.

49-Mile Scenic Drive

Die Panoramarundfahrt über 49 Meilen (79 km) führt zu den interessantesten Vierteln, den faszinierendsten Sehenswürdigkeiten und den spektakulärsten Ausblicken von San Francisco. Die Strecke ist gut ausgeschildert, doch manchmal sind die blauweißen Schilder mit der Möwe von Pflanzen verdeckt. Für die Fahrt sollten Sie einen ganzen Tag einplanen, um unterwegs Fotostopps und Pausen einzulegen oder die Aussicht zu genießen.

㉕ **Palace of Fine Arts**
Das klassizistische Gebäude befindet sich an einer Lagune nahe dem Eingang zum Presidio. Die Grünanlagen um den Palast sind ein beliebtes Erholungsgebiet.

⑤ **Stow Lake**
Auf der Insel des malerischen Sees gibt es einen Wasserfall und einen chinesischen Pavillon. Man kann Boote mieten.

Legende
— 49-Mile Scenic Drive

⑧ **Sutro Tower**
Der Sendeturm in Weiß und Orange ist von überall in der Stadt zu sehen.

Fünfstufige Pagode, Japan Center

⑳ Coit Tower
Der Turm mit der Aussichtsplattform auf dem Telegraph Hill mit Blick auf North Beach besitzt schöne Wandbilder.

0 Kilometer 2
0 Meilen 1

㉔ Marina Green
Von hier kann man die Golden Gate Bridge am besten bewundern oder fotografieren.

⑱ Grace Cathedral
Die Kathedrale Notre-Dame in Paris diente dieser prachtvollen Kirche auf dem steilen Nob Hill als Vorbild.

Routeninfos

Start: Sie können von überall auf der Strecke losfahren. Die vorgeschlagene Rundfahrt verläuft gegen den Uhrzeigersinn.
Beste Zeit: Vermeiden Sie den Berufsverkehr (7–9, 16–19 Uhr). Viele Sehenswürdigkeiten auf der Strecke sind bei Tag und Nacht gleichermaßen attraktiv.
Parken: Nutzen Sie Parkhäuser im Financial District, Civic Center, in Japantown, Nob Hill, Chinatown, North Beach und Fisherman's Wharf. Meist kann man auch auf der Straße parken.

Sehenswürdigkeiten auf einen Blick

① Presidio *S. 380f*
② Fort Point *S. 383*
③ Legion of Honor *S. 378f*
④ Queen Wilhelmina Tulip Garden *S. 373*
⑤ Stow Lake *S. 372f*
⑥ Conservatory of Flowers *S. 372*
⑦ Haight Street *S. 362*
⑧ Sutro Tower *S. 367*
⑨ Twin Peaks *S. 367*
⑩ Mission Dolores *S. 365*
⑪ Ferry Building *S. 320*
⑫ Embarcadero Center *S. 318*
⑬ Civic Center *S. 356f*

⑭ Cathedral of St Mary of the Assumption *S. 356*
⑮ Japan Center *S. 356*
⑯ Union Square *S. 324*
⑰ Chinatown Gateway *S. 332*
⑱ Grace Cathedral *S. 335*
⑲ Cable Car Museum *S. 335*
⑳ Coit Tower *S. 347*
㉑ Exploratorium *S. 347*
㉒ San Francisco Maritime National Historic Park *S. 341*
㉓ Fort Mason *S. 354f*
㉔ Marina Green *S. 354*
㉕ Palace of Fine Arts *S. 353*

Downtown San Francisco

Die Montgomery Street im Finanzviertel war früher eine Straße mit einer Reihe von kleinen Läden, in denen die Goldsucher Goldstaub wiegen ließen. Während der Zeit des Goldrauschs *(siehe S. 52f)* Mitte des 19. Jahrhunderts errichtete Wells Fargo hier das erste Backsteingebäude der Stadt. Heute stehen alte Bankgebäude direkt neben modernen Wolkenkratzern. Dieser architektonische Mix verleiht dem Stadtviertel ein besonderes Flair. Die eleganten Department Stores am Union Square sind ideal zum Shopping. SoMa (South of Market) entwickelte sich zum Künstlerviertel der weltoffenen Stadt, in der viele Ateliers, Bars und Avantgarde-Theater in früheren Lagerhäusern eingerichtet wurden.

Sehenswürdigkeiten auf einen Blick

Historische Straßen und Gebäude
- **2** Jackson Square Historic District
- **6** Union Bank of California
- **7** Merchant's Exchange
- **8** Pacific Coast Stock Exchange
- **10** Ferry Building
- **12** California Historical Society
- **23** Powell Street Cable Car Turntable
- **25** Old United States Mint

Shops
- **18** Crocker Galleria
- **19** Gump's
- **22** Läden am Union Square
- **24** Westfield San Francisco Centre

Moderne Architektur
- **1** Embarcadero Center
- **4** 555 California
- **5** Transamerica Pyramid
- **11** Rincon Center
- **14** *Yerba Buena Gardens S. 326f*

Theater
- **21** Theaterviertel

Hotel
- **16** Palace Hotel

Museen und Sammlungen
- **3** Wells Fargo History Museum
- **13** *San Francisco Museum of Modern Art S. 322f*
- **15** Museum of the African Diaspora
- **17** Contemporary Jewish Museum

Parks und Plätze
- **9** Justin Herman Plaza
- **20** Union Square

Stadtplan *5, 6*

0 Meter 400
0 Yards 400

◄ Sentinel Building und Transamerica Pyramid *(siehe S. 319)* Zeichenerklärung *siehe hintere Umschlagklappe*

Im Detail: Financial District

Das Herz von San Franciscos Wirtschaft schlägt im Finanzviertel, einem der führenden der USA. Es reicht von den Hochhäusern und Plazas des Embarcadero Center bis zur gesetzten Montgomery Street, der »Wall Street des Westens«. Alle wichtigen Banken, Börsenmakler- und Rechtsanwaltsbüros haben hier ihren Sitz. Früher war der Jackson Square Historic District nördlich der Washington Street der Mittelpunkt der Geschäftswelt.

❶ ★ **Embarcadero Center**
Das Zentrum beherbergt Handelsniederlassungen und Büros. Die ersten drei Stockwerke sind Einkaufspassagen.

Hotaling Place ist ein schmaler Platz, an dem hervorragende Antiquitätenläden liegen.

❷ **Jackson Square Historic District**
Das Viertel erinnert eindrucksvoll an die Zeit des Goldrauschs.

Bus 41

WASHINGTON STREET

BATTERY STREET

SANSOME STREET

MONTGOMERY STREET

❺ ★ **Transamerica Pyramid**
Der 260 Meter hohe Wolkenkratzer ist ein Wahrzeichen der Stadt.

Im Golden Era Building aus der Zeit des Goldrauschs hatte die Zeitung *Golden Era*, für die Mark Twain schrieb, ihren Sitz.

❻ **Union Bank of California**
Das Foyer wird von zwei grimmigen Steinlöwen von Arthur Putnam bewacht.

❼ **Merchant's Exchange**
Wandbilder mit maritimen Szenen zieren die Wände.

❸ **Wells Fargo History Museum**
Die Postkutsche aus der Zeit des Wilden Westens ist eines der Exponate des Museums.

❹ **555 California**
Das Gebäude – früher Sitz der Bank of America – ist eines der höchsten der Stadt.

Hotels und Restaurants in San Francisco siehe Seiten 536–539 und 564–570

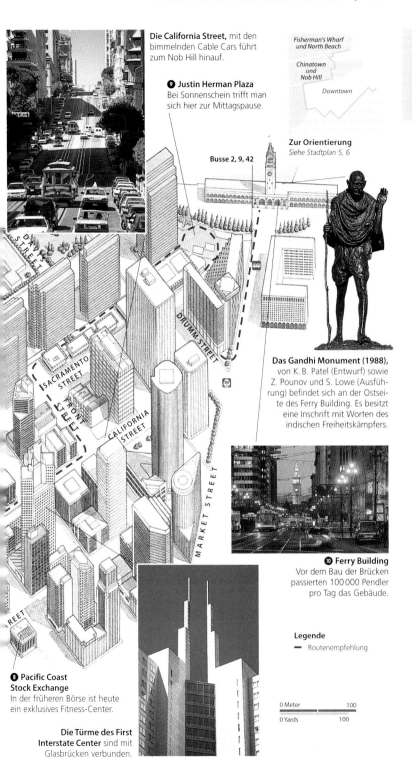

Die California Street, mit den bimmelnden Cable Cars führt zum Nob Hill hinauf.

❾ **Justin Herman Plaza**
Bei Sonnenschein trifft man sich hier zur Mittagspause.

Fisherman's Wharf und North Beach

Chinatown und Nob Hill

Downtown

Busse 2, 9, 42

Zur Orientierung
Siehe Stadtplan 5, 6

DAVIS STREET

SACRAMENTO STREET

DRUMM STREET

FRONT STREET

CALIFORNIA STREET

MARKET STREET

STREET

Das Gandhi Monument (1988),
von K. B. Patel (Entwurf) sowie Z. Pounov und S. Lowe (Ausführung) befindet sich an der Ostseite des Ferry Building. Es besitzt eine Inschrift mit Worten des indischen Freiheitskämpfers.

❿ **Ferry Building**
Vor dem Bau der Brücken passierten 100 000 Pendler pro Tag das Gebäude.

Legende
— Routenempfehlung

| 0 Meter | 100 |
| 0 Yards | 100 |

❽ **Pacific Coast Stock Exchange**
In der früheren Börse ist heute ein exklusives Fitness-Center.

Die Türme des First Interstate Center sind mit Glasbrücken verbunden.

❶ Embarcadero Center

Stadtplan 6 D3. 📞 1-415-772-0700. 🚌 1, 32, 41. 🚋 J, K, L, M, N. 🚈 California St. Siehe **Shopping** S. 386–391 und **Unterhaltung** S. 392–397.
🌐 embarcaderocenter.com

Nach rund zehn Jahren Bauzeit war das größte Stadterneuerungsprojekt San Franciscos 1981 vollendet. Die Anlage reicht von der Justin Herman Plaza bis zur Battery Street. Angestellte und Shopper nutzen die ausgedehnten Freiflächen, um zu entspannen oder zu Mittag zu essen. Fünf Türme mit einer Höhe zwischen 35 und 45 Stockwerken überragen die Umgebung.

Unmittelbar neben dem vierten Turm des Embarcadero Center steht das Hyatt Regency, dessen beeindruckendes 17 Stockwerke hohes Atrium sich anzusehen lohnt. Zentral liegt Charles Perrys gigantischer Globus *Eclipse*. Im Hotel gibt es ein Kino, das eine erstaunliche Auswahl an ausländischen Filmen und Independent-Produktionen zeigt.

Lobby des Hotels Hyatt Regency im Embarcadero Center

Gebäude am Hotaling Place

❷ Jackson Square Historic District

Stadtplan 5 C3. 🚌 12, 15, 41, 83.

In dem Anfang der 1950er Jahre sanierten Viertel gibt es noch viele alte Ziegel-, Gusseisen und Granitfassaden. 1850–1910 war das Areal wegen seiner ruppigen Einwohner als »Barbary Coast« verschrien. Die anzüglichen Fassadenreliefs am einstigen Hippodrome Theatre (555 Pacific Street) erinnern an die pikanten Shows, die dort stattfanden. Heute haben sich in dem Viertel Galerien, Anwaltsbüros und Antiquitätenläden niedergelassen. Die schönsten Gebäude stehen in der Jackson Street, der Gold Street, der Montgomery Street und am Hotaling Place.

❸ Wells Fargo History Museum

420 Montgomery St. **Stadtplan** 5 C4. 📞 1-415-396-2619. 🚌 1, 3, 10, 41. 🚈 Montgomery St. ◯ Mo–Fr 9–17 Uhr. ◯ Feiertage.
♿ 📷 🌐 wellsfargohistory.com

Wells Fargo & Co. wurde 1852 gegründet und entwickelte sich im Lauf der Zeit zur größten Bank- und Transportgesellschaft des Westens. Sie nahm auf die Erschließung Nordamerikas großen Einfluss. Die Firma transportierte Menschen und Waren von der Ost- zur Westküste sowie zwischen den Goldgräbercamps und den kalifornischen Städten. Außer Gold beförderte sie auch die Post und

Black Bart, der dichtende Bandit

stellte Briefkästen auf. Kuriere sortierten die Post unterwegs. Ein weiterer Postdienst war der Pony Express.

Die Postkutschen des Museums sind nicht zuletzt wegen der Legenden berühmt, die sich um ihre mutigen Kutscher und die Banditen ranken, die sie ausraubten. Der bekannteste Räuber war Black Bart, der nach Überfällen Gedichte hinterließ. Zwischen 1875 und 1883 raubte er auf einsamen Wegen zwischen Calaveras County und der Grenze von Oregon Postkutschen aus. Einmal vergaß er ein Taschentuch mit einem Wäschezeichen, das ihn als Bergbauingenieur Charles Boles *(siehe S. 483)* enttarnte. Besucher erfahren, wie es sich anfühlte, tagelang in einer Postkutsche zu sitzen. Sie können sich auch das auf Tonband gesprochene Tagebuch des Einwanderers Francis Brocklehurst anhören. Zu den Exponaten des Museums gehören neben alter Pony-Express-Post auch Fotografien, Schecks und Goldnuggets aus der Zeit des Goldrauschs von 1849.

❹ 555 California

555 California St. **Stadtplan** 5 C4.
📞 1-415-392-1697. 🚌 1, 41.
🚃 California St.

Der ganz mit rotem Granit verkleidete Bau von 1969 war früher die Zentrale der Bank of America. Damals war er mit 52 Stockwerken das höchste Gebäude der Stadt. Heute ist es nach Transamerica Pyramid das zweithöchste. Von oben hat man einen grandiosen Ausblick auf San Francisco.

Die Bank of America wurde als Bank of Italy von A. P. Giannini in San José gegründet *(siehe S. 432f)*. Anfang des 20. Jahrhunderts gewann sie viele Einwanderer als Kunden und investierte in Farmland und kleine Städte. Beim Erdbeben und Brand von 1906 *(siehe S. 56)* rettete Giannini persönlich die Einlagen der Bank und brachte sie in Sicherheit. So hatte die Bank genügend Kapital, um in den Wiederaufbau der Stadt zu investieren.

Masayuki Nagaris *Transcendence* (1972) vor 555 California

❺ Transamerica Pyramid

600 Montgomery St. **Stadtplan** 5 C3. 🚌 1, 10, 12, 30, 41.
⭕ **Besucherzentrum** Mo–Fr 10–15 Uhr. ♿ Lobby.
🌐 thepyramidcenter.com

Markantestes Erkennungsmerkmal dieses 48-stöckigen, schon von weit außerhalb der Stadt sichtbaren Bauwerks ist seine Spitze. Das 265 Meter hohe Gebäude ist eines der Wahrzeichen von San Francisco. Nach der Eröffnung 1972 wurde es heftig kritisiert, doch mittlerweile als Bestandteil der Skyline akzeptiert.

Die Pyramide wurde von William Pereira & Associates entworfen und ist der Arbeitsplatz von über 1500 Büroangestellten. Der Wolkenkratzer steht an der Stelle des 1853 errichteten Montgomery Blocks, seinerzeit das größte Gebäude westlich des Mississippi. Im Untergeschoss war der Exchange Saloon, in dem sich Mark Twain oft aufhielt. In den 1860er Jahren mieteten sich Künstler im Montgomery Block ein. In der Merchant Street gegenüber erinnert eine Tafel an die einstige Pony-Express-Station.

Die hohe Spitze ragt 64 Meter über das oberste Stockwerk hinaus und wurde lediglich aus dekorativen Gründen errichtet. Nachts wird sie erleuchtet und strahlt ein warmes Licht aus.

Die Seitenflügel des Gebäudes steigen vertikal von der Mitte des Erdgeschosses auf und gehen über den sich verjüngenden Rahmen hinaus. Im Ostflügel gibt es 18 Aufzüge. Im Westflügel befinden sich ein Rauchabzugsschacht und Nottreppen.

Das Besucherzentrum liegt im Erdgeschoss. Hier gibt es eine Reihe von Bildschirmen, die die faszinierenden Aussichten zeigen, die von Kameras an der Spitze der Pyramide aufgenommen werden.

Der Erdbebenschutz wird durch eine Quarzverkleidung gewährleistet, die auf jedem Stockwerk an vier Stellen mit Stabilisierungsverstrebungen fixiert wird. Freiräume zwischen den Plattenteilen sorgen bei einem Erdbeben für Ausgleichsbewegungen.

Die sich verjüngende Form wirft weniger Schatten als ein konventioneller Wolkenkratzer.

Fensterputzer benötigen einen ganzen Monat, um die 3678 Fenster zu putzen.

Die Fundamente stehen auf einem 15,5 Meter tiefen Stahlbetonsockel, der so konstruiert ist, dass er bei Erschütterungen mitschwingt.

❻ Union Bank of California

400 California St. **Stadtplan** 5 C4.
📞 1-415-705-7142. 🚌 1, 3, 10, 12, 41. 🚋 California St. **Museum of Money of the American West** 🔴 Mo–Fr 9–17 Uhr. ⬤ Feiertage. ♿

William Ralston und Darius Mills gründeten 1864 die Bank. Ralston, »der Mann, der San Francisco baute«, investierte erfolgreich in die Comstock-Minen *(siehe S. 53)*. Durch seine Bank und sein Privatvermögen finanzierte er viele Projekte in San Francisco wie die Wasserversorgungsgesellschaft, ein Theater oder das Palace Hotel *(siehe S. 321)*. Während der Wirtschaftskrise in den 1870er Jahren brach sein Imperium zusammen.

Im Untergeschoss des klassizistischen Gebäudes (1908) ist das Museum of Money of the American West untergebracht. Hier kann man Gold in allen Formen, Münzen und alte Banknoten sehen.

Die klassizistische Fassade der Union Bank of California

❼ Merchant's Exchange

465 California St. 📞 1-415-421-7730. **Stadtplan** 5 C4. 🚌 Montgomery St. 🚌 1, 4, 10, 12, 41. **Banking Hall** 🔴 Mo–Fr 9–17 Uhr. ♿ 🌐 merchantsexchange building.com

Die 1903 von Willis Polk erbaute Börse, die einst die Skyline beherrschte, doch heute von Wolkenkratzern überragt wird, wurde durch das Erdbeben von 1906 *(siehe S. 56)* kaum beschädigt. Anfang des 20. Jahrhunderts, als man von den Ausgucken noch nach Überseeschiffen Ausschau hielt, war dort die Warenbörse untergebracht. Im Gebäude gibt es

Gemälde des irischen Malers William Coulter mit Szenen aus der Dampf- und Segelschiffzeit.

❽ Pacific Coast Stock Exchange

115 Sansome St. **Stadtplan** 5 C4. 🚌 3, 4, 15, 41. ⬤ für die Öffentlichkeit.

Die einstmals zweitgrößte Aktienbörse der USA nach New York wurde 1882 gegründet. Den Gebäudekomplex schufen Miller & Pflueger 1930. Die monumentalen Granitstatuen am Eingang in der Pine Street wurden von Ralph Stackpole errichtet. Die Räumlichkeiten, in denen es früher so hektisch zuging, sind überflüssig geworden, da der Aktienhandel elektronisch abläuft. Im Gebäude ist nun ein exklusives Fitness-Center.

❾ Justin Herman Plaza

Stadtplan 6 D3. 🚌 viele Busse. 🚋 F, J, K, L, M, N. 🚋 California St.

Die Hauptattraktion des Platzes, der zur Mittagszeit von Angestellten des Embarcadero Center *(siehe S. 318)* bevölkert wird, bildet der avantgardistische Vaillancourt Fountain (1971) aus der Werkstatt des kanadischen Künstlers Armand Vaillancourt. Die Betonkonstruktion des Brunnens finden zwar viele hässlich, vor allem wenn er bei Trockenheit stillgelegt ist. Ansonsten ist er mit seinen Fontänen eher beliebt, da man im Brunnen nach Lust und Laune herumplanschen und herumklettern kann.

Der Platz ist eine beliebte Bühne für Konzerte unter freiem Himmel – die irische Rockband U2 spielte hier 1987 und besprühte den Brunnen mit Graffiti.

Vaillancourt Fountain auf der Justin Herman Plaza

❿ Ferry Building

Embarcadero u. Market St. **Stadtplan** 6 E3. 🚌 viele Busse. 🚋 J, K, L, M, N. 🚋 California St. 🌐 ferrybuildingmarketplace.com

Das 1896–1903 erbaute Ferry Building überlebte das Erdbeben von 1906 dank der Feuerlöschboote, die Wasser aus der Bucht pumpten. Der 71 Meter hohe Uhrturm wurde dem maurischen Glockenturm der Kathedrale von Sevilla nachempfunden. In den 1930er Jahren strömten jährlich über 50 Millionen Passagiere durch das Gebäude. Die meisten wollten zum Bahnhof der transkontinentalen Eisenbahn in Oakland, Pendler nutzten die 170 Fähren zwischen der Stadt und den Wohnorten jenseits der Bucht.

Als 1936 die Bay Bridge zwischen San Francisco und Oakland *(siehe S. 426f)* eröffnet wurde, verlor der Bau an Bedeutung. Wenige Fähren überqueren noch die Bucht, darunter die nach Larkspur, Tiburon und Sausalito in Marin County *(siehe S. 418f)*, Alameda und Oakland in der East Bay *(siehe S. 426f)* sowie Vallejo in der North Bay *(siehe S. 302)*.

Uhrenturm des Ferry Building

⓫ Rincon Center

Stadtplan 6 E4. 🚌 14.
Siehe **Shopping** S. 386–391.

Das Shopping-Center mit dem eindrucksvollen, in den Himmel strebenden Atrium und dem 27 Meter hohen Brunnen wurde 1989 an das alte Rincon Annex Post Office Building von 1940 angebaut.

Die Wandbilder des russischstämmigen Künstlers Anton Refregier zeigen Ereignisse der Geschichte San Franciscos. Einige stellen Begebenheiten und Personen kritisch dar, was bei der Eröffnung Kontroversen auslöste.

⓬ California Historical Society

678 Mission St. **Stadtplan** 5 C5.
📞 1-415-357-1848. 🚌 9, 30, 45.
🚇 Montgomery St. **Museum**
🕐 Di–So 12–17 Uhr. **Bibliothek**
🕐 Mi–Fr 12–17 Uhr. ♿ 📷
🌐 californiahistoricalsociety.org

Die California Historical Society erforscht und bewahrt das regionale Erbe Kaliforniens. Im Gebäude sind eine Bibliothek, ein Museum und eine gut sortierte Buchhandlung untergebracht. Zu sehen sind eine Fotosammlung und über 900 Ölgemälde und Aquarelle. Eine Kunstausstellung und eine Sammlung historischer Kleider vervollständigen den Überblick.

⓭ SF Museum of Modern Art

Siehe S. 322f.

Wandbild zur Entdeckung San Franciscos durch die Spanier

⓮ Yerba Buena Gardens

Siehe S. 326f.

⓯ Museum of the African Diaspora

685 Mission St. **Stadtplan** 5 C5.
📞 1-415-358-7200 🚌 5, 6, 9, 14, 30. 🚇 J, K, L. 🕐 Mi–Sa 11–18, So 12–17 Uhr. ♿ 🌐 moadsf.org

Das 2005 eröffnete Museum gehört zu den wenigen auf der Welt, die sich afrikanischer Kultur außerhalb des schwarzen Kontinents widmen. Zu den inhaltlichen Schwerpunkten des MoAD gehören insbesondere Lebensformen, Kunst und Kulturgeschichte zahlreicher afrikanischer Kulturen Das reiche kulturelle Erbe wird Besuchern anhand von Musik- und Tanzdarbietungen sowie vielfältigen Kunstwerken und Kunsthandwerk vermittelt. Interaktive Stationen ergänzen das Angebot des Museums.

⓰ Palace Hotel

2 New Montgomery St. **Stadtplan** 5 C4. 📞 1-415-512-1111. 🚌 7, 8, 9, 21, 31, 45, 71, 91. 🚇 J, K, L, M, N. Siehe **Hotels** S. 536.
🌐 sfpalace.com

Das Palace Hotel wurde 1875 von William Ralston, dem bekanntesten Finanzier der Stadt, eröffnet. Das damals luxuriöseste Hotel in San Francisco mit seinen sieben Stockwerken und 700 Fenstern zog Reiche und Berühmte an. Stammgäste waren u. a. die Schauspielerin Sarah Bernhardt sowie die Schriftsteller Oscar Wilde und Rudyard Kipling.

Der Tenor Enrico Caruso war gerade zu Gast, als während des Erdbebens und Brands von 1906 auch dieses Hotel in Flammen aufging. Der Wiederaufbau erfolgte durch George Kelham, die Wiedereröffnung 1909. Die Kuppel des Garden Court bildet mit 63 000 Glasteilen auf 1115 Quadratmetern Fläche eine der größten Glaskuppeln weltweit.

Glaskuppel des Garden Court mit Kronleuchtern, Palace Hotel

Stadtplan San Francisco *siehe Seiten 404–413*

⑬ San Francisco Museum of Modern Art

Das Museum für Werke der Moderne begründete San Franciscos Ruf als führendes Kunstzentrum. Es wurde 1935 für Kunstwerke des 20. Jahrhunderts geschaffen, 1995 bezog es ein neues, nach Plänen von Mario Botta errichtetes Gebäude. Dieses wurde 2016 nach dreijähriger Umgestaltung, bei der man die Ausstellungsfläche etwa verdoppelte, wiedereröffnet. Damit ist das SFMOMA größer als das MoMA in New York. Der vom Architekturbüro Snøhetta konzipierte Erweiterungsbau harmoniert gut mit Bottas Gebäude.

Erweiterungsbau
Für die Gestaltung der östlichen Fassade des Anbaus ließen sich die Planer von der Wasseroberfläche der San Francisco Bay inspirieren.

Kurzführer
Einen Vorgeschmack auf die Qualität der Sammlungen des Kunsttempels erhalten Besucher im Erdgeschoss, dessen Ausstellungsräume kostenlos zugänglich sind. Das Koret Education Center, Gemälde und Skulpturen der Dauerausstellung sowie kalifornische Kunst sind im ersten Stock, das neue Pritzker Center for Photography befindet sich im zweiten Stock. Die Doris and Donald Fisher Collection mit über 1100 Werken umfasst Arbeiten von Alexander Calder im zweiten Stock sowie die Fisher Galleries vom dritten bis fünften Stock. Ebenfalls im fünften Stock haben Architektur und Design ihren Platz, der sechste Stock widmet sich zeitgenössischer Kunst und Medienkunst, auch ein Atelier ist hier untergebracht.

★ No. 14, 1960
Das Ölbild stammt von Mark Rothko, einem der führenden abstrakten Impressionisten. Das Werk zählt zu den bekanntesten des Künstlers.

Erster Stock

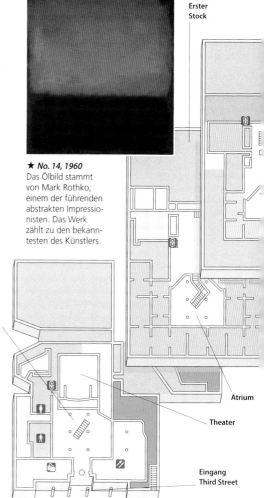

Erdgeschoss

Atrium

Theater

Eingang Third Street

Legende
- Gemälde und Skulpturen
- Architektur und Design
- Fotografie
- Medienkunst
- Koret Education Center
- Sonderausstellungen
- Roberts Family Gallery
- Skulpturengarten
- Zeitgenössische Kunst
- Keine Ausstellungsfläche

Infobox

Information
151 Third St.
Stadtplan 6 D5.
1-415-357-4000.
Fr–Di 10–17, Do
10–21 Uhr (Juni–Aug: Sa bis
20 Uhr). Zeiten können variieren, bitte Website prüfen.
1. Jan, Thanksgiving,
25. Dez.
Sonderveranstaltungen, Workshops, Präsentationen, Bibliothek, Bildungsprogramme.
sfmoma.org

Anfahrt
5, 9, 12, 14, 30, 38, 45.
J, K, L, M, N, T. nahe
Yerba Buena Gardens.

Sechster
Stock und
Terrasse

Fünfter
Stock

Vierter
Stock

Dritter
Stock

Zweiter
Stock

★ *Lesende*
Der aus Dresden stammende Maler Gerhard
Richter ist mit diesem
1994 entstandenen
Gemälde vertreten.

Koret Education Center
Das modern ausgestattete Koret Education
Center umfasst eine
Bibliothek und Räume
für Lehrveranstaltungen.

★ **Melodious Double
Stops**
Richard Shaws Skulptur
(1980) zählt zu den Highlights der Sammlung.

Country Dog Gentlemen
Roy De Forest, ein Künstler aus der
Bay Area, malte das Fantasiebild einer
von Tieren beschützten Welt 1972.

Zentrale Plaza der Crocker Galleria

⓱ Contemporary Jewish Museum

Stadtplan 5 C5. 736 Mission St. 🄲 1-415-655-7800. 🚌 5, 6, 9, 14, 30. 🚋 J, K, L. 🄾 Mo, Di, Fr–So 11–17, Do 13–20 Uhr. 🄦 thecjm.org

Das Museum in einem markanten Bau von Daniel Libeskind präsentiert eine breite Palette an Exponaten. Die regelmäßig wechselnden Ausstellungen werden von Filmen, Musikdarbietungen und Lesungen ergänzt.

⓲ Crocker Galleria

Zw. Post, Kearny, Sutter u. Montgomery St. 🄲 1-415-393-1500. **Stadtplan** 5 C4. 🚌 2, 3, 4. 🚋 J, K, L, M, N. Siehe **Shopping** S. 386–391. 🄦 thecrockergalleria.com

Die Crocker Galleria wurde 1982 nach dem Vorbild der Mailänder Galleria Vittorio Emanuele II erbaut. Über der zentralen Plaza wölbt sich ein markantes Glasdach. Auf drei Stockwerken findet man mehr als 50 Boutiquen mit Designerprodukten sowie Restaurants.

⓳ Gump's

135 Post St. **Stadtplan** 5 C4. 🄲 1-800-882-8055. 🚌 2, 3, 4, 30, 38, 45. 🚋 J, K, L, M, N. 🚋 Powell–Mason, Powell–Hyde. 🄾 Mo–Sa 10–18, So 12–17 Uhr. 🄳 🄦 gumps.com

Das von deutschen Einwanderern 1861 gegründete Kaufhaus ist in San Francisco eine Institution. Gump's bietet eine riesige Auswahl an edlem Porzellan und Kristallwaren, darunter Produkte von Baccarat, Steuben und Lalique. Das Haus ist auch für seine Orientabteilung, Möbel und die Schätze seiner Kunstabteilung bekannt. Vor allem die asiatische Kunst wird gepflegt, die Jade-Sammlung genießt Weltruf. 1949 erwarb Gump's einen großen Buddha aus Bronze und schenkte ihn dem Japanese Tea Garden im Golden Gate Park *(siehe S. 370f)*.

Mit seinem exklusiven Flair zieht das Kaufhaus alle an, die Rang und Namen haben. Seine ausgefallenen Schaufensterdekorationen, die regelmäßig wechseln, sind legendär.

⓴ Union Square

Stadtplan 5 C5. 🚌 30, 38, 45. 🚋 J, K, L, M, N, T. 🚋 Powell–Mason, Powell–Hyde. 🄦 visitunionsquaresf.com

Der Name des Platzes leitet sich von den Kundgebungen ab, die hier im Amerikanischen Bürgerkrieg (1861–65) stattfanden. Sie begeisterten die Einwohner für die Sache des Nordens und beschleunigten den Kriegsbeitritt Kaliforniens auf Seiten der Union. Kirchen, Herrenclubs und die Synagoge aus jener Zeit wurden zu Läden und Büros umgewandelt. Der begrünte und palmengesäumte Platz befindet sich im Herzen des Einkaufs- und am Rand des Theaterviertels. An seiner Westseite steht das berühmte Westin St. Francis Hotel. In der Mitte thront eine Bronzestatue der Siegesgöttin (1903) von Robert Aitken auf einer 27 Meter hohen korinthischen Säule. Dieses Denkmal soll an den Sieg von Admiral Dewey im Spanisch-Amerikanischen Krieg von 1898 in der Bucht von Manila erinnern.

㉑ Theaterviertel

Stadtplan 5 B5. 🚌 2, 3, 4, 38. 🚋 J, K, L, M, N, T. Siehe **Unterhaltung** S. 392–397.

In den sechs Straßenblocks beim Union Square befinden sich mehrere Theater. Die beiden größten liegen am Geary Boulevard: das 1922 erbaute Curran Theatre, das Broadway-Shows zeigt, und das edwardianische Geary Theater, die Heimat des American Conservatory Theater (ACT). Das Theater on the Square inszeniert Avantgarde- und Off-Broadway-Stücke. Die Vielfalt der Theaterszene in San Francisco zog schon immer berühmte Schauspieler an. In der nahe gelegenen Taylor Street wurde 1877 die legendäre Tänzerin Isadora Duncan geboren. Eine Tafel am Haus Nr. 501 erinnert daran.

㉒ Läden am Union Square

Stadtplan 5 C5. 🚌 30, 38, 45. 🚋 J, K, L, M, N, T. 🚋 Powell–Mason, Powell–Hyde. Siehe **Shopping** S. 386–391.

Die meisten großen Department Stores San Franciscos sind hier zu finden, darunter Macy's, Saks Fifth Avenue und Gump's. Neiman Marcus war

Department Stores am Union Square

Am Powell Street Turntable wird ein Cable-Car-Wagen gedreht

24 Westfield San Francisco Centre

Fifth St u. Market St. **Stadtplan** 5 C5. ☎ 1-415-512-6776. 🚌 5, 8, 9, 14, 21, 71. 🚊 J, K, L, M, N. 🚋 Powell–Mason, Powell–Hyde. ⏰ Mo–Sa 10–20.30, So 10–19 Uhr. Siehe **Shopping** S. 386. 🌐 westfield.com/sanfrancisco

Das Westfield San Francisco Centre in der Nähe des Union Square umfasst das San Francisco Centre und das frühere Emporium, dessen Kuppel 1904 errichtet wurde. Mehr als 200 Shops, Cafés und Restaurants verteilen sich auf die neun Stockwerke. Dazu findet man in dem Komplex San Franciscos größtes Spa und das Kino Century 9.

25 Old United States Mint

Fifth St u. Mission St. **Stadtplan** 5 C5. ☎ 1-415-537-1105. 🚌 14, 14L, 26, 27. 🚊 J, K, L, M, N. ⏺ für die Öffentlichkeit. 🌐 usmint.gov

Die alte Münze wurde 1869–74 mit eisernen Fensterläden und einbruchssicherem Keller erbaut. 1937 prägte sie das letzte Geldstück. Den Spitznamen »Granite Lady« erhielt sie wegen ihrer klassizistischen Granitfassade. Der Bau gehörte zu den wenigen, die das Erdbeben von 1906 überstanden (siehe S. 56). Der östliche Teil wird für Veranstaltungen genutzt. Etwa einmal pro Monat findet eine Führung statt. Es gibt Pläne, die Old Mint zum Geschichtsmuseum zu machen.

um die Jahrhundertwende das eleganteste Kaufhaus San Franciscos, wurde aber 1982 abgerissen und durch einen Neubau ersetzt – wenigstens die Rotunde aus dem Jahr 1900 und das Pariser Dachfenster blieben erhalten.

Neben Kaufhäusern gibt es hier viele Antiquariate und Boutiquen. Das Gebäude 140 Maiden Lane wurde 1947 von Frank Lloyd Wright (siehe S. 37) entworfen und beherbergt heute die Xanadu Gallery. Die spiralförmige Rampe ist älter als die im New Yorker Guggenheim Museum.

23 Powell Street Cable Car Turntable

Hallidie Plaza, Powell St u. Market St. **Stadtplan** 5 C5. 🚌 viele Busse. 🚊 J, K, M, N. 🚋 Powell–Mason, Powell–Hyde.

Die Cable-Car-Linien Powell–Hyde und Powell–Mason sind die eindrucksvollsten San Franciscos. Ihre Fahrten nach Nob Hill, Chinatown und Fisherman's Wharf beginnen und enden an der Ecke von Powell und Market Street.

Anders als die California-Street-Linie, deren Wagen an beiden Enden einen Fahrerstand haben, können die Wagen dieser Linien nur in eine Richtung fahren – daher gibt es am Streckenende jeweils Drehscheiben.

Wenn die Fahrgäste ausgestiegen sind, wenden die Fahrer und Schaffner den Wagen mit ihrer Körperkraft. Fahrgäste, die in die andere Richtung fahren wollen, warten inmitten der lebhaften Menge von Straßenmusikern, Kauflustigen, Besuchern und Büroangestellten auf die nächste Fahrt.

»Granite Lady« – die einbruchssichere Old United States Mint

Stadtplan San Francisco siehe Seiten 404–413

⓮ Yerba Buena Gardens

Der Bau des Moscone Center, des größten Konfe-
renzzentrums San Franciscos, gab den Anstoß zu
ehrgeizigen Planungen für Yerba Buena Gardens.
Wohnungen, Hotels, Museen, Läden und Grünanlagen entstanden, die das einst heruntergekom-
mene Viertel mit neuem Leben füllten. Betreten
Sie das Areal am besten von der Yerba Buena Lane
her. Hier gibt es neue Läden und ein Museum.

★ **Yerba Buena Center for the Arts**
Attraktiv sind die Ausstellungen und
die Vorführungen neuer Filme.

**Esplanade
Gardens**
Hier kann man
herumschlen-
dern oder sich
auf Bänken
ausruhen.

Children's Creativity Museum
Das Museum befindet sich im
Yerba Buena Children's Garden.
Es präsentiert ein Programm
von Kunstevents und bietet
Jugendlichen und Künstlern
eine Plattform, gemeinsam
Dinge zu erfinden und zu
bauen, seien es Roboter oder
Skulpturen.

Außerdem

① **Am Martin Luther King, Jr.
Memorial** sind in mehreren Sprachen Friedensbotschaften zu lesen.

② **East Garden**

③ **Der Moscone Ballroom** ist einer
von zahlreichen Konferenzsälen der
Stadt. Er eignet sich auch für große
Tagungen.

④ **Der Children's Garden** ist mit
vielen Anregungen für fantasievolle
Spiele ausgestattet.

⑤ **Eislaufhalle**

⑥ **Bowlingbahnen**

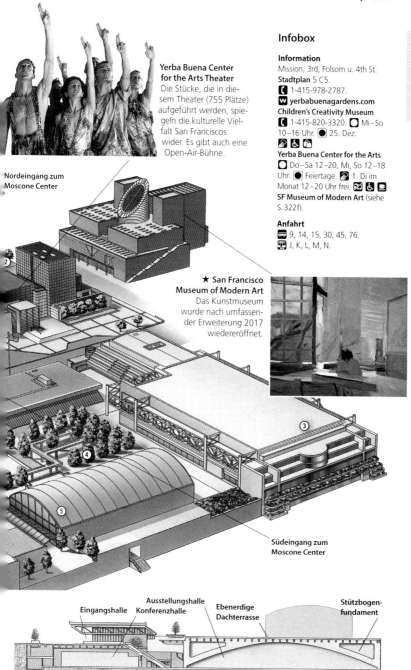

Yerba Buena Center for the Arts Theater
Die Stücke, die in diesem Theater (755 Plätze) aufgeführt werden, spiegeln die kulturelle Vielfalt San Franciscos wider. Es gibt auch eine Open-Air-Bühne.

Nordeingang zum Moscone Center

★ San Francisco Museum of Modern Art
Das Kunstmuseum wurde nach umfassender Erweiterung 2017 wiedereröffnet.

Südeingang zum Moscone Center

Infobox

Information
Mission, 3rd, Folsom u. 4th St.
Stadtplan 5 C5.
📞 1-415-978-2787.
🌐 yerbabuenagardens.com
Children's Creativity Museum
📞 1-415-820-3320. ⭕ Mi–So
10–16 Uhr. ⚫ 25. Dez.
🎫 ♿ 🏠
Yerba Buena Center for the Arts
⭕ Do–Sa 12–20, Mi, So 12–18
Uhr. ⚫ Feiertage. 🎫 1. Di im
Monat 12–20 Uhr frei. 🎫 ♿ 🖥
SF Museum of Modern Art (siehe
S. 322f).

Anfahrt
🚌 9, 14, 15, 30, 45, 76.
🚊 J, K, L, M, N.

Eingangshalle   Ausstellungshalle   Ebenerdige   Stützbogen-
                Konferenzhalle   Dachterrasse   fundament

Moscone Center
Der Ingenieur T. Y. Lin fand einen genialen Weg, den Dachgarten der unterirdischen Halle ohne einen einzigen Trägerbalken abzustützen: Die Fundamente der acht Stahlbogen sind unterirdisch wie die Sehne eines Bogens mit Kabeln verbunden. Durch Straffung der Kabel üben die Bogen einen enormen Aufwärtsdruck aus.

Chinatown und Nob Hill

Die chinesischen Einwohner ließen sich Mitte des 19. Jahrhunderts in der Gegend um den Portsmouth Square nieder, die Wohlhabenderen zog es dagegen auf den Nob Hill. Heute hat Chinatown das Flair einer südchinesischen Stadt, obwohl sich amerikanische Architektur und amerikanischer Lebensstil mit kantonesischen Einflüssen vermischt haben. Das dicht besiedelte Areal wird auch »Goldenes Getto« genannt, da die farbenprächtigen Fassaden und bunten Marktstände über Überbevölkerung und Armut hinwegtäuschen. Nob Hill hingegen ist San Franciscos begehrtester Hügel. Ende des 19. Jahrhunderts gehörten die »Big Four«, die »Eisenbahnbarone«, die die transkontinentale Eisenbahn erbauten, zu den reichsten Bewohnern des Viertels. Von den prächtigen Villen auf dem Nob Hill überstand allerdings nur eine einzige das Erdbeben von 1906 *(siehe S. 56)*. Viele Hotels erstrahlen jedoch noch immer im alten viktorianischen Glanz.

Sehenswürdigkeiten auf einen Blick

**Historische Straßen
und Gebäude**
❶ Chinatown Gateway
❺ Chinatown Alleys
❻ Grant Avenue
❿ Nob Hill

Museen und Sammlungen
❽ Chinese Culture Center
❾ Chinese Historical Society
 of America
⓫ Cable Car Museum

Kirchen und Tempel
❷ Old St Mary's Cathedral
❸ Kong Chow Temple
❹ Tien Hau Temple
⓬ Grace Cathedral

Platz
❼ Portsmouth Square

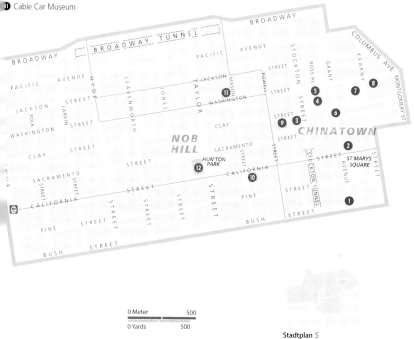

0 Meter 500
0 Yards 500

Stadtplan 5

Das verzierte Chinatown Gateway *(siehe S. 332)*

Zeichenerklärung *siehe hintere Umschlagklappe*

Im Detail: Chinatown

Die Grant Avenue ist das Chinatown der Besucher
– hier locken drachengeschmückte Laternenpfäh-
le, geschwungene Dächer und winzige Läden, die
vom Papierdrachen bis zum Kochgeschirr alles
führen. Die Einheimischen kaufen in der Stockton
Street ein, wo Gemüse, Fisch und andere Produkte
in großen Mengen angeboten werden. In den
kleinen Gassen findet man Tempel und familiengeführte Restaurants.

❺ ★ Chinatown Alleys
Die Geräusche und Gerüche der Gassen
erinnern an China.

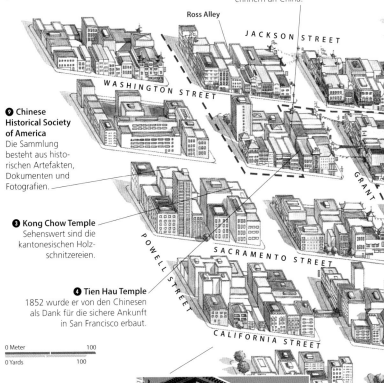

Ross Alley

JACKSON STREET

WASHINGTON STREET

**❾ Chinese
Historical Society
of America**
Die Sammlung
besteht aus histo-
rischen Artefakten,
Dokumenten und
Fotografien.

GRANT S

❸ Kong Chow Temple
Sehenswert sind die
kantonesischen Holz-
schnitzereien.

POWELL STREET

SACRAMENTO STREET

❹ Tien Hau Temple
1852 wurde er von den Chinesen
als Dank für die sichere Ankunft
in San Francisco erbaut.

CALIFORNIA STREET

0 Meter   100
0 Yards   100

STOCKTO

BUSH S

Die Bank of Canton fungierte bis 1946 als Telefon-
vermittlung von China-
town. Das Personal sprach
fünf chinesische Dialekte.

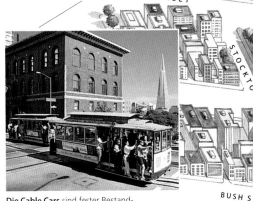

Die Cable Cars sind fester Bestandteil des geschäftigen Treibens auf
den Straßen des Viertels. Jede der
drei Linien führt nach Chinatown.

7 Portsmouth Square
Der 1839 angelegte Platz bildete einst das Zentrum des Dorfs Yerba Buena. Heute treffen sich hier Karten- und Mah-Jongg-Spieler.

6 ★ Grant Avenue
Das heutige Geschäftszentrum Chinatowns war in den 1830er und 1840er Jahren die Hauptstraße von Yerba Buena.

Fisherman's Wharf und North Beach

Chinatown und Nob Hill

Pacific Heights und Civic Center

Downtown

Zur Orientierung
Siehe Stadtplan 5

Legende
— Routenempfehlung

Das Chinese Culture Center ist in einem eleganten Hotel untergebracht. Es beherbergt eine Kunstgalerie und ein Kunsthandwerksgeschäft und veranstaltet Vorträge und Seminare.

Busse 30, 45

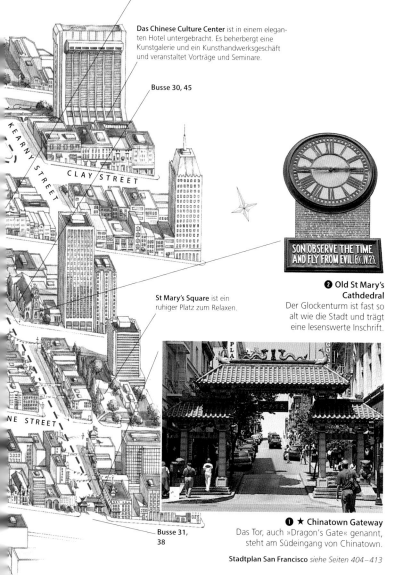

KEARNY STREET

CLAY STREET

NE STREET

St Mary's Square ist ein ruhiger Platz zum Relaxen.

SON OBSERVE THE TIME AND FLY FROM EVIL. EC(IV.23)

2 Old St Mary's Cathdedral
Der Glockenturm ist fast so alt wie die Stadt und trägt eine lesenswerte Inschrift.

Busse 31, 38

1 ★ Chinatown Gateway
Das Tor, auch »Dragon's Gate« genannt, steht am Südeingang von Chinatown.

Stadtplan San Francisco *siehe Seiten 404–413*

❶ Chinatown Gateway

Grant Ave u. Bush St. **Stadtplan** 5 C4. 🚌 2, 3, 30, 45.

Das dekorative Tor wurde von Clayton Lee entworfen und überspannt den Eingang zu Chinatowns Hauptattraktion, der Grant Avenue. Es wurde 1970 eingeweiht und knüpft an die Tradition chinesischer Zeremonientore an.

Die Dächer über den drei Torbogen sind mit grünen Ziegeln gedeckt und üppig mit Tierfiguren aus Keramik geschmückt. Das »Drachentor« wurde vom Chinatown Cultural Development Committee errichtet. Das Material stiftete die Republik Taiwan. Zwei steinerne Löwen, die ihre Jungen der Sage nach mit den Krallen stillen, bewachen das Tor.

Hinter dem Chinatown Gateway werden unter anderem Antiquitäten, Seidenstickereien und Edelsteine angeboten – allerdings in vielen Fällen zu deutlich überhöhten Touristenpreisen.

Steinlöwen schmücken das Tor nach Chinatown

❷ Old St Mary's Cathedral

660 California St. **Stadtplan** 5 C4. 📞 1-415-288-3800. 🚌 2, 3, 8, 8AX, 8BX, 8X, 15, 30, 45. 🚋 California St. 🕐 Sa 12.05, 17, So 8, 9.15, 10.15, 11.15, Feiertage 7.30, 12.05, 17.15 Uhr. 🕐
🌐 oldsaintmarys.org

San Franciscos älteste katholische Kirche wurde an Weihnachten 1854 als Sitz des katholischen Bischofs der Pazifikküste geweiht. Bis die neue St Mary's Church in der Van Ness Avenue gebaut wurde, diente sie einer überwiegend irischen Gemeinde als Gotteshaus. Da es in Kalifornien kein geeignetes Baumaterial für die Kirche gab, wurden Ziegelsteine und Eisen von der Ostküste hergebracht. Der Granit für die Fundamente stammt aus China. Der Glockenturm trägt in großen Lettern die Inschrift »Son, observe the time and fly from evil«, die angeblich an die Besucher der Bordelle gerichtet war, die sich gegenüber befanden.

Beim Erdbeben von 1906 blieb die Kirche unbeschädigt. So sind Fundamente und Mauern noch im Original erhalten. Der anmutige Innenraum mit Bleiglasfenstern und Empore wurde 1909 vollendet.

Eingang zur Old St Mary's Cathedral unter dem Glockenturm und der Inschrift

❸ Kong Chow Temple

855 Stockton St. **Stadtplan** 5 B4. 📞 1-415-788-1339. 🚌 30, 45. 🕐 tägl. 9–16 Uhr. **Spende**. ♿

Der Tempel im obersten Stockwerk des Postgebäudes überblickt ganz Chinatown und das Finanzviertel. Das Gebäude wurde 1977 errichtet, der taoistische Tempel aber schon 1857. Die Altäre und Statuen des Tempels sind möglicherweise die ältesten chinesischen Heiligtümer in den USA. Einer der Holzaltäre wurde in Kantor handgefertigt und im 19. Jahrhundert nach San Francisco gebracht. Der Hauptschrein wird von einer Holzstatue des Kuan Di (19. Jh.) dominiert, einer Gottheit, die in Schreinen kantonesischer Städte zu finden ist.

Auch in Chinatown blickt sein markantes Gesicht von den taoistischen Schreinen zahlreicher Restaurants herab. Kuan Di wird gewöhnlich mit einem großen Schwert in der einen und einem Buch in der

Kuan-Di-Statue im Kong Chow Temple

anderen Hand abgebildet. Damit wird seine unermüdliche Hingabe an die Kampfkunst und die Literatur symbolisiert.

❹ Tien Hau Temple

125 Waverly Pl. **Stadtplan** 5 C3. ☎ 1-415-986-2520. 🚌 1, 10, 12, 30, 41, 45. 🚋 Powell–Mason, Powell–Hyde. ⏰ tägl. 9–16 Uhr. **Spende.**

Der ungewöhnliche Tempel ist Tien Hau (Tin How) gewidmet, der Königin des Himmels und Beschützerin der Seefahrer und Gäste. 1852 wurde hier von Day Ju ein erstes Heiligtum errichtet.

Day Ju war einer der ersten drei Einwanderer, die San Francisco erreicht hatten. 1911 wurde der Tempel erbaut, der über drei steile Holztreppen zu erreichen ist – durch diese exponierte Lage ist er dem Himmel näher.

Der Raum ist vom Rauch der Opfergaben (verbrannte Wunschzettel und brennende Räucherstäbchen) erfüllt. Hunderte goldener und roter Laternen schaffen eine einzigartige Stimmung. Für die schummrige Beleuchtung des Raums sorgen rote Glühbirnen und brennende Dochte, die in Öl schwimmen. Vor dem Altar mit Tien Haus Holzstatue liegen fast immer Früchte als Opfergaben.

Die eindrucksvolle Fassade des Tien Hau Temple, Waverly Place

Blick auf die Grant Avenue, die Hauptstraße von Chinatown

❺ Chinatown Alleys

Stadtplan 5 C3. 🚌 1, 30, 45.

Die vier schmalen Gassen liegen mitten im hektischen Treiben zwischen Grant Avenue und Stockton Street. Sie kreuzen die Washington Street im Abstand von je einem halben Häuserblock. Die größte davon ist die Waverley Street, die »Straße der bemalten Balkone«. Woher der Name stammt, sieht man auf den ersten Blick. Der andere Spitzname »15 Cents Street« leitet sich vom Preis eines Haarschnitts her, den die Friseure, die hier Ende des 19. Jahrhunderts ihre Geschäfte hatten, verlangten.

In der Spofford Alley lebte der chinesische Politiker Sun Yat-sen während seines Exils.

In den vielen malerischen Gassen gibt es noch eine ganze Reihe alter Gebäude, traditioneller Läden und Restaurants sowie altmodischer Kräuterläden mit Seepferdchen, Schlangenwein und anderen exotischen Dingen im Schaufenster. Kleine Restaurants, manche davon im Souterrain, servieren preiswerte Mahlzeiten.

❻ Grant Avenue

Stadtplan 5 C4. 🚌 1, 30, 45. 🚋 California St.

Die heutige Hauptattraktion Chinatowns war einst die Hauptstraße von Yerba Buena, dem Dorf, aus dem sich San Francisco entwickelt hat. Am Haus Nr. 823 weist ein Schild darauf hin, dass sich hier die erste Behausung befand – ein Zelt, das am 25. Juni 1835 errichtet wurde. 1836 wurde es durch ein Holz- und ein Jahr später durch ein Lehmziegelhaus ersetzt. Die Straße hieß damals Calle de la Fundación, »Straße der Gründung«.

Während des Goldrauschs (siehe S. 52f) kamen etwa 25 000 Chinesen nach San Francisco und ließen sich am Osthang des Nob Hill nieder, der zu steil für die Pferdewagen der Reichen war. 1885 wurde die Straße in Grant Avenue umbenannt, nach Ulysses S. Grant, dem im selben Jahr verstorbenen US-Präsidenten. Die meisten Häuser entlang der Straße wurden nach dem Erdbeben von 1906 im Stil der orientalischen Renaissance errichtet.

Portsmouth Square, Mittelpunkt von Chinatown

❼ Portsmouth Square

Stadtplan 5 C3. 🚃 1, 41.

Der traditionsreiche Platz wurde 1839 angelegt und bildete das gesellschaftliche Zentrum von Yerba Buena. Am 9. Juli 1846, kurz nachdem amerikanische Rebellen in Sonoma die Unabhängigkeit Kaliforniens von Mexiko erklärt hatten (siehe S. 468f), hissten Marinesoldaten auf diesem Platz die amerikanische Flagge und erklärten den Hafen zum Territorium der Vereinigten Staaten.

1848 verbreitete Samuel Brannan die Nachricht von Goldfunden in der Sierra Nevada (siehe S. 52f). Danach wurde der Platz zum Mittelpunkt der expandierenden Stadt. In den 1860er Jahren verlagerte sich das Geschäftszentrum zur Bucht – der Platz verlor an Bedeutung.

Heute ist er das Zentrum von Chinatown. Die Einheimischen treffen sich morgens zum Tai-Chi und ab dem Mittag zum Kartenspiel.

❽ Chinese Cultural Center

750 Kearny St. **Stadtplan** 5 C3. 📞 1-415-986-1822. 🚃 1, 41. 🕐 Di–Fr 9.30–18, Sa 10–16 Uhr. ♿ 🌐 c-c-c.org

Das 1965 eröffnete Chinese Cultural Center of San Francisco ist im zweiten Stock des luxuriösen Hotels Hilton San Francisco Financial District untergebracht. Das Kulturzentrum hat sich zum Ziel gesetzt, interkulturelles Interesse anhand von Kunst und einer Vielzahl von Veranstaltungen zu wecken. Das ebenfalls hier ansässige Visual Arts Center zeigt Wechselausstellungen mit Bezug zu China. Es bietet die Option, sich mit ostasiatischem Brauchtum zu beschäftigen.

❾ Chinese Historical Society of America

965 Clay St. **Stadtplan** 5 B4. 📞 1-415-391-1188. 🚃 1, 30. 🚋 Powell St. 🕐 Di–Fr 12–17, Sa 11–16 Uhr. ● Feiertage. 📷 🚫 📖 1. Do im Monat frei. 🌐 chsa.org

Zu den exotischen Exponaten dieses Museums gehören unter anderem ein Drachenkostüm und eine »Tigergabel« (Triton). Diese Waffe wurde bei Kämpfen während der Tong-Kriege (Ende 19. Jh.) eingesetzt, einer Zeit des Terrors, als diverse Clans in San Francisco um die Kontrolle über Glücksspiel und Prostitution kämpften. Weitere Ausstellungsstücke illustrieren den Alltag chinesischer Einwanderer. So findet man hier auch ein Gemeindejahrbuch auf Chinesisch und das ursprüngliche – handschriftliche – Telefonbuch von Chinatown.

Drachenkopf, Chinese Historical Society

Der Beitrag der Chinesen zur Entwicklung Kaliforniens war beachtlich, trotz des Rassismus und der schlechten Behandlung, die sie erfuhren, wie das Museum an vielen Beispielen zeigt. Reiche Kaufleute nutzten die Chinesen, die zu Tausenden die gefährliche Reise nach Kalifornien gewagt hatten, um Armut und Unterdrückung in ihrer Heimat zu entfliehen, als billige Arbeiter in Goldminen und beim Bau der transkontinentalen Eisenbahn aus (siehe S. 54f). Sie bauten Dämme im Delta des Sacramento River, arbeiteten in der Fischindustrie und auf Weingütern.

❿ Nob Hill

Stadtplan 5 B4.

Nob Hill ist mit 103 Metern die höchste Erhebung im Stadtzentrum. Seine steilen Hänge hielten die vornehmen Bürger zunächst davon ab, sich hier niederzulassen. Erst als 1878 eine Cable-Car-Linie errichtet wurde, kamen die Bauherren, unter ihnen auch die »Big Four«, die Eisenbahnmagnaten (siehe S. 54). Angeblich soll der Name vom Hindu-Wort nabob (Millionär) stammen. Die meisten Villen fielen dem Brand beim Erdbeben von 1906 (siehe S. 56) zum Opfer – mit Ausnahme eines Bauwerks (heute Sitz des Pacific Union Club). Die Reichen werden noch immer von den Luxushotels angezogen, die einen spektakulären Blick auf die Stadt bieten.

Blick auf die Stadt von einer Penthouse-Bar auf dem Nob Hill

Hotels und Restaurants in San Francisco siehe Seiten 536–539 und 564–570

⓫ Cable Car Museum

1201 Mason St. **Stadtplan** 5 B3.
📞 1-415-474-1887. 🚌 1, 12, 30, 45, 83. 🚋 Powell–Mason, Powell–Hyde. ⏰ Apr–Sep: tägl. 10–18 Uhr; Okt–März: tägl. 10–17 Uhr. ⊘ 1. Jan, Thanksgiving, 25. Dez. ♿ nur Zwischengeschoss. **Video.**
📷 🌐 cablecarmuseum.org

Der Ziegelbau von 1909 ist sowohl ein Museum als auch das Maschinenzentrum der Cable Cars *(siehe S. 306f).* Im Erdgeschoss sind die Maschinen und Räder verankert, die die Stahlkabel unter der Straßenoberfläche über ein System von Rollen und Führungskanälen ziehen. Einen Überblick in die Funktionsweise des Transportmittels bekommt man vom Zwischengeschoss. Eine Treppe tiefer kann man einen Blick unter die Straße werfen.

Eingang zum Cable Car Museum

⓬ Grace Cathedral

1100 California St. **Stadtplan** 5 B4.
📞 1-415-749-6300. 🚌 1. 🚋 California St. ⏰ Mo–Fr 7–18, Sa 8–18, So 7–19 Uhr. 🔔 Andacht mit Chor: Do 17.15, So 15 Uhr; Hochamt mit Chor: So 8.30, 11 Uhr. ♿ 📷 Mo–Fr 13–15, Sa 11.30–13.30, So 12.30–14 Uhr. 📷 🌐 gracecathedral.org

Grace Cathedral ist das wichtigste Heiligtum der Episkopalkirche in San Francisco. Der Bau der von Lewis P. Hobart entworfenen Kathedrale begann bereits 1928, wurde aber erst 1964 fertiggestellt. Trotz seiner modernen Bauweise orientiert sich der Bau am Vorbild der Pariser Notre-Dame. Der Innenraum ist mit Marmor und Bleiglas ausgestattet. Die traditionellen bleiverglasten Fenster stammen von Charles Connick, der sich von den blauen Fenstern der Kathedrale von Chartres inspirieren ließ. Die Fensterrose aus 2,5 Zentimeter dickem Facettenglas wird nachts von innen beleuchtet. Andere Fenster (von Henry Willet und Gabriel Loire) stellen moderne Helden dar, darunter auch Albert Einstein und den Astronauten John Glenn. Beachtenswert sind ein katalanisches Kruzifix (13. Jh.) und ein Brüsseler Gobelin (16. Jh.). Die Hauptportale sind den »Paradiestüren« nachgebildet – die Originale wurden von Lorenzo Ghiberti für das Baptisterium in Florenz entworfen.

Eisengussfigur vom Hauptportal

Das Neue-Testament-Fenster an der Südseite stammt von Charles Connick (1931).

Die Fensterrosette wurde 1964 von Gabriel Loire in Chartres gefertigt.

Im Glockenturm hängen 44 Glocken, die 1938 in England gegossen wurden.

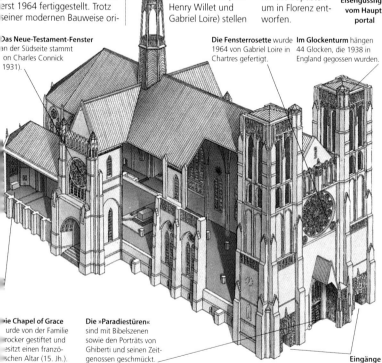

Die Chapel of Grace wurde von der Familie Crocker gestiftet und besitzt einen französischen Altar (15. Jh.).

Die »Paradiestüren« sind mit Bibelszenen sowie den Porträts von Ghiberti und seinen Zeitgenossen geschmückt.

Eingänge

Stadtplan San Francisco *siehe Seiten 404–413*

Fisherman's Wharf und North Beach

Gegen Ende des 19. Jahrhunderts ließen sich italienische Fischer aus Genua und Sizilien im Areal des heutigen Fisherman's Wharf nieder und begründeten San Franciscos Fischerei-industrie. Seit den 1950er Jahren lebt das Viertel zunehmend vom Fremdenverkehr, obwohl die Fischerboote noch immer früh-morgens hinausfahren. Südlich des Kais

befindet sich North Beach, das »Little Italy«, mit seinen zahlreichen Feinkostläden, Bäcke-reien und Cafés, von wo aus man gut das leb-hafte Treiben auf den Straßen beobachten kann. Hier wohnen überwiegend italienische und chinesische Familien sowie Schriftsteller und Bohemiens – u. a. lebte hier auch Jack Kerouac *(siehe S. 31)*.

Sehenswürdigkeiten auf einen Blick

Museen und Sammlungen
❸ USS *Pampanito*
❹ Madame Tussauds™
❺ Ripley's Believe It or Not! Museum
❽ San Francisco Maritime National Historic Park
❿ San Francisco Art Institute
⓭ The Beat Museum
⓲ Exploratorium

Historische Straßen und Gebäude
❶ *Alcatraz Island S. 342f*
❷ PIER 39
❾ Lombard Street
⓫ Vallejo Street Stairway

Restaurant/Bar
⓬ Club Fugazi

Shopping
❻ The Cannery
❼ Ghirardelli Square

Parks und Gärten
⓮ Washington Square
⓰ Telegraph Hill
⓱ Levi's Plaza

Kirche
⓯ Saints Peter and Paul Church

Stadtplan 4, 5, 6

◀ Kurvenreicher Abschnitt der Lombard Street *(siehe S. 344)*   Zeichenerklärung *siehe hintere Umschlagklappe*

Im Detail: Fisherman's Wharf

Italienische Fischrestaurants haben den
Fischfang als Haupteinnahmequelle von
Fisherman's Wharf abgelöst. San Franciscos
berühmte Taschenkrebse (Dungeness
Crabs) werden von November bis Juni in
Restaurants und an Straßenständen ange-
boten. Außer kulinarischen Spezialitäten
bietet das Viertel auch zahlreiche Läden,
Museen und eine ganze Reihe von weite-
ren malerischen Sehenswürdigkeiten.

3 ★ USS *Pampanito*
Eine Führung informiert über den Alltag auf
dem U-Boot aus dem Zweiten Weltkrieg.

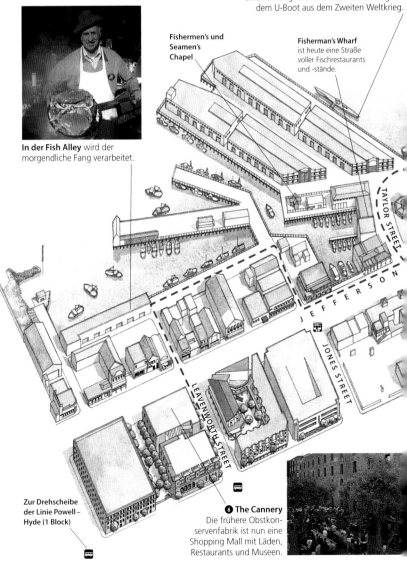

In der Fish Alley wird der
morgendliche Fang verarbeitet.

**Fishermen's und
Seamen's
Chapel**

Fisherman's Wharf
ist heute eine Straße
voller Fischrestaurants
und -stände.

TAYLOR STREET

JEFFERSON

JONES STREET

LEAVENWORTH STREET

**Zur Drehscheibe
der Linie Powell –
Hyde (1 Block)**

6 The Cannery
Die frühere Obstkon-
servenfabrik ist nun eine
Shopping Mall mit Läden,
Restaurants und Museen.

Hotels und Restaurants in San Francisco *siehe Seiten 536 – 539 und 564 – 570*

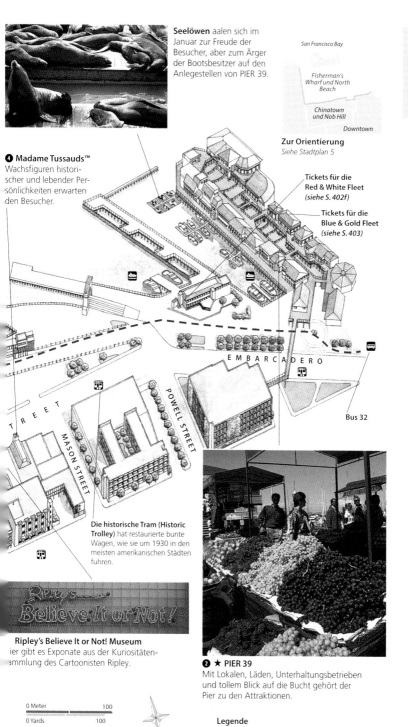

Seelöwen aalen sich im Januar zur Freude der Besucher, aber zum Ärger der Bootsbesitzer auf den Anlegestellen von PIER 39.

San Francisco Bay

Fisherman's Wharf und North Beach

Chinatown und Nob Hill

Downtown

Zur Orientierung
Siehe Stadtplan 5

❹ **Madame Tussauds™**
Wachsfiguren historischer und lebender Persönlichkeiten erwarten den Besucher.

Tickets für die Red & White Fleet *(siehe S. 402f)*

Tickets für die Blue & Gold Fleet *(siehe S. 403)*

E M B A R C A D E R O

Bus 32

P O W E L L   S T R E E T

S T R E E T

MASON STREET

Die historische Tram (Historic Trolley) hat restaurierte bunte Wagen, wie sie um 1930 in den meisten amerikanischen Städten fuhren.

Ripley's Believe It or Not! Museum
Hier gibt es Exponate aus der Kuriositätensammlung des Cartoonisten Ripley.

❷ ★ **PIER 39**
Mit Lokalen, Läden, Unterhaltungsbetrieben und tollem Blick auf die Bucht gehört der Pier zu den Attraktionen.

0 Meter   100
0 Yards   100

Legende
— Routenempfehlung

Stadtplan San Francisco *siehe Seiten 404–413*

❶ Alcatraz Island

Siehe S. 342f.

❷ PIER 39

Stadtplan 5 B1. 🚋 25. ⏱ tägl.
10–22 Uhr (Zeiten variierend).
Siehe **Shopping** S. 386–391.
🌐 pier39.com

Die Landungsbrücke von 1905
wurde 1978 in einen Vergnügungspark umgewandelt, der
einem malerischen Fischerdorf
nachempfunden ist. Auf zwei
Ebenen sind zahlreiche Anden-
ken- und Spezialitätengeschäfte untergebracht. Die Straßenkünstler, das Karussell und das
spektakuläre 7D Experience
mit seinen zahlreichen Attraktionen sind bei Familien besonders beliebt.

Dark Ride verbindet den Nervenkitzel einer Achterbahn mit
dem Zauber eines Laserspiels.
Ein anderes Highlight ist Laser
Maze Challenge, bei dem
Besucher ihre Reflexe testen
können.

Torpedokammer, USS *Pampanito*

❸ USS *Pampanito*

PIER 45. **Stadtplan** 4 F1. 📞 1-415-
775-1943. 🚋 8X, 47. 🚎 F. ⏱
tägl. 9–18 Uhr (an manchen Tagen
länger). 🅿 📷 🌐 maritime.org

Das U-Boot überstand im
Zweiten Weltkrieg mehrere
schwere Gefechte im Pazifischen Ozean, versenkte sechs
feindliche Schiffe und beschädigte zahlreiche andere. Tragi-
scherweise waren darunter
auch zwei Schiffe mit britischen und australischen
Kriegsgefangenen. Auf der
anderen Seite konnte die *Pampanito* aber auch 73 Männer
retten und in die Vereinigten
Staaten in Sicherheit bringen.

Das gesamte Schiff ist während
einer Führung zu besichtigen:
mit Torpedokammer, winziger
Kombüse und den Offiziers-
quartieren. Beim Einsatz der
Pampanito taten dort zehn
Offiziere und rund 70 Mann-
schaftsmitglieder Dienst.

❹ Madame Tussauds™

145 Jefferson St. **Stadtplan** 5 B1.
🚋 32. 🚎 F. ⏱ So–Do 10–22 Uhr
(Sa bis 23 Uhr). 🅿 ♿ 🌐 madame
tussauds.com/sanfrancisco

Nachdem die Familie Fong
rund 50 Jahre lang das Wax
Museum betrieben hatte,
übergab sie dessen Schlüssel
den Betreibern von Madame
Tussauds™, die mehrere
Wachsfigurenkabinette auf der
ganzen Welt unterhalten. Im
Sommer 2014 erfolgte die
Neueröffnung. Nach wie vor
können Besucher hier über
Wachsfiguren von Berühmt-
heiten aus Sport, Musik, Film,
Fernsehen und anderen Bereichen staunen.

In dem Gebäude ist auch
San Francisco Dungeon untergebracht, wo man sich auf eine
Zeitreise durch dunkle Kapitel
der Stadt begeben kann (nur
für starke Nerven geeignet).

❺ Ripley's Believe It or Not! Museum

175 Jefferson St. **Stadtplan** 5 F1.
📞 1-415-205-9850. 🚋 32, 39, 47
🚎 F. ⏱ Sep–Mai: So–Do 10–22,
Fr, Sa 10–24 Uhr; Juni–Aug: So–D
9–23, Fr, Sa 9–24 Uhr. 🅿 ♿ 🌐
ripleys.com/sanfrancisco

Der kalifornische Illustrator
Robert I. Ripley wurde durch
seine Cartoonserie »Ripley's
Believe It or Not!« bekannt.
Der leidenschaftliche Sammler
liebte Kuriositäten jeglicher
Art. Unter den rund 350 Expo-
naten befinden sich auch ein
Kalb mit zwei Köpfen, ein
Cable-Car-Nachbau aus nicht
weniger als 275 000 Streich-
hölzern und das Bild eines
Mannes mit zwei Pupillen pro
Augapfel. Verirren Sie sich im
Marvelous Mirror Maze.

Das zweistöckige venezianische Karussell am PIER 39

Hotels und Restaurants in San Francisco *siehe Seiten 536–539 und 564–570*

❻ The Cannery

2801 Leavenworth St. **Stadtplan** 4 F1. ☎ 1-415-771-3112. 🚌 19, 30. 🚋 Powell–Hyde. ⏰ Mo–Sa 10–22, So 9–22 Uhr. ⛔ Thanksgiving, 25. Dez. ♿ Siehe **Shopping** S. 386–391.

Ghirardelli Square

Das Innere der Obstkonservenfabrik von 1907 wurde in den 1960er Jahren umgebaut und enthält nun Einkaufspassagen, Restaurants und Innenhöfe. Die Läden verkaufen Kleider, Sammlerpuppen und indianisches Kunsthandwerk.

Die lange Jack Cannery Bar wird von einer Eichenholztäfelung geprägt, auffällig ist auch die fein verzierte Feuerstelle. Beide Ausstattungs-Highlights brachte William Randolph Hearst in den 1920er Jahren in die USA mit. Eine Augenweide ist darüber hinaus die maurische Decke (13. Jh.) im dritten Stock aus dem Palacio de Altamira in der spanischen Stadt Toledo.

❼ Ghirardelli Square

900 North Point St. **Stadtplan** 4 F1. ☎ 1-415-775-5500. 🚌 19, 30, 47, 49. 🚋 F. 🚋 Powell–Hyde. ⏰ So–Do 9–23, Fr, Sa 9–24 Uhr. Siehe **Shopping** S. 386–391. 🌐 ghirardellisq.com

Die frühere Schokoladenfabrik und Wollweberei ist mit ihren Läden und Restaurants ein attraktives Shopping-Zentrum. Vom ursprünglichen Gebäude sind Uhrturm und Dach erhalten. Die Ghirardelli Chocolate Manufactory zeigt alte Geräte zur Schokoladenherstellung. Die Schokoriegel, die man hier verkauft, werden jedoch heute in San Leandro produziert. Die Fountain Plaza ist bei Tag und Nacht Treffpunkt für alle, die hier einkaufen.

❽ San Francisco Maritime National Historic Park

900 Beach St. **Stadtplan** 4 F1. ☎ 1-415-447-5000. 🚌 10, 19, 30, 47. 🚋 Powell–Hyde. ⏰ Juni–Aug: tägl. 9.30–17.30 Uhr; Sep–Mai: 9.30–17 Uhr. ⛔ 1. Jan, Thanksgiving, 25. Dez. 📷 Pier. ♿ Pier und Museum. 🎤 Vorträge, maritime shows, andere Veranstaltungen. 🌐 nps.gov/safr

Hyde Street Pier

Das Gebäude von 1939, in das 1951 das Aquatic Park Bathhouse einzog, ähnelt einem Ozeandampfer. Zu sehen ist eine Sammlung von Schiffsmodellen, nautischen Instrumenten, Gemälden und Fotos.

Ganz in der Nähe am Hyde Street Pier liegt die USA-weit größte Sammlung alter Schiffe vor Anker. Darunter ist auch die SS Balclutha,

ein Dreimaster, der 17-mal Kap Hoorn passierte. Am Pier liegt zudem die Eureka, eine 2320 Tonnen schwere Fähre mit Schaufelradantrieb. Sie wurde 1890 gebaut und beförderte Züge zwischen dem Pier und den Bezirken nördlich von San Francisco. Mit einem Fassungsvermögen von rund 120 Autos und 2300 Passagieren war sie die größte Fähre ihrer Zeit.

Im Sommer kann man einen dreistündigen Segelturn auf der Alma von 1891 buchen.

SS Balclutha

Das 1886 gebaute Schiff ist der Star des Hyde Street Pier. Es verkehrte zwischen Großbritannien und Kalifornien und transportierte Weizen und Kohle.

Großmast

Besanmast

Achterdeck

Fockmast

Klüverbaum

❶ Alcatraz Island

Alcatraz ist das spanische Wort für »Pelikan« – eine Reminiszenz an die ersten Bewohner der felsigen, steil abfallenden Insel fünf Kilometer östlich der Golden Gate Bridge. 1859 errichtete die US Army hier eine Festung, von der aus bis 1907 die San Francisco Bay kontrolliert wurde. Dann wurde die Festung zum Militärgefängnis. Von 1934 bis 1963 diente sie als Hochsicherheitsgefängnis der USA. Danach stand das Areal leer, bis die Insel 1969 von Mitgliedern des American Indian Movement *(siehe S. 60)* besetzt wurde. Die Gruppe wurde 1971 vertrieben. Heute ist Alcatraz Teil der Golden Gate National Recreation Area.

★ Zellentrakt
Es gibt vier Zellentrakte. Keine Zelle hat eine Außenwand oder Außendecke. Die verliesartigen Fundamente der Gebäude stammen noch aus der Zeit des alten Militärforts.

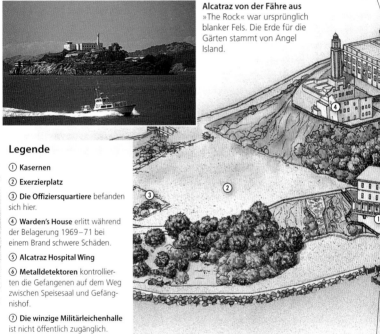

Alcatraz von der Fähre aus
»The Rock« war ursprünglich blanker Fels. Die Erde für die Gärten stammt von Angel Island.

Legende

① **Kasernen**

② **Exerzierplatz**

③ **Die Offiziersquartiere** befanden sich hier.

④ **Warden's House** erlitt während der Belagerung 1969–71 bei einem Brand schwere Schäden.

⑤ **Alcatraz Hospital Wing**

⑥ **Metalldetektoren** kontrollierten die Gefangenen auf dem Weg zwischen Speisesaal und Gefängnishof.

⑦ **Die winzige Militärleichenhalle** ist nicht öffentlich zugänglich.

⑧ **Wasserturm**

⑨ **Gefängniswerkstätten**

⑩ **Rosenterrasse**

⑪ **Das Offizierscasino** aus den Tagen der Festungszeit war ein Laden und diente gleichzeitig als Erholungsraum.

⑫ **Der Militärschlafsaal** wurde 1933 erbaut.

⑬ **Officers' Row Gardens**

⑭ **Das Informationszentrum** ist in der alten Kaserne untergebracht.

Anlegestelle
Die Gefangenen gingen hier an Land. Einen anderen Pier gab es nicht. Heute kommen hier am Alcatraz Pier die Besucher an.

★ **Gefängnishof**
Die Mahlzeiten und Spaziergänge auf dem Gefängnishof, der auch Schauplatz vieler Filme war, bildeten die Höhepunkte im Gefängnisalltag.

Infobox

Information
Stadtplan 6 F1. ☎ 1-415-981-7625 (Tickets und Fahrpläne).
Nachttouren Do–Mo. ☎ 1-415-561-4900.
⊙ tägl. ● 1. Jan, Thanksgiving, 25. Dez. **Visitor Center** ▣ mit Ticket frei. ▣ ▣ Kein Restaurant oder Café.
▥ alcatrazcruises.com

Anfahrt
⛴ von Pier 33.

0 Meter   75
0 Yards   75

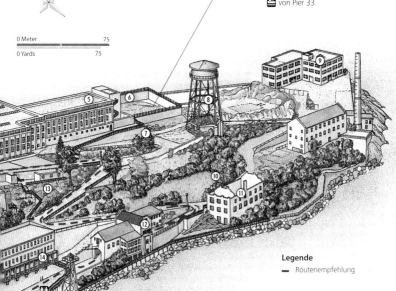

Legende
— Routenempfehlung

Berühmte Insassen

Al Capone

Der Gangster Al »Scarface« Capone wurde 1934 wegen Steuerhinterziehung eingesperrt. Die meiste Zeit verbrachte er in der Isolierzelle der Krankenstation. Al Capone verließ das Gefängnis 1939 in psychisch labilem Zustand.

Robert Stroud

Das Vorbild für den Film *Der Gefangene von Alcatraz* (1962) verbrachte alle 17 Jahre in Alcatraz in Einzelhaft.

Carnes, Thompson und Shockley

Im Mai 1946 überwältigten Gefangene unter Führung von Clarence Carnes, Marion Thompson und Sam Shockley die Wärter und entwaffneten sie. Der Ausbruchsversuch schlug fehl, allerdings wurden bei der »Schlacht von Alcatraz« drei Insassen und zwei Wärter getötet. Carnes erhielt zusätzlich lebenslänglich, Shockley und Thompson wurden für ihre Beteiligung an dem Aufstand später in San Quentin hingerichtet.

Anglin-Brüder

John und Clarence Anglin sowie Frank Morris kratzten sich durch die Rückwände ihrer Zellen, tarnten die Öffnung mit Wellpappe, legten Gipsköpfe in ihre Betten und bauten sich ein Floß für die Flucht. Die am 11. Juni 1962 entflohenen Häftlinge wurden nie gefasst. Ihre Flucht lieferte die Vorlage zu dem Film *Flucht aus Alcatraz* (1979).

Stadtplan San Francisco *siehe Seiten 404–413*

Autos auf der steilen, kurvenreichen Lombard Street

❾ Lombard Street

Stadtplan 5 A2. 🚌 45.
🚋 Powell–Hyde.

Mit einem Gefälle von 27 Prozent war Russian Hill zu steil für Fahrzeuge. In den 1920er Jahren wurde der Teil der Lombard Street nahe dem Gipfel des Russian Hill erneuert und das Gefälle durch acht Kurven entschärft.

Autos können auf der »kurvenreichsten Straße der Welt« nur abwärts und mit 8 km/h fahren. Für Fußgänger gibt es Treppen. Von der Kuppe aus genießt man eine fantastische Sicht auf San Francisco und die Bucht.

❿ San Francisco Art Institute

800 Chestnut St. **Stadtplan** 4 F2.
📞 1-415-771-7020. 🚌 30, 45, 91
Diego Rivera Gallery 🕐 tägl. 9–17 Uhr. ⬤ Feiertage. ♿ teilweise. 📷
💻 🌐 sanfranciscoartinstitute.org

Die Kunstakademie von San Francisco wurde 1871 gegründet und befand sich einst in

Spaziergang durch North Beach (30 Min.)

Ursprünglich waren es chilenische, später italienische Einwanderer, die ein reges Nachtleben nach North Beach brachten. Die Atmosphäre in den Cafés hat schon immer Bohemiens und Künstler angezogen, vor allem die Beatniks der 1950er Jahre *(siehe S. 30f).*

Beat-Generation

Starten Sie beim City Lights Bookstore ① an der Ecke Broadway und Columbus Avenue. Die Buchhandlung gehört dem Dichter Lawrence Ferlinghetti und war die erste in den USA, die nur Taschenbücher verkaufte. Ferlinghettis Freund, Jack Kerouac, prägte die Bezeichnung »Beat«. Später sprachen alle von »Beatnik«.

Ein Lieblingsplatz der Beatniks war das Vesuvio ② auf der anderen Seite der Jack Kerouac Alley. Der walisische Dichter Dylan Thomas war hier Stammgast, auch

Jack Kerouac

heute ist das Café bei Literaten beliebt. Von dort geht es südwärts zur Pacific Avenue, über die Columbus Avenue und zurück Richtung Broadway bis zum Tosca ③ – einer Bar mit Wandbildern toskanischer Landschaften. Die Musikbox spielt italienische Arien. In der Adler Alley kommt man im Haus Nr. 12 zum Specs ④, einer Bar mit Andenken an die Beatnik-Ära. Gehen Sie zur Columbus Avenue zurück und biegen Sie rechts auf den Broadway. Ecke Kearny Street liegt das Naked Lunch ⑤.

⑪ Columbus Café

Der »Strip«

Vom Naked Lunch, dem Nachfolger von Enrico's Sidewalk Café, kann man gut das Treiben auf dem »Strip« ⑥ beobachten, dem Abschnitt des Broadway, der als »Pornomeile« bekannt ist. An der Ecke Grant Avenue lag früher der Condor Club ⑦, in dem 1964 die erste Oben-ohne-Show der Stadt stattfand.

Hotels und Restaurants in San Francisco *siehe Seiten 536–539 und 564–570*

der Holzvilla des Eisenbahn-magnaten Mark Hopkins auf dem Nob Hill *(siehe S. 334)*, die 1906 den Flammen zum Opfer fiel *(siehe S. 56)*. Heute ist sie in einem Gebäude im spanischen Kolonialstil von 1926 unter-gebracht – mit Kreuzgängen, einem Springbrunnen und einem Glockenturm. 1969 erhielt dieses einen modernen Anbau. Links vom Hauptein-gang befindet sich die Diego Rivera Gallery, benannt nach dem mexikanischen Künstler. Das Art Institute bietet Wech-selausstellungen (Design, zeit-genössische Fotografie, Tech-nologie).

Diego Riveras *Making of a Fresco* (1931), San Francisco Art Institute

⓫ Vallejo Street Stairway

Mason St u. Jones St. **Stadtplan** 5 B3.
🚌 30, 45. 🚋 Powell–Mason.

Der steile Aufstieg von Little Italy zum Russian Hill bietet die schönste Aussicht auf Tele-graph Hill, North Beach und die Bucht. Ab der Mason Street beginnen Treppenstufen, die durch den Ina Coolbrith Park führen. Oberhalb der Taylor Street stehen viktorianische Häuser *(siehe S. 304f.)*. Auf der Hügelspitze stehen die weni-gen Wohngebiete, die das Erd-beben von 1906 *(siehe S. 56)* nicht zerstörte.

⓬ Club Fugazi

678 Beach Blanket Babylon Blvd. **Stadtplan** 5 B3. 📞 1-415-421-4222. 🚌 8AX, 8BX, 10, 12, 30, 39, 41, 45. 🚋 Powell–Mason. 🕐 Mi-So. 🌐 beachblanketbabylon.com

Der Club Fugazi ist im einsti-gen Gemeindehaus von North Beach (1912) untergebracht. Er ist der Veranstaltungsort für

das Cabaretstück *Beach Blan-ket Babylon*. Die Show läuft hier seit über 20 Jahren und ist bei Einheimischen und Besu-chern gleichermaßen beliebt. Sie ist berüchtigt für ihre fre-chen Songs mit aktueller Zeit-kritik – und für die verrückten Hüte der Darsteller.

⓭ The Beat Museum

540 Broadway. **Stadtplan** 5 B3.
📞 1-800 537-6822. 🚌 30, 41, 45.
🕐 tägl. 10–19 Uhr. ⚫ Feiertage.
📷 🌐 thebeatmuseum.org

Das Museum widmet sich der Beat-Bewegung der 1950er Jahre. Es präsentiert Memora-bilien von Künstlern der Beat-Generation *(siehe S. 31)*, u. a. Fotos, Bücher, Plattencover, Magazine und Briefe. Ein High-light der Sammlung ist eines der seltenen Exemplare von Allen Ginsbergs 1956 erschie-nenem Buch *Howl and Other Poems*. Überhaupt wird auf Ginsbergs Gedicht *Howl* star-ker Bezug genommen.

Obere Grant Avenue

Biegen Sie rechts in die Grant Avenue ein. Hier befindet sich der Saloon ⑧ mit einer Theke von 1861. Das älteste Café San Franciscos und ab 1956 Treff-punkt der Beatniks, das Caffè Trieste ⑨, liegt an der Ecke zur Vallejo Street. Als integraler Teil italoamerikanischer Kultur gibt es hier samstagnachmittags Live-Opern. Gehen Sie auf der Grant Avenue nach Norden, am Maggie McGarry's Pub ⑩ vorbei. Der frühere Beatnik-Treff-punkt Coffee Gallery ist heute ein Irish Pub. Wenn Sie links in die Green Street ein-

② Vesuvio, ein beliebtes Beat-Café

biegen, stoßen Sie auf das Columbus Café ⑪, dessen Außenwände Wandmalereien zieren. Gehen Sie weiter bis zur Columbus Avenue und – vorbei an italienischen Cafés – zurück zum Ausgangspunkt.

Routeninfos

Start: Ecke Broadway/Columbus Avenue.
Länge: 1,6 km.
Anfahrt: Muni-Bus 41 fährt ent-lang der Columbus Avenue.
Rasten: Alle erwähnten Bars und Cafés sind einen Besuch wert. Hier können Sie auch die Atmo-sphäre genießen. Kindern ist der Zutritt in Bars meist verwehrt.

[Karte:]
GREEN STREET
GRANT AVE
KEARNY
COLUMBUS
STOCKTON
VALLEJO STREET
FRESNO STREET
ROMOLO
BROADWAY
STREET
STARK STREET
GRANT
COLUMBUS AVE
PACIFIC AVENUE
AVENUE

0 Meter 200
0 Yards 200

Legende
••• Routenempfehlung

Vorderfront der Saints Peter and Paul Church, Washington Square

einen Innenraum mit zahlreichen Säulen und reich verziertem Altar. Die Statuen und Mosaiken werden durch das Licht, das durch die Bleiglasfenster fällt, beleuchtet. Die Beton-Stahl-Konstruktion der Kirche mit ihren alles überragenden Zwillingstürmen wurde 1924 vollendet.

Cecil B. De Mille filmte die Arbeiter, die am Fundament der Kirche bauten, und verwendete die Szene für den Tempelbau von Jerusalem in seinem Film *Die Zehn Gebote* aus dem Jahr 1923.

Gelegentlich wird die Kirche auch »Fishermen's Church« genannt, da viele Italiener einst vom Fischfang lebten. Noch heute startet alljährlich im Oktober von hier aus eine Prozession nach Fisherman's Wharf. Manche Gottesdienste werden noch immer auf Italienisch oder Chinesisch abgehalten.

⑯ Telegraph Hill

Stadtplan 5 C2. **Coit Tower** Telegraph Hill Blvd. 📞 1-415-362-0808. 🚌 39. 🕐 Mai–Okt: tägl. 10–18 Uhr; Nov–Apr: tägl. 10–17 Uhr). 🎫 ♿ Wandbilder. 🌐 coittowertours.com

Einst nannten die Mexikaner den Hügel Alta Loma, dann hieß er Goat Hill wegen der Ziegen, die dort weideten, und ab 1850 Telegraph Hill nach dem Ausguck auf seiner Kuppe, der die Kaufleute über die Ankunft von Schiffen informierte. Am Osthang, an dem bis 1914 Felsgestein für den Straßenbau und Erdauffüllun-

⑭ Washington Square

Stadtplan 5 B2. 🚌 8BX, 8X, 30, 39, 41, 45, 91. 🚋 Powell–Mason.

Der Platz vor der Saints Peter and Paul Church besteht aus einer schlichten Rasenfläche, umgeben von Bänken und Bäumen. Die nahezu südländische Atmosphäre des »Dorfplatzes« entspricht dem Flair von »Little Italy«. In der Mitte des Platzes steht eine Statue von Benjamin Franklin. Eine Kapsel mit Zeitzeugnissen wurde 1979 darunter vergraben, die 2079 geöffnet werden soll. Sie enthält angeblich eine Jeans, eine Flasche Wein und ein Gedicht von Lawrence Ferlinghetti, einem der berühmten Poeten der Beat-Generation *(siehe S. 31)*.

⑮ Saints Peter and Paul Church

666 Filbert St. **Stadtplan** 5 B2. 📞 1-415-421-0809. 🚌 8X, 30, 39, 45. 🚋 Powell–Mason. 🕐 tägl. 7.30–16 Uhr (Feiertage bis 13 Uhr). 🔔 tel. erfragen. ♿ 🌐 sspeterpaulsf.org/church

Die große Kirche im Herzen von North Beach wird auch »italienische Kathedrale« genannt. Viele frisch angekommene Italiener betrachten sie als ein Stück Heimat in der Fremde. Hier ließ sich auch der lokale Baseballstar Joe DiMaggio nach seiner Heirat mit Marilyn Monroe 1957 fotografieren, obwohl die Trauung woanders stattfand. Das Bauwerk, das Charles Fantoni entworfen hatte, besitzt eine Fassade im italienischen Stil und

Wandbild im Coit Tower: Fisherman's Wharf in den 1930er Jahren

Stufen am Fuß der Filbert Street führen zum Telegraph Hill

gen abgesprengt wurde, fällt der Hügel steil ab. Nur einige steile Pfade inmitten blühender Gärten führen nach unten.

Der Westhang geht allmählich in das Areal von »Little Italy« um den Washington Square über, obwohl die italienische Bevölkerung mittlerweile eher im Marina District wohnt. In der Vergangenheit lebten auf dem Hügel Einwanderer und aufstrebende Künstler. Die Tage der malerischen Häuschen sind längst vorbei. Heute gehören die pastellfarbenen Häuser der Gegend zu den Top-Adressen der Stadt.

Auf der 86 Meter hohen Spitze des Hügels wurde 1933 der Coit Tower errichtet, finanziert mit dem Geld, das Lillie Hitchcock Coit, eine exzentrische Pionierin und Philanthropin, der Stadt hinterlassen hatte. Der Rundblick von der per Lift erreichbaren Aussichtsplattform über die Bucht ist eindrucksvoll.

In der Lobby des Turms sieht man Wandbilder (siehe S. 310f). Sie wurden 1934 durch ein Regierungsprogramm gesponsert, das Künstlern während der Wirtschaftskrise zu Lohn und Brot verhelfen sollte. 25 Künstler arbeiteten hier an der Darstellung des modernen Lebens in Kalifornien. Viele Gesichter tragen die Züge der Künstler – und die von Colonel William Brady, dem Hausmeister des Coit Tower. Die politische Ausrichtung des Förderprogramms führte zu Kontroversen, weshalb die Einweihung erst verspätet stattfand.

⓱ Levi's Plaza

Stadtplan 5 C2. 🚌 42.

An diesem Platz befindet sich die Hauptniederlassung des Jeansherstellers Levi Strauss & Co. Der Platz wurde 1982 von Lawrence Halprin gestaltet und sollte an die lange kalifornische Geschichte der Firma erinnern. Er ist mit Granitblöcken bestückt und wird von einem künstlichen Bach durchschnitten. Dies soll die Schluchten der Sierra Nevada symbolisieren, in denen jene Bergleute arbeiteten, die erstmals Jeans trugen.

⓲ Exploratorium

PIER 15. **Stadtplan** 6 D2. 📞 1-415-528-4444. 🚊 F. 🚢 Embarcadero. 🛥 Golden Gate Ferry. ⏱ Di–So 10–17 Uhr (Do 18–22 Uhr, nur Erwachsene). 🅿 ♿
🌐 exploratorium.edu

Das Exploratorium, eines der unterhaltsamsten Wissenschaftsmuseen der Vereinigten Staaten, zog im Jahr 2013 vom Palace of Fine Arts (siehe S. 353) an seinen neuen Standort am Embarcadero, wo rund die dreifache Ausstellungsfläche zur Verfügung steht.

Das Museum wurde 1969 vom Physiker Frank Oppenheimer (dessen Bruder Robert an der Entwicklung der Atombombe beteiligt gewesen war) gegründet. An über 600 interaktiven Exponaten lässt sich die spannende Welt der Naturwissenschaften (u. a. Biologie und Physik) und der Sinneswahrnehmungen überaus eindrucksvoll erkunden.

Erfahren Sie, wie Reflexe funktionieren, wie bestimmte Gene von Eltern an Kinder weitervererbt werden, und untersuchen Sie Mikroorganismen und ihre Biotope in der Bay Area. In einem speziellen Bereich können Besucher ihre eigenen Exponate bauen. Im Außenbereich widmet man sich u. a. der Meeresforschung.

Levi Strauss und die Jeans

Zur Zeit des Goldrauschs (siehe S. 52f) wurden sie erstmals in San Francisco hergestellt – seitdem haben Bluejeans ihren Siegeszug um die ganze Welt angetreten. Die Denim-Produkte hatten einen enormen Einfluss auf Mode und Popkultur. Einer der führenden Hersteller ist Levi Strauss & Co.

Die Erfolgsstory begann, als der Oberfranke Levi Strauss aus Buttenheim (Landkreis Bamberg) 1853 New York verließ, um in San Francisco eine Filiale der Tuchfirma seiner Familie zu gründen. In den 1860er Jahren begann er, Arbeitshosen aus blauem Segeltuch zu fertigen und sie an die Bergleute zu verkaufen. Als die Firma um 1870 begann, die stark beanspruchten Nahtstellen der Hosen mit Metallnieten zu verstärken, stieg die Nachfrage sprunghaft. Die Firma expandierte und zog Anfang des 20. Jahrhunderts in den Mission District (250 Valencia Street) um, wo sie noch heute residiert. Levi's Jeans werden schon lange weltweit produziert, verkauft und getragen. Doch die Firma, die Levi Strauss seinerzeit in Kalifornien gründete, ist noch immer im Besitz seiner Nachfahren.

Levi Strauss

Zwei Bergleute vor einem Stollen der Last Chance Mine in ihren Levi's (1882)

Pacific Heights und Civic Center

Das exklusive Wohnviertel Pacific Heights entstand Ende des 19. Jahrhunderts auf einem Hügel, etwa 90 Meter oberhalb der Stadt, nachdem eine Cable-Car-Linie das Areal mit dem Stadtzentrum verband. Noch heute säumen vornehme viktorianische Häuser die Straßen des Stadtviertels. Nördlich des Broadway geht es steil hinab zum Marina District mit einer Vielzahl eleganter Restaurants und Läden sowie zwei überaus prestigeträchtigen Yachtclubs. Das im Süden von Pacific Heights gelegene Civic Center wurde nach dem Erdbeben 1906 erbaut und ist ein Musterbeispiel für den Beaux-Arts-Stil. Der elegante Komplex wurde 1987 unter Denkmalschutz gestellt.

Sehenswürdigkeiten auf einen Blick

Historische Straßen und Gebäude
1. Haas-Lilienthal House
2. Spreckels Mansion
5. Palace of Fine Arts
6. Wave Organ
8. Fort Mason
10. Cow Hollow
11. Octagon House
15. Asian Art Museum
16. Bill Graham Civic Auditorium
17. City Hall
19. Alamo Square
20. University of San Francisco

Shopping
9. Chestnut Street
12. Fillmore Street
18. Hayes Valley

Moderne Architektur
13. Japan Center

Kirche
14. Cathedral of St Mary of the Assumption

Parks und Gärten
3. Lafayette Park
4. Alta Plaza
7. Marina Green

Stadtplan 3, 4

Neobarocke Kuppel der City Hall (siehe S. 357)

Zeichenerklärung siehe hintere Umschlagklappe

Im Detail: Pacific Heights

Die Häuser zwischen Alta Plaza und Lafayette Park bilden das Zentrum des exklusiven Viertels Pacific Heights. Die ruhigen Straßen werden von hübschen Apartmenthäusern und palaisartigen viktorianischen Villen gesäumt, die teils aus dem späten 19. Jahrhundert stammen und teils nach dem Erdbeben von 1906 *(siehe S. 56)* erbaut wurden. Nördlich dieses Areals geht es steil bergab zum Marina District, von wo aus man einen hinreißenden Blick auf die Bucht genießt. Die beiden großen Landschaftsparks laden zum Spazierengehen ein – vorbei an den grandiosen Gärten von Herrenhäusern. Für Ruhepausen bieten sich die vielen Bars, Cafés und Restaurants in der Fillmore Street an.

Die Reihenhäuser in der Webster Street gelten als historische Wahrzeichen San Franciscos. Sie wurden 1878 für eine bürgerliche Klientel erbaut. Die Renovierung lässt sie in altem Glanz erscheinen.

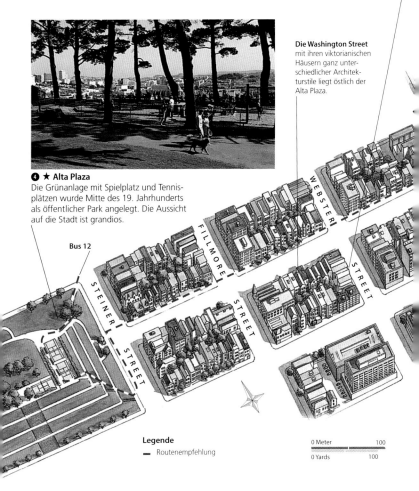

Die Washington Street mit ihren viktorianischen Häusern ganz unterschiedlicher Architekturstile liegt östlich der Alta Plaza.

❹ ★ Alta Plaza
Die Grünanlage mit Spielplatz und Tennisplätzen wurde Mitte des 19. Jahrhunderts als öffentlicher Park angelegt. Die Aussicht auf die Stadt ist grandios.

Bus 12

Legende
■ Routenempfehlung

0 Meter 100
0 Yards 100

❶ Haas-Lilienthal House
Das mit viktorianischen Möbeln eingerichtete Haus ist Sitz des San Francisco Architectural Heritage.

Presidio

Pacific Heights und Civic Center

Zur Orientierung
Siehe Stadtplan 3, 4

Busse 47, 76

2151 Sacramento Street ist eine dekorative Villa im französischen Stil. Eine Tafel erinnert an den Besuch des Schriftstellers Sir Arthur Conan Doyle im Jahr 1923.

ON STREET

LAGUNA STREET

WASHINGTON STREET

CLAY STREET

STREET

GOUGH STREET

SACRAMENTO STREET

❸ Lafayette Park
Der erholsame Park bietet eine schöne Aussicht auf die umliegenden viktorianischen Häuser.

★ Spreckels Mansion
dem eindrucksvollen Kalk-
eingebäude im Stil des fran-
ösischen Barock lebt seit 1990
e Bestsellerautorin Danielle
eel.

2004 Gough Street
aus dem Jahr 1889 ist eines der pracht-
vollsten viktoria-
nischen Häuser des Viertels.

Stadtplan San Francisco *siehe Seiten 404–413*

Das Haas-Lilienthal House von 1886 im Queen-Anne-Stil

❶ Haas-Lilienthal House

2007 Franklin St. **Stadtplan** 4 E3.
📞 1-415-441-3004. 🚌 1, 12, 19, 27, 47, 49, 76X, 83, 90. ⭕ Mi, Sa 12–15, So 11–16 Uhr. 📷 🎦 🅦
sfheritage.org/haas-lilienthal-house

Das stattliche Gebäude im Queen-Anne-Stil *(siehe S. 304f)* wurde 1886 für den Kaufmann William Haas errichtet. Bis zum Jahr 1972, als es dem San Francisco Architectural Heritage übereignet wurde, lebte hier dessen Tochter Alice Lilienthal. Es ist San Franciscos einziges vollständig erhaltenes Wohnhaus aus jener Zeit.

Heute fungiert das Gebäude mit seinem authentischen Mobiliar als Museum. Die gutbürgerliche Villa ist mit kunstvoll geschnitzten Holzgiebeln, einem runden Eckturm und üppigem Fassadenschmuck ausgestattet.

Fotografien im Untergeschoss dokumentieren die Geschichte des Hauses und belegen, dass sich das Bauwerk noch bescheiden ausnimmt im Vergleich zu den Villen, die durch das Erdbeben von 1906 zerstört wurden *(siehe S. 56)*.

❷ Spreckels Mansion

2080 Washington St. **Stadtplan** 4 E3.
🚌 1, 47, 49. ⬤ für die Öffentlichkeit.

Die imposante Beaux-Arts-Villa dominiert die Nordseite des Lafayette Park. Das manchmal auch als »Parthenon des Westens« bezeichnete Gebäude wurde 1912 für die extravagante Alma de Bretteville Spreckels, die eine Schwäche für französische Architektur hatte, und ihren Mann Adolph, Erbe des Zuckerbarons Claus Spreckels, erbaut. Das Haus verfügt über 26 Badezimmer und einen Swimmingpool, den Alma Spreckels noch mit 80 Jahren nutzte. Architekt war George Applegarth, der 1916 den California Palace of the Legion of Honor im Lincoln Park entwarf *(siehe S. 378f)*. 1924 vermachten Alma und Adolph Spreckels das Haus der Stadt.

Das heute wieder private Spreckels Mansion erstreckt sich über einen ganzen Straßenblock der Octavia Street, die der Lombard Street *(siehe S. 344)* stark ähnelt.

Spreckels Mansion

❸ Lafayette Park

Stadtplan 4 E3. 🚌 1, 12.
🅦 sfrecpark.org

Der Park mit den vielen Schatten spendenden Kiefern und Eukalyptusbäumen liegt auf einer Hügelspitze und gehört zweifellos zu den schönsten Grünanlagen von San Francisco, obgleich die jetzige Ruhe über die bewegte Geschichte des Areals hinwegtäuscht. Als er nämlich 1855 ebenso wie Alta Plaza und Alamo Square *(siehe S. 357)* zur öffentlichen Anlage erklärt wurde, besetzten einige Leute das Areal, darunter auch ein ehemaliger städtischer Rechtsanwalt, und fingen an, hier Häuser zu bauen. Das größte stand bis 1936 mitten im Park. Sein Besitzer weigerte sich umzuziehen. Erst als ihm die Stadt ein anderes Grundstück in der Gough Street anbot, konnte das Haus abgerissen werden. Heute führen mehrere steile Treppen zum Aussichtspunkt auf dem Gipfel.

In den umliegenden Straßen stehen noch weitere viktorianische Prachtvillen. Am Broadway, in der Jackson Street und der Pacific Avenue sowie in der Gough, Octavia und Laguna Street findet man die schönsten.

❹ Alta Plaza

Stadtplan 4 D3. 🚌 1, 3, 10, 12, 22, 24. 🅦 sfrecpark.org

Alta Plaza ist ein wunderschön angelegter Stadtpark im Zentrum von Pacific Heights. Hier sucht die Oberschicht der Stadt Erholung. Früher befand sich hier ein Steinbruch. Die Stadtverwaltung kaufte das etwa fünf Hektar große Gelände 1877. Der 1888 hier angelegte Park wurde vernachlässigt. Nach dem Erdbeben und den Bränden 1906 wurde hier ein Zeltlager für Obdachlose errichtet. John McLaren *(siehe S. 373)*, Landschaftsarchitekt des Golden Gate Park, gestaltete Alta Plaza um. Zu den wesentlichen Elementen des Konzepts gehörte die Anlage von Terrassen, um die Steilheit

Im Stadtpark Alta Plaza

des Geländes auszugleichen und eine ansprechende Bepflanzung zu ermöglichen.

Die Steintreppe von der Clay Street den Südhang des Parks hinauf bietet eine tolle Sicht auf Haight-Ashbury *(siehe S. 358– 367)*, Fillmore und die Twin Peaks *(siehe S. 367)*. Filmfreunde kennen die Treppe – Barbra Streisand raste sie im Film *Is' was, Doc?* hinunter.

An der Nordseite liegen schöne Villen, etwa das Gibbs House (2622 Jackson Street), das 1894 von Willis Polk erbaut wurde. Das Smith House (2600 Jackson Street) war das erste Haus der Stadt, das Ende des 19. Jahrhunderts mit Elektrizität versorgt wurde.

❺ Palace of Fine Arts

3601 Lyon St. **Stadtplan** 3 C2.
📞 1-415-831-2700 (Palace Theatre). 🚌 22, 28, 29, 30, 43, 45, 47, 49. 🌐 palaceoffinearts.org

Der Palace of Fine Arts, ein klassizistischer Zierbau, blieb als einziger einer Reihe von Monumentalbauten übrig, die für die Panama Pacific Exposition 1915 errichtet worden waren. Der große Saal des Palasts bietet 1000 Zuschauern Platz.

Entworfen wurde das Anwesen vom Architekten Bernard R. Maybeck, der sich von Piranesis Radierungen und von Arnold Böcklins *Toteninsel* inspirieren ließ. Der ursprünglich aus Holz und Gips errichtete Palast begann zu zerfallen. Ein engagierter Bürger der Stadt sammelte 1959 Geld für die Sanierung. Von 1962 bis 1968 wurde die alte Pracht des Gebäudes wiederhergestellt – nun allerdings in Stahlbeton.

Herzstück des Komplexes ist die Rotunde, die am Ufer einer künstlichen Lagune voller Schwäne thront. Ihre Kuppel zieren allegorische Gemälde, die die Verteidigung der Kunst gegen den Materialismus darstellen. Auf den korinthischen Säulen thronen Nymphen mit gesenkten Köpfen. Sie symbolisieren die »Melancholie eines Lebens ohne Kunst«.

❻ Wave Organ

1 Yacht Rd. **Stadtplan** 4 D1. 🚌 30.
🌐 exploratorium.edu

An der Spitze des Damms, der den Marina District schützt, finden Sie ein sonderbares Musikinstrument, das von den Wissenschaftlern des Exploratoriums *(siehe S. 347)* gebaut wurde. Die Wave Organ (Wellenorgel) besteht aus Unterwasserpfeifen, die je nach Gezeiten Töne produzieren. Lauschen kann man dieser »Musik« mittels Hörrohren. Sie sind in ein Mini-Open-Air-Theater integriert.

Wave Organ (Wellenorgel)

Die Rotunde des Palace of Fine Arts

Panama Pacific Exposition

Mit dieser Ausstellung feierte San Francisco 1915 sein Wiedererstehen nach dem Erdbeben und der Feuersbrunst von 1906. Eigentlich war sie als Feier zur Eröffnung des Panamakanals gedacht und sollte die großartigste Ausstellung der Welt werden. Ihre prachtvollen Bauten wurden von einem begeisterten Besucher als »Miniatur-Konstantinopel« bezeichnet.

Die Hallen und Pavillons errichtete man auf einem Stück Land, das dem Meer abgetrotzt worden war. Sämtliche Bundesstaaten der USA sowie 25 andere Staaten präsentierten sich bei dieser Ausstellung. Viele der hier errichteten Gebäude waren exotischen Bauten nachempfunden, etwa einer türkischen Moschee oder einem buddhistischen Tempel in Kyoto. Der glitzernde Tower of Jewels im Zentrum des Geländes war mit Glasperlen übersät und wurde beleuchtet. Im Westen steht der wunderschöne Palace of Fine Arts, den die Besucher mit einer Gondelfahrt über eine Lagune erreichten.

❼ Marina Green

Stadtplan 4 D1. 🚌 22, 28, 30.

Der schmale Grünstreifen erstreckt sich über die gesamte Länge des Marina District. Man lässt dort Drachen steigen oder veranstaltet gemütliche Picknicks – vor allem am 4. Juli zum großen Feuerwerk der Stadt. Fahrradfahrer, Jogger und Inlineskater tummeln sich auf den Wegen, die am Wasser entlangführen. Die Golden Gate Promenade verläuft vom Westende der Grünanlage nach Fort Point. In Richtung Osten geht es zur Wave Organ am Hafen.

❾ Chestnut Street

Stadtplan 4 D1. 🚌 22, 28, 30, 43.

Chestnut Street ist Shopping-Meile und Zentrum des Nachtlebens im Marina District – mit vielen Kinos, Läden, Märkten und Restaurants. Hier sind eher Menschen aus der Nachbarschaft als Urlauber zu finden.

Der »Strip« erstreckt sich aber lediglich von der Fillmore bis zur Divisadero Street, danach führt die Straße durch Wohngebiet.

❿ Cow Hollow

Stadtplan 4 D2. 🚌 22, 41, 45.

Die Shopping-Meile entlang der Union Street erhielt ihren Namen von den Milchkühen, die dort bis Mitte des 19. Jahrhunderts grasten. Später wurde das Areal erschlossen und

zum reinen Wohngebiet. Im Lauf der 1950er Jahre kam die Gegend in Mode. Die Krämerläden verschwanden, und schicke Boutiquen und Galerien zogen in die sanierten Häuser aus dem 19. Jahrhundert, die mit ihrem altmodischen Charme einen krassen Kontrast zur edlen Innenausstattung der Läden bilden.

Die Union Street allein hat 300 Boutiquen, zudem gibt es hier regelmäßig Kunsthandwerks- und Gourmet-Veranstaltungen im Freien.

Blick von der Fillmore Street über Cow Hollow

❽ Fort Mason

Stadtplan 4 E1. 📞 1-415-441-3400. **Veranstaltungen** 1-415-345-7544. 🚌 22, 28, 30, 42, 43. ♿ teilweise. 🖥 fortmason.org

Fort Mason spiegelt die militärische Vergangenheit San Franciscos wider. Die einstigen Privathäuser aus der Mitte des 19. Jahrhunderts wurden während des Amerikanischen Bürgerkriegs (1861–65) von der Regierung der USA konfisziert und von der Armee übernommen.

Bis zum Ende des 19. Jahrhunderts diente das Fort als Kommandoposten der Armee. Nach dem Erdbeben von 1906 (siehe S. 56) wurden darin Obdachlose untergebracht. Im Zweiten Weltkrieg wurden von hier 1,6 Millionen Soldaten verschifft.

Seit dem Jahr 1972 dient das Fort friedlichen Zwecken. Doch einige der weißen Gebäude beherbergen immer noch militärisches Personal. Ein Teil des Forts ist für die Öffentlich-

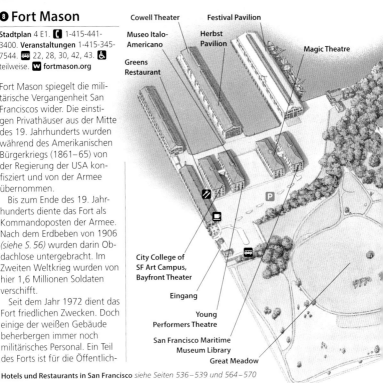

Cowell Theater

Festival Pavilion

Museo Italo-Americano

Herbst Pavilion

Magic Theatre

Greens Restaurant

City College of SF Art Campus, Bayfront Theater

Eingang

Young Performers Theatre

San Francisco Maritime Museum Library

Great Meadow

⑪ Octagon House

2645 Gough St. **Stadtplan** 4 E2.
📞 1-415-441-7512. 🚌 10, 41, 42,
45, 47, 49, 70, 80, 90. ⏰ am 2. So
sowie am 2. und 4. Do im Monat
12–15 Uhr, außer Jan. **Spende.**
✉ ♿ teilweise. 🌐 nscda-ca.org/
octagon-house

Das 1861 von William C. McElroy errichtete Haus mit achteckiger Kuppel repräsentiert einen Baustil, der einst in den USA überaus beliebt war. Heute betreiben die Colonial Dames of America das Haus als Museum. Das Erdgeschoss wurde zu einem einzigen großen Raum umgebaut und beherbergt zusammen mit dem ersten Stock eine Sammlung von Kunstgegenständen und historischen Dokumenten aus der Frühzeit der USA. Zu den Ausstellungsstücken gehören Möbel, Gemälde, Porzellan, Silber, Zinn, Stickereien, Spielkarten aus der Zeit der Amerikanischen Revolution und Unterschriften von 54 der 56 Unterzeichner der Unabhängigkeitserklärung.

Durch das Kuppeldach des Octagon House fällt in jedes Zimmer Licht

⑫ Fillmore Street

Stadtplan 4 D4. 🚌 1, 2, 3, 22, 24.

Die Fillmore Street überstand das Erdbeben und den Brand von 1906 weitgehend unbeschadet, weshalb sie mehrere Jahre als Verwaltungszentrum der Stadt diente. Verwaltungen, aber auch Geschäftszentralen waren in Läden, Wohnungen und sogar in Kirchen untergebracht. Heute verbindet das Geschäftszentrum zwischen Jackson Street und den Ausläufern des Japan Center um die Bush Street *(siehe S. 356)* Pacific Heights mit dem Finanzviertel. Hier findet man edle Buchhandlungen, schicke Restaurants und exklusive Boutiquen.

San Franciscos
Fisherman's
Wharf Hostel

Fort Mason
Officers' Club

Kapelle

Besucher-
zentrum

Hauptverwaltung
der Golden Gate
National
Recreation Area

keit zugänglich. Dazu gehören vor allem die einstigen Kasernen und das Krankenhaus, heute Besucherzentrum und Hauptverwaltung der Golden Gate National Recreation Area.

Außer Geschichte und Kultur kann man in Fort Mason auch eine schöne Sicht auf die Stadt genießen, bis hin zur Golden Gate Bridge *(siehe S. 384f)* und nach Alcatraz *(siehe S. 342f)*. Vom Westtor aus führt die Golden Gate Promenade bis zum Aquatic Park und nach Fisherman's Wharf *(siehe S. 338f)*.

Fort Mason Center
Ein Teil des Forts gehört zu einem der führenden Kulturzentren San Franciscos. Das Gebäude beherbergt 25 kulturelle Einrichtungen wie Galerien, Museen und Theater, darunter das Cowell Theater und das Bayfront Theater, in dem das BATS Improv seine Spielstätte hat. Im Museo Italo-Americano sind Werke italienischer und italoamerikanischer Künstler zu sehen. Experimentelles gibt es im Magic Theatre. Das Young Performers Theatre ist eine Kinderbühne. Die Maritime Museum Library besitzt Bücher, historische Aufzeichnungen und Schiffspläne. Der San Francisco Maritime National Historic Park *(siehe S. 341)* erstreckt sich bis zum Fisherman's Wharf.

Ein monatlicher Veranstaltungskalender ist im Besucherzentrum oder im Internet erhältlich.

Die SS *Balclutha*, Teil des Maritime National Historic Park

Stadtplan San Francisco *siehe Seiten 404–413*

Die Pagode auf der Peace Plaza des Japan Center

⑬ Japan Center

Geary, Post, Fillmore u. Laguna St. **Stadtplan** 4 E4. 🚌 2, 3, 38.
🕐 Mo–Sa 10–20, So 11–19 Uhr (Restaurants länger).
🌐 sfjapantown.org

Als Teil eines ehrgeizigen Projekts zur Wiederbelebung der Gegend um die Fillmore Street wurde das Japan Center (früher Japantown) in den 1960er Jahren gebaut. Mancher Straßenzug mit viktorianischen Häusern musste dem Geary Expressway und dem Shopping-Komplex weichen.

Die Peace Plaza mit der fünfstufigen, 22 Meter hohen Pagode aus Beton bildet das Zentrum. Zum Kirschblütenfest im April treten hier Daiko-Trommler und andere Künstler auf. Zu beiden Seiten der Pagode erstrecken sich Shopping-Passagen im Stil des Ginza-Viertels in Tokyo mit Läden, Sushi-Bars, Badehäusern und Shiatsu-Massagezentren. Auch eines der schönsten Kinos der Stadt, das Sundance Kabuki Cinema *(siehe S. 394)*, liegt hier.

Jenseits der Post Street gibt es in einer Passage, die zwei Stahlskulpturen der Künstlerin Ruth Asawa flankieren, weitere japanische Läden.

⑭ Cathedral of St Mary of the Assumption

1111 Gough St. **Stadtplan** 4 E4.
📞 1-415-567-2020. 🚌 2, 3, 31, 38. 🕐 Mo–Fr 8.30–17, Sa 9–17.30, So 9–17 Uhr. ✝ Mo–Fr 6.45, 8, 12.10, Sa 6.45, 8, 17.30, So 7.30, 9, 11, 13 Uhr. ♿
🌐 stmarycathedralsf.org

Die Kirche auf der Spitze des Cathedral Hill wurde von Pietro Belluschi und Pier Luigi Nervi entworfen und 1971 vollendet. Das vierbogige, gewölbte Dach ragt wie ein Schiff mit weißen Segeln empor.

Das 60 Meter hohe Betongebilde, das über dem Kirchenschiff zu schweben scheint, trägt die kreuzförmige Decke mit Bleiglasfenstern, die die vier Elemente darstellen. Im Innenraum sieht man über dem Altar einen Baldachin aus Aluminium.

⑮ Asian Art Museum

200 Larkin St. **Stadtplan** 4 F5.
📞 1-415-581-3500. 🚌 5, 8, 19, 21, 26, 31, 47, 49. 🚇 F, J, K, L, M, N. 🚉 Civic Center. 🕐 Di–So 10–17 Uhr (Do bis 21 Uhr). ● Feiertage. 🎟 1. So im Monat frei. ♿
📷 🏛 💻 🌐 asianart.org

Das Asian Art Museum befindet sich nun an der Civic Center Plaza in einem schönen Beaux-Arts-Gebäude. Die einstige Hauptbibliothek von 1917 wurde erdbebensicher gemacht und den heutigen Gegebenheiten angepasst. Nun beherbergt der Bau die größte Sammlung asiatischer Kunst außerhalb Asiens. Im Besitz des Museums sind 17 000 Kunstobjekte aus rund 6000 Jahren Geschichte und aus über 40 asiatischen

Ländern. Zu den Highlights zählt ein vergoldeter Buddha, eine der ältesten chinesischen Buddha-Figuren der Welt. Außer der nun erweiterten Ausstellungsfläche bietet das Museum auch Veranstaltungen für jede Altersgruppe.

⑯ Bill Graham Civic Auditorium

99 Grove St. **Stadtplan** 4 F5.
📞 1-415-624-8900. 🚌 5, 19, 21, 47, 49, 71. 🚇 J, K, L, M, N. 🚉 Civic Center.

Das Civic Auditorium, ein wichtiger Veranstaltungsort, wurde von John Galen Howard im Beaux-Arts-Stil entworfen. Bei der Eröffnung 1915 trat der Komponist und Pianist Camille Saint-Saëns auf. Das Gebäude wurde zusammen mit der City Hall und der angrenzenden Brooks Exhibit Hall unterhalb der Civic Center Plaza während der architektonischen Renaissance nach dem Erdbeben von 1906 *(siehe S. 56)* errichtet.

Heute ist das Auditorium das wichtigste Konferenzzentrum der Stadt mit Platz für rund 7000 Menschen. 1964 wurde es zu Ehren von Bill Graham, dem verdienstvollen Impresario der Stadt in der Hippie-Zeit *(siehe S. 363)*, umbenannt.

Treppenaufgang, Asian Art Museum

Die eindrucksvolle Fassade der City Hall im Civic Center

⓱ City Hall

400 Van Ness Ave. **Stadtplan** 4 F5.
☎ 1-415-554-4000. 🚌 5, 8, 19,
21, 26, 47, 49, 71. 🚊 J, K, L, M, N.
🕐 Mo–Fr 8–17 Uhr. ♿ 📷
🌐 sfgov.org

Die City Hall wurde von Arthur Brown auf dem Höhepunkt seiner Karriere entworfen – und rechtzeitig zur Panama Pacific Exposition 1915 *(siehe S. 353)* fertiggestellt. Die neobarocke Kuppel ist der Peterskirche in Rom nachempfunden. Sie ist höher als das Kapitol in Washington, DC.

Das Gebäude im Herzen des Civic Center ist ein Meisterwerk. Allegorische Figuren im Giebel über dem Hauptportal in der Polk Street stellen die Zeit des Goldrauschs dar. Der Eingang an der Polk Street führt in die Rotunde mit ihrem Marmorfußboden. Sie gilt als einer der schönsten Räume in San Francisco.

⓲ Hayes Valley

Stadtplan 4 E5. 🚌 21, 22.

Die Häuserblocks in der Hayes Street westlich der City Hall haben sich zu San Franciscos beliebtester Shopping-Meile entwickelt. Der Highway 101 hatte einst Hayes Valley von der eleganten Welt der Mächtigen und der Kulturelite im restlichen Civic Center abge-

schnitten. Durch das Loma-Prieta-Erdbeben von 1989 *(siehe S. 509)* war er so beschädigt worden, dass er abgerissen werden musste. Zunächst richteten sich dort einige wenige unkonventionelle Cafés und Restaurants wie Ivy's und Mad Magda's Russian Tea Room zwischen all den Möbel- und Trödelläden ein. Mittlerweile haben sich aber auch Cafés, Kunstgalerien, Innenausstatter und edle Boutiquen niedergelassen, die der Gegend gehörig Eleganz verleihen.

Blick vom Alamo Square auf die Wolkenkratzer von Downtown

⓳ Alamo Square

Stadtplan 4 D5. 🚌 21, 22.

Die meistfotografierten viktorianischen Häuser der Stadt säumen die Ostseite des begrünten Platzes. Er liegt 68 Meter oberhalb des Civic Center. Von

hier aus sieht man die City Hall und die Wolkenkratzer von Downtown. Alamo Square wurde zwar zur gleichen Zeit wie die Plätze in Pacific Heights angelegt, doch erst später von nahezu gleichförmigen Spekulationsobjekten umbaut.

Die »Six Sisters« – Häuser im Queen-Anne-Stil aus dem Jahr 1895 in der Steiner Street (Nr. 710–720) –, die mittlerweile unter Denkmalschutz stehen, findet man auf zahlreichen Postkarten San Franciscos wieder.

⓴ University of San Francisco

2130 Fulton St. **Stadtplan** 3 B5.
☎ 1-415-422-5555. 🚌 5, 31,
33, 38, 43. 🕐 Mo–Fr 8–17 Uhr.
🌐 usfca.edu

Die University of San Francisco (USF) wurde 1855 als St Ignatius College gegründet. Zwar wird sie noch von Jesuiten geleitet, ist aber heute überkonfessionell und auch für Frauen zugänglich. Wahrzeichen des Campus ist die St Ignatius Church (1914). Ihre beiden blassgelben Türme sind von Weitem sichtbar, vor allem nachts, wenn sie angestrahlt werden. Campus und Umgebung befinden sich auf dem einst größten Friedhofsgelände der Stadt um und auf dem Lone Mountain.

Stadtplan San Francisco *siehe Seiten 404–413*

Haight-Ashbury und Mission District

Nördlich der Twin Peaks, der zwei Hügel, die sich über die Stadt erheben, liegt Haight-Ashbury. In den viktorianischen Häusern *(siehe S. 304f)* wohnen heute überwiegend reiche Bürger. Ende der 1960er Jahre war hier die Hochburg der Hippies *(siehe S. 363)*. Der Castro District im Osten ist das Viertel der Schwulengemeinde. Die Gegend, die in den 1970er Jahren für ihren Hedonismus bekannt war, ist gesetzter geworden – doch die Cafés und Restaurants florieren weiterhin. Noch östlicher erstreckt sich der von spanischen Mönchen *(siehe S. 50f)* gegründete Mission District, in dem viele Lateinamerikaner leben.

Sehenswürdigkeiten auf einen Blick

Historische Straßen und Gebäude
- ② Haight-Ashbury
- ③ (Richard) Spreckels Mansion
- ⑤ Lower Haight
- ⑧ Castro Street
- ⑩ Dolores Street
- ⑭ Noe Valley
- ⑮ Clarke's Folly

Kirche
- ⑨ Mission Dolores

Wahrzeichen
- ⑱ Sutro Tower

Parks und Gärten
- ① Golden Gate Park Panhandle
- ④ Buena Vista Park
- ⑥ Corona Heights Park
- ⑪ Dolores Park
- ⑯ Twin Peaks
- ⑰ Vulcan Street Steps

Museen und Sammlungen
- ⑫ Mission Cultural Center for Latino Arts
- ⑬ Carnaval Mural

Kinopalast
- ⑦ Castro Theatre

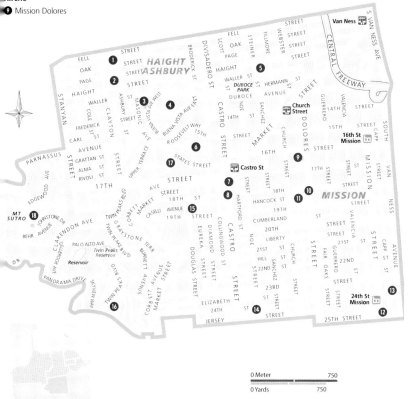

Stadtplan *9, 10*

Viktorianische Häuser, Haight-Ashbury *(siehe S. 304f)*   Zeichenerklärung *siehe hintere Umschlagklappe*

Im Detail: Haight-Ashbury

Ende des 19. Jahrhunderts war Haight-Ashbury, das sich vom Buena Vista Park bis zu den Ausläufern des Golden Gate Park erstreckt, eine Oase der Ruhe inmitten der Stadt. Das Wohngebiet entwickelte sich zwischen den 1930er und 1960er Jahren vom bürgerlichen Viertel zum Zentrum der Flower-Power-Bewegung, einschließlich einer Klinik, die nicht krankenversicherte Hippies kostenlos behandelte. Heute ist Haight-Ashbury eines der vibrierendsten und unkonventionellsten Viertel der Stadt mit Buch- und Musikläden und guten Cafés.

❷ **Haight Ashbury**
Nach dieser Straßenecke, einem Treffpunkt der Hippies, ist das Viertel benannt.

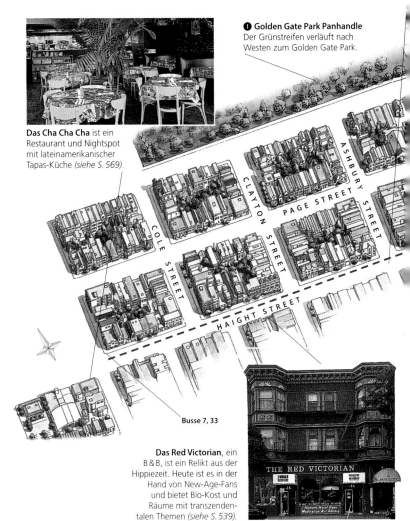

❶ **Golden Gate Park Panhandle**
Der Grünstreifen verläuft nach Westen zum Golden Gate Park.

Das Cha Cha Cha ist ein Restaurant und Nightspot mit lateinamerikanischer Tapas-Küche *(siehe S. 569)*.

Busse 7, 33

Das Red Victorian, ein B & B, ist ein Relikt aus der Hippiezeit. Heute ist es in der Hand von New-Age-Fans und bietet Bio-Kost und Räume mit transzendentalen Themen *(siehe S. 539)*.

1220 Masonic Avenue ist eines der vielen üppig dekorierten viktorianischen Wohnhäuser am Steilhang oberhalb der Haight Street.

Pacific Heights und Civic Center

Haight-Ashbury und Mission District

Zur Orientierung
Siehe Stadtplan 9

Legende
— Routenempfehlung

❸ ★ (Richard) **Spreckels Mansion**
Das prächtige Haus (737 Buena Vista Avenue) entstand 1887.

OAK STREET

LYON STREET

CENTRAL STREET

BUENA VISTA WEST

❹ ★ **Buena Vista Park**
Über das dichte Grün der alten Bäume hinweg hat man einen herrlichen Blick auf die Stadt.

0 Meter 100
0 Yards 100

Bus 37

Stadtplan San Francisco *siehe Seiten 404–413*

❶ Golden Gate Park Panhandle

Stadtplan 9 C1. 🚌 3, 5, 6, 21, 43, 66, 71.

Der einen Häuserblock breite und acht Blocks lange Grünstreifen bildet den »Pfannenstiel« der weitläufigen, rechteckigen »Pfanne« des Golden Gate Park *(siehe S. 370–373)*. Dieser Abschnitt war der erste Teil des Parks, der den Sanddünen westlich von San Francisco abgetrotzt wurde. Die Eukalyptusbäume gehören zu den ältesten und größten der Stadt.

In den 1870er Jahren wurden die kurvenreichen Reit- und Kutschenwege angelegt, auf denen vornehmlich die Gutbetuchten lustwandelten, die sich bald großzügige Villen am Rand des Parks bauten. Einige dieser Anwesen sind noch zu sehen. 1906 diente der Panhandle als Zuflucht für viele, die nach dem Erdbeben *(siehe S. 56)* obdachlos wurden. Heute tummeln sich auf den Wegen zumeist Spaziergänger, Jogger und Radfahrer.

Während der Hochphase der Hippie-Ära strömten junge Leute zum Panhandle, um den spontanen Konzerten neuer psychedelischer Bands aus Haight-Ashbury zu lauschen. Noch heute treffen sich hier Straßenmusiker zu spontanen Konzerten.

Kreuzung von Haight und Ashbury Street

❷ Haight-Ashbury

Stadtplan 9 C1. 🚌 6, 7, 33, 37, 43, 66, 71. 🚋 N.

Das Viertel mit seinen alternativen Buchläden, den großzügigen viktorianischen Häusern und zahllosen Cafés erhielt seinen Namen von der Kreuzung von Haight und Ashbury Street. Nach der Anlage des Golden Gate Park *(siehe S. 370–373)* und eines Vergnügungsparks namens The Chutes entstand Ende des 19. Jahrhunderts ein bürgerliches Wohnviertel – was an den Queen-Anne-Häusern *(siehe S. 304f)* zu sehen ist. Haight überstand das Erdbeben und die Feuersbrunst von 1906 *(siehe S. 56)*, erlebte einen kurzen Aufschwung, dann folgte ein allmählicher Niedergang.

Als der Tramtunnel unter dem Buena Vista Park 1928 fertiggestellt worden war, zog sich das Bürgertum sukzessive in die Vorstädte zurück. Nach dem Zweiten Weltkrieg wurden die großen Häuser in Apartments unterteilt und zogen wegen der niedrigen Mieten eine andere Klientel an. In den 1960er Jahren lebten hier hauptsächlich Bohemiens, die einen Hauch von Anarchie verbreiteten. Teil der Hippieszene war seinerzeit die Musik von Gruppen wie Grateful Dead, bis 1967 blieb die Gegend relativ ruhig. Dann aber, im »Summer of Love«, der in der Presse hochgespielt worden war, strömten mehr als 75 000 junge Menschen auf der Suche nach freier Liebe, Musik und Drogen in diesen Stadtteil, der zum Brennpunkt der weltweiten Jugendkultur wurde.

Haight behielt sein radikales Flair, auch wenn Drogen, Kriminalität und Obdachlosigkeit hinzu-

Die spätviktorianische Villa von Richard Spreckels

kamen – in diesem Stadtteil kann man noch immer das legendäre San-Francisco-Gefühl spüren.

❸ (Richard) Spreckels Mansion

737 Buena Vista West. **Stadtplan** 9 C2. 🚌 6, 7, 37, 43, 66, 71. ⬤ für die Öffentlichkeit.

Das Haus, nicht zu verwechseln mit seinem prächtigeren Namensvetter in der Washington Street *(siehe S. 352)*, wurde vom »Zuckerbaron« Claus Spreckels für seinen Neffen Richard erbaut. Das Gebäude im Queen-Anne-Stil *(siehe S. 304f)* aus dem Jahr 1887 ist typisch für die spätviktorianischen Häuser in Haight-Ashbury. Einst war es eine Pension, zu deren Gästen auch die Schriftsteller Ambrose Bierce und Jack London gehörten, der dort 1906 seinen Abenteuerroman *Wolfsblut* schrieb *(siehe S. 30)*. Heute ist das Haus in Privatbesitz.

❹ Buena Vista Park

Stadtplan 9 C1. 🚌 6, 7, 37, 43, 66, 71. 🇼 sfrecpark.org

Der 1894 angelegte Park mit fantastischem Blick auf die Bay Area steigt in der Mitte San Franciscos auf bis zu 174 Meter an. Das Areal bildet ein Stück unberührte Natur. Überwach-

sene Pfade führen von der Haight Street hinauf, ein gepflasterter Weg geht von der Buena Vista Avenue ab. Bei Dunkelheit sollte man den Park meiden.

❺ Lower Haight

Stadtplan 10 D1. 🚌 6, 7, 22, 66, 71. 🚋 K, L, M, N, T.

Lower Haight liegt zwischen City Hall und Haight-Ashbury sowie am südlichen Rand des überwiegend afroamerikanischen Viertels Fillmore. Es ist eine Gegend im Übergang. Ungewöhnliche Galerien und Boutiquen – etwa Used Rubber USA, ein Laden, der Kleidung und Accessoires aus recyceltem Gummi verkauft – haben sich hier seit Mitte der 1980er Jahre neben vielen preiswerten Kneipen und Restaurants niedergelassen. Das aufstrebende Szeneviertel gehört deswegen zu den quirligsten in San Francisco.

Ebenso wie am nahe gelegenen Alamo Square (siehe S. 357) sieht man in Lower Haight Dutzende von viktorianischen Häusern (siehe S. 304f) aus der zweiten Hälfte des 19. Jahrhunderts, einschließlich malerischer »Cottages« wie das Nightingale House (201 Buchanan Street) aus den 1880er Jahren. Die Sozialbauten der 1950er Jahre haben eine Gentrifizierung bisher verhindert.

Bei Dunkelheit sollte man die Gegend ebenso wie den Alamo Park aus Sicherheitsgründen meiden.

❻ Corona Heights Park

99 Museum Way. **Stadtplan** 9 D2. ☎ 1-415-554-9600. 🚌 24, 37. 🚋 , M. **Randall Museum** 🕐 Di–Sa 10–17 Uhr. ⬤ Feiertage. ♿ teilweise. 💰 Spende. ☑ randallmuseum.org

Der Corona Heights Park ist ein unerschlossener, felsiger Hügel, an dessen Flanke sich ein ungewöhnliches Museum für Kinder befindet. Das Ran-

Blick von Corona Heights auf den Mission District

dall Museum (199 Museum Way) – ein Mitmach-Museum – besitzt eine Menagerie mit Waschbären, Eulen, Schlangen und anderen Tieren, die von Kindern gestreichelt werden dürfen. Ein weiteres Abenteuer ist es, auf den Felsen herumzuklettern.

Corona Heights wurde im 19. Jahrhundert ausgehöhlt, da man die Erde für Ziegel benötigte. Da der Park nie mit Bäumen bepflanzt wurde, hat man von dort einen unverstellten, grandiosen Blick auf die Stadt und die kurvigen Straßen zu den Twin Peaks (siehe S. 367).

Der Sounds der Sixties in San Francisco

Zur Zeit der Flower-Power-Bewegung in den späten 1960er Jahren und vor allem im »Summer of Love« 1967 strömten junge Leute von überall in den USA nach San Francisco. Sie kamen nicht nur, um »sich anzutörnen und auszusteigen«, sondern auch, um Musik zu hören. In der vitalen Musikszene bildeten sich so einflussreiche Gruppen wie Janis Joplins Big Brother and the Holding Company, Jefferson Airplane und Grateful Dead. Ihr Nährboden waren die neuen Musikclubs der Stadt.

Zentrale Musiktreffs
Der 1968 eröffnete Avalon Ballroom an der Van Ness Avenue war der wichtigste »Musikschuppen«. Er wurde von Chet Helms und dem Kollektiv Family Dog betrieben und warb als erster mit den bunten, »psychedelischen« Postern von Grafikern wie Stanley Mouse und Alton Kelly (siehe S. 444f). Das Fillmore Auditorium bei Japantown (siehe S. 356) war früher ein Gemeindesaal. 1965 über-

nahm es der Rock-Impresario Bill Graham, nach dem das Civic Auditorium (siehe S. 356) benannt wurde. Er brachte Miles Davis und Grateful Dead zusammen, verpflichtete Jimi Hendrix und The Who. Das Fillmore wurde beim Erdbeben des Jahres 1989 beschädigt, ist aber seit 1994 wieder geöffnet.

Der 1931 in Berlin geborene Bill Graham galt als erfolgreichster Rock-Promoter der USA, als er 1991 starb.

Janis Joplin (1943–1970) – eine Ikone des Blues und Rock

❼ Castro Theatre

429 Castro St. **Stadtplan** 10 D2.
📞 1-415-621-6120. 🚌 24, 33,
35, 37. 🚊 F, K, L, M, T. Siehe
Unterhaltung S. 394, 396.
🌐 castrotheatre.com

Hell leuchtende Neonlettern
zeigen den Weg zu San Franciscos besterhaltenem Kinopalast von 1922, dem höchst
eindrucksvollen Wahrzeichen
der Castro Street. Der Bau zählte zu den ersten Arbeiten des
Architekten Timothy Pflueger.
Allein schon wegen des orientalischen Dekors und der Wur-
litzer-Orgel ist er das Eintritts-
geld wert.

Die Gipsdecke im Zuschauer-
raum erinnert mit ihren Stoff-
bahnen, Bändern und Quasten
an das Innere eines Zelts. Das
Kino bietet 1500 Sitzplätze und
zeigt vorwiegend Filmklassiker.
Im Juni findet hier das Gay and
Lesbian Film Festival statt.

Palast der Kinoträume – das Castro Theatre

❽ Castro Street

Stadtplan 10 D2. 🚌 24, 33, 35,
37. 🚊 F, K, L, M, T.

Das hügelige Viertel um die
Castro Street zwischen Twin
Peaks und Mission District ist
das Zentrum der Schwulen-
und Lesbengemeinde San
Franciscos. In den 1970er Jahren lag an den »vier schwuls-
ten Ecken der Welt« – um die
Kreuzung von Castro und 18th
Street – der Brennpunkt der
Szene. Die Schwulen der
Flower-Power-Generation
zogen damals in das Arbeiterviertel, renovierten die alten
Häuser und eröffneten Schwu-
lenbars wie die Twin Peaks
Tavern an der Ecke Castro und
17th Street. Anders als die
einschlägigen Bars früherer
Zeiten, in denen sich Homosexuelle letztlich versteckten,
baute Twin Peaks Tavern sogar
große Fenster ein. Die Läden
und Lokale ziehen auch Hete-
rosexuelle an, gleichwohl blieb
die Gegend wegen ihrer un-
verkrampften Atmosphäre ein
Pilgerziel für Schwule und
Lesben. Das Viertel hat die
weltweit größte Schwulen-
gemeinde und ist nach wie vor
ein Symbol für Freiheit und
Emanzipation.

Harvey Milk, einer der ersten
Politiker der Stadt, der sich
öffentlich zu seiner Homosexu-
alität bekannte, wurde zusammen mit Bürgermeister George
Moscone am 28. November
1978 von einem Expolizisten
ermordet. Ein Schild an der
Muni-Haltestelle in der Market
Street ist ihrem Gedenken
gewidmet, ebenso eine jährliche Kerzenprozession von der
Castro Street zur City Hall. Der
milde Urteilsspruch führte seinerzeit in der Stadt zu gewalt-
tätigen Demonstrationen.

Über eine Viertelmillion
Menschen besucht jeweils am
ersten Sonntag im Oktober die
Castro Street Fair mit Kunst,
Unterhaltung und Musik. Der
Erlös kommt Projekten der
Gemeinde zugute.

Der Aids Memorial Quilt 1996 in
Washington, DC

The NAMES Project

Der Aids Memorial Quilt des NAMES Project wurde 1987 von
Cleve Jones, einem Aktivisten der Schwulenbewegung, gestartet.
Er organisierte 1985 auch die erste Kerzen-Demo in der Castro
Street zum Gedenken an den ermordeten schwulen Politiker Harvey Milk. Jones und seine Mitstreiter schrieben die Namen ihrer
an Aids verstorbenen Freunde auf Karten, die sie am Federal Building anbrachten. Dieses »Patchwork« inspirierte Jones zum ersten Feld des Aids Memorial Quilt. Die Reaktion auf dieses Projekt
war weltweit enorm. Der Quilt wuchs auf über 48 000 Felder an.
Einige wurden von Einzelpersonen angefertigt, die meisten aber
von den »quilting bees«, Freunden und Verwandten eines Aids-
Toten, gemeinsam. Die Einzelfelder (90 cm mal 180 cm) sind alle
unterschiedlich: Sie spiegeln Leben und Persönlichkeit der Toten
wider. Der Quilt wird nun bei der NAMES Project Foundation in
Atlanta aufbewahrt. Vollständig ausgebreitet wurde er letztmals
1996, als er die gesamte National Mall in Washington, DC bedeckte. Er ist das größte gemeinschaftlich produzierte kunsthandwerkliche Projekt der Welt (www.aidsquilt.org).

Hotels und Restaurants in San Francisco siehe Seiten 536–539 und 564–570

❾ Mission Dolores

16th St u. Dolores St. **Stadtplan** 10 E3. ☎ 1-415-621-8203. 🚌 22, 33. 🚆 J. 🕐 tägl. 9–16.30 Uhr (im Winter bis 16 Uhr). 🔴 Thanksgiving, 25. Dez. 🎫 ♿ 📷 🌐 missiondolores.org

Das Baujahr 1791 macht die Mission Dolores zum ältesten Gebäude von San Francisco. Das steinerne Relikt aus der spanisch-kolonialen und religiösen Vergangenheit *(siehe S. 50f)* der Stadt wurde von Pater Junípero Serra zu Ehren des hl. Franziskus von Assisi gegründet. Der Name Dolores bezieht sich auf die nahe gelegene Laguna de Los Dolores, einst ein insektenverseuchter Sumpf.

Das Gebäude wirkt im Vergleich zu anderen bescheiden, doch seine 1,2 Meter dicken Mauern haben die Zeiten unbeschadet überstanden. Die Malereien der renovierten Decke stammen von Indianern. Neben dem Barockaltar ist auch das Museum mit historischen Dokumenten sehenswert. Gottesdienste finden heute meist in der neuen Basilika

Heiligenfigur in der Mission

von 1918 statt. Auf dem Friedhof gibt es ein Massengrab von 5000 Ureinwohnern, die bei den Masernepidemien von 1804 und 1826 starben. Die Statue des Grabs wurde gestohlen, doch das Podest mit der Inschrift »Zum frommen Gedenken an unsere treuen Indianer« blieb erhalten.

Das bunte und vergoldete Altarbild wurde 1780 aus Mexiko importiert.

Die Statue von Pater Junípero Serra stammt von dem einheimischen Bildhauer Arthur Putnam.

Die Wandkeramik schuf Guillermo Granizo aus San Francisco.

Museum und Ausstellung

Die Deckengemälde gehen auf die ursprünglichen Motive der Ohlone zurück. Sie wurden mit Pflanzenfarben gemalt.

Barrierefreier Eingang

Der Missionsfriedhof war ursprünglich viel größer. Die ersten Holzgrabkreuze sind längst verwittert, doch die Lourdes-Grotte bewahrt die Namen der Toten vor dem Vergessen.

Statue Unserer lieben Frau vom Berg Karmel

Eingang und Souvenirladen

Die Außenfront der Mission wird von vier Säulen geschmückt. Es gibt Nischen für drei Glocken.

Stadtplan San Francisco *siehe Seiten 404–413*

Denkmal für den Spanisch-Amerikanischen Krieg, Dolores Street

❿ Dolores Street

Stadtplan 10 E2. 🚌 22, 33, 48.
🚋 J. 🌐 sfrecpark.org

Mit ihren vielen farbenprächtigen, gepflegten viktorianischen Häusern *(siehe S. 304f)* und den Palmen zu beiden Seiten gehört die breite Straße zweifellos zu den reizvollsten der ganzen Stadt. Sie beginnt an der Market Street, wo vor der Old Mint eine Statue an den Spanisch-Amerikanischen Krieg erinnert, und verläuft parallel zur Mission Street. Im Noe Valley endet sie.

In der Dolores Street befinden sich die Mission High School mit ihren für San Francisco typischen weißen Mauern und dem roten Ziegeldach sowie die Mission Dolores *(siehe S. 365)*, das älteste Gebäude der Stadt.

⓫ Dolores Park

Stadtplan 10 E3. 🚌 22, 33. 🚋 J.

Auf dem Parkgelände befand sich ursprünglich der jüdische Hauptfriedhof San Franciscos, der im Jahr 1905 zu einer der wenigen Grünanlagen des Mission District umgewandelt wurde. Der Park erstreckt sich auf einem Hügel zwischen Dolores, Church, 18th und 20th Street, auf dem auch einige hübsche viktorianische Häuser stehen.

Die steilen Straßen im Süden und Westen des Parks gehen weiter oben in Treppen über. Tagsüber ist der Dolores Park bei Tennisspielern, Sonnen-

anbetern und Spaziergängern mit Hunden recht beliebt. Nachts jedoch gibt es hier Drogenhändler.

⓬ Mission Cultural Center for Latino Arts

2868 Mission St. **Stadtplan** 10 F4.
📞 1-415-821-1155. 🚌 14, 22, 27, 48, 49. 🚋 J. 🕐 Di–Sa 10–17 Uhr.
🎫 🌐 sfmuralarts.com

In dem Kunstzentrum finden Workshops sowie Musik- und Theateraufführungen statt. Es gibt zwei Kunstgalerien und einen Laden für bedruckte Seidentücher. Am 1. November wird hier der traditionelle Día de los Muertos *(siehe S. 42)* gefeiert.

Ausschnitt aus dem Carnaval Mural

⓭ Carnaval Mural

24th St u. South Van Ness Ave.
Stadtplan 10 F4. 🚌 12, 14, 48, 49, 67. 🚋 J. 🚇 24th Street Mission.

Zu den vielen farbenfrohen Wandbildern im Mission District gehört auch das *Carnaval Mural*, das unterschiedlichste Menschen beim gemeinsamen Karneval im Frühjahr, dem Höhepunkt des Jahrs, darstellt *(siehe S. 41)*.

Es gibt von der Stadt organisierte Führungen zu den anderen, teilweise politischen Wandbildern. In der Balmy Street *(siehe S. 310f)* findet sich eine Art Freilichtgalerie mit Wandgemälden.

⓮ Noe Valley

Stadtplan 10 D4. 🚌 24, 35, 48.
🚋 J.

Die Bewohner von Noe Valley, die Besucher fernhalten wollen, bezeichnen ihr Viertel oft als »Noewhere Valley« (»Nirgendwo-Tal«). Das beschauliche Viertel wird überwiegend von jungen Akademikern bewohnt. Mit seinen adretten Straßen und der sicheren Atmosphäre unterscheidet es sich deutlich vom Mission District.

Noe Valley wurde nach dem Großgrundbesitzer José de Jesus Noe benannt. Er war der letzte Friedensrichter von Yerba Buena, dem mexikanischen Dorf, aus dem San Francisco entstand. Nach dem Bau der Cable-Car-Linie in der steilen Castro Street Ende des 19. Jahrhunderts wurde das Tal als Bauland erschlossen. Die niedrigen Mieten zogen erst Arbeiter an, meist irische Familien. In den 1970er Jahren erfuhr die Gegend, wie andere in San Francisco, eine Aufwertung, die die Grundstückspreise hochschnellen ließ und Restaurants, Boutiquen und Bars anlockte. Die Noe Valley Ministry (1021 Sanchez Street) war eine Presbyterianerkirche aus den 1880er Jahren, die im typischen »Stick«-Stil *(siehe S. 305)* erbaut wurde. In den 1970er Jahre wurde sie in ein Gemeindezentrum umgewandelt.

Viktorianische Fassade der Noe Valley Ministry, Sanchez Street

»Nobby« Clarke's Folly

⓫ Clarke's Folly

250 Douglass St. **Stadtplan** 10 D3.
🚌 33, 35, 37. ⬤ für die Öffentlichkeit.

Das strahlend weiße Herrenhaus stand einst allein auf einem riesigen Grundstück. Alfred Clarke, »Nobby« genannt, ließ es 1892 errichten. Zur Zeit des Committee of Vigilance *(siehe S. 52f)* arbeitete er für die Polizei San Franciscos. Der Hausbau soll über 100 000 US-Dollar verschlungen haben, damals eine ungeheure Summe. Zwar ist das Haus nun von anderen Gebäuden umgeben, doch es ist noch immer ein herausragendes Beispiel viktorianischer Architektur. Türmchen und Giebeldach sind typisch für den Queen-Anne-Stil. Die Schindelfassade und das pompöse Portal zeigen Elemente der Eastlake-Architektur *(siehe S. 304f)*. Heute ist das Haus in Apartments aufgeteilt.

⓰ Twin Peaks

Stadtplan 9 C4. 🚌 33, 36, 37.

Auf Spanisch hießen die beiden Hügel zunächst Pecho de la Chola, »Brüste der Indianerin«. Sie befinden sich im Herzen San Franciscos und erreichen eine Höhe von 274 Metern. Ihre Spitze bedeckt ein Park mit steilen Gras-

hängen, von denen aus man einen unvergleichlichen Blick auf ganz San Francisco genießen kann.

Der Twin Peaks Boulevard verläuft um beide Hügel in Höhe des Gipfels und bietet Parkplätze und Aussichtspunkte. Wer sich die Mühe macht, die Hügel zu Fuß zu erklimmen, wird mit einem schier atemberaubenden Rundblick belohnt.

Die Twin Peaks sind die einzigen Hügel der Stadt, die in ihrem ursprünglichen Zustand belassen wurden. Die Wohngebiete liegen an den unteren Hängen. Die Straßen passen sich der Form der Hügel an, unterscheiden sich also wohltuend von den meist rechtwinklig angelegten Straßen San Franciscos.

⓱ Vulcan Street Steps

Vulcan St. **Stadtplan** 9 C2. 🚌 37.

Abgesehen von einer winzigen Figur von Mr. Spock auf einem Briefkasten, gibt es keine Verbindung zwischen der TV-Serie *Raumschiff Enterprise* und den Häusern zwischen Ord und Levant Street. Die Vulcan Street Steps scheinen gleichwohl Lichtjahre vom Castro District entfernt zu sein. Malerisch wuchern die Gärten der Häuser bis auf die Stufen. Die ausladenden Kiefern dämpfen die Geräusche der Stadt. Die Aussicht auf den Mission District ist grandios.

⓲ Sutro Tower

Stadtplan 9 B3. 🚌 36, 37.
⬤ für die Öffentlichkeit.

Der 295 Meter hohe Sutro Tower wurde 1973 errichtet und zeichnet sich wie ein bedrohlicher Roboter scharf gegen den Horizont ab. Seinen Namen erhielt er von dem Philanthropen und Landbesitzer Adolph Sutro. Trotz Kabelfernsehens dient der Turm noch immer als Sendemast der meisten TV- und Radiostationen der Stadt. Er ist von der gesamten Bay Area aus zu sehen. Wenn Nebel vom Pazifischen Ozean herwallt, scheint er über der wabernden Masse zu schweben. Nördlich des Turms liegen die Eukalyptushaine, die Adolph Sutro nach 1880 pflanzte.

Blick auf die Stadt und den Twin Peaks Boulevard

Stadtplan San Francisco *siehe Seiten 404 – 413*

Golden Gate Park und Presidio

Der lang gestreckte Golden Gate Park wurde Ende des 19. Jahrhunderts in einer sandigen Wildnis angelegt. Er zählt zu den beeindruckendsten Stadtparks der Welt und beherbergt drei Museen sowie eine Reihe von Sportanlagen. Über den Park kommt man zum stürmischen Land's End, dem Schauplatz zahlreicher Schiffshavarien. Nördlich des Golden Gate Park wurde 1776 der Presidio oberhalb der Bucht als Vorposten des spanischen Kolonialreichs errichtet. Er diente lange Zeit als Militärstützpunkt. 1993 wurde das bewaldete Areal zum Nationalpark erklärt der Öffentlichkeit zugänglich gemacht.

Sehenswürdigkeiten auf einen Blick

Historische Straßen und Gebäude

- ⑫ Clement Street
- ⑭ Presidio Officers' Club
- ⑱ *Golden Gate Bridge S. 384f*

Parks und Gärten

- ❷ Shakespeare Garden
- ❸ Japanese Tea Garden
- ❺ Conservatory of Flowers
- ❻ Strybing Arboretum
- ❼ Stow Lake
- ❽ Bison Paddock
- ❾ Queen Wilhelmina Tulip Garden

Museen und Sammlungen

- ❶ *California Academy of Sciences S. 374f*
- ❹ de Young Museum
- ❿ *Legion of Honor S. 378f*
- ⑮ Presidio Visitor Center
- ⑯ The Walt Disney Family Museum
- ⑰ Fort Point

Kirchen und Tempel

- ⑪ Holy Virgin Cathedral
- ⑬ Temple Emanu-El

Stadtplan *1, 2, 3, 7, 8, 9*

◀ **Golden Gate Bridge** *(siehe S. 384f)*

Zeichenerklärung siehe hintere Umschlagklappe

Im Detail: Golden Gate Park

Der Golden Gate Park ist etwa fünf Kilometer lang und 1,6 Kilometer breit. Er erstreckt sich vom Pazifischen Ozean bis zum Zentrum San Franciscos und bildet eine grüne Oase der Ruhe inmitten der Großstadt. Im Park wird eine Vielzahl an sportlichen wie kulturellen Aktivitäten angeboten. Der Landschaftsgarten um den Music Concourse mit seinen Brunnen, Platanen und Bänken ist der beliebteste Teil. Im Spreckels Temple of Music kann man sonntags Konzerte hören. Im Park laden drei Museen zum Besuch ein. Der Japanese Tea Garden und der Shakespeare Garden liegen nur ein paar Schritte entfernt.

❹ ★ de Young Museum
Das renovierte Museum zeigt Exponate aus aller Welt, darunter auch diese Mahagoni-Kommode aus Philadelphia von 1780.

Der Große Buddha
ist fast drei Meter hoch.

HAGIWARA T

MARTIN LUTHER KING DRIVE

❸ ★ Japanese Tea Garden
Der bezaubernde Garten mit seinen gepflegten Gewächsen und dem hübschen See gehört zu den reizvollsten Parkabschnitten.

Legende
— Routenempfehlung

0 Meter   80
0 Yards   80

❷ Shakespeare Garden
Die Pflanzenarten, die in dem winzigen Garten wachsen, kommen alle in den Werken Shakespeares vor.

Hotels und Restaurants in San Francisco *siehe Seiten 536 – 539 und 564 – 570*

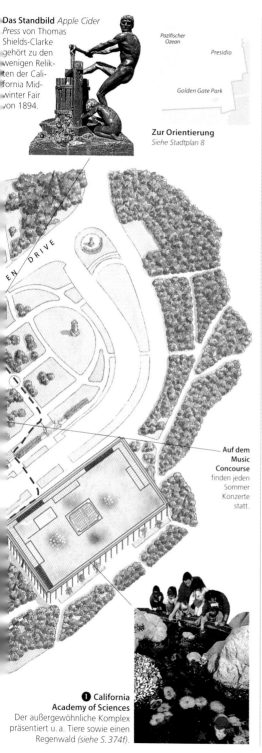

Das Standbild *Apple Cider Press* von Thomas Shields-Clarke gehört zu den wenigen Reliken der California Midwinter Fair von 1894.

Pazifischer Ozean

Presidio

Golden Gate Park

Zur Orientierung
Siehe Stadtplan 8

EN DRIVE

Auf dem Music Concourse finden jeden Sommer Konzerte statt.

❶ California Academy of Sciences
Der außergewöhnliche Komplex präsentiert u. a. Tiere sowie einen Regenwald *(siehe S. 374f)*.

❶ California Academy of Sciences

Siehe S. 374f.

❷ Shakespeare Garden

Music Concourse, Golden Gate Park. **Stadtplan** 8 F2. 44.

Die Gärtner dieser Anlage kultivieren hier über 200 Pflanzenarten – darunter alle, die in den Werken William Shakespeares erwähnt werden. Schilder an der hinteren Mauer enthalten entsprechende Zitate. Eine Büste des Dichters (19. Jh.) ist nur ab und zu zu sehen.

❸ Japanese Tea Garden

Music Concourse, Golden Gate Park. **Stadtplan** 8 F2. 1-415-752-4227. 5, 38, 44. März–Okt: tägl. 9–18 Uhr; Nov–Feb: tägl. 9–16.45 Uhr.
W japaneseteagardensf.com

Der vom Kunsthändler George Turner Marsh für die California Midwinter Fair 1894 gestaltete Garten wurde vom japanischen Gärtner Makota Hagiwara gepflegt. Er und seine Familie erweiterten den Garten, bis sie 1942 bis zum Ende des Zweiten Weltkriegs interniert wurden. Am schönsten ist der Garten während der Kirschblüte im April.

❹ de Young Museum

50 Tea Garden Drive, Golden Gate Park. **Stadtplan** 8 F2. 1-415-750-3600. 5, 21, 44. Di–So 9.30–17.15 Uhr (Apr–Nov: Fr bis 20.45 Uhr). 1. Di im Monat frei.
W famsf.org

Das de Young wurde 1895 gegründet und besitzt eine der edelsten Kunstsammlungen der Stadt. 2005 wurde der spektakuläre Museumsneubau – ein Werk von Herzog & de Meuron – eröffnet. Zu sehen sind amerikanische, präkolumbische, afrikanische und ozeanische Kunstwerke.

❺ Conservatory of Flowers

John F Kennedy Drive, Golden Gate Park. **Stadtplan** 9 A1. ☎ 1-415-666-7001. 🚌 33, 44. 🕐 Di–So 10–16.30 Uhr. 🎫 1. Di im Monat frei. ⬛ ♿ teilweise. 📷 Ⓦ conservatoryofflowers.org

Das Gewächshaus ist demjenigen in Londons Kew Gardens nachempfunden und das älteste Bauwerk des Golden Gate Park. Über 100 Jahre gedieh hier ein Dschungel aus Farnen, Palmen und Orchideen, bis ein Hurrikan im Dezember 1995 das Gewächshaus zerstörte. Die Instandsetzung wurde von einer Bürgerinitiative durchgesetzt und 2003 abgeschlossen.

❻ Strybing Arboretum

9th Ave u. Lincoln Way, Golden Gate Park. **Stadtplan** 8 F2. ☎ 1-415-661-1316. 🚌 44, 71. 🕐 Apr–Okt: tägl. 7.30–18 Uhr; Nov–März: tägl. 7.30–17 Uhr. 🎫 ♿ 📷 tägl. 13.30 Uhr. 📷 Ⓦ sfbotanicalgarden.org

Im Strybing Arboretum gedeihen mehr als 7500 Pflanzenarten, Bäume und Sträucher aus vielen verschiedenen Ländern. Es gibt hier einen mexikanischen, einen afrikanischen, einen südamerikanischen und

Garden of Fragrance im SF Botanical Garden at Strybing Arboretum

einen australischen Garten und einen, der der artenreichen Pflanzenwelt Kaliforniens gewidmet ist.

Einen Besuch lohnt darüber hinaus Moon-Viewing Garden mit fernöstlichen Gewächsen. Im Vergleich mit dem Japanese Tea Garden *(siehe S. 371)* ist er naturbelassener. Der Garden of Fragrance, in dem Heilkräuter und Gewürzpflanzen wachsen, ist mit Hinweistafeln in Blindenschrift versehen und speziell für Blinde gedacht. Der Schwerpunkt liegt hier auf Berühren und Riechen.

In einem weiteren Areal mit Wildbach wurde ein kalifornischer Redwood-Hain angelegt. Hier erlebt man Flora und Atmosphäre eines nordkalifornischen Küstenwalds. Auch ein Nebelwald mit der alpinen

Flora Mittelamerikas wurde angepflanzt. Erstaunlich: Alle Pflanzen gedeihen im kalifornischen Nebel.

In einem kleinen Laden kann man Samen und Bücher kaufen. Die Helen Crocker Horticultural Library ist öffentlich zugänglich. Im Frühling findet hier eine Blumenschau mit Verkauf statt.

❼ Stow Lake

Stow Lake Drive, Golden Gate Park. **Stadtplan** 8 E2. 🚌 28, 29, 44. ♿ ⬛

Der Präsident der Parkkommission, W. W. Stow, gab 1895 die Anlage des künstlichen Sees, des größten im Park, in Auftrag. Er wurde um den Strawberry Hill errichtet, sodass der Hügel nun eine Insel ist, von der zwei steinerne Brücken auf das »Festland« führen. Um die Insel kann man Ruderausflüge vom Bootshaus aus unternehmen.

Der rot-grüne chinesische Pavillon auf der Insel ist ein Geschenk der Stadt Taipeh in Taiwan, der Partnerstadt San Franciscos. Er wurde in 6000 Einzelteilen verschifft und auf der Insel zusammengebaut.

Der millionenschwere Eisenbahnmagnat Collis Porter Huntington *(siehe S. 54f)* stiftete

Chinesischer Pavillon am Stow Lake

1894 das Geld zum Bau des Stausees und des Wasserfalls, die nach ihm benannten Huntington Falls, deren Kaskaden in den See stürzen. Nach der Zerstörung beim Erdbeben von 1906 *(siehe S. 56)* wurde er in den 1980er Jahren wieder instand gesetzt und ist heute eine beliebte Attraktion.

❽ Bison Paddock

John F Kennedy Drive, Golden Gate Park. **Stadtplan** 7 C2. 5, 29.

Die zotteligen Bisons, die auf diesem eigens für sie angelegten Gehege weiden, sind die größten Landtiere Nordamerikas. Die Wildrinder mit ihren kurzen Hörnern und dem runden Buckel sind auch ein Symbol der amerikanischen Prärie. Sie werden daher auch als Prärie-Bisons bezeichnet.

Das Gehege wurde 1892 eröffnet, um die Spezies vor der drohenden Ausrottung zu bewahren. Die erste Herde, die aus Wyoming kam, starb jedoch während einer Tuberkulose-Epidemie. 1902 tauschte William Cody alias »Buffalo Bill« einen seiner Bullen gegen einen aus dem Golden Gate Park. Beide Parteien meinten, ein aggressives Tier losgeworden zu sein. Doch Codys neuer Bulle sprang in seinem Lager über einen hohen Zaun und galoppierte davon. Die Zeitung *San Francisco Call* berichtete, dass 80 Männer nötig waren, um den »Buffalo« wieder einzufangen.

»Buffalo« im Bison Paddock

Der Queen Wilhelmina Tulip Garden mit holländischer Windmühle

❾ Queen Wilhelmina Tulip Garden

Stadtplan 7 A2. 5, 18. **Windmühle** ♿

Der Garten ist nach der holländischen Königin Wilhelmina benannt und erhält jährlich Hunderte von Tulpenzwiebeln vom niederländischen Tulpenzwiebelzüchter-Verband als Geschenk. Im Frühjahr ist das gesamte Areal von einem einzigen Blütenmeer bedeckt. Die holländische Windmühle nahe der Nordwestecke des Golden Gate Park wurde 1903 errichtet. Zusammen mit der Murphy Windmill von 1905 in der Südwestecke sollte sie die Bewässerung des Parks gewährleisten. Die benötigte Menge von täglich 230 Millionen Litern konnten sie jedoch nicht bewältigen und wurden deshalb außer Betrieb genommen.

John McLaren

William Hammond Hall war der ursprüngliche Architekt des Golden Gate Park, doch die heutige Gestalt der Anlage ist weitgehend seinem Nachfolger John McLaren zu verdanken. Der 1846 in Schottland geborene McLaren studierte Botanik und emigrierte in den 1870er Jahren nach Kalifornien. 1887 wurde er als Nachfolger von Hall Verwalter des Parks und widmete diesem sein Leben.

Der erfahrene Landschaftsgärtner und Botaniker McLaren importierte Pflanzen aus aller Welt. Er brachte sie trotz des hier kargen Bodens und des nebligen Klimas zum Gedeihen und verteilte die Pflanzen so, dass der Park das ganze Jahr über in Blüte stand.

Sein Haus an der Ostseite des Parks, die John McLaren Lodge, wurde 1896 erbaut. Als John McLaren 1943 im Sterben lag, bat er darum, die Zypresse vor seinem Haus mit Weihnachtslichtern zu schmücken. Trotz des Verdunkelungsgebots während des Zweiten Weltkriegs wurde seinem Wunsch entsprochen. Jedes Jahr im Dezember wird der Baum, der »Uncle John's Christmas Tree« genannt wird, ihm zu Ehren illuminiert. McLaren ist in einem Grab in der City Hall beigesetzt. Der Golden Gate Park blieb seiner Vision verbunden – als Fluchtpunkt vor der Hektik der Stadt.

❶ California Academy of Sciences

Die weitläufige California Academy of Sciences gehört zu den größten naturgeschichtlichen Museen der Welt. Zu den Highlights des 2008 nach umfassender Renovierung wiedereröffneten Museums am Golden Gate Park gehören das Steinhart Aquarium, das Morrison Planetarium und das Kimball Natural History Museum. Von der großen Piazza im Zentrum des Geländes hat man einen hervorragenden Blick über den Golden Gate Park.

Das Dach des Gebäudes ist mit Gras bepflanzt

Kurzführer

Die Sammlungen des Steinhart Aquarium sind über das gesamte Museum verteilt, die meisten Wasserbecken befinden sich im Erdgeschoss unterhalb der Piazza. Im Auditorium werden Sonderausstellungen gezeigt. Der rückwärtige Teil des Museums birgt eine Sammlung mit über 28 Millionen wissenschaftlichen Fundstücken sowie Forschungslabors.

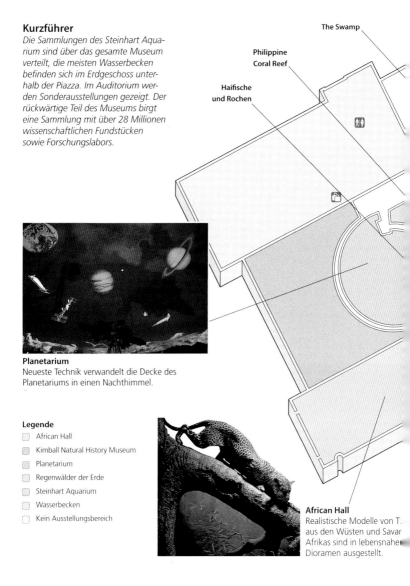

The Swamp

Philippine Coral Reef

Haifische und Rochen

Planetarium
Neueste Technik verwandelt die Decke des Planetariums in einen Nachthimmel.

Legende
- African Hall
- Kimball Natural History Museum
- Planetarium
- Regenwälder der Erde
- Steinhart Aquarium
- Wasserbecken
- Kein Ausstellungsbereich

African Hall
Realistische Modelle von T. aus den Wüsten und Savar Afrikas sind in lebensnaher Dioramen ausgestellt.

★ **Steinhart Aquarium**
In diesem Aquarium, das ein Korallenriff nachbildet, wird die faszinierende Vielfalt an Meereslebewesen auf eindrucksvolle Weise präsentiert.

Infobox

Information
Stadtplan 8 F2.
📞 1-415-379-8000.
55 Music Concourse Dr.
🕐 Mo–Sa 9.30–17 Uhr, So 11–17 Uhr.
🎫 3. Mi im Monat frei.
📶 ♿ 🏛 📷 💻
🌐 calacademy.org

...za (weitere Teile
... Steinhart Aqua-
...n ein Stockwerk
...er)

Northern California Coast
Hier werden Kriechtiere präsentiert, die in den kalten Gewässern vor der Küste Kaliforniens leben, darunter dieser Einsiedlerkrebs.

Eingang ♿

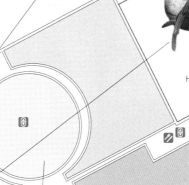

★ **Regenwälder der Erde**
Die Ausstellung erstreckt sich über vier Stockwerke und führt die Besucher auf eine »vertikale« Reise durch verschiedene Arten von Regenwald. In den Kronendächern leben Aras und andere Vögel aus den Tropen.

Tyrannosaurus-Rex-Skelett
Das riesige Raubtier war der größte Fleischfresser, der jemals auf der Erde lebte. Das Skelett befindet sich in der Eingangshalle des Kimball Natural History Museum.

Golden Gate Bridge *(siehe S. 384f)* vom Golfplatz im Lincoln Park gesehen ▶

⑩ Legion of Honor

Alma de Bretteville Spreckels ließ das Museum in den 1920er Jahren nach dem Vorbild des Pariser Palais de la Légion d'Honneur errichten, um die im Ersten Weltkrieg gefallenen kalifornischen Soldaten zu ehren und französische Kunst in Kalifornien bekannt zu machen. Es beherbergt Gemälde von u. a. Monet, Rubens und Rembrandt, mehr als 70 Skulpturen von Rodin sowie viele Ausstellungsstücke aus der Antike. In dem Museum ist auch die Grafiksammlung der Achenbach Foundation for Graphic Art untergebracht.

Alte Frau
Der französische Künstler Georges de la Tour malte diese Studie 1618.

Florence Gould Theater

Die Porzellanabteilung
präsentiert Figurinen, Chinoiserien und Geschirr aus dem 18. Jahrhundert.

Treppen ins Erdgeschoss

Jungfrau mit Kind
Das Ölgemälde auf Holz des flämischen Malers Dieric Bouts stammt aus dem 15. Jahrhundert. Es ist Teil eines Tafelbilds mit dem Titel *Leben der Jungfrau*.

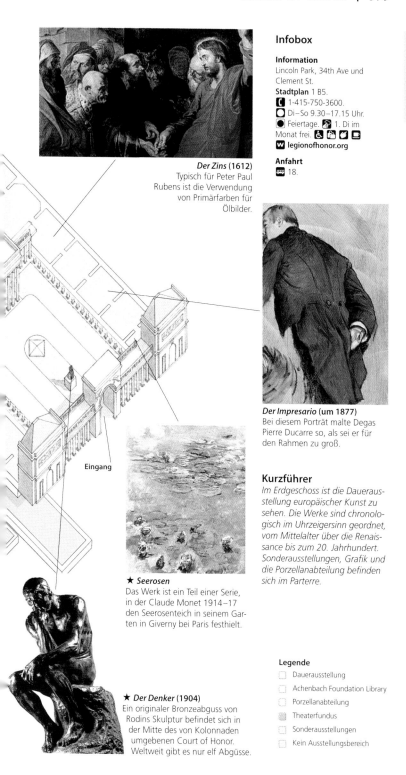

Der Zins (1612)
Typisch für Peter Paul
Rubens ist die Verwendung
von Primärfarben für
Ölbilder.

Infobox

Information
Lincoln Park, 34th Ave und
Clement St.
Stadtplan 1 B5.
 1-415-750-3600.
 Di–So 9.30–17.15 Uhr.
 Feiertage. 1. Di im
Monat frei.
 legionofhonor.org

Anfahrt
 18.

Der Impresario (um 1877)
Bei diesem Porträt malte Degas
Pierre Ducarre so, als sei er für
den Rahmen zu groß.

Kurzführer

*Im Erdgeschoss ist die Dauerausstellung europäischer Kunst zu
sehen. Die Werke sind chronologisch im Uhrzeigersinn geordnet,
vom Mittelalter über die Renaissance bis zum 20. Jahrhundert.
Sonderausstellungen, Grafik und
die Porzellanabteilung befinden
sich im Parterre.*

Eingang

★ *Seerosen*
Das Werk ist ein Teil einer Serie,
in der Claude Monet 1914–17
den Seerosenteich in seinem Garten in Giverny bei Paris festhielt.

★ *Der Denker* (1904)
Ein originaler Bronzeabguss von
Rodins Skulptur befindet sich in
der Mitte des von Kolonnaden
umgebenen Court of Honor.
Weltweit gibt es nur elf Abgüsse.

Legende
 Dauerausstellung
 Achenbach Foundation Library
 Porzellanabteilung
 Theaterfundus
 Sonderausstellungen
 Kein Ausstellungsbereich

Presidio

Die kurvigen Straßen und die üppige Vegetation des Presidio täuschen über seine militärische Vergangenheit hinweg. Die exponierte Lage des Landstrichs, der länger besiedelt ist als irgendein anderer Teil der Stadt, spielte eine wesentliche Rolle in der Geschichte San Franciscos. Die gut erhaltenen Kasernen und Artilleriestellungen sind zu besichtigen, überall stehen noch Kanonen. Darüber hinaus gibt es viele Wander- und Radwege sowie Strände und Restaurants. Der Küstenweg mit dem Blick auf die Golden Gate Bridge an der Nordwestecke gehört zu den Anziehungspunkten.

⑰ Fort Point
Die denkmalgeschützte Backsteinfestung bewachte während des Bürgerkriegs 1861–65 die Einfahrt in die Bucht.

⓲ ★ Golden Gate Bridge
Die 1937 eröffnete Brücke hat eine Spannweite von 1280 Metern.

Der Mountain Lake wird aus einer Quelle gespeist und ist als Picknickplatz beliebt. In seiner Nähe wurde 1776 die ursprüngliche Festung zur Verteidigung der Bucht errichtet.

Crissy Field wurde für die Panama Pacific Exposition 1915 *(siehe S. 353)* dem Marschland abgewonnen. Von 1919 bis 1936 diente es als Flugplatz. Mittlerweile wurde es saniert.

Pazifischer Ozean

Golden Gate Park und Presidio

Zur Orientierung
Siehe Stadtplan 2, 3

Auf dem Militärfriedhof liegen etwa 30 000 amerikanische Soldaten aus mehreren Kriegen begraben.

Die Tidal Marsh gehört mit zum sanierten Teil des Presidio bei Crissy Field.

Arguello Gate
Das mit militärischen Symbolen verzierte Tor bildet den Eingang zum einstigen Armeestützpunkt, der nun als Nationalpark öffentlich zugänglich ist.

🄵 **Presidio Visitor Center**
Das Besucherzentrum bildet den Zugang zum Presidio sowie zu Fort Point Historic Site, Crissy Field und Battery Chamberlain.

0 Meter 500
0 Yards 500

Stadtplan San Francisco *siehe Seiten 404–413*

⓫ Holy Virgin Cathedral

6210 Geary Blvd. **Stadtplan** 8 D1.
📞 1-415-221-3255. 🚌 2, 29, 38.
🕐 tägl. 8, 18 Uhr. 🖵 sfsobor.com

Die golden leuchtenden Zwiebeltürme der russisch-orthodoxen Holy Virgin Cathedral der russischen Exilgemeinde sind ein charakteristisches Merkmal des Vororts Richmond. Die Kirche, die Anfang der 1960er Jahre gebaut wurde, ist nur zu den Gottesdiensten geöffnet. Im Gegensatz zu anderen christlichen Gottesdiensten muss man während eines russisch-orthodoxen stehen.

Die Kathedrale und die vielen russischen Geschäfte in der Umgebung, etwa das Restaurant Russian Renaissance, bilden das Herz der großen russischen Gemeinde in San Francisco *(siehe S. 39)*. Seit Beginn des 19. Jahrhunderts strömten Russen nach Kalifornien. Höhepunkt der Einwanderung war die Zeit nach der Russischen Revolution 1917. Weitere Immigrationswellen gab es Ende der 1950er und Ende der 1980er Jahre.

⓬ Clement Street

Stadtplan 1 C5. 🚌 2, 29, 44.

Sie ist die Hauptstraße im ansonsten eher verschlafenen Richmond. Viele Buchläden und kleine Boutiquen florieren in der Clement Street. Die Straße ist der Treffpunkt der Einheimischen. Es gibt einen bunten Mix aus Bars, Imbisscafés und Ethno-Restaurants, die mehr auf das Publikum aus der Nachbarschaft als auf Besucher eingestellt sind.

Die Gegend um die Clement Street wird auch als »New Chinatown« bezeichnet, da hier etwa ein Drittel der Chinesen San Franciscos lebt. Deswegen stößt man auch auf einige der besten chinesischen Restaurants der Stadt, wie überhaupt fernöstliche Küche dominiert (v. a. aus Vietnam, Thailand und Korea). Auch französische und peruanische Lokale findet man hier.

Die Straße erstreckt sich vom Arguello Boulevard bis zu den von Norden nach Süden verlaufenden Querstraßen, die man »The Avenues« nennt. Sie endet nahe dem Museum Legion of Honor *(siehe S. 378f)*.

Temple Emanu-El mit dem Holy Ark

⓭ Temple Emanu-El

2 Lake St. **Stadtplan** 3 A4. 📞 1-415-751-2511. 🚌 1BX, 2, , 33. 🅾 nur nach Anmeldung. 🕐 Fr 17.30, 19.30, Sa 10.30 Uhr. 🚫 während Gottesdienst. ♿ 🖵 emanuelsf.org

Nach dem Ersten Weltkrieg kamen Hunderte von Juden aus osteuropäischen Ländern nach Richmond und errichteten dort Gotteshäuser, darunter auch den Temple Emanu-El, dessen Kuppel jener der Hagia Sophia in Istanbul nachempfunden ist.

Die Synagoge wurde 1925 für die älteste, 1850 gegründete jüdische Gemeinde San Franciscos gebaut. Der Architekt Arthur Brown entwarf das Gebäude in einer reizvollen Mischung aus Missionsstil *(siehe S. 34f)*, byzantinischer Ornamentik und romanischen Arkaden.

⓮ Presidio Officers' Club

50 Moraga Ave. **Stadtplan** 3 A2.
📞 1-415-561-4400. 🚌 29. 🅾 Di–So 10–18 Uhr. ⚫ Feiertage.
🖵 presidiooaofficersclub.com

Das Casino jenseits des einstigen Exerzierplatzes der Armee wurde in den 1930er Jahren im spanischen Missionsstil *(siehe S. 34f)* erbaut, wobei die Lehmziegel-Überreste des alten spanischen Forts (18. Jh.) integriert wurden. Hier finden kulturelle Veranstaltungen statt (u. a. Multimedia-Ausstellungen, Konzerte und Theaterstücke).

Die russisch-orthodoxe Holy Virgin Cathedral

⓰ Presidio Visitor Center

36 Lincoln Blvd.. **Stadtplan** 3 A2.
📞 1-415-561-4323. ⏰ Do–So
10–16 Uhr. 🌐 **presidio.gov** oder
🌐 **nps.gov/prsf**

Im Presidio Visitor Center bekommt man detaillierte Informationen, Kartenmaterial und Veranstaltungstipps, das Personal hilft darüber hinaus bei Buchungen. Interessant ist die Präsentation zur Geschichte des Presidio. Die Ausstellungsstücke dokumentieren die Entwicklung vom kleinen Außenposten im 18. Jahrhundert bis zur heutigen Metropole San Francisco.

Zwei kleine Hütten hinter dem Old Post Hospital sind gute Beispiele für Hunderte von Notunterkünften, die nach dem schweren Erdbeben von 1906 *(siehe S. 56)* hier errichtet wurden.

⓳ The Walt Disney Family Museum

104 Montgomery St. **Stadtplan** 3 A2. 📞 1-415-345-6800. 🚌 28L, 43. ⏰ Mi–Mo 10–18 Uhr. ⬤ 1. Jan. 🎫 🌐 waltdisney.org

Das Museum dokumentiert Leben und Werk Walt Disneys (1901–1966) mit Filmen, Storyboards, Drehbüchern und frühen Skizzen zu Mickey Mouse. Es gibt interaktive Exponate sowie Memorabilien wie private Fotos und Filme.

Kanone beim Old Post Hospital auf dem Presidio-Gelände

Blick auf die Golden Gate Bridge von Fort Point

⓱ Fort Point

Long Ave u. Marine Drive. **Stadtplan** 2 E1. 📞 1-415-551-1693. ⏰ Fr–So 10–17 Uhr (im Sommer längere Öffnungszeiten, bitte tel. erfragen). ♿ teilweise. 🌐 **nps.gov/fopo**

Das Fort wurde 1861 von der US-Armee fertiggestellt und sollte sowohl die Bucht von San Francisco bei einem Angriff verteidigen als auch gleichzeitig die Schiffe mit Gold aus den kalifornischen Minen *(siehe S. 52f)* beschützen. Es ist die bedeutendste der vielen Festungsanlagen entlang der Pazifikküste und ein Beispiel für die Granit-Ziegel-Bauweise aus der Zeit vor dem Bürgerkrieg. Die drei Meter dicken Mauern waren den modernen Waffen bald nicht mehr gewachsen. Die Anlage wurde 1900 stillgelegt, ohne jemals angegriffen worden zu sein.

Das Backsteingewölbe ist für San Francisco ungewöhnlich (wegen der Holzvorkommen wurden hier Holzkonstruktionen bevorzugt), war aber vielleicht der Grund, warum das Fort das Erdbeben von 1906 *(siehe S. 56)* überstand. In den 1930er Jahren wäre es für den Bau der Golden Gate Bridge beinahe abgerissen worden. Heute bietet es einen atemberaubenden Blick auf die Brücke. In den 1970er Jahren wurde das Fort renoviert und zum Militärmuseum umgebaut.

Geschichte des Presidio

José Joaquin Moraga, einer der ersten spanischen Siedler, ließ im Jahr 1776 ein Fort aus Lehmziegeln an der Küste der Bucht von San Francisco bauen, um die Mission Dolores *(siehe S. 365)* zu verteidigen. Nachdem Mexiko seine Unabhängigkeit erklärt hat-

Der Presidio im 19. Jahrhundert

te, wurde das Fort zur nördlichsten Festung des ebenfalls unabhängigen Kaliforniens. 1847 wurde es von den USA annektiert und bis 1990 militärisch genutzt. Ab der Mitte des 19. Jahrhunderts bis in die 1930er Jahre ersetzte man die Lehmziegelbauten zunächst durch hölzerne Kasernen, dann durch Betonhäuschen im georgianischen oder Missionsstil. Sie dienten als Offiziersunterkünfte und sind noch erhalten.

Das für einen Armeestützpunkt ungewöhnlich reizvolle und waldreiche Areal umfasst 567 Hektar. Der Presidio wurde unter Denkmalschutz gestellt und gehört zur Golden Gate National Recreation Area (GGNRA).

⑱ Golden Gate Bridge

Die Brücke, die die Stadt mit dem Marin County verbindet, wurde 1937 eröffnet und nach dem »Golden Gate« benannt, dem Eingang zur Bucht von San Francisco. Die Bauarbeiten dauerten vier Jahre und kosteten 35 Millionen US-Dollar. Das weltberühmte Wahrzeichen mit sechs Fahrspuren und einem Fußweg bietet fantastische Ausblicke. Der Bau ist die drittgrößte von nur einem Spannbogen getragene Brücke. Als sie erbaut wurde, war sie die weltweit längste und höchste Hängebrückenkonstruktion.

Außerdem

① **Die Länge** der Brücke beträgt 2700 Meter, die Spannweite liegt bei 1280 Metern.

② **Die Fahrbahn** liegt 67 Meter über dem in der Mitte 97 Meter tiefen Meer.

③ **Die Zwillingsstahltürme** sind hohl und ragen 227 Meter über dem Meer empor.

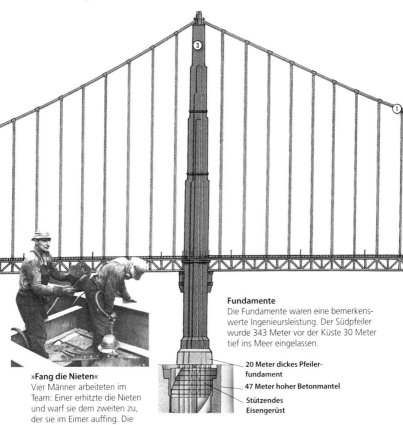

»Fang die Nieten«
Vier Männer arbeiteten im Team: Einer erhitzte die Nieten und warf sie dem zweiten zu, der sie im Eimer auffing. Die anderen beiden befestigten die Stahlteile damit.

Fundamente
Die Fundamente waren eine bemerkenswerte Ingenieursleistung. Der Südpfeiler wurde 343 Meter vor der Küste 30 Meter tief ins Meer eingelassen.

20 Meter dickes Pfeilerfundament
47 Meter hoher Betonmantel
Stützendes Eisengerüst

Toll Plaza
Etwa 100 000 bis 120 000 Autos passieren täglich die acht Mautstationen an der Golden Gate Bridge. Maut wird nur in Richtung Süden fällig.

Joseph Strauss
Der Bauingenieur Joseph Strauss, der die Eröffnungsfeierlichkeiten im April 1937 leitete, gilt als Konstrukteur der Brücke. Ihm zur Seite standen Leon Moisseiff und Charles Ellis sowie der Architekt Irving F. Morrow.

Infobox

Information
Stadtplan 2 E1.
📞 1-415-923-2000.
♿ nur Aussichtsplattform.
🌐 goldengate.org

Anfahrt
🚌 2, 28, 76. **Fußgänger/Radfahrer** tägl. östlicher Fußweg. Zeiten variieren.
🅿 **Toll Plaza** nur für Autos in Südrichtung (6 $ Maut pro Auto).

Fahrbahn
Die stahlverstärkte Betonfahrbahn wurde von den Türmen aus in beide Richtungen gebaut, damit sich der Zug auf die Stahlseile gleichmäßig verteilte.

Die Brücke in Zahlen
- Über 40 Millionen Fahrzeuge überqueren jährlich die Brücke, pro Tag sind es bis zu 120 000.
- Die Originalfarbe hielt, von Ausbesserungen abgesehen, 27 Jahre lang. Von 1965 bis 1995 entfernten Arbeiter die alte Farbe und trugen einen neuen Anstrich auf.
- Die zwei großen Seile sind über einen Meter dick und bestehen aus 129 000 Kilometern Stahldraht – genug, um den Äquator dreimal zu umwickeln.
- Der Beton, der in Pfeiler und Verankerungen gegossen wurde, würde ausreichen, um einen 1,5 Meter breiten Gehweg von San Francisco nach New York zu bauen (4000 km).
- Die Brücke hält Windgeschwindigkeiten bis zu 160 km/h aus.
- Die Stützpfeiler halten auch einem Gezeitendruck von bis zu 96 km/h stand.

Anstrich der Brücke

Blick vom Vista Point
Den schönsten Blick auf die Brücke und die Skyline San Franciscos hat man vom Marin County aus.

Stadtplan San Francisco *siehe Seiten 404–413*

Shopping

Shopping ist in San Francisco weitaus mehr als nur Einkaufen, es bedeutet eine Erfahrung, die fundierte Einblicke in den Lebensstil und die reiche Kultur der Metropole gewährt. Die Vielfalt lässt den Einkaufsbummel zu einem Abenteuer werden. Man kann hier wirklich alles erstehen – von ganz alltäglichen Dingen bis hin zu den ausgefallensten und originellsten Sachen. Auch wenn man nur ein wenig bummeln will, ist man jederzeit willkommen, vor allem in den zahlreichen kleineren Shops und Boutiquen in der Innenstadt. Wer eher kurze Wege bevorzugt, sollte in eine der Shopping Malls oder in einen Department Store gehen. Lokalkolorit mit eigenem Charme bieten vor allem die langen Shopping-Meilen in den einzelnen Stadtteilen, die in vielen Fällen auch einen guten Eindruck von der besonderen ethnischen Vielfalt San Franciscos vermitteln.

Shopping Malls

Im Gegensatz zu vielen Einkaufszentren in den Vororten sind die Shopping Malls in San Francisco keine kalten Konsumpaläste. Sie besitzen ihren eigenen Charakter, die eine oder andere Anlage ist sogar architektonisch interessant.

Das Embarcadero Center (*siehe S. 318*) beherbergt über 125 Läden in acht Blocks. Ghirardelli Square (*siehe S. 341*) war von 1893 bis 1953 eine berühmte Schokoladenfabrik. Heute verfügt das beliebte Center über zahlreiche Läden und mehrere Restaurants. Darüber hinaus hat man einen schönen Blick auf die Bucht von San Francisco. Im Westfield San Francisco Centre (*siehe S. 325*) locken über 200 Geschäfte auf neun Stockwerken.

Marktplatz, Restaurants, ein venezianisches Karussell, ein Yachthafen und viele Läden machen den PIER 39 (*siehe S. 340*) zum Anziehungspunkt. The Cannery (*siehe S. 341*) in

Emporio Armani am Union Square

Fisherman's Wharf bietet eine Vielzahl kleiner Läden. Die Crocker Galleria (*siehe S. 324*) gehört mit ihrer Glaskuppel zu den imposantesten Shopping Malls der Stadt.

Exotische Lebensmittel und asiatische Kunst gibt es im Japan Center (*siehe S. 356*) – zudem Hotels im japanischen Stil und traditionelle Badehäuser. Das Rincon Center (*siehe S. 321*) mit seiner hohen Fontäne ist ein Kaufparadies im Art-déco-Stil.

Department Stores

Die meisten Department Stores San Franciscos befinden sich am Union Square. Diese Einkaufsparadiese bieten außer einem breiten Angebot auch besten Service.

Bloomingdale's eröffnete Ende 2006 seinen West Coast Flagship Store, der nun einer der größten »Bloomies« der USA ist. Er bietet Mode, Accessoires und Haushaltswaren.

Das riesige **Macy's** bietet ein umfassendes Warensortiment. Hier kann man auch Geld wechseln und einen Dolmetscher in Anspruch nehmen. Zu den größten Abteilungen gehört die Herrenkonfektion.

Neiman Marcus gehört auch zu den eleganten Department Stores. Die alte Bleiglasfenster-Rotunde wurde erhalten. Heute ist hier das Restaurant.

Das Mode- und Schuhparadies **Nordstrom** wird gern als »Store-in-the-Sky« bezeichnet, da es die oberen vier Stockwerke des innovativen Westfield San Francisco Centre einnimmt.

Flaggen vor der Pagode des Japan Center

Shopping am Union Square

Wer etwas Bestimmtes oder Außergewöhnliches sucht, ist in der Gegend zwischen Geary, Powell und Post Street sowie an der Ecke Market und Sutter Street richtig. Dort verkaufen Luxusboutiquen ebenso wie preiswerte Shops alles, von Designer-Bettbezügen bis zu Schneekugeln. Zum besonderen Flair tragen auch exklusive Hotels, edle Restaurants und farbenprächtige Blumenstände bei.

Läden, die einem guten Zweck dienen

Shoppen, um dabei noch eine gute Sache zu unterstützen, schätzen die Einwohner von San Francisco. Alle Einkäufe in **The Pirate Store** kommen 826 Valencia zugute, einer Organisation, die Kinder und Jugendliche dabei unterstützt schreiben zu lernen.

Blumenstand am Union Square

Der **Warming Hut Bookstore** hat umweltfreundliche Souvenirs und Geschenke im Angebot. Der nicht auf Gewinn ausgerichtete **Community Thrift Store** verkauft gespendete Artikel. **Patagonia** bietet Outdoor-Utensilien aus Recycling-Material an. Der Laden veranstaltet Spendenaktionen und sammelt Kleider für Hilfsprojekte.

Souvenirs
Souvenirs, T-Shirts, Schlüsselanhänger und Tassen mit San-Francisco-Motiven findet man bei **Only in San Francisco** und im **Cable Car Store**. Weitere Souvenirs sowie Kappen gibt es bei **Krazy Kaps**. In der Grant Avenue *(siehe S. 333)* und in Fisherman's Wharf *(siehe S. 338f)* stehen vor den Läden körbeweise billige Andenken.

San Francisco Specials
Seafood ist eine der Spezialitäten von San Francisco und wird in allen möglichen Zubereitungs- und Konservierungsarten Gourmets eine Freude machen. Auch Weine aus dem Napa Valley *(siehe S. 466f)* und Schokolade von Ghirardelli sind überaus empfehlenswerte Waren. Des Weiteren sollte man nach Jeans, Vintage-Mode, Ethno-Kunsthandwerk, Büchern und CDs Ausschau halten – vor allem im Mission District und im Viertel Haight-Ashbury.

Shopping Guides
Es gibt in San Francisco einige Organisationen, die Sie für individuell abgestimmte Einkaufstouren beraten und dabei auch begleiten. Nähere Informationen dazu hat die **San Francisco Travel Association**. Das Kaufhaus Macy's bietet einen VIP-Shopping-Tag mit Service an.

Museumsläden
Zu den schönsten Shops in Museen gehören der **Academy Store** in der California Academy of Sciences *(siehe S. 374f)*, der **MuseumStore** in der Legion of Honor *(siehe S. 378f)* und **The Asian Art Museum Store** *(siehe S. 356)*. Auch der Store des wiedereröffneten SFMOMA *(siehe S. 322f)* lohnt einen Besuch.

Grant Avenue, Chinatown

Auf einen Blick

Academy Store
California Academy of Sciences, Golden Gate Park, 55 Music Concourse Dr. **Stadtplan** 8 F2.
📞 1-415-933-6154.
🌐 calacademy.org

The Asian Art Museum Store
200 Larkin St. **Stadtplan** 4 F5.
📞 1-415-581-3600.
🌐 asianart.org

Bloomingdale's
845 Market St. **Stadtplan** 5 C4.
📞 1-415-856-5300.
🌐 bloomingdales.com

Cable Car Store
PIER 39. **Stadtplan** 5 B1.
📞 1-415-989-2040.

Community Thrift Store
623 Valencia St. **Stadtplan** 10 F3.
📞 1-415-989-2040.

Krazy Kaps
PIER 39. **Stadtplan** 5 B1.
📞 1-415-296-8930.

Macy's
Stockton u. O'Farrell St.
Stadtplan 5 C5. 📞 1-415-954-6271. 🌐 macys.com

MuseumStore
Legion of Honor, Golden Gate Park. **Stadtplan** 1 B5.
📞 1-415-750-3677.
🌐 deyoungmuseum.org

Neiman Marcus
150 Stockton St. **Stadtplan** 5 C5.
📞 1-415-362-3900.
🌐 neimanmarcus.com

Nordstrom
Westfield San Francisco Center, 865 Market St. **Stadtplan** 5 C5.
📞 1-415-243-8500.
🌐 nordstrom.com

Only in San Francisco
PIER 39. **Stadtplan** 5 B1.
📞 1-415-397-0143.

Patagonia
700 North Point St.
Stadtplan 5 A2.
📞 1-415-771-2050.

The Pirate Store
826 Valencia St. **Stadtplan** 10 F2.
📞 1-415-642-5905.

San Francisco Travel Association
900 Market St. **Stadtplan** 5 C4.
📞 1-415-391-2000.

Warming Hut Bookstore
983 Marine Dr Ecke Long Ave.
Stadtplan 2 F2.
📞 1-415-561-3043.

Stadtplan San Francisco *siehe Seiten 404–413*

Shopping-Adressen

Die Stadt ist vom Unternehmergeist geprägt – nicht umsonst genießt San Francisco den Ruf, besonders kultiviert zu sein. Ob es sich um ein kleines Souvenir, Designermode, Antiquitäten oder einen köstlichen Imbiss für Zwischendurch handelt – San Francisco wird niemanden enttäuschen, denn es gibt für alles den richtigen Laden. In der Stadt wirken viele Gourmetköche, deren Nachfrage nach gutem Wein und edlen Zutaten zahlreiche ungewöhnliche und sehenswerte Läden hervorgebracht hat. In dieser einzigartigen Atmosphäre der kosmopolitischen Metropole ist Shopping ein Hochgenuss.

Ghirardelli Square, der Ort für edle Schokolade

Besondere Läden

Wenn Sie auf der Suche nach witzigen Dingen – Kleidung oder Kunsthandwerk – sind, dann sollten Sie zu **Kati Koos: A Gallery with Tongue in Chic** gehen. Seit den Tagen des Goldrauschs gibt es das Familiengeschäft **VIP Luggage**, das Reisegepäck, Brieftaschen und andere Lederwaren verkauft – in exzellenter Verarbeitung. Schicken Sie an Ihre Lieben doch eine Kunstpostkarte von **Flax Art and Design**, einem 60 Jahre alten Laden, der eine große Auswahl an handgeschöpftem Papier und edlem

Die witzige Fassade von Flax Art and Design in der Market Street

Bürobedarf anbietet. Eine angesagte Adresse für Kosmetik und Beauty-Produkte ist **MAC Cosmetics**. **Comix Experience** verkauft jede Menge Comics. Italienische Keramik findet man bei **Biordi Art Imports** in North Beach.

Wer das Flair von Chinatown genießen will, geht zu **Ten Ren Tea Company of San Francisco**. Bei **Golden Gate Fortune Cookies**, einer Firma, die Nachfahren chinesischer Einwanderer betreiben, kann man diverse Glückskekse – eine Erfindung von San Franciscos Chinatown – vor dem Kauf probieren.

Delikatessen

Ob Abalone oder Zucchini, ob frische kalifornische Produkte oder importierte Spezialitäten – im Gourmetladen **Whole Foods** findet man alles. **Williams-Sonoma** offeriert Marmeladen, Senfkreationen und Geschenkpackungen. **David's** ist für Lox (geräucherten Lachs), Bagels und Deli-Sandwiches bekannt. Das italienische **Molinari Delicatessen** bietet u. a. frische Ravioli und Tortellini an. Das freundliche Personal von **Lucca Ravioli Company** produziert die Pasta im Laden. **Pasta Gina** versorgt eine junge schicke Klientel mit Pasta, Pesto und anderen Saucen.

Feigenmarmelade, Williams-Sonoma

Asiatisches Essen und asiatische Produkte gibt es in Chinatown (siehe S. 330f). Der **Casa Lucas Market** führt spanische und lateinamerikanische Spezialitäten.

Baguette aus Sauerteig von der **Boudin Bakery** ist für die Einheimischen ein absolutes

Muss. **La Boulange** mit dem besten Brotangebot der Stadt bringt Pariser Flair nach San Francisco. **Cheese Plus** verkauft exzellenten Käse und Gourmet-Schmankerln. Schokoladenfans sind von der **Ghirardelli Chocolate Factory** begeistert.

Die Einwohner der Stadt sind Kaffeeliebhaber, folglich gibt es einige Spezialgeschäfte. **Caffè Trieste**, das älteste Café der Stadt, verkauft eine Anzahl selbst gerösteter Kaffeesorten und Kaffeemischungen sowie Kaffeezubehör. **Caffè Roma Coffee Roasting Company** und **Graffeo Coffee Roasting Company** bieten ebenfalls die braunen Bohnen an.

Das Personal von **California Wine Merchant** empfiehlt

Caffè Trieste in der Vallejo Street, eine North-Beach-Institution

Ihnen fachkundig preiswerte Weine. **Napa Valley Winery Exchange** bietet eine sehr gute Auswahl an edlen Tropfen kalifornischer Weingüter an, darunter auch Produkte kleinerer Kellereien.

Frisches Obst und Gemüse aus der Region findet man auf den Bauernmärkten im Zentrum der Stadt. Die Stände werden dort jeweils für einen Tag aufgebaut, die Bauern verkaufen ihre Produkte direkt: **Heart of the City Farmers' Market** (Mi 7–17, So 7–17.30 Uhr), **Ferry Plaza Farmers' Market** (Di, Do 10–14, Sa 8–14 Uhr). Viele Lebensmittelläden in Chinatown verströmen das Flair exotischer Bauernmärkte und sind jeden Tag geöffnet.

Pinot Noir, ein beliebter regionaler Roter

Bücher, Musik, Kunst und Antiquitäten

Unabhängige Buchhandlungen erlebten in den letzten Jahren eine schwierige Phase, einige renommierte wurden geschlossen. **Modern Times Bookstore** zählt bei Einheimischen zu den beliebtesten. Das Angebot umfasst neben Klassikern und Bestsellern auch Geheimtipps. Der **City Lights Bookstore** (siehe S. 344) – in den 1960er Jahren ein berühmter Beatnik-Treff – hat sehr lange geöffnet und ist ein Wahrzeichen San Franciscos. **Green Apple Books & Music** verkauft neue und gebrauchte Bücher und hat bis 2.30 Uhr, freitags und samstags bis 23.30 Uhr geöffnet.

Die Buchhandlung **Adobe Books & Arts Cooperative** verkauft ungewöhnliche und seltene Bücher zu Discountpreisen. **William Stout Architectural Books** bietet Bücher über Kunst, Architektur, Inneneinrichtung, Design und Grafik n.

Musikfans werden wahrscheinlich bei **Rasputin Music** oder bei **Best Buy** fündig. Ausgefallenere Musikwünsche kann Ihnen vielleicht **Recycled Records** erfüllen. **Amoeba Music** besitzt die größte Auswahl an CDs, Platten und Musik-DVDs – rund 500 000 neue und alte Titel, darunter auch Jazz, Blues und Rock sowie secondhand. Der Laden ist ein Paradies für Sammler. Hier findet man rare Titel zu günstigen Preisen. Musikinstrumente sowie Noten und Musikbücher aller Art gibt es in der **Union Music Company**.

Kunstliebhaber werden sicherlich in den Hunderten von Galerien der Stadt fündig. Die **John Berggruen Gallery** bietet eine große Auswahl an Werken etablierter Künstler und solchen von Newcomern. Die **Fraenkel Gallery** ist für Fotografien aus dem 19. und 20. Jahrhundert bekannt. **Xanadu Gallery** offeriert Masken, Textilien, Skulpturen und Schmuck.

Der Jackson Square ist San Franciscos Antiquitätenmeile (siehe S. 318). **49 Geary Street** erweist sich als Schatztruhe für Kunstsammler. Hier sind rund 20 Galerien und vier Läden für seltene Bücher versammelt. **Lang Antiques** bietet alle Arten von altem Schmuck an. **Dragon House** verkauft asiatische Antiquitäten und Kunst. Antiquarische Bücher, Drucke und Karten findet man bei **Prints Old & Rare**.

Mode

Sehr gute Designerläden sind **Diana Slavin** (klassische Mode), **Joanie Char** (Freizeitmode) und **Wilkes Bashford** (neueste Couture). Für herabgesetzte Designerkleidung sollte man im trendigen SoMa stöbern, wo man durchaus Schnäppchen machen kann. In der trendigen Gegend um die South Park Street von SoMa liegt **Jeremy's**, wo man klassische Mode und Designerware (für Männer und Frauen) zu Discountpreisen ersteht.

Am Yerba Buena Square gibt es Factory Outlets wie **Burlington Coat Factory** mit Sonderangeboten von lokalen Modemachern. **Upper Playground** führt Verspieltes, **Buffalo Exchange** Secondhand-Kleidung mit dem gewissen Etwas.

Wasteland in der Haight Street ist eine Fundgrube für Vintage-Mode

The Wasteland in Haight-Ashbury ist ein Tipp für Vintage-Mode. **Thrift Town** im Zentrum des Mission District führt ein umfangreiches Sortiment an Secondhand-Mode. **Mission Thrift** verkauft ungewöhnliche Secondhand-Ware verschiedener Stile.

Brooks Brothers ist vor allem für konventionelle Herrenmode und Button-down-Hemden bekannt. Modische Freizeitkleidung gibt es bei **Eddie Bauer**.

City Lights Bookstore (siehe S. 344f) in der Columbus Avenue

Designerlabels für Männer, Sportkleidung, Schuhe und Accessoires mit europäischem Touch findet man bei **Rolo**.

Natürlich sind auch Namen wie **Chanel** und **Gucci** vertreten. **Salvatore Ferragamo** hat einen Laden am Union Square. **Prada** ist für Mode aus feinster Merinowolle und Kaschmir bekannt. Bei **Marc Jacobs** findet man Mode für Männer und Frauen sowie exklusive Accessoires. **Banana Republic** und **Guess** führen stilvolle, tragbare Kleidung. Die japanische Marke **Uniqlo** verkauft Freizeitmode und Accessoires für Erwachsene und Kinder.

Urban Outfitters hat Retromode im Angebot. In der **Sui Generis Boutique** findet man edle gebrauchte Designermode. Der **The Levi's Store** besteht seit 1853. Hier gibt es auch alle möglichen Teile, die man zu Jeans tragen kann *(siehe S. 347)*.

Small Frys führt Kinderkleidung aus Baumwolle. Qualitätsschuhe gibt es bei **On The Run**. Komfortschuhe bietet **Ria's Shoes**, darunter Clarks, Ecco, Dansko, Timberland und Sebago. **Nike** ist der Megastore für Sportschuhe. Im **DSW Shoe Warehouse** gibt es herabgesetzte Ware.

Spiele, Spielzeug und Technik

Im Exploratorium, San Franciscos faszinierendem Wissenschaftsmuseum, gibt es den **Exploratorium Store**. Er verkauft wissenschaftliche Bücher und Lernspiele.

Bei **Puppets on the Pier** erfährt man alles über Puppen. Zum Sortiment von **Ambassador Toys** gehören u.a. Modeschmuck und Modelleisenbahnen.

Der **Chinatown Kite Shop** verführt zu luftigen Träumen. Hier gibt es alles an Flugobjekten: von traditionellen Drachen bis zu Objekten für Weltmeisterschaften – ein Paradies für besondere Souvenirs. Im **Brookstone** werden auch Erwachsene, die alles zu haben glauben, fündig – so verführerisch ist das Hightech-Flair von allen möglichen Geräten und Elektronikprodukten.

Auf einen Blick

Besondere Läden

Biordi Art Imports
412 Columbus Ave.
Stadtplan 5 C3.
1-415-392-8096.

Comix Experience
305 Divisadero St.
Stadtplan 10 D1.
1-415-863-9258.

Flax Art and Design
1699 Market St.
Stadtplan 10 F1.
1-415-552-2355.

Golden Gate Fortune Cookies
56 Ross Alley.
Stadtplan 5 C3.
1-415-781-3956.

Kati Koos: A Gallery with Tongue in Chic
500 Sutter St.
Stadtplan 5 B4.
1-415-362-3437.

MAC Cosmetics
45 Powell St.
Stadtplan 5 B5.
1-415-402-0658.

Ten Ren Tea Company of San Francisco
949 Grant Ave.
Stadtplan 5 C3.
1-415-362-0656.

VIP Luggage
50 Post St.
Stadtplan 5 C4.
1-415-391-2200.

Delikatessen

Boudin Bakery
4 Embarcadero Center.
Stadtplan 6 D3.
1-415-362-3330.

Caffè Roma Coffee Roasting Company
526 Columbus Ave.
Stadtplan 5 B2.
1-415-296-7942.

Caffè Trieste
601 Vallejo St.
Stadtplan 5 C3.
1-415-982-2605.

California Wine Merchant
2113 Chestnut St.
Stadtplan 4 D2.
1-415-567-0646.

Casa Lucas Market
2934 24th St.
1-415-826-4334.

Cheese Plus
2001 Polk St.
Stadtplan 5 A3.
1-415-921-2001.

David's
474 Geary St.
Stadtplan 5 A5.
1-415-276-5950.

Ferry Plaza Farmers' Market
1 Ferry Building.
Stadtplan 6 D3.
1-415-291-3276.
ferrybuildingmarketplace.com

Ghirardelli Chocolate Factory
Ghirardelli Square.
Stadtplan 4 F1.
1-415-474-3938.
44 Stockton St.
Stadtplan 5 B5.
1-415-397-3030.

Graffeo Coffee Roasting Company
735 Columbus Ave.
Stadtplan 5 B2.
1-415-986-2420.

Heart of the City Farmers' Market
1182 Market St.
Stadtplan 10 F1.
1-415-558-9455.

La Boulange
2325 Pine St.
Stadtplan 4 D4.
1-415-440-0356.

Lucca Ravioli Company
1100 Valencia St.
Stadtplan 10 F3.
1-415-647-5581.

Molinari Delicatessen
373 Columbus Ave.
Stadtplan 5 C3.
1-415-421-2337.

Napa Valley Winery Exchange
415 Taylor St.
Stadtplan 5 B5.
1-415-771-2887.
nvwe.com

Pasta Gina
741 Diamond St.
Stadtplan 10 D4.
1-415-282-0738.

Whole Foods
1765 California St.
Stadtplan 4 F4.
1-415-674-0500.

Williams-Sonoma
340 Post St.
Stadtplan 5 C4.
1-415-362-9450.

Bücher, Musik, Kunst und Antiquitäten

49 Geary Street
49 Geary St.
Stadtplan 5 C5.
1-415-986-5826.

Adobe Books & Arts Cooperative
3130 24th St.
Stadtplan 10 F4.
1-415-864-3936.

Auf einen Blick

Amoeba Music
1855 Haight St.
Stadtplan 9 B1.
1-415-831-1200.

Best Buy
1717 Harrison St.
Stadtplan 6 D5.
1-415-626-9682.

City Lights Bookstore
261 Columbus Ave.
Stadtplan 5 C3.
1-415-362-8193.

Dragon House
455 Grant Ave.
Stadtplan 5 C4.
1-415-781-2351.

Fraenkel Gallery
49 Geary St.
Stadtplan 5 C5.
1-415-981-2661.

Green Apple Books & Music
506 Clement St.
Stadtplan 3 A5.
1-415-387-2272.

John Berggruen Gallery
228 Grant Ave.
Stadtplan 5 C4.
1-415-781-4629.

Lang Antiques
323 Sutter St.
Stadtplan 5 C4.
1-415-982-2213.

Modern Times Bookstore
2919 24th St.
Stadtplan 10 E4.
1-415-282-9246.

Prints Old & Rare
580 Crespi Drive,
Pacifica, California.
1-650-355-6325.

Rasputin Music
69 Powell St.
Stadtplan 5 B5.
1-415-834-0267.

Recycled Records
1377 Haight St.
Stadtplan 9 C1.
1-415-626-4075.

Union Music Company
1710B Market St.
Stadtplan 10 F1.
1-415-775-6043.

William Stout Architectural Books
804 Montgomery St.
Stadtplan 5 C3.
1-415-391-6757.

Xanadu Gallery
Frank Lloyd Wright Bldg,
140 Maiden Lane.
Stadtplan 5 B5.
1-415-392-9999.

Mode

Banana Republic
256 Grant Ave.
Stadtplan 5 C4.
1-415-788-3087.

Brooks Brothers
240 Post St.
Stadtplan 5 C4.
1-415-402-0476.

Buffalo Exchange
1555 Haight St.
Stadtplan 9 C1.
1-415-431-7733.
1210 Valencia St.
Stadtplan 10 F4.
1-415-647-8332.

Burlington Coat Factory
899 Howard St.
1-415-495-7234.

Chanel Boutique
155 Maiden Lane.
Stadtplan 5 C5.
1-415-981-1550.

Diana Slavin
3 Claude Lane.
Stadtplan 5 C4.
1-415-677-9939.

DSW Shoe Warehouse
400 Post St.
Stadtplan 5 B5.
1-415-956-3453.

Eddie Bauer
Westfield San Francisco
Centre,
865 Market St.
Stadtplan 5 C5.
1-415-343-0146.

Gucci
240 Stockton St.
Stadtplan 5 C5.
1-415-392-2808.

Guess
865 Market St,
Suite 206.
Stadtplan 5 C5.
1-415-495-0200.

Jeremy's
2 South Park St.
1-415-882-4929.

Joanie Char
537 Sutter St.
Stadtplan 5 B4.
1-415-399-9867.

Marc Jacobs
125 Maiden Lane.
Stadtplan 5 C4.
1-415-362-6500.

Mission Thrift
2330 Mission St.
Stadtplan 10 F3.
1-415-821-9560.

Nike
278 Post St.
Stadtplan 5 C4.
1-415-392-6453.

On The Run
1310 9th Ave.
Stadtplan 8 F3.
1-415-682-2042.

Prada
201 Post St.
Stadtplan 5 C4.
1-415-848-1900.

Ria's Shoes
301 Grant Ave.
Stadtplan 5 C4.
1-415-834-1420.

Rolo
2351 Market St.
Stadtplan 10 D2.
1-415-431-4545.

Salvatore Ferragamo
236 Post St.
Stadtplan 5 C4.
1-415-391-6565.

Small Frys
4066 24th St.
Stadtplan 10 D4.
1-415-648-3954.

Sui Generis Boutique
2265 Market St.
Stadtplan 10 D2.
1-415-437-2265.

The Levi's Store
815 Market St
Stadtplan 5 C5
1-415-501-0100.

Thrift Town
2101 Mission St.
Stadtplan 10 F3.
1-415-861-1132.

Uniqlo
111 Powell St.
Stadtplan 3 B5.
1-877-486-4756.

Upper Playground
220 Fillmore St.
Stadtplan 10 E1.
1-415-861-1960.

Urban Outfitters
80 Powell St.
Stadtplan 5 B5.
1-415-989-1515.

The Wasteland
1660 Haight St.
Stadtplan 9 B1.
1-415-863-3150.

Wilkes Bashford
375 Sutter St.
Stadtplan 5 C4.
1-415-986-4380.

Spiele, Spielzeug und Technik

Ambassador Toys
2 Embarcadero Center.
Stadtplan 6 D3.
1-415-759-6897.

Brookstone
3251 20th Ave.
1-415-731-8046.

Chinatown Kite Shop
717 Grant Ave.
Stadtplan 5 C3.
1-415-989-5182.

Exploratorium Store
PIER 15.
Stadtplan 6 D2.
1-415-528-4444.

Puppets on the Pier
PIER 39.
Stadtplan 5 B1.
1-415-781-4435.

Viele der hier aufgelisteten Unternehmen haben mehrere Filialen in der Stadt.

Unterhaltung

Schon seit seinem markanten Aufschwung um die Mitte des 19. Jahrhunderts rühmt sich San Francisco, das kulturelle Zentrum der Westküste zu sein. Tatsächlich hat das Unterhaltungsangebot ein sehr hohes Niveau. Der Komplex für darstellende Künste im Civic Center gegenüber der City Hall ist der zentrale Veranstaltungsort für klassische Konzerte, Opern und Ballettaufführungen. Ein wichtiges Kulturzentrum der Stadt ist das viel gepriesene Center for the Arts Theater in den Yerba Buena Gardens, in dem regelmäßig auch internationale Ensembles gastieren.

Hinzu kommen diverse Programmkinos, die Kinofans ein anspruchsvolles Filmangebot bieten. Die Theaterszene ist demgegenüber weniger spektakulär – mit Ausnahme einiger bemerkenswerter Avantgarde-Bühnen. Die Stadt besitzt jedoch eine grandiose Musikszene, vor allem in Bezug auf Jazz und Blues. Man kann in vielen Clubs renommierte Gruppen zum Preis eines Drinks hören. Auch auf Straßenfesten oder den Musikfestivals im Sommer sind gute Bands präsent. Das sportliche Angebot reicht von Radfahren über Golf bis zu Tennis und Segeln.

Information
Der *San Francisco Chronicle* und der *Examiner* bringen täglich Veranstaltungshinweise, ebenso die Sonntagsausgabe des *Chronicle*. Einen guten Überblick verschaffen auch kostenlose Wochenblätter wie *San Francisco Weekly* (in Kiosken, Cafés und Bars). Sie bringen auch Rezensionen, vor allem von Konzerten, Filmen und Nachtclubs.

Wer weiter vorausplanen will oder muss, ist mit dem *San Francisco Book* gut bedient, das die **San Francisco Travel Association** viermal jährlich herausgibt und das im **Visitor Information Center** an der Hallidie Plaza kostenlos ist. Veranstaltungshinweise erhält man auch per Tonbandansage beim Anruf der Events Line sowie beim Blick auf die Website des Visitor Information Center.

Besuchern stehen des Weiteren zahlreiche kostenlose oder sehr preiswerte Magazine und Veranstaltungskalender zur Verfügung, etwa **Where San Francisco**, die auch online mit Informationen versorgen.

Tickets
Die Agentur **Ticketmaster** hat in den USA praktisch ein Monopol beim Verkauf von Eintrittskarten. Tickets für fast alle Veranstaltungen kann man dort telefonisch oder online erwerben. Beachten Sie, dass die Gebühren für die Buchung beträchtlich sein können.

Viele Veranstalter haben feste Arrangements mit Ticketmaster. Trotzdem lohnt es sich, einen Blick auf die Website des Veranstalters zu werfen, um zu erfahren, ob man die Tickets von diesem direkt (und damit günstiger) beziehen kann.

Ladenfront einer Kartenvorverkaufsstelle in San Francisco

Auch bei dieser Option muss man eine Vorverkaufsgebühr bezahlen, spart aber dennoch etwas Geld. Eine weitere Alternative zum Kauf der Karten bei Ticketmaster ist **Tix Bay Area**.

Bei dem Online-Dienst **StubHub**, einer Tochter von eBay, kann man seine nicht benötigten Karten gegen einen gewissen Preisabschlag wieder verkaufen.

Für den Besuch eines Konzerts der San Francisco Symphony oder von Opern- und Ballettaufführungen muss man schon lange im Voraus Karten bestellen. Wenn Sie während Ihres Aufenthalts mehrmals derartige Veranstaltungen besuchen wollen, lohnt sich ein Abonnement.

Schwarzhändler, die stets bei ausverkauften Veranstaltungen vor dem Eingang stehen, bieten Karten zu astronomischen Preisen an. Man kann sie zwar herunterhandeln – wenn man bereit ist, den Beginn der Veranstaltung zu versäumen. Andererseits könnten diese Tickets aber gefälscht sein.

Fassade des War Memorial Opera House

Schachpartie im Freien, Portsmouth Plaza in Chinatown

Ermäßigte Tickets

Der Anbieter Tix Bay Area verkauft neben regulären auch ermäßigte Eintrittskarten für nahezu jede kulturelle Veranstaltung in San Francisco und Umgebung. Ein beträchtlicher Teil der Verkaufsgebühren fließt in die Theatre Bay Area, einen renommierte Förderverein für darstellende Künste in der Bay Area.

Tix Bay Area verkauft Tickets am Kartenschalter an der Ostseite des Union Square *(siehe S. 324)*, der täglich von 9 bis 17 Uhr (am Wochenende bis 18 Uhr) geöffnet ist. Mit etwas Glück bekommt man dort neben regulären Tickets für Tanz, Theater, Musik und Film auch solche zum halben Preis.

Kostenlose Veranstaltungen

In der ganzen Stadt finden zusätzlich zu den kostenpflichtigen Veranstaltungen auch zahlreiche kostenlose Konzerte und Aufführungen statt, viele davon im Sommer tagsüber im Freien. Sie bilden eine willkommene Abwechslung zum üblichen Kulturangebot.

Die San Francisco Symphony *(siehe S. 394)* gibt Mitte Juni bis Ende August mehrere Sonntagskonzerte im **Stern Grove**, südlich des Sunset District. Hier treten auch Ballettgruppen auf.

Die Sänger der San Francisco Opera *(siehe S. 394)* geben in der ersten Woche der Opernsaison im Golden Gate Park eine kostenlose Vorstellung, zu der alljährlich rund 20 000 Besucher kommen. »Opera in the Park« ist ein weiteres jährlich stattfindendes Spektakel, das im Dolores Park veranstaltet wird. Dort finden auch jedes Jahr im Sommer der Comedy Celebration Day, die Vorstellungen der San Francisco Mime Troupe und das Shakespeare Festival statt.

Die Yerba Buena Gardens sind zwischen Mai und Oktober Schauplatz vieler Konzerte (von Popmusik bis Oper), Kulturfestivals, Tanzvorführungen und anderer Veranstaltungen. Das ganze Jahr über gibt es Feste wie das Chinese New Year Festival.

Behinderte Reisende

Kalifornien ist im Umgang mit den Bedürfnissen von Behinderten vorbildlich. Die meisten Konzertsäle und Theater sind gut zugänglich und bieten auch Zuschauerplätze für Rollstuhlfahrer. Kleinere Veranstaltungsorte haben zumindest gesonderte Eingänge oder Aufzüge in die oberen Ränge. Manche Kinos bieten Kopfhörer für Schwerhörige an. Rufen Sie am besten an, um Näheres über das Angebot zu erfahren.

Presidio Cinema

Auf einen Blick

Information

Visitor Information Center
900 Market St, Hallidie Plaza.
☎ 1-415-391-2000.
ⓦ sfvisitor.org

Where San Francisco
ⓦ wheretraveler.com/san-francisco

Tickets

StubHub
ⓦ stubhub.com

Ticketmaster
☎ 1-800-745-3000.
ⓦ ticketmaster.com

Ermäßigte Tickets

Tix Bay Area
Union Sq, 330 Powell St.
☎ 1-415-433-7827.
ⓦ tixbayarea.com

AT&T Park, das Stadion der San Francisco Giants *(siehe S. 396f)*

Stadtplan San Francisco *siehe Seiten 404–413*

Veranstaltungsorte

Mit seiner Vielfalt an Veranstaltungen ist San Francisco eine der unterhaltsamsten Städte der Welt. Das Angebot ist in allen Sparten darstellender Künste hervorragend. Neben der besten Opern- und Ballettgruppe der amerikanischen Westküste ragt auch das Symphonieorchester heraus. Hinzu kommt noch eine sehr breite Palette an Jazz-, Blues- und Rockmusik, Theatergruppen und Programmkinos. Sportfans haben ebenfalls viele Möglichkeiten, aktiv oder passiv mit von der Partie zu sein.

Die ultramoderne Louise M. Davies Symphony Hall

Kino und Theater

San Francisco hat sehr treue Kinofans. Das **AMC Metreon** ist ein Komplex mit 16 Leinwänden und einem IMAX-Theater sowie Läden, Lokalen und Sonderveranstaltungen.

Sundance Kabuki mit acht Sälen im Japan Center *(siehe S. 356)* ist eines der besten Kinos von San Francisco. Hier findet im Mai das renommierte **San Francisco International Film Festival** statt. Zu den bekanntesten Premierenkinos gehört das **Embarcadero Center Cinema**, das auch Indies spielt. Erstaufführungen ausländischer Filme (in Originalsprache) gibt es im **Clay Thea-**tre in Pacific Heights und im **Opera Plaza Cinema**. Das **Castro Theatre** *(siehe S. 364)* zeigt ein täglich wechselndes Programm mit Hollywood-Klassikern und Kultfilmen. **The Roxy Theater** im Mission District ist für Dokumentarfilme und Indies bekannt.

Viele Einwohner von San Francisco stehen dem Mainstream-Theater skeptisch gegenüber – dies ist sicher einer der wesentlichen Gründe, warum es in der Stadt keine gute Theaterszene gibt. Konventionelles Theater, u. a. tourende Broadway-Produktionen und Aufführungen lokaler Gruppen konzentrieren sich auf das Theaterviertel *(siehe S. 324)*. Die drei größten Bühnen der Stadt sind das **Golden Gate Theatre**, das **Curran Theatre** und das **Orpheum Theater** – alle zeigen Broadway-Stücke.

Das **Children's Creativity Museum** bietet studentische und professionelle Aufführungen. Musicals und Comedy präsentiert **The Marsh**. Zu den renommierten Gruppen der Stadt gehört das American Conservatory Theater (ACT), das viele Stücke im **Geary Theater** aufführt. Die Spielzeit dauert von Oktober bis Mai.

Castro Theatre, ein Kinopalast

Oper, klassische Musik und Tanz

Hauptsaison der **San Francisco Opera** ist von September bis Dezember. Tickets kosten über 100 Dollar, doch in der Sommersaison gibt es auch erschwinglichere Karten.

Der Hauptveranstaltungsort für Opern, klassische Musik und Tanzaufführungen ist der Komplex des Civic Center in der Van Ness Avenue. Hier befindet sich die **Louise M. Davies Symphony Hall**, in der meist klassische Musik zu hören ist. Sie ist auch Heimstatt der renommierten **San Francisco Symphony**, die in der Wintersaison fünf Konzerte pro Woche gibt. Gastdirigenten, Solisten und Gastorchester treten zusätzlich auf. Das gleich bei der Oper gelegene **Herbst Theatre** ist Aufführungsort für Konzerte bekannter Solisten und zählt bei Theatergängern zu den stimmungsvollsten Bühnen der Stadt.

Neben den großen Events gibt es in der Bay Area zahlreiche kleinere Liederabende und Konzerte. Das **Philharmonia Baroque Orchestra**, ein Ensemble für alte Musik, spielt an verschiedenen Orten der Stadt. Die historische **Old First Presbyterian Church** bietet am Freitagabend und am Sonntagnachmittag eine Reihe mit Kammermusik und Solokonzerten.

Das **San Francisco Conservatory of Music** bildet nicht nur aus, sondern bietet auch eine Bühne für zahlreiche Aufführungen – vom Liederabend bis

Geary Theater

zur Ein-Akter-Oper und den beliebten Midsummer-Mozart-Konzerten. Die **Grace Cathedral** bietet eine fantastische Kulisse für Chöräle. Der Kirchenchor singt jeden Donnerstag um 17.15 Uhr zur Abendandacht. Sonntags um 11 Uhr findet die Eucharistiefeier mit Chor statt.

Das 1933 gegründete **San Francisco Ballet** ist die älteste Ballettkompanie der USA. Von Mitte Dezember bis April zeigt sie Klassiker im **War Memorial Opera House**. Tanzaufführungen regionaler Gruppen finden oft im kleinen **Z Space** und im **ODC Theater** statt. Das Yerba Buena Center for the Arts *(siehe S. 326f)* beherbergt das **Alonzo King LINES Ballet**. Die **Zellerbach Hall** in Berkeley präsentiert die besten Programme tourender Ballettproduktionen.

Im Slim's gibt es die besten Rockkonzerte von San Francisco

Rock, Jazz und Blues

Das **Slim's** und **Bimbo's 365 Club** sind die beiden besten Adressen, um Rockkonzerte zu hören. Bimbo's bietet Rock, Jazz, Country Music und R & B und zieht recht unterschiedliche Zuhörer an. Slim's ist dagegen der edlere Club, er bietet 436 Plätze und engagiert zudem bekannte Größen. Ein weiterer Name muss hier noch als Aufführungsort fallen: das legendäre **Fillmore Auditorium** war Geburtsort des Psychedelic Rock in den 1960er Jahren *(siehe S. 363)*.

Liebhaber von Jazz finden eine ganze Reihe von Aufführungsorten vor. Normalerweise gibt es die Musik gratis, wenn man im Lokal das Abendessen einnimmt oder Drinks ordert. Wer (kostenlos) Dixieland in legerer Umgebung genießen will, ist in der **Gold Dust Lounge** richtig.

Auch in den Pianobars der Restaurants und Hotels downtown ist oft guter Jazz zu hören. Interaktive Musik erleben Sie bei **Dueling Pianos at Johnny Foley's**. Hier führen zwei Pianisten eine tolle Show auf, während sie Musikwünsche des Publikums erfüllen.

SFJazz ist ein dem Jazz gewidmetes Veranstaltungszentrum, in dem pro Jahr etwa 200 Konzerte auf dem Programm stehen. Außerdem finden hier jährlich das SFJazz Festival *(siehe S. 42)* sowie SFJazz Hotplate statt.

Viele Fans planen ihre Reise nach San Francisco im September, wenn das weltberühmte **Monterey Jazz Festival** stattfindet *(siehe S. 42)*. Monterey liegt etwa zwei Autostunden südlich von San Francisco.

Irgendwo in der Stadt gibt es immer Bluaskonzerte, etwa in Bars wie **The Saloon** und dem **Boom Boom Room**. In **Lou's Fish Shack** in Fisherman's Wharf spielen pro Tag oder zwei Bands, am Wochenende gibt es spezielle Shows. Das preisgekrönte **Biscuits and Blues** bietet unter der Woche regionalen Bluesmusikern eine Chance. Am Wochenende gibt es Konzerte mit bekannten Namen. Die **Hemlock Tavern** beeindruckt mit einem bunten Mix aus Musik aus der Jukebox und Live-Bands, die an den meisten Wochentagen hier auftreten.

Banner des Jazz
Festival *(siehe S. 42)*

Clubs

Die meisten größeren Clubs befinden sich im Industrieviertel von South of Market (SoMa) und haben von 21 bis 2 Uhr geöffnet. Einige bleiben die ganze Nacht offen, vor allem an den Wochenenden – doch ab 2 Uhr gibt es keinen Alkohol mehr. Jüngere Leute sollten immer ihren Ausweis dabeihaben: Alkohol bekommt man erst ab 21 Jahren.

Einige der meistbesuchten Clubs, darunter **The Endup**, sind Treffpunkte der Schwulenszene, der Eintritt steht aber allen Besuchern offen *(siehe S. 398)*.

National wie international renommierte DJs geben sich häufig im **Ruby Skye** ein Stelldichein. Neben der Tanzfläche lockt hier auch die Lounge im Obergeschoss. **The Parlor**, einer der wenigen Clubs für Tanzwütige in Fisherman's Wharf, ist bekannt für seine gemütliche Lounge und seine absolut vernünftigen Getränkepreise.

In vielen Pianobars von San Francisco kann man zu Drinks ganz entspannt Live-Musik genießen – ganz besonders stilvoll geht dies im Art-déco-Ambiente des **Top of the Mark** ganz oben im Intercontinental Mark Hopkins *(siehe S. 537)*. **Forbidden Island** in Alameda ist neben Live-Musik auch für beste Cocktails bekannt.

Saloon in der Grant Avenue, North Beach – ein Ort für Bluesfans

Mehr über San Francisco? Vis-à-Vis San Francisco

Im **Tonga Room** im Fairmont Hotel kann man tanzen oder einfach nur Jazz hören.

Comedy Clubs sind in den Tageszeitungen aufgelistet, viele haben auch eine eigene Website. Sehr gute Stand-up-Comedy kann man bei **The Marsh** (Mission District) und **Cobb's Comedy Club** (Fisherman's Wharf) sehen.

Sport und Aktivurlaub

Die Einwohner San Franciscos sind ausgesprochen körperbewusst – und sie sind Sportfans. Beliebt sind vor allem American Football, Baseball und Basketball.

Die Spielstätte der **San Francisco 49ers** wurde 2014 vom Candlestick Park ins Levi's Stadium in Santa Clara verlegt. Die **Oakland Raiders** spielen im O.co Coliseum in Oakland. Einige Colleges der Gegend,

darunter auch die **University of California at Berkeley** *(siehe S. 422)* und die **Stanford University** *(siehe S. 431)*, schicken ebenfalls gute Footballteams ins Rennen. In der Bay Area gibt es zwei Profi-Baseballteams: Die **San Francisco Giants** (National League) tragen ihre Heimspiele im AT&T Park aus, die **Oakland Athletics** (American League) im O.co Coliseum. Das einzige NBA-Basketballteam sind die **Golden State Warriors**, die in der Oracle Arena spielen.

Große Business-Hotels verfügen in der Regel über eigene Fitness-Center. Einige Hotels treffen auch Vereinbarungen mit Privatclubs, die von den Hotelgästen kostenlos aufgesucht werden können. Falls das nicht der Fall ist, können Sie zwischen zahlreichen Clubs wählen, etwa dem edlen **San**

Francisco Bay Club nahe dem Financial District, dem **Pacific Heights Health Club** oder dem 24-Hour Fitness Center.

Golfer finden gleichfalls genügend Plätze vor, etwa städtische Greens im **Lincoln Park** und im **Golden Gate Park** oder den schönen **Presidio Golf Course**.

Das Areal auf dem Presidio und der Golden Gate Park sind ein Eldorado für Radfahrer und Jogger. Leihfahrräder gibt es in großer Zahl, unter anderem bei **Stow Lake Boat & Bike Rentals** oder **Blazing Saddles** in North Beach.

Viele Schwimmbäder befinden sich am Stadtrand oder in Vorstädten. Informationen darüber gibt es beim **City of San Francisco Recreation and Parks District**. Zum Baden im Meer eignet sich der China Beach, der einzige sichere Stadtstrand.

Auf einen Blick

Kino und Theater

AMC Metreon
135 Fourth St. **Stadtplan** 5 C5. **C** 1-415-369-6201.
W amctheatres.com

Castro Theatre
429 Castro St.
Stadtplan 10 D2.
C 1-415-621-6120.
W castrotheatre.com

Children's Creativity Museum
221 4th St.
Stadtplan 5 C5.
C 1-415-820-3320.
W creativity.org

Clay Theatre
2261 Fillmore St.
Stadtplan 4 D3.
C 1-415-561-9921.
W landmark theatres.com

Curran Theatre
445 Geary St. **Stadtplan** 5 B5. **C** 1-415-551-2000.
W shnsf.com

Embarcadero Center Cinema
Embarcadero Center.
Stadtplan 6 D3.
C 1-415-352-0835.
W landmarktheatres.com

Geary Theater
415 Geary St. **Stadtplan** 5 B5. **C** 1-415-749-2228.
W act-sf.org

Golden Gate Theatre
1 Taylor St.
Stadtplan 5 B5.
C 1-415-551-2000.
W shnsf.com

The Marsh
1062 Valencia St.
Stadtplan 10 F3.
C 1-415-826-5750.
W themarsh.org

Opera Plaza Cinema
601 Van Ness Ave.
Stadtplan 4 F5.
C 1-415-267-4893.
W landmarktheatres.com

Orpheum Theater
1192 Market St.
Stadtplan 4 F5.
C 1-415-551-2000.
W shnsf.com

The Roxie Theater
3117 16th St.
Stadtplan 10 F2.
C 1-415-863-1087.
W roxie.com

San Francisco International Film Festival
C 1-415-561-5000.
W festival.sffs.org

Sundance Kabuki
1881 Post St.
Stadtplan 4 E4.
C 1-415-346-3243.
W sundancecinemas.com

Oper, klassische Musik und Tanz

Alonzo King LINES Ballet
26 7th St.
C 1-415-863-3040.
W linesballet.org

Grace Cathedral
1100 California St.
Stadtplan 5 B4.
C 1-415-749-6300.
W gracecathedral.org

Herbst Theatre
401 Van Ness Ave.
Stadtplan 4 F5.
C 1-415-392-4400.
W sfwmpac.org

Louise M. Davies Symphony Hall
201 Van Ness Ave.
Stadtplan 4 F5.
C 1-415-864-6000.
W sfsymphony.org

ODC Theater
351 Shotwell St.
Stadtplan 10 F3.
C 1-415-863-6606.
W odcdance.org

Old First Presbyterian Church
1751 Sacramento St.
Stadtplan 4 F3.
C 1-415-474-1608.
W oldfirstconcerts.org

Philharmonia Baroque Orchestra
180 Redwood St, Suite 200. **Stadtplan** 4 F5.
C 1-415-252-1288.
W philharmonia.org

San Francisco Conservatory of Music
50 Oak St.
Stadtplan 10 F1.
C 1-415-503-6231.

San Francisco Opera
301 Van Ness Ave.
Stadtplan 4 F5.
C 1-415-864-3330.
W sfopera.com

San Francisco Symphony
201 Van Ness Ave.
Stadtplan 4 F5.
C 1-415-864-6000.
W sfsymphony.org

Auf einen Blick

War Memorial Opera House (San Francisco Ballet)
301 Van Ness Ave.
Stadtplan 4 F5.
1-415-861-2000.
sfballet.org

Z Space
450 Florida St.
1-415-626-0453.
zspace.org

Zellerbach Hall
UC Berkeley.
1-510-642-9988.
calperformances.org

Rock, Jazz und Blues

Bimbo's 365 Club
1025 Columbus Ave.
Stadtplan 5 A2.
1-415-474-0365.
bimbos365club.com

Biscuits and Blues
401 Mason St. Stadtplan 5 B5. 1-415-292-2583.
biscuitsandblues.com

Boom Boom Room
1601 Fillmore St.
Stadtplan 10 F2.
1-415-673-8000.
boomboomblues.com

Dueling Pianos at Johnny Foley's
243 O'Farrell St.
Stadtplan 5 B5.
1-415-954-0777.
duelingpianos
atfoleys.com

Fillmore Auditorium
1805 Geary, Ecke Fillmore St.
Stadtplan 4 D4.
1-415-346-6000.
thefillmore.com

Gold Dust Lounge
165 Jefferson St.
Stadtplan 5 B1.
1-415-397-1695.
golddustsf.com

Hemlock Tavern
1131 Polk St.
Stadtplan 4 F4.
1-415-923-0923.
hemlocktavern.com

Lou's Fish Shack
300 Jefferson St.
Stadtplan 5 B1.
1-415-771-5687.
lousfishshacksf.com

Monterey Jazz Festival
2000 Fairgrounds Rd bei Casa Verde, Monterey.
1-831-373-3366.
montereyjazz
festival.org

The Saloon
1232 Grant Ave.
Stadtplan 5 C3.
1-415-989-7666.

SFJazz
Franklin Ecke Fell St.
Stadtplan 10 E1.
1-866-920-5299.
sfjazz.org

Slim's
333 11th St.
Stadtplan 10 F1.
1-415-255-0333.
slims-sf.com

Clubs

Chambers Eat & Drink
601 Eddy St.
Stadtplan 5 A5.
1-415-829-2316.
chambers-sf.com

Cobb's Comedy Club
The Cannery, Beach St Ecke 915 Columbus Ave.
Stadtplan 5 A1.
1-415-928-4320.
cobbscomedyclub.com

DNA Lounge
375 11th St.
1-415-626-1409.
dnalounge.com

The Endup
401 6th St.
1-415-646-0999.
theendup.com

Forbidden Island
1304 Lincoln Ave, Alameda.
1-510-749-0332.

The Marsh
1062 Valencia St.
Stadtplan 10 F3.
1-415-641-0235.

Nickies
466 Haight St.
Stadtplan 10 E1.
1-415-255-0300.
nickies.com

The Parlor
2801 Leavenworth St.
Stadtplan 4 F1.
1-415-775-5110.
theparlorsf.com

Ruby Skye
420 Mason St.
Stadtplan 5 B5.
1-415-693-0777.
rubyskye.com

Tonga Room
950 Mason St.
Stadtplan 5 B4.
1-415-772-5278.
tongaroom.com

Top of the Mark
Hotel Intercontinental Mark Hopkins, 1 Nob Hill. Stadtplan 5 B4.
1-415-616-6916.
intercontinental-markhopkins.com

Sport und Aktivurlaub

Blazing Saddles
1095 Columbus Ave.
Stadtplan 5 A2.
1-415-202-8888.
Eine von sieben Filialen.
blazingsaddles.com

Golden Gate Park
(städtischer 9-Loch-Platz). Stadtplan 7 B2.
1-415-751-8987.
goldengateparkgolf
com

Golden State Warriors
Oracle Arena.
1-888-479-4667.
nba.com/warriors

Lincoln Park
300 34th Ave.
Stadtplan 1 C5.
1-415-221-9911.
sfrecpark.org

Oakland Athletics
O.co Coliseum, 7000 Coliseum Way, Oakland.
1-877-493-2255.
oakland.athletics.mlb.com

Oakland Raiders
O.co Coliseum, 7000 Coliseum Way, Oakland.
1-510-864-5000.
raiders.com

Pacific Heights Health Club
2356 Pine St.
Stadtplan 4 D4.
1-415-563-6694.
phhcsf.com

Presidio Golf Course
300 Finley Rd.
Stadtplan 3 A3.
1-415-561-4661.
presidiogolf.com

Recreation and Parks District
Golden Gate Park, 501 Stanyan St.
1-415-831-2700.
sfrecpark.org

San Francisco 49ers
Levi's Stadium, 4900 Centennial Blvd, Santa Clara
1-415-464-9377.
49ers.com

San Francisco Bay Club
150 Greenwich St.
Stadtplan 5 C2.
1-415-433-2200.
bayclubs.com/sanfrancisco

San Francisco Giants
AT&T Park.
1-415-972-2000.
sfgiants.com

Stanford University Athletics
Stanford University.
1-650-723-4591.
gostanford.com

Stow Lake Boat & Bike Rentals
Golden Gate Park.
Stadtplan 8 E2.
1-415-752-0347.
stowlakeboathouse.com

University of California at Berkeley
UC Berkeley.
1-800-462-3277.
calbears.com

Stadtplan San Francisco *siehe Seiten 404–413*

Unterhaltung: Bars

San Francisco ist schon seit den Tagen des Goldrauschs *(siehe S. 52f)* eine Stadt, in der gern getrunken wird. Seinerzeit kam auf 50 Einwohner ein Saloon. Die schummrigen Trinkhallen aus dem 19. Jahrhundert existieren aber nicht mehr. Heute nimmt man seinen Drink in anderem Ambiente: das Bier in einem der Brauereipubs, den Cocktail oder ein Glas von einem guten Jahrgang kalifornischen Weins in einer Lounge, Bier in einer Sportbar, beim Satelliten-TV oder bei Live-Musik in einem irischen Pub. Oder Sie gehen – wie viele Einwohner der Stadt – zu einer Party in eine Schwulenbar.

Bars mit Aussicht

Alle, die keine Höhenangst haben, sind in den Bars in den oberen Stockwerken der Hochhäuser im Zentrum richtig. **The View** im Marriott Marquis und **Top of the Mark** im Intercontinental Mark Hopkins *(siehe S. 537)* bieten eine grandiose Aussicht, untermalt von Jazz- oder Tanzmusik. Harry Dentons **Starlight Room** im Sir Francis Drake Hotel *(siehe S. 536)* ist eine Bar mit Oldschool-Charme und toller Aussicht.

Sehr gute Cocktails und mexikanisches Essen zu bester Aussicht genießt man von der Dachterrasse des **El Techo de Lolinda**. Auch im **Jones** ist man den Sternen ganz nahe.

Bierkneipen

In Bierkneipen geht es leger zu. Die besten Pubs zapfen Biere von Brauereien der Westküste, darunter Anchor Steam und Liberty Ale aus San Francisco.

Empfehlenswert ist das englisch geprägte **Mad Dog in the Fog** in der Haight Street. **Toronado** in derselben Straße zieht mit seiner reichen Auswahl Biertrinker in Scharen an. **The Pig & Whistle** ist ein weiteres typisches Pub mit Biersorten aus aller Welt. **Magnolia Pub & Brewery** liegt in einem viktorianischen Gebäude von 1903 in Haight und hat noch die alte Holztheke sowie den Namen der Ex-Tänzerin Magnolia Thunderpussy. Die **Thirsty Bear Brewing Company** serviert zum Bier Tapas. **The City Beer Store & Tasting Bar** stellt ihr Bier vor Ort her. Wo der

Golden Gate Park auf den Pazifik trifft, ist im **Beach Chalet** ein kühles Bier zusammen mit schöner Aussicht zu haben.

Cocktailbars

Die traditionellen Cocktailbars, in denen ein charmant plaudernder Barkeeper vor einer Batterie von vielfarbigen Flaschen die Stellung hält, sind in San Francisco ein Muss.

Wer eine Bühne für sich braucht, finden sie im **Redwood Room** des Clift Hotel *(siehe S. 537)* an der dezent beleuchteten Theke mit hochpreisigen Cocktails. Das Künstlervölkchen bevorzugt eher die Adressen in der Columbus Avenue, etwa das **Specs' Twelve Adler Museum Café**, das **Tosca Café** und **Vesuvio**, einst Hangout der Beatniks, wo ein Drink (Rum, Tequila, Orangen-/Brombeer- und Limettensaft) nach Jack Kerouac benannt ist. In **Tony Nik's Café**, einer Bar im Dekor der Rat-Pack-Ära, treffen sich Einwohner von North Beach.

Im Mission District findet man das unprätentiöse **Elixir** mit Dartscheiben in einem »Victorian«. Live-Musik und gute Cocktails bietet **Bimbo's 365 Club** in North Beach. Im **Buena Vista Café** wurde 1952 der Irish Coffee »erfunden«. Heute werden 2000 davon täglich serviert. **Chambers Eat & Drink** ist Gastropub und Glamrock-Bar, mit coolen Cocktails, Ledersofas und Neonleuchten. Das angesagte und meist entsprechend gut besuchte **Rickhouse** verströmt mit seiner Holzvertäfelung ein

eigenes Flair. Live-Jazz gibt es im **Café du Nord**, einem früheren Speakeasy, und im preisgekrönten **Biscuits and Blues**.

Weinbars

Die Nähe zum nordkalifornischen Wine Country bringt eine Reihe edler Weinbars wie die **Ferry Plaza Wine Merchant & Wine Bar** hervor, die außerdem von Gourmet-Käseläden und -Bäckereien umgeben ist.

Champagner und Kerzenlicht tragen zur Atmosphäre in der **Bubble Lounge** bei. Mit Kerzenlicht, Käse- und Wurstplatten lockt das **Amelie** Weinkenner an. Das **Ma'velous** verwöhnt seine Gäste sowohl mit ausgesuchten Kaffeesorten als auch mit sogenannten »Boutique-Weinen«. Ganz in der Nähe stellt der **Press Club**, ein gemütliches Kellerlokal unter dem Four Seasons Hotel, jeden Monat zwei andere Weingüter mit ihren Produkten in den Mittelpunkt.

Themenbars

Smuggler's Cove überzeugt mit maritimen Themen, exotischen Cocktails und einer eindrucksvollen Liste mit rund 500 Rumsorten. **The Greens Sports Bar** hat nur Trinkbares, Essen bringt man selbst mit. Das **Edinburgh Castle Pub** bietet Indie-Musik zusammen mit Fish 'n' Chips, Dartscheiben und Billardtischen. Gutes irisches Essen und jede Menge Guinness gibt es in **The Irish Bank** und **The Chieftain**.

Schwulenbars

Bars, die bei Schwulen, Lesben, Bi- und Transsexuellen beliebt sind, gibt es von Leder, Latex und Co. bis hin zu einfachen Etablissements. Die meisten liegen im Castro und im Mission District sowie in SoMa.

440 Castro im Castro District zieht Levi's- und Lederfans an. **AsiaSF** und **The Endup** bieten zum Drink auch Tanzmusik. Zu den wenigen Lesbenbars zählt **Wild Side West**. Ein beliebter Treff für Transsexuelle ist **Divas Nightclub & Bar**.

Auf einen Blick

Bars mit Aussicht

El Techo de Lolinda
2518 Mission St.
Stadtplan 10 F3.
📞 1-415-550-6970.
🌐 eltechosf.com

Jones
620 Jones St.
Stadtplan 5 B4.
📞 1-415-496-6858.
🌐 620-jones.com

Starlight Room
450 Powell St.
Stadtplan 5 B4.
📞 1-415-395-8595.
🌐 starlightroomsf.com

Top of the Mark
19. Stock,
Intercontinental Mark
Hopkins Hotel, 1 Nob
Hill. Stadtplan 5 B4.
📞 1-415-616-6916.
🌐 intercontinental
markhopkins.com

The View
39. Stock, Hotel Marriott
Marquis, 55 4th St.
Stadtplan 5 C5.
📞 1-415-896-1600.
🌐 sfviewlounge.com

Bierkneipen

Beach Chalet
1000 Great Hwy.
Stadtplan 7 A2.
📞 1-415-386-8439.
🌐 beachchalet.com

**The City Beer Store &
Tasting Bar**
1168 Folsom St.
📞 1-415-503-1033.
🌐 citybeerstore.com

Mad Dog in the Fog
530 Haight St. Stadtplan
10 E1. 📞 1-415-626-
7279. 🌐 themaddog
inthefog.com

**Magnolia Pub &
Brewery**
1398 Haight St.
Stadtplan 9 C1.
📞 1-415-864-7468.
🌐 magnoliapub.com

The Pig & Whistle
2801 Geary Blvd.
Stadtplan 3 C5.
📞 1-415-885-4779.

**Thirsty Bear
Brewing Company**
661 Howard St.
Stadtplan 6 D5.
📞 1-415-974-0905.
🌐 thirstybear.com

Toronado
547 Haight St. Stadtplan
10 E1. 📞 1-415-863-
2276. 🌐 toronado.com

Cocktailbars

Bimbo's 365 Club
1025 Columbus Ave,
North Beach.
Stadtplan 5 B2.
📞 1-415-474-0365.
🌐 bimbos365club.com

Biscuits and Blues
401 Mason St.
Stadtplan 5 B5.
📞 1-415-292-2583.
🌐 biscuitsandblues. com

Buena Vista Café
2765 Hyde St.
Stadtplan 4 F1.
📞 1-415-474-5044.
🌐 thebuenavista.com

Café du Nord
2170 Market St.
Stadtplan 10 D2.
📞 1-415-861-5016.
🌐 cafenord.com

**Chambers
Eat & Drink**
601 Eddy St.
Stadtplan 5 A5.
📞 1-415-8829-2316.
🌐 chambers-sf.com

Elixir
3200 16th St,
nahe Valencia St.
Stadtplan 10 F2.
📞 1-415-552-1633.
🌐 elixirsf.com

Redwood Room
Clift Hotel,
495 Geary St.
Stadtplan 5 B5.
📞 1-415-929-2372.
🌐 clifthotel.com

Rickhouse
246 Kearny St.
Stadtplan 5C4.
📞 1-415-398-2827.

**Specs' Twelve Adler
Museum Café**
12 William Saroyan
Alley. Stadtplan 5 C3.
📞 1-415-421-4112.

Tony Nik's Café
1534 Stockton St.
Stadtplan 5 B2.
📞 1-415-693-0990.
🌐 tonynicks.com

Tosca Café
242 Columbus Ave.
Stadtplan 5 C3.
📞 1-415-986-9651.
🌐 toscacafesf.com

Vesuvio
255 Columbus Ave.
Stadtplan 5 C3.
📞 1-415-362-3370.
🌐 vesuvio.com

Weinbars

Amelie
1754 Polk St.
Stadtplan 4 F3.
📞 1-415-292-6916.

Bubble Lounge
714 Montgomery St.
Stadtplan 5 C3.
📞 1-415-434-4204.
🌐 bubblelounge.com

**Ferry Plaza
Wine Merchant &
Wine Bar**
1 Ferry Building,
Shop 23.
Stadtplan 6 E3.
📞 1-415-391-9400.
🌐 fpwm.com

Ma'velous
1408 Market St.
Stadtplan 10 D2.
📞 1-415-626-8884.
🌐 maveloussf.com

Press Club
20 Yerba Buena Lane.
Stadtplan 5 C5.
📞 1-415-744-5000.
🌐 pressclubsf.com

Themenbars

The Chieftain
198 5th St.
📞 1-415-615-0916.
🌐 thechieftain.com

**Edinburgh
Castle Pub**
950 Geary Blvd.
Stadtplan 5 A5.
📞 1-415-885-4074.

**The Greens
Sports Bar**
2339 Polk St.
Stadtplan 5 A3.
📞 1-415-775-4287.

The Irish Bank
10 Mark Lane,
nahe Bush St.
Stadtplan 5 B4.
📞 1-415-788-7152.
🌐 theirishbank.com

Smuggler's Cove
650 Gough St.
Stadtplan 4 F5.
📞 1-415-869-1900.
🌐 smugglercovesf.com

Schwulenbars

440 Castro
440 Castro St.
Stadtplan 10 D3.
📞 1-415-621-8732.
🌐 the440.com

AsiaSF
Stadtplan 11 A2.
📞 1-415-255-2742.
🌐 asiasf.com

**Divas
Nightclub & Bar**
1081 Post St.
Stadtplan 4 F4.
📞 1-415-474-3482.
🌐 divassf.com

The Endup
401 6th St.
📞 1-415-646-0999.
🌐 theendup.com

Wild Side West
424 Cortland Ave.
Stadtplan 10 F5.
📞 1-415-647-3099.
🌐 wildsidewest.com

In San Francisco unterwegs

Ein Aufenthalt in San Francisco ist ein Traum, wenn man einen komplikationsfreien Urlaub verbringen möchte. In der überschaubaren Stadt sind die meisten Sehenswürdigkeiten sehr gut zu Fuß erreichbar. Das öffentliche Verkehrssystem ist leicht verständlich und flächendeckend – Busse fahren fast zu jeder Sehenswürdigkeit. Eine Fahrt mit der Cable Car ist ein ganz besonderes Erlebnis und sollte auf keinen Fall verpasst werden. Außerdem hat sich Fahrradfahren in der Stadt schon lange durchgesetzt – trotz des hügeligen Geländes. Die Außenbezirke San Franciscos werden von den Linien der MUNI-Metro und den BART-Linien bedient. Darüber hinaus gibt es überall Taxis zu vernünftigen Preisen, deren Benutzung vor allem nachts in manchen Gegenden empfehlenswert ist. Fähren und Ausflugsboote verkehren regelmäßig in der San Francisco Bay. Hinweise zum Autofahren und zu Parkplätzen in der Innenstadt finden Sie auf den Seiten 604f.

Stehen　　　Gehen

Zu Fuß

Sich zu Fuß durch die Stadt zu bewegen ist zweifellos die beste Möglichkeit, San Francisco zu erkunden, da die Attraktionen und Sehenswürdigkeiten in vielen Fällen nur ein paar Minuten bei normaler Gehgeschwindigkeit voneinander entfernt sind. Die Hügel zu erklimmen mag zwar anstrengend sein, aber die Aussicht entschädigt für die Mühe.

An den meisten Kreuzungen sind die Straßennamen durch grün-weiße Schilder gekennzeichnet oder auf dem Straßenpflaster eingelassen.

Autofahrer dürfen in Kalifornien trotz roter Ampel rechts abbiegen, wenn die Straße frei ist. Fußgänger sollten sich also nie allein auf eine grüne Ampel verlassen. Zwar ignoriert fast jeder die Fußgängerampeln, doch offiziell ist das verboten. Wer beim Überqueren einer roten Ampel von Ordnungshütern ertappt wird, muss mit einem Bußgeld rechnen.

Taxis

Taxis (cabs) sind Tag und Nacht unterwegs. Man bekommt eines am Taxistand, durch Anruf oder am Straßenrand durch Heranwinken, sofern das Freizeichen auf dem Dach leuchtet. Die Grundgebühr beträgt 3,50 US-Dollar für die erste Meile (1,6 km), jede weitere kostet 2,75 US-Dollar. Jede Minute, die ein Taxi auf den Gast wartet oder im Stau steht, kostet 45 Cent.

Man sollte den Betrag möglichst passend zahlen und etwa 15 Prozent Trinkgeld aufschlagen.

Mit dem Fahrrad

In San Francisco gehören Fahrräder praktisch zum Straßenbild. Man findet auch Routen, die nicht über die vielen überaus anstrengenden Hügel verlaufen, darunter etwa die schönen Uferwege. In einigen Teilen von San Francisco gibt es Fahrradwege. Einzelheiten zu Panoramarouten erfährt man bei Fahrradverleihen. Mieträder kosten etwa 30 US-Dollar pro Tag oder 130 US-Dollar pro Woche. Bei einigen Anbietern kann man inzwischen auch E-Bikes mieten.

Verleihstellen von **Bay Area Bike Share** findet man überall in der Stadt. Für die Benutzung der Räder ist eine 24-Stunden- oder Drei-Tage-Mitgliedschaft abzuschließen, für Mitglieder ist die erste halbe Stunde Radbenutzung kostenlos.

Fahrrad-Rikschas werden für Touren durch die Stadt immer beliebter

Alternativen

Fahrrad-Rikschas und Pferdekutschen bieten ihre Dienste an The Embarcadero und in der Nähe von Fisherman's Wharf (siehe S. 338f) an. Eine Option sind die Gokarts von **GoCar**. Es gibt auch geführte Rundfahrten mit motorisierten Cable Cars. Fahrgäste können beliebig ein- und aussteigen. Sightseeing-Bustouren dauern in der Regel einen halben Tag, angeboten werden aber auch Tagestouren.

Auf einen Blick

Taxis

Black & White Checker
🄲 1-415-285-3880.

DeSoto
🄲 1-415-970-1300.

Fog City Cab
🄲 1-415-282-8749.

Yellow Cab
🄲 1-415-626-2345.

Fahrradverleih

Bay Area Bike Share
🅆 bayareabikeshare.com

Bay City Bike
2661 Taylor St, Fisherman's Wharf. **Stadtplan** 4 F1.
🄲 1-415-346-2453.
🅆 baycitybike.com

Blazing Saddles
2715 Hyde St. **Stadtplan** 5 A1.
🄲 1-415-202-8888.
🅆 blazingsaddles.com

Alternativen

GoCar
🅆 gocartours.com

Mit Bus und MUNI-Metro unterwegs

Die San Francisco Municipal Railway, kurz MUNI, betreibt alle öffentlichen Verkehrsmittel der Stadt. Eine Gesamtstreckenkarte, der MUNI-Pass, berechtigt zur Benutzung der MUNI-Busse, der MUNI-Metro (ein teils unterirdisch verkehrendes Schienenverkehrsmittel) und der Cable Cars. Mit diesen Bussen und Straßenbahnen erreicht man nahezu alle wichtigen Sehenswürdigkeiten und die für Besucher interessanten Viertel der Stadt.

Beim Einsteigen werfen Sie das abgezählte Fahrgeld in die Münzbox, zeigen dem Fahrer Ihren MUNI-Pass oder halten ihn an einen Entwerter. Wollen Sie aussteigen, ziehen Sie an der Schnur, die an den Fenstern verläuft, oder Sie sagen dem Fahrer Bescheid. Über der Frontscheibe leuchtet dann ein Zeichen auf.

Tickets und Fahrpreise

Busse und (Metro-)Trams kosten 2,25 US-Dollar pro Fahrt. Es gibt keine Papiertickets mehr, stattdessen braucht man eine Clipper Card oder ein **MUNI**-Ticket. Die Clipper Card ist ein aufladbares Plastikkärtchen, das für alle Verkehrsmittel von MUNI gilt, aber auch für BART, AC Transit, Caltrain, SamTrans, VTA und Golden Gate Transit sowie für die Fähren. Man bekommt die Clipper Card für fünf US-Dollar in allen BART- und MUNI-Stationen sowie in vielen Läden.

Die Wagen der MUNI-Metro sind silberfarben und rot

Besucher können auch ein MUNI-Ticket am Automaten kaufen, das nur für MUNI-Verkehrsmittel gilt. Senioren über 65 und Kinder zwischen fünf und 17 Jahren fahren mit Ermäßigung, Kinder unter fünf Jahren kostenlos.

Ein MUNI-Pass für einen Tag (14 US-$), drei (21 US-$) oder sieben (27 US-$) Tage gilt für Busse, Trams und Cable Cars. Man bekommt ihn an den Infoschaltern am San Francisco International Airport, bei der **San Francisco Travel Association** und an den Cable-Car-Ticketschaltern an den Ecken Powell und Market Street sowie Hyde und Beach Street.

Der **CityPass** für sieben Tage Fahrten mit allen MUNI-Verkehrsmitteln kostet 84 US-Dollar (Kinder 59 US-Dollar) und enthält zusätzlich die Eintrittsgebühr für vier Sehenswürdigkeiten.

Mit Bus und Tram unterwegs

Busse halten an den offiziellen Haltestellen, etwa alle zwei bis drei Blocks. Bushaltestellen sind mit dem MUNI-Logo gekennzeichnet. Die Streckennummern der hier haltenden Busse sind an den Wänden der Wartehäuschen vermerkt. Dort hängen auch Informationen zu Fahrzeiten und zum Streckennetz.

Streckennummer und Zielort stehen auf jedem Bus vorn und an der Seite. Expressbusse, die seltener halten, haben hinter der Nummer noch einen Buchstaben (A, EX, L etc.).

MUNI-Metros und BART-Züge (siehe S. 403) haben vier gemeinsame Untergrund-Bahnhöfe (von insgesamt sieben) in der Market Street. Gelb-orange-weiße Schilder kennzeichnen die Eingänge. In den Stationen selbst gibt es dann eigene MUNI-Eingänge.

Um in den Westen zu kommen, folgt man dem Hinweis »Outbound«, in den Osten »Downtown«. Leuchtschriften zeigen die nächste Bahn an. Die Türen öffnen sich automatisch. Tun sie das nicht, drückt man den Riegel an der Tür.

Sightseeing per Bus

Bus 38 fährt zum Japan Center und zu den Hügeln über Ocean Beach. Mit den Bussen 5, 21, 28, 29, 44, 71 und N kommt man zum Golden Gate Park (siehe S. 370–373), mit 1, 9X, 12, 30, 45 sowie Cable Car nach Chinatown (siehe S. 328–335) und Nob Hill. 6, 33, 37, 43 und 71 fahren nach Haight-Ashbury (siehe S. 358–367). Den Mission District erreicht man mit den Bussen 14, 18, 22, 24, 33, 48 und J. In der Bay Area (siehe S. 414–435) ist man in 30 bis 45 Minuten.

Auf einen Blick

MUNI Information
📞 1-415-673-6864.
🌐 sfmta.com

City Pass
📞 1-888-330-5008.
🌐 citypass.com

San Francisco Travel Association
Hallidie Plaza.
Stadtplan 5 C5.
📞 1-415-391-2000.
🌐 511.org

Streckennummer und Zielort liest man auf Bussen vorn und an der Seite

Stadtplan San Francisco siehe Seiten 404–413

Mit Cable Cars, BART und Fähren unterwegs

Eine Fahrt mit einer der weltberühmten Cable Cars *(siehe S. 306f)* ist für Besucher ein Muss. Die Halbinsel San Francisco und die Ostseite der Bucht verbindet BART (Bay Area Rapid Transit), ein 114 Kilometer langes Streckennetz mit Hochgeschwindigkeitszügen, die auch für Rollstuhlfahrer zugänglich sind. Boote und Fähren bieten die Gelegenheit, die Stadt vom Wasser aus zu erkunden.

Nob Hill am Schnittpunkt von Powell- und California-Linie

Steile Fahrt von der Hyde Street zur Bucht hinunter

Mit den Cable Cars unterwegs

Die Cable Cars verkehren unter der Woche täglich von 6.30 Uhr bis 0.30 Uhr alle 15 Minuten. An den Wochenenden gelten andere Zeiten. Der Preis für eine einfache Fahrt beträgt sechs US-Dollar, Kinder zahlen vier US-Dollar (unter fünf Jahren frei). Ermäßigungen gibt es für Senioren und Behinderte zwischen 9 und 19 Uhr. Einzelfahrscheine kauft man beim Schaffner, MUNI-Tagespässe (für 1, 3 oder 7 Tage; *siehe S. 401*) gelten auch für Cable Cars. Drei Strecken werden von den Cable Cars bedient. Der Name der Linie ist auf allen Seiten der Wagen vermerkt.

Am beliebtesten ist die Linie Powell–Hyde, die an der Powell-Street-Drehscheibe *(siehe S. 325)* beginnt und in der Hyde Street in der Nähe des Aquatic Park endet. Hier ist auch der steilste, attraktivste Streckenabschnitt, wenn die Tram vom Nob Hill zur Bucht hinunterfährt.

Die Powell–Mason-Linie startet ebenfalls in der Powell Street und endet in der Bay Street. Die schönste Aussicht auf dieser Strecke hat man, wenn man sich mit Blick in Richtung Osten setzt. Die California-Linie fährt von der Market Street ab, durchquert einen Teil des Finanzviertels und von Chinatown und endet in der Van Ness Avenue.

Auf Cable Cars muss man manchmal rasch aufspringen. Die Haltestellen sind mit braunen Schildern mit stilisierter Tram oder aber durch eine gelbe Linie auf der Straße gekennzeichnet. Die Hügel der Stadt sind für die Cable Cars kein Problem. Sie nehmen die steilen Hänge mühelos und fahren an diversen Sehenswürdigkeiten vorbei.

Da auch viele Pendler die Cable Cars benutzen, sollte man eine Fahrt im Berufsverkehr meiden, da die Wagen

schnell überfüllt sind. Einen Sitzplatz erhält man am ehesten, wenn man an der Endhaltestelle der entsprechenden Linie zusteigt.

Sicherheit in Cable Cars

Wenn der Wagen nicht überfüllt ist, hat man freie Wahl bei Sitz- und Stehplätzen – egal, ob innen oder außen auf dem Trittbrett. Gut festhalten sollte man sich jedoch in jedem Fall. Dem Gripman (Fahrer) darf man auf keinen Fall im Weg stehen. Er benötigt viel Platz, um den Hebel des Wagens zu betätigen. Gelbe Linien auf dem Boden markieren seinen Bereich.

Vorsicht ist auch geboten, wenn eine andere Bahn entgegenkommt. Man sollte sich nicht zu weit hinauslehnen, weil der Raum zwischen beiden Bahnen sehr schmal ist. Aufpassen muss man beim Ein- und Aussteigen, da die Cable Cars häufig an Kreuzungen zwischen Autos halten. An der Endstation muss jeder aussteigen, bevor der Wagen gewendet wird.

Fähren und Bootsausflüge

Die Einwohner der Bay Area lieben ihre Fähren, weswegen sie von Pendlern genauso gern genutzt werden wie von Besuchern. Man erhält hier zwar keine Erläuterungen zu den Sehenswürdigkeiten, dafür sind sie aber preiswerter als die Ausflugsschiffe.

Das Ferry Building *(siehe S. 320)* ist der Terminal für die Golden Gate Ferries. Sightseeing-Bootsfahrten mit der **Blue & Gold Fleet** und der

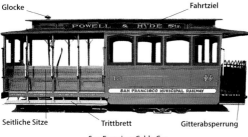

Glocke · Fahrtziel

Seitliche Sitze · Trittbrett · Gitterabsperrung

San Francisco Cable Car

Mit BART (Bay Area Rapid Transit) unterwegs

BART-Logo

BART-Streckennetz

— Richmond–Daly City

Pittsburg/Bay Point–Daly City

— Fremont–Daly City

— Fremont–Richmond

— Pleasanton–Millbrae

BART-Züge fahren täglich von frühmorgens bis etwa Mitternacht. Im Berufsverkehr von 7 bis 9 Uhr und von 16 bis 19 Uhr sind sie sehr voll. Die Wagen sind sauber.

Vom San Francisco International Airport (SFO) fahren Züge alle 15 bis 20 Minuten ins Zentrum. Sie halten an vier Stationen, die alle unter der Market Street liegen: Civic Center, Powell Street, Montgomery Street und Embarcadero. Die Fahrt dauert ca. 30 Minuten und kostet 8,65 US-Dollar.

Züge, die von Daly City kommen, halten an den Stationen im Stadtzentrum, bevor sie in Richtung Osten durch einen sechs Kilometer langen Tunnel unter der Bucht fahren. Wenn Sie in der East Bay umsteigen wollen, tun Sie dies am besten an den Statio-nen MacArthur oder 19th Street/Oakland. Clipper Cards *(siehe S. 401)* kann man an allen Stationen aufladen.

Red & White Fleet starten bei Fisherman's Wharf, u. a. nach Angel Island und zu den Orten an der Nordküste der Bucht *(siehe S. 418f)*. **Alcatraz Cruises** bietet Fahrten nach Alcatraz Island *(siehe S. 338f)*. Kombinierte Bus-Boot-Touren gibt es zum Six Flags Discovery Kingdom und nach Muir Woods *(siehe S. 418f)*.

Auf einigen Schiffen werden auch Mahlzeiten und sogar Tanzveranstaltungen angeboten. Die **Hornblower Dining Yachts** haben täglich Fahrten mit Abendessen, freitags auch mit Mittagessen, am Wochenende mit Brunch im Angebot. Von den Tischen zur Landseite hin hat man einen überwältigenden Blick auf die Küste.

Die **Oceanic Society** bietet naturkundliche Ausflüge mit Führung um die Farallon Islands an. Diese liegen etwa 40 Kilometer von San Francisco *(siehe S. 416f)* entfernt. Vor der Westküste der Stadt gibt es Walbeobachtungstouren *(siehe S. 586)*. Auch hierüber informiert die Oceanic Society, doch saisonale Details muss man vor Ort klären.

Auf einen Blick

Cable Cars

Cable Car Museum
siehe S. 335.

Fähren und Bootsausflüge

Alcatraz Cruises
☎ 1-415-981-7625.
🖳 alcatrazcruises.com

Blue & Gold Fleet
PIER 39. **Stadtplan** 5 B1.
☎ 1-415-705-8200.
🖳 blueandgoldfleet.com

Hornblower Dining Yachts
Pier 3. **Stadtplan** 6 D3.
☎ 1-888-467-6256.
🖳 hornblower.com

Oceanic Society
☎ 1-415-256-9604.
🖳 oceansociety.org

Red & White Fleet
☎ 1-415-673-2900.
🖳 redandwhite.com

Fähre der Red & White Fleet unter der Golden Gate Bridge

Mehr über San Francisco? Vis-à-Vis San Francisco

Stadtplan

1 Alle im Kapitel zu San Francisco genannten Sehenswürdigkeiten, Läden, Hotels *(siehe S. 536 – 539)* und Restaurants *(siehe S. 564 – 570)* verweisen auf die Karten dieses Stadtplans. Auf der Überblickskarte unten ist das Areal abgebildet, das der Stadtplan abdeckt, einschließlich aller für Besucher interessanten Gebiete und Viertel von San Francisco, in denen die im Buch aufgeführten Hotels, Restaurants oder Veranstaltungsorte liegen.

Eine Ansicht des Stadtzentrums in größerem Maßstab finden Sie auf den Karten 5 und 6. Die im Stadtplan verwendeten Symbole werden in der Legende erklärt.

Legende

2
- Hauptsehenswürdigkeit
- Sehenswürdigkeit
- BART-Station
- Bahnhof für Fernbusse
- Tramhaltestelle
- Cable-Car-Endstation
- Fähranlegestelle
- Information
- Krankenhaus mit Notaufnahme
- Polizei
- Kirche

3
- Synagoge
- Moschee
- Buddhistischer Tempel
- Hinduistischer Tempel
- Golfplatz
- Eisenbahn
- Freeway
- <<6600 Hausnummer (Hauptstraße)

Maßstab der Karten
1 – 4 und 7 – 10

4
| 0 Meter | 500 |
| 0 Yards | 500 |

Maßstab der Karten 5, 6

| 0 Meter | 500 |
| 0 Yards | 500 |

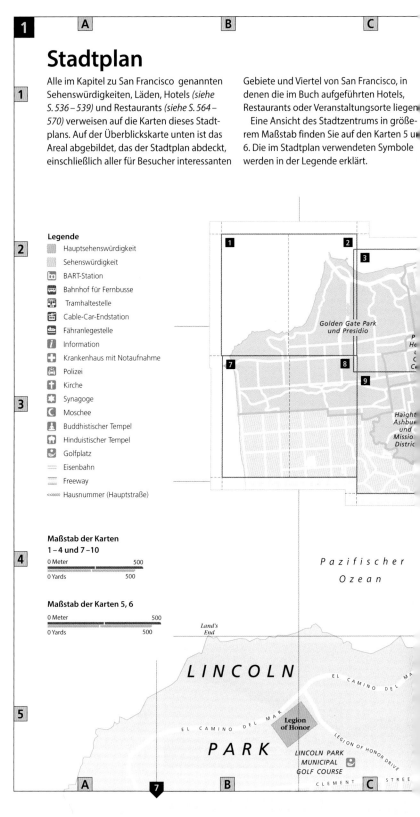

Golden Gate Park und Presidio

Pacific Heights und Civic Center

Haight Ashbury und Mission District

Pazifischer Ozean

Land's End

5

LINCOLN

EL CAMINO DEL MAR

Legion of Honor

EL CAMINO DEL MAR

LEGION OF HONOR DRIVE

PARK

LINCOLN PARK MUNICIPAL GOLF COURSE

CLEMENT STREET

A B C

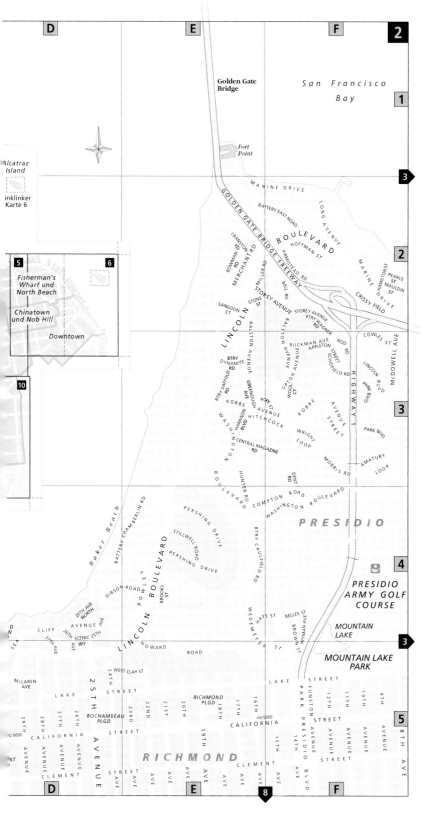

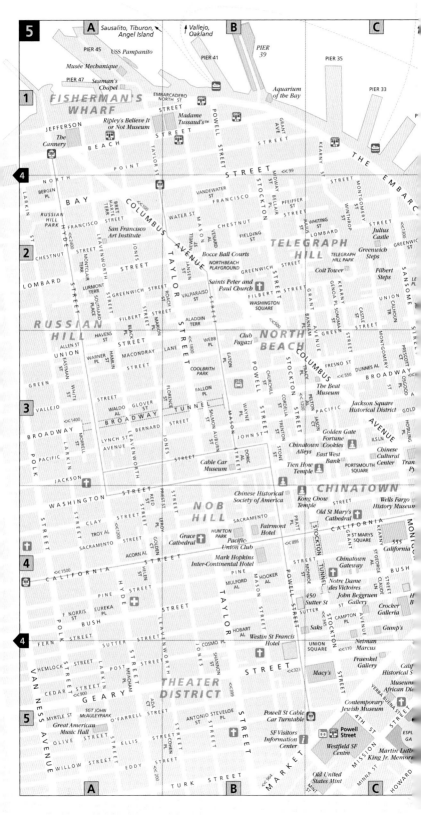

D   **E**   **F**   **6**

Sausalito,
Larkspur

1

Alcatraz
Island

23

PIER 19

PIER 17

PIER 15 **2**

Exploratorium

PIER 9

San Francisco
Bay

PIER 7

DAVIS STREET

PIER 5

PIER 3

THE EMBARCADERO

PIER 1

Oakland,
Alameda

ON STREET DRUMM STREET

HINGTON ST **3**

EMBARCADERO
PLAZA PARK

World Trade Center

RITIME
LAZA

PIER 2

JUSTIN
HERMAN
PLAZA

Ferry Building

Embarcadero
Center

ST

RAMENTO ST DAVIS

Hyatt
Regency Hotel

00 ST

Embarcadero

STREET

STEUART STREET

SPEAR STREET

Rincon
Center

ast
ange

Amtrak
Terminal
Ticket Office

MISSION STREET

MAIN STREET

BEALE

HOWARD STREET

Folsom

PIER 24

SAN FRANCISCO OAKLAND BAY BRIDGE

4

ry St

Greyhound
Bus Depot

FREMONT

STREET

350>>

PIER 26

Transbay
Terminal

1ST

FOLSOM STREET

ELKHART ST

PIER 28

MINNA STREET 100>>

TEHAMA STREET

CLEMENTINA
ST

STREET

GROTE ST

THE EMBARCADERO

PIER 30

acific
elephone
uilding

MALDEN
AL

2ND

GUY PL

LANSING
ST

<<460

STREET

PIER 32

um of
ern Art

HAWTHORNE STREET

ESSEX ST

er for
rts

DOW PL

1ST STREET

Brannan

PIER 34 **5**

e
on

HAMPTON
PL

VERONICA
PL

HARRISON STREET

540>>

BRYANT STREET

RINCON
ST

BRANNAN STREET

PIER 36

300>>

<<665

STILLMAN ST

DEBOOM
ST

PIER 38

D   **E**   **F**

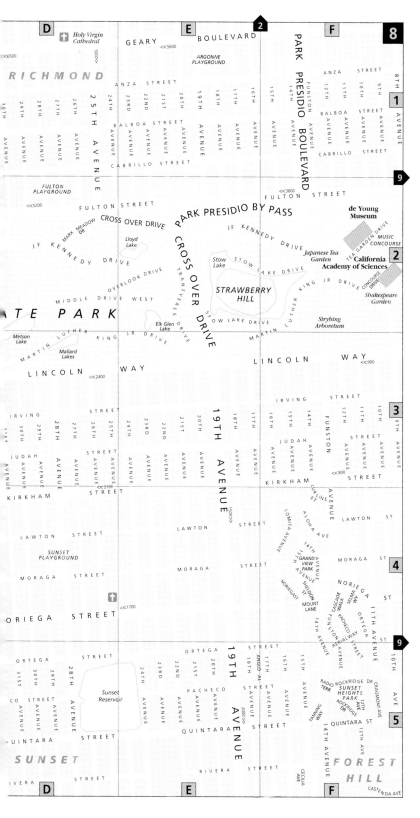

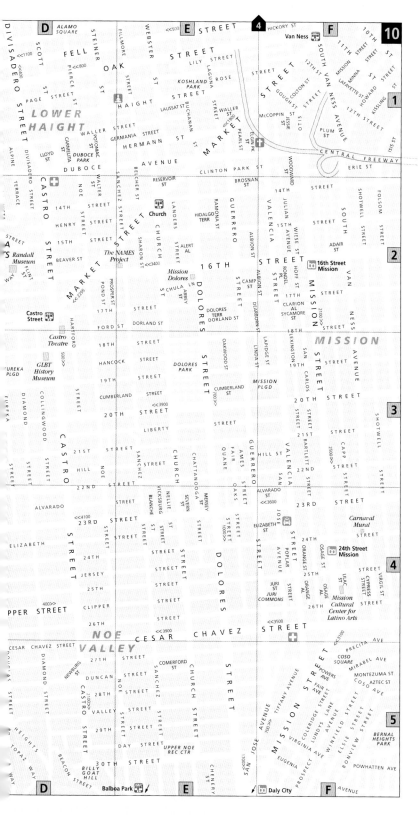

Bay Area

Die meisten Orte um die San Francisco Bay, die früher den Stadtbewohnern zur Erholung dienten, sind heute ausfernde Vororte oder überhaupt eigene Städte. Die beliebtesten Ziele an der östlichen Küste der Bucht sind das Museum und der Hafen von Oakland sowie die Gärten und die Universität von Berkeley. In San José, dem jüngsten Geschäfts- und Kulturzentrum in der Region, beeindrucken sowohl die Technologieansiedlungen im Silicon Valley als auch die grandiosen Museen und die Architektur der spanischen Kolonialzeit. Kleinere Städte wie Tiburon, Pescadero und Sausalito haben sich trotz ihrer Nähe zu San Francisco immer noch einen dörflichen Charme bewahrt. Die Bay Area bietet darüber hinaus alle Vorzüge einer Küstenlandschaft: Die Klippen von Point Reyes und die Marin Headlands mit ihrer vielfältigen Tierwelt sind ein beliebtes Ausflugsziel für Großstadtmüde.

Sehenswürdigkeiten auf einen Blick

Historische Städte
- ④ Sausalito
- ⑤ Tiburon
- ⑦ Benicia
- ⑨ *Berkeley S. 422–425*
- ⑩ *Oakland S. 426–429*
- ⑬ Livermore
- ⑯ Pescadero
- ⑰ *San José S. 432–435*

Themenpark
- ⑥ Six Flags Discovery Kingdom

Historische Gebäude
- ⑪ Tao House
- ⑭ Stanford University
- ⑮ Filoli

Parks und Strände
- ① Point Reyes National Seashore
- ② Muir Woods, Muir Beach
- ③ *Marin Headlands S. 420f*
- ⑧ John Muir National Historic Site
- ⑫ Mount Diablo State Park

0 Kilometer   25
0 Meilen   25

Legende
- ▨ Zentrum San Francisco
- ☐ Großraum Bay Area
- ⚌ Interstate Highway
- ▬ State Highway

◀ Sather Tower, Berkeley University *(siehe S. 424)*   Zeichenerklärung *siehe hintere Umschlagklappe*

Bay Area: Küste

Die Küste um San Francisco ist vielfältig, Klippen wechseln mit Sandstränden ab. Bei einer Wassertemperatur von nur 15 °C das ganze Jahr über schwimmt oder surft niemand ohne Neoprenanzug. Doch für ein Sonnenbad oder einen Strandspaziergang ist die Gegend ideal, da der Großteil der Küste durch National- und Staatsparks geschützt ist, u. a. Point Reyes National Seashore *(siehe S. 418)*, Golden Gate National Recreation Area *(siehe S. 420f)* in den Marin Headlands und viele Strände an der Südküste.

Pacifica war einst der landwirtschaftliche Außenposten der Mission Dolores *(siehe S. 365)*. Das Sanchez Adobe in der Innenstadt beherbergt jetzt ein Museum mit Landwirtschaftsgeräten (19. Jh.).

① ★ Point Reyes National Seashore
🏞️ 🚶 👥
Der geschützte Landstrich ist wegen seiner Vielfalt an Ökosystemen und den 360 Vogelarten beliebt *(siehe S. 418)*.

② Bolinas
🏃 🏞️
Nach dem Goldrausch *(siehe S. 52f)* wurde Bolinas zum Erholungsort für die Einwohner San Franciscos. Einige viktorianische Gebäude sind noch erhalten. Hier überwintern auch die Monarchfalter.

④ Marin Headlands
🚶
Die Marin Headlands bieten einen fantastischen Blick auf San Francisco. Zudem gibt es hier eine Vielfalt an Vogelarten *(siehe S. 420f)*.

⑥ Treasure Island
Die Insel liegt in der Mitte der Bay Bridge *(siehe S. 426f)*. Hier fand 1939 die Weltausstellung statt. Seitdem die Insel mit Yerba Buena Island verbunden ist, ist sie Wohngebiet.

⑦ Fort Funston
🏃 🏞️ 🚶 👥
Das Steilufer, das auch als Beobachtungsposten genutzt wird, ist ein beliebter Startplatz bei Profi- und Amateurdrachenfliegern.

⑧ Colma
Der ungewöhnliche Ort besteht fast nur aus Friedhöfen mit Gräbern ehemaliger Bewohner San Franciscos und der Bay Area. In der Innenstadt San Francisco besteht ein Verbot für Friedhöfe.

⑨ Pillar Point Harbor
🏃 🏞️ 🚶
Dies ist der einzige natürlich geschützte Hafen zwischen San Francisco und Santa Cruz. Er diente im ausgehenden 19. Jahrhundert als Walfängerstation.

⑫ ★ Farallon Islands
Die Inseln, 44 Kilometer westlich von Point Bonita, sind die wichtigsten Brutstätten für Seevögel in Kalifornien und zudem Zwischenstation für Zugvögel. Auch See-Elefanten ziehen hier ihre Jungen groß. Der Zutritt ist verboten.

Das Muir Woods National Monument ist der letzte Redwood-Wald der Bay Area. Die anderen fielen im 19. Jahrhundert der Holzgewinnung zum Opfer *(siehe S. 418)*.

Der Mount Tamalpais (794 m) ist Lebensraum einer vielfältigen Flora und Fauna, u. a. des selten gewordenen Pumas. In eine natürliche Senke oberhalb der Bucht schmiegt sich das Mountain Theater.

Nevada

Kalifornien

Pazifischer Ozean

Zur Orientierung

③ ★ **Muir Beach**

Hier mündet der vom Mount Tamalpais kommende Redwood Creek, ein Fluss voller Lachse und Krebse, ins Meer. Südlich des Muir Beach liegt das Niedrigwassergebiet Potato Patch Shoal – mit Strudeln und tückischen Wellen.

⑤ ★ **Point Bonita**
Der Leuchtturm auf der schroffen Klippe war der letzte manuell betriebene des Bundesstaats. Erst 1980 wurde er automatisiert. Er ist über einen Tunnel im Fels oder auf einer meerumspülten Brücke zu erreichen.

San Rafael

Woods ional inent

③
④
⑤

⑥ Berkeley

Francisco

Hwy ①

35

⑦

280

⑧

101

Pacifica •

280

⑨ ★ **Half Moon Bay**
Sie ist die älteste Stadt im San Mateo County. Der Boden ist ideal für den Anbau von Artischocken, Brokkoli, Kürbissen u. a. Zur Feier der ersten Ernte findet jeden Oktober ein Kürbisfest statt.

⑨

⑩

92

35

Hwy ①

84

San José

Pescadero •

⑪ ★ **Pigeon Point**

Nach vielen Schiffbrüchen – die Gegend ist nach dem Wrack der *Carrier Pigeon* benannt – wurde 1872 ein 35 Meter hoher Leuchtturm errichtet. Vor der Küste werden oft Seelöwen gesichtet.

Legende

≈≈≈ Interstate Highway
▬▬ State Highway
‑‑‑‑ Nebenstraße
≈≈≈ Fluss
☆ Aussichtspunkt

⑪

Monterey

| 0 Kilometer | 10 |
| 0 Meilen | 10 |

Milchfarmen auf dem malerischen Point Reyes

❶ Point Reyes National Seashore

Straßenkarte A3. 🚌 vom San Rafael Center (nur Wochenende). **Bear Valley Visitors' Center** 1 Bear Valley Rd, Haupteingang zum National Seashore, Point Reyes. 📞 1-415-464-5100. 🕐 Mo–Fr 9–17, Sa, So 8–17 Uhr. 🌐 nps.gov/pore

Die dreieckige Halbinsel an der Küste San Franciscos verschiebt sich seit über sechs Millionen Jahren nach Norden. Sie befindet sich westlich des San-Andreas-Grabens und bewegte sich während des Erdbebens von 1906 *(siehe S. 56)* um ungefähr sechs Meter vom Festland nach Norden. Beweis für diese Verschiebung über Nacht ist ein versetzter Zaun beim Besucherzentrum am Earthquake Trail.

Schild nach Point Reyes

Das Zentrum präsentiert eine interessante Ausstellung zur Geologie der Region und bietet Wanderkarten an.

Der Küstenstrich ist ein wahres Paradies für Wildtiere, auch eine Herde Elche findet hier geeigneten Lebensraum. Darüber hinaus gibt es einige Rinder- und Milchfarmen sowie drei kleine Orte: Point Reyes Station, Olema und Inverness.

Drake's Bay wurde nach dem englischen Seefahrer Sir Francis Drake benannt, der 1579 hier an Land gegangen sein soll. Er nannte das Gebiet Nova Albion und nahm es kurzzeitig für England in Besitz *(siehe S. 50f)*.

❷ Muir Woods, Muir Beach

1 Muir Woods Road. **Straßenkarte** A3. 🚌 Mill Valley. **Visitors' Center** Hwy 1, Mill Valley. 📞 1-415-388-2595. 🕐 Sommer: tägl. 8–20 Uhr; Winter tägl. 8–17 Uhr. 🚫 für die Woods. 🌐 nps.gov/muwo

Am Fuß des Mount Tamalpais *(siehe S. 417)* liegt das Muir Woods National Monument mit Restbeständen von Küsten-Redwoods. Diese Baumriesen – der älteste ist mindestens 1000 Jahre alt – bedeckten vor dem Aufkommen der Holzindustrie im 19. Jahrhundert die Küste Kaliforniens. Die Wälder wurden nach John Muir benannt, dem Naturforscher, der für den Yosemite National Park *(siehe S. 492– 495)* verantwortlich zeichnet.

Aus den Muir Woods kommt der Redwood Creek. Er mündet am Muir Beach ins Meer. Der Strand ist bei Badegästen sehr beliebt *(siehe S. 417)*. Auf der Fahrt zum Strand kommt man am Pelican Inn vorbei, ein im Stil des 16. Jahrhunderts erbautes Gasthaus, das stolz auf seine traditionelle englische Küche, etwa das klassische Roastbeef, verweist.

An Wochenenden – vor allem in den Sommermonaten – ist der Strand oft sehr voll, doch wer sich nicht scheut, 15 Minuten weiter an der Küste entlangzugehen, wird mit einem ruhigen Plätzchen belohnt.

❸ Marin Headlands

Siehe S. 420f.

❹ Sausalito

Straßenkarte Ausschnitt B. 🚹 7000. 🚌 🚢 ℹ️ 780 Bridgeway Ave, 1-415-332-0505. 🌐 sausalito.org

In dem einstigen Fischerdorf stehen einige schmucke viktorianische Bungalows an den steilen Abhängen zur San Francisco Bay. Auf der Bridgeway Avenue am Ufer, mit Restaurants und Boutiquen, promenieren die Wochenendbesucher und genießen die schöne Aussicht.

Das **San Francisco Bay Model Visitor Center** ist ein faszinierendes Hydraulikmodell (das einzige in den USA), das die Gezeiten und Strömungen der San Francisco Bay simuliert.

🏛️ **San Francisco Bay Model Visitor Center**
2100 Bridgeway Ave. 📞 1-415-332-3871. 🕐 Sep–Mai: Di–Sa 9– 14 Uhr; Juni–Aug: Di–Fr 9–16, Sa 10–17 Uhr. ⚫ Feiertage.
🌐 spn.usace.army.mil

Hafenidylle in Sausalito

❺ Tiburon

Straßenkarte Ausschnitt B. 🚹 9000. 🚌 🚢 ℹ️ 96B Main St, 1-415-435-5633. 🌐 ci.tiburon.ca.us

An der Hauptstraße der eleganten Küstenstadt haben sich einige Läden und Restaurants in »Archen« eingerichtet. Diese einmaligen Lokalitäten sind Hausboote vom Beginn

Die Hauptstraße in Tiburon

des 20. Jahrhunderts, die man an Land verankert und neu eingerichtet hat. Jetzt stehen diese Boote in der sogenannten Ark Row.

Tiburon ist ruhiger als Sausalito: In den Parks am Meer kann man schön spazieren oder Rad fahren gehen und dabei auf die Bucht blicken.

❻ Six Flags Discovery Kingdom

1001 Fairgrounds Dr. **Straßenkarte** Ausschnitt B. 📞 1-707-643-6722. 🚌 🚆 von San Francisco. 🕐 Sommer: tägl., variierende Zeiten, bitte Website beachten. 🚻 ♿ 📷
W sixflags.com/discoverykingdom

Six Flags Discovery Kingdom ist der außergewöhnlichste Themen- und Tierpark (mit Ozeanarium) Nordkaliforniens. Er zieht jährlich 1,6 Millionen Besucher an. Der 55 Hektar große Park liegt entlang der Interstate 80 am Hwy 37 am Rand von Vallejo. Unterhaltung und Bildung werden gleichermaßen geboten. Hauptattraktionen sind die Shows mit Meeressäugern. In großen Pools tummeln sich Orcas, Seelöwen und Delfine. Shark Experience ist ein transparenter Tunnel, der durch ein Aquarium mit Haien und tropischen Fischen verläuft.

Vorstellungen mit Königstigern und Elefanten, eine Voliere mit exotischen Vögeln und Schmetterlingen sind die Highlights bei den Landtieren.

❼ Benicia

Straßenkarte Ausschnitt B. 🏠 27 000. 🚌 🚆 **𝐢** Benicia Chamber of Commerce, 601 1st St, 1-707-745-2120. **W** visitbenicia.com

Benicia ist eine geschichtsträchtige kalifornische Kleinstadt. Sie liegt auf der Nordseite der Carquinez Straits, der Wasserstraße, durch der der Sacramento/San Joaquin River von der Sierra Nevada in die San Francisco Bay fließt.

Von Februar 1853 bis Februar 1854 war Benicia Hauptstadt von Kalifornien. In dem staatlich geschützten Greek-Revival-Gebäude, früher der Regierungssitz, ist noch viel Inventar und Mobiliar aus dieser Ära zu sehen. Neben dem ehemaligen Kapitol wurde das Fisher-Hanlon House, ein ehemaliges Hotel aus der Hochphase der Goldgräberzeit, als Teil des **Benicia Capitol State Historic Park** wiederhergestellt.

Am anderen Ende der Hauptstraße erstreckt sich die Waterfront von Benicia. Vor hier aus setzten in den 1850er Jahren die Fähren nach Port Costa über. Im einstigen Benicia Arsenal, in dem früher Waffen der Armee lagerten, wurden Studios eingerichtet, in denen Künstler und Handwerker arbeiten.

🏛 Benicia Capitol State Historic Park

115 West 6th St. 📞 1-707-745-3385. 🕐 Sa, So 10–17 Uhr. 🚻
W parks.ca.gov

❽ John Muir National Historic Site

4202 Alhambra Ave, Martinez. **Straßenkarte** A3. 📞 1-925-228-8860. 🕐 tägl. 10–17 Uhr. ⬤ 1. Jan, Thanksgiving, 25. Dez. 🚻 ♿ Erdgeschoss u. Gelände. **W** nps.gov

Im Vorort Martinez kümmert sich die John Muir National Historic Site um das Heim des Naturforschers, der hier von 1890 bis zu seinem Tod 1914 lebte. Das Haus im italienischen Stil besitzt 17 Räume und ist typisch für einen spätviktorianischen Wohnsitz der oberen Mittelschicht, doch es entspricht kaum der Einfachheit und Bodenständigkeit Muirs. Nur die Bibliothek, Muirs *»scribble den«* (Kritzelhöhle), vermittelt einen authentischen Eindruck. Von dem früher über 1000 Hektar großen Obstgarten neben dem Haus existiert nur noch ein einziger Baum.

Das Besucherzentrum wurde entsprechend Muirs ökologischen Vorstellungen mit umweltfreundlichen Materialien ausgestattet. Ausstellungen informieren über Muirs Leben und vermitteln Umweltbewusstsein. Dabei geht man besonders auf Kinder ein, die hier auch eine Vorstellung davon bekommen, was es bedeutet, Park Ranger zu sein.

In der Nähe ist ein 130 Hektar großes Gelände mit Wanderwegen, auf denen man an Feldern mit Wildblumen vorbeikommt. Bei Vollmond werden hier auch Führungen angeboten.

John Muir (1838–1914)

❸ Spaziergang durch Marin Headlands (1:30 Std.)

Das Nordende der Golden Gate Bridge ist in den grünen Hügeln der Marin Headlands verankert. Die unberührte Landschaft vom Wind gepeitschter Bergrücken, geschützter Täler und einsamer Strände wurde einst zur militärischen Verteidigung genutzt. Sie ist heute Teil der Golden Gate National Recreation Area. Viele Stellen bieten traumhafte Ausblicke auf San Francisco und das Meer. Im Herbst kann man Adler und Fischadler am Hawk Hill vorbeiziehen sehen.

Schulkinder besuchen Marin Headlands

③ Rodeo Beach

Vom Besucherzentrum zum Rodeo Beach
Suchen Sie vor Ihrem Rundgang das Marin Headlands Visitor Center ① mit seinem spitzen Turm auf. Es war früher die überkonfessionelle Kapelle von Fort Cronkhite. Seit einem Umbau dient das Gebäude als Museum, Informationsstelle und Buchhandlung mit Fokus auf Vogelkundebüchern. Sie können hier die Geschichte der Marin Headlands studieren und eine Behausung der Küsten-Miwok sehen. Die Wanderung, die Sie um die Rodeo Lagoon ② herumführt, beginnt an der westlichen, meerseitigen Parkplatzeinfahrt. Nehmen Sie den Pfad linker Hand in Richtung Meer. In diesem Abschnitt ist der Weg dicht gesäumt von Bäumen und Sträuchern, aber auch von giftigem Sumach, vor dem man sich hüten sollte. Man hört Vogelstimmen. Am Rand der Lagune zeigen sich braune Pelikane, Silberreiher und Wildenten. Nach 15 Minuten erreichen Sie den sandigen Rodeo Beach ③.

Marin Headlands (Golden Gate National Recreation Area)

MITCHELL ROAD

⑥

⑤

Rod...

③
Rodeo
Beach

C O...

*Battery
Smith-Gu...*

*Pazifischer
Ozean*

④
Bird
Island

M E N D E...

*Ba...
Me...*

Legende
— Routenempfehlung

② Rodeo Lagoon

Hotels und Restaurants in der Bay Area *siehe Seiten 539f und 570f*

⑦ **Robbe in The Marine Mammal Center**

Raptor Observatory und ein Energie- und Versorgungszentrum. Gehen Sie an den Kasernen vorbei, bis links eine Straße abzweigt, die zu The Marine Mammal Center ⑦ hinaufführt. Während des Kalten Kriegs war dies eine Raketenabwehrstation. Heute kümmert man sich hier um kranke oder

Überqueren Sie die Brücke nicht auf der Straße, sondern auf dem Fußweg daneben. Vor dem Ende des Geländers zweigt ein Pfad ⑨ rechts ab. Wandern Sie hügelaufwärts, bis ein paar Stufen wieder zum Parkplatz des Marin Headlands Visitor Center zurückführen. Gehen Sie über den Parkplatz und hinauf zum Holzgebäude (Ende 19./Anfang 20. Jh.). Es ist im National Historic Registry gelistet und war Offiziershauptquartier, Krankenhaus

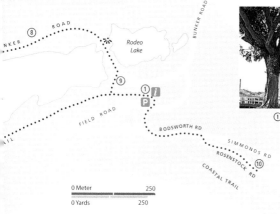

① **Marin Headlands Visitor Center**

Von hier können Sie bis nach Bird Island ④ blicken. Der Strand ist die meiste Zeit über wenig besucht.

Mitunter kommen Schulklassen, um etwas über das Ökosystem Küste zu erfahren. Die Kurse werden vom Headlands Institute veranstaltet, das sich in den ehemaligen Armeekasernen in der Nähe einquartiert hat.

Von den Kasernen zu The Marine Mammal Center
Vom Strand geht es dann wieder landeinwärts. Nachdem Sie nahe der Spitze der Lagune eine hölzerne Fußgängerbrücke ⑤ überquert haben, stoßen Sie auf Toiletten und Büros, die in Kasernen ⑥ untergebracht sind, u. a. das Headlands District Office, das

verletzte Meeressäuger. Seelöwen und Seehunde sowie See-Elefanten werden untersucht und gepflegt, bis sie sich wieder erholt haben. Man kann Tierärzten zuschauen und darf die Tiere aus der Nähe betrachten. Außerdem gibt es Schaukästen zum Ökosystem des Meers.

Von der Lagune zum Golden Gate Hostel
Gehen Sie wieder bergab zur Asphaltstraße, die an der Lagune ⑧ entlangführt. Daneben verläuft ein separater Wanderweg. Sie müssen ein Schutzgeländer übersteigen, um ihn zu erreichen. Von einer Bank kurz vor einer Brücke können Sie Wasservögel beobachten. In der Brackwasserlagune mit dem hohen Schilf fühlen sie sich wohl.

und Raketenkommandozentrale. Heute residiert hier das Golden Gate Hostel ⑩. Die Marin Headlands bieten auch wesentlich längere und anspruchsvollere Wanderungen. Sie können z. B. auch so beliebte Routen wie Wolf Ridge oder Bobcat Trail ausprobieren.

Routeninfos

Start: Marin Headlands Visitor Center nahe Fort Cronkhite.
Länge: 3 km.
Anfahrt: Der San Francisco MUNI-Bus 76 fährt ab Kreuzung Sutter Street und Sansome Street bzw. Van Ness Avenue an Sonntagen und einigen Feiertagen.
📞 1-415-673-6864.
Autofahrer nehmen nach der Golden Gate Bridge die Ausfahrt Alexander Avenue. Biegen Sie unter dem Freeway in Richtung Headlands, Fort Cronkhite und Fort Barry ab.
Rasten: Wasser gibt es zwar, doch keine Möglichkeit, Essen zu kaufen. Sie müssen daher Ihren eigenen Picknickkorb mitbringen, dessen Inhalt Sie an den vielen Tischen am Wegesrand oder an den Stränden in aller Ruhe genießen können.

Horse Trail

Bike Trail

Beschilderung der Wege

❾ Berkeley

Nach dem Erdbeben von 1906 *(siehe S. 56)*, als zahlreiche Bewohner aus dem zerstörten San Francisco flüchteten und sich auf der Ostseite der Bucht niederließen, begann Berkeleys Aufstieg. Doch erst das Free Speech Movement und die Studentenbewegung gegen den Vietnamkrieg, die der Stadt in der 1960er Jahren den Spitznamen »Beserkeley« einbrachten, machten Berkeley berühmt. Viele Läden erinnern mit ihren Waren noch an die Hippie-Ära, doch in den letzten Jahren hat die Stadt ihr Image aufpoliert. Gepflegte Restaurants und Cafés trugen und tragen zum Ruf der Stadt für gutes Essen bei: Von hier aus trat die neue kalifornische Küche ihren Siegeszug an.

Claremont Hotel Club & Spa

🏛 University of California at Berkeley

📞 1-510-642-6000. **Phoebe A. Hearst Museum of Anthropology** 📞 1-510-643-7648. ⏰ Mi–Sa 10–16.30, So 12–16 Uhr. ⬤ Feiertage. **Berkeley Art Museum and Pacific Film Archive** 📞 1-510-642-0808. ⏰ Mi–So 11–17 Uhr (Fr bis 21 Uhr). ⬤ Feiertage. 🎨 1. Do im Monat frei. ♿ 🌐 berkeley.edu

Der Ruf der 1868 gegründeten Universität als Keimzelle von politischen Bewegungen stellt manchmal ihre hohe akademische Bedeutung in den Schatten. Gleichwohl ist sie eine der angesehensten Bildungseinrichtungen der Welt – mit über 30 000 Studenten und zehn Nobelpreisträgern unter den Lehrkräften. Den Campus *(siehe S. 424f)* legte der Architekt Frederick Law Olmsted an. Zum Angebot an Museen und Denkmälern zählen das Berkeley Art Museum *(siehe S. 425)*, der Sather Tower (»Campanile«) und das Hearst Museum of Anthropology.

DNA-Modell in der Lawrence Hall of Science

🔬 Lawrence Hall of Science

Centennial Drive, UC Berkeley. 📞 1-510-642-5132. ⏰ tägl. 10–17 Uhr. ⬤ Feiertage. ♿ 🎨 🌐 lawrencehallofscience.org

Hier wird Wissenschaft zum Vergnügen. Man kann ein Hologramm beeinflussen, Erdbeben nachspüren oder die Bahn der Sterne im Planetarium verfolgen.

Nachts bietet die Plaza einen außergewöhnlichen Blick auf die Lichter in der nördlichen Bay Area.

🏨 Claremont Hotel Club & Spa

41 Tunnel Rd, Berkeley. 📞 1-510-843-3000. ♿ 🌐 claremontresort.com

Die Hügel von Berkeley bilden die Kulisse für dieses Fachwerk-Märchenschloss. Die Bauarbeiten dauerten von 1906 bis 1915. Zunächst lief das Hotel schlecht, zum Teil wegen eines Gesetzes, das den Alkoholausschank im Umkreis von 1,6 Kilometern um den Campus verbot. Ein Student maß 1937 nach und fand heraus, dass die Grenze durch das Gebäude verlief. Daraufhin entstand in einer Ecke des Hotels außerhalb des Bannkreises die Terrace Bar.

Das Claremont ist eines der feudalsten Hotels der Bay Area – genießen Sie die Aussicht bei einem Drink.

🌿 University of California Botanical Garden

200 Centennial Dr, Berkeley Hills. 📞 1-510-643-2755. ⏰ tägl. 9–17 Uhr. ⬤ Feiertage. 🎨 1. Do im Monat frei. ♿ teilweise. 🌐 botanicalgarden.berkeley.ecu

Im milden Klima von Berkeleys Strawberry Canyon gedeihen mehr als 12 000 Pflanzenarten aus aller Welt. Sie dienen der Forschung, sind aber in Themengärten angelegt. Es gibt unter anderem asiatische, afrikanische, südamerikanische, europäische und kalifornische Gärten. Sehenswert: der chinesische Kräutergarten, die Orchideenhäuser, der Kaktusgarten und die fleischfressenden Pflanzen.

Die Wellman Hall auf dem Campus der University of California

Tilden Regional Park

📞 1-510-544-2747. **Dampfeisenbahn** Sa, So 11–17 Uhr (im Sommer
tägl.). 🎠 **Karussell** ⭕ Sa, So 10–
17 Uhr (im Sommer 11–17 Uhr).
⚫ Feiertage. 🌿 **Botanical Garden**
tägl. 8.30–17 Uhr. ♿ teilweise.
🌐 ebparks.org/parks/tilden

Der weitgehend naturbelas-
sene Park bietet eine Reihe
von Attraktionen. Er ist für
seinen zauberhaften botanischen Garten bekannt, der
Kaliforniens Flora abbildet.
Von Almwiesen schlendert
man durch einen überaus
hübschen Redwood-Hain
zu Wüsten-Kakteengärten
hinab. Es werden auch Führungen durch das Gelände
angeboten. Wer mit Kindern
kommt, wird kaum an Karussell, Miniaturbauernhof und
Modell-Dampfeisenbahn vor-
beikommen.

Magnes Collection of Jewish Art and Life

2121 Aliston Way, Berkeley. 📞
1-510-643-2526. ⭕ Mitte Sep–
Mitte Dez, Feb–Mai: Di–Fr 11–
16 Uhr. ⚫ Feiertage (auch jüdische).
♿ nur Erdgeschoss. 🌐 magnes.org

In der 1962 eröffneten Sammlung wird anhand von nahezu
15 000 Objekten jüdische Kultur in ihrer gesamten Vielfalt

*Jüdisches Zeremonialgewand
(19. Jh.), Magnes Collection
of Jewish Art and Life*

dokumentiert und der bedeu-
tende Beitrag jüdischer Ge-
meinden zum weltweiten kul-
turellen Erbe gewürdigt. Zu den
Exponaten gehören u. a. ritu-
elle Gegenstände, historische
Dokumente und Kunstobjekte.
Die Ausstellungen der Magnes
Collection of Jewish Art and
Life wechseln regelmäßig.

Telegraph Avenue

Berkeleys faszinierendste Straße ist die Telegraph Avenue
zwischen Dwight Way und
Universität. Hier gibt es Cafés,

Infobox

Information
Straßenkarte Ausschnitt B.
🗺 113 000. ℹ️ 2015 Center St,
1-510-549-7040, 1-800-847-
4823. 🎭 Taste of North Berkeley (Mai), Fourth of July Fireworks, Farmers' Market (4 Tage,
siehe Website), Salano Ave Stroll
(Sep). 🌐 visitberkeley.com

Anfahrt
✈️ Oakland, 19 km südwestl.
von Berkeley. 🚌 🚆 2160
Shattuck Ave.

Lokale und Läden mit Kleidung
und allerlei Schnickschnack.
Das Areal war in den 1960er
Jahren Zentrum der Studen-
tenunruhen. Auch heute drängen sich hier Studenten –
zusammen mit Straßenver-
käufern, Musikanten, Demon-
stranten und Exzentrikern.

Fourth Street

Die vornehme Enklave nördlich
der University Avenue steht für
guten Geschmack. Hier kann
man edle Dinge kaufen und
konsumieren. Es gibt Bleiglasfenster, Möbel, Designer-Gar-
tenwerkzeug, biologisch ange-
bauten Salat und exzellente
Restaurants *(siehe S. 570).*

Zentrum von Berkeley

① University of California at
   Berkeley
② Lawrence Hall of Science
③ University of California
   Botanical Garden
④ Telegraph Avenue
⑤ Magnes Collection of
   Jewish Art and Life
⑥ Claremont Hotel
   Club & Spa

Spaziergang über den Campus der University of California at Berkeley (1:30 Std.)

Der Spaziergang zeigt Ihnen einen besonderen Teil von Berkeley: den berühmten Campus der Universität. Hier erhalten Sie einen Einblick in das geistige, kulturelle und gesellschaftliche Leben dieser pulsierenden Universitätsstadt *(siehe S. 422f).*

Vom Westeingang zum Sather Tower

Von der University Avenue ① kommend passieren Sie das Valley Life Sciences Building ② am University Drive. An der Nordgabelung des Strawberry Creek sehen Sie die Wellman Hall. Sie biegen rechts ab, lassen die California Hall ③ rechts liegen und gehen links in die Cross Campus Road ④. Rechts steht die Wheeler Hall, vor Ihnen der 94 Meter hohe Sather Tower ⑤, der 1914 von John Galen Howard nach dem Vorbild des Campanile in Venedig erbaut wurde.

Besuchen Sie die Doe Library ⑥ und anschließend die A. F. Morrison Memorial Library ⑦ im Nordflügel. In der Bancroft Library nebenan ist die Tafel aufbewahrt, mit der Sir Francis Drake Kalifornien für Queen Elizabeth I in Besitz genommen haben soll *(siehe S. 50f).*

Gehen Sie zurück zum Sather Tower und genießen Sie von dort den Blick auf die Bucht. Die South Hall ⑧, der älteste Bau auf dem Campus, liegt gegenüber.

Vom Hearst Mining Building zum Hearst Greek Theater

Gehen Sie nach Norden an der LeConte Hall vorbei zum Mining Circle. Hier finden Sie das 1907 von Howard erbaute Hearst Mining Building ⑨, das Erzproben und Bilder aus alten Bergarbeiterzeiten zeigt. Kehren Sie zum University Drive zurück und biegen Sie links zum Hearst Greek Theater ⑩ ab.

④ **Studenten vor der Wheeler Hall an der Campus Road**

Legende

Map labels: HEARST AVENUE, Tolman Hall, Wellman Hall, (North Fork), HEARST AVENUE, ① UNIVERSITY AVENUE, OXFORD STREET, THE CRESCENT, West Gate, UNIVERSITY DRIVE, WEST CIRCLE, ②, ⑲, ADDISON ST, Strawberry Creek, FRANK SCHLESSINGER WAY, (So...), Alum... Hous..., CENTER ST, SHATTUCK AVE, ⓂDowntown Berkeley, ALLSTON WAY, Evans Diamond, Haas Pavilion, Goldman Field, KITTREDGE STREET, FULTON ST, BANCROFT, ELLSWORTH STREET, DANA STREET, DURANT

⑤ **Esplanade beim Sather Tower**

Vom Faculty Club zum Eucalyptus Grove

Gehen Sie auf der Gayley Road entlang einer Erdbebenspalte, bis ein Fußweg zu Lewis Hall und Hildebrand Hall abzweigt. Biegen Sie dort rechts ab. Dann geht es links über eine Fuß-

0 Meter	250
0 Yards	250

Legende
••• Routenempfehlung

gängerbrücke. Der Weg führt zwischen einem Blockhaus und dem Faculty Club ⑪ hindurch. Das Gebäude entwarf zum Teil Bernard Maybeck. Der Faculty Glade ⑫ ist ein beliebter Picknickplatz.

Der Weg führt Sie nun im Bogen nach rechts, dann scharf nach links. Werfen Sie einen Blick auf die Hertz Hall ⑬ und folgen Sie der Diagonale, die an der Wurster Hall vorbei zur Kroeber Hall führt. Hier können Sie das sehenswerte Hearst Museum of Anthropology (siehe S. 422) besuchen. Es präsentiert

Kunsthandwerk von Ishi, dem letzten Yahi-Indianer, der von 1911 bis zu seinem Tod 1916 auf dem Campus lebte. Überqueren Sie den Bancroft Way zum Caffè Strada ⑭ und gehen Sie weiter zum Berkeley Art Museum ⑮, das u. a. Werke von Picasso und Cézanne zeigt (siehe S. 422). Der Bancroft Way führt zur Telegraph Avenue ⑯, die bei den Studentenprotesten der 1960er und 1970er Jahre (siehe S. 423) berühmt wurde. Der Universitätseingang an der Telegraph Avenue führt zur Sproul Plaza ⑰. Auf der unteren Ebene befindet sich die moderne Zeller-

⑮ *Within* (1969) von A. Lieberman im Berkeley Art Museum

bach Hall ⑱. Passieren Sie nun Alumni House und Harmon Gym und biegen Sie danach rechts ab. Überqueren Sie die Südgabelung des Strawberry Creek an der Bay Tree Bridge und halten Sie sich links zum Eucalyptus Grove, um einige der weltweit höchsten Eukalyptusbäume zu sehen ⑲. Der Rundgang endet in der Oxford Street, nahe dem Ausgangspunkt.

Routeninfos

Start: West Gate (Westeingang) an der University Avenue/Ecke Oxford Street.
Länge: 4 km.
Anfahrt: San Francisco–Oakland Bay Bridge auf dem Highway 80 in Richtung Norden, Ausfahrt University Avenue.
Mit BART: Station Berkeley.
Rasten: Das Caffè Strada am Bancroft Way ist immer voller Studenten, die hier Kaffee trinken oder ein Sandwich essen. Wenige Schritte weiter, im Berkeley Art Museum, befindet sich das Café Grace, von dem aus man in den Skulpturengarten schauen kann. Sie können auch in den Buchläden an der Telegraph Avenue stöbern, wo es Cafés gibt, oder einen Imbisswagen am Eingang zur Sproul Plaza ausprobieren. Versuchen Sie einen *smoothie* oder ein mexikanisches Gericht. Auf der unteren Ebene der Sproul Plaza der Universität laden inmitten einer Phalanx von Bongo-Trommlern weitere Cafés ein.

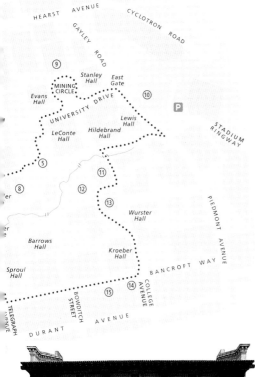

⑨ Das Hearst Mining Building am Mining Circle

Zeichenerklärung *siehe hintere Umschlagklappe*

⑩ Oakland

Oakland war einst ein kleiner Arbeitervorort von San Francisco. Er entwickelte sich zur Stadt, als hier der westliche Endbahnhof der transkontinentalen Eisenbahn entstand. Der Ort boomte, schon bald war Oakland einer der größten Containerhäfen der Vereinigten Staaten. Viele Afroamerikaner, die bei der Eisenbahn arbeiteten, ließen sich in Oakland nieder, gefolgt von hispanischen Einwanderern. Sie gaben der Stadt das multikulturelle Gepräge, das man heute noch spürt. Schriftsteller wie Jack London und Gertrude Stein trugen zu Oaklands Ruf als bedeutendes kulturelles Zentrum bei.

Fassade und Park des Mormon Temple

⬆ Mormon Temple
4770 Lincoln Ave. ☎ 1-510-531-3200. 🚇 Fruitvale, dann Bus AC Transit 46. **Besucherzentrum** ⏱ tägl. 9–21 Uhr. **Tempel** ⏱ Di–Sa. ♿ ✉
🌐 ldschurchtemples.com/oakland

Seit 1963 thront hier der einzige Mormonentempel in Nordkalifornien – sein voller Name lautet Oakland Temple of the Church of Jesus Christ of Latter-day Saints. Wenn das Bauwerk nachts angestrahlt ist, kann man es von San Francisco aus sehen. Den Stufenturm umgeben vier kleinere Türme, verkleidet mit weißem Granit und gekrönt von Goldpyramiden. Von der Tempelanlage blickt man auf die Bay Area.

Infobox

Information
Straßenkarte Ausschnitt B.
🗺 390 000. 🛈 475 14th St (1-510-874-4800). 🎭 Annual Holiday Parade (1. Sa im Dez).
🌐 visitoakland.org

Anfahrt
✈ Oakland, 8 km südwestl. von Oakland. 🚉 1245 Broadway St.

🦆 Lake Merritt
Entstanden ist der See, als man eine Flussmündung ausbaggerte, eindeichte und teilweise aufstaute. Heute bilden Lake Merritt und der dazugehörige Park eine in Grün- und Blautönen leuchtende Oase im Herzen von Oakland.

Das Gelände wurde 1870 zum ersten staatlichen Tierreservat der USA erklärt. Am West- und Nordufer des Salzwassersees kann man Boote leihen. Um den See führt ein fünf Kilometer langer Weg. Im Lakeside Park am Nordufer gibt es Blumengärten, ein Vogelhaus und ein »Märchenland« für Kinder mit Ponys, Marionetten- und Kindertheater.

⚓ Jack London Square
Jack London, Autor von Abenteuerromanen wie *Der Ruf der Wildnis (siehe S. 30)*, wuchs in den 1880er Jahren in Oakland auf und besuchte oft das alte Hafenviertel. Heute befindet

🌉 Bay Bridge
Stadtplan San Francisco 6 E4.
Die San Francisco–Oakland Bay Bridge wurde nach Plänen von Charles H. Purcell errichtet. Die Anlage setzt sich aus zwei Teilbrücken zusammen, die sich auf Yerba Buena Island und damit etwa in der Mitte der Bucht treffen. Von Ufer zu Ufer hat die Brücke eine Gesamtlänge von 7,2 Kilometern.

Ihre Fertigstellung 1936 läutete den Niedergang der Fährschifffahrt in der San Francisco Bay ein, da nun Straße und Schiene die Stadt auf der Halbinsel mit dem »Festland« von Oakland verbanden. In den 1950er Jahren wurden die Gleise entfernt, damit die 250 000 Fahrzeuge, die täglich die Brücke passieren, mehr Platz hatten.

Der östliche Brückenteil ruht auf über 20 Pfeilern und steigt von der Mautstation in Oakland bis Yerba Buena Island auf 58 Meter Höhe an. Die Teilbrücken laufen an der mittleren Verankerung zusammen, die weiter in den Untergrund getrieben wurde, als dies bei allen anderen Brücken der Fall ist. 1939/40 wurde auf Treasure Island mit der Weltausstellung

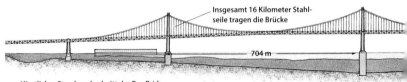

Insgesamt 16 Kilometer Stahlseile tragen die Brücke

704 m

Westlicher Streckenabschnitt der Bay Bridge

Hotels und Restaurants in der Bay Area *siehe Seiten 539f und 570f*

Zentrum von Oakland

1. Old Oakland
2. Jack London Square
3. Oakland Museum of California
4. Lake Merritt

0 Meter 500
0 Yards 500

Zeichenerklärung siehe hintere Umschlagklappe

sich in dem nach ihm benannten Areal eine breite Promenade mit Läden, Restaurants mit Tischen im Freien und einigen Vergnügungsdampfern. Die Spur Londons lässt sich noch bis zum einstigen First and Last Chance Saloon und bis zur Yukon-Hütte verfolgen, die London 1898 bezog.

Old Oakland

Farmers' Market 1-510-745-7100. Fr 8–14 Uhr.
urbanvillageonline.com

Die beiden Häuserblocks, die auch unter dem Namen Victorian Row bekannt sind, wurden zwischen 1860 und 1880 erbaut und im Lauf der 1980er Jahre renoviert. Der Farmers'

Market um die Clay und 9th Street zieht freitags viele Kunden an. Die Stände bieten frische Produkte wie Gemüse, Obst, Käse, Eier, Backwaren, Fisch und Blumen an. Darüber hinaus gibt es ein großes Angebot an Speisen. Auch die Auswahl an Kunsthandwerk ist interessant.

auch der Bau der Brücke gefeiert. Heute gibt es auf der »Bauschutt-Insel« hübsche Parks und Wohnanlagen.

Nach dem Erdbeben 1989 *(siehe S. 509)* war die Brücke einen Monat lang gesperrt, da sich ein 15 Meter langes Teilstück bei Oakland gelöst hatte.

Die östliche Teilbrücke wurde inzwischen komplett ersetzt und 2013 wiedereröffnet.

Östlicher Streckenabschnitt der Bay Bridge

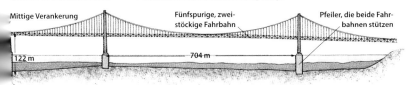

Mittige Verankerung
Fünfspurige, zweistöckige Fahrbahn
Pfeiler, die beide Fahrbahnen stützen

122 m — 704 m

Oakland Museum of California

Das 1969 eröffnete Museum widmet sich der Kunst, Geschichte sowie der Natur und Ökologie des Bundesstaats Kalifornien. Ab 2008 wurde es einer umfassenden Renovierung und Erweiterung unterzogen. Dabei wurden die Gallery of Californian Art und die Gallery of Californian History umgestaltet und erweitert. Auch der Eingangsbereich in der Oak Street wurde erneuert. Besucher können sich auch mit interaktiven Exponaten und digitalen Objekten beschäftigen.

Welcome to California
Hier wird das vergangene und heutige Leben in Kalifornien gefeiert.

Kurzführer
Ebene 1 beherbergt den Museumsladen und die Gallery of Natural Sciences. Die Artefakte der Cowell Hall of Californian History auf Ebene 2 sind chronologisch geordnet. Die Cafeteria befindet sich auf Ebene 2, die Gallery of Californian Art auf Ebene 3.

Dach und Gärten

Die Great Hall wird für Sonderausstellungen genutzt.

Art Gallery
Die Kunstabteilung zeigt u. a. Richard Diebenkorns *Ocean Park No: 107* (1978).

Ebene 3

Ebene 2

Eingang 10th Street

★ Barry McGee: Installation
Die Acryl-Assemblage (2010) des 1966 in San Francisco geborenen Künstlers macht sein Interesse an geometrischen Mustern deutlich.

Legende zu den Ebenen des Oakland Museum

☐ Gallery of Californian Art ☐ Gallery of Californian History
☐ Gallery of Californian Natural Sciences

Infobox

Information
Oak u. 10th St.
Straßenkarte Ausschnitt B.
📞 1-510-318-8400.
🕐 Mi, Do 11–17, Fr 11–21,
Sa, So 10–18 Uhr. 🗓 1. So im
Monat frei. ♿ 🏛 💳 📷
🌐 **museumca.org**

Anfahrt
🚇 von Lake Merritt.

Kalifornischer Geländewagen
Das Mehrzweckfahrzeug wurde Mitte des
19. Jahrhunderts für das Landleben entwickelt. Es konnte von einem Ackerwagen in
eine elegante Kutsche verwandelt werden.

Eisenbahn-Ausstellung
Der Bau der Eisenbahn war entscheidend für Kalifornien, das erst damit
von der Ostküste erreichbar war.

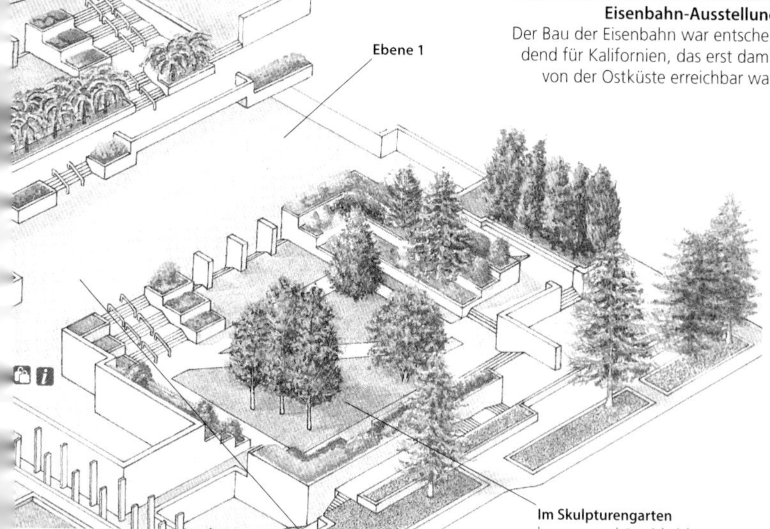

Ebene 1

Im Skulpturengarten
kann man schön picknicken.
Auch Festivals finden hier statt.

**★ Gallery of
Natural Sciences**
Mehr als 2000 Tierarten sind
hier zu sehen. Sieben Lebensräume wurden nachgebaut.

Eugene O'Neills schönes Tao House in Danville

⓫ Tao House

Straßenkarte Ausschnitt B.
📞 1-925-838-0249. 🅾 Mi–So 10,
13.30 Uhr, nur nach Voranmeldung.
♿ 🎦 Mi–Fr, So 10 u. 14 Uhr (obligatorisch). 🅦 nps.gov/euon

Als der amerikanische Dramatiker Eugene O'Neill (1888–1953) im Jahr 1936 den Nobelpreis für Literatur erhielt, baute er mit dem Geld für sich und seine Frau in dem damals ländlichen San Ramon Valley am Fuß des Mount Diablo ein Haus im spanischen Kolonialstil mit orientalischem Touch. 1937 wurde es fertiggestellt. Während der nächsten sechs Jahre arbeitete O'Neill hier an der zum Teil autobiografischen Reihe tragischer Stücke, die heute zu seinen besten zählen, darunter *Der Eismann kommt*, *Ein Mond für die Beladenen* und *Eines langen Tages Reise in die Nacht*. 1944 erkrankte er an der Parkinson-Krankheit. Durch die isolierte Lage des Gebäudes und den Mangel an Pflegepersonal während des Kriegs war O'Neill schließlich gezwungen, sein geliebtes Haus zu verlassen. Er starb 1953 in einem Bostoner Hotel.

Die Täler der Umgebung sind nun Vororte San Franciscos, doch das denkmalgeschützte Tao House und seine Umgebung (jetzt National Park Service) sind einen Abstecher wert. Das Ambiente ist so erhalten, wie der Dramatiker es verlassen hat.

⓬ Mount Diablo State Park

Straßenkarte Ausschnitt B. 🚌
🚉 Walnut Creek. 🛈 Walnut Creek Visitor Center. 📞 1-925-837-6119.
🅾 tägl. 8 Uhr bis Sonnenuntergang.
🅦 parks.ca.gov

Der majestätische Mount Diablo (1173 m) erhebt sich über die Vororte im Landesinneren und beherrscht die Ostseite der Bucht. Der Ausblick vom Gipfel ist einer der imposantesten in Nordamerika. An einem klaren Tag beträgt die Sicht in jede Richtung bis zu 300 Kilometer – vom Mount Lassen *(siehe S. 457)* und den Cascade Mountains im Norden zum Mount Hamilton im Süden sowie von den Sierra Nevada Mountains im Osten bis zu den Farallon Islands *(siehe S. 416)* im Pazifik im Westen.

Die 90 Quadratkilometer Land, die den Gipfel umgeben, sind ein Staatspark mit vielen Wander-, Reit- und Radwegen.

Maske aus O'Neills Theaterstücken

Eine Straße führt in zahlreichen Kurven bis auf 15 Meter an den Gipfel heran. Hier befindet sich ein Picknickplatz, von dem man eine sehr schöne Aussicht genießt. Im Besucherzentrum erhält man Informationen zur Flora und Fauna des Bergs, darunter auch zu den vielen Wildblumen, die die Almwiesen im Frühling bedecken.

⓭ Livermore

Straßenkarte Ausschnitt B.
🚹 85 000. 🚌 🚉 🛈 2157 First St, 1-925-447-1606.
🅦 livermorechamber.org

Livermore wurde um 1875 von Viehzüchtern und Weinbauern gegründet. In den letzten Jahren entwickelte es sich zum Vorort von San Francisco, ist aber immer noch ländlich. Heute kennt man es vor allem wegen des Lawrence Livermore National Laboratory. Das moderne technische Forschungszentrum wird im Auftrag des Energieministeriums der Vereinigten Staaten von der University of California at Berkeley betrieben. Während des Kalten Kriegs trug das Labor hauptsächlich zum Atomwaffenarsenal der USA bei, doch seit einiger Zeit hat es sein Spektrum auf zivile Anwendungen erweitert.

Im Osten Livermores säumen Hunderte Windräder die I-580, wo die Straße den Altamont Pass überwindet. Es ist eine der größten Windfarmen, die aufgrund der hier herrschenden Windverhältnisse umweltfreundliche Energie gewinnt. Die Windräder sind in Privat-

Windräder zur Gewinnung von Energie bei Livermore

besitz und werden nicht staatlich gefördert. Es gibt zwei Typen: den traditionellen Propellertyp und einen mit vertikaler Achse, der an große Schneebesen erinnert.

⑭ Stanford University

Junipero Serra St. **Straßenkarte** Ausschnitt B. 📞 1-650-723-2560. **Besucherzentrum** 295 Glavez St. 🕐 Mo–Fr 8.30–17, Sa, So 10–17 Uhr. ⬤ Semesterferien. 📅 Termine unter 1-650-723-2560. 🌐 stanford.edu

Palo Alto gehört zu den schönsten Vororten der Bay Area und entstand quasi als Nebenprodukt der renommierten Stanford University.

Der Eisenbahnmagnat Stanford (siehe S. 54) ließ die Universität bauen, ihre Eröffnung erfolgte 1891. Der Campus liegt am Fuß des Küstengebirges auf der ehemaligen Farm der Familie Stanford – ein Gebiet, das mit 3220 Hektar größer ist als die Innenstadt von San Francisco. Der Architekt Frederick Law Olmsted realisierte hier einen Mix aus Romanik und Missionsstil (siehe S. 34f), mit Sandsteingebäuden und Arkaden. Das Herz des Campus ist der Main Quadrangle mit der Memorial

Church, die Mosaiken zieren. Das Stanford Museum of Art auf dem Campus besitzt eine der größten Skulpturensammlungen von Auguste Rodin, darunter die Höllentore. Mit dem 3,2 Kilometer langen Teilchenbeschleuniger verfügt die Universität über einen der größten der Welt.

⑮ Filoli

86 Cañada Rd. **Straßenkarte** Ausschnitt B. 📞 1-650-364-830, -507. 🕐 Feb–Okt: Di–Fr 10–15.30, Sa 10.30–15.30, So 11–15.30 Uhr. ⬤ Feiertage. 🅿 ♿ 📅 🌐 filoli.org

Die Filoli-Villa, eines der beeindruckendsten öffentlich zugänglichen Herrenhäuser Nordkaliforniens, war Domizil des Goldminenmillionärs William Bourn, Besitzer der Empire Gold Mine (siehe S. 474). Der Architekt Willis Polk entwarf sie 1916 im palladianischen Stil. Die Backsteinfassade erinnert an ein georgianisches Reihenhaus. Die zwei komplett eingerichteten Etagen ergeben etwa 3300 Quadratmeter Wohnfläche. Der 6,5 Hektar große Garten besticht das ganze Jahr durch Farbenpracht: 75 000 Tulpen und unzählige gelbe Narzissen blühen im Frühling, Rosen im Sommer, und im Herbst erstrahlt der Ahorn in Rottönen.

»Filoli« ist ein Akronym für William Bourns Lebensmotto: »Fight for a just cause, Love your fellow man, Live a good life« (»Kämpfe für eine gerechte Sache, liebe deinen Nächsten, führe ein gutes Leben«).

Kirche im Dörfchen Pescadero

⑯ Pescadero

Straßenkarte Ausschnitt B. 🚗 640. ℹ 235 Main St, Half Moon Bay, 1-650-726-8380. 🌐 halfmoonbaychamber.org

Der kleine Ort ist zwar nur eine halbe Stunde mit dem Auto von San Francisco im Norden und dem Silicon Valley im Süden (siehe S. 432) entfernt, doch er wirkt, als lägen Lichtjahre zwischen ihm und der modernen Welt.

Pescadero ist ein Bauerndorf, in dem viel Gemüse angebaut wird, darunter Spargel und Kürbisse. An beiden Hauptstraßen gibt es eine weiß getünchte Kirche (die älteste im County), einen Laden, eine Post und die Duarte's Tavern (siehe S. 571). Dass die Häuser weiß getüncht werden, geht auf das 19. Jahrhundert zurück, als eine Ladung weißer Farbe aus einem Schiffswrack gerettet wurde.

Ein Abstecher zum Leuchtturm von Pigeon Point (siehe S. 417), 13 Kilometer südlich des Orts, in dem auch eine Jugendherberge untergebracht ist, lohnt sich.

Fassade der Memorial Church der Stanford University

Straßenkarte siehe hintere Umschlaginnenseiten

⓲ San José

San José (auch San Jose) ist neben Los Angeles *(siehe S. 62–197)* die zweite spanische Kolonialstadt. Sie wurde 1777 von Felipe de Neve gegründet. Heute hat sie mehr Einwohner als San Francisco und ist drittgrößte Stadt des Bundesstaats. San José ist Wirtschafts- und Kulturzentrum im Süden der Bay Area und gesellschaftlicher Nabel des Silicon Valley. Seit Kurzem bemüht sich die Stadt, ihre Geschichte zu bewahren. Auf dem Agrarland der 1950er Jahre stehen jetzt zwar Hochhausbüros und Hightech-Firmen – dennoch kann man die exzellenten Museen und Sehenswürdigkeiten in Ruhe genießen.

Statue vor dem Rosicrucian Egyptian Museum

Überblick: San José

Die ursprüngliche Kolonialsiedlung San José lag im jetzigen Plaza Park, gegenüber der Market Street. Kaliforniens erstes Kapitol befand sich 1849/50 in einem Hotel auf der Ostseite des Parks, etwa an der Stelle des Fairmont Hotel.

Weitere Sehenswürdigkeiten der Market Street sind das San José Museum of Art und das Geburtshaus von Amadeo P. Giannini *(siehe S. 319)*. Sehenswert ist auch das Winchester Mystery House *(siehe S. 434f)* am Stadtrand.

🏛 Peralta Adobe
175 W St John St.
📞 1-408-536-6000.
🕐 Mo–Fr 8–17 Uhr.
⬤ Feiertage. 📷 🅿 📹
♿ Erdgeschoss.

Einen Block abseits der Market Street steht der einzige Über-

Detail, Mission Santa Clara

rest des spanischen Pueblos und San Josés ältestes erhaltenes Gebäude: das Peralta Adobe von 1797. Heute gibt es hier viele Bars und Cafés.

🏛 Mission Santa Clara de Asis
500 El Camino Real. 📞 1-408-554-4023. 🕐 tägl. 🆆 scu.edu

Die Missionskirche auf dem Campus der Jesuit University of Santa Clara, acht Kilometer nordwestlich von San Josés Innenstadt, ist ein Nachbau des alten Lehmziegelgebäudes. Dieses wurde 1777 errichtet und später mehrfach neu aufgebaut. Sehenswert sind die Glocken, die das spanische Königshaus den Missionaren schenkte. Der prächtige Garten um die Mission wird sorgfältig gepflegt.

🏛 Rosicrucian Egyptian Museum and Planetarium
Naglee u. Park Ave. 📞 1-408-947-3600. 🕐 Mo–Fr 9–17 Uhr, Sa, So 11–18 Uhr. ⬤ 1. Jan, Ostersonntag, Thanksgiving, 25. Dez. 📷
🆆 egyptianmuseum.org

Das Museum birgt die größte Sammlung antiker ägyptischer Artefakte westlich des Mississippi. Jede der Abteilungen, die im ägyptischen und maurischen Stil gehalten sind, präsentiert einen anderen Aspekt ägyptischer Kultur: Mumien, Grabmäler, Kanopen, Fruchtbarkeitsfiguren und Kinderspielzeug – mit Exponaten, die bis 1500 v. Chr. zurückgehen. Zu sehen sind auch Nachbildungen des Sarkophags, in dem Tutanchamun 1922 gefunden wurde, und des Rosetta-Steins. Das Museum wird von einer nichtkonfessionellen Rosenkreuzer-Organisation geführt, die moderne Wissenschaft mit alter Weisheit verbinden will.

🏛 The Tech Museum
201 S Market St. 📞 1-408-294-8324. 🕐 tägl. 10–17 Uhr; Schließzeiten variieren, bitte tel. erkundigen. ⬤ 25. Dez. 📷 🆆 thetech.org

Das Technikmuseum ermöglicht einen Blick in die Zukunft. Zahlreiche Ausstellungsstücke zum Anfassen und Ausprobieren ermuntern Besucher aller Altersstufen, die Funktionsweise technischer Erfindungen zu verstehen. Der Schwerpunkt liegt dabei auf Hardware und Software von PCs. Das Imax Dome Theater des Museums lohnt ebenfalls einen Besuch.

Silicon Valley

Das weltberühmte Zentrum der Computerindustrie erstreckt sich zwischen Palo Alto und San José über eine Fläche von 260 Quadratkilometern. Mit »Silicon Valley« sind jedoch primär die hier ansässigen Unternehmen gemeint. Der Name, der sich vom Material für die Herstellung von Halbleitern ableitet, tauchte erstmals Anfang der 1970er Jahre auf und bezog sich auf die boomende Hardware- und Software-Branche. Die Entwicklung begann allerdings bereits ein Jahrzehnt früher an der Stanford University, und zwar im Xerox Palo Alto Research Center, sowie in den Garagen der Computerpioniere William Hewlett, David Packard und später Steve Jobs und Stephen Wozniak.

Heute sind hier zahlreiche Hightech-Firmen von Weltrang, darunter Intel, Oracle, Apple, Facebook und Google.

Prozessoren

🏛 San José Museum of Art

110 S Market St. 📞 1-408-271-6840. 🕐 Di–So 11–17 Uhr. ⬤ 1. Jan, Thanksgiving, 25. Dez. 🖼 🌐 sjmusart.org

Das relativ kleine, aber sehr anspruchsvolle Museum ist für seine interessanten Kunstausstellungen in der Bay Area berühmt. Die Dauerausstellung präsentiert einige bekannte zeitgenössische Künstler Kaliforniens.

🏛 Children's Discovery Museum of San José

180 Woz Way. 📞 1-408-298-5437. 🕐 Di–So. ⬤ 1. Jan, 24., 25. Dez. 🖼 🌐 cdm.org

Das große lila Gebäude, ein Entwurf des mexikanischen Architekten Ricardo Legorreta, bietet interaktive Ausstellungen für Familien mit Kindern. In dem einladenden Museum kann man Kunst und Technik erkunden.

🏛 De Saisset Museum at Santa Clara University

500 El Camino Real. 📞 1-408-554-4528. 🕐 Di–So 11–16 Uhr. 🖼 Spende. 🌐 scu.edu/desaisset

Das Museum zeigt eine Reihe von Artefakten der Mission aus dem 18. Jahrhundert sowie aus anderen Epochen Kaliforniens, zudem Gemälde, Drucke und Fotos.

Trolleywagen im History San José

🏛 History San José

1650 Senter Rd. 📞 1-408-287-2290. 🕐 Di–So 12–17 Uhr. ⬤ 1. Jan, 4. Juli, Thanksgiving, 25. Dez. 🖼 🌐 historysanjose.org

Das Freilichtmuseum im hübschen Kelley Park, der sich etwa 1,5 Kilometer südöstlich vom Zentrum San Josés erstreckt, präsentiert unter anderem mehr als zwei Dutzend historische Gebäude aus San José. Zu den Höhepunkten der Sammlung gehören ein Trolleywagen, eine Tankstelle aus den 1920er Jahren und einige Geschäfte aus dem 19. Jahrhundert. Unter diesen befinden sich auch eine Arztpraxis, ein Hotel sowie die originale Bank of Italy.

Künftig sollen 75 Gebäude in Originalgröße das einstige San José zeigen.

Infobox

Information

Straßenkarte Ausschnitt B. 🗺 1025000. 🛈 150 W San Carlos St, 1-800 792-4173. 🎭 Tapestry Arts Festival (Sep). 🌐 sanjose.org

Anfahrt

✈ Mineta San José International Airport, 3 km nordwestl. von San José. 🚆 65 Cahill St. 🚌 70 Almaden St.

🎡 California's Great America

4701 Great America Parkway. 📞 1-408-988-1776. 🕐 Öffnungszeiten variieren, bitte tel. erfragen. 🖼 🌐 cagreatamerica.com

Der beste Vergnügungspark Nordkaliforniens bietet auf 40 Hektar Fläche viele Attraktionen. Das Areal ist in Bereiche untergliedert, von denen jeder eine andere Region von Nordamerika repräsentiert, darunter Orleans Place, Yankee Harbor und Yukon Territory. Außerdem erinnern viele Fahrgeschäfte, zum Teil mit rasanten Berg- und Talbahnen, an Sequenzen aus Filmen und Fernsehshows, die die Paramount Studios produzieren, darunter *Top Gun* und *Krieg der Sterne*. Im schönen, großen Amphitheater finden oft Popkonzerte statt.

Zentrum von San José

① De Saisset Museum
② Mission Santa Clara de Asis
③ Rosicrucian Egyptian Museum and Planetarium
④ Peralta Adobe
⑤ San José Museum of Art
⑥ The Tech Museum
⑦ Children's Discovery Museum
⑧ Winchester Mystery House
S. 434f

Zeichenerklärung
siehe hintere Umschlagklappe

San José: Winchester Mystery House

Das Winchester Mystery House hat eine seltsame Geschichte. Sarah Winchester erbte ein riesiges Vermögen. Sie zog 1884 von Connecticut nach San José, wo sie ein kleines Bauernhaus kaufte. Ein Medium sagte ihr, dass die Geister derer, die durch ein Winchester-Gewehr starben, so lange gebannt wären, wie der Ausbau anhalte. Sie beschäftigte daher bis zu ihrem Tod 1922 Handwerker – 38 Jahre lang 24 Stunden täglich. Das Ergebnis ist ein bizarrer Komplex mit 160 Räumen, Treppen, die ins Nichts führen, und Fenstern in Böden. Das renovierte Haus ist mit Originalmöbeln (19. Jh.) ausgestattet. In den viktorianischen Gärten gibt es Statuen und Brunnen.

Infobox

Information
525 S Winchester Blvd.
Straßenkarte Ausschnitt B.
📞 1-408-247-2101.
🌐 winchestermysteryhouse.com
🕐 tägl. 9–17 Uhr (Ende Apr–Mitte Juni: So–Do 9–17, Fr, Sa 9–19 Uhr). ⬤ 25. Dez.
♿ ♿ Garten und Winchester Firearms Museum. 📷 🛍 🍽

Anfahrt
🚌 25, 60, 85.

Tiffany-Bleiglasfenster
Das Fenster (ein Set wurde aus Wien importiert) zeigt Gänseblümchen, die Lieblingsblumen von Sarah Winchester.

Zahlen und Fakten

- Es gibt 9500 Türen, 1257 Fenster, 40 Schlafzimmer, 47 Kamine und 17 Schornsteine.
- Die Zahl 13 ist allgegenwärtig: 13 Badezimmer, 13 Fenster in einem Raum und 13 Kerzen in Kerzenständern.
- Als das Obergeschoss beim Erdbeben 1906 einbrach, wurden die Bauarbeiten nicht in die Höhe, sondern in die Breite fortgesetzt.
- Sarah Winchesters Größe (147 cm) erklärt, warum Gänge 0,6 Meter breit und 1,52 Meter hoch sind.
- Sarah Winchester wählte jede Nacht ein anderes der 40 Schlafzimmer, um die Geister zu verwirren.

★ Großer Ballsaal
Die schöne Orgel ist eines der Highlights des Großen Ballsaals, den künstlerisch gestaltete Fenster, eine Kasettendecke sowie feine Holzschnitzereien schmücken.

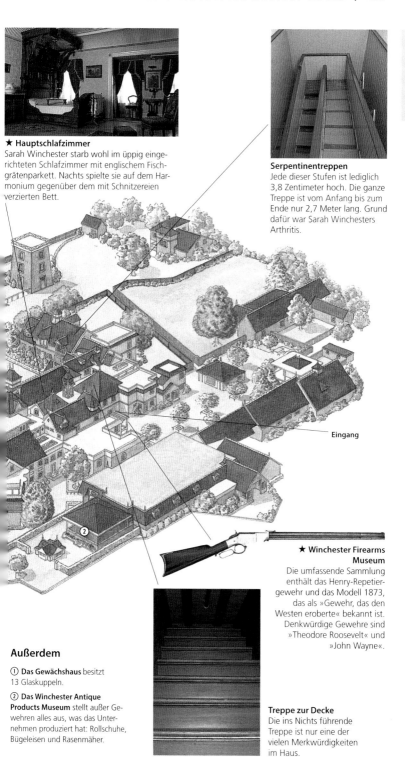

★ **Hauptschlafzimmer**
Sarah Winchester starb wohl im üppig eingerichteten Schlafzimmer mit englischem Fisch-
grätenparkett. Nachts spielte sie auf dem Har-
monium gegenüber dem mit Schnitzereien
verzierten Bett.

Serpentinentreppen
Jede dieser Stufen ist lediglich
3,8 Zentimeter hoch. Die ganze
Treppe ist vom Anfang bis zum
Ende nur 2,7 Meter lang. Grund
dafür war Sarah Winchesters
Arthritis.

Eingang

★ **Winchester Firearms
Museum**
Die umfassende Sammlung
enthält das Henry-Repetier-
gewehr und das Modell 1873,
das als »Gewehr, das den
Westen eroberte« bekannt ist.
Denkwürdige Gewehre sind
»Theodore Roosevelt« und
»John Wayne«.

Außerdem

① **Das Gewächshaus** besitzt
13 Glaskuppeln.

② **Das Winchester Antique
Products Museum** stellt außer Ge-
wehren alles aus, was das Unternehmen produziert hat: Rollschuhe,
Bügeleisen und Rasenmäher.

Treppe zur Decke
Die ins Nichts führende
Treppe ist nur eine der
vielen Merkwürdigkeiten
im Haus.

NORD-KALIFORNIEN

Nordkalifornien im Überblick

Von der nur spärlich besiedelten Grenze zu Oregon bis zu den Hightech-Städten, die den Beginn Südkaliforniens markieren, erstreckt sich Nordkalifornien über mehr als 800 Kilometer. Eine Reihe von Nationalparks schützt Wildnisareale, Vulkanlandschaften, dichte Wälder, imposante Gebirgszüge und zerklüftete Küsten. Nordkaliforniens interessante Geschichte reicht von den ersten europäischen Siedlern in Monterey bis zum Goldrausch von 1849. Malerische und bedeutende Städte, darunter die kalifornische Hauptstadt Sacramento, ergänzen die Naturschönheiten der Gegend.

Crescent City

Yreka

Norden
Seiten 446–457

Eureka

Weaverville

Red Bluff

Der Redwood National Park *(siehe S. 452f)* ist eine geschützte Landschaft mit dichten, erhabenen Redwood-Wäldern und dem höchsten Baum der Erde (115 m). In dem Gebiet halten sich das ganze Jahr über Angler, Wanderer, Vogelfreunde und Camper auf.

Mendocino

Ukiah

Wine Country
Seiten 458–469

0 Kilometer 50

0 Meilen   50

Calisto

Santa Rosa

Sonoma *(siehe S. 468f)* war 1846 Schauplatz der Bear Flag Revolt, als Amerikaner gegen die mexikanische Herrschaft rebellierten und Kalifornien zur Republik ausrufen wollten. Die Weinberge des Sonoma County und des Napa Valley *(siehe S. 466f)* profitieren vom guten Boden und idealen Klima. Hier werden Spitzenweine produziert.

San Francisco

San Fra
und Bay
Seiten 30

Santa C

Mo

Die Mission in Carmel *(siehe S. 516f)* wurde 1770 von Pater Junípero Serra gegründet. Sie war die wichtigste der 21 Franziskaner-Missionen und diente als Verwaltungszentrum für Nordkalifornien. Ihre einstige Pracht wurde wiederhergestellt. Sie gilt als schönste Kirche Kaliforniens.

◀ Cathedral Lake und Peak, Yosemite National Park *(siehe S. 492–495)*

Der Lassen Volcanic National Park *(siehe S. 457)* wurde 1914 gegründet, als über 300 Vulkanausbrüche eine neue Landschaft aus Lava, Schlamm- massen und Schwefelströmen schu- fen. Der Mount Lassen in den Cas- cade Mountains gilt als noch aktiv.

Alturas

Sacramento *(siehe S. 476– 479)* ist seit 1854 Hauptstadt des Bundesstaats. Das Kapitol ist eines der schönsten Gebäu- de Kaliforniens. In der Altstadt sind die historischen Gebäude aus den 1760er und 1770er Jahren erhalten, als hier der Endbahnhof der transkonti- nentalen Eisenbahn lag.

Susanville

Quincy

Der Yosemite National Park *(siehe S. 492–495)* ist eine unvergleichliche Wildnis aus Nadelwäldern, Almwiesen, atemberaubenden Wasserfällen und beeindruckenden Granit- felsen. 1864 war dies das erste Naturschutzgebiet in den USA.

City

South
Lake Tahoe

:ramento

**:old Country
und Central
Valley**
:eiten 470–485

Stockton

Lee Vining

Modesto

Hochsierra
Seiten 486–501

Merced

Bishop

**Nördliches
Zentralkalifornien**
Seiten 502–521

Fresno

ıledad

Hanford

Coalinga

Tulare

Im Columbia State Historic Park *(siehe S. 484f)* befand sich einst die zweitgrößte Stadt Kaliforniens. Jetzt ist Columbia der besterhaltene Überrest eines Goldminenzentrums.

Landschaft und Tierwelt

Vor Jahrmillionen lag der Großteil Nordkaliforniens unter Wasser, bis geologische Kräfte den Boden des Central Valley hochdrückten, den Pazifik verdrängten und diverse Landschaftsformen und Ökosysteme entstehen ließen. Nordkalifornien wurde ein Gebiet mit Gipfeln, Canyons und Landzungen. Seine Flora ist einzigartig, mit gigantischen Sequoias in der Hochsierra *(siehe S. 500f)* und nur hier heimischen Monterey-Zypressen *(siehe S. 515)*. Schwarzbären streifen durch Redwood-Haine, Falken segeln über dem Yosemite Valley *(siehe S. 492f)*. Hier soll Bigfoot, die amerikanische Version des Yeti, gelebt haben. Zum Schutz dieses Ökosystems wurde 1892 der heute noch bestehende Sierra Club gegründet.

Im Prairie Creek State Park streift eine Herde geschützte Roosevelt-Elche in den Düne des Gold Bluff Beach umher.

Im Redwood National Park *(siehe S. 452f)* steht der größte Redwood der Welt (115 m). Diese immergrünen Bäume saugen im Winter die heftigen Regenfälle auf und werden im Sommer durch den Nebel vom Meer feucht gehalten. In den Wäldern leben Spechte, Schleiereulen, Maultierhirsche, Erdhörnchen und Bananenschnecken.

Crescent City

Six Rivers National Forest

Yreka

Trinity National Forest

Dunsmuir

Clair Engle Lake

Eureka

Klamath

299

Black Butte

Sinkyone Wilderness

Leggett

Mendocino National Forest

101

Eel

Die Sacramento National Wildlife Refuges dienen dem Schutz vieler Vögel, die hier auf ihrem Flug zum Pazifik zwischenlanden.

Mendocino

Ukiah

Clear Lake

Cache C

29

Lake Sonoma

101

Lake Barryessa

Die Point Reyes Peninsula *(siehe S. 418)* ist eine kleine »Insel«, die durch den San-Andreas-Graben fast vom Festland abgetrennt wird. Die Felsen an der Küste und die Gezeitenbecken sind die Heimat vieler Krustentiere.

Bodega

Napa

San Francisco

San José

Die Farallon Islands *(siehe S. 416)* sind ein wichtiger Brutplatz für Seevögel wie den Papageitaucher. Zudem ziehen See-Elefanten hier ihre Jungen groß. Besucher dürfen die Inseln nicht betreten.

Im Año Nuevo State Reserve *(siehe S. 508)* ziehen jeden Winter Hunderte von See-Elefanten ihre Jungen groß.

Santa Cru

Die Monterey Peninsula *(siehe S. 514f)* ist das Winterquartier der Monarchfalter.

Legende

	Nationalpark
	Staatspark
	Nationalwald
	Tierschutzgebiet
	Fluss

0 Kilometer 50

0 Meilen 50

Im Tule Lake National Wildlife Refuge *(siehe S. 456f)*, einem der größten Vogelbeobachtungsgebiete der Westküste, kann man viele Weißkopfseeadler sehen.

Die Lava Beds Wilderness gehört zum Lava Beds National Monument *(siehe S. 457)*. Hier leben Klapperschlangen und Nagetiere.

ar Lake National
Wildlife Refuge
139

Alturas   Modoc
            National
            Forest

395

sen
nal
est

Volcanic
al Park   Susanville
            36
                Honey
                Lake
            395
    Plumas
National Forest

            Tahoe   80
            National
            Forest
                Lake
                Tahoe
            Eldorado
            50 National
                Forest
mento

osumnes

            Calaveras
            Big Trees
            State Park   395   Mono Lake
ockton   Yosemite
                    National   Lee Vining
                    Park
                    Yosemite
                    Village   Inyo
Modesto   National
140   Forest
99   Merced   Sierra   Bishop
                    National
Merced   Forest   Kings
National   41   Canyon
Wildlife   Fresno   National Park
Refuge   Independence
5   Fresno
                        99   Sequoia
                                National
lad   Hanford   Park

198   Sequoia
                                National
                                Forest
es 101
l   Tulare Lake   178

Die Biscar Wildlife Area, ein Wüstengebiet an der Grenze zu Nevada, wird von Luchsen, Dachsen und Antilopen bewohnt.

Der Yosemite National Park *(siehe S. 492–495)* ist eines der weltweit spektakulärsten Naturschutzgebiete. Seine Granitfelsen wurden durch Gletscher geformt.

Die John Muir Wilderness ist das größte Naturgebiet Kaliforniens.

Sequoia und Kings Canyon National Park *(siehe S. 500f)* bergen ca. 75 Bestände mit dem weltweit größten Baum, dem Sequoia (Mammutbaum). Diese Baumart gibt es nur in Kalifornien.

Die Ventana Wilderness von Big Sur *(siehe S. 519)* prägen Chaparral-Büsche. In dem Gebiet wachsen 900 Pflanzenarten, zudem gibt es Kojoten, Eselhasen und Kalifornische Wachteln.

Nordkalifornische Weine

Kalifornien ist das größte Weinbaugebiet der USA. Auf über 2500 Quadratkilometern Fläche werden hier rund 90 Prozent der amerikanischen Weine produziert. Die Hälfte der Reben wächst auf dem fruchtbaren Boden im Landesinneren, vor allem auf dem Areal zwischen Sacramento Valley im Norden und San Joaquin Valley im Süden. Die Region an der Nordküste macht zwar weniger als ein Viertel der gesamten Weinanbaufläche Kaliforniens aus, hier gedeihen jedoch viele der besten Trauben: Chardonnay, Sauvignon Blanc, Cabernet Sauvignon und Merlot. Aus diesem Grund befindet sich hier auch der Großteil der 3300 Weingüter des Bundesstaats. Chardonnay und Pinot Noir werden hauptsächlich in der zentralen Küstenregion zwischen der Bay Area und Santa Barbara angebaut.

Zur Orientierung
 Nordkalifornisches
 Weinbaugebiet

Weinlese der V. Sattui Winery nahe St Helena im Napa Valley

Late Harvest Zinfandel aus der Hop Kiln Winery ist ein roter süßer Dessertwein, dessen Trauben erst spät gelesen werden. Die Kellerei liegt in einer historischen Hopfenscheune.

Zinfandel

Die Geschichte der vielseitigen Rebe ist eine Erfolgsstory. Sie kam um 1850 von der dalmatinischen Küste Kroatiens nach Kalifornien, erlangte jedoch erst in jüngerer Zeit Berühmtheit und nimmt heute Platz drei aller Rebsorten ein. Roter Zinfandel, vor allem aus den Tälern des Dry Creek und des Russian River, ist heute sehr beliebt. Einige Weine haben Eichennoten, andere sind sehr fruchtig. Der leichte Rosé-wein White Zinfandel wurde kreiert, um den Überschuss an roten Trauben zu nutzen.

Der Cabernet Sauvignon von Beaulieu ist ein halbtrockener Rotwein mit reifen Kirsch- und Johannisbeernoten. Er wird seit 1936 angebaut und durfte als erster Wein der USA die Bezeichnung »Private Reserve« tragen.

Der Vin Gris von Saintsbury ist ein burgunderartiger Rosé aus fruchtigen Pinot-Noir-Trauben.

Kalifornische Weine im Überblick

Lage und Klima
Kaliforniens Klima ist dank der Breitenlage, der Nähe zum Meer und der geschützten Täler recht angenehm. Die Winter sind kurz und mild, die Reifezeit ist lang und heiß, doch durch Sommernebel abgemildert. Mit fruchtbaren Böden bildet die Region ein ideales Weinbaugebiet.

Rebsorten
Überwiegend wird **Chardonnay** angebaut, woraus ein trockener Wein mit einer ausgewogenen Mischung aus Fruchtigkeit und Säure gewonnen wird. Weitere beliebte Weißweine sind **Sauvignon Blanc** (auch als **Fumé Blanc** bekannt), **Chenin Blanc**, **Pinot Blanc**, **Gewürztraminer** und **Johannisberg Riesling**. Die trockenen Rotweine haben deutliche Tanninnoten, etwa **Cabernet Sauvignon**, **Merlot**, **Shiraz**, **Pinot Noir** und **Zinfandel**.

Namhafte Erzeuger

Chardonnay: Acacia, Byron, Château Montelena, Ferrari-Carano, Kendall-Jackson, Kistler, Kunde Estate, Sonoma-Cutrer. *Cabernet Sauvignon:* Beaulieu, Beringer, Grgich Hills, Heitz, The Hess Collection, Jordan, Joseph Phelps, Silver Oak, Robert Mondavi, Stag's Leap, Wente, Whitehall Lane. *Merlot:* Clos du Bois, Duckhorn, Frog's Leap, Silverado, Sterling. *Pinot Noir:* Dehlinger, Etude, Gary Farrell, Saintsbury, Sanford. *Sauvignon Blanc:* Duckhorn, Glen Ellen, Kenwood, Matanzas Creek, J. Rochioli. *Zinfandel:* Dry Creek, Lake Sonoma, De Loach, Hop Kiln, Ridge, Rosenblum, Sebastiani.

Gute Jahrgänge
Rotwein: 2012, 2010, 2009, 2007, 2006, 2005, 2004, 2003, 2002, 2001, 2000, 1999.
Weißwein: 2012, 2010, 2009, 2007, 2006, 2005, 2004, 2003, 2002, 2001, 2000, 1999.

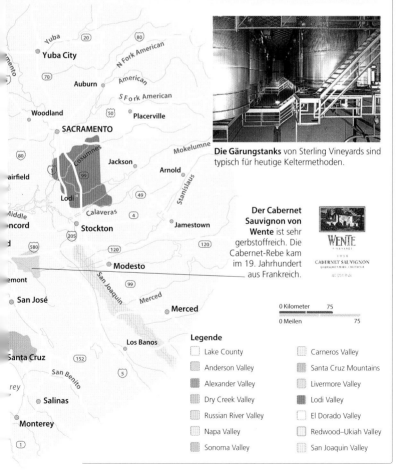

Die Gärungstanks von Sterling Vineyards sind typisch für heutige Keltermethoden.

Der Cabernet Sauvignon von Wente ist sehr gerbstoffreich. Die Cabernet-Rebe kam im 19. Jahrhundert aus Frankreich.

Legende

Lake County

Anderson Valley

Alexander Valley

Dry Creek Valley

Russian River Valley

Napa Valley

Sonoma Valley

Carneros Valley

Santa Cruz Mountains

Livermore Valley

Lodi Valley

El Dorado Valley

Redwood–Ukiah Valley

San Joaquin Valley

»Aussteiger« des Nordens

Einer der Gründe, warum man in Nordkalifornien immer zum Nonkonformismus tendierte und eher hedonistisch dachte, liegt vielleicht darin, dass dieses Gebiet während des Goldrauschs *(siehe S. 52f)* unterschiedlichste Menschen anzog und enormen Wohlstand genoss. Dies verursachte auch Ärger, da Scharlatane und Verrückte von der Toleranz profitierten. Andererseits entwickelte sich eine bunte Vielfalt an Lebenswelten. Ende des 19. Jahrhunderts florierten an San Franciscos »Barbary Coast« zahlreiche Casinos, Opiumhöhlen und Bordelle *(siehe S. 318)*. Aber es existierten auch utopische Gemeinschaften mit humanitären, religiösen oder diätetischen Prinzipien. In den 1960er Jahren war die liberale Region ein Paradies für die »Make Love, Not War«-Generation *(siehe S. 363)*. Seitdem zieht sie FKK-Fans ebenso an wie Gurus und Alt-Hippies – wodurch übrigens Marihuana zum Hauptanbauprodukt im Humboldt County avancierte.

Spiritistische Sitzungen kamen in den 1850er und 1860er Jahren in Mode. Viele Medien reisten nach San Francisco und hielten Séancen ab. Auch heute noch gibt es einige spiritistische »Kirchen« in der Bay Area.

Sally Stanford (1903–1982) übernahm 1950 das Valhalla (jetzt Gaylord India), das älteste Restaurant Sausalitos. Den Einwohnern missfiel, dass sie Bordellbesitzerin in San Francisco gewesen war. Doch Sallys Persönlichkeit siegte über die Vorurteile. Eine Amtszeit lang war sie sogar Bürgermeisterin (1976–78).

Utopische Gemeinschaften

Zwischen 1850 und 1950 entstanden in Nordkalifornien mehr utopische Gemeinschaften als irgendwo sonst in den USA. Im Jahr 1918 errichtete William Riker die Holy City in den Santa Cruz Mountains. Riker, ein Nazi-Anhänger und Apokalypse-Gläubiger, nannte seine totalitäre Gemeinde »Hauptquartier für die perfekte Weltregierung«. Die Leute starben schließlich aus, weil sie zölibatär lebten.

Der New Yorker Mystiker Thomas Lake Harris gründete 1875 Fountain Grove nördlich von Santa Rosa als Außenposten der Utopisten. Harris gab sich als Christus und als bisexuelles Mann-Frau-Wesen aus. Später wurde er des sexuellen Missbrauchs und des Betrugs angeklagt. 1892 wurde die Gemeinde Fountain Grove schließlich aufgelöst.

William Riker

Jung und Alt lebten und reisten in Kommunen.

Bunte Farben und kindliches Design waren von den Lichtern und Mustern halluzinogener Drogentrips inspiriert.

Psychedelische Pop-Art-Poster der 1960er Jahre zeichneten sich durch spezielle Typografie aus, die vor allem der Künstler Wes Wilson kreiert hatte.

Jim Jones und der People's Temple

Der Geistliche Jim Jones (1931–1978) war in den 1970er Jahren ein Kult-Prediger der Bay Area, der einen Mix aus Rassengleichheit, Religionsfreiheit, politischer Einflussnahme, apokalyptischen Vorstellungen und sexueller Freiheit verkündete. Jones war orthodox geprägt und glaubte, Menschen durch Berührung zu heilen. Gleichwohl war er ein moderner Geistlicher, dessen Gottesdienste Musik und Tanz enthielten. Schließlich hielt er sich für den Messias. In San Francisco versammelte er 20 000 Anhänger in seinem People's Temple. 1978 zog er mit fast 1000 auf einen abgelegenen Landsitz in Guyana. Als Gerüchte von körperlichem Missbrauch und Waffenlagern eine Untersuchung nach sich zogen, ordnete er Massenselbstmord an. Im Dschungel fand man die Leichen von Hunderten seiner Anhänger. Sie hatten Fruchtsaft mit Zyankali getrunken. Jones selbst hatte eine Kugel im Kopf.

Jim Jones

Hippies in den 1960er Jahren

Psychedelische Zeiten

Der Begriff »psychedelisch« bezog sich ursprünglich auf Ideen oder Ansätze, die als frevelhaft, nonkonformistisch oder bewusstseinserweiternd galten. Doch nachdem der Psychedelic Shop 1966 in San Franciscos Haight Street eröffnet hatte *(siehe S. 362)*, wurde der Begriff mit halluzinogenen Drogen, die bei der Hippie-Generation der Region beliebt waren, in Verbindung gebracht.

Psychedelisch wurde schließlich zum Symbol für einen Lebensstil: Nonkonformistische Hippies wohnten in Kommunen, reisten in bunten Bussen durchs Land, nahmen Drogen und predigten Gewaltlosigkeit.

Das Esalen Institute *(siehe S. 518)* wurde in den 1960er Jahren als Zentrum der Philosophie des »Human Potential Movement« bekannt, die besagt, dass jeder für die guten und schlechten Ereignisse im Leben selbst verantwortlich sei. Heute ist es ein teures Erholungszentrum, in dem ehemalige Blumenkinder und gestresste Manager spirituelle Einsichten diskutieren, während sie sich im Wasser der heißen Quellen mit Blick auf den Pazifik entspannen.

Norden

Der landschaftlich überaus vielfältige Norden, der sowohl einsame Strände als auch dichte, stellenweise unzugängliche Wälder unterhalb alpiner Gipfel besitzt, ist der wildeste und schroffste Teil des Bundesstaats. Obwohl die Region nur ungefähr ein Viertel Kaliforniens einnimmt, ist die Landschaft so vielgestaltig und abwechslungsreich wie ein gesamter Kontinent – mit üppigen Redwood-Hainen, den vulkanischen Cascade Mountains und ausgedehnten Wüstenebenen am Rand des Great Basin.

Etwa 10 000 v. Chr. ließen sich hier die ersten Bewohner nieder – und lebten in Frieden mit sich und der Natur. Abgesehen von Muscheln an der Küste und Zeichnungen auf Höhlenwänden ließen sie wenig zurück. Erst mit der Ankunft der Europäer im 19. Jahrhundert vollzog sich ein rascher Wandel.

Zunächst kamen Pelzjäger auf der Suche nach Bibern, Seeottern und anderer Beute. Später tauchten die ersten Goldsucher auf, die in der Hoffnung, ähnliche Reichtümer wie in der Sierra Nevada zu finden *(siehe S. 52f)*, den Flussläufen folgten. Zwar fanden sie etwas Gold, doch wirklich reich wurde nur die Holzindustrie, die Ende des 19. Jahrhunderts mit der Rodung der Küsten-Redwoods *(Sequoia sempervirens)* begann – den Baumriesen,

die für die Region charakteristisch sind. Die schönsten und artenreichsten Wälder konnten in Staats- und Nationalparks geschützt werden. Im Landesinneren verbirgt sich die teils bizarr anmutende Welt der Vulkangebiete des Mount Lassen und des Lava Beds National Monument. Viele Jahrmillionen mit ausgiebiger vulkanischer Aktivität ließen hier eine sehr beeindruckende, jedoch karge und unbewohnbare Landschaft entstehen.

In dem über weite Strecken spärlich besiedelten Norden Kaliforniens gibt es nur einige mittelgroße Städte, darunter Ferndale und Eureka. Die Hauptsehenswürdigkeiten schuf die Natur, und das Leben dreht sich hier für Einwohner und Besucher um die großartigen Outdoor-Möglichkeiten.

Der Lost Creek im Redwood National Park *(siehe S. 452f)*

◄ Bumpass Hell, ein Schwefelbecken im Lassen Volcanic National Park *(siehe S. 457)*

Überblick: Norden

Der wilde und kaum besiedelte Nordteil Kaliforniens hat mehr mit seinen Nachbarn Oregon und Washington gemeinsam als mit Südkalifornien. Dichte Kiefern-, Fichten- und Redwood-Wälder bedecken mehr als die Hälfte des Gebiets. Die beiden parallelen Gebirgszüge Coast Range und Sierra Nevada Mountains unterteilen den Norden in verschiedene Bereiche. Cape Mendocino an der Küste eignet sich als Ausgangspunkt für die Erkundung von einsamen Stränden und Redwood-Hainen. Im Landesinneren kann man vom Sacramento Valley aus den schneebedeckten Mount Shasta bestaunen oder das vulkanische Schauspiel im Lassen Volcanic National Park und im Lava Beds National Monument.

Patrick's Point State Park

Sehenswürdigkeiten auf einen Blick

- ② Arcata
- ③ Eureka
- ④ Samoa Cookhouse
- ⑤ Ferndale
- ⑥ Willow Creek
- ⑦ Avenue of the Giants
- ⑧ The Lost Coast
- ⑨ Weaverville
- ⑩ Shasta Dam
- ⑪ Shasta State Historic Park
- ⑫ Mount Shasta
- ⑬ Tule Lake National Wildlife Refuges
- ⑭ Lava Beds National Monument
- ⑮ Lassen Volcanic National Park

Tour

- ① Redwood National Park
  S. 452f

Im Norden unterwegs

Für den nördlichen Teil von Kalifornien, den zwei parallele Nord-Süd-Routen durchziehen, ist ein Auto erforderlich. Die einzige bequeme Ost-West-Verbindung durch die Berge ist der Highway 299. Die I-5 verläuft durch das Sacramento Valley. Highway 101 führt durch die üppigen Täler des Russian und Eel River nach Westen. Ansonsten verkehren nur Greyhound-Busse auf den beiden Highways und ein Dutzend Züge pro Tag durch das Sacramento Valley nach Seattle.

Legende

<table>
<tr><td>═══</td><td>Interstate Highway</td></tr>
<tr><td>═══</td><td>US Highway</td></tr>
<tr><td>───</td><td>State Highway</td></tr>
<tr><td>┈┈┈</td><td>Highway</td></tr>
<tr><td>───</td><td>Panoramastraße</td></tr>
<tr><td>─⊷─</td><td>Eisenbahn (Hauptstrecke)</td></tr>
<tr><td>───</td><td>Eisenbahn (Nebenstrecke)</td></tr>
<tr><td>┅┅┅</td><td>Bundesstaatsgrenze</td></tr>
<tr><td>△</td><td>Gipfel</td></tr>
</table>

Der imposante Gipfel des Mount Shasta

❶ Redwood National Park

Siehe S. 452f.

❷ Arcata

Straßenkarte A2. 🔼 17 000. 🚌
🔜 Arcata/Eureka Airport, 13 km nördl. von Arcata. 🛈 1635 Heindon Road, 1-707-822-3619.
🌐 arcatachamber.com

Im idyllischen Arcata dreht sich alles um die Humboldt State University. Am Main Square mit Palmen und einer Statue von Präsident McKinley (1843–1901) liegen Buchhandlungen und Cafés. Die Stadt eignet sich als Ausgangspunkt für Ausflüge in die Redwood-Region.

In den Wäldern östlich von Arcata soll Bigfoot, der »amerikanische Yeti«, leben. Er gehört ins Reich der Sage, doch es wurden Fußspuren gefunden, die größer als die der größten Bären sind.

❸ Eureka

Straßenkarte A2. 🔼 27 600. 🚌
🔜 Arcata/Eureka Airport, 24 km nördl. von Eureka. 🛈 2112 Broadway, 1-707-442-3738; 1-800-356-6381. 🌐 eurekachamber.com

Eureka wurde im Jahr 1850 von Goldsuchern gegründet, die von ihren Goldfunden so begeistert waren, dass sie die Stadt nach dem griechischen

Carson Mansion in Eureka

Die Redwoods und die Holzindustrie

Die größten Bäume der Erde, die immergrünen Küsten-Redwoods *(Sequoia sempervirens)*, wachsen nur in Nordkalifornien und Südoregon. Ihre Verwandten sind die riesigen Sequoias *(Sequoiadendron gigantea)* der Hochsierra und die *Metasequoia glyptostrobiodes* in China. Redwoods werden bis zu 2000 Jahre alt. Trotz der flachen Wurzeln, die bis zu 60 Meter weit wachsen, aber nur ein bis zwei Meter tief sind, können sie mehr als 100 Meter hoch werden.

Der schnell wachsende, widerstandsfähige Baum war ideal für die Holzindustrie. Bis 1920 waren fast 90 Prozent der Bestände gefällt. Die Safe the Redwoods League kaufte deshalb Land auf, das nun Naturschutzgebiet ist. Größere Wälder sind noch im Besitz von Unternehmen – um den Schutz der Bäume wird heftig gestritten.

Aufgestapeltes Redwood-Holz

Begriff »Eureka« (»Ich hab's gefunden«) benannten. Sie hat sich im Lauf der Zeit zum größten Industriezentrum der Nordküste mit vielen Holz- und Fischereibetrieben am unter Naturschutz stehenden Naturhafen entwickelt.

Die Altstadt liegt westlich des Highway 101, zwischen der E Street und der M Street. In die renovierten Gebäude (19. Jh.), viele davon mit gusseisernen Elementen, sind jetzt moderne Cafés, Bars und Restaurants eingezogen.

Das viktorianische Carson Mansion *(siehe S. 35)* an der M/Ecke 2nd Street ließ der millionenschwere »Holzbaron« William Carson 1885 errichten. Die Redwood-Konstruktion im gotischen Stil ist charakteristisch für diese Gegend. Sie wurde so gestrichen, dass sie wie ein teurer Steinbau aussah. Im Carson Mansion befindet sich nun ein privater Club. Das Gebäude ist für die Öffentlichkeit nicht zugänglich.

❹ Samoa Cookhouse

79 Cookhouse Ln u. Samoa Rd, Samoa. **Straßenkarte** A2.
📞 1-707-442-1659. 🕐 tägl.
🔴 Thanksgiving, 5. Dez. ♿
🌐 samoacookhouse.net

Das Samoa Cookhouse entstand 1890 als Kantine für die Arbeiter des Louisiana-Pacific-Sägewerks, eines von vielen auf der Samoa Peninsula. In den 1960er Jahren wurde es öffentlich zugänglich, da die Anzahl der Arbeiter durch die Automatisierung gesunken war und kein Bedarf mehr bestand. Geblieben sind die rustikale Einrichtung und die Riesenportionen amerikanischer Gerichte, die das Restaurant serviert. Alte Fotos tragen zum Ambiente bei.

❺ Ferndale

Straßenkarte A2. 🔼 1400.
🔜 Arcata/Eureka Airport, 64 km nördl. von Ferndale. 🛈 PO Box 325, Ferndale, 1-707-786-4477.
🌐 victorianferndale.com

Ferndale ist ein idyllischer Ort in einem Überschwemmungsgebiet nahe der Mündung des Eel River. Dänische, italienischschweizerische sowie portu-

giesische Einwanderer gründeten den Ort 1852 und bauten eine lukrative Milchindustrie auf. 1992 war Ferndale von einem der stärksten Erdbeben in der jüngeren Geschichte Kaliforniens betroffen (7,1 auf der Richterskala), doch der Schaden hielt sich in Grenzen. Das **Ferndale Museum** zeigt Exponate der Geschichte des Orts.

Am bekanntesten ist Ferndale wohl wegen des jährlichen Kinetic Sculpture Race, bei dem die Wettkämpfer mit selbst gebastelten Fahrzeugen von Arcata zum Centerville Country Beach außerhalb Ferndales fahren.

🏛 **Ferndale Museum**
Shaw u. 3rd St. ☎ 1-707-786-4466. 🕐 Feb–Dez: Mi–Sa 11–16, So 13–16 Uhr (Juni–Sep: Di–Sa 11–16, So 13–16 Uhr). ⬤ Jan.
🌐 ferndale-museum.org

Eines der viktorianischen Häuser Ferndales im Zuckerbäckerstil

❻ Willow Creek

Straßenkarte A2. 🗻 1700. 🚌
✈ Arcata/Eureka Airport, 70 km östl. von Willow Creek. 🛈 PO Box 704, Willow Creek, 1-530-629-2693. 🌐 willowcreekchamber.com

Etwa eine Autostunde von der Küste in Richtung Osten befindet sich der Ort Willow Creek. Naturliebhaber sind von der Schönheit der Umgebung begeistert. Die exzellenten Fischgründe ziehen viele Angler an.

Zu den wichtigsten Sehenswürdigkeiten des Orts gehört **Willow Creek – China Flat Museum** mit der sogenannten Bigfoot Collection. Diese einzigartige Sammlung widmet sich dem legendären Bigfoot,

einem Fabelwesen von erheblicher Größe und mit starker Behaarung. Der Begriff »Bigfoot« entstand 1958 nach dem Fund gigantischer Fußspuren und Berichten von Einheimischen, die angaben, das Wesen gesehen zu haben. Ausgestellt sind u. a. Bilder, Fußspuren und Karten. Alljährlich am Wochenende des Labor Day werden in dem Ort die Bigfoot Days gefeiert.

🏛 **Willow Creek –**
China Flat Museum
38949 CA-299 Willow Creek.
☎ 1-530-629-2653. 🕐 Mai–Sep: Mi–So 10–16 Uhr; Okt: Fr–So 12–16 Uhr. 🌐 bigfootcountry.net

❼ Avenue of the Giants

Straßenkarte A2 🚌 Garberville.
🛈 Weott, 1-707-946-2263 (Nov–Apr: tägl. 10–16 Uhr; Mai–Okt: tägl. 9–17 Uhr).
🌐 avenueofthegiants.net

An den Ufern des Eel River, im beeindruckenden, mehr als 200 Quadratkilometer großen Humboldt Redwoods State Park, gedeihen die weltweit größten Redwood-Bäume und die ausgedehntesten urzeitlichen Redwood-Haine.

Eine Fahrt entlang der überaus imposanten 53 Kilometer langen Avenue of the Giants, einer zweispurigen Straße, die sich parallel zum Highway 101 durch den Park schlängelt, bietet den besten Eindruck dieser

Holzstatue vor dem Willow Creek – China Flat Museum

Riesen. Um sie hautnah zu erleben, sollten Sie Ihr Fahrzeug auf einem der Parkplätze abstellen und durch die turmhohen, prachtvollen Wälder schlendern.

Der einst größte der Bäume, der 110 Meter hohe Dyersville Giant, stürzte während eines Sturms im Winter 1991 um. Er liegt im Founder's Grove am nördlichen Ende des Parks und beeindruckt noch immer durch seine Größe. Die derzeit höchsten Küsten-Redwoods stehen im Rockefeller Forest oberhalb des Flusses am Westufer.

Das Besucherzentrum, das ungefähr auf halber Strecke der Avenue of the Giants liegt, präsentiert die Geschichte dieser gewaltigen Wälder. Hier erhalten Sie auch Karten und Informationen zu den vielen Wander- und Campingmöglichkeiten im Park.

Avenue of the Giants im Humboldt Redwoods State Park

Straßenkarte *siehe hintere Umschlaginnenseiten*

❶ Tour: Redwood National Park

Der Redwood National Park schützt einige der größten Redwood-Wälder der Erde entlang der Küste Nordkaliforniens. Präsident Johnson gründete den 23 500 Hektar großen Park 1968 zur Förderung des Fremdenverkehrs. Er umfasst mittlerweile einige Staatswälder. Eine Fahrt durch das Areal nimmt einen Tag in Anspruch. Zwei Tage bieten ausreichend Zeit, um die Straße zu verlassen und die Ruhe dieser majestätischen Wälder zu genießen.

Küsten-Redwoods

③ Del Norte Coast Redwood State Park
Der Park entstand 1926 als erstes Schutzgebiet. Ein Teil der alten Redwood-Straße ist als Wanderweg erhalten. Wildblumen bedecken die Hügel im Frühjahr.

④ Trees of Mystery
Zu den Attraktionen des Parks gehören die riesigen Glasfaserstatuen vom legendären Holzfäller Paul Bunyan und seinem Ochsen Babe. Die beiden wurden Anfang des 20. Jahrhunderts durch Erzählungen über ihre Reise von Maine nach Kalifornien populär.

⑤ Tall Trees Grove
Der mit 115 Metern größte Redwoods überragt einen Hain mit dem passenden Namen Tall Trees Grove am südlichen Ende des Parks. Hier lebt eine der weltweit letzten Herden von Roosevelt-Elchen.

⑥ Gold Bluffs Beach
Der 18 Kilometer lange Strand ist für viele der schönste Nordkaliforniens.

⑦ Humboldt Lagoons State Park
Big Lagoon, ein fünf Kilometer langer Süßwassersee, und zwei Flussmündungen bilden den Humboldt Lagoons State Park.

⑧ Patrick's Point State Park
Im Winter kann man von der Landzunge aus vorbeiziehende Grauwale sehen. In den Gezeitenbecken gibt es eine Fülle kleinerer Meerestiere.

Fort Dick
D4 197
D3
Crescent City ②
Parkway Drive
① Jedediah Smith Redwoods State Park
101
Del Norte Coast Redwood State Park ③
Klamath
Trees of Mystery ④
Klamath River
101
Alder Camp Road
Gold Bluffs Beach ⑥
Davidson Rd
Tall Trees Grove ⑤
101
Orick
Stone Lagoon
Humboldt Lagoons State Park ⑦
Big Lagoon
Patrick's Point State Park ⑧

0 km 1
0 Meilen 1

① Jediah Smith Redwoods State Park

In dem 3720 Hektar großen Park gedeihen die imposantesten Küsten-Redwoods. Der Park ist nach dem Pelzjäger Jediah Smith benannt, dem ersten weißen Mann, der die Vereinigten Staaten durchquerte. Er entdeckte das Areal 1828 *(siehe S. 50)*.

② Crescent City

In dem im Norden gelegenen Ort befinden sich Verwaltung und Informationszentrum des Redwood National Park.

Legende

▬▬▬ Routenempfehlung

═══ Andere Straße

Routeninfos

Länge: Von Arcata bis nach Crescent City sind es 125 Kilometer. Der US Highway 101 ist die schnellste Verbindung zwischen beiden Orten.

Dauer: Die Strecke ließe sich in weniger als zwei Stunden zurücklegen, doch für einen angenehmeren und erholsameren Besuch des Redwood National Park sollte man wenigstens einen Tag einplanen.

Reisezeit: September und Oktober sind ideale Reisemonate. Im Frühjahr und Sommer kann es neblig sein, jedoch blühen dann die schönsten Pflanzen. Im Winter regnet es oft, aber dies ist die beste Zeit, um Wale zu beobachten. Der Sommer ist die Hauptreisezeit, Menschenmassen gibt es allerdings nicht.

Rasten: Das Dienstleistungsangebot für Besucher ist vergleichsweise gering und liegt weit verstreut. Eine begrenzte Zahl an Restaurants und Motels findet man in Orick und Klamath, wobei Crescent City, Arcata und Eureka *(siehe S. 540f und S. 572)* eine größere Auswahl bieten.

Information: Crescent City Information Center, 111 Second St. ◯ März–Okt: tägl. 9–17 Uhr; Nov–Feb: tägl. 9–16 Uhr. ◉ 1. Jan, Thanksgiving, 25. Dez. 🄲 1-707-464-6101. 🆆 redwoods.info

The Lost Coast nahe Crescent City

❽ The Lost Coast

Straßenkarte A2. 🚌 Garberville. 🛈 782 Redwood Drive, 1-707-923-2613; 1-800 923-2612. 🆆 garberville.org

Die »verlorene Küste« ist ein wilder Küstenabschnitt, wo keine Straße gebaut werden konnte – der größte noch unberührte Teil der kalifornischen Küste. Das 64 Kilometer lange Gebiet wird durch den Sinkyone Wilderness State Park und die King Range National Conservation Area geschützt.

In der Mitte der Lost Coast befindet sich in einer winzigen Bucht Shelter Cove, ein Hafen für Lachsfischerei. Der abgeschiedene Ort ist zwar klein, doch ein idealer Ausgangspunkt für Wanderer und Naturliebhaber. Über die Klippen verläuft ein 25 Kilometer langes Netz von Wanderwegen mit einigen Zeltplätzen. Auf diesen Routen kann man auf Schwarzbären, Hirsche, Nerze und Weißkopfseeadler treffen. Shelter Cove ist nur über eine kurvenreiche, aber gute Straße zu erreichen.

Einen sehr guten Überblick über den gesamten Küstenabschnitt gewinnt man vom Highway 211 aus (westlich des Highway 101) sowie von der beliebten Panoramastrecke zwischen Humboldt Redwoods State Park und Ferndale *(siehe S. 450f)*. Die schöne, ungefähr 80 Kilometer lange Straße führt zum Pazifischen Ozean bei Cape Mendocino, dem westlichsten Punkt an der kalifornischen Küste.

❾ Weaverville

Straßenkarte A2. 🔼 3500. ✈ Redding Municipal Airport, 64 km östl. von Weaverville. 🛈 215 S Main St, 1-530-623-6101; 1-800 487-4648. 🆆 weavervilleinfo.org

Das ländliche Weaverville in den Bergen zwischen Küste und Central Valley hat sich in den 150 Jahren seit seiner Gründung durch Goldsucher kaum verändert.

Im Geschäftszentrum mit dem ältesten Drugstore des Bundesstaats präsentiert das **Jake Jackson Museum and History Center** die Geschichte von Weaverville und des umliegenden Goldminen- und Holzfällergebiets. Joss House State Historic Site neben dem Museum ist der älteste und am besten erhaltene chinesische Tempel des Landes. Er wurde 1874 errichtet und erinnert an die unzähligen chinesischen Einwanderer, die nach Amerika kamen, um Gold zu suchen, und später als billige Arbeitskräfte beim Bau der kalifornischen Eisenbahnen *(siehe S. 54f)* endeten.

Nördlich von Weaverville erheben sich die Trinity Alps, Teil der Salmon Mountain Range. Sie sind im Sommer bei Wanderern und im Winter bei Langläufern beliebt.

🏛 **Jake Jackson Museum and History Center**
780 Main St. 🄲 1-530-623-5211. ◯ Apr: tägl. 12–16 Uhr; Mai–Okt: tägl. 12–17 Uhr; Nov–März: Di, Sa 12–16 Uhr. Spende. 🆆 trinitymuseum.org

Bergkulisse des Mount Shasta *(siehe S. 456)* ▶

Der Shasta Dam kontrolliert die Wasserversorgung des Nordens

⑫ Mount Shasta

Straßenkarte B1. 🚆 Dunsmuir. 🚌 Siskiyou. 🚌 Shasta. **Besucherzentrum** 300 Pine St. 🕻 1-530-926-4865; 1-800 926-4865. 🔾 tägl. 🔟 visitmtshasta.com

Mount Shasta (4316 m) ist nach dem Mount Rainier (Washington) zweithöchster Berg der Cascade Mountains. Der praktisch ganzjährig schneebedeckte Gipfel ist noch aus 160 Kilometern Entfernung zu sehen und ein beliebtes Ziel von Bergsteigern.

⑩ Shasta Dam

🚌 Redding. **Besucherzentrum** 844 Sundial Bridge. 🕻 1-800-874-7562. 🔟 visitredding.com

Die Regierung der Vereinigten Staaten gründete das Central Valley Project, um die Wasserversorgung der Landwirtschaft zu sichern, den Handwerkern günstigen Strom zu bieten, eine Überflutung des Tals zu verhindern und Jobs für die arbeitslosen Minenarbeiter zu schaffen. Im Mittelpunkt des Netzwerks von Dämmen, Kanälen und Stauseen steht der Shasta Dam (183 m hoch, 1055 m lang). Der Damm stellt mit seinem Überlaufwehr, das etwa dreimal so hoch wie die Niagarafälle ist, bis heute eine beeindruckende Ingenieursleistung dar.

⑪ Shasta State Historic Park

Straßenkarte A2. 🚌 Redding. **Besucherzentrum** 🕻 1-530-225-2065. 🔾 Mi–So 10–17 Uhr. 🔟 parks.ca.gov

Um 1850 war Shasta eines der größten Goldminencamps des Bundesstaats und Ausgangspunkt für Goldsucher, die entlang dem Sacramento, Trinity, McCloud und Pit River nach Gold schürften. Das Ende des Goldrauschs bedeutete auch das Ende der Stadt, vor allem nachdem die Eisenbahn durch Redding (8 km östlich) verlegt wurde. Heute ist Shasta eine Geisterstadt. Zu Beginn der 1920er Jahre erkannte man in Kalifornien die historische Bedeutung des Orts und begann mit Restaurierungsarbeiten. Viele alte, verfallene Backsteingebäude stehen absichtlich so da. Das **Shasta Courthouse** wurde aber wieder in seinen ursprünglichen Zustand versetzt. Ein Besucherzentrum erläutert die Historie vom Verfall der Stadt.

1,5 Kilometer westlich von Shasta bildet das Areal rund um den Lake Whiskeytown die kleinste Parzelle der dreiteiligen Shasta-Whiskeytown-Trinity National Recreation Area. Das Waldreservat ist von drei Staubecken umgeben, deren größtes der Lake Shasta ist. Trinity Lake wird zu Ehren der Politikerin, die zur Verwirklichung des Projekts beitrug, auch Clair Engle Lake genannt. Alle drei Seen sind bei Anglern und Wasserskifahrern beliebt.

🏛 **Shasta Courthouse and Visitors' Center**
Main St. 🕻 1-530-243-8194. 🔾 Mi–So 10–17 Uhr.

Der mächtige Mount Shasta überragt die Geisterstadt Shasta

⑬ Tule Lake National Wildlife Refuges

Straßenkarte B1. 🚌 Klamath Falls. **Besucherzentrum** 4009 Hill Road. 🕻 1-530-667-2231. 🔟 fws.gov/refuge/Tule_Lake

Sechs Reservate zu beiden Seiten der Grenze zwischen Kalifornien und Oregon locken

Das Innere des renovierten Shasta Courthouse

Vogelbeobachter an. Ein großer Teil des Gebiets, vor allem am Tule Lake und am Lower Klamath River, steht unter Naturschutz *(siehe S. 441)* – ein Paradies zur Vogelbeobachtung. Im Herbst kommen Hunderttausende von Wildenten und -gänsen hierher, um auf ihrem Weg von Kanada ins Central Valley einen Zwischenstopp zu machen. Der Tule Lake ist auch Winterquartier für rund 1000 Weißkopfseeadler.

⓮ Lava Beds National Monument

Captain Jack's Stronghold im Lava Beds National Monument

Straßenkarte B1. 🚍 Klamath Falls. **Besucherzentrum** 1 Indian Wells. ☎ 1-530-667-8100. ⏰ tägl. 🌐 nps.gov/labe

Das Lava Beds National Monument erstreckt sich über eine Fläche von 188 Quadratkilometern auf dem Modoc Plateau, einer bizarren vulkanischen Hochebene aus Lavaflüssen und Aschekegeln. Hier gibt es über 500 Höhlen und Lavatunnel – zylindrische Tunnel, die durch das Erstarren von Lava zu Stein wurden.

Die Cave Loop Road, drei Kilometer südlich des Besucherzentrums, führt zur größten Höhlenansammlung. Ein kurzer befestigter Weg steigt hinunter in die Mushpot Cave, die einzige beleuchtete Höhle. Der Name geht auf Lavaspritzer am Eingang zurück. Auch andere Höhlen sind nach ihrem Hauptmerkmal benannt: Crystal Cave enthält glitzernde Kristalle, Catacombs Cave verschlungene Gänge. Für die Höhlen brauchen Sie feste Schuhe und eine Taschenlampe. Zudem müssen Sie sich vorher im Besucherzentrum anmelden.

Das Gebiet war Schauplatz des Modoc War (1872/73), des Kriegs zwischen den USA und den Indianern Kaliforniens. Nach der Umsiedlung der Modoc in ein Reservat in Oregon kehrte eine Gruppe unter der Führung von Häuptling Kentpoos, auch »Captain Jack« genannt, zurück. Sechs Monate lang entkamen sie der Kavalle-

rie, dann wurde Captain Jack gefangen und gehängt. Seine Gruppe trieb man in ein Reservat im heutigen Oklahoma. An der Nordgrenze des Parks erinnert Captain Jack's Stronghold an das Ereignis.

⓯ Lassen Volcanic National Park

Straßenkarte B2. 🚍 Chester, Red Bluff. **Besucherzentrum** 38050 Hwy 36 E, Mineral, California. ☎ 1-530-595-4444. ⏰ tägl. 🌐 nps.gov/lavo

Vor dem Ausbruch des Mount St. Helens in Washington 1980 war der Mount Lassen (3187 m) der letzte aktive Vulkan auf dem Festland der USA. Zwischen 1914–17 zerstörten rund 300 Eruptionen ungefähr 40 500 Hektar Land. Dieses Gebiet wurde 1916 zum Lassen Volcanic National Park erklärt.

Der wohl immer noch aktive Vulkan ist der südlichste der Cascade Mountains. Auf zahlreichen Flächen der Bergflanken sind die Zeichen der geologischen Prozesse noch deutlich zu erkennen.

Bumpass Hell, einer der interessantesten Plätze

des Parks, wurde nach Kendall Bumpass, einem der ersten Fremdenführer, benannt, der 1865 ein Bein in einem der brodelnden Schlammlöcher verlor. Ein Pfad auf dem Vulkanrand führt an einer Reihe dampfender Schwefelbecken vorbei, die durch geschmolzenen Fels tief im Inneren erhitzt werden. Bumpass Hell liegt acht Kilometer vom südwestlichen Eingang am Highway 89, der im Winter gesperrt ist. Der Highway steigt auf 2590 Meter an und führt zum Summit Lake, danach weiter über die Devastated Area, eine karge graue Landschaft mit rauen vulkanischen Schlammströmen. Er endet am Manzanita Lake im Nordwesten des Parks. Hier sind im **Loomis Museum** Fotos der vielen Ausbrüche des Mount Lassen zu sehen.

Der Park weist über 240 Kilometer an Wanderwegen unterschiedlicher Schwierigkeitsgrade auf, darunter ist auch ein sehr steiler, vier Kilometer langer Aufstieg zum aschgrauen Gipfel des Mount Lassen.

🏛 Loomis Museum
Lassen Park Rd, Nordeingang. ☎ 1-530-595-3399. ⏰ Ende Mai– Okt (tel. erfragen).

Schwefelquellen im Lassen Volcanic National Park

Straßenkarte *siehe hintere Umschlaginnenseiten*

Wine Country

Angenehmes Klima, abwechslungsreiche Landschaften mit Weinbergen, Flusstälern und bewaldeten Gebieten sowie außergewöhnliche Architektur kennzeichnen das Wine Country, das auf der ganzen Welt wegen seiner Vielfalt an Spitzenweinen bekannt ist. Im Westen erstrecken sich die beeindruckenden Felslandschaften an der Küste von Sonoma und Mendocino. Köstliche kalifornische Küche und natürlich die große Auswahl an erstklassigen Weinen von über 600 Weingütern machen den Aufenthalt im Wine Country zum Vergnügen.

Die Ursprünge des Weinbaus liegen im kleinen, sichelförmigen Sonoma Valley, in dem die Franziskaner 1823 ihren Messwein anbauten. Im Jahr 1857 verhalf der ungarische Graf Agoston Haraszthy dem Gewerbe zu einer neuen Blütezeit: Er bepflanzte den ersten großen Weinberg der Buena Vista Winery im Sonoma Valley mit Rebsorten aus Europa. Auf diese Weise wurde nicht nur Haraszthy berühmt – er gilt als »Vater des kalifornischen Weins« –, sondern auch die zuvor unbekannte Weinbauregion.

Im Lauf der Jahre traten zahlreiche Weinbauern in die Fußstapfen des Grafen. Die meisten von ihnen bevorzugten den ertragreichen, fruchtbaren Boden des Napa Valley. Heute florieren in diesem Tal Hunderte von Weinkellereien, von denen viele Besichtigungen und Weinproben anbieten. Einige sind auch architektonisch sehr interessant, darunter etwa die im Missionsstil errichtete Robert Mondavi Winery und die im mediterranen Stil erbauten Sterling Vineyards, die an ein vulkanisches Vorgebirge grenzen. In der Nähe besticht die moderne Clos Pegase Winery durch eine Reihe rost- und erdfarbener Säulen und Türme.

Im äußersten Norden des Napa Valley liegt die kleine Stadt Calistoga, die schon lange wegen der hier angebotenen entspannenden Schlammbäder, der mächtigen Geysire und der heißen Mineralquellen berühmt ist. Westlich des Tals mündet der Russian River, an den die Küstengebiete von Sonoma und Mendocino grenzen, in den Pazifischen Ozean. Die wilden Küstenareale bieten ausgezeichnete Möglichkeiten zur Vogel- und Walbeobachtung und laden zu ausgedehnten Strandspaziergängen ein.

Der Goat Rock Beach an der Mündung des Russian River *(siehe S. 463)*

◀ Inglenook Winery bei Rutherford, Napa Valley *(siehe S. 466f)*

Überblick: Wine Country

Die durch die Bergketten geschützten Täler bieten geradezu ideale Anbaubedingungen für Wein, vor allem Russian River, Sonoma und Napa Valley. Westlich der berühmten Weingegend liegen malerische Küstenstädte wie Mendocino, Jenner und Bodega Bay, umgeben von einsamen Stränden und Gezeitenbecken. Im Landesinneren kann man die alten Redwood-Haine zu Fuß, zu Pferd oder auf einer Zugfahrt erkunden. Heißluftballons bieten einen Blick auf die Weinberge aus der Vogelperspektive. Nicht weit entfernt liegen verschiedene Staatsparks mit dichten Wäldern und einzigartiger Architektur. In der Nähe bieten Clear Lake, der größte Süßwassersee Kaliforniens, und Lake Berryessa, der zweitgrößte künstlich angelegte See des Bundesstaats, eine breite Palette an Wassersport.

Gerstle Cove, ein Meeresschutzgebiet bei Salt Point

Im Wine Country unterwegs

Die meisten Besucher erkunden das Wine Country entlang der Küste bei Sonoma und Mendocino mit dem Auto. Von San Francisco führt der Highway 1 an der Küste entlang. Highway 101 verläuft in Nord-Süd-Richtung durch die Region bis ins Humboldt County. Die Route 20 verbindet Nevada City mit dem Wine Country und stößt nördlich des Lake Mendocino auf Highway 101. Von San Francisco aus fahren regelmäßig Busse und Züge durch das Napa Valley (siehe S. 466f) sowie die nördlichen Redwood-Wälder (siehe S. 463). Die nächsten Flughäfen sind in Sacramento, San José, San Francisco und Oakland (siehe S. 600f).

Legende
≡ Interstate Highway
≡ US Highway
— State Highway
⋯ Highway
— Panoramastraße
— Eisenbahn (Nebenstrecke)
△ Gipfel

Einer der vielen Weinberge im Napa Valley

Sehenswürdigkeiten auf einen Blick

① Leggett Valley
② Mendocino
③ Van Damme State Park
④ Point Arena Lighthouse
⑤ Russian River Valley
⑥ Salt Point State Park
⑦ Fort Ross State Historic Park
⑧ Bodega Bay

⑨ Santa Rosa
⑩ Calistoga
⑪ Jack London State Historic Park
⑬ *Sonoma und Sonoma Valley S. 468f*

Tour
⑫ Napa Valley *S. 466f*

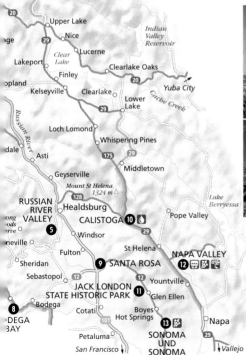

Mendocino schmiegt sich an die felsigen Mendocino Headlands

0 Kilometer 10
0 Meilen 10

❶ Leggett Valley

Straßenkarte A2. ⛟ von Leggett. 🛈 70400 Hwy 101.

Das durch die King Mountain Range vom Pazifischen Ozean getrennte grüne Tal ist wegen seiner vielen majestätischen Redwoods bekannt. In den 1930er Jahren wurde in den Stamm eines gigantischen Redwoods ein Loch gefräst – um Autos die Durchfahrt zu ermöglichen.

Wanderer können im Tal und seiner Umgebung den Redwood-Wald genießen (in einem Teil des Walds ließ George Lucas Szenen des Science-Fiction-Films *Krieg der Sterne* drehen). Hier leben Waschbären und Hirschwild. Über den Bäumen gleiten bisweilen Steinadler auf der Suche nach Beute.

Der an Lachsen und Regenbogenforellen reiche South Fork Eel River lockt viele Vögel an, darunter auch Reiher. Der Fluss ist bei Anglern und Badegästen gleichermaßen beliebt.

❷ Mendocino

Straßenkarte A3. 🏛 900. ⛟ 🛈 2175 Main St, Fort Bragg, 1-707-961-6300. 🌐 visitmendocino.com

Siedler aus Neuengland errichteten das Fischerdorf 1852. Sie schmückten ihre neuen Häuser mit Spitzgiebeln und Holzvertäfelungen – genau wie jene, die sie an der Ostküste der USA hatten. Die Küste Mendocinos wird deshalb häufig »Kaliforniens Neuengland-Küste« genannt. Mendocino thront spektakulär auf einem Steilufer oberhalb des Pazifiks und besitzt noch den alten Charme aus seinen Tagen als Fischerdorf und Zentrum der Holzindustrie. Nun ist zwar der Tourismus Haupteinnahmequelle, der Ort blieb allerdings weitgehend vom Kommerz verschont. Er hat sich zum Kunstzentrum gemausert. Hier wohnen viele Maler und Schriftsteller. Besucher genießen die exklusiven Boutiquen, Buchläden, Kunstgalerien und Cafés. Zu den Naturschönheiten zählen die mit Heide bedeckten Steilufer. Man sieht vorbeiziehende Grauwale und genießt den grandiosen Meerblick.

❸ Van Damme State Park

Comptche Ukiah Rd. **Straßenkarte** A3. ☎ 1-707-937-5804. ⛟ von Point Arena. ⏰ tägl. (Apr–Okt: Reservierung für Campingplatz erforderlich). ♿ 🚻 🌐 parks.ca.gov

Das Reservat (890 ha) bietet einige der landschaftlich schönsten Waldwanderwege Kaliforniens unter gigantischen Redwoods und riesigen Farnen. Die Küstengebiete sind bei Tauchern, die nach Abalone suchen, sehr beliebt. Der schöne Fern Canyon Trail lädt

Riesige Farne säumen den fantastischen Fern Canyon Trail im Van Damme State Park

zum Wandern oder Joggen ein. Zudem gibt es diverse Radwege.

Sehenswert ist der eigentümliche Pygmy Forest, ein Hain mit alten, verkrüppelten Bäumen, die wegen des nährstoffarmen Bodens und der Wasserknappheit nur etwa 1,2 Meter hoch werden. Er liegt rund fünf Kilometer nördlich des Parks und ist mit dem Auto oder zu Fuß zu erreichen.

❹ Point Arena Lighthouse

45500 Lighthouse Road. **Straßenkarte** A3. ☎ 1-707-882-2777, 1-877-725-4448. ⛟ von Point Arena. **Leuchtturm und Museum** ⏰ tägl. 10–15.30 Uhr (Juni–Aug: bis 16.30 Uhr). ♿ 🛗 Museum. 🚻 🌐 pointarenalighthouse.com

Der imposante 35 Meter hohe Leuchtturm steht 1,6 Kilometer nördlich des Fischerdorfs Point Arena. Das 1870 errichtete Backsteingebäude wurde bei dem Erdbeben von 1906 *(siehe S. 28)* zerstört und durch den jetzigen Betonbau der Concrete Chimney Company aus San Francisco ersetzt.

Wenn man die 145 Stufen des Leuchtturms hinaufsteigt, bietet sich eine tolle Aussicht –

Mendocino liegt in exponierter Lage auf Klippen am Meer

Hotels und Restaurants im Wine Country *siehe Seiten 541f und 572–574*

die Mühe lohnt sich vor allem an nebelfreien Tagen. Bei einer Führung (ganzjährig angeboten) sieht man die Fresnel-Linse. Sie wurde in Frankreich hergestellt, hat einen Durchmesser von über 1,8 Metern, wiegt mehr als zwei Tonnen und schwimmt in einem großen Quecksilberbecken.

Im angrenzenden Nebelsignalgebäude von 1869 befindet sich jetzt ein Museum mit verschiedenen Druckluft-Nebelhörnern und Schaukästen zur Geschichte des Leuchtturms.

Hoch über dem Pazifik:
Point Arena Lighthouse

❺ Russian River Valley

🚌 von Healdsburg. 🛈 16209 First St, Guerneville, 1-707-869-9000.
🌐 russianriver.com

Das vom Russian River und seinen Nebenflüssen unterteilte Russian River Valley ist so weitläufig, dass es mehrere kleine Täler umfasst. Hier finden sich Weinberge, Apfelgärten, Redwood-Wälder, Bauernhöfe und sandige Strände. Verstreut über das Tal liegen 60 Kellereien, von denen einige auch Weinproben anbieten.

Healdsburg ist das Zentrum des Gebiets. Auf dem im spanischen Stil gestalteten Hauptplatz gibt es viele Läden, Cafés und Restaurants.

Der kleine, freundliche Ort Guerneville, südwestlich von Healdsburg, ist bei den Bewohnern der Bay Area, vor allem bei den Schwulen, beliebt. Jedes Jahr im September fin-

Skunk Train

Seit 1885 fährt der »Stinktier«-Zug von Fort Bragg, einem Zentrum der Holzindustrie an der Küste nördlich von Mendocino, zu den Redwood-Hainen. Wegen des intensiven Geruchs des Diesel- und Benzingemischs, das die Lok einst antrieb, war der Zug schon zu riechen, bevor er zu sehen war – daher der Name. Heute können Besucher mit einer der Dampf-, Diesel- oder Elektroloks auf eine Halb- oder Ganztagestour gehen.

Die Lok des »Stinktier-Zugs«

det am Johnson's Beach in Guerneville das Russian River Jazz Festival statt. Der Strand ist ein sehr guter Ausgangspunkt für Kanu- oder Floßfahrten auf dem ruhig dahinfließenden Russian River, an dessen Ufern häufig Schildkröten, Flussotter und Kanadareiher (große Graureiher) zu sehen sind.

Wanderer und Reiter kommen wegen des 330 Hektar großen **Armstrong Redwoods State Reserve** mit einem der wenigen noch verbliebenen ursprünglichen Redwood-Wälder Kaliforniens. Ein ungefähr 1400 Jahre alter, 94 Meter hoher Baumriese mit dem Namen Colonel Armstrong gab dem Reservat seinen Namen.

🌳 Armstrong Redwoods State Reserve

17020 Armstrong Woods Rd, Guerneville. 📞 1-707-869-2015 oder 1-707-865-2391. 🕐 tägl.
🌐 parks.ca.gov

❻ Salt Point State Park

Hwy 1. **Straßenkarte** A3. 📞 1-707-847-3221, 1-707-847-3465. 🚌 von Santa Rosa. **Besucherzentrum**
🕐 Apr–Okt: Sa, So 10–15 Uhr.
♿ 🌐 parks.ca.gov

Die Felshöhlen des bewaldeten, 2400 Hektar großen Küsten- und Meeresparks sind bei Tauchern, die nach Abalone suchen, und bei Fischern beliebt. Im Gerstle Cove Marine Reserve können Taucher unter anderem geschützte Seeanemonen, Seesterne und Schaltiere bewundern.

An Beständen von Kiefern und Redwoods vorbei und durch Blumenwiesen verlaufen Reit- und Wanderwege. Im April und Mai ist das Kruse Rhododendron State Reserve (130 ha) Hauptattraktion des Parks. Die pinkfarben und lila blühenden Rhododendren werden bis neun Meter hoch.

Gerstle Cove im Salt Point State Park

Straßenkarte siehe hintere Umschlaginnenseiten

Kanone vor der russisch-orthodoxen Kapelle in Fort Ross

❼ Fort Ross State Historic Park

1900 Coast Hwy 1. **Straßenkarte** A3. 📞 1-707-847-3286. 🚌 von Point Arena. ⭕ tägl. Sonnenauf- bis Sonnenuntergang. **Besucherzentrum u. Buchladen** ⭕ tägl. 10– 16.30 Uhr. ⬤ Thanksgiving, 25. Dez. 🎫 ♿ 🌐 parks.ca.gov

Auf einer windgepeitschten Landzunge 19 Kilometer nördlich von Jenner befindet sich der Fort Ross State Historic Park. Der einstige russische Außenposten wurde 1812 gegründet und war bis 1841 in Betrieb (der Name leitet sich von russisch *Rossija* = Russland ab).

Die Russen waren die ersten europäischen Besucher in dieser Region. Sie kamen als Vertreter der 1799 gegründeten Russian-American Company. Spanien hatte zwar als Reaktion auf die Anwesenheit russischer Pelzjäger im Nordpazifik 1769 Alta California besetzt, doch die Russen versuchten nie, ihr Gebiet in Kalifornien auszudehnen. Nachdem sie 30 Jahre lang Handel getrieben hatten, gaben sie das Fort auf. Das 1836 errichtete Haus des letzten russischen Kommandanten Aleksandr Rotschew steht noch. Andere Gebäude innerhalb des Palisadenzauns wurden sorgfältig rekonstruiert. Glanzstück ist die russisch-orthodoxe Kapelle von 1824 aus Redwood-Holz.

Alljährlich am letzten Samstag im Juli wird hier ein »Geschichtstag« veranstaltet, an dem über 200 kostümierte Teilnehmer Szenen der Zeit um 1800 nachstellen.

❽ Bodega Bay

Hwy 1. **Straßenkarte** A3. 📷 1300. 🚌 ℹ 850 Hwy 1, 1-707-875-3866. 🌐 **bodegabay.com**

Der Ort war 1963 mit seinen weißen Schindelhäusern Schauplatz von Hitchcocks Filmklassiker *Die Vögel*. Im Nachbarort Bodega steht noch das Potter Schoolhouse, nun in Privatbesitz.

Bodega Head, eine kleine, Bodega Bay schützende Halbinsel, gehört zu den geeignetsten Plätzen in Kalifornien, um Wale zu beobachten. Weitere Freizeitbeschäftigungen sind Golf, Vogelbeobachtung, das Ausgraben von Venusmuscheln und Hochseefischerei. Am Abend kann man beim Entladen der Fischerboote am Tides Wharf Dock zusehen.

An der Nordspitze von Bodega Bay beginnt der Sonoma Coast State Beach (16 km) – zehn Strände, die felsige Steilufer voneinander trennen. Am nördlichsten Ende liegt die charmante Stadt Jenner. Hier mündet der breite Russian River in den Pazifik. Hunderte von Seerobben genießen am Goat Rock Beach ein Sonnenbad und ziehen ihre Jungen groß. Lohnenswert für einen Besuch ist die »Heulerzeit« von März bis Ende Juni.

❾ Santa Rosa

Straßenkarte A3. 📷 174 000. ✈ Sonoma County Airport, 10 km nördl. von Santa Rosa. 🚌 ℹ 9 4th St, 1-707-577-8674, 1-800-404-7673. 🌐 **visitsantarosa.com**

Santa Rosa, eine rasant wachsende Stadt, ist vor allem wegen einiger ihrer berühmten Bewohner bekannt. Erwähnenswert ist der Gartenbauexperte Luther Burbank (1849 – 1926), der hier über 50 Jahre lang lebte und durch die Züchtung von rund 800 neuen Pflanzenarten, darunter auch Früchte, Gemüsesorten und Zierblumen, weltweit berühmt wurde. Bei einem Besuch von **Luther Burbank Home and Gardens** (0,5 ha) sieht man u. a. einen Rosen- und Obstgarten sowie einen viktorianischen Garten mit typischen Pflanzen der Privatgärten um 1880.

Der Cartoonist Charles M. Schulz, Schöpfer der *Peanuts*, wohnte ebenfalls hier. Bewunderer von Schulz' Zeichentrickfilmfiguren können das **Charles

Robbe am Goat Rock Beach

Fischerboote an der North Beach Jetty Marina in Bodega Bay

Blütenpracht in Luther Burbank Home and Gardens

M. Schulz Museum mit der weltweit größten Auswahl an Peanuts-Produkten besuchen.

In einem alten Postamt von 1909 ist das **Sonoma County Museum** untergebracht. Es illustriert die Geschichte Sonomas mit eindrucksvollen Fotografien, Dokumenten und anderen Ausstellungsstücken.

Luther Burbank Home and Gardens
204 Santa Rosa Ave. 1-707-524-5445. **Gärten** tägl. 8 Uhr bis Sonnenuntergang. **Gebäude** Apr–Okt: Di–So 10–16 Uhr. lutherburbank.org

Charles M. Schulz Museum
2301 Hardies Lane. 1-707-579-4452. Mo–Fr 11–17, Sa, So 10–17 Uhr. Sep–Mai: Di. schulzmuseum.org

Sonoma County Museum
425 7th Street. 1-707-579-1500. Di–So 11–17 Uhr. sonomacountymuseum.org

⑩ Calistoga

Straßenkarte A3. 5000. 1133 Washington St, 1-707-942-6333. calistogavisitors.com

Seit der Gründung des kleinen Kurorts um die Mitte des 19. Jahrhunderts durch Sam Brannan (1819–1889), den ersten Millionär des Bundesstaats, genießen Besucher hier die belebenden Mineral- und Schlammbäder und die leckere Küche des Wine Country.

Die Stadt bietet hübsche Unterkünfte und kleine Boutiquen, in denen man alles kaufen kann – von handgefer-tigten Seifen bis zu europäischem Mobiliar. Drei Kilometer nördlich der Stadt speit der Geysir **Old Faithful** etwa alle 40 Minuten eine rund 18 Meter hohe Fontäne kochenden Wassers in den Himmel. Im Westen liegt der **Petrified Forest** mit riesigen Redwoods, die durch einen Vulkanausbruch vor über drei Millionen Jahren in versteinerter Form überdauert haben (*siehe S. 466*).

Besucher, die lieber unter Redwoods spazieren gehen wollen, sollten zum Robert Louis Stevenson State Park fahren, in dem der Autor der *Schatzinsel* und seine Frau, Fanny Osbourne, 1880 ihre Flitterwochen verbrachten (*siehe S. 30*). Wer den Aufstieg (8 km) vom Park zum Gipfel des Mount St Helena (1324 m), der höchsten Erhebung des Wine Country, nicht scheut, wird mit einer fantastischen Aussicht belohnt. Für die Vogelperspektive ohne Aufstieg bieten sich Segelflugzeuge oder Heißluftballons an.

Old Faithful Geyser
1299 Tubbs Lane. 1-707-942-6463. tägl. oldfaithful geyser.com

Petrified Forest
4100 Petrified Forest Rd. 1-707-942-6667. 25. Dez. teilweise. petrifiedforest.org

⑪ Jack London State Historic Park

London Ranch Rd, Glen Ellen. **Straßenkarte** A3. 1-707-938-5216. **Park** Sommer: tägl. 9.30–19 Uhr; Winter: tägl. 10–17 Uhr. **Museum** tägl. 10–17 Uhr. 1. Jan, Thanksgiving, 25. Dez. Museum. jacklondonpark.com

Anfang des 20. Jahrhunderts ließ sich der Autor von Romanen wie *Der Ruf der Wildnis* und weiterer 50 Bücher (*siehe S. 30*) nach einem hektischen Leben in dem beschaulichen Areal (325 ha) mit Eichen, Kalifornischen Rosskastanien und Redwoods nieder. London (1876–1916) nannte es treffend »Beauty Ranch«. Ställe, Weinberge und das Cottage, in dem er schrieb und starb, sind erhalten, auch die Ruinen seines unter mysteriösen Umständen noch vor der Vollendung abgebrannten Traumhauses Wolf House. Der Park ist für ein Picknick oder eine Wanderung ideal.

Nach Londons Tod errichtete seine Witwe Charmian Kittredge (1871–1955) das House of Happy Walls, in dem sich jetzt ein Museum befindet. Hier sind der Schreibtisch des Autors, frühe Ausgaben seiner Werke und seine Kunstsammlung ausgestellt.

Old Faithful mit heißer Wasserfontäne

Straßenkarte *siehe hintere Umschlaginnenseiten*

⑫ Tour: Napa Valley

Das Napa Valley erstreckt sich über 56 Kilometer und liegt im Herzen des kalifornischen Weinbaugebiets. Auf den sanften Hügeln und im fruchtbaren Tal befinden sich über 350 Weingüter, einige davon bereits seit dem 19. Jahrhundert. Die meisten liegen am schönen Silverado Trail und am Highway 29, zwei Hauptverkehrsadern, die durch das Tal verlaufen und Yountville, Oakville, Rutherford, St Helena und Calistoga *(siehe S. 465)* passieren. Viele berühmte Kellereien bieten kostenlose Besichtigungen an, einige erheben eine geringe Gebühr für die Weinproben.

⑦ Sterling Vineyards
Das große, weiße Weingut im mediterranen Stil thront auf einer Felskuppe oberhalb der Weinberge und ist mit einer Seilbahn zu erreichen.

⑥ Clos Pegase
Der berühmte Architekt Michael Graves entwarf die postmoderne Kellerei, die wegen ihrer ansprechenden Kunstsammlung und der guten Weine bekannt ist.

⑤ Petrified Forest
In dem Wald stehen die größten versteinerten Bäume der Erde *(siehe S. 465)*.

④ Bale Grist Waterwheel
Die Wassermühle von 1846 mahlt immer noch an Wochenenden Mehl.

Essen und Wein im Napa Valley

Das Wine Country ist nicht nur wegen seiner ausgezeichneten Weine, sondern auch wegen seiner frischen Erzeugnisse und seiner exzellenten Küchenchefs bekannt. Stände und Bauernmärkte bieten Bio-Gemüse und -obst sowie frisch gepresste Fruchtsäfte an. Die Restaurants fast sämtlicher Kleinstädte servieren ausgezeichnete, aus frischen Zutaten zubereitete Speisen. Klassische Gerichte des Wine Country sind Sonoma-Lammkeule mit frischem Minzpesto, saftiges Risotto mit Artischockenherzen und sonnengereiften Tomaten, Waldpilze in Kräuter-Knoblauch-Pastete oder sautierter Lachs in Pinot-Noir-Sauce.

③ Robert Mondavi Winery
In dem großen Weingut im Missionsstil sind herrliche Skulpturen und Gemälde zu sehen. Führungen finden das ganze Jahr über statt.

Terrasse der Domaine Chandon in Yountville

Legende
▬ Routenempfehlu…
▭ Andere Straße
☀ Aussichtspunkt

Weinberg im Napa Valley bei Abendsonne

Routeninfos

Länge: 64 km, einschließlich des landschaftlich schönen Abstechers zum Petrified Forest.
Rasten: In St Helena und in Calistoga findet man verschiedene B & Bs sowie Hotels. Ausgezeichnet essen kann man beispielsweise bei French Laundry oder im Mustards Grill in Yountville sowie bei Solbar in Calistoga. Zudem gibt es viele weitere Optionen *(siehe auch S. 572 – 574).*

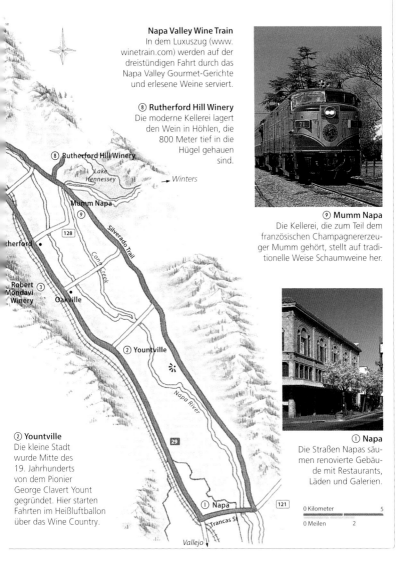

Napa Valley Wine Train
In dem Luxuszug (www. winetrain.com) werden auf der dreistündigen Fahrt durch das Napa Valley Gourmet-Gerichte und erlesene Weine serviert.

⑧ Rutherford Hill Winery
Die moderne Kellerei lagert den Wein in Höhlen, die 800 Meter tief in die Hügel gehauen sind.

⑧ Rutherford Hill Winery

Lake Hennessey

→ *Winters*

Mumm Napa

⑨

128

Silverado Trail

...herford •

Conn Creek

Robert ③
Mondavi
Winery   Oakville •

② Yountville

Napa River

② Yountville
Die kleine Stadt wurde Mitte des 19. Jahrhunderts von dem Pionier George Clavert Yount gegründet. Hier starten Fahrten im Heißluftballon über das Wine Country.

29

① Napa

121

Trancas St

Vallejo ↓

⑨ Mumm Napa
Die Kellerei, die zum Teil dem französischen Champagnererzeuger Mumm gehört, stellt auf traditionelle Weise Schaumweine her.

① Napa
Die Straßen Napas säumen renovierte Gebäude mit Restaurants, Läden und Galerien.

0 Kilometer	5
0 Meilen	2

⓭ Sonoma und Sonoma Valley

Im schmalen, 27 Kilometer langen Sonoma Valley, das von den Mayacama Mountains im Osten und den Sonoma Mountains im Westen eingerahmt wird, gibt es rund 2400 Hektar Weinberge. Im Tal liegt Sonoma mit der drei Hektar großen, begrünten Sonoma Plaza, die der mexikanische General Mariano Vallejo (1808–1890) entwarf. Als amerikanische Siedler um 1840 hierherkamen, durften nur Mexikaner Land besitzen. Am 14. Juni 1846 nahmen etwa 30 bewaffnete amerikanische Farmer General Vallejo und seine Leute gefangen, besetzten Sonoma und riefen die unabhängige Republik Kalifornien aus. Die Flagge der Rebellen (Bärenfahne) zeigte einen roten Stern, Streifen und einen Grizzly. Zwar wurde die Republik durch die Annexion seitens der Vereinigten Staaten *(siehe S. 51)* nur 25 Tage später wieder aufgehoben, doch die Bärenfahne wurde 1911 zur offiziellen kalifornischen Flagge.

Die Sonoma City Hall liegt im Zentrum der Sonoma Plaza

🏛 General Joseph Hooker House

414 1st St East, El Paseo. 📞 1-707-938-0510. 🕐 Sa–Mo 13–16 Uhr. ♿ 📷 🖥 sonomaleague.org

Das Giebeldachhaus (1855) gehörte dem Bürgerkriegshelden »Fighting Joe« Hooker, der es den Siedlern Pedro und Catherine Vasquez verkaufte.

Heute ist es Hauptquartier der Sonoma League for Historic Preservation, die historische Exponate zeigt und über Wanderwege durch das Sonoma Valley informiert.

🏛 Toscano Hotel

20 E Spain St. 📞 1-707-938-5889. 🕐 tägl. 10–17 Uhr. ♿ 📷 obligatorisch.

Das renovierte Toscano Hotel steht unter Denkmalschutz. Das zweistöckige Holzhaus entstand in den 1850er Jahren und diente als Laden und Buchhandlung. 1886 wurde es zum Hotel für Goldsucher umgebaut.

Überblick: Sonoma

Die Sehenswürdigkeiten Sonomas sind die weltweit berühmten Kellereien und die attraktive, historisch genau rekonstruierte **Sonoma Plaza** im spanischen Stil. Die schattige Plaza säumen Dutzende historischer Bauten. In den zahlreichen Lehmziegel-Gebäuden befinden sich Weinhandlungen, ansprechende Boutiquen und schicke Restaurants, die die exzellente Küche

des Wine Country servieren. Mitten auf dem Platz steht die **Sonoma City Hall**, ein Mission-Revival-Gebäude aus Stein *(siehe S. 31)*, das der Architekt A. C. Lutgens aus San Francisco 1908 erbaute.

In der Nähe der nordöstlichen Ecke der Plaza erinnert das **Bear Flag Monument** aus Bronze an die amerikanischen Siedler, die 1846 gegen die mexikanische Regierung rebellierten.

Zentrum von Sonoma

① Sonoma Plaza
② City Hall
③ Bear Flag Monument
④ General Joseph Hooker House
⑤ Mission San Francisco Solano de Sonoma
⑥ Sonoma Barracks
⑦ Toscano Hotel
⑧ Sonoma Cheese Factory
⑨ Lachryma Montis

0 Meter 250
0 Yards 250

Zeichenerklärung
siehe hintere Umschlagklappe

Hotels und Restaurants im Wine Country *siehe Seiten 541f und 572–574*

🏭 Sonoma Cheese Factory

2 W Spain St. ☎ 1-707-996-1931; 1-800-535-2855. ⏰ tägl. 9.30–17.30 Uhr. ⬤ 1. Jan, Thanksgiving, 25. Dez.

W sonomacheesefactory.com

Seit 1931 stellt die Fabrik in riesigen Fässern den berühmten Sonoma-Jack-Käse her. Man darf ihn gratis probieren. Der milde weiße Käse ist im angeschlossenen Laden erhältlich.

🏛 Lachryma Montis

W Spain u. W 3rd St. ☎ 1-707-938-9559. ⏰ tägl. ⬤ 1. Jan, Thanksgiving, 25. Dez. 🅿 **W** parks.ca.gov

Der Besuch von Lachryma Montis (»Tränen des Bergs«, der Name der Mineralquelle auf dem Grundstück) gibt Einblicke in den üppigen Lebensstil seines ehemaligen Besitzers, des mexikanischen Generals Mariano Vallejo. Das gelb-weiße Redwood-Haus entstand 1851 im neogotischen Stil. Zu sehen sind vielerlei Exponate – von den Silberepauletten des Generals über ein Viehbrenneisen bis hin zu seinen Lieblingsbüchern.

Lachryma Montis, das Haus von General Mariano Vallejo

🏛 Mission San Francisco Solano de Sonoma

114 E Spain St. ☎ 1-707-938-1519. ⏰ tägl. 10–17 Uhr. ⬤ 1. Jan, Thanksgiving, 25. Dez. 🅿

Die wunderschön restaurierte Mission, die nach einem peruanischen Heiligen benannt ist und für gewöhnlich einfach »Sonoma Mission« heißt), war die letzte der 21 in Kalifornien erbauten Franziskaner-Missionen *(siehe S. 50f)*.

Pater José Altimira aus Spanien gründete sie 1823, als Kali-

Fassade der Mission San Francisco Solano de Sonoma

fornien zu Mexiko gehörte. Vom ursprünglichen Gebäude ist nur noch der Korridor mit den Zimmern von Pater Altimira erhalten. Die Adobe-Kapelle ließ General Vallejo 1840 errichten.

🏛 Sonoma Barracks

20 E Spain St. ☎ 1-707-938-1519. ⏰ tägl. 10–17 Uhr. ⬤ 1. Jan, Thanksgiving, 25. Dez. 🅿

W sonomaparks.com

Indianer errichteten dieses zweistöckige Adobe-Bauwerk zwischen 1836 und 1840 als Hauptquartier für General Vallejo und seine Truppen. Nach der Bear Flag Revolt von 1846 diente die Kaserne zehn Jahre lang als Außenposten der US-Armee. Der Staat kaufte und renovierte das Gebäude Ende der 1950er Jahre.

Heute gelten die Sonoma Barracks als bedeutendes historisches Wahrzeichen des Bundesstaats.

Infobox

Information
Straßenkarte A3.
🗺 10600.
ℹ 453 1st St E, 1-707-996-1090; 23750 Arnold Dr, 1-866-996-1090.
W sonomavalley.com

Anfahrt
✈ Sonoma County Airport, 10 km nördl. von Santa Rosa.
🚌 90 Broadway u. W Napa St, Sonoma Plaza.

Weinkellereien im Sonoma Valley

Im Sonoma Valley erlaubt die Kombination aus guten Böden, viel Sonnenschein und ergiebigen Winterregen die Kultivierung erstklassiger Rebsorten. 1824 pflanzte Pater José Altimira die ersten Weinstöcke, um Messwein für die Mission San Francisco Solano de Sonoma zu gewinnen. Als die mexikanische Regierung die Mission 1834 säkularisierte, ließ General Vallejo erneut Reben anbauen und verkaufte den Wein an Händler in San Francisco. 1857 führte der ungarische Graf Agoston Haraszthy *(siehe S. 459)* europäische Sorten ein und gründete die Buena Vista Winery in Sonoma, die älteste Spitzenkellerei Kaliforniens.

Wappen der Sebastiani Vineyards

Zum Sonoma Valley gehören die Weinbaugebiete Sonoma Valley, Carneros und Sonoma Mountain. Jedes hat ein anderes Mikroklima, was den Anbau unterschiedlicher Rebsorten ermöglicht, u. a. Cabernet Sauvignon und Chardonnay. Heute gibt es in Sonoma über 300 Kellereien, die mehr als 22 000 Hektar Weingärten haben. Zu den bekanntesten Kellereien des Tals gehören Sebastiani Vineyards, Sonomas größter Erzeuger erstklassiger Weine, Benziger Family Winery, Gundlach-Bundschu Winery und Château St Jean. Viele dieser Kellereien verfügen auch über Picknickplätze und bieten Weinproben und Besichtigungen an.

Weinberge im Sonoma Valley

Gold Country und Central Valley

Das Gold Country liegt geografisch im Zentrum Kaliforniens und trug ganz entscheidend zum Mythos vom gelobten Land bei. Schon viele Jahrzehnte bevor die glitzernde Traumfabrik Hollywoods Gestalt annahm, war Kalifornien wirklich ein Eldorado, in dem eine mächtige Goldader namens Mother Lode auf ihre Entdeckung wartete. Einige Orte zeugen noch heute vom reichen historischen Erbe.

Das eher ländlich geprägte Gebiet wurde durch den Goldrausch des Jahres 1849 zur Wiege des modernen Kalifornien mit Sacramento als Hauptstadt. Vor der Ankunft der Goldsucher war das Land am Rand des spanischen Kolonialreichs nur spärlich von Indianern (Miwok und Maidu) besiedelt. Nach den ersten Goldfunden im Januar 1848 fielen scharenweise gesetzlose Glücksritter ein. 1852 schürften hier 200 000 Männer aus aller Welt nach Gold. 1860 kehrte wieder Ruhe ein, nachdem die Goldvorkommen erschöpft waren *(siehe S. 52f)*.

Einige Jahre nach dem Goldrausch erlebte die Region erneut einen kurze Zeit andauernden Boom, als die transkontinentale Eisenbahn durch die Sierra Nevada Mountains von vielen Billiglohnarbeitern, von denen die meisten Chinesen waren *(siehe S. 54f)*, errichtet wurde. Im 20. Jahrhundert entwickelte sich das Central Valley zum herausragenden Zentrum der kalifornischen Agrarwirtschaft. Bis heute werden Obst und Gemüse von den Plantagen, die zum Teil bis zum Horizont reichen, in alle Welt exportiert.

Mit einer Nord-Süd-Ausdehnung von etwa 160 Kilometern ist die Gegend für ausgedehnte Wanderungen ideal. An vielen Stellen lockt die schöne Aussicht zu einem Picknick. Außerdem verläuft hier eine der kalifornischen Traumstraßen: Der Highway 49 windet sich durch felsiges Hügelland und idyllisches Farmland an Flüssen entlang. Viele malerische Orte an der Strecke sind fast noch so erhalten, wie sie im 19. Jahrhundert während des Goldrauschs erbaut wurden, darunter auch Sutter Creek.

Der Malakoff Diggins Historic Park *(siehe S. 474)*, ein Zeugnis der glanzvollen Zeit des Goldrauschs

◀ Hügellandschaft im Sacramento Valley

Überblick: Gold Country und Central Valley

Das Gold Country reicht von den ebenen Flussdeltas bis in das zerklüftete Hügelland der Sierra Nevada Mountains. Sacramento, die Hauptstadt Kaliforniens, liegt im Herzen der Region, deren große Attraktionen die Fahrten auf den wunderschönen Panoramastraßen sind. Entlang den Routen liegen viele historische Orte. Einige davon sind florierende Städtchen, andere haben sich zu Geisterstädten entwickelt. Das Central Valley entlang der Interstate 5 schmückt sich mit malerischen Bauerndörfern. Größere Städte, z. B. Nevada City und Sutter Creek, sind ideale Ausgangspunkte für erholsame Erkundungsfahrten durch die Region.

Das eindrucksvolle California State Capitol in Sacramento

Die Parrots Ferry Bridge überspannt den malerischen New Melones Lake am Highway 49 im Tuolumne County

Weitere Zeichenerklärungen *siehe hintere Umschlagklappe*

Sehenswürdigkeiten auf einen Blick

① Malakoff Diggins Historic Park
② Grass Valley
③ Empire Mine State Historic Park
④ Nevada City
⑤ *Sacramento S. 476–479*
⑥ Marshall Gold Discovery State Historic Park
⑦ Folsom

⑧ Placerville
⑨ Sutter Creek
⑩ Volcano
⑪ Chaw'se Indian Grinding Rock State Historic Park
⑫ Jackson
⑬ Mokelumne Hill
⑭ San Andreas
⑮ Murphys

⑯ Angels Camp
⑰ Moaning Cavern
⑱ Sonora
⑲ *Columbia State Historic Park S. 484f*
⑳ Jamestown
㉑ Stockton

Nachbauten von Indianerhütten, Chaw'se Indian Grinding Rock State Park

Im Gold Country und im Central Valley unterwegs

Für die Erkundung der Region ist ein Auto unerlässlich. Die meisten Sehenswürdigkeiten liegen am malerischen Highway 49 (Panoramaroute), der sich durch das Hügelland und die Hauptorte des Gold Country schlängelt. Öffentliche Verkehrsmittel sind rar, zwei Busse bedienen die Interstate 80 und den US Highway 50. Einige Züge durchfahren die Bergregion von Sacramento aus. Der nächste internationale Flughafen liegt in Sacramento.

Legende

= Interstate Highway
= US Highway
▬ State Highway
⋯ Highway
— Panoramastraße
-⋯- Eisenbahn (Hauptstrecke)
— Eisenbahn (Nebenstrecke)
△ Gipfel

Schlucht bei Malakoff Diggins, ein Resultat des hydraulischen Goldabbaus

❶ Malakoff Diggins Historic Park

Straßenkarte B3. 1-530-265-2740. von Nevada City. tägl. **Museum** Öffnungszeiten tel. erfragen. Okt–Apr (Gebäude). **malakoffdigginsstatepark.org**

Als gegen Ende der 1850er Jahre die traditionellen Abbauverfahren unergiebig wurden, wechselten die Goldwäscher zunehmend zu hochleistungsfähigen, umweltzerstörerischen Techniken, um das kostbare Metall zu gewinnen. War die obere Erdschicht einmal abgetragen, wurde das Erdreich mit gigantischen Wasserwerfern ins Tal gespült. Bei einem stündlichen Wasserdurchfluss von mehr als 115 000 Litern im Hochdruck-Hydraulik-Verfahren wurden ganze Gebirgshänge abgetragen. Erst 1884 wurde das Ablagen von Geröll in den Flüssen gesetzlich untersagt. Doch weite Teile der Umwelt waren schon zerstört. Die Flüsse waren streckenweise mit Abraumschutt verstopft (siehe S. 52f).

Die größte Hydraulik-Anlage lag seinerzeit in Malakoff Diggins, 45 Kilometer nordöstlich des Highway 49, in den Bergen oberhalb von Nevada City. Die Hangerosion schuf eine Schlucht – heute ein Historic Park mit Gebäuden der Bergarbeiterstadt North Bloomfield aus den 1870er Jahren.

Goldnugget in einem Bergkristall

❷ Grass Valley

Straßenkarte B3. 13 000. 248 Mill St, 1-530-273-4667. **grassvalleychamber.com**

Grass Valley war einst die größte Goldgräberstadt im Norden von Gold Country nahe der Empire Mine und anderen Goldlagerstätten.

In den 1870er und 1880er Jahren nahm Grass Valley den Zustrom englischer Arbeiter aus Zinnminen von Cornwall auf. Das Know-how der »Cousin Jacks« ermöglichte den unterirdischen Abbau von Gold, als andere Minen in der Umgebung den Betrieb eingestellt hatten (siehe S. 52f).

Grass Valley besitzt eines der sehenswertesten Bergbaumuseen von Kalifornien, das **North Star Mine Powerhouse and Pelton Wheel Museum** im Kraftwerk der ehemaligen North Star Mine. Den Eingang umgeben die gewaltigen Pelton-Räder, durch die der Untertagebau immens gesteigert werden konnte. Die Sammlung enthält u. a. ein Pochwerk zum Zerkleinern von Erz, eine Pumpe zum Abpumpen des Grundwassers und andere Exponate, die aus der Heimat der englischen Arbeiter stammen.

North Star Mine Powerhouse and Pelton Wheel Museum Mill St nahe Allison Ranch Rd. 1-530-273-4255. Mai–Okt: tägl. 10–17 Uhr. **Spende**. **nevadacountyhistory.org**

❸ Empire Mine State Historic Park

Straßenkarte B3. 1-530-273-8522. von Nevada City. tägl. 1. Jan, Thanksgiving, 25. Dez. Gelände und Empire Cottage. **empiremine.org**

Die berühmte Empire Mine war bis zum Jahr 1956 in Betrieb und steht seither unter Denkmalschutz. Die Mine begann in den 1850er Jahren mit dem oberirdischen Abbau und setzte die Schürfarbeit in der Tiefe über ein Schachtsystem von ungefähr 600 Kilometern Länge fort. Die Goldausbeute belief sich auf insgesamt rund 164 Tonnen.

Alte Fördertürme und andere Grubengeräte sind über das 318 Hektar große Gelände verstreut. Ein Besuch im Empire Cottage vermittelt einen sehr anschaulichen Eindruck davon, welch immense Schätze hier zutage gefördert wurden und unter welchen Bedingungen die Bergarbeiter tätig waren.

Der Architekt Willis Polk aus San Francisco entwarf 1897 für den Minenbesitzer William Bourn das Gebäude aus Granit und Backstein im Stil einer englischen Villa. Das Interieur ist aus heimischem Redwood-Holz. Der sehenswerte Garten unmittelbar neben dem Cottage beherbergt ungefähr 1000 Rosenbüsche und ein Gewächshaus.

Weitere Exponate zur Historie der Empire Mine und der Goldgewinnung sind, neben einzelnen Fundstücken des kostbaren Metalls, im Besucherzentrum ausgestellt.

Pochwerk zum Zerkleinern von Erz in der Empire Mine

Fassade des Firehouse Number 1, ein Wahrzeichen von Nevada City

❹ Nevada City

Straßenkarte B3. 🗺 3000. 🚌
ℹ️ 132 Main St, 1-800 655-6569.
🌐 nevadacitychamber.com

Viktorianische Häuser und Geschäftsbauten säumen die steilen Straßen – das malerische Nevada City wird seinem Ruf als »Königin der nördlichen Minen« gerecht. Die Stadt am nördlichen Ende der Goldfelder hatte ihre Blütezeit in den 1860er Jahren, geriet dann in Vergessenheit und erlebte ein Jahrhundert später ihr Comeback mit vielen Galerien, Restaurants und Bars, die mit ihrem Goldgräberflair die Besucher noch heute in Scharen anlocken.

Der Highway 49 bringt Besucher direkt zum Beginn der Broad Street von Nevada City. Von hier aus erkennt man zur Linken das **National Hotel**, eines der ältesten Hotels Kaliforniens, das Mitte der 1850er Jahre eröffnet wurde.

Einen Block weiter östlich vom Hotel steht das **Firehouse Number 1 Museum** mit der meistfotografierten Fassade der Region. Zierliche Balkone und eine weiße Kuppel zieren das Äußere. Das kleine Museum zeigt Exponate der lokalen Maidu-Indianer, Relikte aus der Pionierzeit und von der tragischen Donner Party *(siehe S. 490)* sowie den Altar eines chinesischen Tempels. Uralte Gerätschaften sind im Park gegenüber zu sehen. Tafeln an den Hauswänden dokumentieren die Geschichte der Stadt.

In der Broad Street befindet sich das **Nevada Theatre**, das seit 1865 als Bühne fungiert. Ein Block weiter südlich liegt die **Miner's Foundry**, eine Gießerei, in der das innovative Pelton-Rad entwickelt wurde. Einen Block weiter in Richtung Norden gelangt man zur Art-déco-Fassade des **Nevada County Courthouse**, eines der wenigen Bauwerke aus dem 20. Jahrhundert.

🏛 **Firehouse Number 1 Museum**
214 Main St. ☎ 1-530-265-5468.
⏰ tel. erfragen. **Spende.**
🌐 nevadacountyhistory.org

Das Nevada Theatre wird seit 1865 bespielt

Zentrum von Nevada City

① National Hotel
② Firehouse Number 1 Museum
③ Nevada County Courthouse
④ Nevada Theatre
⑤ Miner's Foundry

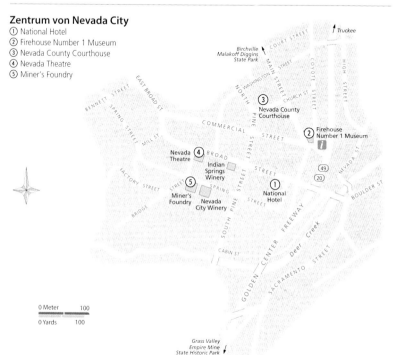

0 Meter 100
0 Yards 100

Straßenkarte *siehe hintere Umschlaginnenseiten*

❺ Im Detail: Old Sacramento

Zwischen Fluss und neuer Stadt liegt Old Sacramento. Es besteht aus sechs Blocks mit historischen Bauten, Läden, Restaurants und Museen. Einige der denkmalgeschützten Häuser waren Zweckbauten für die Goldgräber *(siehe S. 52f)*. Die meisten entstanden aber in den 1860er und 1870er Jahren, als Sacramento seine Position als Verkehrsknotenpunkt zwischen dem Landesinneren und den Küstenstädten Kaliforniens festigte. Hier war die westliche Endstation des Pony Express und der transkontinentalen Eisenbahn. Schaufelraddampfer sorgten für die Anbindung an San Francisco. Museen dokumentieren die Stadtgeschichte. Die Lage direkt am Fluss ist für Spaziergänge und Radtouren ideal.

Delta King
Einer der letzten erhaltenen Schaufelraddampfer ist heute ein Hotel mit Restaurant.

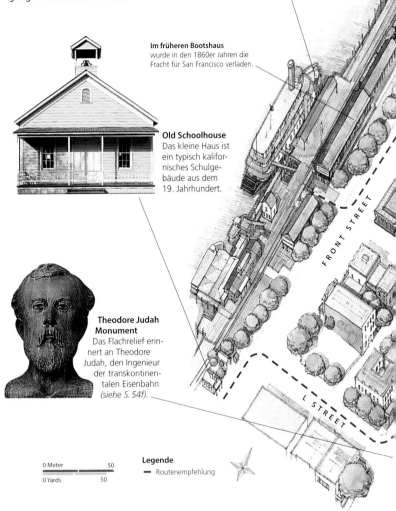

Im früheren Bootshaus
wurde in den 1860er Jahren die Fracht für San Francisco verladen.

Old Schoolhouse
Das kleine Haus ist ein typisch kalifornisches Schulgebäude aus dem 19. Jahrhundert.

Theodore Judah Monument
Das Flachrelief erinnert an Theodore Judah, den Ingenieur der transkontinentalen Eisenbahn *(siehe S. 54f)*.

0 Meter 50
0 Yards 50

Legende
— Routenempfehlung

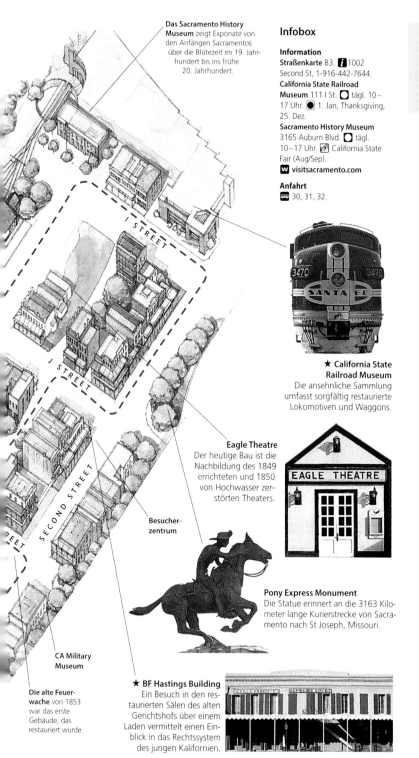

Das Sacramento History Museum zeigt Exponate von den Anfängen Sacramentos über die Blütezeit im 19. Jahrhundert bis ins frühe 20. Jahrhundert.

Infobox

Information
Straßenkarte B3. ℹ️ 1002 Second St, 1-916-442-7644.
California State Railroad Museum 111 I St. ⏰ tägl. 10–17 Uhr. ⏺️ 1. Jan, Thanksgiving, 25. Dez.
Sacramento History Museum 3165 Auburn Blvd. ⏰ tägl. 10–17 Uhr. 🎪 California State Fair (Aug/Sep).
📧 visitsacramento.com

Anfahrt
🚌 30, 31, 32.

★ **California State Railroad Museum**
Die ansehnliche Sammlung umfasst sorgfältig restaurierte Lokomotiven und Waggons.

Eagle Theatre
Der heutige Bau ist die Nachbildung des 1849 errichteten und 1850 von Hochwasser zerstörten Theaters.

Besucherzentrum

Pony Express Monument
Die Statue erinnert an die 3163 Kilometer lange Kurierstrecke von Sacramento nach St Joseph, Missouri.

CA Military Museum

Die alte Feuerwache von 1853 war das erste Gebäude, das restauriert wurde.

★ **BF Hastings Building**
Ein Besuch in den restaurierten Sälen des alten Gerichtshofs über einem Laden vermittelt einen Einblick in das Rechtssystem des jungen Kaliforniens.

Straßenkarte *siehe hintere Umschlaginnenseiten*

Sacramento: California State Capitol

Inmitten einer Parklandschaft erhebt sich das California State Capitol, das Wahrzeichen Sacramentos. Reuben Clark und Miner F. Butler entwarfen den klassizistischen Kuppelbau mit korinthischen Säulengängen im Jahr 1860. Nach 14 Jahren Bauzeit war er 1874 fertiggestellt. Die Kosten betrugen 2,5 Millionen US-Dollar. In den 1920er und 1950er Jahren wurde das Gebäude erweitert, in den 1970er Jahren vollständig renoviert. Als Relikt der glanzvollen Epoche des Sonnenstaats ist es bis heute Regierungssitz des kalifornischen Gouverneurs.

Neben den Plenarsälen, die Besuchern auch während der Debatten zugänglich sind, beherbergt das California State Capitol ein Museum zur Geschichte und Kultur des Landes.

Infobox

Information
10th St u. L St, Capitol Mall, Capitol Park. **Straßenkarte** B3.
☎ 1-916-324-0333. ⏱ Mo–Fr 8–17, Sa, So 9–17 Uhr.
⏺ 1. Jan, Thanksgiving, 25. Dez.
📷 ♿ Erdgeschoss. 🎧 📷 📱
🌐 **capitolmuseum.ca.gov**

Anfahrt
✈ von Los Angeles und San Francisco. 🚌 30, 31, 36, 38, 61, 62.

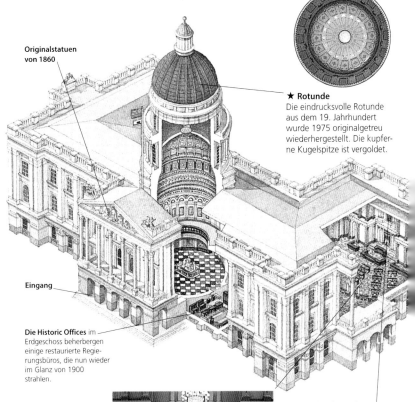

Originalstatuen von 1860

★ Rotunde
Die eindrucksvolle Rotunde aus dem 19. Jahrhundert wurde 1975 originalgetreu wiederhergestellt. Die kupferne Kugelspitze ist vergoldet.

Eingang

Die Historic Offices im Erdgeschoss beherbergen einige restaurierte Regierungsbüros, die nun wieder im Glanz von 1900 strahlen.

★ State Senate Chamber
Die Galerie im Zwischengeschoss ist ganzjährig geöffnet. Besonders interessant ist der Besuch während der öffentlichen Debatten zu aktuellen politischen Themen.

Ein Porträt von George Washington, dem ersten amerikanischen Präsidenten, ziert die Wand des Plenarsaals.

Hotels und Restaurants im Gold Country und im Central Valley *siehe Seiten 542 und 574f*

Crocker Art Museum

216 O St. 1-916-808-7000.
Di–So 10–17 Uhr (Do bis 21 Uhr).
1. Jan, Thanksgiving, 25. Dez.
crockerartmuseum.org

Das 1873 gegründete Museum ist das älteste Kunstmuseum westlich des Mississippi. Es zeigt viktorianische Gemälde und Plastiken aus Europa, Asien und den USA, vor allem aber kalifornische Kunst und Fotografie. Sonderausstellungen sind ebenfalls zu sehen.

Sehenswert ist auch das italienisch inspirierte viktorianische Bauwerk. Der Entwurf stammt von Seth Babson. Mehrfarbige Bodenfliesen und Schnitzereien zieren das Gebäude, das 1869 für den Bruder des Eisenbahnbarons Charles Crocker, einen der »Big Four« *(siehe S. 54)*, errichtet wurde. Eine Erweiterung aus heutiger Zeit ist der Teel Family Pavilion.

Foyer der Crocker Art Gallery

Sutter's Fort State Historic Park

2701 L St. 1-916-445-4422.
tägl. 10–17 Uhr. 1. Jan, Thanksgiving, 25. Dez. suttersfort.org

Inmitten von Vorortstraßen liegt Sutter's Fort, einst die berühmteste Stätte der frühen Geschichte Kaliforniens.

Die 1839 von John Sutter gegründete Siedlung war in den Jahren vor dem Goldrausch das kulturelle und wirtschaftliche Zentrum Nordkaliforniens. Mit Ausnahme der 21 spanischen Missionen war Sutter's Fort die einzige angloeuropäische Siedlung Kaliforniens. In den 1840er Jahren war sie Zwischenstopp auf dem mühseligen Weg der Neuankömmlinge aus dem Osten. Diese nahmen hier die Dienste des Hufschmieds, des Müllers und anderer Handwerker in Anspruch.

Rekonstruierte Küche in Sutter's Fort (19. Jh.)

Das dreistöckige Hauptgebäude ist noch authentisch, alles andere wurde zur Dokumentation des Pionieralltags originalgetreu rekonstruiert. Hinter der 5,5 Meter hohen Hofmauer beginnt der Rundgang (Audio-Führung) zum Gefängnis, zur Bäckerei und zur Schmiede. Übrigens weht an diesem Gebäude die mexikanische Fahne, eine Seltenheit in Kalifornien.

State Indian Museum

2618 K St. 1-916-324-0971.
tägl. 10–17 Uhr. 1. Jan, Thanksgiving, 25. Dez.
parks.ca.gov/indianmuseum

Dieses Gebiet war einst von den Maidu besiedelt. Das faszinierende Museum liegt in einem Park neben Sutter's Fort und vermittelt die Kultur der amerikanischen Ureinwohner, die einst in Kalifornien lebten *(siehe S. 48f)*. Glanzstücke der kunsthandwerklichen Sammlung sind schöne Weidenkörbe, die praktischen und spirituellen Zwecken dienten. Dioramen vermitteln lebendige Eindrücke vom Alltag in einer Indianersiedlung. Dias, Videos und Filme dokumentieren weitere Aspekte, die von der Sprache bis zu den verschiedenen Ackerbaumethoden reichen.

Am Wochenende finden spezielle Veranstaltungen statt, in denen das Überleben der alten indianischen Kulturen im Mittelpunkt steht.

John Sutter

Die Geschichte von John Sutter ist beispielhaft für das abenteuerliche Leben eines Glücksritters. Nach dem Bankrott in der Heimat wanderte der gebürtige Schweizer 1839 nach Kalifornien aus. Bereits ein Jahr nach seiner Ankunft überließ ihm die mexikanische Regierung ein ungefähr 20 000 Hektar großes Areal, dem er den patriotischen Namen New Helvetia gab. Im Jahr 1843 stürzte sich Sutter wiederum in Schulden, um den russischen Besitzern Fort Ross an der Pazifikküste *(siehe S. 464)* abzukaufen. Innerhalb der darauffolgenden fünf Jahre brachte John Sutter fast ganz Nordkalifornien in seinen Besitz.

Die Entdeckung einer Goldader beim Bau eines Sägewerks im Jahr 1848 durch Sutters Zimmermann James Marshall läutete das Ende seines Imperiums ein. Ein ständig wachsender Strom von Goldgräbern ergoss sich über sein Land. Sutter ging schließlich in die Bundeshauptstadt Washington, um bei der Regierung Schadensersatzansprüche durchzusetzen. Sein Ansinnen blieb jedoch erfolglos. Er starb 1880 als armer Mann.

John Sutter (1802–1880)

Die rekonstruierte Sutter's Mill, bei deren Bau zuerst Gold entdeckt wurde

❻ Marshall Gold Discovery State Historic Park

210 Back St, Coloma. **Straßenkarte** B3. ☎ 1-530-622-3470. 🚌 von Placerville. ◯ tägl. 8 Uhr bis Sonnenuntergang. ● 1. Jan, Thanksgiving, 25. Dez. 🅿 ♿ ✍
🌐 marshallgold.com

Der Staatspark umfasst über 101 Hektar Land entlang dem American River. Hier entdeckte James Marshall im Januar 1848 das erste Gold in der Grube des Sägewerks, das er mit seinen Arbeitern für John Sutter bauen sollte *(siehe S. 479)*.

Binnen eines Jahrs hatten rund 10 000 Goldgräber Coloma in eine florierende Stadt verwandelt. Doch wurden anderswo viel größere Vorkommen entdeckt. Der Boom war so schnell vorbei, wie er begonnen hatte. Heute gibt es kaum noch Spuren jener Zeit.

Über der historischen Stätte wurde die Mühle in Originalgröße nachgebaut, eine Statue markiert das Grab von James Marshall. Das Besucherzentrum beherbergt das **Gold Country Museum** mit indianischem Kunsthandwerk, Filmen und Goldrausch-Exponaten. Außerdem gibt es Erinnerungsstücke an James Marshall.

🏛 Gold Country Museum
601 Lincoln Way. ☎ 1-530-889-6500. ◯ tägl. 10–16 Uhr (Sep–März: bis 15 Uhr). ● 1. Jan, Thanksgiving, 25. Dez. 🅿
🌐 placer.ca.gov

❼ Folsom

Straßenkarte B3. 🚹 72 000. 🚌 ℹ 200 Wool St, 1-916-985-2698. 🌐 folsomchamber.com

Folsom ist ein hübscher Vorort von Sacramento. Dort befindet sich das Staatsgefängnis, das Johnny Cash in den 1970er Jahren in seinem »Folsom Prison Blues« besang.

Folsom war die Endstation des Pony Express und der transkontinentalen Eisenbahn und verfügt noch über einen der wenigen alten Bahnhöfe an der Strecke, was das **Folsom History Museum** dokumentiert. Einige Antiquitätenläden säumen die Sutter Street im Wildwest-Look, die von Güterwagen und alten Gerätschaften eingerahmt ist.

Im See unterhalb der Riley Street hinter dem Folsom Dam kann man im Sommer Boot fahren und angeln.

🏛 Folsom History Museum
823 Sutter St. ☎ 1-916-985-2707. ◯ Di–So 11–16 Uhr. ● Feiertage. Spende.
🌐 folsomhistorymuseum.org

❽ Placerville

Straßenkarte B3. 🚹 10 000. 🚌 ℹ 542 Main St, 1-530-621-5885. 🌐 visit-eldorado.com

Während des Goldrauschs war Placerville ein geschäftiges Versorgungszentrum für die umliegenden Camps. Da es an einer der Hauptstraßen nach Sacramento liegt, ist Placerville nach wie vor ein wichtiger Knotenpunkt, auch wenn heute statt der Postkutschen viele Autos und Lastwagen über den Highway rasen.

Im Zentrum sind noch einige historische Gebäude erhalten. Den besten Einblick in die Vergangenheit Placervilles erhält man im **Placerville History Museum** in der Main Street und im **El Dorado County Historical Museum**. Die zahlreichen Exponate umfassen u. a. Goldgräberausrüstungen, Exponate zu den chinesischen Einwanderern und die Nachbildung eines Ladens aus dem 19. Jahrhundert.

🏛 El Dorado County Historical Museum
104 Placerville Dr. ☎ 1-530-621-5865. ◯ Mi–Sa 10–16, So 12–16 Uhr. ● Feiertage. Spende.
🌐 museum.edcgov.us

Laden aus der Ära des Goldrauschs im El Dorado Museum

❾ Sutter Creek

Straßenkarte B3. 🚹 2000. 🚌 ℹ 71-A Main St, Jackson, 1-209-267-1344. 🌐 suttercreek.org

Der nach John Sutter *(siehe S. 479)* benannte Ort, eines der nettesten Goldgräberstädtchen, besitzt noch viele alte Läden und einige weiß getünchte Gasthäuser. Um 1860 entwickelte sich der Ort um die Old Eureka Mine, die Hetty Green, der »reichsten Frau der Welt«, gehörte.

Hier begann die Karriere von Leland Stanford, der zu den

»Big Four« im Eisenbahnge-schäft *(siehe S. 54)* gehörte. Die Beteiligung mit 5000 US-Dollar an der stadteigenen Lincoln Mine brachte ihm viele Millionen ein. Das Geld investierte er in die Eisenbahn. Schließlich wurde er Gouverneur von Kalifornien.

Eine Autotour führt über die Sutter Creek Road nach Volcano. Hier kommen Sie an alten Minengerätschaften vorbei.

⑩ Volcano

Straßenkarte B3. 🏔 150. 🚌 **ℹ** 115 Main St, Jackson, 1-209-223-0350.
🌐 amadorcountychamber.com

Wer noch das Flair aus den großen Tagen des Goldrauschs erleben möchte, kann dies in Volcano tun, einem malerischen Goldgräberort mit zahlreichen historischen Sehenswürdigkeiten.

Während des Goldrauschs war der Ort so etwas wie ein Kulturzentrum. Hier gab es die erste öffentliche Bibliothek und das erste Observatorium. Das alte Gefängnis, die Postkutschenstation, die Brauerei und eine Kanone aus dem Bürgerkrieg zählen zu den Attraktionen des »Vier-Block-Orts«. Das attraktivste viktorianische Gebäude ist das historische **St George Hotel**.

Im Frühjahr sollte man dem Schild nach Daffodil Hill folgen. Etwa fünf Kilometer nördlich von Volcano entfaltet sich die gelbe Farbenpracht von rund 300 000 wilden Narzissen, die an den Hängen wachsen.

🏨 **St George Hotel**
16104 Main St, nahe Volcano Rd.
📞 1-209-296-4458.
🌐 stgeorgehotel.com

⑪ Chaw's Indian Grinding Rock State Historic Park

Straßenkarte B3. 🚌 von Sacramento und Jackson. 🚍 von Sacramento.
📞 1-209-296-7488. **Museum** 14881 Pine Grove, Volcano Rd.
🕐 Mo–Fr 11–15, Sa, So 10–18 Uhr.
🌐 parks.ca.gov

In den Eichenwäldern der Hügel über Jackson erstreckt sich der 55 Hektar große Park zur Dokumentation der Kultur der Ureinwohner, einer der umfassendsten Kaliforniens. Dies war früher Siedlungsgebiet der Miwok. Das Museum setzt den Fokus auf die Indianerstämme, die an den Ausläufern der Berge lebten. Die Sammlung zeigt u. a. Korbwaren, Utensilien für Tänze sowie altes Werkzeug.

Die Hauptattraktion des Parks bilden die steinernen »Mörserlöcher«, die von den Miwok zu Hunderten in den Kalkstein gebohrt wurden und in denen Eicheln zu Mehl zerrieben wurden. Zu sehen sind auch Felszeichnungen, Nachbauten der Miwok-Unterkünfte und ein zeremonielles Rundhaus.

St Sava's Serbian Orthodox Church außerhalb von Jackson

⑫ Jackson

Straßenkarte B3. 🏔 4700. 🚌
ℹ 115 Main St, 1-209-223-0350.
🌐 amadorcountychamber.com

Am Kreuzungspunkt zweier Routen aus der Zeit des Goldrauschs liegt Jackson, einst eine florierende Goldgräberstadt, die sich ab 1850 zu einem Zentrum der Holzindustrie entwickelte.

In der Ortsmitte stehen einige Gebäude aus der Blütezeit von Jackson. Sehenswert ist auch das auf einem Hügel über der Stadt thronende **Amador County Museum**, in dem man ein Pochwerk *(siehe S. 474)* und andere alte Minengerätschaften besichtigen kann.

Nördlich der Stadt befindet sich in einem Park am Highway 49 die Kennedy Mine, die zu den tiefsten Gruben der USA zählt. Die gigantischen, 18 Meter hohen Abraumräder dienten der Beseitigung der ausgewaschenen Felsbrocken. Im Park steht auch die St Sava's Serbian Orthodox Church mit weißer Turmspitze. Sie wurde 1894 errichtet und ist Vermächtnis einer der Ethnien, die im Gold Country architektonische Spuren hinterließen.

🏛 **Amador County Museum**
225 Church St, Jackson. 📞 1-209-223-6375. 🕐 Fr–So 11–16 Uhr.
⬤ Feiertage. **Spende.**
🌐 amadorgov.org

Nachbau eines Miwok-Rundhauses im Chaw'se Grinding Rock State Park

Grabstein am »Moke Hill«

⓭ Mokelumne Hill

Straßenkarte B3. 🏔 1200.
ℹ️ 1192 S Main St, Angels Camp,
1-209-736-0049; 1-800-225-3764.
🆆 gocalaveras.com

Mokelumne Hill, eine der faszinierendsten Goldgräberstädte des Gold Country, liegt in einer Schleife des Highway 49. Das Geschäftsviertel besteht aus einem einzigen Häuserblock mit dem Hotel Leger und der alten Postkutschenstation von Wells Fargo. Doch dieses Ambiente von »Moke Hill« kann die üble Vergangenheit des Städtchens nicht überdecken.

In der Goldrausch-Ära drängten sich hier die Gesetzlosen in den Hotels und Saloons. Ein Menschenleben pro Woche kosteten die Auseinandersetzungen. Manches Opfer landete auf dem protestantischen Hügelfriedhof westlich des Orts. Hier stehen Grabsteine mit fremdsprachigen Inschriften – Überbleibsel der Zeit, als sich im Ort Glücksritter aller Herren Länder tummelten.

⓮ San Andreas

Straßenkarte B3. 🏔 1500. ℹ️ 1192 S Main St, Angels Camp, 1-209-736-0049. 🆆 gocalaveras.com

Das kleine pulsierende San Andreas ist Verwaltungssitz von Calaveras County. Zur Zeit des Goldrauschs war es nur ein einfaches Camp. Ursprünglich hatten sich hier Mexikaner angesiedelt, die jedoch nach der Entdeckung von Goldadern *(siehe S. 52f)* von den Weißen vertrieben wurden. San Andreas war auch der Ort, wo 1883 der legendäre Straßenräuber Black Bart verhaftet wurde.

Im Ort selbst hinterließ der Goldrausch kaum Spuren, doch das **Calaveras County Historical Museum** im alten Gerichtsgebäude nördlich des Highway 49 gehört zu den besten im Gold Country. Es präsentiert die Zeit von 1848 bis in die 1930er Jahre. Zu sehen sind auch Exponate der Miwok sowie der Gerichtssaal, in dem der Räuber Black Bart verurteilt wurde. Seine einstige Gefängniszelle befindet sich hinter dem Museum und ist heute von einem Garten mit heimischen Pflanzen und Bäumen umgeben.

🏛 **Calaveras County Historical Museum**
30 N Main St. 📞 1-209-754-1058.
⏰ tägl. 10–16 Uhr. ⬤ 1. Jan, Thanksgiving, 25. Dez. 🈺
🆆 calaverascohistorical.com

⓯ Murphys

Straßenkarte B3. 🏔 2000. ℹ️ 1192 S Main St, Angels Camp, 1-209-736-0049. 🆆 gocalaveras.com

Alte Platanen, Ulmen und Robinien (Scheinakazien) säumen die ruhigen Straßen des hübschesten Städtchens im Süden des Gold Country. Hier kann man sich sehr gut vom Besucherrummel der anderen Ziele rund um die Goldminen erholen.

Das renovierte Murphys Hotel von 1855, in dem u. a. Ulysses S. Grant, Mark Twain und Will Rogers verkehrten, ist das Wahrzeichen des Orts. Gegenüber präsentiert das **Old-Timers' Museum** bizarre Erinnerungsstücke an die Goldgräberzeit. Tafeln und Anekdoten zur Stadtgeschichte zieren die Außenwände.

🏛 **Old-Timers' Museum**
450 Main St. 📞 1-209-728-1160.
⏰ Fr–So 12–16 Uhr. ⬤ 1. Jan, Thanksgiving, 25. Dez. 🈺
🆆 murphysoldtimersmuseum.com

⓰ Angels Camp

Straßenkarte B3. 🏔 3000.
ℹ️ 1192 S Main St, 1-209-736-0049. 🆆 angelscamp.gov

Angels Camp, eine einstige Goldgräberstadt, ist als Schauplatz von Mark Twains Kurzgeschichte *Der berühmte Springfrosch von Calaveras (siehe S. 30)* bekannt. Heute ist Angels Camp das Einkaufszentrum der Umgebung. Historische Bauwerke wie das Angels Hotel, in dem Mark Twain erstmals von dem Springfrosch hörte, säumen die steilen Straßen des Zentrums, in dem alljährlich im Mai der Springfrosch-Wettbewerb stattfindet.

Zwei gewaltige Lokomotiven aus dem 19. Jahrhundert stehen am Highway 49 vor dem **Angels Camp Museum**, das Gerätschaften der Goldgräber zeigt, des Weiteren handwerk-

Die pittoreske Hauptstraße der Goldgräberstadt Angels Camp

liche Produkte indianischen Ursprungs und – natürlich – Erinnerungsstücke an Mark Twains springenden Frosch.

🏛 **Angels Camp Museum**
753 S Main St. 📞 1-209-736-2963.
◯ März–Mitte Nov: tägl. 10–16 Uhr; Mitte Nov–Feb: Sa, So 10– 16 Uhr. ⬤ Thanksgiving, Dez. 🐾
🔲 angelscamp.gov

⑰ Moaning Cavern

5350 Moaning Cave Road, Vallecito.
Straßenkarte B3. 📞 1-209-736-2708. ◯ tägl. 🐾
🔲 caverntours.com

Die Moaning Cavern ist eine der größten Kalksteinhöhlen der Gegend. Sie verdankt ihren Namen dem Ächzen und Stöhnen des Winds, das aus der Höhle drang. Durch die Erweiterung des Höhleneingangs wurde das Phänomen zerstört. Im Mittelpunkt der einstündigen Führung steht der ungefähr 50 Meter hohe »Hauptsaal«. Die Höhle ist über Treppen erreichbar. Abenteuerlustige lassen sich an einem Seil in die Tiefe hinab.

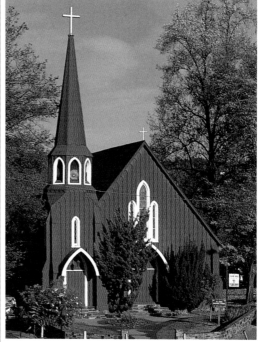
Die St James Episcopal Church (19. Jh.) in Sonora

Am Seil in die Moaning Cavern

⑱ Sonora

Straßenkarte B3. 🔺 5000. 🚍 𝒊
542 Stockton Rd, 1-209-532-4212.
🔲 yosemitegoldcountry.com

In der Zeit des Goldrauschs stach Sonora seinen Konkurrenten Columbia (siehe S. 484f) als Verwaltungssitz des Tuolumne County aus. Heute ist der Ort ein recht umtriebiges Geschäftszentrum und Knotenpunkt der Holzindustrie. Nur noch sehr wenig erinnert an die wilde Vergangenheit der Stadt in der zweiten Hälfte des 19. Jahrhunderts.

Viele historische Bauwerke sind erhalten, darunter auch die St James Episcopal Church an der Washington Street. Zudem schmücken viele viktorianische Häuser die Stadt. Sonoras altes Gefängnis wurde 1857 erbaut und 1866 nach einem Brand renoviert. Heute beherbergt es das **Tuolumne County Museum and History Center**, das eine Sammlung von Exponaten aus der Zeit des Goldrauschs wie Nuggets und alte Fotografien präsentiert.

🏛 **Tuolumne County Museum and History Center**
158 W Bradford St. 📞 1-209-532-1317. ◯ Mo–Fr 10–16, Sa 10–15.30 Uhr. ⬤ 1. Jan, 25. Dez.
🔲 tchistory.org

Black Bart

Der Räuber Black Bart machte mit seiner höflichen Art und den Knittelversen, die er an den Orten seiner Verbrechen zurückließ, von sich reden. Er wurde dadurch zu einer Legende des Gold Country. Von 1877 bis 1883 überfiel Black Bart viele Postkutschen. Nach langer Suche wurde er gefasst, nachdem die Spur – ein Wäschezeichen auf einem Taschentuch, das er verloren hatte – nach San Francisco führte: Es war der Bergbauingenieur Charles Boles. Nach dem Prozess in San Andreas saß er fünf Jahre im Gefängnis von San Quentin. Nach seiner Entlassung 1888 verschwand er spurlos.

Black Bart alias Charles Boles

Straßenkarte siehe hintere Umschlaginnenseiten

⑲ Im Detail: Columbia State Historic Park

Auf dem Höhepunkt des Goldrauschs war Columbia eine der größten und bedeutendsten Städte des Gold Country. Nachdem das Gold Ende der 1850er Jahre erschöpft war, wurden die meisten Camps rasch aufgelöst. Seltsamerweise blieb Columbia bewohnt und wurde von den Zurückgebliebenen liebevoll intakt gehalten. 1945 erklärte die Regierung von Kalifornien die gesamte Stadt zum historischen Monument. Einige Bauwerke wurden rekonstruiert, die meisten befinden sich jedoch immer noch im Originalzustand.

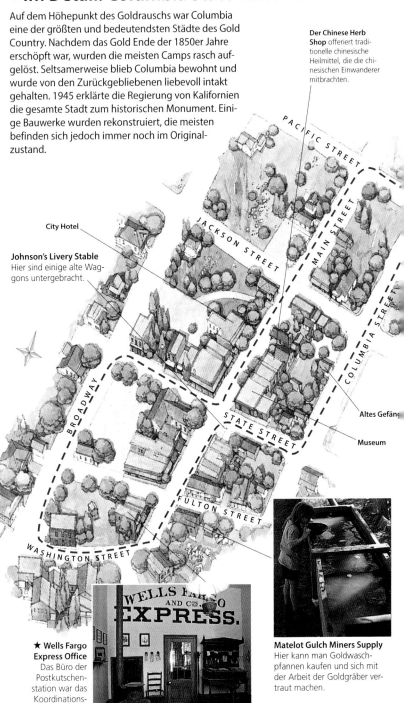

Der Chinese Herb Shop offeriert traditionelle chinesische Heilmittel, die die chinesischen Einwanderer mitbrachten.

City Hotel

Johnson's Livery Stable
Hier sind einige alte Waggons untergebracht.

PACIFIC STREET

JACKSON STREET

MAIN STREET

COLUMBIA STREET

BROADWAY

STATE STREET

Altes Gefäng...

Museum

FULTON STREET

WASHINGTON STREET

★ **Wells Fargo Express Office**
Das Büro der Postkutschenstation war das Koordinationszentrum des Orts.

Matelot Gulch Miners Supply
Hier kann man Goldwaschpfannen kaufen und sich mit der Arbeit der Goldgräber vertraut machen.

Hotels und Restaurants im Gold Country und im Central Valley *siehe Seiten 542 und 574f*

Infobox

Information
Hwy 49. **Straßenkarte** B3.
🛈 22708 Broadway, 1-209-
588-9128. 🏛 ♿ 🖥
Wells Fargo Express Office
◯ tägl. 10–16 Uhr (Juni–Aug:
10–18 Uhr). ⬤ Thanksgiving,
25. Dez.
Columbia Schoolhouse
◯ tägl. 10–16 Uhr (Juni–Aug:
10–18 Uhr). ⬤ Thanksgiving,
25. Dez. 🆆 parks.ca.gov

★ **Columbia Schoolhouse**
Der letzte Unterricht fand 1937
statt. Die Restaurierung erfolgte
1960 mit Spenden, die kalifornische Schulkinder gesammelt
hatten.

Legende

━ Routenempfehlung

0 Meter	100
0 Yards	100

Emporium, ein altes Antiquitätengeschäft, Main Street, Jamestown

⓴ Jamestown

Straßenkarte B3. 🖈 3400. 🚌 🛈
222 S Shepard St, Sonora, 1-209-
532-4212. 🆆 jamestown-ca.com

Bis 1993 befand sich hier die
größte Goldmine. 1966 brann-
te ein Teil der Altstadt ab, doch
in der Main Street gibt es noch
eine Reihe alter Häuser.

Der **Railtown 1897 State
Historic Park** nördlich der Ortsmitte besitzt alte Dampfloks
und Waggons der Sierra Railroad. Von April bis Oktober
werden am Wochenende Fahrten angeboten.

🏛 **Railtown 1897 State
Historic Park**
5th Ave u. Reservoir Rd.
📞 1-209-984-3953. ◯ tägl.
⬤ 1. Jan, Thanksgiving, 25. Dez.
🎫 im Zugticket inbegriffen.
🆆 railtown1897.org

⓶⃝ Stockton

Straßenkarte B3. 🖈 300000.
🚌 🛈 445 W Weber Ave,
Suite 220, 1-877 778-6258.
🆆 visitstockton.org

Stockton ist ein Binnenhafen
und Umschlagplatz für die Produkte der Farmer des Central
Valley. Die Stadt liegt östlich
des Zusammenflusses von
Sacramento, American und
San Joaquin River.

Das **Haggin Museum** zeigt
indianisches Kunsthandwerk,
Ladenfassaden (19. Jh.) und
Gemälde von Renoir sowie die
Entwicklung des hier erfunde-
nen Raupenfahrzeugs.

🏛 **Haggin Museum**
1201 N Pershing Ave. 📞 1-209-462-
4116. ◯ Mi–Fr 13.30–17, Sa, So
12–17 Uhr. ⬤ 1. Jan, 23.–25., 30.,
31. Dez. 🎫 1. Sa im Monat frei.

Der Bandit Joaquin Murieta

Dokumente über den Banditen Joaquin Murieta, der sowohl als
Robin Hood des Gold Country als auch als brutaler Verbrecher
dargestellt wird, sind rar. Die Figur geht auf den Autor John
Rollins Ridge zurück, dessen Roman *The Life and Adventures of
Joaquin Murieta, Celebrated California Bandit* (1854) die Übel-
taten von fünf Banditen
namens Joaquin themati-
siert. Für jeden einzelnen der
Männer hatte der kalifornische Gouverneur eine Kopf-
prämie von 1000 US-Dollar
ausgesetzt. 1853 überbrach-
te ein gewisser Harry Love
den Kopf Joaquin Murietas,
konserviert in einem Glasbe-
hältnis. Ein Jahr später, mit
der Veröffentlichung des
Romans, war die Legende
Murieta geboren.

Straßenkarte *siehe hintere Umschlaginnenseiten*

Hochsierra

Die Gipfel des dicht bewaldeten Hochgebirges Sierra Nevada steigen im Osten Kaliforniens wie eine Wand auf Höhen über 4000 Meter an. Hier ragen einige der imposantesten Berge des nordamerikanischen Festlands auf. Die wilde, in vielen Bereichen noch recht ursprüngliche Landschaft des als Hochsierra bekannten Gebiets zählt mit ihren grandiosen Nationalparks voller Seen, blühenden Wiesen, Bäumen und Wasserfällen zu den beliebtesten Outdoor-Destinationen des Bundesstaats.

Ein absolutes Highlight in der Hochsierra ist der Yosemite National Park, eines der spektakulärsten Naturwunder in Kalifornien. Das Schutzgebiet umfasst eine ganze Reihe landschaftlicher Attraktionen und ist dementsprechend gut besucht, Unterkünfte sollten möglichst lange im Voraus reserviert werde. Rauschende Wasserfälle – einige in sanften Kaskaden, andere in reißenden Sturzbächen – strömen über steile Felshänge hinab in die Täler. Bergsteiger und andere Outdoor-Sportler sowie Fotografen und Schaulustige aus aller Welt kommen hierher, um diese einmalige Welt zu erleben.

Südlich von Yosemite befinden sich der Sequoia und der Kings Canyon National Park. Beide Schutzgebiete erstecken sich ebenfalls in größeren Höhenbereichen und umfassen Sequoia-Wälder mit den größten Bäumen der Welt.

Der Lake Tahoe im Norden lockt mit seinem glasklaren Wasser seit mehr als einem Jahrhundert das ganze Jahr über Wanderer, Camper und Wassersportler an. Im Winter verwandelt sich das Gebiet in ein Skiparadies mit vielen Skiorten von olympischem Niveau.

Östlich des Granitgrats der Sierra Nevada Mountains liegt eine ruhigere, allerdings nicht weniger attraktive Region. Die Geisterstadt Bodie hat sich nur unwesentlich verändert, seit sie 1882 von Goldsuchern verlassen wurde. In der Nähe liegt die fast schon surreal anmutende Landschaft des Mono Lake mit ihren bizarr anmutenden Tuffsäulen. Auch der Osthang der Hochsierra mit dem 4420 Meter hohen Mount Whitney lohnt sich für einen Ausflug. Die Bristlecone Pines (langlebige Kiefern) der White Mountains sind teilweise mehr als 4000 Jahre alt.

Der Bodie State Historic Park *(siehe S. 498)* umgibt eine Geisterstadt östlich der Hochsierra

◀ Baumriesen im Sequoia National Park *(siehe S. 500f)*

Überblick: Hochsierra

Die höchsten Gipfel, die größten Bäume und einige der beeindruckendsten Landschaften der USA befinden sich in der kalifornischen Sierra Nevada. Das Gebiet besitzt mit dem Yosemite National Park eines der bekanntesten Naturwunder. Hinzu kommen viele weitere Naturschönheiten. Nördlich von Yosemite erstreckt sich der türkisblaue Lake Tahoe in einem steilen Tal am höchsten Punkt der Hochsierra. Im Süden gedeihen die Baumriesen der Nationalparks Sequoia und Kings Canyon.

Außer den Ferienorten am Lake Tahoe gibt es in der Hochsierra keine größeren Städte. Östlich der Berge stößt man jedoch auf Bodie, die besterhaltene Geisterstadt Kaliforniens. Sie liegt nahe am Mono Lake.

Sehenswürdigkeiten auf einen Blick

❶ Donner Memorial State Park
❷ Truckee
❹ *Yosemite National Park S. 492–495*
❺ Bodie State Historic Park
❻ Mono Lake
❼ Devil's Postpile National Monument

❽ White Mountains
❾ Owens Valley
❿ Mount Whitney
⓫ *Sequoia und Kings Canyon National Park S. 500f*

Tour
❸ Lake Tahoe *S. 491*

Entstehung der Hochsierra

Die Hochsierra entstand vor fast vier Millionen Jahren, als ein immenser Granitblock (Batholith), der etwa zehn Kilometer tief lag, die Oberfläche anhob und sie schließlich kippte. Die Auswirkungen der gewaltigen Hebungsvorgänge sind am besten an den steilen Osthängen zu sehen. Die Westhänge fallen weniger schroff ab. Sie bestehen aus Sediment-, Vulkan- und metamorphen Gesteinen, die hier über lange Zeiträume entstanden.

Granitgipfel der Hochsierra

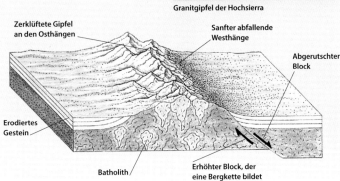

Zerklüftete Gipfel an den Osthängen

Sanfter abfallende Westhänge

Abgerutschter Block

Erodiertes Gestein

Batholith

Erhöhter Block, der eine Bergkette bildet

Weitere Zeichenerklärungen *siehe hintere Umschlagklappe*

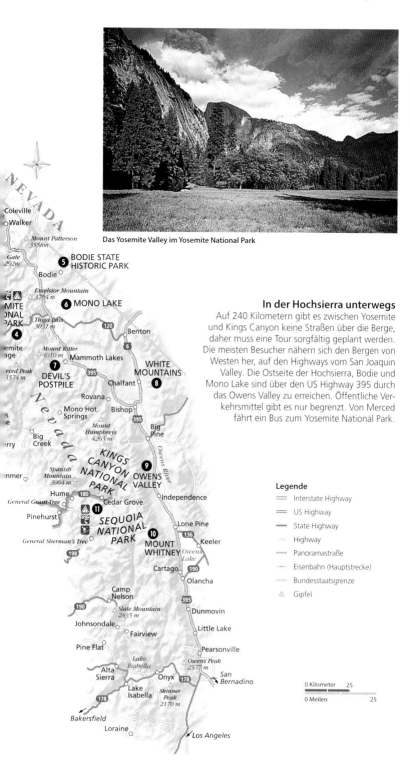

Das Yosemite Valley im Yosemite National Park

In der Hochsierra unterwegs

Auf 240 Kilometern gibt es zwischen Yosemite und Kings Canyon keine Straßen über die Berge, daher muss eine Tour sorgfältig geplant werden. Die meisten Besucher nähern sich den Bergen von Westen her, auf den Highways vom San Joaquin Valley. Die Ostseite der Hochsierra, Bodie und Mono Lake sind über den US Highway 395 durch das Owens Valley zu erreichen. Öffentliche Verkehrsmittel gibt es nur begrenzt. Von Merced fährt ein Bus zum Yosemite National Park.

Legende

≡ Interstate Highway

= US Highway

━ State Highway

∷ Highway

━ Panoramastraße

⊸ Eisenbahn (Hauptstrecke)

⋯ Bundesstaatsgrenze

△ Gipfel

0 Kilometer 25

0 Meilen 25

❶ Donner Memorial State Park

🔳 1-530-582-7892. ⭕ tel. erfragen. 🚌 Truckee. 🚏 Truckee.
🌐 parks.ca.gov

Der 140 Hektar große Park südlich der Interstate 80 war während der Besiedelung Nordamerikas Schauplatz einer Tragödie.

Im Winter 1846/47 wurde ein Trupp von 89 Pionieren, die von Independence in Missouri nach Kalifornien unterwegs waren, vom Schnee überrascht. Die »Donner Party« verdankt ihren Namen den beiden Donner-Familien, unter deren Führung die Gruppe mit ihren Planwagen vom Mittleren Westen den Oregon Trail entlang zur Westküste zog. Auf halbem Wege beschlossen die Donners und die Familie James Reeds, eine Abkürzung zu nehmen, die der Abenteurer Lansford Hastings empfohlen hatte. Diese Entscheidung hatte katastrophale Folgen. Die auch unter besten Voraussetzungen strapaziöse Reise verlängerte sich um drei Wochen. Erst im Oktober 1846, nach dem Verlust vieler Tiere und Habseligkeiten, erreichte die Donner Party die östlichen Vorberge der Sierra Nevada Mountains.

Nach einer einwöchigen Ruhepause überraschte sie östlich von Truckee der Winter. Einige Mitglieder der Gruppe begaben sich zu Fuß in die verschneiten Berge, um in Sutter's Fort *(siehe S. 479)* Hilfe zu holen. Die anderen mussten wegen der Schneefälle und mangelnder Vorräte an Ort und Stelle verharren. Sie verzehrten das Fleisch der Toten, um zu überleben. Als Mitte Februar 1847 endlich Rettung eintraf, waren 42 der 89 Pioniere tot.

An dieser Stelle steht nun die heroische Statue der Familie Donner auf einem 6,7 Meter hohen Sockel, der die damalige Schneehöhe markiert. Das **Emigrant Trail Museum** erläutert Details zum Schicksal der an der Donner Party Beteiligten. Auch die Naturgeschichte der Hochsierra wird beschrieben.

🏛 **Emigrant Trail Museum**
12593 Donner Pass Rd. 🔳 1-530-582-7892. ⭕ tägl. 9–16 Uhr. ⬤ 1. Jan, Thanksgiving, 25. Dez.

Skifahren am Lake Tahoe

Vor allem der kalifornische Teil des Berglands um den Lake Tahoe ist ein bekanntes Skigebiet. Alpine Meadows und Squaw Valley waren 1960 Schauplatz der Olympischen Winterspiele. Heavenly Valley, das größte Skigebiet, liegt oberhalb der Stadt South Lake Tahoe. Weitere Pisten ziehen sich um den See und den Donner Pass westlich von Truckee an der I-80 entlang. Zudem gibt es ausgedehnte Langlaufgebiete. In Lake Tahoe, von November bis März das Hauptwintersportgebiet Kaliforniens, kann die Schneehöhe über drei Meter betragen.

Skifahren am Lake Tahoe bei Alpine Meadows

Fassade des Old Truckee Jail (19. Jh.), heute ein Museum

❷ Truckee

Straßenkarte B3. 🗺 16 000. 🚉
🚌 ℹ 10065 Donner Pass Road.
🔳 1-530-587-2757.
🔳 Winterwetter: 1-530-546-5253.
🌐 truckee.com

Der Name der höchstgelegenen, kältesten kalifornischen Stadt stammt von einem Paiute-Indianer, der die ersten weißen Ankömmlinge mit dem Wort »Trokay« (Frieden) willkommen hieß.

Truckee liegt an der Interstate 80 neben dem Schienenstrang, der durch die Sierra Nevada Mountains führt. Die Geschichte des Orts begann 1863 als Stopp für die Arbeitertrupps, die an der transkontinentalen Eisenbahn *(siehe S. 54f)* bauten. Das Southern Pacific Depot dient nach wie vor als Zug- und Busbahnhof und beherbergt außerdem ein Besucherzentrum.

Der Wildwest-Charakter und die Spuren der Vergangenheit als Holzfällerstädtchen haben vor allem an der Commercial Row überdauert. Dort zieht sich eine Reihe alter Backstein- und Holzhäuser die Schienen entlang. Viele davon beherbergen heute Läden, Restaurants und Cafés.

Das im Jahr 1875 gegründete Gefängnis **Old Truckee Jail** ist nun ein Museum und berichtet vom Leben der Pioniere.

Truckee ist ein sehr beliebter Stützpunkt für Skiläufer und Wanderer. Zum Lake Tahoe sind es 40 Kilometer.

🏛 **Old Truckee Jail**
Jibboom u. Spring St. 🔳 1-530-582-0893. ⭕ bitte tel. erfragen. ⬤ Feiertage. 🅿 🌐 truckeehistory.org

❸ Tour: Lake Tahoe

Der zwischen bewaldeten Berghängen gelegene, 501 Meter tiefe Lake Tahoe gilt als schönster See Kaliforniens. Die Entwicklung zum Erholungsgebiet begann 1915 mit Fertigstellung
der ersten Straßenanbindung. In den 1930er
Jahren eröffneten die Casinos an der Grenze zu
Nevada. Die Olympischen Winterspiele 1960
steigerten die Popularität des Gebiets.

Blick auf Lake Tahoe vom
Heavenly Valley

④ **Ponderosa Ranch**
Der Vergnügungs-
park am Nordost-
ufer war Aus-
druck des Kults
um die Fernseh-
serie Bonanza.
2004 wurde er
geschlossen.

⑤ **Cave Rock
und Cave Rock
Tunnel**
Das zerklüftete
Ostufer des Lake
Tahoe ist durch
einen Felstunnel
erschlossen.

⑥ **Stateline**
Stateline, an der
Grenze zu Nevada,
ist die »Stadt der
Spielhöllen« am
Lake Tahoe.

③ **DL Bliss
State Park
und Ehrman
Mansion**
Ein beliebtes Pick-
nickareal umgibt
das Herrenhaus
Ehrman Mansion
(1903), jetzt Besu-
cherzentrum.

Reno
431
267
Truckee
89
Crystal Bay
④
Tahoe City
KALIFORNIEN
NEVADA
28
Carson City
50
Tahoma
• **Glenbrook**
89
⑤
50
③
②
Tahoe Village
207
①
⑥
50
Fallen Leaf Road
Pioneer Trail Road
89

① **South Lake Tahoe**
Die Stadt ist die größte
weit und breit und ver-
sorgt die Besucher von
Nevadas Spielcasinos.

② **Emerald Bay State
Park und Vikingsholm**
Die Emerald Bay ist die
fotogenste Stelle des
Sees. Vikingsholm aus
den 1820er Jahren ist
die etwas missglückte
Nachbildung einer alten
skandinavischen Burg.

0 Kilometer   10
0 Meilen   10

Legende

⎓⎓⎓ Routenempfehlung
⎓⎓⎓ Andere Straße

Routeninfos

Länge: 105 km.
Anfahrt: I-89 und US Highway 50
sind ganzjährig befahrbar. Am-
trak-Züge fahren nach Truckee.
Greyhound-Busse und Inlands-
flüge von San Francisco und
Oakland aus bedienen South
Lake Tahoe.
Reisezeit: Hochsaison ist im Juli,
August und im Winter. Frühjahr
und Herbst sind ruhiger.
Rasten: Viele Restaurants und
Cafés bieten Seeblick *(siehe
S. 575f).*
Information: Lake Tahoe Visitors'
Authority, South Lake Tahoe.
☎ 1-800 288-2463
🌐 visitinglaketahoe.com

❹ Yosemite National Park

Weite Teile der immergrünen Wälder, steilen Täler und
Granitwände des Yosemite National Park sind nur für erfahrene Wanderer und Kletterer zugänglich. Ein idealer,
mit dem Auto leicht erreichbarer Ausgangspunkt ist das
spektakuläre Yosemite Valley. Weitere Gebiete sind durch
ein etwa 320 Kilometer langes Straßennetz erschlossen.
Erhabene Felsen, tosende Wasserfälle, riesige Bäume,
wilde Canyons, hoch aufragende Berge und markante
Täler machen einen Besuch von Yosemite unvergesslich.

Yosemite Museum
Das Museum erzählt die Geschich-
te der Miwok und Paiute. Auch
Werke von Künstlern aus dem
Yosemite Valley sind ausgestellt.

Lower Yosemite Falls
Yosemite Creek, der
höchste Wasserfall
der USA, stürzt
740 Meter tief
(siehe S. 494).

The Ahwahnee (Hotel)
Rustikale Architektur, elegantes
Dekor und prächtige Ausblicke
machen das Hotel zu einer Top-
Adresse des Landes *(siehe S. 495).*

Yosemite Chapel (1879)
Die winzige Holzkirche
ist der einzige Rest vom
Old Village aus dem
19. Jahrhundert.

Upper Yosemite
Falls

Yosemite Creek

Yosemite
Village

Yosemite Falls Trail

Sunnyside

Yosemite
Lodge

Northside Drive

Merced River

Southside Drive

Sentinel Creek

Four-Mile Trail

Sentinel Rock
▲
2145 m

Sentinel
Falls

Lower River

Staircase
Falls

Hotels und Restaurants in der Hochsierra *siehe Seiten 542f und 575f*

Mirror Meadow
Da die Ranger der Natur heute freien Lauf lassen, verlandet der See am Fuß des Half Dome allmählich zu einer Wiese.

Infobox

Information
Straßenkarte C3. ☎ 1-209-372-0200. ℹ PO Box 577, Yosemite. ◷ tägl. nps.gov/yose

Anfahrt
🚉 Yosemite Valley. 🚌 nach Merced, dann YARTS-Shuttle Richtung Yosemite Valley.

Legende

— Hauptstraße
⋯⋯ Nebenstraße
- - Pfad/Weg
- - Shuttlebus
➤➤ Radweg
〰 Fluss

③

④

North Pines

⌐ower ⌐nes Tenaya Creek

Upper Pines

⑤

Merced River

0 Meter _____ 1000
0 Yards _____ 1000

Außerdem

① **Sentinel Dome** erreicht man zu Fuß von Glacier Point aus.

② **Besucherzentrum**

③ **Washington Column**

④ **Half Dome** erreicht man über einen gut begehbaren Weg *(siehe S. 494)*.

⑤ **Im Vernal Fall** ergießt sich der Merced River 97 Meter tief in die Schlucht.

Merced River
Mist Trail und Panorama Trail bieten wunderschöne Ausblicke auf den Fluss, der Anglern reiche Beute an Bachforellen beschert.

Weitere Zeichenerklärungen *siehe hintere Umschlagklappe*

Überblick: Yosemite National Park

Eine der schönsten Berglandschaften der Welt kann man im 3030 Quadratkilometer umfassenden Yosemite National Park bewundern. Hunderttausende von Besuchern pilgern alljährlich hierher, um den Anblick der in Jahrmillionen Gletschertätigkeit geformten Szenerie zu bestaunen. Die Eindrücke wechseln je nach Jahreszeit – von durch Schneeschmelze anschwellenden Wasserfällen im Frühjahr bis zu flammenden Farbenspielen der Bäume im Herbst. Im Sommer ist es im Park am vollsten, im Winter sind manche Straßen gesperrt. Per Bus, Rad, Motorrad oder zu Fuß können Besucher von einem überwältigenden Panorama zum nächsten gelangen.

Der Upper Yosemite Fall nach der Schneeschmelze im Frühjahr

Half Dome
Ostende des Yosemite Valley.
⬤ Ende März–Mitte Okt: tägl. (je nach Wetterlage).

Die Silhouette des hoch aufragenden Half Dome ist das Wahrzeichen von Yosemite. Seine markant abgerundete Rückseite fällt senkrecht ab. Nach Ansicht der Geologen besitzt der Half Dome nur noch etwa drei Viertel seiner ursprünglichen Ausmaße. Man vermutet, dass vor ungefähr 15 000 Jahren schmelzende Eismassen von den Gipfeln ins Tal strömten und das mitgerissene Geröll am Unterlauf des Flusses ablagerten.

Die mit 2695 Metern höchste Spitze bietet grandiose Ausblicke. Am besten folgt man dem 14 Kilometer langen Pfad, der von Happy Isles hinaufführt.

Yosemite Falls
Nördliches Yosemite Valley. ⬤ tägl.
Yosemite Falls, der höchste Wasserfall Nordamerikas, stürzt über zwei große Abschnitte, Upper und Lower Yosemite Fall, über 740 Meter senkrecht hinab. Die berühmten Kaskaden sind von allen Punkten des Tals aus zu sehen.

Der obere Teil, Upper Yosemite Fall, ist der längere und schönere Wasserfall und über einen anstrengenden Elf-Kilometer-Rundweg erreichbar. Zu den Lower Falls gelangt man über einen kurzen, leichteren Pfad, der nahe der Yosemite Lodge beginnt und unvergessliche Ausblicke auf beide Wasserfälle bietet.

Wie alle Wasserfälle schwellen auch diese im Mai und Juni an, wenn die Schneeschmelze das Flussbett füllt. Ab September sind die Wasserfälle häufig ausgetrocknet und lassen dann nur dunkle Flächen an den Felswänden zurück.

Vernal und Nevada Falls
Ostende des Yosemite Valley.
⬤ Mai–Nov: tägl.
Eine beliebte Halbtageswanderung auf dem Mist Trail führt zu den beiden Wasserfällen.

Die erste Station des Elf-Kilometer-Rundwegs sind die Vernal Falls, die 97 Meter tief hinabfallen und den Weg mit Wasser besprühen. Dann geht es vier Kilometer weiter bis zu den Nevada Falls, die schwindelerregende 180 Meter tief hinabdonnern. An den Nevada Falls mündet der Mist Trail in den John Muir Trail, der an der Rückseite des Half Dome bis zum Gipfel des Mount Whitney im Süden *(siehe S. 499)* führt.

Die steile Felswand von El Capitán

Glacier Point

Glacier Point Rd. ◯ Mai–Okt: tägl.

Das großartige Yosemite-Panorama kann man am Glacier Point erleben, der auf 980 Metern Höhe über dem Tal »schwebt«. Von hier aus sind die meisten der Wasserfälle und andere Attraktionen des Yosemite Valley zu sehen. Vom Half Dome, dem Highlight der Szenerie, geht der Blick weit über die grandiose Landschaft mit alpinen Gipfeln und Wiesen.

Glacier Point ist nur im Sommerhalbjahr (Mai bis Oktober) zugänglich. Im Winter ist die Straße am Badger Pass, an dem 1935 der erste Winterferienort entstand, gesperrt.

Eine andere beliebte Routenmöglichkeit im Sommer ist der Four-Mile Trail, der an der westlichen Talseite beginnt. Im Sommer kann man auch mit dem Bus zum Glacier Point fahren und anschließend ins Tal hinabwandern.

Mariposa Grove

Hwy 41, Südeingang. **Besucherzentrum** ◯ Mitte Mai–Okt: tägl.

Dieser wunderschöne Hain am Südende von Yosemite war ein Anlass für die Einrichtung des Parks. Einige der rund 500 Giant Sequoias (Riesenmammutbäume) sind über 3000 Jahre alt, 75 Meter hoch und haben über neun Meter

Riesige Sequoias im Mariposa Grove

Blick vom Tunnel View ins Yosemite Valley

Stammdurchmesser. Über weite Strecken schattige Wanderpfade winden sich unter den Bäumen entlang.

Offene Bahnen befahren eine Rundstrecke von etwa acht Kilometern auf den alten Straßen, die in den Gründerjahren des Parks angelegt wurden.

Tunnel View

Hwy 41 oberhalb des Yosemite Valley. ◯ tägl.

Am Highway 41 im äußersten Westen des Yosemite Valley öffnet sich die für viele Besucher wohl fotogenste Aussicht über den Nationalpark. Obwohl der Name auf den Straßentunnel zur Glacier Point Road verweist, bietet sich von hier ein schier überwältigender Anblick: El Capitán zur Linken, Bridalveil Fall zur Rechten und der Half Dome in der Mitte.

El Capitán

Nordwestende des Yosemite Valley.

Im Westen des Yosemite Valley erhebt sich die Felswand von El Capitán auf 2307 Meter Höhe. Als größter einzeln stehender Felsen der Welt ziehen seine nackten Wände Kletterer magnetisch an. Weniger Mutige lassen sich auf der Wiese unterhalb des Felsens nieder, um die Kletterer mit dem Fernglas zu verfolgen.

Amerikanische Soldaten, die 1851 als erste weiße Amerikaner ins Tal kamen, gaben dem Felsen seinen Namen. El Capitán ist das spanische Wort für »Hauptmann«.

Tuolumne Meadows

Hwy 120, Tioga Rd. ◯ Ende Mai–Okt: tägl.

Im Sommer, wenn die Natur in voller Blüte steht, kommt die Schönheit von Yosemite in den Wiesen am Tuolumne River am besten zur Geltung. Die Wiesen sind vom Yosemite Valley über die Tioga Pass Road erreichbar (88 km) und ein idealer Ausgangspunkt für Wanderer, um die zahlreichen Granitgipfel und Wege der Gegend zu erkunden.

Hirschwild auf den Wiesen von Yosemite

The Ahwahnee

Yosemite Valley. ☎ 1-866 875-8456. ◯ tägl. Siehe **Hotels** S. 543. 🌐 yosemitepark.com

Das Hotel, dessen Schönheit der Landschaft ebenbürtig ist, entstand 1927 für 1,5 Millionen US-Dollar.

Der Entwurf stammte von Gilbert Stanley Underwood, der aus massiven Felsblöcken und Baumstämmen einen Bau von rustikaler Eleganz schuf, welcher mit der Natur zu verwachsen scheint. Wegen wiederholter Brände sind viele wie aus Holz gefertigt aussehende Bauelemente aus gegossenem Beton. Das Innere, in Einklang mit der Umgebung gestaltet, ist im Stil der amerikanischen Ureinwohner dekoriert. Das Hotel besitzt ein hervorragendes Restaurant (*siehe S. 576*).

El Capitán *(siehe S. 495)*, Yosemite National Park ▶

Leer stehende Holzgebäude im Bodie State Historic Park

❺ Bodie State Historic Park

Straßenkarte C3. 🅼 10. 🚌 von Bridgeport. 🛈 Ende des Hwy 270, 1-760-647-6445. 🕐 tägl. 8–18 Uhr. 🆆 **parks.ca.gov**

In den Ausläufern der östlichen Sierra Nevada liegt die Geisterstadt Bodie.

Das zum staatlich geschützten Gebiet erhobene Bodie war in der zweiten Hälfte des 19. Jahrhunderts eine rührige Minenstadt, 1880 hatte sie 8000 Einwohner. Waterman S. Bodey, der hier 1859 das erste Gold entdeckte, gab ihr den Namen. Mitte der 1870er Jahre boomte der Ort, als goldhaltige Erzlagerstätten gefunden wurden, doch bereits im Jahr 1882 waren die Goldvorräte erschöpft. Bodie verfiel innerhalb kurzer Zeit.

Später wüteten Brände, die praktisch die ganze Stadt zerstörten. Nur die Standard Mine blieb weiter in Betrieb, sie wurde erst 1942 wegen des Kriegs geschlossen.

1962 ging die Stadt in den Besitz des Bundesstaats über. 170 Gebäude wurden in einem Zustand des *arrested decay*, des gestoppten Verfalls, erhalten. Das Resultat ist ausgesprochen sehenswert: ein stimmungsvoller Ort mit leeren, von unbewohnten Holzhäusern gesäumten Straßen. Die Miners' Union Hall beherbergt ein Besucherzentrum und ein Museum zur Stadtgeschichte.

❻ Mono Lake

Straßenkarte C3. 🚉 Merced. 🛈 Hwy 395 u. 3rd St, 1-760-647-6595. 🆆 **monolake.org**

Mono Lake, ein 180 Quadratkilometer großer Salzsee, liegt eingebettet zwischen zwei Vulkaninseln. Er gilt als einer der bizarrsten Orte der USA. Der vielleicht älteste See der Welt ohne natürlichen Abfluss schrumpfte aufgrund der hochgradigen Verdunstung im Sommer und der Wasserentnahme für Los Angeles auf ein Fünftel seiner ursprünglichen Größe. Die Salzkonzentration ist nun dreimal so hoch wie im Meer. Es formten sich bizarre Tuffsäulen, deren Entstehung auf die Reaktion des Kalziums aus den unterirdischen Quellen mit dem Karbonat des Seewassers zurückgeht. Früher befanden sich diese Tuffformationen unter Wasser, durch die intensive Verdunstung ragen sie nun heraus.

Seit Jahren steht der Mono Lake im Brennpunkt einer leidenschaftlich geführten Debatte um Wasserrechte. Los Angeles, das 1905 weite Ländereien in der östlichen Hochsierra und im Owens Valley aufgekauft hatte, begann 1941 mit der Umleitung von Flüssen über Aquädukte in die Stadt, was nicht nur die Austrocknung des Sees bewirkte, sondern auch die Zerstörung des Lebensraums der lokalen Tierwelt, etwa der Möwen, die auf den Inseln im See brüten.

1994 verfügte die kalifornische Regierung, dass Los Angeles den Schutz des Sees und des Ökosystems zu wahren habe und den Wasserstand auf 1950 Meter ü. d. M. halten müsse.

Bizarre Tufftürme im Mono Lake

Hotels und Restaurants in der Hochsierra *siehe Seiten 542f und 575f*

❼ Devil's Postpile National Monument

Straßenkarte C4. ☎ 1-760-934-2289. 🚌 Shuttlebus vom Mammoth Mountain Inn. ⏰ Mitte Juni–Sep: tägl. ♿🎫♻️ 🌐 nps.gov/depo

Westlich des Kamms der Sierra Nevada Mountains, aber leichter zugänglich über das weiter östlich gelegene Gebiet der Mammoth Lakes, erstreckt sich eine der großartigsten geologischen Formationen von Kalifornien: überaus spektakuläre, meist fünf- bis sechseckige Basaltsäulen, die Höhen von mehr als 18 Metern erreichen. Ihre Form erhielten sie durch Aufbrechen erstarrter Lava vor ungefähr 100 000 Jahren. In dem 320 Hektar großen Park wirken sie, von oben gesehen, wie ein Fliesenmosaik. Das Areal ist den überwiegenden Teil des Jahres schneebedeckt und nur im Sommer mit dem Shuttlebus erreichbar.

Die drei Kilometer von Postpile entfernten Rainbow Falls verdanken ihren Namen dem Sonnenlicht, das sich in den Wassertropfen bricht.

❽ White Mountains

Straßenkarte C4. ℹ️ 798 N Main St, Bishop, 1-760-873-2500.

An der Ostseite des Owens Valley steigen die White Mountains an bis zu 3660 Meter an und damit annähernd so hoch wie die parallel dazu verlaufende Kette der Sierra Nevada (3960 m). Der wegen äußerst geringer Niederschläge vorherrschende Wassermangel ließ hier eine zerklüftete und weitgehend vegetationsfreie Landschaft entstehen. Die wenigen Bristlecone Pines (*Pinus aristata*), die hier noch überleben, gehören zu den ältesten Pflanzen der Erde.

Diese knorrige Kiefernart, die unter den lebensfeindlichen Bedingungen zu bizarr verkrümmten Gebilden heranwächst, ist lediglich in den niedrigeren Lagen der White

Bristlecone Pines (Langlebige Kiefern) in den White Mountains

Mountains und der benachbarten Sierra Nevada Mountains anzutreffen. Sie wächst extrem langsam, wird selten höher als 15 Meter, dafür aber über 4000 Jahre alt – und damit etwa 1000 Jahre älter als die ältesten Sequoias *(siehe S. 500f)*.

❾ Owens Valley

Straßenkarte C4. 🚌 Lone Pine. ℹ️ 126 S Main St, Lone Pine, 1-760-876-4444. 🌐 **lonepinechamber.org**

Das Owens Valley hat mehr mit Nevada als mit Kalifornien gemeinsam. Das spärlich besiedelte, urtümlich-schöne Tal liegt zwischen White Mountains und Sierra Nevada.

Das einst von Acker- und Weideland bedeckte Areal wurde 1905 von Beauftragten der Stadt Los Angeles heimlich aufgekauft, um die Wasserver-

sorgung von L. A. zu gewährleisten. Da die Stadt dem Tal bis heute das Wasser abzapft, ist eine Landnutzung unmöglich geworden.

1942 entstand in Manzanar ein Internierungslager für 100 000 Amerikaner japanischer Herkunft, die als Sicherheitsrisiko angesehen und bis Kriegsende dort eingesperrt wurden.

Das sehenswerte **Eastern California Museum** in Independence erläutert diesen unschönen Aspekt der amerikanischen Geschichte.

🏛️ **Eastern California Museum**
155 N Grant St, Independence. ☎ 1-760-878-0364. ⏰ tägl. 10–17 Uhr. ⛔ 1. Jan, Ostersonntag, Thanksgiving, 25. Dez. **Spende.** 🌐 inyocounty.us

❿ Mount Whitney

Straßenkarte C4. ☎ 1-760-876-6200. 🚆 Merced.

Der Mount Whitney bildet eine 4420 Meter hohe Wand oberhalb von Lone Pine. Ein steiler Weg führt über 18 Kilometer von der Whitney Portal Road auf den Gipfel, der eine tolle Panoramasicht bietet. Für den Aufstieg ist eine Sondergenehmigung erforderlich. Als Erster bestieg der Geologe Josiah Whitney 1873 den Gipfel.

Der Mount Whitney grenzt an den Sequoia National Park *(siehe S. 500f)*. Die umliegenden Wiesen sind im Sommer gut für Rucksackwanderungen.

Das Owens Valley vor der Kulisse der White Mountains

⓫ Sequoia und Kings Canyon National Park

Die beiden Zwillingsparks bieten grandiose
Landschaften mit üppigen Wäldern, Granitgip-
feln und von Gletschern ausgefrästen Canyons,
Heimat einer vielfältigen Tierwelt. Außerdem
gibt es 34 Bestände mit gewaltigen Sequoias,
den größten Pflanzen der Erde. Der südliche
Kings River frisst sich über 2500 Meter tief in
den Kings Canyon – Amerikas tiefste Schlucht.
Die Ostgrenze des Sequoia Park markiert der
Mount Whitney *(siehe S. 499)*, der höchste Berg
der USA außerhalb Alaskas. Die Westseite bei-
der Parks ist durch Straßen erschlossen, die
anderen Gebiete sind nur zu Fuß
oder mit gemieteten Maultieren
zu erreichen. Im Winter kann
man Skilanglauf treiben.

Ein umgestürzter Riesen-Sequoia bildet im
Sequoia National Park einen »Tunnel«

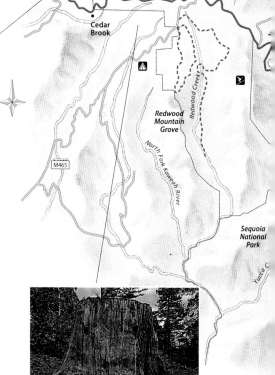

General Grant Tree
Der drittgrößte Mammut-
baum wird auch »natio-
naler Weihnachtsbaum«
genannt.

Riesenstümpfe
Für die Holzindustrie ist der Sequoia ungeeignet.
Davon zeugen diese Baumstümpfe vom Ende
des 19. Jahrhunderts.

Legende
- ▬▬ Hauptstraße
- ═══ Nebenstraße
- ▪▪▪ Pfad/Weg
- ── Nationalparkgrenze
- ～～ Fluss

Wilsonia

180

Cedar
Brook

Redwood
Mountain
Grove

North Fork Kaweah River

Redwood Creek

M465

Sequoia
National
Park

Yucca C.

Hotels und Restaurants in der Hochsierra *siehe Seiten 542f und 575f*

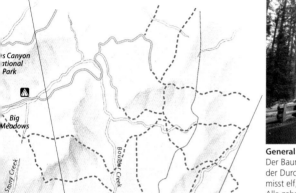

Moro Rock
Ein Felsensteig führt an die Spitze des Granitmonoliths.
Oben belohnt ein Rundblick über die ganze Weite der
Hochsierra und des Central Valley.

Infobox

Information
Ash Mountain, Three Rivers.
Straßenkarte C4.
1-559-565-3341.
tägl. vorher anrufen.
im Sommer.
nps.gov/seki

General Sherman Tree
Der Baum ist 84 Meter hoch,
der Durchmesser an der Basis
misst elf, der Umfang 31 Meter.
Alle zehn Jahre legt der Stamm-
umfang einen Zentimeter zu.

Außerdem

① **Tharp's Log**, ein ausgehöhlter
Sequoia, diente dem Farmer Hale
Tharp als Behausung, nachdem
ihn Indianer im 19. Jahrhundert
hierhergeführt hatten.

② **Der Giant Forest** birgt einen der
größten Sequoia-Haine der Welt.

③ **Crystal Cavern** ist eine der
wenigen zugänglichen Tropfstein-
höhlen. Sie ist reich an Formen wie
Stalagmiten und Stalaktiten.

Crescent Meadow
Sequoias stehen nur am Rand
des Sumpfgebiets, da die Bäume
im feuchten Zentrum nicht überleben können.

Weitere Zeichenerklärungen *siehe hintere Umschlagklappe*

Nördliches Zentralkalifornien

Hoch über dem Pazifik aufragende, zerklüftete Felsen und dicht bewaldete Küstengebirge prägen diese Region, die den Übergang zwischen dem Süden und dem Norden Kaliforniens bildet. Die bezaubernde Landschaft verwöhnt ihre Besucher mit goldenen Sandstränden und urtümlicher Wildnis. In den Tälern liegen einige der größten Agrarflächen der Vereinigten Staaten.

Erlesene Naturschönheiten und bedeutsame Kulturdenkmäler charakterisieren ein Gebiet, das zweifellos zu den attraktivsten Kaliforniens gehört. Im 17. Jahrhundert kamen Europäer hierher. Davor lebten die Ureinwohner an der Küste und in den Tälern des Hinterlands. Mit Gründung ihrer ersten Siedlung am 3. Juni 1770 in Monterey legten die Europäer den Grundstein für das moderne Kalifornien. Monterey war Hauptstadt von Alta California, bis es 1848 in die Vereinigten Staaten eingegliedert wurde. Die gut erhaltene Stadt verströmt ein einzigartiges Ambiente und beherbergt viele, nun restaurierte historische Baudenkmäler.

Das nördliche Zentralkalifornien inspirierte einige der wichtigsten literarischen Werke – von den Gedichten Robinson Jeffers' bis zu den Romanen des Nobelpreisträgers John Steinbeck. Hier wohnten und wirkten renommierte Fotografen, darunter etwa Ansel Adams und Edward Weston.

Zu den historischen und kulturellen Reichtümern kommen die zahlreichen Erholungsstätten hinzu. Der historische Vergnügungspark in Santa Cruz, weltberühmte Golfplätze in Pebble Beach und viele Naturschutzgebiete wie Big Sur, der schönste Küstenabschnitt Kaliforniens, heißen die Besucher willkommen.

John Steinbecks Haus in Salinas *(siehe S. 520)*

◀ Steilküste von Big Sur *(siehe S. 518f)*

Überblick: Nördliches Zentralkalifornien

Die frühere spanische Kolonialhauptstadt Monterey im Herzen des nördlichen Zentralkalifornien ist ein idealer Ausgangspunkt für Erkundungen in der Region. Die florierenden Urlaubsorte Pacific Grove und Carmel befinden sich auf der Halbinsel im Süden der Stadt. Bei Big Sur, dem wildesten Küstenstrich Kaliforniens, kann man Otter und Wale vor der Küste sehen. Im Norden liegt der Badeort Santa Cruz vor der Kulisse einer bewaldeten Berglandschaft. Die Täler von Salinas und San Joaquin demonstrieren die Leistungsfähigkeit der kalifornischen Agrarindustrie.

Julia Pfeiffer Burns State Park, Big Sur

Blick auf die Steilküste von
Big Sur vom Highway 1

Weitere Zeichenerklärungen *siehe hintere Umschlagklappe*

Sehenswürdigkeiten auf einen Blick

1. Big Basin Redwoods State Park
2. Año Nuevo State Reserve
3. Roaring Camp Railroads
4. *Santa Cruz S. 510f*
5. San Juan Bautista
6. *Monterey S. 512–515*
7. Carmel Mission (Mission San Carlos Borromeo de Carmelo) S. 516f
8. *Big Sur S. 518f*
9. Salinas
10. Pinnacles National Monument
11. Fresno
12. Hanford

See-Elefanten, Año Nuevo State Reserve

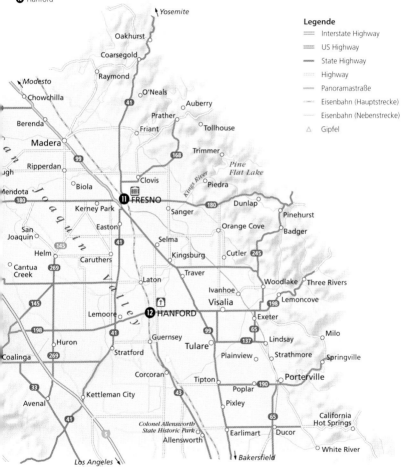

Legende

≡ Interstate Highway

= US Highway

— State Highway

⋯ Highway

— Panoramastraße

✂ Eisenbahn (Hauptstrecke)

— Eisenbahn (Nebenstrecke)

△ Gipfel

Im nördlichen Zentralkalifornien unterwegs

Der Highway 1 verläuft entlang der Küste von Monterey bis Big Sur – eine der Traumstraßen der Welt und ein Muss für alle Besucher. Am besten erkundet man die Gegend per Auto oder Fahrrad. Einige Busse verkehren ab Monterey. Die Agrargebiete im Landesinneren werden in Nord-Süd-Richtung vom US Highway 101 und der Interstate 5 durchquert. Allerdings verbinden nur sehr wenige Straßen den Küstenstrich mit dem Hinterland.

Küste

Die Strände im nördlichen Zentralkalifornien reichen von schmalen Streifen bis zu kleinen Buchten mit steilen Klippen. Im Sommer sind sie voller Sonnenanbeter und Beachvolleyballspieler. Da das Wasser meist zu kalt zum Baden ist, reiten die Surfer in Neoprenanzügen auf den Wellen. Die Strände sind kaum erschlossen, der Küstenstrich eignet sich daher gut für Strandwanderungen. Hier findet man noch Muscheln oder Treibgut. Es gibt zudem eine reiche Tierwelt mit Strandvögeln, kleinen Meerestieren in den Gezeitenbecken, See-Elefanten und wandernden Grauwalen.

Moss Landing ist ein malerischer Hafen und Anlegestelle der meisten kommerziellen Fischerboote von Monterey Bay. An den Kais gibt es viele exzellente Seafood-Restaurants.

0 Kilometer 5
0 Meilen 5

③ ★ Santa Cruz Beach
🏃 🏖 🏊 ♿ 🚻
Barbecue-Feuerstellen, Volleyballplätze und der nahe Vergnügungspark *(siehe S. 510)* machen den Strand zum beliebtesten der Gegend.

② Lighthouse Field State Beach
🏃
Der 14 Hektar große zerklüftete Küstenstrich ist ein Surferparadies und ausgesprochen malerisch. Der zwölf Meter hohe Sandsteinfelsen gleicht einer Skulptur und bildet einen guten Aussichtspunkt, um Otter, Kalifornische Pelikane und Grauwale zu erspähen.

⑤ Marina State Beach
🏃 🏖 🏊 ♿ 🚻
Der Strand mit seinen Sanddünen war früher Teil eines Marinestützpunkts. Heute gehört er zur Universität.

④ Capitola Beach
🏃 🏖 🏊 ♿ 🚻
Ein Holzviadukt überspannt den kleinen Fluss, der an diesem Sandstrand in den Ozean fließt. Nebenan liegt Capitola Wharf mit Restaurants, Läden und Aussichtsterrassen. Capitola Bluffs gilt als bedeutende paläontologische Stätte. Bei Ebbe werden fossile Muscheln sichtbar.

Legende
═══ Interstate Highway
▬▬▬ State Highway
▬▬ Highway
⌒ Fluss

① Waddell Creek Beach
🏖 🏊 ♿ 🚻
Der goldene Sandstrand ist Teil des Big Basin Redwoods State Park *(siehe S. 508)*. Er ist ein beliebter Ort für Picknickausflüge, zum Angeln und zum Surfen.

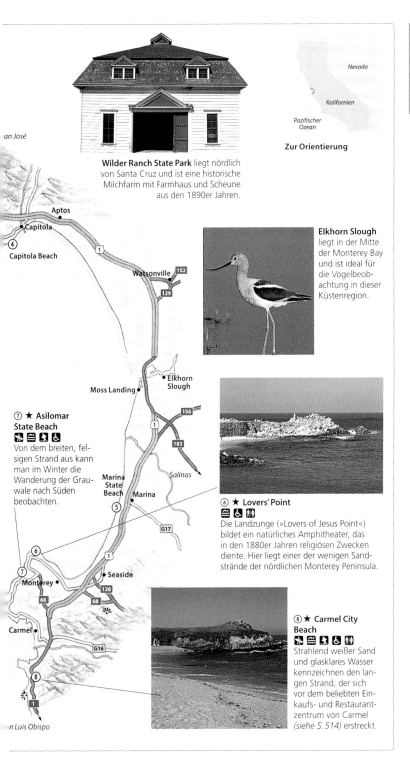

an José

Wilder Ranch State Park liegt nördlich von Santa Cruz und ist eine historische Milchfarm mit Farmhaus und Scheune aus den 1890er Jahren.

Nevada

Kalifornien

Pazifischer Ozean

Zur Orientierung

Elkhorn Slough liegt in der Mitte der Monterey Bay und ist ideal für die Vogelbeobachtung in dieser Küstenregion.

Aptos

Capitola

④

Capitola Beach

Watsonville 152

129

Elkhorn Slough

Moss Landing

156

183

Marina State Beach Marina

Salinas

⑤

G17

⑦ ★ **Asilomar State Beach**
Von dem breiten, felsigen Strand aus kann man im Winter die Wanderung der Grauwale nach Süden beobachten.

⑥ ★ **Lovers' Point**
Die Landzunge (»Lovers of Jesus Point«) bildet ein natürliches Amphitheater, das in den 1880er Jahren religiösen Zwecken diente. Hier liegt einer der wenigen Sandstrände der nördlichen Monterey Peninsula.

⑥

⑦

Monterey

Seaside

68   68

128

⑧ ★ **Carmel City Beach**
Strahlend weißer Sand und glasklares Wasser kennzeichnen den langen Strand, der sich vor dem beliebten Einkaufs- und Restaurantzentrum von Carmel *(siehe S. 514)* erstreckt.

Carmel

G16

⑧

1

n Luis Obispo

See-Elefanten am Strand, Año Nuevo State Reserve

❶ Big Basin Redwoods State Park

Straßenkarte B4. 🚗 Santa Cruz, Boulder Creek Golf Course. **Besucherzentrum** 21600 Big Basin Way, Boulder Creek, 1-831-338-8860. **Park** ◯ Sonnenaufgang bis Sonnenuntergang. 🆆 parks.ca.gov

Im Jahr 1900 gründeten einige Naturschützer den Sempervirens Club zur Rettung der Redwoods, was 1902 zur Errichtung des Big Basin Redwoods State Park führte, des ersten Staatsparks in Kalifornien. Das Areal (6475 ha) umfasst die südlichsten Redwood-Haine *(siehe S. 450)* sowie Douglas-Fichten- und andere Nadelwälder mit Pumas und Maultierhirschen.

Verschiedene Wege führen unter den Redwoods zu den zahlreichen Wasserfällen des Parks, etwa zu den Berry Creek Falls. Zum 160 Kilometer umfassenden Routennetz gehört auch der Skyline-to-Sea Trail, der bei Waddell Creek *(siehe S. 506)* direkt zum Pazifischen Ozean führt.

Im Besucherzentrum ist eine Ausstellung über die Geschichte des Parks zu sehen.

❷ Año Nuevo State Reserve

Straßenkarte B4. 🚌 Santa Cruz, Waddell Creek. 🛈 1-650-879-2025; 1-650-879-0227 (Bandansage). ◯ tägl. 🆆 parks.ca.gov

Das Año Nuevo State Reserve liegt 95 Kilometer nördlich von Monterey. Es ist ein Schutzgebiet für See-Elefanten. Ein kur-

zer, schmaler Sandstrand mit einer vorgelagerten Insel bildet den Treffpunkt für die Riesensäuger aus allen Teilen des Pazifischen Ozeans, die sich hier alljährlich im Winter zu Hunderten einfinden, um sich zu paaren und ihre Jungen zur Welt zu bringen.

Im 19. Jahrhundert wurden See-Elefanten wegen ihrer kostbaren Fettschicht, aus der man Öl gewann, fast ausgerottet. Einige Tiere fanden vor der mexikanischen Küste Zuflucht. In den 1950er Jahren kehrten See-Elefanten nach Kalifornien zurück. 1975 wurden Jungtiere bei Año Nuevo gesichtet. Mittlerweile leben 120 000 See-Elefanten vor der Küste von Kalifornien.

Ihren Namen verdanken die bis zu sechs Meter langen und zwei Tonnen schweren Robben der rüsselformigen Nase der männlichen Tiere. Die zu Land recht unbeholfenen Kolosse sind hervorragende Schwimmer, die bis zu 20 Minuten unter Wasser bleiben und über

1200 Meter tief tauchen können. Im Dezember, wenn die männlichen Tiere eintreffen, beginnen die Kämpfe um die Führung der Kolonie. Nur die kräftigsten Männchen paaren sich – dann pro Saison allerdings mit rund 50 Weibchen! Die weiblichen Tiere, die den größten Teil des Jahrs im Meer verbringen, kommen im Januar an die Küste und bringen dort den Nachwuchs zur Welt. Die neuerliche Paarung erfolgt nach der Geburt, sobald sich die Muttertiere erholt haben.

Der Name Año Nuevo (Neujahr) geht auf den Entdecker Sebastián Vizcaíno zurück, der hier am 1. Januar 1603 *(siehe S. 50)* vorbeisegelte.

Das Schutzgebiet ist das ganze Jahr geöffnet. Im Winter, wenn die See-Elefanten vor Ort sind, ist der Besuch allerdings nur im Rahmen einer Führung möglich. Reservierungen und Tickets gibt es über State Park Reservations *(siehe S. 587)*.

❸ Roaring Camp Railroads

Straßenkarte B4. 🛈 1-831-335-4484. 🚌 Santa Cruz. ◯ Sa, So. ⬤ Feiertage. 🅿 ♿ 🎫 11, 12.15, 14 Uhr. 🅿 ♿ 🎫 🆆 roaringcamp.org

Hoch oben in den Santa Cruz Mountains bei Felton gibt es noch ein paar historische Holzfällerbahnen. Sie gehören zu den Attraktionen eines interes-

Sightseeing mit der Roaring Camp Railroad

Hotels und Restaurants im nördlichen Zentralkalifornien *siehe Seiten 543 und 576f*

Fassade der Mission San Juan Bautista

santen Themenparks zur Bedeutung der Holzindustrie gegen Ende des 19. und zu Beginn des 20. Jahrhunderts. Zu sehen sind unter anderem das Opernhaus und das nur einen Raum umfassende Schulhaus.

Eine Schmalspurbahn fährt am Wochenende die zehn Kilometer lange Strecke durch die angrenzenden Wälder des Henry Cowell Redwoods State Park. Von April bis Anfang Herbst verbindet eine traditionelle Eisenbahn im Rahmen einer einstündigen Fahrt durch die Berge Roaring Camp und Santa Cruz, wo die Fahrgäste bei einer zweistündigen Pause dem Strand und dem Vergnügungspark einen Besuch abstatten können (siehe S. 510f), bevor sie wieder zurückfahren. Diese Tour kann allerdings auch als komplette Rundfahrt von Santa Cruz aus gebucht werden.

❹ Santa Cruz

Siehe S. 510f.

❺ San Juan Bautista

Straßenkarte B4. 🚇 1650. 🚌 von Hollister. 🛈 650 San Benito St, Hollister, 1-831-637-5315. 🌐 sanjuanbautistaca.com

Kein Ort kann einen besseren Einblick in die facettenreiche Geschichte des Bundesstaats Kaliforniens vermitteln als San Juan Bautista, ein Städtchen, das sich seinen ländlichen Charme bis heute bewahrt hat, obwohl das berühmte Silicon Valley (siehe S. 432) nur knapp 50 Kilometer entfernt ist.

Die bedeutendste Sehenswürdigkeit der Stadt ist die Mission San Juan Bautista an der Westseite des Hauptplatzes. Sie ist die größte spanische Mission und die einzige, die Seitenschiffe besitzt. Alfred Hitchcock verwendete die Fassade als Kulisse einiger Szenen in Vertigo. Das angrenzende Kloster beherbergt ein Museum mit Artefakten der Mission und Fotos zur Stadt-

Schild am El Camino Real

entwicklung. An der Nordseite der Kirche verläuft neben dem Friedhof ein verwachsener Pfad, der 1050 Kilometer lange El Camino Real – früher die Verbindung zwischen den 21 Missionen Kaliforniens, die jeweils einen Tagesmarsch voneinander entfernt lagen (siehe S. 50f). Der Pfad folgt dem San-Andreas-Graben, an dem die Erde in Kalifornien schon öfter bebte (siehe S. 28f). Ein kleiner Seismograf am Rand des Platzes registriert tektonische Bewegungen in der Umgebung.

Drei historische Gebäude erheben sich an der Ost- und Südseite des Platzes, die nun als Teil des San Juan Bautista State Historic Park unter Denkmalschutz stehen. Ins Plaza Hotel sind auch Teile der Kasernen von 1813 integriert. Die früheren Ställe beherbergen alte Karren und Kutschen. Das Castro House gehörte einst Patrick Breen, einem Überlebenden der Donner Party (siehe S. 490).

Loma-Prieta-Erdbeben

Das gewaltige Erdbeben, das San Francisco am 17. Oktober 1989 erschütterte (siehe S. 28), hatte sein Epizentrum unterhalb von Loma Prieta, einem Hügel zwischen Santa Cruz und San Juan Bautista. Die Medien berichteten v. a. von Schäden in und um San Francisco, doch am schlimmsten betroffen war die Gegend um Santa Cruz, wo viele Privathäuser und Geschäftsbauten zerstört wurden. Knapp 40 Unternehmen mussten ihren Betrieb provisorisch in Zelten, die drei Blocks abdeckten, weiterführen. Bis Ende 1994 war die Innenstadt von Santa Cruz eine einzige Baustelle. Mittlerweile sind die Schäden nahezu behoben, nur ein paar Lücken erinnern an verschwundene Häuser.

Spuren der Zerstörung nach dem Loma-Prieta-Erdbeben von 1989

Straßenkarte siehe hintere Umschlaginnenseiten

❹ Santa Cruz

Am Nordende der Monterey Bay thront Santa Cruz, eine kalifornische Kleinstadt mit ländlichem Flair. Das umliegende Kulturland bildet einen breiten Abschnitt zwischen der Bucht und den im Osten aufragenden, dicht bewaldeten Santa Cruz Mountains, die Santa Cruz gegen das verstädterte Silicon Valley *(siehe S. 432)* abgrenzen und Besuchern und Einheimischen neben atemberaubenden Küstenstrichen auch freien Zugang zur Natur bieten. Die Stadtgeschichte ist in der nachgebildeten Mission aus dem 18. Jahrhundert zu sehen und wird im Stadtmuseum dokumentiert. Der Campus der University of California, der Studenten und Professoren aus aller Welt anzieht, verleiht Santa Cruz einen kosmopolitischen Touch.

Rekonstruierte Fassade der Mission Santa Cruz

Überblick: Santa Cruz

Das Zentrum mit der Pacific Avenue zieht sich über etwa 800 Meter von der Küste ins Landesinnere. Große Teile wurden beim Loma-Prieta-Beben *(siehe S. 509)* zerstört, doch die Stadt hat sich rasch erholt. Viele schöne Buchläden, Kunstgalerien und Cafés säumen die Straßen. Der Altstadtkern mit den Resten der Mission Santa Cruz von 1791 liegt auf einem Hügel im Nordosten.

Interessantester Platz von Santa Cruz ist der Hafen mit dem Vergnügungspark und dem West Cliff Drive, einer malerischen Küstenstraße.

Detail des Giant Dipper

🎡 Santa Cruz Beach Boardwalk Amusement Park

400 Beach St. 📞 1-831-423-5590. 🕐 vorher anrufen. 🌐 beachboardwalk.com

Er ist der letzte Vergnügungspark der Westküste im alten Stil und liegt direkt am Strand. Hier haben die Besucher freie Auswahl zwischen zahlreichen Attraktionen.

Highlight des Parks ist der Giant Dipper, eine Achterbahn Arthur Looffs von 1924, die zum nationalen Wahrzeichen geadelt wurde. Mit 88 km/h sausen die Wagen über das 1,6 Kilometer lange Holzgestänge. Die hölzernen Rösser und Kutschen für das Karussell gleich daneben stellte Looffs Vater Charles 1911 her. Die Musik einer rund 100 Jahre alten Orgel begleitet jede Fahrt. Der Park besitzt 27 andere – modernere – Attraktionen sowie eine Art-déco-Tanzhalle.

🏛 Mission Santa Cruz

Emmet u. High St. 📞 1-831-426-5686. 🕐 Mo, Do–Sa 10–16, So 10–14 Uhr. **Spende.**

Auf einem Hügel über der Stadt gründete Pater Lasuén am 25. September 1791 die Mission Santa Cruz als zwölfte der kalifornischen Franziskaner-Missionen. Der Bau wurde drei Jahre später fertiggestellt. Großen Erfolg hatte die Mission allerdings nicht, was an häufigen Erdstößen und auch an der Abgeschiedenheit gelegen haben mag – von der ursprünglichen Einrichtung blieb nichts übrig. Heute liegt hier ein Park. 1931 entstand eine Nachbildung der Mission mit einem kleinen Museum.

🏛 Museum of Art and History im McPherson Center

705 Front St. 📞 1-831-429-1964. 🕐 Di–So 11–17 Uhr (Fr bis 21 Uhr). ⬤ 1. Jan, Thanksgiving, 25. Dez. 🎟 1. Fr im Monat 11–21 Uhr frei. 🌐 santacruzmah.org

Das Loma-Prieta-Erdbeben von 1989 hatte auch positive Aspekte: Es führte 1993 zur Eröffnung des 1860 Quadratmeter großen Kulturzentrums mit Sammlungen zur Kunst und Geschichte. Die Art Gallery widmet sich vor allem Arbeiten einheimischer Landschaftsmaler. Die History Gallery präsentiert Exponate zur Entwicklung des Santa Cruz County, von der präkolonialen Zeit über die Missionsära bis heute.

Dort befinden sich auch Ausstellungsstücke zum agrarischen und industriellen Erbe der Region mit Fotos der Farm- und Holzfällerbetriebe an der Wende vom 19. zum 20. Jahrhundert. Die Octagon Gallery, die 1882 zur Unterbringung der County Hall of Records vollendet wurde, ist Bestandteil des Museums.

Die Achterbahn Giant Dipper im Santa Cruz Beach Boardwalk

Hotels und Restaurants im nördlichen Zentralkalifornien *siehe Seiten 543 und 576f*

Erodierter Felsbogen am Natural Bridges State Beach

Infobox

Information
Straßenkarte B4. 🚣 63000.
ℹ️ 303 Water St, No. 100,
1-800- 833-3494; 1-831-425-
1234. 🎭 Santa Cruz Fungus
Fair (Jan), Clam Chowder Cook-
Off (Feb). 🌐 **santacruz.org**

Anfahrt
✈️ San José International Air-
port. ✈️ Monterey Peninsula
Airport. 🚌 920 Pacific Ave.

🏞️ Natural Bridges State Beach
2531 W Cliff Dr. 📞 1-831-423-
4609. 🕐 tägl. 🏛️ **Besucherzentrum**
am Ende des W Cliff Drive. 🕐 tägl.
8 Uhr bis Sonnenuntergang.
🌐 **parks.ca.gov**

Der Natural Bridges State
Beach wurde nach den Bogen,
die von der Meeresbrandung
gebildet wurden, benannt.
Heute steht nur noch einer von
einst drei Bogen vor der Sand-
bucht. Der Park beherbergt
auch einen Eukalyptushain. Ein
Naturlehrpfad informiert über
die Entwicklungsstadien der
Monarchfalter *(siehe S. 223)*.

🏛️ Santa Cruz Surfing Museum
Lighthouse Point, 701 W Cliff Dr.
📞 1-831-420-6289. 🕐 Winter: Do–
Mo 12–16 Uhr; Sommer: Mi–Mo
10–17 Uhr. ⏺️ Feiertage. **Spende**.
🌐 **santacruzsurfingmuseum.org**

Im Leuchtturm oberhalb des
Surferparadieses gibt es eine
Ausstellung über den Surf-
sport, der zur Ankurbelung des
Fremdenverkehrs aus Hawai'i
kam und durch die Beach Boys
in den 1960er Jahren ein Teil
des kalifornischen Lifestyles
wurde *(siehe S. 202f)*. Somit
gilt Santa Cruz als Wiege des
Surfens am Festland der USA.

Zu sehen sind Surfboards aus
Redwood-Holz (1930er Jahre)
bis hin zu den heutigen High-
tech-Boards.

🏞️ Mystery Spot
465 Mystery Spot Rd. 📞 1-831-
423-8897. 🕐 tägl. 🏛️
🌐 **mysteryspot.com**

Drei Kilometer östlich von
Santa Cruz lockt ein myste-
riöses Redwood-Gehölz die
Massen an. In diesem werden
scheinbar Naturgesetze durch
aufwärtsrollende Bälle und
konvergierende Parallellinien
außer Kraft gesetzt. Touristen-
falle oder Wunder – bilden Sie
sich selbst ein Urteil!

Zentrum von Santa Cruz
① Natural Bridges State Beach
② Santa Cruz Surfing Museum
③ Santa Cruz Beach Boardwalk
　Amusement Park
④ Museum of Art and History im
　McPherson Center
⑤ Mission Santa Cruz

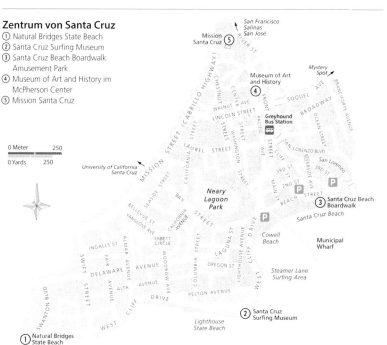

Zeichenerklärung *siehe hintere Umschlagklappe*

❻ Im Detail: Monterey

Im Jahr 1602 landete Sebastián Vizcaíno in der Bucht und benannte sie nach dem Grafen von Monterey. Doch erst ab 1770, nach Ankunft des spanischen Seefahrers Gaspar de Portolá (1717–1784) und von Pater Serra *(siehe S. 50)*, entwickelte sich die Garnison zu einem Pueblo mit Kirche und Festung. Bis 1848 war Monterey Kaliforniens Hauptstadt. Nach dem Goldrausch *(siehe S. 52f)* verlor sie diesen Status an San Francisco. Monterey entwickelte sich zum Fischereihafen, Marktzentrum und Militärstützpunkt. Die Stadt lockt Besucher mit historischen Stätten, Seafood-Restaurants am Fisherman's Wharf und dem renommierten Monterey Bay Aquarium.

California's First Theater
Das 1847 errichtete Gasthaus wurde im folgenden Jahr in ein Theater umgewandelt.

★ Colton Hall
An diesem Ort wurde 1849 die erste kalifornische Verfassung unterzeichnet. Heute gedenkt ein Museum dieses Ereignisses.

Legende
— Routenempfehlung

| 0 Meters | 100 |
| 0 Yards | 100 |

FRANKLIN STREET

PIERCE STREET

PACIFIC STREET

CALLE PRINCIPAL

JEFFERSON STREET

MUNR...

Die Sherman Quarters waren von 1847 bis 1849 General Shermans Militärstützpunkt.

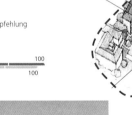

Larkin House
Thomas Larkin, ein Händler von der Ostküste, ließ das Haus 1832 erbauen. Es ist ein Musterbeispiel für den Architekturstil Montereys *(siehe S. 34)*.

Der Cooper-Molera Complex umfasst Garten, Kutschenausstellung und persönliche Erinnerungsstücke von drei Generationen der Familie Cooper, die das Haus zwischen 1832 und 1900 bewohnten.

Hotels und Restaurants im nördlichen Zentralkalifornien *siehe Seiten 543 und 576f*

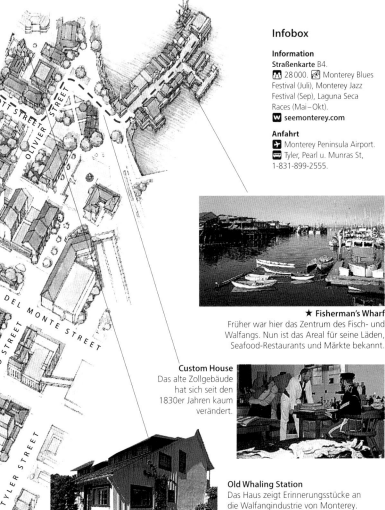

Infobox

Information
Straßenkarte B4.

🗠 28 000. 🎷 Monterey Blues
Festival (Juli), Monterey Jazz
Festival (Sep), Laguna Seca
Races (Mai–Okt).

w seemonterey.com

Anfahrt
✈ Monterey Peninsula Airport.
🚌 Tyler, Pearl u. Munras St,
1-831-899-2555.

★ Fisherman's Wharf
Früher war hier das Zentrum des Fisch- und
Walfangs. Nun ist das Areal für seine Läden,
Seafood-Restaurants und Märkte bekannt.

Custom House
Das alte Zollgebäude
hat sich seit den
1830er Jahren kaum
verändert.

Old Whaling Station
Das Haus zeigt Erinnerungsstücke an
die Walfangindustrie von Monterey.
Das Pflaster davor besteht aus Wal-
fischknochen.

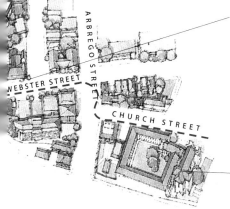

**Robert Louis Stevenson
Silverado Museum**
In diesem Haus lebte Stevenson 1879.
Das Museum stellt Memorabilien aus.

Die Royal Presidio Chapel wurde
1791 bis 1794 erbaut. Sie ist das
älteste Gebäude der Stadt.

Überblick: Monterey Peninsula

Schriftsteller und Künstler waren schon immer von der spektakulären Küste der Monterey Peninsula mit ihren Granitfelsen-Buchten begeistert. Die küstenabgewandten Zypressen- und Kiefernwälder dienen dem Monarchfalter als Winterquartier. Otter und Seelöwen schwimmen durch die Tangwälder vor der Küste. Drei bedeutende Städte befinden sich auf der Halbinsel: Monterey, die ehemalige Hauptstadt des spanischen Kalifornien *(siehe S. 512f)*, Pacific Grove, einst eine religiöse Stätte, und das malerische Carmel-by-the-Sea.

Watvogel, Monterey Bay Aquarium

🐟 Monterey Bay Aquarium
886 Cannery Row. 📞 1-831-648-8888. 🕐 tägl. ⬤ 25. Dez. 🖼
🔲 montereybayaquarium.org

Das Aquarium, eines der größten der USA, beherbergt über 500 Arten. Zehntausende von Meeresbewohnern dokumentieren die große Vielfalt des Lebens in den Gewässern der Monterey Bay. Es gibt u. a. Becken mit Kelpwäldern (Seetang), Gezeitenbecken und Quallenbecken. Besucher dürfen Seesterne und kalifornische Adlerrochen (Stachelrochenart) berühren.

Ein Becken ist mit der Bucht verbunden und lockt Otter an. Im Outer Bay Wing werden Meeresbedingungen simuliert. Hier tummeln sich Gelbflossen-Thunfische, Mondfische, Suppenschildkröten und Barrakudas. Im Research Institute kann man Wissenschaftlern bei der Arbeit zusehen. Die Splash Zone ist ein Ort für Kinder.

🔲 Cannery Row
800 Cannery Row. 📞 1-831-649-6690. 🕐 tägl. 🔲 canneryrow.com

Das aus sechs Blocks bestehende Areal wurde von John Steinbeck in seinen sozialkriti-

schen Romanen *Die Straße der Ölsardinen* und *Wonniger Donnerstag (siehe S. 521)* verewigt. Es umfasste einst über 20 Konservenfabriken, in denen die Sardinen aus der Monterey Bay verarbeitet wurden. Die Fabriken boomten in den frühen 1920er Jahren und erreichten ihr Produktionsmaximum Anfang der 1940er Jahre. 1945 verschwanden die Sardinen – wohl wegen Überfischung. Die meisten Fabriken wurden aufgegeben, später zerstört oder niedergebrannt. Die noch erhaltenen Gebäude beherbergen nun Läden und Restaurants. Im Haus Nr. 800 war einst das Labor von »Doc« Rickett, einem Meeresbiologen und Trinkbruder von John Steinbeck. Heute residiert hier ein Privatclub.

Straßenschild, Cannery Row

🔲 Pacific Grove
Forest u. Central Ave. **Straßenkarte** B4. 📞 1-831-373-3304; 1-800 656-6650. 🕐 tägl. ⬤ 1. Jan, Thanksgiving, 25. Dez. 🔲 pacificgrove.org

Der Ort wurde 1889 als religiöse Stätte gegründet, in der Alkohol, Tanz und sogar die

Sonntagszeitung verpönt waren. Heute ist er bekannt für die schönen Holzhäuser, die Küstenparks und die Monarchfalter, die zwischen Oktober und April auftauchen *(siehe S. 223)*. Die alljährliche Ankunft der Schmetterlinge wird mit einem Umzug gefeiert.

Point Pinos Lighthouse ist der älteste Leuchtturm Kaliforniens (1852) – und immer noch in Betrieb.

🔲 Carmel-by-the-Sea
San Carlos, 5th u. 6th St. **Straßenkarte** B4. 📞 1-831-624-2522; 1-800 550-4333. 🕐 Mo–Sa. ⬤ 1. Jan, Thanksgiving, 25. Dez. 🔲 carmelcalifornia.org

Malerisch schmiegen sich die Häuser an die Steilküste. Straßenbeleuchtung, Postkästen und Gehwege unterliegen strengen Vorschriften. Läden und Galerien säumen die Ocean Avenue. Highlights sind ein Theater-Wettbewerb, Kunstausstellungen und das Bach-Festival.

🏖 Carmel River State Beach
Carmelo u. Scenic Rd. **Straßenkarte** B4. 🔲 parks.ca.gov

Der mehr als 100 Hektar große Staatspark umfasst das Mündungsgebiet des Carmel River mit einer Lagune und Feuchtgebieten. Diese Areale sind Rückzugsgebiete für eine beträchtliche Anzahl an heimischen Vögeln und Zugvögeln. Man darf am Strand angeln. Vom Schwimmen ist allerdings wegen der gefährlichen Strömungen und des kalten Wassers abzuraten. Die Einwohner von Carmel kommen gern für ein Picknick an den Strand.

Point Pinos Lighthouse bei Pacific Grove

Hotels und Restaurants im nördlichen Zentralkalifornien *siehe Seiten 543 und 576f*

Tour: 17-Mile Drive

Der 17-Mile Drive bildet den krönenden Abschluss eines Besuchs der Monterey Peninsula. Er bietet fantastische Ausblicke auf Brandung, Küstenflora und den Del-Monte-Wald. Wegen der Naturschönheit haben hier viele Wohlhabende imposante Anwesen errichten lassen. Besonders attraktiv und begehrt sind die Country Clubs und die Weltklasse-Golfplätze der Gegend.

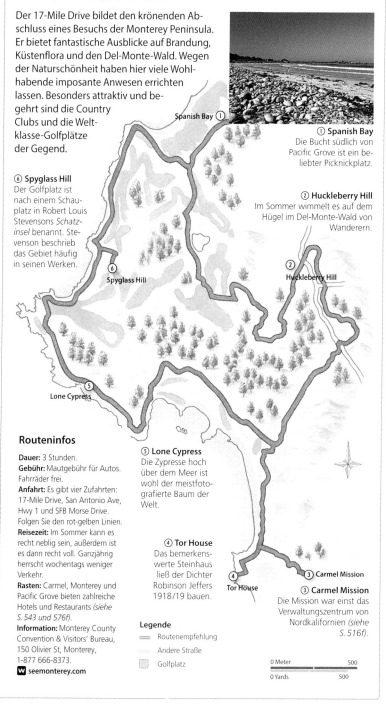

① **Spanish Bay**
Die Bucht südlich von Pacific Grove ist ein beliebter Picknickplatz.

② **Huckleberry Hill**
Im Sommer wimmelt es auf dem Hügel im Del-Monte-Wald von Wanderern.

⑥ **Spyglass Hill**
Der Golfplatz ist nach einem Schauplatz in Robert Louis Stevensons *Schatzinsel* benannt. Stevenson beschrieb das Gebiet häufig in seinen Werken.

⑤ **Lone Cypress**
Die Zypresse hoch über dem Meer ist wohl der meistfotografierte Baum der Welt.

④ **Tor House**
Das bemerkenswerte Steinhaus ließ der Dichter Robinson Jeffers 1918/19 bauen.

③ **Carmel Mission**
Die Mission war einst das Verwaltungszentrum von Nordkalifornien *(siehe S. 516f).*

Routeninfos

Dauer: 3 Stunden.
Gebühr: Mautgebühr für Autos. Fahrräder frei.
Anfahrt: Es gibt vier Zufahrten: 17-Mile Drive, San Antonio Ave, Hwy 1 und SFB Morse Drive. Folgen Sie den rot-gelben Linien.
Reisezeit: Im Sommer kann es recht neblig sein, außerdem ist es dann recht voll. Ganzjährig herrscht wochentags weniger Verkehr.
Rasten: Carmel, Monterey und Pacific Grove bieten zahlreiche Hotels und Restaurants *(siehe S. 543 und 576f).*
Information: Monterey County Convention & Visitors' Bureau, 150 Olivier St, Monterey, 1-877 666-8373.
w seemonterey.com

Legende

Routenempfehlung
Andere Straße
Golfplatz

0 Meter 500
0 Yards 500

❼ Carmel Mission

Die Mission San Carlos Borromeo de Carmelo wurde 1770 von Pater Junípero Serra (1713–1784) gegründet. Der von Indianern errichtete Adobe-Bau war Zentrum der nordkalifornischen Missionen. Hier residierte Pater Serra *(siehe S. 50)*, der unter dem Altar begraben liegt, bis zu seinem Tod. Nach der Säkularisierung 1834 verfiel die Mission. 1924 begannen Rekonstruktion und Neubepflanzung des Gartens. Die wiederhergestellten Wohnbereiche dokumentieren den Alltag im 18. Jahrhundert. In der Kirche werden noch katholische Gottesdienste abgehalten.

Der Sarkophag zeigt den toten Pater Serra, umringt von trauernden Mönchen. Das Werk zählt zu den eindrucksvollsten seiner Art in den USA.

Küche
Die rekonstruierte Küche besitzt einen mexikanischen Backofen. Ein Teil der ursprünglichen Adobe-Mauer ist noch zu sehen.

Statue von Junípero Serra
Mitten im prächtigen Vorhof erhebt sich Serras Statue vor der Missionskirche, die er gründete.

★ **Serras Zelle**
Die rekonstruierte Zelle verdeutlicht Pater Serras spartanische Lebensweise. Holzpritsche, Stuhl, Schreibtisch und Kerze bildeten die karge Ausstattung. Hier starb er 1784.

Fassade und Vorhof der Mission

Infobox

Information
3080 Rio Rd, Carmel.
Straßenkarte B4.
☎ 1-831-624-1271.
🕘 Mo–Sa 9.30–19 Uhr.
⬤ Ostern, Thanksgiving,
24.–26. Dez. 🖼
✝ So 7.30, 9.15, 11,
12.45 Uhr. ♿ 🏠
Ⓦ carmelmission.org

Außerdem

① **Speisesaal**

② **Glockenturm**

③ **Beim Kapellenfenster** ist noch die originale Bemalung zu sehen.

④ **Pater Serras** Grabstätte unter dem Altar markiert eine Tafel.

⑤ **Der Friedhof** beherbergt Gräber von Missionaren aus dem 18. Jahrhundert.

⑥ **Das Museum** im alten Wohntrakt der Mission zeigt Reliquien aus dem Besitz Pater Serras.

★ **Hauptaltar**
Der gotische Bogen des reich verzierten Altars ist einzigartig unter den 21 kalifornischen Franziskaner-Missionen.

❽ Big Sur

El País Grande del Sur (»das große Land im Süden«) nannten Carmels spanische Siedler den Landstrich im 18. Jahrhundert. Seither wird die Schönheit der Küste von Big Sur überschwänglich gelobt. Der Schriftsteller Robert Louis Stevenson sprach von der »weltweit großartigsten Begegnung zwischen Land und Meer« – der rund 160 Kilometer lange Küstenabschnitt mit Bergen, Klippen und Felsbuchten raubt einem bis heute den Atem. Seit den 1930er Jahren wird der Landstrich durch den Highway 1 erschlossen. Dennoch ist Big Sur so ursprünglich wie eh und je – weit und breit keine große Stadt und kaum Spuren von Zivilisation. Die Küste ist in Staatsparks unterteilt, die einen Steinwurf von der Straße entfernt mit dichten Wäldern, Flüssen und starker Brandung faszinieren.

Starke Brandung und Felsklippen
an der Küste von Big Sur

Point Lobos State Reserve
Hier wächst die Monterey-Zypresse. Sie überlebt als einzige Baumart in dieser von Nebel und Salz geschwängerten Luft und wird von Wind und Wetter in Form gepeitscht.

Bixby Creek Bridge
Die fotogene Bogenbrücke von 1932 galt lange als die größte einbogige Brücke der Welt. Sie ist 79 Meter hoch und 213 Meter lang. Dieser Teil des Highway 1 wurde 1966 zur ersten Panoramastraße Kaliforniens ernannt.

Außerdem

① **Point Sur Lighthouse** thront auf einem Vulkankegel. Seit 1974 wird der Leuchtturm automatisch betrieben.

② **Nepenthe** ist ein hübsches Restaurant. Hier treffen sich Hollywood-Stars *(siehe S. 576)*.

③ **Im Esalen Institute** fanden in den 1960er Jahren New-Age-Veranstaltungen statt. Die heißen Quellen nutzten die Indianer einst als Heilmittel. *(siehe S. 445)*.

④ **San Simeon Point** ist ein natürlicher Hafen, über den William Randolph Hearst Material für sein Hearst Castle® ins Landesinnere schaffen ließ *(siehe S. 216f)*.

**Andrew Molera
State Park**
Der 1972 eröffnete Park bietet ein 16 Kilometer langes Netz an Wanderwegen und vier Kilometer Sandstrände.

Hotels und Restaurants im nördlichen Zentralkalifornien *siehe Seiten 543 und 576f*

Julia Pfeiffer Burns State Park
Unter dem Highway 1 führt ein Fußgängertunnel zu der 30 Meter
hohen Klippe hinauf. Von dort stürzt der McWay-Creek-Wasserfall
in den Pazifischen Ozean hinab.

Infobox

Information
Straßenkarte B4.
🏘 1000. 🛈 1-831-667-2100.
🌐 bigsurcalifornia.org

Anfahrt
🚌 Nepenthe Park.

Ventana Wilderness
Viele der steilen Berggrate dieser
Wildnis (Teil des Los Padres National Forest) sind nur für geübte
Bergwanderer erklimmbar. Campingplätze befinden sich am Fuß
der Berge.

Jade Cove
Ein steiler Pfad in den Klippen
führt in die schöne Bucht hinunter. Bei Flut wird hier manchmal Jade angeschwemmt. Mitnehmen ist verboten.

0 Kilometer 10
0 Meilen 10

Ventana
Wilderness

Tassajara Creek

Los Padres
National Forest

③

Big Creek

Lucia

Nacimiento Fergusson Rd

Los Burros Rd

Plaskett Creek

Antonio River

Lake San
Antonio

Nacimiento River

Lake Nacimiento

Willow Creek

San Simeon

④

Legende
〰 Nebenstraße
〰 Panoramastraße
- - Wanderweg
— Nationalparkgrenze
〰 Fluss/See

Weitere Zeichenerklärungen *siehe hintere Umschlagklappe*

Literaturnobelpreisträger John
Steinbeck (1902–1968)

❾ Salinas

Straßenkarte B4. ⊠ 150 000. ⊟
🚌 ⓘ 119 E Alisal St, 1-408-424-
7611. 🖵 seemonterey.com

Am Nordende des Salinas
Valley, das sich über mehr als
80 Kilometer von San Francisco bis nach San Luis Obispo erstreckt, liegt Salinas, das herausragende Agrarzentrum der
Region. Mehrere Verpackungs-
und Konservenfabriken säumen die wichtigen Highways
und Bahnstrecken. Die Region,
in der neben Tomaten und
Knoblauch vor allem grüner
Salat wächst, wird auch scherz-
haft »Salatschüssel der Nation«
genannt.

Der berühmteste Sohn der
Stadt ist zweifellos Nobelpreisträger John Steinbeck, der hier
zahlreiche seiner Erzählungen
angesiedelt hat. Eine große
Auswahl an Büchern, Manu-
skripten, Fotomaterial und
Erinnerungsstücken des
Schriftstellers ist in einer Dauerausstellung des **National
Steinbeck Center Museum** zu
besichtigen. Zudem informiert
die Bibliothek über weitere
Stätten, die mit dem Autor in
Verbindung stehen, sowie über
das Steinbeck-Festival, das alljährlich im August in Salinas
stattfindet.

*Hat in Three Stages of Lan-
ding*, eine große, strahlend
gelbe Stahlskulptur aus drei
Cowboy-Hüten des Pop-Art-
Künstlers Claes Oldenburg,
wurde in den 1970er Jahren
vor dem Eingang des California State Rodeo angebracht.
Alljährlich am 4. Juli findet hier
eines der größten Rodeos der
Welt statt. Aus allen Teilen der
USA strömen die Cowboys mit
ihren Herden herbei.

🏛 **National Steinbeck Center
Museum**
1 Main St. 📞 1-831-775-4121.
🕐 tägl. 10–17 Uhr. ● Feiertage.
🚻 🖵 steinbeck.org

❿ Pinnacles
National Monument

500 Hwy 146, Paicines. **Straßenkarte**
B4. 📞 1-408-389-4485. 🚌 King
City u. Soledad. 🕐 tägl. 🏢 🚻 ei-
nige Wege. 🅿 🖵 nps.gov/pinn

In den Hügeln des Salinas Valley, etwa 20 Kilometer östlich
von Soledad am Highway 101,
liegt die einzigartige, ungefähr
6500 Hektar große vulkanische
Landschaft Pinnacles National
Monument. Ein Rücken aus erstarrter Lava, der über Jahrmillionen zu bizarren Felsformationen und Türmen erodierte
und 150 Meter hohe Steilwände bildete, zieht sich durch den
Park. Es gibt hier keine Straßen, dafür aber gepflegte
Wanderwege.

Zu den leicht zugänglichen
und bevorzugten Zielen des
Parks gehört die Balkon-Forma-
tion, die über einen 2,5 Kilometer langen einfachen Weg
erreichbar ist. Hier erheben
sich prächtige rote und goldfarbene Steilwände, die Fels-
kletterer, Fotografen und Orni-
thologen gleichermaßen begeistern. Die an der Felsbasis
eingekeilten Blocks haben eine
Reihe von dunklen Höhlen
geformt, die früher Straßen-
räubern und anderen Verbre-
chern als Versteck gedient
haben sollen.

Am schönsten ist es hier im
Frühjahr, wenn die Tempera-
turen angenehm sind und die
Wildblumen blühen. Gelegent-
lich sind Pumas, Kojoten und
Adler zu sehen.

Vulkankegel im Pinnacles National
Monument

⓫ Fresno

Straßenkarte C4. ⊠ 510 000.
✈ Fresno Air Terminal. 🚌 🚌 ⓘ
1550 E Shaw Ave, 1-559-981-5500;
1-800-788-0836. 🖵 playfresno.org

Fresno, die fünftgrößte Stadt
Kaliforniens, liegt ungefähr im
geografischen Zentrum des
Bundesstaats. Wegen seiner
Rosinenproduktion hat Fresno
den Namen »Rosinenhaupt-
stadt der Welt« erhalten. Die
zentrale Lage macht die mo-

Gemüseernte im fruchtbaren Salinas Valley

Hotels und Restaurants im nördlichen Zentralkalifornien *siehe Seiten 543 und 576f*

derne Stadt zum guten Standort für die Erkundung des Kings Canyon, des Sequoia und des Yosemite National Park *(siehe S. 492–495 u. 500f)*.

🏛 **Fresno**
Art Museum
2233 N First St. ☎ 1-559-441-4221. ⏰ Do–So 11–17 Uhr. 🌐 fresno artmuseum.org

Werbung für
Rosinen aus Fresno

Umgebung: Im Kearney Park, elf Kilometer westlich von Fresno, liegt **Kearney Mansion**, das Theodore Kearney 1903 im französischen Renaissance-Stil errichten ließ. Kearney war Agraringenieur und einer der Begründer der kalifornischen Weinbauindustrie. Heute kann man sein Haus besichtigen.

🏛 **Kearney Mansion**
7160 W Kearney Blvd, Hwy 99. ☎ 1-559-441-0862. ⏰ Fr–So 13–15 Uhr. 🌐 historicfresno.org

Colonel Allen Allensworth, ein
Bürger von Hanford

⓫ Hanford

Straßenkarte C4. 🏙 53 000.
🚉 🚌 ℹ 200 Santa Fe Ave, Suite D, 1-559-582-5024.
🌐 hanfordchamber.com

Hanford, eine der vielen mittelgroßen Farmstädte der Gegend, hat ein reiches multikulturelles Erbe. Im Umfeld der China Alley lebte einst die größte chinesische Gemeinde Kaliforniens. Viele Chinesen arbeiteten beim Bau der transkontinentalen Eisenbahn *(siehe S. 54f)*. Im Osten des Zentrums

steht der **Taoist Temple**, der 1893 erbaut wurde. Er diente als Unterkunft für chinesische Einwanderer, als Schule und religiöser Schrein. Das Stadtzentrum rund um den Courthouse Square wartet mit einem prachtvollen alten Karussell und einigen eleganten Gebäuden vom Ende des 19. Jahrhunderts auf, in denen heute Läden und Restaurants sind.

🏯 **Taoist Temple & Museum**
China Alley. ☎ 1-559-582-4508. ⏰ nur nach Voranmeldung. 🎫 📷 🌐 chinaalley.com

Umgebung: Der **Colonel Allensworth State Historic Park** befindet sich etwa 50 Kilometer südlich von Hanford. Oberst Allensworth wollte dem Rassismus durch die Selbstbestimmung seiner afroamerikanischen Nachbarn begegnen und gründete 1908 eine afroamerikanische bäuerliche Familiengemeinschaft. Nun sind Erinnerungsstücke an die unabhängige Gemeinde in den alten Farmhäusern ausgestellt.

🏛 **Colonel Allensworth State Historic Park**
Nahe Hwy 99 an der Landstraße J22, Earlimart. ☎ 1-661-849-3433. ⏰ tägl. 🎫 🌐 parks.ca.gov

John Steinbeck

John Steinbeck (1902–1968), einer der erfolgreichsten Autoren des 20. Jahrhunderts, kam in Salinas als Sohn einer Rancherfamilie zur Welt. Nach einem abgebrochenen Studium an der Stanford University *(siehe S. 431)* zog er Ende der 1920er Jahre auf die Monterey Peninsula, um zu schreiben. Nach einigen Versuchen gelang ihm 1935 der Durchbruch mit *Tortilla Flat*. Er schrieb im Folgenden Kurzgeschichten und Romane, die er gern mit Charakteren und Schauplätzen des ihm wohlbekannten Salinas Valley und der Gegend um Monterey füllte. Damals entstanden einige seiner berühmtesten Werke: *Von Mäusen und Menschen* (1937), *Die Straße der Ölsardinen* (1945) und *Jenseits von Eden* (1952).

Früchte des Zorns, sein berühmtester Roman von 1939, befasst sich mit der Massenwanderung nach Westen während der Wirtschaftskrise der 1930er Jahre. Am Beispiel der Familie Joad, die das von Dürre geplagte Oklahoma gegen die grünen Weiden von Kalifornien eintauschen will, stellt der Schriftsteller eindrücklich das soziale Desaster dar. Das Buch wurde auf Anhieb ein Bestseller. Steinbeck erhielt dafür den Pulitzerpreis, wurde aber auch als Kommunist und Nestbeschmutzer beschimpft. 1943 ging er als Kriegskorrespondent nach Nordafrika. Nach seiner Rückkehr ließ er sich 1945 auf Long Island, New York, nieder. 1962 erhielt er den Nobelpreis für Literatur. Steinbeck ist der einzige Amerikaner, der sowohl den Pulitzer- als auch den Nobelpreis erhalten hat.

Der Schriftsteller starb am 20. Dezember 1968 in New York, wurde aber in seiner Heimatstadt im Garden of Memories (768 Abbott Street) beigesetzt.

Erstausgaben
der Bestseller
Die Straße der Ölsardinen
und *Früchte des Zorns*

The Inn at Furnace Creek, ein Resort in der Wüste *(siehe S. 535)* ▶

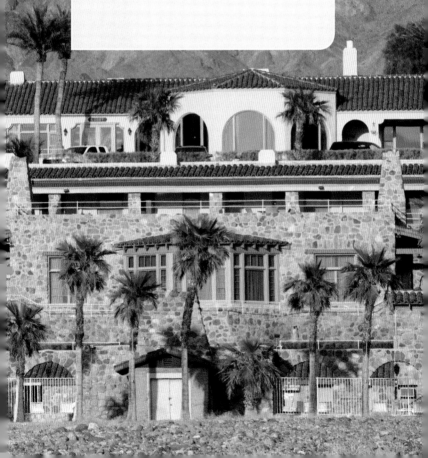

ZU GAST IN KALIFORNIEN

Hotels

Kalifornien ist mit seinen zerklüfteten Küstengebirgen, bewaldeten Hügeln, spannenden Städten und der langen Küste ein Traumziel von Besuchern aus aller Welt. Ob rustikale Lodge, Ferienanlage oder Fünf-Sterne-Luxushotel – Kalifornien bietet für jeden Geldbeutel eine Vielfalt an Unterkünften.

Unter den Top-Adressen befinden sich Hollywood-Traumpaläste oder Hightech-Zentren für Geschäftsleute. Hinzu kommen zahlreiche preisgünstige Quartiere, z. B. die Motels an den Highways oder die stimmungsvollen Gästehäuser, in denen man einen Einblick in die Geschichte der Region erhält. Alle Zimmer sind komfortabel eingerichtet, mit Doppelbetten und Bad. Auch Campingplätze sind in großer Zahl vorhanden. In der Hotelauswahl auf den Seiten 528 – 543 sind Unterkünfte aus allen Teilen Kaliforniens in jeder Qualitäts- und Preiskategorie aufgeführt.

Hotelklassen

Die kalifornische Tourismusbranche ist für die Qualität ihrer Unterkünfte bekannt. Die Beurteilung erfolgt durch das »Diamant«-System der California State Automobile Association, die sämtliche Quartiere – vom Luxuspalast (vier Diamanten) bis zum Motel (ein Diamant) – nach Service, Sauberkeit und Ausstattung bewertet.

Hotels

Kalifornische Hotels präsentieren sich in allen möglichen Formen und Größen. Historische Häuser wie etwa das Palace Hotel in San Francisco (siehe S. 536), das Millennium Biltmore in Los Angeles (siehe S. 528) und das Ahwahnee im Yosemite National Park (siehe S. 543) sollten einst die Bankiers von der Ostküste beeindrucken und sie zu Investitionen veranlassen.

Zu den modernen trendigen Stadthotels gehören z. B. das architektonisch eindrucksvolle Hotel Vitale in San Francisco (siehe S. 537) und das Mondrian in West Hollywood (siehe S. 531). Manche Häuser verfügen über renommierte Restaurants, Konferenzräume und ausgedehnte Poolterrassen, andere bieten schöne Parks, Shopping-Möglichkeiten oder Ballsäle. Boutique-Hotels legen den Schwerpunkt auf gemütliches Ambiente und haben dementsprechend oft nur wenige Zimmer. Einige auf Gebieten der Ureinwohner erbaute Hotels verfügen über Casinos im Stil von Las Vegas.

Die meisten Hotels höherer Preisklassen sind mit Fitness-Center, Spa-Einrichtungen, Wäsche-Service und technischem Equipment wie WLAN, TV, DVD-Player etc. ausgestattet. Zum Mobiliar gehört oft ein Schreibtisch. Haustiere sind meist willkommen, auch in Luxushotels. Überall werden Zimmer für Nichtraucher angeboten. Inzwischen sind zahlreiche Hotels rauchfrei. In Hotelrestaurants und öffentlichen Bereichen herrscht generelles Rauchverbot.

Lounge im exklusiven Beverly Wilshire Four Seasons *(siehe S. 528)*

Preise

Das mittlere Preissegment reicht von 150 bis 250 US-Dollar pro Nacht. In Luxusunterkünften oder anderen Hotels mit besonderer Ausstattung oder Lage muss man mit viel höheren Preisen rechnen. Einige Hotelpaläste in Beverly Hills, San Francisco, Big Sur oder Napa Valley berechnen auch zur Nebensaison für das einfachste Zimmer an die 300 US-Dollar. In der Hauptsaison kann der Preis bis zu 900 US-Dollar betragen.

Die Hotels zahlen Steuern an Gemeinde und Bundesstaat. In San Francisco sind dies 14 Prozent, in Los Angeles 15,5 Prozent. Nicht im Zimmerpreis inbegriffen sind Parkgebühren oder (hohe) Gebühren für abgehende Telefongespräche. Die meisten Hotels verfügen über WLAN in den Zimmern, in einigen Hotels wird die Nutzung extra berechnet.

Das Millennium Biltmore Hotel in Los Angeles *(siehe S. 528)*

Reservierung

Kalifornien ist eine weltberühmte Urlaubsdestination. Die Zimmerpreise sind in der Regel im Sommer am höchsten, in Skigebieten und in den Strandorten im Süden des Bundesstaats ist dies im Winter der Fall. Informieren Sie sich über Preisnachlässe oder Pauschalangebote, mit denen sich viel Geld sparen lässt. Wegen des überwiegend ganzjährig sonnigen Klimas ist Kalifornien auch in der Nebensaison ein attraktives Urlaubsziel.

Business-Hotels

Sie sind speziell für Geschäftsleute gedacht, die sich hier für mehrere Wochen oder gar Monate zu Festpreisen einmieten können. Einige Hotels bieten ihren Gästen 24-Stunden-Büroservice an.

Hotelketten

Hotelketten sind für guten Service, günstige Preise und komfortable (wenn auch manchmal farblose) Ausstattung bekannt. Die beliebtesten Ketten in Kalifornien sind **Westin**, **Hilton**, **Sheraton**, **Marriott**, **Ramada**, **Hyatt** und **Holiday Inn**. Einige können in einer Stadt durchaus mit mehreren

Chateau Marmont am Sunset Boulevard *(siehe S. 531)*

Häusern vertreten sein. Man sollte sich im Voraus unter der gebührenfreien Nummer oder online über Preise und Nachlässe erkundigen *(siehe S. 527)*.

Schild eines Boutique-Hotels

Trinkgeld

Dem Gepäckträger sollte man ein Trinkgeld von zwei US-Dollar für jedes Gepäckstück geben. Ist ein Parkservice vorhanden, gibt man dem Fahrer bei der Abreise 15 bis 20 Prozent der Parkgebühr. Dem Zimmerpersonal gibt man ein bis zwei US-Dollar für jeden Tag des Aufenthalts.

Ferienanlagen

In jeder Ferienanlage wird die Privatsphäre der Gäste gewahrt bleiben. Die Anlagen bieten Hotelservice, erstrecken sich aber immer über größere Flächen. Viele dieser Resorts findet man im Wine Country, im Gebirge, entlang der Küste und in Städten wie San Diego oder Monterey.

Die Qualität solcher Resorts bemisst sich nach der Vielfalt der angebotenen Einrichtungen: Reit-, Tennis- und Golfanlagen, Swimmingpools, Yoga-Unterricht, Kurmöglichkeiten, Vier-Sterne-Restaurant, Surf- oder Skikurse sowie Kinderanimation.

San Diego Marriott Marquis & Marina Hotel an der San Diego Bay *(siehe S. 534)*

Historisches Ambiente in den Carter House Inns, Eureka *(siehe S. 541)*

Motels

Die preisgünstigen Motels an den Straßen breiteten sich in den 1950er Jahren in Kalifornien aus – Produkt einer am Auto orientierten Lebensweise. Die Minimal-Ausstattung umfasst Doppelbett, Fernseher, Telefon und Bad. Es gibt genügend Parkplätze und oft auch einen Pool – ein Geschenk für alle, die im Sommer durch Kalifornien reisen. Gelegentlich sind auch Kochmöglichkeiten vorhanden. Meistens gibt es separate Nichtraucherareale. Die Mitnahme von Haustieren sollte vorher abgesprochen werden.

In ganz Kalifornien gibt es preisgünstige Motelketten mit sauberen Zimmern und gutem Service. Zu den gefragtesten gehört **Best Western**. Die Übernachtungspreise beginnen bei etwa 50 US-Dollar.

Historische Gästehäuser

Die geschichtsträchtigen Unterkünfte sind in kleineren kalifornischen Orten oft die einzigen Überreste aus dem 19. Jahrhundert. Häufig haben sie eine eigene Geschichte, wenn es sich um alte Jagd- oder Fischerhütten, einen Raddampfer, ein viktorianisches Herrenhaus oder einen Treffpunkt berühmter Hollywood-Stars handelt. In jedem Fall besitzen sie eine einzigartige Architektur und ein besonderes Ambiente. Viele dieser

Gästehäuser, die während des Baus der transkontinentalen Eisenbahn entstanden, dürfen weder abgerissen noch umgestaltet werden.

Die Atmosphäre gleicht einer Pension, historische Gästehäuser haben allerdings in der Regel zwischen 20 und 100 Zimmer. Ein kleines Frühstück sowie Kuchen oder Gebäck am Nachmittag sind meist im Preis enthalten. Informationen erteilt **California Inns**.

Größere Anwesen findet man in einigen Nationalparks. Sie werden vom **National Park Service** betrieben.

Kleinere Anlagen, oft auch mit historischem Anspruch, vermieten individuelle Häuschen mit Küche an Selbstversorger. Dort gibt es meist weder Restaurant oder Café noch Zimmerservice. Haustiere werden oft akzeptiert. Meist gehört ein Swimmingpool zur Ausstattung, manchmal sind auch Tennisplätze vorhanden. Es empfiehlt sich, vorher zu fragen, ob das Rauchen in den Häuschen erlaubt ist – einige Gästehäuser garantieren ihren Gästen mittlerweile eine absolut rauchfreie Umgebung!

Bed-and-Breakfast

Die meisten B & Bs in Kalifornien waren einst Privathäuser und verströmen ein nostalgisches Flair. Neben dem Frühstück werden nachmittags häufig Snacks und am Abend

Drinks serviert. Pro Übernachtung kosten sie ab etwa 80 US-Dollar. Erkundigen Sie sich, ob ein Bad zum Zimmer gehört. Vor allem in der Hauptsaison müssen oft mindestens zwei Übernachtungen gebucht werden. Die Ausstattung umfasst meist Bibliothek, Aufenthaltsraum, Garten und einen Swimmingpool. Adressen finden Sie bei der **California Association of Boutique and Breakfast Inns**.

Ferienwohnungen

Viele Reisende schätzen auch im Urlaub die Vorteile einer Wohnung, in der man mehr Platz als in einem Hotelzimmer hat. Gebucht wird bei lokalen Agenturen oder online bei Anbietern wie **Airbnb**, wo man eine riesige Auswahl an Objekten findet. Die Wochenmiete bewegt sich je nach Lage, Größe und Ausstattung zwi-

Inn at The Presidio, S.F. *(siehe S. 538)*

schen 300 und 3000 US-Dollar.
Die Übergabe erfolgt gegen
Hinterlegung einer Kaution,
die bei Abreise zurückgezahlt
wird.

Eine andere Möglichkeit besteht darin, mit Einheimischen
die Wohnung zu tauschen.
Intervac US ist Teil eines internationalen Netzwerks und gibt
vierteljährlich entsprechende
Adresslisten heraus. Für eine
Jahresgebühr von 65 bis 85
US-Dollar kann man die Liste
erhalten oder darin aufgenommen werden. Das Netzwerk
kümmert sich nur um die Vermittlung, den Rest handeln die
Vertragspartner unter sich aus.

Deetjen's Big Sur Inn *(siehe S. 543)*

Jugendherbergen
Dies ist die günstigste Möglichkeit, in Kalifornien zu übernachten. Die Herbergen sind
sauber und modern, oft befinden sie sich in malerischer
Lage (in Leuchttürmen, Nationalparks und Berghütten). Man
schläft in der Regel in Schlaf-
sälen und nach Geschlechtern
getrennt. In manchen Fällen
gibt es Zimmer für Ehepaare
oder Familien. Meist ist eine
Küche vorhanden. Für Jugend-
herbergen in den USA gibt es
keine Altersbeschränkung.
Eine Liste mit entsprechenden
Unterkünften erhält man bei
Hostelling International USA.

Camping & Wohnmobile
Plätze für Camper mit Zelt
oder Wohnmobil gibt es in
allen National- und Staatsparks
(siehe S. 582). Zudem stehen
viele private Campingplätze
zur Auswahl. Die Ausstattung
für Wohnmobile umfasst u. a.
Wasser- und Stromanschluss,
sanitäre Anlagen und Lebensmittelläden. Infos bieten z. B.
Reserve America und **California State Park Campgrounds**.

Hotelkategorien
Die Hotels in der Hotelauswahl
(siehe S. 528 – 543) sind in Gebiete gegliedert, die den Kapiteln dieses Buchs entsprechen,

innerhalb dieser nach Städten
und Preiskategorien gelistet
und in Kategorien eingeteilt.
»Luxus« ist die Bezeichnung
für Hotels am oberen Ende der
Preisskala. Bei »Boutique« bzw.
»Historisches Flair« handelt es
sich um meist kleinere Häuser
mit besonderem Design bzw.
erhabenem Ambiente. »Gast-
hof« steht für Gemütlichkeit,
»B&B« für günstige Unterkünfte. »Resorts« bieten Erholung
und Sportmöglichkeiten.

Hotels mit spezieller Ausstattung oder besonderem Design
werden in der Hotelauswahl
als **Vis-à-Vis-Tipp** hervorgehoben.

Auf einen Blick

Hotelketten

Hilton
☎ 1-800-445-8667.
🖥 hilton.com

Holiday Inn
☎ 1-800-465-4329.
🖥 holidayinn.com

Hyatt
☎ 1-888-591-1234.
🖥 hyatt.com

Marriott
☎ 1-877-483-7275.
🖥 marriott.com

Ramada
☎ 1-800-854-9517.
🖥 ramada.com

Sheraton
☎ 1-800-650-1204.
🖥 sheraton.com

Westin
☎ 1-800-937-8461.
🖥 westin.com

Motels

Best Western
☎ 1-800-780-7234.
🖥 bestwestern.com

Historische Gästehäuser

California Inns
☎ 1-831-626-4000.
🖥 californiainns.com

National Park Service
☎ 1-202-208-3818.
🖥 nps.gov

Bed-and-Breakfast

California Association of Boutique and Breakfast Inns
414, 29th St, Sacramento, CA 95816.
☎ 1-800-373-9251.
🖥 cabbi.com

Ferienwohnungen

Airbnb
☎ 1-855-424-7262.
🖥 airbnb.com

Intervac US
☎ 1-800-756-4663.
🖥 intervacus.com

Jugendherbergen

Hostelling International USA
☎ 1-310-495-1240.
🖥 hiusa.org

Camping & Wohnmobile

California State Park Campgrounds
☎ 1-800-444-7275.
☎ 1-800-695-2269.
🖥 parks.ca.gov

Reserve America
☎ 1-877-444-6777.
☎ 1-518-885-3639.
🖥 reserveamerica.com

Hotelauswahl

Los Angeles

Airport

The Concourse Hotel $$
Preiswert **SK** Ausschnitt A
6225 W Century Blvd, 90045
📞 1-424-702-1234
🅦 concoursehotellax.hyatt.com
Hotel mit Pool, Fitness-Center
und kostenlosem Shuttle-Service
zum Flughafen.

Westin Los Angeles Airport $$
Luxus **SK** Ausschnitt A
5400 W Century Blvd, 90045
📞 1-310-216-5858
🅦 westinlosangelesairport.com
Umfangreiche Business-Einrich-
tungen, erstklassiges Fitness-
Center und gutes Restaurant.

Bel Air

Luxe Sunset Boulevard $$$
Luxus **SK** Ausschnitt A
11461 Sunset Blvd, 90049
📞 1-310-476-6571
🅦 luxehotels.com/sunset
Anspruchsvolles Hotel mit großen
Zimmern und allen erdenklichen
Annehmlichkeiten.

Beverly Hills

Avalon Hotel $$$
Boutique **SP** 5 F4
9400 W Olympic Blvd, 90212
📞 1-310-277-5221
🅦 avalonbeverlyhills.com
Attraktives Boutique-Hotel mit
preisgekröntem Restaurant und
freundlichem Service.

The Beverly Hills Hotel $$$
Luxus **SP** 5 D2
9641 Sunset Blvd, 90210
📞 1-310-276-2251
🅦 beverlyhillshotel.com
Zentral gelegenes, berühmtes
Hotel *(siehe S. 99)* inmitten üppi-
ger Gärten und Tennisplätze.

Beverly Hilton $$$
Luxus **SP** 5 D4
9876 Wilshire Blvd, 90210
📞 1-310-274-7777
🅦 beverlyhilton.com
Ein Wahrzeichen von Los Angeles. Hier werden alljährlich die
Golden Globe Awards verliehen.

Beverly Wilshire $$$
Luxus **SP** 5 F4
9500 Wilshire Blvd, 90212
📞 1-310-275-5200
🅦 fourseasons.com
Stilvolles Hotel mit europäischem
Charme, zentraler Lage und
schön eingerichteten Zimmern.

Hotel Bel-Air $$$
Luxus **SP** 4 A1
701 Stone Canyon Rd, 90077
📞 1-310-472-1211
🅦 hotelbelair.com
Das 1922 eröffnete Hotel wird
von einem schönen Landschaftsgarten umrahmt. Zahlreiche Hollywood-Stars genießen den tadel-
losen Komfort des Hauses.

Maison 140 $$$
Luxus **SP** 5 E4
140 Lasky Dr, 90212
📞 1-310-281-4000
🅦 maison140.com
Kleines, aber feines Luxushotel.
Gute Preise, schicke Zimmer.

The Peninsula Beverly Hills $$$
Luxus **SP** 5 E4
9882 S Santa Monica Blvd, 90212
📞 1-310-551-2888
🅦 beverlyhills.peninsula.com
Elegantes Hotel mit gut ausgestatteten Zimmern, erstklassigem
Spa und einem Restaurant.

Century City

**Hyatt Regency
Century Plaza** $$$
Luxus **SP** 5 D5
2025 Ave of the Stars, 90067
📞 1-310-228-1234
🅦 centuryplaza.hyatt.com
Das namhafte Luxushotel ist
beliebt bei hochrangigen Poli-
tikern und Hollywood-Stars.

**InterContinental
Los Angeles Hotel** $$$
Luxus **SP** 5 D5
2151 Ave of the Stars, 90067
📞 1-310-284-6500
🅦 intercontinentallosangeles.com
Modernes Hotel mit sehr guten
Business-Einrichtugen. Alle Zimmer haben Balkon oder Terrasse.

Dachterrasse mit Pool und Bar,
Luxe Sunset Boulevard, Bel Air

> **Preiskategorien**
> Preise in der Hochsaison für ein Stan-
> dard-Doppelzimmer pro Nacht, inklusive
> Frühstück, Steuer und Service:
>
> | | |
> |---|---|
> | $ | unter 150 US-Dollar |
> | $$ | 150 – 250 US-Dollar |
> | $$$ | über 250 US-Dollar |

Downtown

Best Western Dragon Gate Inn $
Preiswert **SP** 11 F2
818 N Hill St, 90012
📞 1-213-617-3077
🅦 dragongateinn.com
Freundliches Hotel mit großen
Zimmern und günstiger Lage
nahe den Sehenswürdigkeiten.

Ramada Wilshire Center $
Preiswert **SP** 9 D4
3900 Wilshire Blvd, 90010
📞 1-213-736-5222
🅦 ramada.com
Zuverlässiges, preiswertes Hotel
unweit von Sehenswürdigkeiten.

Miyako Hotel $$
Preiswert **SP** 11 E4
328 E 1st St, 90012
📞 1-213-617-2000
🅦 miyakoinn.com
Japanische Gastlichkeit mit schön
eingerichteten Zimmern und Spa
mit vielen Anwendungen.

**Sheraton Los Angeles
Downtown Hotel** $$
Preiswert **SP** 11 C4
711 S Hope St, 90017
📞 1-213-488-3500
🅦 sheratonlosangeles
downtown.com
Große Zimmer mit Business-Ein-
richtung. Verbindung zum Shopping-Center an der Macy's Plaza.

Hilton Checkers $$$
Luxus **SP** 11 D4
535 S Grand Ave, 90071
📞 1-213-624-0000
🅦 hiltoncheckers.com
Hotel (1920er Jahre) mit großen
Zimmern und opulenten Bädern.

Luxe City Center $$$
Luxus **SP** 10 C5
1020 S Figueroa St, 90015
📞 1-213-748-1291
🅦 luxecitycenter.com
Alle Zimmer verfügen über bequeme Betten und Lounge.

Millennium Biltmore $$$
Luxus **SP** 11 D4
506 S Grand Ave, 90071
📞 1-213-624-1011
🅦 thebiltmore.com
Renommiertes Hotel von 1923
mit Lobby im spanischen Stil und
kleinen, hübschen Zimmern.

Hotelkategorien *siehe Seite 527*

Omni Los Angeles Hotel $$$
Luxus   SP 11 D5
51 S Olive St, 90012
C 1-213-617-3300
W omnihotels.com
Mittelgroßes Hotel, ideal gelegen unweit der Shopping- und Vergnügungsviertel.

The Ritz-Carlton $$$
Luxus   SP 10 C5
900 W Olympic Blvd, 90015
C 1-213-743-8800
W ritzcarlton.com
Vornehmes Hotel mit schönem Blick über die Stadt, Lounge, Bar und Pool auf der Dachterrasse.

Glendale

Hilton Los Angeles North/Glendale $$
Preiswert   SK Ausschnitt A
100 W Glenoaks Blvd, 91202
C 1-818-956-5466
W hiltonlosangelesglendale.com
Pool, Spa und gut ausgestattetes Fitness-Center in günstiger Lage.

Hermosa Beach

The Beach House $$$
Boutique   SK Ausschnitt A
1300 The Strand, 90254
C 1-310-374-3001
W beach-house.com
Luxuriöses Strandrefugium mit Suiten und wunderschöner Umgebung.

Hollywood

Hollywood Hotel $$
Preiswert   SP 9 F1
1160 N Vermont Ave, 90029
C 1-323-315-1800
W hollywoodhotel.net
Familienfreundliches Hotel, das mit seinen perfekt ausgestatteten Konferenzeinrichtungen auch Geschäftsreisende anzieht. Pool im Garten.

Hollywood Orchid Suites $$
Preiswert   SP 2 B4
1753 Orchid Ave, 90028
C 1-323-874-9678
W orchidsuites.com
Apartmenthotel mit ordentlichen Zimmern direkt hinter dem berühmten TCL Chinese Theatre.

The Hollywood Roosevelt Hotel $$$
Historisches Flair   SP 2 B4
7000 Hollywood Blvd, 90028
C 1-323-856-1970
W thehollywoodroosevelt.com
Renoviertes, klassisches Hotel mit Suiten im Cabana-Stil und Swimmingpool im Innenhof. Das Haus zählt viele Stars der Filmbranche zu seinen Gästen.

Glitzernde Fassade des Hyatt Regency, Long Beach

Loews Hollywood Hotel $$$
Luxus   SP 2 B4
1755 N Highland Ave, 90028
C 1-323-856-1200
W loewshotels.com
Große, gut ausgestattete Zimmer mit vielen Annehmlichkeiten, u. a. Dachterrasse mit Pool.

Magic Castle Hotel $$$
Historisches Flair   SP 2 B4
7025 Franklin Ave, 90028
C 1-323-851-0800
W magiccastlehotel.com
Skurriles, schlossartiges Hotel. Die Suiten und Studios haben eine voll ausgestattete Küche.

The Standard Hotel $$$
Boutique   SP 2 B4
8300 Sunset Blvd, 90069
C 1-323-650-9090
W standardhotels.com/hollywood
Angesagtes, ultramodernes Hotel am Sunset Strip.

W Hollywood $$$
Luxus   SP 2 B4
6250 Hollywood Blvd, 90028
C 1-323-798-1300
W whotels.com
Schicke Zimmer, Pool und Bar auf der Dachterrasse sowie Luxus-Spa.

Long Beach

Hotel Queen Mary $
Historisches Flair **SK** Ausschnitt A
1126 Queen's Hwy, 90802
C 1-877-342-0738
W queenmary.com
Restauriertes Kreuzfahrtschiff mit modernem Komfort. Genießen Sie faszinierende Schiffstouren.

Inn of Long Beach $
Preiswert   SK Ausschnitt A
185 Atlantic Ave, 90802
C 1-562-435-3791
W innoflongbeach.com
Angenehmes Hotel im Stadtzentrum, unweit von Strand und Sehenswürdigkeiten gelegen.

Hyatt Regency $$
Preiswert   SK Ausschnitt A
200 S Pine Ave, 90802
C 1-562-491-1234
W longbeach.hyatt.com
Filiale einer Hotelkette am Hafen, beliebt bei Geschäftsreisenden. Zu den Wellness-Einrichtungen gehören ein Außenpool und ein voll ausgestattetes Fitness-Center.

Renaissance $$
Preiswert   SK Ausschnitt A
111 E Ocean Blvd, 90802
C 1-562-437-5900
W renaissancelongbeach.com
Großes Hotel am Hafen mit gut eingerichteten Zimmern.

Malibu

Malibu Beach Inn $$$
Luxus   SK Ausschnitt A
22878 Pacific Coast Hwy, 90265
C 1-310-651-7777
W malibubeachinn.com
Gemütliches Hotel mit Blick auf den Pazifik und eigenem Strand. Meerblick von allen Zimmern.

Villa Graziadio Exectuive Center $$$
Luxus   SK Ausschnitt A
Pepperdine University, 24255 Pacific Coast Hwy, 90265
C 1-310-506-1100
W villagraziadio.com
Kleines Hotel auf dem Campus der Pepperdine University mit herrlichem Blick auf den Ozean und sehr guter Lage.

Marina del Rey

Foghorn Harbor Inn $$
Preiswert   SK Ausschnitt A
4140 Via Marina, 90292
C 1-310-823-4626
W foghornhotel.com
Bescheidenes, preiswertes Hotel in Strandnähe in günstiger Lage. Komfortable Zimmer mit Terrasse oder Balkon.

SP = Stadtplan Los Angeles *siehe Seiten 186–197* **SK** = Straßenkarte Kalifornien *siehe hintere Umschlaginnenseiten*

Monrovia

DoubleTree Hilton $$
Preiswert **SK** Ausschnitt A
924 W Huntington Dr, 91016
(1-626-357-1900
w doubletree.com
Hotelkette mit großen, hübsch
eingerichteten Zimmern.

Palos Verdes

Terranea Resort $$$
Luxus **SK** Ausschnitt A
100 Terranea Way Dr, 90275
(1-310-265-2800
w terranea.com
Luxusresort mit Golfplatz, Pool
und Wanderwegen. Wählen Sie
Bungalow, *casita* oder Suite.

Pasadena

Comfort Inn $
Preiswert **SK** Ausschnitt A
2300 W Colorado Blvd, 90041
(1-323-256-1199
w choicehotels.com
Preiswertes, familienfreundliches
Hotel mit einfachen Zimmern in
malerischer Umgebung.

Bissell House $$
B&B **SK** Ausschnitt A
201 Orange Grove Ave, 91030
(1-626-441-3535
w bissellhouse.com
Individuell eingerichtete Zimmer
mit alten Möbeln.

Hilton Pasadena $$
Preiswert **SK** Ausschnitt A
168 South Los Robles Ave, 91101
(1-626-577-1000
w hilton.com
Komfortabel eingerichtete Zimmer, ideal für Geschäftsleute.

Sheraton Pasadena $$
Preiswert **SK** Ausschnitt A
303 E Cordova St, 91101
(1-626-449-4000
w sheratonpasadena.com
Zentral gelegenes Hotel nahe
dem Convention Center mit rund
um die Uhr verfügbaren Business-
Einrichtungen.

The Westin Pasadena $$
Preiswert **SK** Ausschnitt A
191 N Los Robles Ave, 91101
(1-626-792-2727
w starwoodhotels.com
Gehobenes Hotel mit Pool und
Restaurant auf der Dachterrasse.

The Langham Hotel $$$
Luxus **SK** Ausschnitt A
1401 S Oak Knoll Ave, 91106
(1-626-568-3900
w pasadena.langhamhotels.com
Abgeschiedenes Hotel mit historischem Charme weitab von der
Innenstadt. Vorbildlicher Service.

Redondo Beach

Portofino Hotel & Marina $$$
Luxus **SK** Ausschnitt A
260 Portofino Way, 92077
(1-800-468-4292
w hotelportofino.com
Hotel am Ozean mit raumhohen
Fenstern und Blick auf Segelboote und Sonnenuntergänge.

Santa Monica

Best Western Gateway Hotel $$
Preiswert **SK** Ausschnitt A
1920 Santa Monica Blvd, 90404
(1-310-829-9100
w gatewayhotel.com
Preiswertes Hotel mit einfachen,
gemütlichen Zimmern. Shuttle-
Service zum Strand.

DoubleTree Suites $$$
Luxus **SK** Ausschnitt A
1707 4th St, 90401
(1-310-395-3332
w doubletree.com
Hotel in Strandnähe mit geräumigen Zweizimmer-Suiten.

Fairmont Miramar
Hotel & Bungalows $$$
Luxus **SK** Ausschnitt A
101 Wilshire Blvd, 90401
(1-310-576-7777
w fairmont.com/santamonica
Das Hotel über den Klippen wird
von den Reichen und Berühmten
frequentiert. Schöner Meerblick.

Georgian Hotel $$$
Historisches Flair **SK** Ausschnitt A
1415 Ocean Ave, 90401
(1-310-395-9945
w georgianhotel.com
High-End-Komfort in einem hübschen historischen Gebäude.

Hotel California $$$
Luxus **SK** Ausschnitt A
1670 Ocean Ave, 90401
(1-310-393-2363
w hotelca.com
Das charmante Hotel bietet
Strandaktivitäten und Meerblick.

Loews Santa Monica
Beach Hotel $$$
Luxus **SK** Ausschnitt A
1700 Ocean Ave, 90401
(1-310-458-6700
w santamonicaloewshotel.com
Luxusresort mit opulent eingerichteten Zimmern.

Palihouse $$$
Boutique **SK** Ausschnitt A
1001 3rd St, 90403
(1-310-394-1279
w palihousesantamonica.com
Entspannen Sie sich in einem stilvollen Hotel. Sehr zuvorkommen-
des Personal.

Shutters on the Beach $$$
Boutique **SK** Ausschnitt A
1 Pico Blvd, 90405
(1-310-458-0030
w shuttersonthebeach.com
Das luxuriöse Strandhotel ist bei
Prominenten besonders beliebt.
Gäste des Hauses genießen geräumige Zimmer mit spektakulä-
rem Meerblick, Pool mit Lounge
und ein Spa.

Torrance

Courtyard by Marriott $$
Preiswert **SK** Ausschnitt A
2633 Sepulveda Blvd, 90505
(1-310-533-8000
Ein Hotel mit Stil. Die einfach ausgestatteten Zimmer haben luxuriöse Betten. Schöner Pool.

Universal City

The Beverly Garland $$
Boutique **SK** Ausschnitt A
4222 Vineland Ave, 91602
(1-818-980-8000
Ruhiges, familienfreundliches
Hotel nahe den Universal Studios.

Hilton $$$
Luxus **SK** Ausschnitt A
555 Universal Hollywood Dr, 91608
(1-818-506-2500
w hilton.com
Riesiges, familienfreundliches
Hotel nahe Universal CityWalk.

The Langham Hotel, Pasadena

Hotelkategorien *siehe Seite 527* **Preiskategorien** *siehe Seite 528*

Minimalistisches Design: Andaz West Hollywood

Sheraton Universal $$$
Historisches Flair **SK** Ausschnitt A
333 Universal Hollywood Dr, 91608
☎ 1-866-716-8130
W sheratonuniversal.com
Renommiertes Hotel in Universal City seit 1969, auf dem Gelände der Universal Studios gelegen. Shuttle-Service zum CityWalk.

Van Nuys

Holiday Inn Express $
Preiswert **SK** Ausschnitt A
8244 Orion Ave, 91406
☎ 1-818-989-5010
W hiexpress.com
Komfortables Hotel unweit der Universal Studios. Geräumige Zimmer mit Arbeitsbereich.

Venice

The Cadillac Hotel $$
Boutique **SK** Ausschnitt A
8 Dudley Ave, 90291
☎ 1-310-399-8876
W thecadillachotel.com
Angesagtes Hotel mit historischem Charme direkt an der berühmten Venice Beach Promenade. Fantastischer Meerblick.

Vis-à-Vis-Tipp

Hotel Erwin $$$
Boutique **SK** Ausschnitt A
1697 Pacific Ave, 90291
☎ 1-310-452-1111
W hotelerwin.com
Das zauberhafte Hotel im bunten Venice zieht eine Vielzahl von Gästen an. Die schicken Zimmer verfügen über moderne Annehmlichkeiten wie HD-Fernseher und Schreibtische mit ergonomischen Stühlen. Genießen Sie den Blick auf den Ozean und die Strandpromenade von den Zimmern oder der Bar auf der Dachterrasse.

The Inn at Venice Beach $$$
B&B **SK** Ausschnitt A
327 Washington Blvd, 90291
☎ 1-310-821-2557
W innatvenicebeach.com
Schönes Gästehaus mit hellen Zimmern nahe dem Yachtclub.

Su Casa $$$
B&B **SK** Ausschnitt A
431 Ocean Front Walk, 90291
☎ 1-310-452-9700
W sucasavenice.com
Lässiges B&B in herrlicher Lage an der Strandpromenade. HD-Fernseher und Küchenzeile.

The Venice Beach House $$$
B&B **SK** Ausschnitt A
15 30th Ave, 90291
☎ 1-310-823-1966
W venicebeachhouse.com
Abgeschiedenes, intimes B&B auf gut gepflegtem Gelände in Strandnähe.

West Hollywood

Best Western Sunset Plaza $$
Preiswert **SP** 6 C1
8400 Sunset Blvd, 90069
☎ 1-323-654-0750
W sunsetplazahotel.com
Ableger einer namhaften Hotelkette mit schönen, komfortablen Zimmern und zentraler Lage.

Vis-à-Vis-Tipp

Andaz West Hollywood $$$
Boutique **SP** 1 A5
8401 Sunset Blvd, 90069
☎ 1-323-656-1234
W andaz.hyatt.com
Luxus und Eleganz prägen das Ambiente des Andaz. Die Zimmer sind stylish und komfortabel, der Service ist herzlich. Ideale Lage in der Nähe der schönsten Geschäfte, Restaurants und Clubs von L.A.

Chateau Marmont $$$
Luxus **SP** 1 B5
8221 Sunset Blvd, 90046
☎ 1-323-656-1010
W chateaumarmont.com
Promi-Refugium mit einer attraktiven Auswahl an Zimmern, Suiten und privaten Ferienhäusern. Erstklassiger Service.

Mondrian Hotel $$$
Luxus **SP** 1 A5
8440 Sunset Blvd, 90069
☎ 1-323-650-8999
W mondrianhotel.com
Große Zimmer mit voll ausgestatteter Küche in einem der angesagtesten Hotels am Sunset Strip.

Sunset Tower Hotel $$$
Historisches Flair **SP** 1 A5
8358 Sunset Blvd, 90069
☎ 1-323-654-7100
W sunsettowerhotel.com
Art-déco-Hotel mit reicher Geschichte. Elegante, gut ausgestattete Zimmer und schöne Suiten.

Westwood

Royal Palace Westwood Hotel $
Preiswert **SP** 4 A4
1052 Tiverton Ave, 90024
☎ 1-310-208-6677
W royalpalacewestwood.com
Preiswertes, einfaches Hotel im Herzen von Westwood Village.

Hilgard House Hotel $$
Boutique **SP** 4 A4
927 Hilgard Ave, 90024
☎ 1-910-208-3945
W hilgardhouse.com
Preiswertes Hotel nahe dem UCLA-Campus und dem Hammer Museum *(siehe S. 102)*.

Le Parc Suites $$$
Boutique **SP** 4 A4
733 N West Knoll Ave, 90069
☎ 1-310-855-8888
W leparcsuites.com
Stilvolles Hotel in einem Wohnviertel der Stadt. Hübscher Pool, Luxus-Spa und Fitness-Center.

Palomar $$$
Boutique **SP** 4 B4
10740 Wilshire Blvd, 90024
☎ 1-310-475-8711
W hotelpalomar-lawestwood.com
Große Zimmer mit gehobener Einrichtung. Gute Lage unweit von Sehenswürdigkeiten.

W Los Angeles Westwood $$$
Boutique **SP** 4 A4
930 Hilgard Ave, 90024
☎ 1-310-208-8765
W wlosangeles.com
Stilvoll eingerichtete Zimmer, erstklassiges Spa, zwei Pools, vornehme Lounge und Bar.

**Frühstücksraum im Courtyard by
Marriott, Bakersfield**

Südliches Zentralkalifornien

**BAKERSFIELD:
Courtyard by Marriott** $
Preiswert   SK C5
3601 Marriott Dr, 93308
[C] 1-661-324-6660
[W] marriott.com
Sauberes, modernes Hotel nahe
dem Flughafen. Gute Wahl für
Geschäftsreisende.

**CAMBRIA:
Cambria Pines Lodge** $$
B&B   SK B5
2905 Burton Dr, 93428
[C] 1-800-966-6490
[W] cambriapineslodge.com
Urige Hütten und Cottages
inmitten von ausgedehnten
Gärten. Einfache, geschmackvoll
eingerichtete, helle Zimmer.

CAMBRIA: Pelican Inn & Suites $$
B&B   SK B5
6316 Moonstone Beach Dr, 93428
[C] 1-888-454-4222
[W] pelicansuites.com
Zimmer mit Balkon und Meerblick
in einem netten Gästehaus.

MONTECITO: Montecito Inn $$$
Historisches Flair   SK C5
1295 Coast Village Rd, 93108
[C] 1-805-969-7854
[W] montecitoinn.com
Luxuriöses Hotel im mediterranen
Stil. Das Haus wurde 1928 von
Charlie Chaplin gebaut.

**MONTECITO:
San Ysidro Ranch** $$$
Luxus   SK C5
900 San Ysidro Ln, 93108
[C] 1-805-565-1700
[W] sanysidroranch.com
Imposantes Berghotel, ideal für
einen erholsamen Urlaub.

**MORRO BAY:
Embarcadero Inn** $$
B&B   SK B5
456 Embarcadero Blvd, 93442
[C] 1-805-223-5777
[W] embarcaderoinn.com
Zimmer mit Balkon und Kamin in
einem Gasthaus am Hafen.

MORRO BAY: Inn at Morro Bay $$
B&B   SK B5
60 State Park Rd, 93442
[C] 1-800-321-9566
[W] innatmorrobay.com
Bezauberndes Hotel im Stil eines
französischen Landhauses. Die
Terrasse hat einen Whirlpool.

OJAI: Ojai Valley Inn & Spa $$$
Luxus   SK C5
905 Country Club Rd, 93023
[C] 1-800-422-6524
[W] ojairesort.com
Weiß getünchte Häuser mit roten
Ziegeldächern, Luxus-Spa und
preisgekröntem Golfplatz.

PASO ROBLES: Paso Robles Inn $
Preiswert   SK B5
1103 Spring St, 93446
[C] 1-805-238-2660
[W] pasoroblesinn.com
Beliebtes Urlaubsziel umgeben
von großzügigen Gärten mit
Bach und heißen Quellen.

PASO ROBLES: Hotel Cheval $$$
Luxus   SK B5
1021 Pine St, 93446
[C] 1-866-522-6999
[W] hotelcheval.com
Moderne Zimmer mit Kamin
und günstiger Lage in der Nähe
renommierter Weingüter.

**SAN LUIS OBISPO:
Garden Street Inn** $$
B&B   SK B5
1212 Garden St, 93401
[C] 1-800-488-2045
[W] gardenstreetinn.com
Restauriertes viktorianisches
Gebäude aus dem Jahr 1860.
Zimmer mit alten Möbeln, einige
haben Kamin und Jacuzzi.

**SAN LUIS OBISPO:
Madonna Inn** $$$
B&B   SK B5
100 Madonna Rd, 93405
[C] 1-805-543-3000
[W] madonnainn.com
Individuell eingerichtete Zimmer.
Fassade wie ein Freizeitpark.

**SANTA BARBARA:
Hotel Santa Barbara** $$
Historisches Flair   SK C5
533 State St, 93101
[C] 1-805-957-9300
[W] hotelsantabarbara.com
Charmantes Hotel von 1926 mit
gut ausgestatteten Zimmern.

**SANTA BARBARA:
Inn by the Harbor** $$
B&B   SK C5
433 W Montecito St, 93101
[C] 1-800-626-785-1986
[W] innbytheharbor.com
Hotel in Strandnähe, ideal für
Familien. Zimmereinrichtung im
französischen Landhausstil.

Vis-à-Vis-Tipp

**SANTA BARBARA:
The Biltmore** $$$
Luxus   SK C5
1260 Channel Dr, 93108
[C] 1-805-969-2261
[W] fourseasons.com
Das elegante Hotel im spani-
schen Kolonialstil liegt gegen-
über dem Strand und weitab
von der Stadt. Die prächtigen
Zimmer und abgeschiedenen
Ferienhäuser sind mit moder-
nen Annehmlichkeiten ausge-
stattet. Exquisiter Strandluxus
in angenehmer Umgebung.

**SANTA BARBARA:
Simpson House Inn** $$$
B&B   SK C5
121 E Arrellaga St, 93101
[C] 1-800-676-1280
[W] simpsonhouseinn.com
Schönes preisgekröntes Gäste-
haus mit herrlichem Garten.

SANTA PAULA: Santa Paula Inn $
B&B   SK C5
111 N 8th St, 93060
[C] 1-805-933-0011
[W] santapaulainn.com
Malerisches Anwesen in ländli-
cher Umgebung umgeben von
Zitronen- und Avocadobäumen.

**SIMI VALLEY: Best Western Plus
Posada Royale** $
Preiswert   SK C5
1775 Madera Rd, 93065
[C] 1-805-584-6300
[W] posadaroyale.com
Gutes Hotel nahe der Ronald
Reagan Presidential Library.

SOLVANG: Hadsten House $$
B&B   SK C5
1450 Mission Dr, 93463
[C] 1-800-457-5373
[W] hadstenhouse.com
Ideale Unterkunft, um Weingüter
und Restaurants zu erkunden.

**SOLVANG: Alisal Guest
Ranch** $$$
Luxus   SK C5
1054 Alisal Rd, 93463
[C] 1-805-688-6411
[W] alisal.com
Zimmer mit Kamin und wand-
hohen Fenstern in einer luxuriös
eingerichteten Ranch.

Orange County

ANAHEIM: Anaheim Desert Inn & Suites $
Preiswert   SK D6
1600 S Harbor Blvd, 92802
☎ 1-714-772-5050
ⓦ anaheimdesertinn.com
Gute Option für Familien und Geschäftsreisende gegenüber dem Haupteingang zum Disneyland.

ANAHEIM: Candy Cane Inn $$
Preiswert   SK D6
1747 St Harbor Blvd, 92802
☎ 1-800-345-7057
ⓦ candycaneinn.net
Preisgünstige Unterkunft. Kostenloser Park-Shuttle-Service.

ANAHEIM: Disney's Grand Californian Hotel® and Spa $$$
Luxus   SK D6
1600 S Disneyland Dr, 92802
☎ 1-714-635-2300
ⓦ disneyland.disney.go.com
Fabelhaftes Hotel im Disney California Adventure Park mit Pools, Spa und Kinderclub.

ANAHEIM: Disney's Paradise Pier® Hotel $$$
Boutique   SK D6
1717 S Disneyland Dr, 92802
☎ 1-714-999-0990
ⓦ disneyland.disney.go.com
»California Beach«-Themenhotel im Disneyland Park.

AVALON: Hotel Vista del Mar $$
Boutique   SK C6
417 Crescent Ave, 90704
☎ 1-800-601-3836
ⓦ hotel-vistadelmar.com
Gemütliches Strandhotel mit malerischem Garten. Viele Zimmer haben Blick auf den Ozean.

COSTA MESA: Ayres Hotel & Suites $$
Boutique   SK D6
325 Bristol St, 92626
☎ 1-800-322-9992
ⓦ ayreshotels.com
Bezaubernde Zimmer im französischen Landhausstil.

COSTA MESA: Residence Inn $$
Preiswert   SK D6
881 W Baker St, 92626
☎ 1-714-241-8800
ⓦ marriott.com
Zimmer mit Küchenzeile und separatem Wohnbereich.

DANA POINT: Blue Lantern Inn $$
B&B   SK D6
34343 St of the Blue Lantern, 92629
☎ 1-949-661-1304
ⓦ bluelanterninn.com

Romantisches Hotel mit Blick auf den Hafen. Luxuriöse Zimmer mit Kamin. Die Suiten haben eine Terrasse und herrlichen Ausblick.

HUNTINGTON BEACH: Shorebreak Hotel $$$
Boutique   SK D6
500 Pacific Coast Hwy, 92648
☎ 1-877-212-8597
ⓦ shorebreakhotel.com
Komfortable Zimmer mit vielen Extras, darunter kostenlose Weinstunde am Abend.

Vis-à-Vis-Tipp

LAGUNA BEACH: Surf & Sand Resort $$$
Resort   SK D6
1555 S Coast Hwy, 92651
☎ 1-949-494-2897
ⓦ surfandsandresort.com
Resort der Spitzenklasse direkt am Strand. Die modernen Zimmer und Suiten sind opulent eingerichtet und bieten Blick auf den Ozean. Die erstklassigen Einrichtungen wie Spa, Swimmingpools und Restaurants machen die Anlage zum populären Urlaubsziel.

NEWPORT BEACH: Fairmont $$$
Luxus   SK D6
4500 MacArthur Blvd, 92660
☎ 1-949-476-2001
ⓦ fairmont.com
Gut ausgestattete Zimmer und freundlicher Service. Europäische Eleganz mit kalifornischem Flair.

San Diego County

CARLSBAD: Pelican Cove Inn $
B&B   SK D6
320 Walnut Ave, 92008
☎ 1-760-434-5995
ⓦ pelican-cove.com
Gemütliche Zimmer mit Kamin und sehr gutes Frühstück.

CARLSBAD: Beach Terrace Inn $$$
B&B   SK D6
2775 Ocean St, 92008
☎ 1-800-433-5415
ⓦ beachterraceinn.com
Schönes Strandresort. Die Suiten verfügen über Küchenzeile und Kamin, einige haben Meerblick.

CORONADO: Hotel del Coronado $$$
Historisches Flair   SK D6
1500 Orange Ave, 92118
☎ 1-619-435-6611
ⓦ hoteldel.com
Renommiertes viktorianisches Strandresort mit modernen Zimmern und Ferienhäuschen.

DEL MAR: Clarion Del Mar Inn $$
Preiswert   SK D6
720 Camino Del Mar, 92014
☎ 1-858-755-9765
ⓦ delmarinn.com
Malerisches Anwesen inmitten von englischen Gärten.

DEL MAR: L'Auberge Del Mar $$$
Luxus   SK D6
1540 Camino Del Mar, 92014
☎ 1-858-259-1515
ⓦ laubergedelmar.com
Elegantes Resort mit gut ausgestatteten Zimmern und Luxus-Spa.

LA JOLLA: The Bed and Breakfast Inn at La Jolla $$
B&B   SK D6
7753 Draper Ave, 92037
☎ 1-858-456-2066
ⓦ innlajolla.com
Moderner Komfort mit dem Charme der alten Welt. Individuell eingerichtete Zimmer.

LA JOLLA: Estancia La Jolla $$$
Luxus   SK D6
9700 N Torrey Pines Rd, 92037
☎ 1-858-454-0771
ⓦ estancialajolla.com
Architektur im Ranchstil inmitten üppiger Gärten. Salzwasserpool und preisgekröntes Spa.

Fassade des Luxushotels Newport Beach, Fairmont

SK = **Straßenkarte Kalifornien** *siehe hintere Umschlaginnenseiten*

Außenpool über dem Golfplatz: The Lodge at Torrey Pines, La Jolla

LA JOLLA:
The Lodge at Torrey Pines $$$
Resort   SK D6
11480 N Torrey Pines Rd, 92037
☎ 1-858-453-4420
🅦 lodgetorreypines.com
Nettes Anwesen mit Blick auf den
berühmten Torrey-Pines-Golf-
platz. Preisgekröntes Restaurant.

JULIAN: Orchard Hill $$
B&B   SK D6
2502 Washington St, 92036
☎ 1-760-765-1700
🅦 orchardhill.com
Rustikale Lodge mit 22 gemütlichen Zimmern in einer schönen
Grünanlage.

RANCHO SANTA FE:
Rancho Valencia $$$
Resort   SK D6
5921 Valencia Circle, 92067
☎ 1-858-756-1123
🅦 ranchovalencia.com
Ruhiges, abgeschiedenes Resort
mit Zimmern im Haciendastil.
Fabelhaftes Spa.

SAN DIEGO: Keating House $
Historisches Flair   SK D6
2331 2nd Ave, 92101
☎ 1-619-239-8585
🅦 keatinghouse.com
Stilvolles viktorianisches Gebäude
mit hübschem Salon inmitten
üppiger Gärten. Große Zimmer.

SAN DIEGO: Old Town Inn $
Preiswert   SK D6
4444 Pacific Hwy, 92110
☎ 1-619-260-8024
🅦 oldtown-inn.com
Bescheidenes, familiengeführtes
Gästehaus. Die großen Apart-
ments haben eine Küchenzeile.

SAN DIEGO: Sheraton
Mission Valley Hotel
Preiswert   SK D6
1433 Camino del Rio S, 92108
☎ 1-619-260-0111
🅦 sheratonmissionvalley.com
Komfortable, preiswerte Unter-
künfte in Strandnähe.

SAN DIEGO: Bahia Hotel $$
Resort   SK D6
998 W Mission Bay Dr, 92109
☎ 1-858-488-0551
🅦 bahiahotel.com
Familienfreundliche Ferienanlage
am Strand in Mission Bay. Moderne Annehmlichkeiten.

SAN DIEGO: Catamaran $$
Resort   SK D6
3999 Mission Blvd, 92109
☎ 1-858-488-1081
🅦 catamaranresort.com
Elegante Ferienanlage nahe
Mission Bay und Pazifikküste. Ent-
spannen Sie am tropischen Pool.

SAN DIEGO: Doubletree by
Hilton Golf Resort $$
Preiswert   SK D6
14455 Penasquitos Dr, 92129
☎ 1-858-672-9100
🅦 doubletree.com
Moderne Zimmer mit Terrasse
oder Balkon. Golfbahn, Tennisplätze und Swimmingpool.

SAN DIEGO: Paradise Point $$
Luxus   SK D6
1404 Vacation Rd, 92109
☎ 1-858-274-4630
🅦 paradisepoint.com
Komfortable Bungalows verstreut
über eine 18 Hektar große Insel.
Preisgekröntes Spa.

SAN DIEGO:
The Beach Cottages $$$
Historisches Flair   SK D6
4255 Ocean Blvd, 92109
☎ 1-858-483-7440
🅦 beachcottages.com
Familiengeführte Anlage mit einer
Reihe von einfachen Zimmern,
aber auch Ferienhäuschen.

SAN DIEGO: Hotel Solamar $$$
Boutique   SK D6
435 6th Ave, 92101
☎ 1-619-819-9500
🅦 hotelsolamar.com
Elegantes Hotel mit eleganten
Möbeln und reicher Ausstattung
(u. a. Dachterrasse mit Pool).

SAN DIEGO: San Diego
Marriott Marquis & Marina $$$
Luxus   SK D6
333 West Harbor Dr, 92101
☎ 1-619-234-1500
🅦 marriott.com
Große, Business-freundliche Unterkünfte mit maritimem Dekor
und schönem Blick auf die Stadt.

Vis-à-Vis-Tipp

SAN DIEGO: The US Grant $$$
Historisches Flair   SK D6
326 Broadway, 92101
☎ 1-619-232-3121
🅦 usgrant.net
Berühmtes Gebäude von 1910
im Herzen der Stadt. Guter
Ausgangspunkt, um die Haupt-
sehenswürdigkeiten zu besich-
tigen. Die Zimmer verströmen
nostalgisches Flair, sind aber
modern und luxuriös eingerich-
tet. Die Lobby ist wahrhaft
fürstlich ausgestattet. Genie-
ßen Sie ein vorzügliches Mahl
im erstklassigen Restaurant.

Inland Empire und Colorado-Wüste

BIG BEAR LAKE:
Northwoods Resort $$$
Luxus   SK D5
40650 Village Dr, 92315
☎ 1-909-866-3121
🅦 northwoodsresort.com
Das einzige Hotel mit vollem
Service am Big Bear Lake.

BORREGO SPRINGS:
Borrego Springs Resort $$
Luxus   SK D6
1112 Tilting T Dr, 92004
☎ 1-760-767-5700
🅦 borregospringsresort.com
Geräumige Zimmer und hervor-
ragender Service. Es gibt drei
9-Loch-Golfplätze, ein Spa und
einen Tennisplatz.

DESERT HOT SPRINGS:
Two Bunch Palms $$
Boutique   SK D6
67425 Two Bunch Palms Trail, 92240
☎ 1-760-329-8791
🅦 twobunchpalms.com
Diese Oase ist bekannt für ihre
erquickenden Mineralbäder und
den Spa-Bereich. Keine Kinder.

IDYLLWILD: Quiet Creek Inn $
B&B   SK D6
26345 Delano Dr, 92549
☎ 1-951-468-4208
🅦 quietcreekinn.com
Komfortable Hütten in einem
abgeschiedenen Waldgebiet mit
Wanderwegen.

INDIAN WELLS:
Indian Wells Resort Hotel $
Historisches Flair SK D6
76–661 Hwy 111, 92210
☎ 1-800-248-3220
🆆 indianwellsresort.com
Luxuriöses Wüstenresort auf
einem Golfplatz.

INDIO:
Best Western Date Tree Hotel $
Preiswert SK D6
81909 Indio Blvd, 92201
☎ 1-760-347-3421
🆆 datetree.com
Ruhiges Hotel mit geschmackvoll
eingerichteten Zimmern.

PALM DESERT: JW Marriott
Desert Springs Resort & Spa $$
Luxus SK D6
74855 Country Club Dr, 92260
☎ 1-760-341-2211
🆆 desertspringsresort.com
Spektakuläres Hotel mit aufwen-
dig ausgestatteten Zimmern und
wundervollem Ausblick.

Vis-à-Vis-Tipp
PALM SPRINGS:
Ace Hotel & Swim Club $
Boutique SK D6
701 E Palm Canyon Dr, 92264
🆆 acehotel.com/palmsprings
Die schicke Atmosphäre des
Boutique-Hotels macht es zum
beliebten Hipster-Treffpunkt.
Die Zimmer sind modern ein-
gerichtet und verfügen über
bequeme Betten. Nehmen Sie
ein Bad im Außenpool oder
gönnen Sie sich eine Massage
in einer mongolischen Jurte.

PALM SPRINGS:
Colt's Lodge $
Preiswert SK D6
1586 E Palm Canyon Dr, 92264
☎ 1-760-323-2231
🆆 coltslodgeps.com
Ruhiges Refugium mit schönen
Gärten und elegantem Pool.

PALM SPRINGS: Desert Riviera $
Preiswert SK D6
610 E Palm Canyon Dr, 92264
☎ 1-760-327-5314
🆆 desertrivierahotel.com
Weingut mit gepflegten Gärten
und überwältigendem Blick auf
die Berge. Freundliches Personal.

PALM SPRINGS: Orbit In $$
Boutique SK D6
562 West Arenas Rd, 92262
☎ 1-760-323-3585
🆆 orbitin.com
Renoviertes Hotel aus der Mitte
des 20. Jahrhunderts mit wunder-
vollem Ausblick.

PALM SPRINGS:
The Saguaro Palm Springs $$
Boutique SK D6
1800 E Palm Canyon Dr, 92264
☎ 1-760-323-1711
🆆 thesaguaro.com
Charmante Wüstenoase mit schö-
nen, farbenfrohen Zimmern, Gar-
ten und Blick auf die Berge.

PALM SPRINGS:
Colony Palms Hotel $$$
Luxus SK D6
572 North Indian Canyon Dr, 92262
☎ 1-800-557-2187
🆆 colonypalmshotel.com
Vornehmes Hotel im Herzen
der Stadt mit luxuriös ausgestatteten Zimmern, Krocketbahn
und *cabañas* (Holzhütten).

PALM SPRINGS:
Hilton Palm Springs $$$
Luxus SK D6
400 E Tahquitz Canyon Dr, 92262
☎ 1-760-320-6868
🆆 hiltonpalmsprings.com
Geräumige Zimmer um einen
großen Pool. Beliebte Lounge mit
Pool und Restaurant.

RIVERSIDE: Mission Inn $$
Historisches Flair SK D6
3649 Mission Inn Ave, 92501
☎ 1-951-784-0300
🆆 missioninn.com
Zimmer mit dem Charme der
spanischen Kolonialzeit in einem
Gebäude von 1888.

Mojave-Wüste

BARSTOW: Ramada Inn $
Preiswert SK D5
1511 E Main St, 92311
☎ 1-760-256-5673
🆆 ramada.com
Motel mit sauberen, sehr komfor-
tablen Zimmern.

**Lounge mit Holzbalkendecke: The
Inn at Furnace Creek, Death Valley**

DEATH VALLEY: Amargosa Opera
House and Hotel $
Historisches Flair SK D4
Death Valley Junction, 92328
☎ 1-760-852-4441
🆆 amargosa-opera-house.com
Unkonventionelles Hotel mit
Kabarettbühne. Gemütliche Zim-
mer ohne TV-Gerät und Telefon.

DEATH VALLEY:
Stovepipe Wells Village $
Preiswert SK D4
Hwy 190, 92328
☎ 1-760-786-2387
🆆 escapetodeathvalley.com
Uriges Refugium in atemberau-
bender Wüstenlandschaft. Guter
Ausgangspunkt für Dünenwan-
derungen.

Vis-à-Vis-Tipp
DEATH VALLEY:
The Inn at Furnace Creek $$$
Resort SK D4
Hwy 190, 92328
☎ 1-760-786-2345
🆆 furnacecreekresort.com
Diese großartige Wüstenoase
bietet elegante Zimmer, tollen
Service und Annehmlichkeiten
der Luxusklasse. Zu den Frei-
zeitmöglichkeiten gehören
Schwimmen, Reiten, Yogakur-
se, Golf und Tennis. Genießen
Sie die schöne Aussicht auf
den Sonnenuntergang und
machen Sie einen Spaziergang
durch die malerischen Gärten.

LAKE HAVASU: Hidden Palms
Resort Condominiums $
Preiswert SK E5
2100 Swanson Ave, 86403
☎ 1-928-855-7144
🆆 hiddenpalms.com
Geräumige Suiten und Schlafzim-
mer mit separatem Essbereich
und Küchenzeile.

LAKE HAVASU: The Nautical
Beachfront Resort $
Preiswert SK E5
1000 McCulloch Blvd, 86403
☎ 1-928-855-2141
🆆 nauticalinn.com
Hotel am See mit großen Zim-
mern, Privatstrand und Wasser-
sportmöglichkeiten. Die Suiten
haben voll ausgestattete Küchen.

MOJAVE: Best Western Plus
Desert Winds $
Preiswert SK D5
16200 Sierra Hwy Mojave, 93501
☎ 1-661-824-3601
🆆 bestwestern.com
Saubere, komfortable Zimmer
in einer Hotelkette. Freundli-
ches Personal, Swimmingpool
und Wanderwege in der Nähe.

San Francisco

Downtown

Cornell Hotel de France $
B&B SP 5 B4
715 Bush St, 94108
☎ 1-415-421-3154
🌐 cornellhotel.com
Französisches Landhotel mit sehr
gemütlichen Zimmern.

The Donatello $
Preiswert SP 5 B5
501 Post St, 94102
☎ 1-415-441-7100
🌐 shellhospitality.com
Geräumige, modern ausgestattete Zimmer und Fitness-Center.

Golden Gate Hotel $
Preiswert SP 5 B4
775 Bush St, 94108
☎ 1-415-392-3702
🌐 goldengatehotel.com
Uriges edwardianisches Gasthaus
mit alten Möbeln in den Zimmern. Hunde sind willkommen.

**Hostelling International
San Francisco Downtown** $
Preiswert SP 5 B5
312 Mason St, 94102
☎ 1-800-909-4776
🌐 sfhostels.org
Privat- und Gemeinschaftszimmer
mit Küche, Zimmerservice und
kostenlosem WLAN.

Hotel Bijou $
Preiswert SP 5 B5
111 Mason St, 94102
☎ 1-415-771-1200
🌐 hotelbijou.com
Unkonventionelles Hotel in der
Innenstadt. Das Dekor spiegelt
die Filmgeschichte der Stadt.

Hotel Carlton $
Preiswert SP 5 B4
1075 Sutter St, 94109
☎ 1-415-673-0242
🌐 jdvhotels.com
Klassisches europäisches Hotel
mit farbenfrohen Zimmern.

Hotel des Arts $
Preiswert SP 5 B4
447 Bush St, 94108
☎ 1-415-956-3232
🌐 sfhoteldesarts.com
Von verschiedenen Künstlern
individuell eingerichtete, schicke
Zimmer. Frühstück inklusive.

San Remo Hotel $
Preiswert SP 5 B5
2237 Mason St, 94133
☎ 1-415-776-8688
🌐 sanremohotel.com
Kleine, gemütliche Zimmer mit
Gemeinschaftsbad. Sehr schönes
Penthouse auf dem Dach.

The Donatello, Hotel im Zentrum von San Francisco

Chancellor Hotel $$
Preiswert SP 5 B4
433 Powell St, 94102
☎ 1-415-362-2004
🌐 chancellorhotel.com
Klassisches Stadthotel mit ge-
pflegten Zimmern und kleinem
Bad. Nette Café-Bar.

Courtyard by Marriott $$
Preiswert SP 6 D5
299 2nd St, 94105
☎ 1-800-321-2211
🌐 marriott.com
Zimmer mit Arbeitsbereich und
einige Konferenzräume. Beliebt
bei Geschäftsreisenden.

Galleria Park Hotel $$
Luxus SP 5 C4
191 Sutter St, 94104
☎ 1-415-781-3060
🌐 jdvhotels.com
Technisch sehr gut ausgestattete,
modern eingerichtete Zimmer.

Handlery Union Square Hotel $$
Preiswert SP 5 B5
351 Geary St, 94102
☎ 1-415-781-7800
🌐 sf.handlery.com
Familiengeführtes Hotel mit
schön eingerichteten Zimmern
und Suiten, Pool und Bar.

Hotel Adagio $$
Luxus SP 5 B5
550 Geary St, 94102
☎ 1-415-775-5000
🌐 hoteladagiosf.com
Große, freundliche, im mediter-
ranen Stil eingerichtete Zimmer.

Hotel Diva $$
Luxus SP 5 B5
440 Geary St, 94102
☎ 1-415-885-0200
🌐 hoteldiva.com
Moderne Zimmer mit Luxusaus-
stattung. Café, rund um die Uhr
geöffnetes Fitness-Center. Spiele
für Kinder in der Divas Suite.

Hotel Metropolis $$
Boutique SP 5 B5
25 Mason St, 94102
☎ 1-415-775-4600
🌐 haiyi-hotels.com
Schicke, moderne Zimmer und
Familiensuiten. Bibliothek und
Restaurant im Southern-Stil.

Hotel Rex $$
Boutique SP 5 B4
562 Sutter St, 94102
☎ 1-415-433-4434
🌐 jdvhotels.com/rex
Das einladende Hotel erinnert an
literarische Salons der 1920er
und 1930er Jahre. Freitags Live-
Jazz in der Library Bar.

Mystic Hotel $$
Boutique SP 5 C4
417 Stockton St, 94108
☎ 1-415-400-0500
🌐 mystichotel.com
Eleganz und Luxus in einem Hotel
nahe dem Union Square.

Palace Hotel $$
Historisches Flair SP 5 C5
2 New Montgomery St, 94105
☎ 1-415-512-1111
🌐 sfpalace.com
Renommiertes Stadthotel von
1909 *(siehe S. 321)*. Garden Court
Restaurant mit Glaskuppel.

Sir Francis Drake Hotel $$
Historisches Flair SP 5 B4
450 Powell St, 94102
☎ 1-415-392-7755
🌐 sirfrancisdrake.com
Kleine Zimmer mit 1930er-Jahre-
Flair. Restaurant, Bistro und Bar.
Haustiere sind willkommen.

Villa Florence $$
Preiswert SP 5 B5
225 Powell St, 94102
☎ 1-415-397-7700
🌐 villaflorence.com
Hübsche, im europäischen Stil
eingerichtete Zimmer.

Clift Hotel $$$
Historisches Flair SP 5 B5
495 Geary St, 94102
☎ 1-415-775-4700
🅦 morganshotelgroup.com
Hotel im Theaterviertel mit extra-
vagantem Dekor von Philippe
Starck. Bar-Lounge.

**Four Seasons Hotel
San Francisco** $$$
Luxus SP 5 C5
757 Market St, 94103
☎ 1-415-633-3000
🅦 fourseasons.com/sanfrancisco
Große, mit urbanem Chic eingerichtete Zimmer und raumhohen
Fenstern. Perfekter Service.

Grand Hyatt San Francisco $$$
Luxus SP 5 C4
345 Stockton St, 94108
☎ 1-415-398-1234
🅦 grandsanfrancisco.hyatt.com
Hyatts Hauptniederlassung bietet
luxuriöse Zimmer, Suiten und
Tagungsräume. Im Restaurant hat
man einen Panoramablick.

Hotel Monaco $$$
Boutique SP 5 B5
501 Geary St, 94102
☎ 1-415-292-0100
🅦 monaco-sf.com
Zur Ausstattung gehören Spa,
Sauna und Fitness-Center.

Hotel Vitale $$$
Luxus SP 5 C5
8 Mission St, 94105
☎ 1-888-890-8688
🅦 jdvhotels.com
Große, opulent eingerichtete Zim-
mer in einem Hotel am Hafen.
Spa und Whirlpool auf der Dach-
terrasse.

Hotel Zelos $$$
Boutique SP 5 C5
12 4th St, 94103
☎ 1-415-348-1111
🅦 hotelzelos.com
Farbenfrohe, komfortable Zimmer
in einem Gebäude von 1905.
Sehr gute technische Ausstattung.

**Loews Regency
San Francisco** $$$
Luxus SP 5 C3
222 Sansome St, 94104
☎ 1-415-276-9888
🅦 loewshotels.com
Spektakuläre Eleganz in den obe-
ren elf Etagen eines Hauses mit
48 Stockwerken. Tolle Aussicht.

The Orchard Garden Hotel $$$
Boutique SP 5 C4
466 Bush St, 94108
☎ 1-415-399-9807
🅦 theorchardgardenhotel.com
Öko-Chic in einem modernen
Gästehaus. Genießen Sie leckeres
Seafood in einer Restaurant-Bar.

St. Regis San Francisco $$$
Luxus SP 6 D5
125 3rd St, 94105
☎ 1-415-284-4000
🅦 stregissanfrancisco.com
Minimalistisches, asiatisch inspi-
riertes Ambiente in einem moder-
nen Hochhaus. Remède-Spa,
Infinity Pool, exzellente Küche.

**San Francisco
Marriott Marquis** $$$
Luxus SP 5 C5
55 4th St, 94103
☎ 1-415-896-1600
🅦 marriott.com
Gute Option für Geschäftsreisende, aber auch für Urlauber. Sehr
gut ausgestattete Zimmer.

Taj Campton Place $$$
Luxus SP 5 C4
340 Stockton St, 94108
☎ 1-415-781-5555
🅦 tajhotels.com
Luxus in opulenten Zimmern.
Restaurant mit Michelin-Stern.

W San Francisco $$$
Luxus SP 6 D5
181 3rd St, 94103
☎ 1-415-777-5300
🅦 wsanfrancisco.com
Das Dekor ist modern und stylish.
Trendige Café-Bar in der Lobby
und fantastisches Spa.

Chinatown und Nob Hill

Baldwin Hotel $
Preiswert SP 5 C4
321 Grant Ave, 94108
☎ 1-415-781-2220
🅦 baldwinhotel.com
Hotel im Stil eines europäischen
Weinguts mit kleinen Zimmern
und aufmerksamem Service.

Hotel Triton $
Boutique SP 5 C4
342 Grant Ave, 94108
☎ 1-415-394-0500
🅦 hoteltriton.com
Schickes Chagall-Dekor in einer
günstigen Unterkunft. Fitness-
Center 24 Stunden geöffnet.

The Mosser $
Preiswert SP 5 C5
54 4th St, 94103
☎ 1-415-986-4400
🅦 themosser.com
Moderne Zimmer mit elegantem
viktorianischem Charme, einige
mit Gemeinschaftsbädern.

Executive Hotel Vintage Court $$
Boutique SP 5 C4
650 Bush St, 94108
☎ 1-415-781-5555
🅦 executivehotels.net
Stilvolles Gästehaus in elegantem
europäischem Stil. Erstklassige
technische Ausstattung.

Petite Auberge $$
Boutique SP 5 B4
863 Bush St, 94108
☎ 1-415-928-6000
🅦 jdvhotels.com
Hotel im provenzalischen Stil mit
luxuriös-rustikalem Ambiente.

The Fairmont San Francisco $$$
Luxus SP 5 B4
950 Mason St, 94108
☎ 1-415-772-5000
🅦 fairmont.com
Rund 100 Jahre altes, klassisches
Nob-Hill-Hotel. Das Fairmont ist
luxuriös und serviceorientiert.

**Intercontinental
Mark Hopkins** $$$
Luxus SP 5 B4
1 Nob Hill, 94108
☎ 1-415-392-3434
🅦 intercontinentalmarkhopkins.
com
Hotel für Geschäftsreisende wie
Urlauber. Sagenhafte Aussicht.

Omni San Francisco $$$
Luxus SP 5 C4
500 California St, 94104
☎ 1-415-677-9494
🅦 omnihotels.com
Schlichte Eleganz in einem Ge-
bäude im Stil der florentinischen
Renaissance von 1926 mit Mar-
mor und Kronleuchtern.

Luxushotel in imposantem Palast: The Fairmont in Nob Hill, San Francisco

SP = Stadtplan San Francisco *siehe Seiten 404–413*

Elegantes Restaurant des Hyatt at Fisherman's Wharf, San Francisco

The Ritz-Carlton $$$
Historisches Flair   SP 5 C4
600 Stockton St, 94108
📞 1-415-296-7465
🌐 ritzcarlton.com
Klassizistisches Gebäude mit Marmorfußboden und Orientteppichen. Vorzüglicher Service.

The Scarlet Huntington Hotel $$$
Historisches Flair   SP 5 B4
1075 California St, 94108
📞 1-415-474-5400
🌐 thescarlethotels.com
Angesehenes Hotel aus dem Jahr 1924 mit kleinen, aufwendig eingerichteten Zimmern und Spa.

Stanford Court $$$
Luxus   SP 5 B4
905 California St, 94108
📞 1-415-989-3500
🌐 stanfordcourt.com
Luxuriöse, große Zimmer mit Blick über die Stadt. Fitness-Center und erstklassiges Restaurant.

Fisherman's Wharf und North Beach

Hostelling International San Francisco Fisherman's Wharf $
Preiswert   SP 4 E1
240 Fort Mason, 94109
📞 1-800-909-4776
🌐 sfhostels.org
Hübsches Hostel in einem schönen Park am Hafen. Einzel- und Mehrbettzimmer mit Kochgelegenheit und Zimmerservice.

Hotel Bohème $
Preiswert   SP 5 C3
444 Columbus Ave, 94133
📞 1-415-433-9111
🌐 hotelboheme.com
Kleine Zimmer in einem Hotel aus den 1950er Jahren. Im Viertel gibt es viele Cafés, Bars und Geschäfte.

Best Western Tuscan Inn $$
Preiswert   SP 5 B1
425 North Point St, 94133
📞 1-415-561-1100
🌐 tuscaninn.com
Gästehaus unweit des Hafens mit farbenfrohen Zimmern und italienischem Restaurant.

Hyatt at Fisherman's Wharf $$
Luxus   SP 5 B1
555 North Point St, 94133
📞 1-415-563-1234
🌐 fishermanswharf.hyatt.com
Zimmer mit überdimensionierten Hightech-Schreibtischen in einem zeitgemäßen Hotel.

Sheraton Fisherman's Wharf Hotel $$
Luxus   SP 5 B1
2500 Mason St, 94133
📞 1-415-362-5500
🌐 sheratonatthewharf.com
Chic und modern eingerichtete, große Zimmer mit Sofa und ergonomischen Stühlen.

Suites at Fisherman's Wharf $$
Preiswert   SP 5 A2
2655 Hyde St, 94109
📞 1-415-771-0200
🌐 shellhospitality.com
Ein- und Zweizimmer-Suiten mit Küche und Blick auf die Bucht.

Argonaut Hotel $$$
Boutique   SP 5 A1
495 Jefferson St, 94109
📞 1-415-563-0800
🌐 argonauthotel.com
Authentisches maritimes Dekor in einem Hotel mit Restaurant. Haustiere sind willkommen.

Fairmont Heritage Place Ghirardelli Square $$$
Luxus   SP 4 F1
900 North Point St, 94109
📞 1-415-268-9900
🌐 fairmont.com
Sehr gut ausgestattete Zwei- und Dreizimmer-Apartments mit Küche, Wohnraum und Essbereich in einem Wohnhaus.

Pacific Heights

Buena Vista Motor Inn $
Preiswert   SP 4 E2
1599 Lombard St, 94123
📞 1-415-923-9600
🌐 buenavistamotorinn.com
Motel mit Dachterrasse in günstiger Lage. Parkplätze kostenlos.

Hotel Kabuki $
Boutique   SP 4 E4
1625 Post St, 94115
📞 1-415-922-3200
🌐 jdvhotels.com
Japanisches Hotel mit großen Badewannen und Zen-Ambiente.

The Kimpton Buchanan $
Preiswert   SP 4 E4
1800 Sutter St, 94115
📞 1-415-921-4000
🌐 thebuchananhotel.com
Farbenfrohe Themenzimmer. Beliebt vor allem bei Familien.

Hotel del Sol $$
Boutique   SP 4 D2
3100 Webster St, 94123
📞 1-415-921-5520
🌐 jdvhotels.com
Freundliche Zimmer, Pool und Sauna im 1950er-Jahre-Hotel.

Hotel Drisco $$
Boutique   SP 3 C3
2901 Pacific Ave, 94115
📞 1-415-346-2880
🌐 hoteldrisco.com
Elegantes, modern eingerichtetes Hotel mit 1940er-Jahre-Glamour.

Vis-à-Vis-Tipp

Inn at the Presidio $$
Boutique   SP 3 A2
42 Moraga Ave, 94129
📞 1-415-689-4287
🌐 innatthepresidio.com
Das ehemalige Offiziersquartier von 1903 besitzt Zimmer mit Blick auf die Golden Gate Bridge. Genießen Sie Ihr Frühstück auf der Veranda oder der Terrasse mit Feuerstelle.

Lounge auf dem Dach des Fairmont Heritage Place, San Francisco

**Foyer des Inn at the Presidio,
San Francisco** *(siehe S. 538)*

Jackson Court Hotel $$
B&B SP 4 E3
2198 Jackson St, 94115
☎ 1-415-929-7670
W jacksoncourt.com
Mit Antiquitäten eingerichtete
Zimmer in einer Backsteinvilla aus
dem Jahr 1900. Einige Zimmer
mit Kamin.

Laurel Inn $$
Preiswert SP 3 C4
444 Presidio Ave, 94115
☎ 1-415-567-8467
W jdvhotels.com
Stilvolles, modernes Hotel mit
hellen Zimmern im Apartmentstil,
einige davon haben eine gut aus-
staffierte Küchenzeile.

Queen Anne Hotel $$
Boutique SP 4 E4
1590 Sutter St, 94109
☎ 1-415-441-2828
W queenanne.com
Authentisches Ambiente in einem
viktorianischen Hotel. Großartiger
Service.

Civic Center

Hayes Valley Inn $
Preiswert SP 4 E4
417 Gough St, 94102
☎ 1-415-431-9131
W hayesvalleyinn.com
Preiswertes B&B mit schönen Zim-
mern und Gemeinschaftsbädern.
Frühstück inklusive.

**Hostelling International San
Francisco City Center** $
Preiswert SP 4 F4
685 Ellis St, 94109
☎ 1-800-909-4776
W sfhostels.org
Hostel mit gemütlichen Zimmern
– alle mit eigenem Bad.

Hotel Vertigo $
Preiswert SP 4 E4
940 Sutter St, 94109
☎ 1-415-885-6800
W haiyi-hotels.com
Hitchcock-Fans werden begeistert
sein. Das Dekor bezieht sich auf
seinen Thriller *Vertigo* (1958).

Sleep Over Sauce $
Preiswert SP 4 E4
135 Gough St, 94102
☎ 1-415-621-0896
W sleepsf.com
Charmantes Hotel mit kleinen,
aber komfortablen Zimmern.

Inn at the Opera $$
B&B SP 4 F5
333 Fulton St, 94102
☎ 1-415-863-8400
W shellhospitality.com
Zimmer im französischen Stil in
einem Gebäude der 1920er
Jahre. WLAN kostenlos.

Phoenix Hotel $$
Boutique SP 4 F5
601 Eddy St, 94109
☎ 1-415-776-1380
W jdvhotels.com
Themen-Motel im Retro-Stil.
Beliebt bei Rockbands und Fans.

Haight-Ashbury
und Mission District

Americania Hotel $
Preiswert
121 7th St, 94103
☎ 1-415-626-0200
W americaniahotel.com
Helle, farbenfrohe Zimmer mit
Pop-Dekor und beheiztem Pool.

Carriage Inn $
Preiswert
140 7th St, 94103
☎ 1-415-552-8600
W carriageinnsf.com
Individuell gestaltete Zimmer
mit Fotos berühmter Persönlich-
keiten aus San Francisco.

Good Hotel $
Preiswert
112 7th St, 94103
☎ 1-415-621-7001
W thegoodhotel.com
Umweltfreundliches Hotel mit mi-
nimalistischem Dekor aus
Recycling-Material.

The Inn San Francisco $
B&B SP 10 F3
943 South Van Ness Ave, 94110
☎ 1-415-641-0188
W innsf.com
Aufwendig eingerichtete vikto-
rianische Villa mit bequemen
Betten, wunderschönem Kamin
und Antiquitäten.

The Red Victorian $
B&B SP 9 B1
1665 Haight St, 94117
☎ 1-415-864-1978
W embassynetwork.com
Das rote Gebäude ist ein Relikt
aus dem Summer of Love (1967).
Jedes Zimmer verkörpert ein
Hippie-Paradies. Kein TV.

Bay Area

Vis-à-Vis-Tipp

BERKELEY:
Berkeley City Club $$
Historisches Flair
SK Ausschnitt B
2315 Durant Ave, 94704
☎ 1-510-848-7800
W berkeleycityclubhotel.com
Das Hotel wurde 1929 erbaut
und ist ein Meisterwerk der
Architektin Julia Morgan *(siehe
S. 219)*. Es bietet hübsche klei-
ne Zimmer, elegante Gemein-
schaftsräume und ein schönes
Hallenbad. Lesungen und Auf-
führungen.

BERKELEY:
Hotel Shattuck Plaza $$
Historisches Flair **SK** Ausschnitt B
2086 Allston Way , 94704
☎ 1-510-845-7300
W hotelshattuckplaza.com
Das Hotel atmet den Geist der
1920er Jahre. Moderne Zimmer
mit Blick über die Bucht.

**CORTE MADERA: Best Western
Corte Madera Inn** $
Preiswert **SK** Ausschnitt B
56 Madera Blvd, 94925
☎ 1-415-924-1502
W cortemaderainn.com
Schönes, familienfreundliches
Motel inmitten von Gärten.
Hervorragendes Restaurant.

HALF MOON BAY:
Half Moon Bay Inn $$
Boutique **SK** Ausschnitt B
401 Main St, 94019
☎ 1-650-726-1177
W halfmoonbayinn.com
1932 im spanischen Kolonialstil
erbautes Hotel mit luxuriösen
Zimmern. Haustiere willkommen.

HALF MOON BAY:
Half Moon Bay Lodge $$
Resort **SK** Ausschnitt B
42400 S Cabrillo Highway, 94019
☎ 1-650-726-9000
W pacificahotels.com
Zimmer mit Terrasse oder Balkon
mit Blick auf die Gärten. Küsten-
wanderwege in der Nähe.

HALF MOON:
Oceano Hotel & Spa $$
Luxus **SK** Ausschnitt B
280 Capistrano Rd, 94019
C 1-650-726-5400
w oceanohalfmoonbay.com
Gehobene Unterkünfte und Spa in einem Einkaufs- und Restaurantkomplex am Hafen.

HALF MOON BAY:
Ritz-Carlton Half Moon Bay $$$
Luxus **SK** Ausschnitt B
1 Miramontes Point Rd, 94019
C 1-650-712-7000
w ritzcarlton.com
Herrliche Lage auf einer Klippe hoch über dem Ozean. Zwei Golfplätze und Luxus-Spa.

LAFAYETTE:
Lafayette Park Hotel & Spa $$$
Luxus **SK** Ausschnitt B
3287 Mount Diablo Blvd, 94549
C 1-925-283-3700
w lafayetteparkhotel.com
Großartiges Hotel im Stil eines französischen Schlosses.

MARSHALL:
Nick's Cove & Cottages $$
Boutique **SK** A3
23240 Hwy 1, 94940
C 1-415-663-1033
w nickscove.com
Komfortable, rustikale Ferienhäuschen an der Tomales Bay.

MILLBRAE: El Rancho Inn $
Preiswert **SK** Ausschnitt B
1100 El Camino Real, 94030
C 1-650-588-8500
w elranchoinn.com
Gut eingerichtete Zimmer und Suiten im Apartmentstil. Tadelloser Service.

OAKLAND: Waterfront Hotel $$
Preiswert **SK** Ausschnitt B
10 Washington St, 94607
C 1-510-836-3800
w jdvhotels.com
Zimmer mit maritimem Dekor, einige mit Balkon und Meerblick.

OLEMA:
Point Reyes Seashore Lodge $$
B&B **SK** A3
10021 Coastal Hwy 1, 94956
C 1-415-663-9000
w pointreyesseashore.com
Luxuriöses Landhaus in einem idyllischen Garten. Komfortable Zimmer und zwei Cottages.

PALO ALTO:
Garden Court Hotel $$$
Luxus **SK** Ausschnitt B
520 Cowper St, 94301
C 1-650-322-9000
w gardencourt.com
Boutique-Hotel in der Nähe von Restaurants und Geschäften.

Erhabener Landsitz: Point Reyes Seashore Lodge, Olema

PESCADERO:
Pescadero Creek Inn $$
B&B **SK** B4
393 Stage Rd, 94060
C 1-650-879-1898
w pescaderocreekinn.com
Ruhiger Erholungsort inmitten von Gärten. Kuscheln Sie unter einer Daunendecke oder nehmen Sie ein entspannendes Bad.

SAN JOSÉ: Hotel Valencia $$
Luxus **SK** Ausschnitt B
355 Santana Row, 95128
C 1-408-551-0010
w hotelvalencia-santanarow.com
Anspruchsvolle spanische Architektur und elegante Unterkünfte. Es gibt eine lebhafte Bar.

SAUSALITO: Hotel Sausalito $$
Boutique **SK** Ausschnitt B
16 El Portal, 94965
C 1-415-332-0700
w hotelsausalito.com
Gebäude von 1915 im Mission-Revival-Stil in der Nähe des Fähranlegers. Dachgarten.

SAUSALITO: Casa Madrona $$$
Boutique **SK** Ausschnitt B
801 Bridgeway Ave, 94965
C 1-415-332-0502
w casamadrona.com
Hübsches viktorianisches Hotel. Zimmer und Ferienhäuschen mit Blick auf die Bucht.

SAUSALITO: Cavallo Point $$$
Historisches Flair **SK** Ausschnitt B
601 Murray Circle, 94965
C 1-415-339-4700
w cavallopoint.com
Wellness-Hotel am Fuße der Golden Gate Bridge. Das Restaurant besitzt einen Michelin-Stern.

SUNNYVALE:
Wild Palms Hotel $$
Preiswert **SK** Ausschnitt B
910 E Fremont Ave, 94087
C 1-408-738-0500
w jdvhotels.com
Mediterrane Atmosphäre mit Innenhöfen, Wandmalereien und Mosaiken. Zimmer im Bungalowstil und Schlafsofas.

TIBURON: Lodge at Tiburon $$
Resort **SK** Ausschnitt B
1651 Tiburon Blvd, 94920
C 1-415-435-3133
w thelodgeattiburon.com
Modernes Hostel im Craftsman-Stil am Hafen. Suiten mit Wohnbereich und Küchenzeile.

TIBURON: Waters Edge Hotel $$
Boutique **SK** Ausschnitt B
25 Main St, 94920
C 1-415-789-5999
w marinhotels.com
Hotel am Fähranleger mit minimalistischem Chic. Zimmer mit Balkon und Blick auf den Hafen.

TIBURON: Inn Above Tide $$$
Boutique **SK** Ausschnitt B
30 El Portal, 94965
C 1-415-332-9535
w innabovetide.com
Romantisches Hotel mit Blick auf die Bucht, Whirlpool und Zugang zur Fähre. Frühstück inklusive. Viele Zimmer mit eigenem Kamin und Terrasse.

Norden

DUNSMUIR:
Railroad Park Resort $
Preiswert **SK** B2
100 Railroad Park Rd, 96025
C 1-530-235-4440
w rrpark.com
Einfache Zimmer in umgebauten Güterwagen und Hütten um einen Pool. Zur Anlage gehört ein Restaurant.

EUREKA: Abigail's Elegant Victorian Mansion $$
Historisches Flair **SK** A2
1406 C St, 95501
C 1-707-444-3144
w eureka-california.com
Elegante Unterkünfte in einem viktorianischen Gebäude.

Vis-à-Vis-Tipp

EUREKA:
Carter House Inns $$$
Historisches Flair SK A2
301 L St, 95501
☎ 1-707-444-8062
🌐 carterhouse.com
Carter House Inns besteht aus einem Komplex von fünf historischen Gebäuden, darunter die Nachbildung eines viktorianischen Hauses. Alle verfügen über geschmackvoll eingerichtete Zimmer und Suiten mit Whirlpool und Himmelbett. Restaurant mit Michelin-Stern.

LASSEN VOLCANIC NATIONAL PARK:
Drakesbad Guest Ranch $$
Resort SK B2
Warner Valley Rd, 96020
☎ 1-530-529-1512
🌐 drakesbad.com
Resort mit heißen Quellen in malerischer Umgebung. Wählen Sie Zimmer, Hütte oder Bungalow.

MOUNT SHASTA CITY:
Mount Shasta Resort $
Resort SK B1
1000 Siskiyou Lake Blvd, 96067
☎ 1-530-926-3030
🌐 mountshastaresort.com
Chalets mit gut ausgestatteten Ein- oder Zweibettzimmern in schöner Umgebung. Golfplatz, Restaurant und Bar.

TRINITY CENTER:
Coffee Creek Guest Ranch $
Resort SK A2
4310 Coffee Creek Rd, 96091
☎ 1-530-266-3343
🌐 coffeecreekranch.com
Rustikale Hütten mit Sommerlager-Atmosphäre. Herzhafte Mahlzeiten und beheizter Pool.

Wine Country

BODEGA BAY:
Bodega Bay Lodge $$
Boutique SK A3
103 Hwy 1, 94923
☎ 1-707-875-3525
🌐 bodegabaylodge.com
Luxusunterkünfte inmitten von Pinien und Dünen. Pool mit Meerblick und Luxusrestaurant.

BODEGA BAY: Inn at the Tides $$
Resort SK A3
800 Hwy 1, 94923
☎ 1-800-541-7788
🌐 innatthetides.com
Zweistöckige Gebäude mit Kamin, Sitzecken, Meerblick und ausgezeichneter Gastronomie.

CALISTOGA: Indian Springs $$
Resort SK A3
1712 Lincoln Ave , 94515
☎ 1-707-942-4913
🌐 indianspringscalistoga.com
Wellness-Resort aus dem Jahr 1865 mit großen Pools, die von Thermalquellen gespeist werden.

Vis-à-Vis-Tipp

CALISTOGA:
Solage Calistoga $$$
Luxus SK A3
755 Silverado Trail, 94515
☎ 1-866-942-7442
🌐 solagecalistoga.com
Großes umweltfreundliches Resort mit Thermalquellen. Es gibt eine Bar und ein Restaurant mit Michelin-Stern. Die Unterkünfte verfügen über Kamin, Terrasse und Blick auf die Weinberge. Fitness-Center und kostenloser Fahrradverleih.

FORT BRAGG:
The Beach House Inn $$
Preiswert SK A2
100 Pudding Creek Rd, 95437
☎ 1-888-559-9992
🌐 beachinn.com
Gästehaus am See inmitten eines malerischen Feuchtgebiets. Zimmer mit Whirlpool und Kamin.

GLEN ELLEN: Olea Hotel $$
B&B SK A3
5131 Warm Springs Rd, 95442
☎ 1-707-996-5131
🌐 oleahotel.com
Berghotel mit allen Annehmlichkeiten und hübschem Garten. Gut ausgestattete Zimmer.

GUALALA: Mar Vista Cottages $
Boutique SK A3
35101 S Hwy 1, 95445
☎ 1-707-884-3522
🌐 marvistamendocino.com
Zwölf komfortable Ferienhäuschen in einem Weingut mit

Badezimmer mit Aussicht:
Carter House Inns, Eureka

Kamin und Küche, aber ohne Fernseher, Radio und Telefon.

HEALDSBURG: Camellia Inn $$
B&B SK A3
211 North St, 95448
☎ 1-707-433-8182
🌐 camelliainn.com
Romantische Zimmer in einem viktorianischen Haus von 1869 umgeben von üppigen Gärten.

HEALDSBURG:
Honor Mansion $$$
B&B SK A3
14891 Grove St, 95448
☎ 1-800-554-4667
🌐 honormansion.com
Hübsches Gästehaus inmitten von malerischen Gärten. Aufwendig ausgestattete Zimmer.

LITTLE RIVER:
Little River Inn $$$
Boutique SK A3
7751 Hwy 1, 95456
☎ 1-888-466-5683
🌐 littleriverinn.com
Landvilla aus dem 19. Jahrhundert mit Blick auf das Meer. Erstklassiges Restaurant und 9-Loch-Golfplatz.

MENDOCINO:
The Stanford Inn by the Sea $$
Resort SK A3
Hwy 1 & Comptche-Ukiah Rd, 95460
☎ 1-800-331-8884
🌐 stanfordinn.com
Die Zimmer und Suiten haben Terrasse mit Meerblick. Garten und Wellnesseinrichtungen.

NAPA: Andaz Napa $$$
Luxus SK B3
1450 First St, 94559
☎ 1-707-224-3900
🌐 napa.andaz.hyatt.com
Schickes, sehr gut ausgestattetes Stadthotel mit großen Zimmern, Weinbar und Restaurant.

NAPA: Senza Hotel $$$
Boutique SK B3
4066 Howard Ln, 94558
☎ 1-707-253-0337
🌐 senzahotel.com
Romantisches Ensemble aus Villa (19. Jh.) und romantischer Scheune. Das Anwesen wird von einer Winzerfamilie geführt.

NAPA:
Silverado Resort and Spa $$$
Resort SK B3
1600 Atlas Peak Rd, 94558
☎ 1-707-257-0200
🌐 silveradoresort.com
Große Villa (19. Jh.) mit Apartments, Cottages, Luxus-Spa, Restaurants und vielen Sport- und Freizeitmöglichkeiten.

Spa-Bereich des Fairmont Sonoma
Mission Inn and Spa, Sonoma

ST HELENA: El Bonita $
Boutique SK A3
195 Main St, 94574
☎ 1-707-963-3216
ⓦ elbonita.com
Renoviertes Art-déco-Motel aus
den 1930er Jahren mit schön eingerichteten Zimmern.

ST HELENA: Harvest Inn $$
Resort SK A3
1 Main St, 94574
☎ 1-707-963-9463
ⓦ harvestinn.com
Zimmer, Suiten und Cottages mit
Himmelbetten, Kamin und reich-
haltiger Ausstattung.

ST HELENA: Meadowood $$$
Resort SK A3
900 Meadowood Ln, 94574
☎ 1-800-458-8080
ⓦ meadowood.com
Luxuszimmer und Restaurant mit
drei Michelin-Sternen in einer
herrlichen Weinbaugegend.

SANTA ROSA: Flamingo $
Resort SK A3
2777 4th St, 95405
☎ 1-800-848-8300
ⓦ flamingoresort.com
Terrasse mit Pool, Tennisplatz und
voll ausgestattetem Spa in einem
modernen Hotel.

SEA RANCH: Sea Ranch Lodge $
Boutique SK A3
60 Sea Walk Dr, 95497
☎ 1-707-785-2371
ⓦ searanchlodge.com
Kleine Unterkünfte auf einer
Landzunge am Meer. Restaurant
und Bar mit schöner Aussicht.

SONOMA: Ramekins Inn $$
Boutique SK A3
450 W Spain St, 95476
☎ 1-415-933-0452
ⓦ ramekins.com
Das Hotel befindet sich in einem
Stampflehmgebäude und beher-
bergt auch eine Kochschule.
Schöner Blick auf die Umgebung.

**SONOMA: The Fairmont Sonoma
Mission Inn and Spa** $$$
Resort SK A3
18140 Hwy 12, 95476
☎ 1-888-270-1118
ⓦ fairmont.com
Rosafarbene Villa aus den 1920er
Jahren mit preisgekröntem Spa.

SONOMA: Inn at Sonoma $$$
B&B SK A3
630 Broadway, 95476
☎ 1-707-939-1340
ⓦ innatsonoma.com
Vornehm ausgestattete Zimmer
mit Kamin, Sitzecken und Balkon.
Whirlpool auf der Dachterrasse.

YOUNTVILLE: Bardessono $$$
Luxus SK B3
6526 Yount St, 94599
☎ 1-707-363-7295
ⓦ bardessono.com
Das Nobelhotel ist bekannt für
sein exquisites Design. Suiten in
mediterranem Ambiente.

Gold Country
und Central Valley

AMADOR CITY: Imperial Hotel $
B&B SK B3
14202 Hwy 49, 95601
☎ 1-209-267-9172
ⓦ imperialamador.com
Viktorianisch eingerichtete Zimmer in einem kleinen Hotel.

AUBURN: Power's Mansion Inn $
B&B SK B3
164 Cleveland Ave, 95603
☎ 1-530-885-1166
ⓦ powersmansioninn.com
Ein überaus elegantes, mit Antiquitäten bestücktes Anwesen.
Weintouren werden angeboten.

Vis-à-Vis-Tipp

**GRASS VALLEY:
The Holbrooke Hotel** $
Historisches Flair SK B3
212 W Main St, 95945
☎ 1-530-273-1353
ⓦ holbrooke.com
Das Gebäude wurde 1851 erbaut, um die Bedürfnisse der
Pioniere zur Zeit des Goldrausches zu befriedigen. Die Zimmer sind mit Antiquitäten und
Kamin eingerichtet.

**MURPHYS: Murphys Historic
Hotel** $
Historisches Flair SK B3
457 Main St, 95247
☎ 1-209-728-3444
ⓦ murphyshotel.com
Lebhafter Saloon im ältesten
Hotel Kaliforniens.

**NEVADA CITY: The Madison
House Bed & Breakfast** $$
B&B SK B3
427 Broad St, 95959
☎ 1-530-265-9478
ⓦ themadisonhouse.net
Ruhiges, romantisches B&B im
viktorianischen Stil.

SACRAMENTO: Sterling Hotel $
Historisches Flair SK B3
1300 H St, 95814
☎ 1-800-365-7660
ⓦ sterlinghotelsacramento.com
Charme und Luxus in einer ele-
ganten, wunderschön restaurier-
ten viktorianischen Villa.

**SOMERSET:
Gold Mountain
Winery and Lodgee** $$
Boutique SK B3
7750 Fair Play Rd, 95684
☎ 1-800-245-9166
ⓦ goldmountainwineryand
lodge.com
Elegante, modern ausgestattete
Zimmer mit schöner Aussicht.

**SONORA:
Barretta Gardens Inn** $$
B&B SK B3
700 Barretta St, 95370
☎ 1-209-532-6039
ⓦ barrettagardens.com
Individuell eingerichtete Zimmer
mit Weindekor. Gutes Frühstück.

**SUTTER CREEK:
Sutter Creek Inn** $$
B&B SK B3
75 Main St, 95685
☎ 1-209-267-5606
ⓦ suttercreekinn.com
Landgasthaus aus dem Jahr 1859.
Cottages mit Kamin. Viele Zim-
mer verfügen über einen privaten
Innenhof.

Hochsierra

**FISH CAMP:
The Narrow Gauge Inn** $$
Preiswert SK C4
48571 Hwy 41, 93623
☎ 1-559-683-7720
ⓦ narrowgaugeinn.com
Hübsches Hotel mit altmodisch
eingerichteten Zimmern und
fabelhaftem Restaurant. Eine
Unterkunft für Individualisten.

JUNE LAKE: Gull Lake Lodge $
Preiswert SK C3
132 Bruce St, 93529
☎ 1-760-648-7516
ⓦ gulllakelodge.com
Gemütliche Herberge in einem
Wohngebiet in Spazierweite zu
den Seen. Einzimmer-Apartments
mit Küchenzeile.

KINGS CANYON NATIONAL PARK:
Montecito Sequoia Lodge $
Preiswert SK C3
63410 Generals Hwy, 93633
☎ 1-559-565-3388
🅦 montecitosequoia.com
Die Zimmer und Hütten der gemütlichen Lodge sind insbesondere bei Familien sehr beliebt. Verpflegung ist bereits im Preis enthalten.

MAMMOTH LAKES:
Austria Hof Lodge $$
Preiswert SK C4
924 Canyon Blvd, 93546
☎ 1-760-934-2764
🅦 austriahof.com
Berghotel in der Nähe eines Skilifts. Behagliche Zimmer mit Kamin und Küchenzeile.

SOUTH LAKE TAHOE:
Beach Retreat and Lodge $
Preiswert SK C3
3411 Lake Tahoe Blvd, 96150
☎ 1-530-541-6722
🅦 tahoebeachretreat.com
Schön gelegenes Hotel direkt am See mit komplettem und kompetentem Service. Im Sommer und im Winter gute Freizeitmöglichkeiten.

SQUAW VALLEY:
Resort at Squaw Creek $$$
Luxus SK B3
400 Squaw Creek Rd, 96146
☎ 1-530-583-6300
🅦 squawcreek.com
Luxuriös ausgestattetes Resort mit vielen Freizeitmöglichkeiten, u. a. für Golfer und Skifahrer. Kostenlose Fahrten nach Squaw Valley.

TAHOE CITY: Chaney House $
B&B SK B3
4725 W Lake Blvd, 96145
☎ 1-530-525-7333
🅦 chaneyhouse.com
Zauberhafte traditionelle Unterkünfte aus Stein und Holz. Zugang zum Privatstrand.

TRUCKEE:
The Richardson House $$$
Historisches Flair SK B3
10154 High St, 96160
☎ 1-530-563-6874
🅦 therichardsonhouse.com
Komfortable Zimmer in einem renovierten viktorianischen Gebäude im historischen Zentrum.

YOSEMITE NATIONAL PARK:
Cedar Lodge $
Preiswert SK C3
9966 Hwy 140, 95318
☎ 1-209-379-2612
🅦 stayyosemitecedarlodge.com
Hotel mit einer Vielfalt an Unterkünften, von einfachen Zimmern bis hin zu Suiten für 14 Personen.

Vis-à-Vis-Tipp

YOSEMITE NATIONAL PARK:
The Ahwahnee $$$
Historisches Flair SK C3
Yosemite Valley, 95389
☎ 1-559-253-5636
🅦 yosemitepark.com
Das berühmte Hotel wurde 1927 eröffnet. Das Gebäude *(siehe S. 495)* wurde aus Stein und Holz erbaut, es steht in perfektem Einklang mit der Umgebung. Das elegante Ahwahnee bietet eine schöne Lobby, gut ausgestattete Zimmer, eine hübsche Terrasse, ein ausgezeichnetes Restaurant *(siehe S. 576)* sowie eine Vielfalt von Unterkünften.

Nördliches Zentralkalifornien

BIG SUR: Deetjen's Big Sur Inn $$
Historisches Flair SK B4
48865 Hwy 1, 93920
☎ 1-831-667-2377
🅦 deetjens.com
Waldrefugium mit gemütlichen Zimmern, schönen Gärten und erstklassigem Restaurant.

CARMEL: Los Laureles Lodge $
Boutique SK B4
313 W Carmel Valley Rd, 93924
☎ 1-831-659-2233
🅦 loslaureles.com
Vielfältig eingerichtete Zimmer in einem ehemaligen Pferdestall. Sehr schöne Umgebung.

Vis-à-Vis-Tipp

CARMEL: Pine Inn $$
B&B SK B4
Ocean Ave & Monte Verde, 93921
☎ 1-831-624-3851
🅦 pineinn.com
Das älteste Gästehaus Carmels bietet elegante, mit jeglichem modernen Komfort ausgestattete Zimmer und Suiten. Das Restaurant ist populär bei den Einheimischen. Das Hotel liegt unweit von Boutiquen und Galerien in Strandnähe.

MONTEREY: Lone Oak Lodge $
Preiswert SK B4
2221 North Fremont St, 93940
☎ 1-831-372-4924
🅦 loneoaklodge.com
Das Hotel ist beliebt bei Tauchern und bei Familien. Einfache Zimmer, Suiten mit Küchenzeile.

**MONTEREY: InterContinental
The Clement Monterey** $$$
Luxus SK B4
750 Cannery Row, 93940
☎ 1-831-375-4500
🅦 ictheclementmonterey.com
Luxushotel mit schönem, zeitgemäßem Dekor. Von den Zimmern und Suiten hat man Meerblick.

MONTEREY:
Monterey Bay Inn $$$
B&B SK B4
242 Cannery Row, 93940
☎ 1-831-373-6242
🅦 montereybayinn.com
Komfortable Zimmer, viele mit herrlichem Blick auf die Bucht.

SANTA CRUZ:
Sea and Sand Inn $$
Preiswert SK B4
201 West Cliff Dr, 95060
☎ 1-831-427-4800
🅦 santacruzmotels.com
Hotel auf den Klippen über dem Strand mit herrlichem Blick auf den Ozean. Frühstück inklusive.

SANTA CRUZ:
Beach Street Inn $$$
Boutique SK B4
125 Beach St, 95060
☎ 1-831-423-3031
🅦 beachstreetinn.com
Helle, freundliche Zimmer mit Retro-Ambiente und Meerblick.

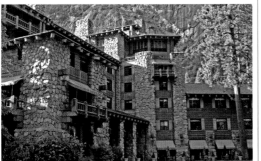
Holz-/Steinfassade des The Ahwahnee, Yosemite National Park

SK = Straßenkarte Kalifornien *siehe hintere Umschlaginnenseiten*

Restaurants

Kalifornien weist vermutlich die größte kulinarische Vielfalt der Vereinigten Staaten auf. Die neue kalifornische Küche – leichte, der Saison entsprechende Gerichte aus einheimischen Produkten, international zubereitet – erhielt durch renommierte Chefköche wie Jeremiah Tower, Wolfgang Puck und Alice Waters weltweite Anerkennung. Neben vielen italienischen und mexikanischen Restaurants findet man häufig Ethno-Lokale. An zahlreichen Orten bekommt man japanisches Sushi, Thai-Nudeln, chinesische Dim Sum oder indische Tandoori-Gerichte. Die kulinarische Vielfalt ist ein Spiegel des multikulturellen Bundesstaats, doch auch amerikanisches Essen (Hamburger, Pommes frites und Cola) ist allgegenwärtig. Qualität, Preis-Leistungs-Verhältnis und Service waren die wesentlichen Auswahlkriterien für die Restaurantliste auf den Seiten 550–577. Einige typisch kalifornische Gerichte finden Sie auf den Seiten 546f, Getränke auf den Seiten 548f.

Kalifornische Essgewohnheiten

Das amerikanische Frühstück hat den Ruf, eines der vielseitigsten der Welt zu sein. Das Frühstück in kalifornischen Diners oder guten Lokalen bestätigt dies. Omeletts mit Bratkartoffeln und Toast, Pfannkuchen oder Waffeln mit Obst und Sirup sowie Eier, Schinken oder Würstchen mit Toast sind sehr beliebt. Weniger gehaltvoll sind etwa Kaffee mit Bagel oder Gebäck sowie Müsli mit Rosinen und Bananen.

Frühstückszeit ist zwischen 6 und 11 Uhr (in manchen Lokalen auch ganztags). Beim Brunch am Sonntag (gelegentlich auch samstags) zwischen 11 und 15 Uhr ergänzen bunte Salate und leckere Desserts die Hauptspeisen.

Mittags (Lunch) isst man oft nur Suppe und Salat oder ein Sandwich. Hauptmahlzeit ist das Abendessen (Dinner – von 17 bis 22 Uhr). In vielen Lokalen wird Dinner mit Kerzenlicht, Tischdecken und den Hausspezialitäten zum Höhepunkt des Tages.

Preise und Trinkgeld

Die Preise in den kalifornischen Restaurants sind nicht überzogen: Ein Snack in einem Café kostet um die zwölf US-Dollar, ein Hauptgericht in einem Diner etwa 20 US-Dollar, für ein dreigängiges Menü in einem durchschnittlichen Restaurant müssen Sie mit 40 bis 70 US-Dollar rechnen. Hinzu kommen die Preise für Getränke. Gourmet-Menüs beginnen in den meisten Restaurants erst bei 70 US-Dollar. Tagesmenüs werden nur selten angeboten, mittags sind Gerichte oft billiger als abends.

Geben Sie etwa 15 Prozent Trinkgeld bei gutem, 20 Prozent bei vorzüglichem Service. Achten Sie darauf, dass das Trinkgeld auf der Nettosumme basiert.

Fast Food

In Kalifornien ist man meist innerhalb von fünf Minuten im nächsten Fast-Food-Lokal. Die Gerichte tun dem Familiengeldbeutel gut. Zu den bekannteren Restaurantketten zählen Denny's, Sizzler, Applebee's und Red Lobster. Die Essbereiche sind weitläufig angelegt, die Speiseauswahl sehr umfangreich, doch das in Massenproduktion zubereitete Essen ist leider auch etwas langweilig.

Gesund essen

Etliche Restaurants befolgen die Richtlinien der American Heart Association (AHA) in Bezug auf Cholesterin und Fett. Ein rotes Herz in der Speisekarte kennzeichnet ein kalorien- und cholesterinarmes »Healthy-Heart«-Gericht. Wo dieses Angebot fehlt, können Sie fragen, ob die Küche bei den Gerichten bestimmte Zutaten weglassen kann.

Vegetarische Küche wird auch in Kalifornien immer beliebter. Die meisten Restaurants bereiten auf besonderen Wunsch auch fleischlose Gerichte zu – sofern sie nicht ohnehin entsprechende Speisen auf der Karte führen.

Ob mit oder ohne Fleisch: Die Gerichte der kalifornischen Küche werden in aller Regel aus frischen Zutaten der Region zubereitet. Gemüse und Obst spielen dabei eine große Rolle. Häufig werden dabei traditionelle Rezepte durch Einflüsse von Küchen aus aller Welt bereichert.

BOA Steakhouse, West Hollywood *(siehe S. 555)*

The Restaurant at Meadowood, St Helena, Wine Country *(siehe S. 573)*

Coffee Houses, Tea Houses und Cafés

Coffee Houses gibt es in allen Regionen des Bundesstaats. Viele von ihnen servieren italienische Kaffee-Spezialitäten wie etwa Cappuccino oder Latte macchiato und dazu Gebäck und Süßwaren. Manche bieten als Internet-Café ihren Gästen Online-Zugang. Einige größere Buchhandlungen haben ebenfalls ein Café, in dem Kunden bei einer Tasse Kaffee in aller Ruhe schmökern können. Viele Cafés verfügen auch über Plätze im Freien.

Teetrinker haben vor allem in den gehobeneren Hotels von Los Angeles die Möglichkeit, entspannt eine Tasse Tee zu genießen.

Picknick und Essen zum Mitnehmen

In Delikatessenläden (Delis) und Supermärkten bekommt man kaltes Fleisch und Käse sowie Pickles und Salate. Auf Wunsch bereitet man den

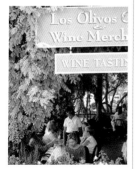

Gartenterrasse von Los Olivos Café & Wine Merchant *(siehe S. 556)*

Kunden auch Sandwiches zum Mitnehmen für ein Picknick in Parks und Grünanlagen zu.

In jedem Lokal kann man Essen zum Mitnehmen bestellen, obwohl dies genauso viel kostet, wie dort zu speisen. In vielen Fällen ist die Bestellung auch telefonisch möglich.

Craft Beer Bars

In vielen Städten gibt es Craft Beer Bars. Diese Lokale führen ein breites Sortiment nationaler und internationaler Biersorten sowie lokales Bier wie Anchor Steam in San Francisco oder Karl Straus Amber Lager in San Diego. Einige Pubs brauen ihr eigenes Bier.

Rauchen

Kalifornien ist ein Nichtraucherstaat. Es gilt ein generelles Rauchverbot an öffentlichen Plätzen sowie in Restaurants und Bars. Nur an einigen Tischen im Freien ist das Rauchen erlaubt. Zigarrenkonsum ist fast überall untersagt. Auch an einigen Stränden herrscht striktes Rauchverbot.

Behinderte Reisende

Alle neuen und im Umbau befindlichen Restaurants müssen für Rollstuhlfahrer zugänglich sein. Dies bedeutet: keine Stufen am Eingang und im Bereich der Tische sowie entsprechend breite Toilettenzugänge.

Mit Kindern essen

Die meisten Restaurants sind kinderfreundlich und haben Kinderstühle und Kinderteller. In edleren sollten Eltern darauf

achten, dass Kinder am Tisch sitzen bleiben, und mit quengelnden Kindern hinausgehen, bis sie sich beruhigt haben.

Etikette

Auch in vielen Spitzenrestaurants gibt es keine spezifischen Kleidungsvorschriften. Jeans, Shorts, Trainingsanzüge und T-Shirts sind hier jedoch nicht gestattet.

Reservierung

Man sollte immer einen Tisch reservieren. Trendige Lokale sind oft Wochen im Voraus ausgebucht. Wenn Sie einen reservierten Termin nicht einhalten können, geben Sie bitte telefonisch Bescheid.

Restaurantkategorien

Die Restaurantauswahl *(siehe S. 550–577)* reflektiert den kulinarischen Reichtum Kaliforniens. Hier werden die besten Speiselokale aus jeder Preisklasse empfohlen – von Spitzenrestaurants, die gehobene Kochkunst kultivieren, bis zu Lokalen, in denen einfache, aber schmackhafte Snacks gereicht werden. Bei jedem vorgestellten Restaurant wird eine Typisierung nach Stil bzw. vorherrschender Küche vorgenommen (z. B. Steakhouse, Deli, Diner, Fast Food bzw. Amerikanisch, Mexikanisch, International, Seafood etc.).

Restaurants mit besonderem Charakter werden als **Vis-à-Vis-Tipp** hervorgehoben. Sie überzeugen etwa durch überaus kreative Küche oder spezielles Ambiente.

Kalifornische Küche

Wenn man die Gerüche auf einem kalifornischen Bauernmarkt in sich aufnimmt, wird klar, warum die neue kalifornische Küche im Sonnenstaat (und nicht nur dort) so erfolgreich wurde: Sie basiert auf dem einfachen Konzept, dass frische, gesunde Zutaten aus lokalem Anbau verwendet werden. Doch in Kalifornien sind auch Ethno-Küchen beliebt – vor allem die mexikanische, aber auch die italienische, chinesische und die Thai-Küche. Traditionsbewusste erhalten natürlich weiterhin Burger aller Art mit Pommes frites – für das ultimative Kalifornien-Erlebnis testet man sie am besten in einem Drive-in.

Koriander und Lorbeer

Marktstände mit Obst und Gemüse aus regionalem Anbau

Aus der Luft kann man die weitläufigen Kräuteranpflanzungen, die es in vielen Teilen des Bundesstaats gibt, sehr gut erkennen. Felder mit wildem Senf wechseln ab mit Koriander, Lorbeer und Basilikum, die etwa in Saucen, Salaten und Gerichten ihren Geschmack entfalten.

Gemüse und Kräuter

Die Jahreszeiten spielen in der kalifornischen Küche eine wichtige Rolle. Küchenchefs orientieren sich am frischen Angebot der Märkte. Im Sommer etwa gibt es wohlschmeckende Tomaten, Zucchini und viele Paprikasorten in mehreren Farben. Im Herbst gedeihen unter anderem Brokkoli, Artischocken, Blumenkohl und Kürbisse.

Obst und Nüsse

Im sonnigen Klima gedeihen Obst und Nüsse das ganze Jahr über. Die fruchtbare Erde, die exzessiv bewässert wird, liefert zarte Pfirsiche, süße Datteln und die berühmten kalifornischen Avocados. Die beliebteste ist die Hass-Avocado, eine Züchtung mit

Datteln   Weiße Pfirsiche   Kakifrüchte   Papaya   Mango   Kumquats   Frische Feigen

Auswahl an reifem kalifornischem Obst

Typische Gerichte und Spezialitäten

Jalapeño-Chilischoten

Das kalifornische Essen spiegelt die multikulturelle Tradition, den Überfluss der hiesigen Agrarprodukte und die Lage am Meer wider. Aufgrund des ähnlichen Klimas wurde die kalifornische Küche auch vom Essen der Mittelmeerländer beeinflusst. Doch italienische oder provenzalische Rezepte erhalten hier noch den Touch der Neuen Welt, was zu »innovativen« Pizzas und Nudelgerichten und zu exotischen Salaten führt. Saucen und Dressings sind relativ leicht. Sie dienen primär zur geschmacklichen Abrundung. Massenweise zum Einsatz kommt der hiesige Ziegenkäse, dessen herbe Schärfe Gemüse und Fleischgerichte bereichert. Desserts bestehen vielfach nur aus Obst – oft in Form von Obstsalat mit einer Sauce aus Passionsfrüchten oder mit (hausgemachtem) Eis.

Mesclun salad with dates and goat cheese – ein Mix aus jungen Blattsalaten mit Datteln und Ziegenkäsestückchen.

Snackbar in Haight-Ashbury, San Francisco

Mexikanische Küche

Um *comida mexicana* zu testen, muss man keineswegs über die Grenze. In fast jeder kalifornischen Stadt gibt es bunte *taquerias* mit günstigem mexikanischem Essen. Zu Preisen von unter zehn US-Dollar erhalten Sie riesige *burritos* (Tortillas mit Füllungen) oder ganze Platten mit Reis, Bohnen und Hähnchen. Mexikanische Küche ist diesbezüglich nach wie vor unschlagbar.

Mexikanische Gerichte

Tortilla: Ungesäuertes, rundes, flaches Brot aus Mais- oder Weizenmehl.

Burrito: Erwärmte Tortilla mit *arroz* (Reis), *frijoles* (Bohnen) und *pollo* (Hähnchen), *carne* (Fleisch) oder Gemüse.

Quesadilla: Tortilla mit einer Füllung aus *queso* (Käse) und anderen Zutaten – gegrillt, bis der Käse schmilzt.

Taco: Knusprig gebratene oder weiche Tortilla mit saftiger, meist herzhafter Füllung.

Chile Relleno: Gefüllte grüne (milde) Chili, herausgebacken in Eierteig.

Salsas: Scharfe Saucen aus Tomaten/Tomatillos und Chili (im Trend: auch mit Papaya, Mango und Birne) bis hin zu Salsas aus Mais und schwarzen Bohnen.

Mole: Schwarze Sauce aus Bitterschokolade, Gewürzen und Chili, serviert zu Huhn.

rauer Schale, feinem Fleisch und nussigem Geschmack, die vor allem bei Salaten, Sandwiches und in Dips zum Einsatz kommt. Die grüne dünnschalige Fuerte-Avocado ist ein weiterer cremig schmeckender Favorit. Ebenfalls populär: die »schwarzen« Walnüsse, deren Schalen eine intensiv schmeckende Frucht umschließen. Sie wird von Küchenchefs oft auch für Appetizer eingesetzt.

Seafood

Meer und Flüsse versorgen Kalifornien mit bestem Fisch und Meeresfrüchten, von Dungeness Crabs (Taschenkrebse) bis zum »fleischigen« Schwertfisch und Weißen Thunfisch. In vielen Lokalen an der Küste »fliegt« der Fisch quasi aus dem Wasser auf den Teller – frischer geht's nicht. Pazifik-Scholle, von Fort Bragg bis Monterey verbreitet, ist

der Premium-Plattfisch. Er hat feines fettarmes Fleisch, das beim Grillen immer gelingt. Ridgeback-Garnelen aus Santa Barbara sind schwierig zu knacken, doch sie schmecken von allen Pazifikarten am besten. Der delikateste Süßwasserfisch ist der *king salmon* (Chinook-Lachs) aus dem Sacramento oder San Joaquin River.

Wohlschmeckende Taschenkrebse, frisch aus dem Pazifik

Salmon on watercress with citrus vinaigrette – Lachs auf scharfer Brunnenkresse mit Zitronen-Vinaigrette.

Grilled chicken breasts with tomato salsa – Hühnerbrust, Salsa, schwarze Bohnen und Guacamole (Avocado-Dip).

Poached fresh persimmons – ein üppiger Nachtisch mit saftigen pochierten Kakifrüchten auf Vanilleeis.

Getränke

Der Getränkekonsum der Kalifornier ist gewaltig, teils weil körperliche Aktivitäten oft in der Hitze stattfinden, teils aus gesellschaftlichen Gründen. Wasser und andere alkoholfreie Getränke spielen dabei die größte Rolle, auch alkoholische Getränke gibt es in großer Zahl. Viele Restaurants locken Wochenendgäste z. B. mit einem Champagnerbrunch. Bier genießt man gern im Pub, am Strand oder beim Baseballmatch. Zum Dinner trinkt man eher Wein, vor allem kalifornische Erzeugnisse *(siehe S. 442f)*.

Schild im Weinbaugebiet Napa Valley in Nordkalifornien

Cocktails

Am Meer sitzen und beim stimmungsvollen Sonnenuntergang an einem Cocktail nippen – dieses Klischee ist Bestandteil des kalifornischen Traums.

Eine Margarita ist in Kalifornien immer noch Cocktail Nummer eins: Tequila, Limettensaft und Orangenlikör werden in einer Cocktailschale serviert, deren Rand in Salz getaucht wurde. Der Sunset Strip, benannt nach dem berühmten Teilstück des Sunset Boulevard *(siehe S. 106–111)*, besteht zu gleichen Teilen aus Gin, Rum, Triple Sec, Wodka, Ananassaft und Limonade. Auch Piña Colada ist recht beliebt, ein Mix aus frischer Ananas, Kokosmilch sowie manchmal auch Papaya-, Limetten- und Orangensaft. Hinzu kommt ein kräftiger Schuss Rum. Der fertige Drink wird auf Eis in einem hohen Glas serviert.

Tequila-
flasche

Bunter
Sunset Strip

Erdbeer-
Daiquiri

Margarita mit
Limettenscheibe

Alkoholfreie Getränke

Die Kalifornier leben überaus gesundheitsbewusst und trinken leidenschaftlich gern Frucht- und Gemüsesäfte. In Einkaufszentren oder auf der Straße bieten zahlreiche Stände frisch gepressten Saft aus allen möglichen Obst- und Gemüsesorten an. An der Straße wie auch in Hotelfoyers erhält man aus Automaten kaltes Wasser und Eiswürfel. Die meisten Fast-Food-Lokale bieten alkoholfreie Getränke in drei Größen an – die gleichen Produkte bekommt man in Läden oder im Supermarkt jedoch viel günstiger.

Das beliebteste alkoholfreie Getränk der Kalifornier ist und bleibt Cola. Aus gesundheitlichen Erwägungen werden inzwischen generell immer mehr Diät- und koffeinfreie Varianten von kohlensäurehaltigen Getränken konsumiert.

Sportbegeisterte Kalifornier führen gern Thermosflaschen mit Getränken mit sich, die sie über Nacht im Kühlschrank aufbewahrt haben.

Frisch gepresster
Erdbeersaft

Tee und Kaffee

Kaffeevarianten, die gerade »in« sind, werden in großen Mengen getrunken: Caffè latte, Café au Lait, Cappuccino, Frappuccino (geeister Kaffee) sowie aromatisierten Kaffee mit Mandelaroma und Mokka bekommt man in Coffee Houses. Auch Tee (v. a. grüner), ist beliebt, Importtee gibt es mit jedem Aroma.

Cappuccino

Caffè latte

Frappuccino

Tee mit Zitrone

Wein

Im milden Klima Nordkaliforniens gedeihen die Reben ausgezeichnet. Der kühle Nebel trägt zur Perfektion der Trauben bei. Die bedeutendsten Rotweinsorten der Region sind Cabernet Sauvignon, Pinot Noir, Merlot und Zinfandel *(siehe S. 442f)*.

Die Weißweine werden meistens auch nach den Rebsorten benannt, wobei der Chardonnay in den vergangenen Jahren am beliebtesten war. Die Rebe reift bevorzugt an den Hangen der Westküste und wird zu trockenen, leichten Weinen mit Zitronen- und Vanillenoten bis zu Varianten mit Eichengeschmack verarbeitet.

Da Kalifornien auch vorzügliche Schaumweine produziert, haben die besten französischen Produzenten vor Ort in den letzten Jahren gewaltig investiert (beispielsweise haben sich Moët & Chandon und Mumm im Napa Valley niedergelassen).

In Supermärkten und Spirituosenläden ist Wein wesentlich billiger als in Restaurants. Man darf – so das kalifornische Gesetz – eigene Flaschen ins Restaurant mitbringen, das »Korkgeld« beginnt bei zehn US-Dollar.

Cuvée Napa von Mumm **Rosé** **Napa Chardonnay** **Cabernet Sauvignon**

Wasser

In Kalifornien sind zahlreiche Mineralwassersorten auf dem Markt, die besten und beliebtesten stammen aus dem nordkalifornischen Kurort Calistoga im Napa Valley *(siehe S. 465)*. Viele Sorten werden mit Fruchtgeschmack und Kohlensäure versetzt. An öffentlichen Plätzen wie auch in Bürogebäuden gibt es Wasserautomaten. Das Leitungswasser ist sauber und problemlos trinkbar.

Wasser aus Calistoga

Gesetzliche Bestimmungen

Wer jünger als 21 ist, darf in Kalifornien weder Alkohol kaufen noch konsumieren. Manchmal weigern sich Läden und Bars, Kunden zu bedienen, die nicht nachweisen können, dass sie mindestens 21 Jahre alt sind. Wer alt genug ist, kann die ganze Woche über von 6 bis 2 Uhr morgens Alkohol kaufen und trinken – der Konsum auf offener Straße ist aber verboten.

Gut besuchte Bar in Santa Barbara

Bier

Bier ist sehr gefragt, sei es ausländisches, heimisches oder selbst gebrautes. Derzeit entstehen überall in den Vereinigten Staaten kleine Brauereien, was dem Erfolg der Anchor Brewery in San Francisco zuzuschreiben ist, deren Steam Beer, Liberty Ale und andere Produkte belegen, dass amerikanisches Bier überhaupt nicht langweilig schmecken muss. Auch Boont Amber und Red Tail Ale aus dem Mendocino County sind empfehlenswerte Biere.

Manche Kalifornier ahmen den aus Kanada kommenden Trend, selbst Bier zu brauen, mit Do-it-yourself-Brauereien nach. Experten helfen beim Malzen, Maischen, Vergären und Abfüllen. Der Gärvorgang solcher Biere dauert zwei bis sechs Wochen. Auch Craft-Biere – vor Ort in Bars gebraut – erfreuen sich großer Beliebtheit *(siehe S. 545)*.

Anchor Steam Beer **Red Tail Ale** **Liberty Ale**

Restaurantauswahl

Los Angeles

Airport

Truxton's American Bistro $$
Amerikanisch **SK** Ausschnitt A
8611 Truxton Ave, 90045
☎ 1-310-417-8789
Vielfältige Speisekarte mit fein zubereiteten Gerichten. Spezialitäten sind vor allem Cobb Salad, Brathähnchen und Spaghetti mit Hackfleisch.

Bel Air

Vibrato Grill Jazz $$$
Modern amerikanisch
SK Ausschnitt A
2930 Beverly Glen Circle, 90077
☎ 1-310-474-9400 ● Mo
Das Konzept stammt von dem Jazztrompeter Herb Alpert. Es wird Jazz gespielt, während sich die Gäste an gehobener amerikanischer Küche erfreuen.

Beverly Hills

Nate 'n Al $
Deli **SP** 5 F3
414 N Beverly Dr, 90210
☎ 1-310-274-0101
Traditionelles Deli in einem der schicksten Viertel der Stadt. Man serviert klassische Gerichte wie Kartoffel-Knish, schaumige Eiercreme und herzhafte Pastrami-Sandwiches.

Da Pasquale Restaurant $$
Italienisch **SP** 5 E3
9749 Santa Monica Blvd, 90210
☎ 1-310-859-3884
Das familiengeführte freundliche Lokal pflegt neapolitanische Küche. Da Pasquale ist bekannt für seine knusprigen Pizzas mit dünnem Boden und seine hausgemachte Pasta.

The Farm of Beverly Hills $$
Amerikanisch **SP** 5 F3
439 N Beverly Dr, 90210
☎ 1-310-273-5578
Das Restaurant serviert Klassiker wie Hacksteaks und Brathähnchen mit überraschender regionaler Note. Legeres Ambiente mit Tischen im Freien auf dem sonnigen Bürgersteig.

Fred's $$
Deli **SP** 5 F4
9570 Wilshire Blvd, 90212
☎ 1-310-777-5877
Eleganter Delikatessenladen in einem Barney-Supermarkt. Es gibt allerlei Köstlichkeiten zum Mittag- und Abendessen sowie Cocktails. Sehr beliebt ist der Brunch am Wochenende. Von der Terrasse hat man eine schöne Sicht.

The Bazaar $$$
Spanisch **SP** 6 C3
465 S La Cienega Blvd, 90048
☎ 1-310-246-5567
Der Gourmettempel von Starkoch José Andrés lockt Feinschmecker aus aller Welt an. Getafelt wird in verschiedenen Bereichen: in einem schön gestalteten Speiseraum, auf einer mediterranen Terrasse und in einer freundlichen Patisserie.

Crustacean $$$
Vietnamesisch/Französisch
SP 6 A2
9646 Santa Monica Blvd, 90210
☎ 1-310-205-8990
Gebratene Krabben, gegrillter Lammrücken und würzige Nudeln mit Knoblauch sind die Highlights in diesem vornehmen Restaurant.

The Grill on the Alley $$$
Amerikanisch **SP** 5 F3
9560 Dayton Way, 90210
☎ 1-310-276-0615
Erstklassiges Restaurant, in dem Geschäftsleute bei Cobb Salad, gegrillten Steaks und Nudelgerichten ihre Deals abschließen. Klassische Chop-House-Atmosphäre mit Separees.

Lawry's Prime Rib $$$
Steakhouse **SP** 6 C4
100 N La Cienega Blvd, 90211
☎ 1-310-652-2827
Lawry's Prime Rib verkörpert hochgeschätzte L.A.-Gastrotradition seit 1938. Hier serviert man in einem großen Speiseraum professionell zubereitete Steaks.

Preiskategorien

Preise für ein Drei-Gänge-Menü pro Person mit einer halben Flasche Wein, inklusive Steuer und Service.

$	unter 40 US-Dollar
$$	40 – 70 US-Dollar
$$$	über 70 US-Dollar

Matsuhisa $$$
Japanisch **SP** 6 B4
129 N La Cienega Blvd, 90211
☎ 1-310-659-9639
Sushi-Koch Nobu Matsuhisa zieht mit seinem renommierten Restaurant die Prominenz an. Moderne Sushi-Spezialitäten mit diversen Einflüssen aus aller Welt.

Spago $$$
Modern amerikanisch **SP** 5 F3
176 N Cañon Dr, 90210
☎ 1-310-385-0880
Das beliebte Spitzenrestaurant von Starkoch Wolfgang Puck ist eines der besten Lokale in L.A. Häufig erkennt man in den eleganten Speiseraum bekannte Gesichter. Man pflegt regionale und österreichische Küche.

Wolfgang's Steakhouse $$$
Steakhouse **SP** 5 F3
445 N Cañon Dr, 90210
☎ 1-310-385-0640
Auch diese Filiale der von Wolfgang Zwiener betriebenen Steakhouse-Kette serviert exzellente Steaks sowie köstliches Seafood und Wein.

Century City

Clementine $
Amerikanisch **SP** 5 D4
1751 Ensley Ave, 90024
☎ 1-310-552-1080 ● So
Einladendes Café im Pariser Stil mit farbenfroh gedeckten

Dezent beleuchteter Speisesaal des Vibrato Grill Jazz, Bel Air

Restaurantkategorien *siehe Seite 545*

Tischen auf dem Bürgersteig. Morgens der ideale Ort für frisches Gebäck und guten Kaffee, nachmittags leckere Suppen, Salate und herzhafte Sandwiches.

Culver City

Tender Greens $
Amerikanisch   **SK** Ausschnitt A
9523 Culver Blvd, 90232
☎ 1-310-842-8300
Beliebte Restaurantkette mit saisonaler Speisekarte. Man verwendet frische Zutaten aus heimischer Landwirtschaft: Biofleisch, frisches Brot sowie Wein und Bier aus der Region. Köstlicher Cobb Salad und Thunfisch *niçoise*.

Downtown

Hae Jang Chon Korean BBQ Restaurant
Koreanisch   **SP** 11 D4
3821 W 6th St, 90020
☎ 1-213-389-8777
Besuchen Sie dieses Restaurant, um authentische koreanische Küche zu genießen. Pflichtbewusste Ober erklären Ihnen die Besonderheiten der Speisen. Beliebt bei Festgesellschaften.

Langer's Deli $
Deli   **SP** 10 A4
704 S Alvarado St, 90057
☎ 1-213-483-8050   ⬤ So
Eines der renommiertesten Delis des Landes serviert seit 1947 preisgekröntes Pastrami und vorzügliche Abendgerichte.

Philippe The Original $
Deli   **SP** 11 F3
1001 N Alameda St, 90012
☎ 1-213-628-3781
Philippe ist eines der ältesten Restaurants der Stadt (eröffnet 1908) und bringt Gerichte mit Rind-, Lamm-, Schweine- und Putenfleisch auf den Tisch. Hier wurde angeblich 1918 das French Dip Sandwich erfunden.

Bäco Mercat $$
Spanisch   **SP** 11 E4
408 S Main St, 90013
☎ 1-213-687-8808
Feinschmecker kommen von überall her, um im Old Bank District die Sandwiches zu essen. Versuchen Sie das Original mit knusprigem Schweinebauch und Rinder-*carnitas* mit Kümmel.

Bottega Louie $$
Italienisch   **SP** 11 D4
700 S Grand Ave, 90017
☎ 1-213-802-1470
Eine gute Wahl für Liebhaber von Pizza und Pasta. Der viel besuchte

Stil und Eleganz: Water Grill, Downtown

Gourmet-Markt mit Konditorei bietet darüber hinaus eine Reihe typisch italienischer süßer Verführungen.

Guelaguetza $$
Mexikanisch   **SP** 9 D5
3014 W Olympic Blvd, 90006
☎ 1-213-427-0608
Preisgekrönte Oaxaca-Küche nach authentischen Rezepten. Die Saucen kann man auch zum Mitnehmen bestellen. In der pulsierenden Bar wird mexikanische *mezcal*-Musik live gespielt.

Traxx $$
Modern amerikanisch   **SP** 11 F3
800 N Alameda St, 90012
☎ 1-213-625-1999   ⬤ So
Amerikanische Kost, zubereitet in der quirligen, offenen Küche in einem Restaurant in der Union Station. In dem versteckt gelegenen Innenhof herrscht eine ruhigere Atmosphäre.

Cicada $$$
Italienisch   **SP** 11 D4
617 S Olive St, 90014
☎ 1-213-488-9488   ⬤ Mo, Di
Zeitgemäße italienische und amerikanische Küche, serviert in einem der größten Speisesäle der Stadt. Das Lokal im Art-déco-Stil befindet sich im Oviatt Hotel.

Faith & Flower $$$
Modern amerikanisch   **SP** 10 C5
705 W 9th St, 90015
☎ 1-213-239-0642
Herzhafte Gerichte und Cocktails von professionellen Barkeepern genießt man zu Vintage-Dekor.

Patina $$$
Modern amerikanisch   **SP** 11 D3
135 S Grand Ave, 90012
☎ 1-213-972-3331   ⬤ Mo
Dieser Gastrotempel befindet sich in der atemberaubenden Walt Disney Concert Hall *(siehe S. 129)*. Zu den opulent zubereiteten Gerichten serviert man Kaviar.

Water Grill $$$
Amerikanisch   **SP** 11 D4
544 S Grand Ave, 90071
☎ 1-213-891-0900
Hervorragendes Seafood-Restaurant mit Austernbar und schönem Speisesaal. Einladende Raw Bar mit vorzüglich zubereitetem Fisch und Meeresfrüchten. Freundlicher, effizienter Service.

Glendale

La Cabañita $
Mexikanisch   **SK** Ausschnitt A
3447 N Verdugo Rd, 91208
☎ 1-818-957-2711
Das kleine, festliche Lokal verfügt über treue Stammgäste. In der lebhaften Küche bereitet man Speisen wie *chiles en nogada* mit Pekannüssen, Enchiladas mit Mole-Sauce und *pozole* (Maissuppe mit Fleisch und Chili).

Hollywood

Canter's Deli and Restaurant $
Deli   **SP** 7 D2
419 N Fairfax Ave, 90036
☎ 1-323-651-2030
Das bekannte Deli ist eine Institution in Los Angeles seit 1931. Rund um die Uhr bekommt man hier koschere Mahlzeiten.

Fred 62 $
Amerikanisch   **SK** Ausschnitt A
1850 N Vermont Ave, 90027
☎ 1-323-667-0062
Traditionelle Kost rund um die Uhr. Mit umfangreichem Speisenangebot wird ein gemischtes Publikum verköstigt.

Jitlada $
Thailändisch   **SP** 10 C1
5233 W Sunset Blvd, 90027
☎ 1-323-667-9809   ⬤ Mo
Das freundliche, unprätentiöse Lokal in einem Einkaufszentrum wurde ausgezeichnet für sein Angebot an mehr als 100 authentischen Gerichten aus Südthailand.

Pink's Famous Hot Dogs $
Fast Food **SP** 7 F1
709 N La Brea Ave, 90038
☎ 1-323-931-4223
Legendärer Hotdog-Stand, wo Orson Welles 18 Frankfurter verdrückt haben soll. Der Chili-Dog ist beliebt. Einige Sorten tragen Namen bekannter Personen.

Roscoe's House of Chicken & Waffles $
Amerikanisch **SP** 3 D5
1514 N Gower St, 90028
☎ 1-323-466-7453
Die populäre Restaurantkette ist auf Brathähnchen spezialisiert. Zudem gibt es heiße Waffeln entweder mit scharfer Sauce oder süßem Sirup.

Umami Burger $
Amerikanisch **SP** 2 C4
1520 N Cahuenga Blvd, 90028
☎ 1-323-469-3100
Die beliebte Kette bietet einfallsreich belegte Gourmet-Burger. Auf der bescheidenen Karte stehen zudem Salate, Sandwiches und Craft Beer. Schickes Dekor.

AOC $$
Mediterran **SP** 7 D3
8022 W 3rd St, 90048
☎ 1-323-653-6359
Das Lokal bietet mehr als 50 offene Weine und eine Vielzahl an Tapas und Snacks sowie hausgemachte Pasteten und Würste. Kultivierte, romantische Atmosphäre.

Animal $$
Modern amerikanisch **SP** 7 D2
435 N Fairfax Ave, 90048
☎ 1-323-782-9225
Die beiden jungen Küchenchefs und Inhaber wurden für ihre abwechslungsreiche Speisekarte ausgezeichnet. Probieren Sie *foie gras* und hausgemachte Kekse mit Ahornsirup. Lange Weinkarte.

Ca' Brea $$
Italienisch **SP** 7 F4
346 S La Brea Ave, 90036
☎ 1-323-938-2863
Das Lokal ist eines der besten Restaurants mit Kunstgalerie in der Stadt. Genießen Sie Antipasti, Pasta und herzhafte Hauptspeisen. Reiches Weinangebot.

Cheebo $$
Amerikanisch **SP** 11 D1
7533 Sunset Blvd, 90046
☎ 1-323-850-7070
Das Lokal erfreut seine Gäste mit schmackhaften rechteckigen Pizzastücken. Im Angebot sind außerdem Vorspeisen, Salate, Sandwiches sowie gegrillte Burger und Räucherschinken.

Angelini Osteria $$$
Italienisch **SP** 7 F2
7313 Beverly Blvd, 90036
☎ 1-323-297-0070 ⬤ Mo
Einer der bekanntesten italienischen Köche in L.A. ist spezialisiert auf traditionelle Gerichte wie Lasagne mit Kräutern nach einem uralten Rezept.

Carlitos Gardel $$$
Steakhouse **SP** 7 D1
7963 Melrose Ave, 90046
☎ 1-323-655-0891
Dieses Restaurant ist ein Paradies für Rindfleisch- und Weinliebhaber. Der unangefochtene Knüller ist qualitativ hochwertiges Black Angus Beef. Es gibt auch Nudel- und Hähnchengerichte.

Vis-à-Vis-Tipp

Musso and Frank Grill $$$
Steakhouse **SP** 1 B4
6667 Hollywood Blvd, 90028
☎ 1-323-467-7788 ⬤ So, Mo
Musso and Frank ist das älteste Restaurant in Hollywood und gerät nie aus der Mode. Das Ambiente ist geprägt von Mahagoni und rotem Leder. Urlauber und Einheimische drängen an die Bar, um professionell gemixte Cocktails zu genießen. Auf der Speisekarte stehen Spezialitäten wie Hähnchenpastete, Leber mit Zwiebeln und Steaks.

Providence $$$
Seafood **SP** 7 D1
5955 Melrose Ave, 90038
☎ 1-323-460-4170
Vornehmes Restaurant mit einem Mix aus französischen und japanischen Einflüssen. Man bringt täglich frischen Fisch auf den Tisch. Preisgekrönte Weinkarte mit mehr als 400 edlen Tropfen.

Long Beach

Parkers' Lighthouse $$
Seafood **SK** Ausschnitt A
435 Shoreline Village Dr, 90802
☎ 1-562-432-6500
Der noch in Betrieb befindliche Leuchtturm ist das Wahrzeichen von Long Beach mit Blick auf den Hafen und das Kreuzfahrtschiff *Queen Mary*. Serviert wird gegrilltes Seafood, täglich frisch aus Alaska und Hawai'i.

Sir Winston's $$$
Modern amerikanisch
SK Ausschnitt A
1126 Queen's Hwy, 90801
☎ 1-562-435-3511
Das romantischste Restaurant auf der *Queen Mary* serviert Köstlichkeiten wie Kaviar, *foie gras*, Hummercremesuppe, Lammrücken und Schokoladensoufflé. Ideal für besondere Anlässe.

Malibu

Malibu Seafood Fresh Fish Market & Patio Café $
Seafood **SK** Ausschnitt A
25653 Pacific Coast Hwy, 90265
☎ 1-310-456-3430
Das einfache Seafood-Lokal mit Ladengeschäft wird seit 1972 von professionellen Fischern betrieben. Probieren Sie Kabeljau und hausgemachte Muschelsuppe zum Mitnehmen oder essen Sie auf der Terrasse.

Duke's Malibu $$$
Amerikanisch **SK** Ausschnitt A
21150 Pacific Coast Hwy, 90265
☎ 1-310-317-0777
Duke's Malibu lockt mit ansprechendem Speiseangebot und einem Panoramafenster mit Blick auf den Ozean zahlreiche Einheimische und Urlauber an. Spezialitäten sind panierte Calamares und *huli-huli*-Hähnchen.

Klassische Eleganz: Musso and Frank Grill, Downtown

Geoffrey's $$$
Modern amerikanisch
SK Ausschnitt A
27400 Pacific Coast Hwy, 90265
☎ 1-310-457-1519
Das Restaurant thront auf einem Felsen über der Pazifikküste. Legere Atmosphäre an Tischen mit Sonnenschirmen und Grill. Zu den Higlights auf der Speisekarte gehören Amerikanischer Hummer und Kobe-Rind. Gute Lage.

Saddle Peak Lodge $$$
Modern
Amerikanisch **SK** Ausschnitt A
419 Cold Canyon Rd, 91302
☎ 1-818-222-3888
Rustikales Restaurant in einer alten Jagdhütte in den Bergen von Santa Monica. Man serviert Wild – Elch-, Büffel- und Hirschbraten – in ruhiger, romantischer Atmosphäre bei Kerzenschein.

Manhattan Beach

Manhattan Beach Post $$
Modern amerikanisch
SK Ausschnitt A
1142 Manhattan Ave, 90266
☎ 1-310-545-5405
Das stilvolle Restaurant liegt nur zwei Blocks vom Strand entfernt. Auf der verlockenden, vielfältigen Speisekarte stehen kleine Mahlzeiten, die von Wein und Cocktails begleitet werden. Aufmerksames Personal sorgt für das Wohlergehen der Gäste.

Marina del Rey

Café del Rey $$
International **SK** Ausschnitt A
4451 Admiralty Way, 90292
☎ 1-310-823-6395
Das anspruchsvolle Hafenrestaurant besitzt große Fenster mit Panoramablick. Die umfangreiche Speisekarte präsentiert typische Gerichte der Pazifikküste. An den Wochenenden gibt es traditionell Brunch auf der Terrasse.

The Cheesecake Factory $$
Amerikanisch **SK** Ausschnitt A
4142 Via Marina, 90292
☎ 1-310-306-3344
Große Portionen gut zubereiteter amerikanischer Kost, darunter viele Sorten an Käsekuchen. Von dem Hafenlokal hat man einen schönen Blick auf die Bucht.

Cast & Plow $$$
Amerikanisch **SK** Ausschnitt A
4375 Admiralty Way, 90292
☎ 1-310-574-4333
Das Restaurant bietet köstliche Speisen aus regionalen Zutaten. Genießen Sie eine Vielfalt kleiner Gerichte und den Meerblick.

The Royce Wood-Fired Steakhouse, ein Hotelrestaurant in Pasadena

Midtown

Chan Dara $$
Asiatisch **SP** 8 B2
310 N Larchmont Blvd, 90004
☎ 1-323-467-1052
Schmackhafte Nudelgerichte, Suppen, Satays und Currys zu moderaten Preisen. Ein zauberhafter kleiner Bungalow birgt dieses Restaurant nördlich von Larchmont Village.

Pizzeria Mozza $$
Pizza **SP** 8 A4
641 N Highland Ave, 90036
☎ 1-323-297-0101
Lassen Sie sich schmackhafte Pizzas aus dem Steinofen munden, dazu italienischen Wein zu angemessenen Preisen. Das Schwesterrestaurant Osteria Mozza befindet sich nebenan.

Monrovia

LeRoy's The Original Restaurant $
Amerikanisch **SK** Ausschnitt A
523 W Huntington Dr, 91016
☎ (626)-357-5076
Eine gute Wahl, um herzhafte Frühstücks- und Mittagsmahlzeiten in großzügigen Portionen zu genießen. Einfaches Ambiente und guter Service. Bevorzugte Gerichte sind Riesenomelettes, Putensandwiches und saftige Schweinekoteletts.

Pasadena

Dog Haus $
Amerikanisch **SK** Ausschnitt A
93 E Green St, 91105
☎ 1-626-683-0808
Das ungezwungene Esslokal ist auf Hotdogs spezialisiert. Wählen Sie aus einer umfangreichen Karte mit erfinderisch zubereiteten Sorten, z. B. »Sooo Cali« mit Rucola, Tomaten, Zwiebeln, Basilikum-Aioli und Avocado.

Mi Piace $$
Italienisch **SK** Ausschnitt A
25 E Colorado Blvd, 91105
☎ 1-626-795-3131
Die hübsche Trattoria bietet traditionelle Nudelgerichte und Pizza, aber auch andere Gerichte. Das schicke Ambiente lockt eine junge Gästeschaft an. Elegante Martini-Lounge mit Bar und roten Ledercouches.

Parkway Grill $$$
Modern
Amerikanisch **SK** Ausschnitt A
510 S Arroyo Pkwy, 91105
☎ 1-626-795-1001
Parkway Grill besteht seit 1985 und ist beliebt für seine Holzofenpizzas und innovative Küche des Südwestens. Die Salate kommen aus dem hauseigenen Biogarten, die Spezialität ist Wildbraten. Entspanntes, stilvolles Ambiente mit Garten.

Shiro $$$
Asiatisch **SK** Ausschnitt A
1505 Mission St,
S Pasadena, 91030
☎ 1-626-799-4774 ⬤ Mo, Di
Ein besonders empfehlenswertes Gericht bei Shiro ist gebratener Wels mit *ponzu*-Sauce und frischem Koriander. Die Weinkarte weist preisgekrönte kalifornische Tropfen aus, das Personal hilft bei der Auswahl. Erstklassiger Service und schöner Speiseraum.

The Royce Wood-Fired Steakhouse $$$
Steakhouse **SK** Ausschnitt A
1401 S Oak Knoll Ave, 91106
☎ 1-626-568-3900 ⬤ So, Mo
Das Restaurant eines renommierten Luxushotels bietet eine verlockende Auswahl an Koteletts. Australisches *wagyu*- und japanisches Kobe-Rindfleisch werden auf einem Grill zubereitet, der mit Eichenholz befeuert wird.

Eingangsbereich des Mélisse,
Santa Monica

Playa del Rey

**Cantalini's Salerno Beach
Restaurant** $$
Italienisch   SK Ausschnitt A
193 Culver Blvd, 90293
[1-310-821-0018
Frisch zubereitete Pasta, Pizza
nach New Yorker Art, leckeres
Seafood und Gerichte für Kinder
in einem preiswerten familien-
freundlichen Restaurant in
Strandnähe. Der Service des
Hauses ist tadellos.

The Tripel $$
Amerikanisch   SK Ausschnitt A
333 Culver Blvd, 9029
[1-310-821-0333
Gastro-Pub mit eklektischer Einrichtung und exzellenten Pub-
Gerichten. Viele Gäste kommen
auch wegen der großen Auswahl
an Biersorten.

Redondo Beach

Chez Mélange $$
International   SK Ausschnitt A
1611 S Catalina Ave, 90277
[1-310-540-1222
Gehobene Küche in Palos Verdes
Inn, serviert in einem großzügig
dimensionierten Speiseraum. Das
umfangreiche kulinarische Ange-
bot zeigt vielerlei Einflüsse, von
Louisiana bis Italien.

San Pedro

Raffaello's Italian Ristorante $$
Italienisch   SK Ausschnitt A
400 S Pacific Ave, 90731
[1-310-514-0900
Einfache Gerichte aus frischen
Zutaten. Highlights sind *osso
buco*, Fettuccine Alfredo und
Risotto mit Meeresfrüchten.
Freundliches Personal.

Santa Monica

Border Grill $$
Mexikanisch   SK Ausschnitt A
1445 4th St, 90401
[1-310-451-1655
Das Restaurant ist eine Institution
in der Region und wurde von
Starköchen eröffnet. Die Speisen-
auswahl besteht aus authenti-
schen mexikanischen Gerichten.
In der Bar köstliche Margaritas.

Father's Office $$
Modern amerikanisch
SK Ausschnitt A
1018 Montana Ave, 90403
[1-310-736-2224
Innen geht es oft hoch her, im
großen Innenhof sitzt man ge-
mütlicher. Die Karte listet viele für
Gastro-Pubs typische Gerichte,
diverse Biersorten und kreative
Cocktails. Tipp: Office Burger.

Tar & Roses $$
International   SK Ausschnitt A
602 Santa Monica Blvd, 90401
[1-310-587-0700
Das angesagte Restaurant lockt
Gourmets mit einfallsreich zube-
reiteten Gerichten: knusprige
Schweineschwänze, Lammbraten
und Ochsenschwanzknödel.

Chinois on Main $$$
Asiatisch/Französisch
SK Ausschnitt A
2709 Main St, 90405
[1-310-392-9025
Wolfgang Pucks wegweisendes
Lokal ist eines der ersten Restau-
rants, das auf gehobene asiatisch-
französische Fusionsküche setzt.
Eindrucksvoller Service.

Vis-à-Vis-Tipp

Mélisse $$$
Französisch   SK Ausschnitt A
1104 Wilshire Blvd, 90401
[1-310-395-0881 ● So, Mo
Mélisse ist eines der pracht-
vollsten Restaurants der Stadt.
Es ist auf moderne französi-
sche Küche spezialisiert und
eignet sich hervorragend für
besondere Anlässe. Die Menüs
aus besten kalifornischen Zu-
taten wechseln mit der Jahres-
zeit. Zu jedem Gericht wird
der passende edle Tropfen
empfohlen.

The Lobster $$$
Seafood   SK Ausschnitt A
1602 Ocean Ave, 90401
[1-310-458-9294
Lebhaftes Fischrestaurant am Pier
von Santa Monica. Das namenge-
bende Krustentier wird auf vielfältige Weise zubereitet. Von der Terrasse hat man herrlichen Ausblick.

Valentino $$$
Italienisch   SK Ausschnitt A
3115 Pico Blvd, 90405
[1-310-829-4313 ● So
In einem der schönsten Restau-
rants der Gegend pflegt man ein-
fallsreiche, moderne, gehobene
Küche. Im Weinkeller lagern etwa
200 000 Flaschen.

Sherman Oaks

Café Bizou $$
Kalifornisch   SK Ausschnitt A
14016 Ventura Blvd, 91423
[1-818-788-3536
Restaurant in einem einladenden
alten Bungalow. Große Speiskar-
te mit kalifornischen Gerichten,
viele davon unter 20 US-Dollar.
Gegen Gebühr (2 US-$) kann
man Wein selber mitbringen.

Studio City

Art's Deli $
Deli   SK Ausschnitt A
12224 Ventura Blvd, 91604
[1-818-762-1221
Die Preise liegen etwas höher
als in anderen Delis, aber die riesigen Burger werden keineswegs
wie Kunstwerke taxiert. Genießen
Sie etwa Pastrami, Räucherfisch
und reichhaltige Frühstücksmahlzeiten.

Universal City

Ca' del Sole $$
Italienisch   SK Ausschnitt A
4100 Cahuenga Blvd, 91602
[1-818-985-4669
Das Speisezimmer wirkt heimelig
mit Kamin, hängenden Kupfer-
pfannen und gemütlichen Sepa-
rees. Frische Salate und vorzüg-
liche Nudelgerichte sowie
preiswerte Hauptmahlzeiten.

In warmen Farbtönen gestaltetes
Border Grill, Santa Monica

Venice

Jody Maroni's
Sausage Kingdom $
Fast Food   **SK** Ausschnitt A
2011 Ocean Front Walk, 90291
📞 1-310-822-5639
Es gibt eine Reihe von Filialen in der Stadt, das Original ist jedoch eine Institution an der Promenade. Tequila-Huhn oder Lammcurry wird auf frisch gebackenen Brötchen serviert.

The Rose $
Café   **SK** Ausschnitt A
220 Rose Ave, 90291
📞 1-310-399-0711
Das Lokal verfügt über große Räume und eine schöne Terrasse und verkörpert die alte Boheme-Atmosphäre der Stadt. Zum Angebot gehören Pasteten, Quiches, Salate und sehr guter Kaffee.

Superba Snack Bar $$
Italienisch   **SK** Ausschnitt A
533 Rose Ave, 90291
📞 1-310-399-6400
Angesagter Treffpunkt für Feinschmecker. Man serviert Pasta und einfallsreich zubereitete kleine Mahlzeiten aus frischen Zutaten. Probieren Sie Spaghetti mit Seeigeln in Miso-Butter oder eingelegte Jalapeños.

Joe's Restaurant $$$
Kalifornisch/Mediterran
SK Ausschnitt A
1023 Abbot Kinney Blvd, 90291
📞 1-310-399-5811   ● Mo
Die Küche in Joe's Restaurant ist französisch und mediterran geprägt. Auf der Karte finden sich Gerichte wie Red Snapper in Rotweinsauce. Im Speiseraum herrscht eine entspannte Atmosphäre. Freundliches Personal.

West Hollywood

Bossa Nova Brazilian Cuisine $$
Brasilianisch   **SP** 6 B2
685 N Robertson Blvd, 90069
📞 1-310-657-5070   ● So
Caipirinha ist hier ein beliebtes Getränk zu Speisen wie Brathähnchen, schwarze Bohnen oder Kochbananen. Um einen Tisch im Freien zu bekommen, muss man mit einer Wartezeit rechnen. Ideal zum Leutebeobachten.

Jinpachi $$
Japanisch   **SP** 6 C1
8711 Santa Monica Blvd, 90069
📞 1-310-358-9134   ● So
In einem Speisezimmer mit wenigen Tischen wird frisches Sushi und Sashimi serviert. Weitere Spezialitäten sind Heilbutt-*carpaccio*, schottlischer Lachs mit Jalapeños und Blauflossen-Thunfisch.

Modernes Interieur im BOA Steakhouse, West Hollywood

La Bohème $$
International   **SP** 6 C1
8400 Santa Monica Blvd, 90069
📞 1-323-848-2360   ● Mo
Das anheimelnde Ambiente mit Kamin und Kronleuchtern schafft eine romantische Atmosphäre. Für das vielfältige Speiseangebot verwendet man frische Zutaten vom Bauernmarkt.

Mandarette Café $$
Chinesisch   **SP** 6 C2
8386 Beverly Blvd, 90069
📞 1-323-655-6115
Legerer Ableger eines extravaganten Restaurants in Beverly Hills. Wählen Sie aus einem preiswerten Angebot an Nudelgerichten, frischen Salaten und Hähnchencurry mit Knödeln.

Ago $$$
Italienisch   **SP** 6 C1
8478 Melrose Ave, 90069
📞 1-323-655-6333
Viele halten Ago für das beste italienische Restaurant der Stadt. Man trifft hier viele Stammgäste, darunter auch Promis. Umfangreiche Weinkarte.

BOA Steakhouse $$$
Steakhouse   **SP** 6 A1
9200 Sunset Blvd, 90069
📞 1-310-278-2050
Die Besucher genießen erstklassige Steaks begleitet von gewöhnlichen Saucen und Gewürzen, darüber hinaus gibt es hier bestes Seafood. Das Restaurant verfügt über schickes Dekor und ist auch bei Prominenten überaus beliebt.

Dan Tana's $$$
Italienisch   **SP** 6 A2
9071 Santa Monica Blvd, 90069
📞 1-310-275-9444
Das angesagte Restaurant ist für fantastische italienische Küche bekannt. Die rot-weiß karierten Tischdecken schaffen ein etwas altmodisches Flair.

Jar $$$
Steakhouse   **SP** 6 C2
8225 Beverly Blvd, 90048
📞 1-323-655-6566   ● Mo
Das Steakhouse besitzt stilvolles Retro-Ambiente mit Bar, dunklem Holz, Clubsessel und Korkboden. Entdecken Sie Interpretationen traditioneller Gerichte.

Lucques $$$
Französisch   **SP** 6 C2
8474 Melrose Ave, 90069
📞 1-323-655-6277
Ein hervorragend ausgebildeter Koch bereitet moderne, aber auch traditionelle Gerichte der französischen Küche. Das Gebäude gehörte zum Anwesen des Stummfilmstars Harold Lloyd.

Petrossian $$$
Französisch   **SP** 6 B2
321 N Robertson Blvd, 90048
📞 1-310-271-6300
Kaviar gehört zu den bestimmenden Komponenten auf der Speisekarte. Es gibt pochierte Eier, geräucherten Lachs, Salat mit Entenconfit und sogar Desserts mit Kaviar.

RH Restaurant $$$
Kalifornisch   **SP** 1 A5
8401 W Sunset Blvd, 90069
📞 1-323-785-6090
Romantisches Restaurant mit lebhafter offener Küche. Die traditionellen Gerichte werden aus regionalen Erzeugnissen je nach Saison zubereitet: frisches Gemüse und Biofleisch. Die Weinauswahl ist eindrucksvoll.

Wa Sushi & Bistro $$$
Sushi/Französisch   **SP** 1 A5
1106 N La Cienega Blvd, 90069
📞 1-310-854-7285   ● Mo
Drei Chefköche des renommierten Matsuhisa *(siehe S. 550)* betreiben dieses Restaurant am Hang mit Blick über die Stadt. Köstliches Sushi und Sashimi sowie klassische französische Küche.

Westwood

Apple Pan $
Amerikanisch   SK Ausschnitt A
10801 W Pico Blvd, 90064
📞 1-310-475-3585   ⬤ Mo
Das traditionelle Lokal ist mit einer hufeisenförmigen Theke ausgestattet und ist eine Institution in der Stadt. Auf den Teller kommen leckere Burger mit Cheddar- und Grillsauce, anschließend Apfelkuchen und Bananencremetorte.

John O'Groats $
Café   SK Ausschnitt A
10516 Pico Blvd, 90064
📞 1-310-204-0692
In diesem Café bekommt man eines der besten Frühstücke in L.A. sowie hausgemachte Kekse. Zu den Highlights gehören Pfannkuchen mit Kürbis oder Blaubeeren und *huevos rancheros* (gebratene Eier in Tomatensauce).

Speiseraum des John O'Groats, Westwood

Versailles $
Kubanisch   SK Ausschnitt A
10319 Venice Blvd, 90034
📞 1-310-558-3168
Einfaches Lokal mit großer Auswahl an kubanischen Spezialitäten. Zu empfehlen sind *ropa vieja* (Tortillas mit Schweinefleisch), Paella und Knoblauchhähnchen sowie als Beilagen schwarze Bohnen, Reis und Kochbananen.

La Serenata de Garibaldi $$
Mexikanisch   SK Ausschnitt A
10924 W Pico Blvd, 90064
📞 1-310-441-9667
Lässiger Ableger eines altehrwürdigen Restaurants in East L.A. Die Gäste laben sich an mexikanischem Seafood. Zum Angebot gehören *ceviche*, Mahi-Mahi-Tacos und *gorditas* mit Shrimps.

Mori Sushi $$$
Japanisch   SK Ausschnitt A
11500 W Pico Blvd, 90064
📞 1-310-479-3939   ⬤ So
Nach außen hin bescheidenes Restaurant. Der Küchenchef ist ein Meister ästhetisch präsentierter Kreationen. Anspruchsvoll zubereitete seltene Fischarten erscheinen wie Kunstwerke.

Südliches Zentralkalifornien

BAKERSFIELD: Wool Growers $
Spanisch   SK C5
620 E 19th St, 93305
📞 1-661-327-9584   ⬤ So
In der Region gibt es baskische Wurzeln. Dies merkt man hier an herzhaften Speisen wie Lammkoteletts, Ochsenschwanzragout und Brathähnchen.

BUELLTON: The Hitching Post II $$
Steakhouse   SK B5
406 E Hwy 246, 93427
📞 1-805-688-0676
Das namhafte Lokal im Wine Country, Schauplatz in dem Film »Sideways« (2004), ist berühmt für Steaks und Koteletts, gegrillt mit Eichenholz. Gute Weinauswahl. Das bodenständige Restaurant besitzt rustikalen Charme.

CAMBRIA: Wild Ginger $
Asiatisch   SK B5
2380 Main St, 93428
📞 1-805-927-1001   ⬤ Do
Einige behaupten, im Wild Ginger bekommt man das beste asiatische Essen an der kalifornischen Central Coast: Hähnchen-Satay (Singapur), Chicken Wings (Thai) und gebratene Garnelen (vietnamesisch).

CAYUCOS: Schooners Wharf $$
Seafood   SK C5
171 N Ocean Ave, 93430
📞 1-805-995-3883
Seit 1993 ist das Restaurant bekannt für bestes Seafood. Der Speiseraum ist mit nautischen Motiven gestaltet, der Meerblick ist grandios.

LOS OLIVOS: Los Olivos Café & Wine Merchant $$
International   SK C5
2879 Grand Ave, 93441
📞 1-805-688-7265
Der ideale Ort zum Entspannen nach einem Tag mit Weinproben. Rustikaler, kleiner Speiseraum mit einer hübschen mit Glyzinien bewachsenen Terrasse. Kleine Snacks sind Pizza, Oliven und Käse, herzhaftere Mahlzeiten sind Gerichte wie Pasta, Lamm- und Schmorbraten.

MONTECITO: Lucky's $$$
Steakhouse   SK C5
1279 Coast Village Rd, 93108
📞 1-805-565-7540
Vorzügliche Steaks und Seafood. Entspannte Atmosphäre, perfekt, um einen Martini zu genießen. Beliebter Sonntagsbrunch.

MORRO BAY: Windows on the Water $$$
Modern amerikanisch   SK B5
699 Embarcadero, 93442
📞 1-805-772-0677
Geräumiges Restaurant mit großen Fenstern. Von hier hat man Blick auf den Ozean und den Morro Rock. Beliebte Gerichte sind Jalapeño-Aioli, mit Zedernholz geräucherter Lachs und Pazifik-*bouillabaisse*.

OJAI: Suzanne's Cuisine $$
Kalifornisch   SK C5
502 W Ojai Ave, 93023
📞 1-805-640-1961   ⬤ Di
Amerikanische Gerichte mit französischer Note, zubereitet mit Bio-Produkten aus der Region. Suzanne's Cuisine gilt bei vielen als bestes Speiselokal der Stadt.

PASO ROBLES: Bistro Laurent $$$
Französisch   SK B5
1202 Pine St, 93446
📞 1-805-226-8191   ⬤ So, Mo
Das Bistro im Wine Country bringt französische Spezialitäten auf den Tisch. Sitzen Sie auf der Terrasse und trinken Sie ein Glas Wein aus der Region.

PISMO BEACH: Splash Café $
Amerikanisch   SK B5
197 Pomeroy Ave, 93449
📞 1-805-773-4653
Unkonventionelles Strandlokal, beliebt bei Surfern. Die wunder-

bare Muschelsuppe wird in einer Schale aus Sauerteig serviert. Auch Fish 'n' Chips sind gefragt.

SAN LUIS OBISPO:
Buona Tavola $$
Italienisch SK B5
1037 Monterey St, 93401
📞 1-805-545-8000
Mit Kunstwerken geschmückte, kosmopolitische Veranda mit Blick auf das historische Fremont Theatre. Zur Auswahl an preiswerten Gerichten gehören Antipasti, Steaks und Seafood.

SAN LUIS OBISPO:
Novo Restaurant and Lounge $$
International SK B5
726 Higuera St, 93401
📞 1-805-543-3986
Das zeitgemäße Lokal serviert Tapas mit besonderer Note. Zu den Leckerbissen gehören *muqueca* mit Garnelen und *piquillo*-Käse-Empanadas mit Chutney.

SAN LUIS OBISPO: Ciopinot $$$
Italienisch SK B5
1051 Nipomo St, 93401
📞 1-805-547-1111
Familiengeführter Seafood-Grill und Austernbar. Der Schwerpunkt der umfangreichen Weinkarte liegt auf Pinot-Tropfen aus aller Welt. Die Gäste dürfen ihren Wein auch selber mitbringen.

SANTA BARBARA:
La Super-Rica $
Mexikanisch SK C5
622 N Milpas St, 93103
📞 1-805-963-4940 ⬤ Di, Mi
Stammkunden stellen sich an dieser Imbissbude geduldig für einfache mexikanische Kost an. Probieren Sie Tacos, hergestellt aus frisch gegrillten Tortillas, gefüllt mit Schweine-, Rind- oder Hähnchenfleisch sowie Chorizo.

Bouchon, ein stark frequentiertes Bistro in Santa Barbara

Terrasse mit Meerblick: Bella Vista, Santa Barbara

SANTA BARBARA:
Arigato Sushi $$
Sushi SK C5
1225 State St, 93101
📞 1-805-965-6074
Das preisgekrönte Sushi-Lokal serviert bewährte Standards ebenso wie innovativ zubereitete Röllchen sowie Dutzende von warmen Speisen in entspannter Atmosphäre, dazu Wein und Sake.

SANTA BARBARA: Brophy Bros.
Restaurant & Clam Bar $$
Seafood SK C5
119 Harbor Way, 93109
📞 1-805-966-4418
Das Strandlokal bietet tollen Blick auf den Hafen und serviert professionell zubereitetes frisches Seafood. Exzellente Muscheltheke mit Krustentieren und herrlicher Fischsuppe.

SANTA BARBARA:
The Hungry Cat $$
Seafood SK C5
1134 Chapala St, 93101
📞 1-805-884-4701
Das Lokal ist eines der besten Seafood-Restaurants der Stadt. Es gibt großzügige Portionen Austern, gebratene Garnelen sowie Fish 'n' Chips. Sehr ungezwungene Atmosphäre.

SANTA BARBARA:
Louie's California Bistro $$
Kalifornisch SK C5
1404 de la Vina St, 93101
📞 1-805-963-7003
Charmantes, einfaches Speiselokal in einem Boutique-Hotel (19. Jh.). Es werden Gourmetpizzas, Nudelgerichte und regionale amerikanische Gerichte aufgetischt.

SANTA BARBARA:
Olio e Limone $$
Italienisch SK C5
17 W Victoria St, 93101
📞 1-805-899-2699
Eine der beliebtesten Trattorias der Stadt mit authentischen sizilianischen Spezialitäten, serviert in einem behaglichen Speiseraum. Das Personal berät Sie gerne bei der Auswahl geeigneter Weine.

SANTA BARBARA:
The Palace Grill $$
Karibisch SK C5
8 E Cota St, 93101
📞 1-805-963-5000
In dem beliebten Restaurant bekommt man Spezialitäten aus New Orleans in freundlicher Atmosphäre: von herzhaftem Gumbo und *étouffée* (Krustentiere mit Reis) bis hin zu gebratenem Rotbarsch, eingeflogen aus »The Big Easy« (New Orleans).

SANTA BARBARA:
Trattoria Vittoria $$
Italienisch SK C5
30 E Victoria St, 93103
📞 1-805-969-2261
Traditionelle Trattoria, geführt von einer italienischen Familie. Es gibt hausgemachte Pasta, täglich frische Suppen und pikante Saucen, die tagelang geköchelt werden.

SANTA BARBARA:
Bella Vista $$$
Italienisch SK C5
The Biltmore, 1260 Channel Dr, 93108
📞 1-805-565-8237
Bei den Einheimischen beliebtes Lokal mit großen Fenstern und Blick auf den Ozean. Der Schwerpunkt der Speisekarte liegt auf Seafood mit italienischer Note. Abends und sonntags zum Brunch sehr gefragt.

Vis-à-Vis-Tipp
SANTA BARBARA:
Bouchon $$$
Französisch SK C5
9 W Victoria St, 93101
📞 1-805-730-1160
Stilvolles, gemütliches Bistro, das ein freundliches, warmes Flair verströmt. Die Küche bringt eine ganze Reihe französischer Klassiker hervor. Spezialitäten sind Ente mit Bourbon- und Ahornglasur, Büffeltatar und Lavakuchen mit Schokoladensauce als Dessert. Die Kellner beraten Sie professionell bei der Auswahl der Weine. Paare genießen die romantische Atmosphäre und den aufmerksamen Service.

Ein urgemütliches Restaurant:
Julienne in Santa Barbara

SANTA BARBARA: Downey's $$$
Modern amerikanisch   SK C5
1305 State St, 93101
☎ 1-805-966-5006   ⊙ Mo
Klassische regionale Küche in
einem eleganten Speisesaal. Auf
der täglich wechselnden Speise-
karte stehen Krabben, Hummer
und Muscheln aus einheimischen
Gewässern sowie Fleischgerichte
mit schmackhaften Saucen.

SANTA BARBARA: Julienne $$$
Modern amerikanisch   SK C5
138 E Canon Perdido, 93101
☎ 1-805-845-6488   ⊙ Mo
Preisgekrönte Küche mit täglich
wechselnder Speisekarte, bevorzugt die regionalen Erzeugnissen.
Hervorragendes Seafood, *charcuterie* und *prix-fixe*-Menüs mit
Wein.

SANTA YNEZ:
Trattoria Grappolo $$
Italienisch   SK C5
3687 Sagunto St, 93460
☎ 1-805-688-6899
Belebte Trattoria mit Wandmale-
reien. Zum Speisenangebot ge-
hören Gourmetpizzas, Nudelge-
richte in großen Portionen und
herzhafte Hauptmahlzeiten, dazu
wird preiswerter Wein aus der
Region serviert. Fleißiges Personal
und angenehmes Ambiente.

SOLVANG:
Solvang Restaurant $
Dänisch   SK C5
1672 Copenhagen Dr, 93463
☎ 1-800-654-0541
Das Lokal ist eines der bekann-
testen skandinavischen Restau-
rants des Landes. Spezialität des
Hauses ist *æbleskiver*, eine Art
Plundergebäck mit Himbeer-
marmelade und Puderzucker.
Freundlicher Service.

SOLVANG: Root 246 $$
Modern amerikanisch   SK C5
420 Alisal Rd, 93463
☎ 1-805-686-8681   ⊙ Mo
Das Restaurant wird von einem
Sternekoch geführt und ist ein
Wunder an modernem Design
in einem kitschigen Urlaubsort.
Genießen Sie Schmorbraten mit
Pommes frites und Salat nach
einem Tag voller Weinproben.

VENTURA: Andria's
Seafood Restaurant & Market $
Seafood   SK C5
1449 Spinnaker Dr, 93001
☎ 1-805-654-0546
Das einfache Lokal ist eines der
beliebtesten Hafenrestaurants.
Man serviert frisches Seafood,
u. a. Hummer und Fish 'n' Chips,
zu moderaten Preisen. Man kann
auch im Freien sitzen.

Orange County

ANAHEIM: Mimi's Café $
Amerikanisch   SK D6
1400 S Harbor Blvd, 92802
☎ 1-714-956-2223
Mimi's Café liegt unweit des Dis-
neyland-Ferienparks und gehört
zu einer Kette familienfreundli-
cher Lokale. Es gibt Quiche, Steak
und Topfkuchen.

ANAHEIM: Goofy's Kitchen $$
Amerikanisch   SK D6
1150 Magic Way, 92803
☎ 1-714-781-3463
Es herrscht ein Hauch von Disney-
land, noch bevor man den Park
betritt. Die Kinder lieben Mickey-
Mouse-Waffeln, Pizza mit Erd-
nussbutter und Schokoladen-
kuchen. Disney-Figuren scherzen
mit den Gästen.

ANAHEIM: Anaheim White
House Restaurant $$$
International   SK D6
887 S Anaheim Blvd, 92805
☎ 1-714-722-1381
Hinter der Fassade des alten Gebäudes verbergen sich stilvolles
Interieur und eine große Terrasse.
Die exquisite Küche verbindet
norditalienische, französische und
asiatische Einflüsse.

ANAHEIM: Napa Rose $$$
Modern amerikanisch   SK D6
1313 S Disneyland Dr, 92802
☎ 1-714-635-2300
Gourmetrestaurant in Disneys
Grand Californian Hotel. Die kuli-
narischen Köstlichkeiten werden
aus frischen Produkten vom Bau-
ernhof zubereitet, die das Aroma
des Wine Country tragen. Man
kredenzt weltbekannte Weine.

BUENA PARK: Mrs. Knott's
Chicken Dinner Restaurant $
Amerikanisch   SK D6
8039 Beach Blvd, 90620
☎ 1-714-220-5055
Das Restaurant ist eine Institution
seit 1934. Hähnchengerichte wer-
den mit Kartoffelpüree, Sauce
und Gemüse serviert. Nehmen Sie
als Nachtisch am besten Boysen-
beerkuchen.

CATALINA ISLAND:
Avalon Grille $
Amerikanisch   SK C6
423 Crescent Ave, Avalon, 90704
☎ 1-310-510-7494
Auf der Speisekarte findet man
alles von Burger bis Seafood. In
der gut besuchten Bar steht im
Sommer samstagabends Live-
Musik auf dem Programm. Durch
die großen Fenster hat man einen
tollen Blick auf den Pazifik.

CORONA DEL MAR:
Five Crowns $$
Steakhouse/Britisch   SK D6
3801 East Coast Hwy, 92965
☎ 1-949-760-0331
Altmodisches Gebäude im Tudorstil mit Holzbalken und knistern-
dem Kamin. Die Spezialität ist
Rostbraten, aber Lamm, Ente und
Seafood sind ebenfalls zu empfehlen. Bei schönem Wetter lockt
der Sonntagsbrunch.

COSTA MESA: Memphis Café $
Südstaatenküche   SK D6
2920 S Bristol St, 92626
☎ 1-714-432-7685
Das Lokal ist ein Treffpunkt für
junge Leute. Es gibt Soul Food
mit moderner Note. Highlights
sind Sandwiches, Gumbo, Jambalaya und Welsomeletts. Kitschi-
ges 1960er-Jahre-Dekor prägt das
Ambiente.

Klare Linien prägen das Interieur:
Studio, Laguna Beach *(siehe S. 559)*

COSTA MESA:
Scott's Restaurant & Bar $$
Seafood SK D6
3300 Bristol St, 92626
📞 1-714-979-2400
Die traditionelle Küche aus San Francisco bringt Klassiker auf den Tisch wie Austern Rockefeller, Hummersuppe, *cioppino* (Fischeintopf) und Steaks. Probieren Sie den Pudding oder den Käsekuchen zum Nachtisch.

COSTA MESA:
Mastro's Steakhouse $$$
Steakhouse SK D6
633 Anton Blvd, 92626
📞 1-714-546-7405
Genießen Sie Gourmetküche in einem anspruchsvollen Restaurant. Steaks, Rostbraten und frisches Seafood gehören zu den kulinarischen Köstlichkeiten. Jeden Abend wird Live-Musik gespielt. Imposante Weinkarte.

HUNTINGTON BEACH:
Sandy's $$
Amerikanisch SK D6
315 Pacific Coast Hwy, 92648
📞 1-714-374-7273
Das direkt am Pier gelegene Restaurant überzeugt schon durch den Meerblick, den man von den Fensterplätzen genießt. Surf & Turf zählt zu den Favoriten. Gute Auswahl an edlen Tropfen und Cocktails.

IRVINE: Javier's Cantina $
Mexikanisch SK D6
45 Fortune Dr, 92618
📞 1-949-872-2101
Hausmacherkost in schönem Ambiente. Beliebte Gerichte sind Dungeness-Krabben-Enchiladas in Tomatillosauce, *tamales* (Maistaschen) und *carnitas* (geschmortes Fleisch). Die Bar hält viele Sorten Tequila bereit.

IRVINE: Bistango $$$
Modern amerikanisch SK D6
19100 Von Karman Ave, 92612
📞 1-949-752-5222 ● So
Das Bistango wird geprägt von moderner Kunst, Live-Jazz und einer lebhaften Bar. Man serviert kalifornische Kost, leckere Pizzas, Nudelgerichte und Paella. Preisgekrönte Weinkarte.

LAGUNA BEACH:
Alessa Laguna $
Italienisch SK D6
234 Forest Ave, 92651
📞 1-949-497-8222
Das Lokal bietet vorzügliche italienische Gerichte, u. a. Ravioli, Calamares, Hähnchen-Marsala und Lasagne. Die Beliebtheit des Restaurants zeigt sich an der großen Zahl an Stammgästen.

Sonnenterrasse des Restaurants The Californian, Huntington Beach

LAGUNA BEACH: Las Brisas $
Mexikanisch SK D6
360 Cliff Dr, 92652
📞 1-949-497-5434
Die Speisekarte im Las Brisas führt Spezialitäten wie *ceviche*, Red Snapper gefüllt mit Garnelen oder Fischeintopf. Man verfügt über eine große Auswahl an Tequilasorten. Großes Küstenrestaurant mit Blick auf den Ozean.

LAGUNA BEACH:
Zinc Café & Market $
International SK D6
350 Ocean Ave, 92651
📞 1-949-494-6302
Das Café mit Ladengeschäft ist vormittags und mittags geöffnet. Zu den Spezialitäten gehören toskanische Bohnensuppe, vegetarisches Chili und Pizza in jeder gewünschten Größe. Hübsche Gartenterrasse.

LAGUNA BEACH: 230 Forest Avenue Restaurant & Bar $$
Seafood SK D6
230 Forest Ave, 92651
📞 1-949-494-2545
Schickes Restaurant gegenüber vom Strand, spezialisiert auf Seafood. Populäre Gerichte sind Meeresfrüchtesalat, fangfrischer gegrillter Fisch und als Nachtisch leckerer Schokoladenpudding. Reiche Auswahl an Weinen und Martinis.

LAGUNA BEACH:
Three Seventy Common $$
Modern amerikanisch SK D6
370 Glenneyre St, 92651
📞 1-949-494-8686
Auf der Speisekarte des angesagten, rustikalen Restaurants finden Sie typische Gerichte aus der Region: Gemüse, Schweinebauch, *poutine* (Pommes frites mit Sauce und Käse) sind die Highlights. Als Nachtisch gibt es köstlichen Kuchen.

LAGUNA BEACH: Studio $$$
Französisch SK D6
30801 S Coast Hwy, 92651
📞 1-949-715-6420 ● Mo
Das Strandrestaurant auf dem Gelände des Montage-Resorts serviert exquisite Speisen. Zutaten aus der Region werden gemäß der modernen französischen Küche verarbeitet. Sehr gutes Degustationsmenü.

NEWPORT BEACH:
Mama D's Italian Kitchen $
Italienisch SK D6
3012 Newport Blvd, 92663
📞 1-949-675-6262
Die umfangreiche Speisekarte präsentiert Klassiker der italienischen Küche. Nach der Hauptmahlzeit gibt es Gebäck und Kuchen. Freundlicher Service.

NEWPORT BEACH:
Roy's Restaurant $$
Hawaiianisch SK D6
453 Newport Center Dr, 92660
📞 1-949-640-7697
Die Sushi- und Fischgerichte bieten ein einzigartiges, unvergessliches kulinarisches Erlebnis. Probieren Sie den *misoyaki*-Butterfisch. Innovative Cocktails.

Vis-à-Vis-Tipp

ORANGE: The Hobbit $$$
Französisch SK D6
2932 E Chapman Ave, 92669
📞 1-714-997-1972
● Mo, Di
The Hobbit bietet die aufregendsten kulinarischen Erfahrungen in ganz Südkalifornien. Das Sieben-Gänge-Menü beginnt im Weinkeller. Die Zubereitung wird von einer ganzen Reihe europäischer Nationalküchen beeinflusst. Das Hauptgericht wechselt täglich. Reservieren Sie!

SK = Straßenkarte Kalifornien *siehe hintere Umschlaginnenseiten*

SAN CLEMENTE: Iva Lee's $
Kreolisch   SK D6
555 N El Camino Real, 92672
☎ 1-949-361-2855
Zu den Gerichten gehören gebratene grüne Tomaten mit Ziegenkäse, gegrillte Koteletts und Jambalaya sowie Bananas Foster als Nachtisch. Warme Atmosphäre mit Live-Blues und -Jazz.

SAN JUAN CAPISTRANO:
Cedar Creek Inn $$
Modern amerikanisch   SK D6
26860 Ortega Hwy, 92675
☎ 1-949-240-2229
Das Ambiente im spanischen Missionsstil schafft eine besondere Atmosphäre. Wählen Sie Pasta, Seafood oder Rostbraten. Von der Terrasse hat man einen guten Blick auf die Mission San Juan Capistrano.

SANTA ANA:
Antonello Ristorante $$
Italienisch   SK D6
3800 S Plaza Dr, 92704
☎ 1-714-751-7153   ● So
Das hoch geschätzte Restaurant verströmt den Charme der Alten Welt. *Spaghetti alla puttanesca*, *cioppino*, Scampi und Risotto zählen zu den Spezialitäten des Hauses. Überaus eindrucksvolle Weinkarte.

SUNSET BEACH: Harbor
House Café $
Diner   SK D6
16341 Pacific Coast Hwy, 90742
☎ 1-562-592-5404
Einladendes Straßenrestaurant, dekoriert mit Surfbrettern, Filmplakaten und Sammlerstücken. Es gibt amerikanische Gerichte, darunter auch leckere Burger, und mehr als 20 verschiedene Omeletts.

TUSTIN: Zov's Bistro $
International   SK D6
17440 E 17th St, 92780
☎ 1-714-838-8855
Das Essen in diesem beliebten Lokal zeigt Einflüsse der griechischen, italienischen, libanesischen und marokkanischen Küche. Vielseitige Weinkarte, Bäckerei mit leckeren Kuchen.

San Diego County

CORONADO: Candelas $$
Mexikanisch   SK D6
1201 1st St, 92118
☎ 1-619-435-4900
Restaurant mit moderner mexikanischer Küche. Innovativ zubereitete Fleisch- und Seafoodgerichte, auch vegetarische Optionen.

Gute Wahl für ein gastronomisches Erlebnis: 1500 Ocean, San Diego

CORONADO: Mistral $$
Mediterran   SK D6
Loews Coronado Bay Resort,
4000 Coronado Bay Rd, 92118
☎ 1-619-424-4000   ● Mo, Di
Umwerfender Speisesaal mit faszinierender Aussicht auf die Coronado Bay Bridge und die Skyline von San Diego. Internationale Küche mit kleinen Mahlzeiten. Gut bestückter Weinkeller und köstliche Desserts.

CORONADO: 1500 Ocean $$$
Mediterran   SK D6
1500 Orange Ave, 92118
☎ 1-619-522-8490   ● So, Mo
Strandrestaurant des Hotel del Coronado. Man verwendet typische landwirtschaftliche Produkte der kalifornischen Küste. Die Cocktails werden mit frischen Kräutern zubereitet.

DEL MAR: Kitchen 1540 $$
Modern amerikanisch   SK D6
1540 Camino del Mar, 92014
☎ 1-858-793-6460
Restaurant mit offener Küche, Weinbar und Terrasse. Die Speisekarte bietet traditionelle Gerichte, mit Bio-Zutaten.

DEL MAR:
Market Restaurant & Bar $$
Modern amerikanisch   SK D6
3702 Via de la Valle, 92014
☎ 1-858-523-0007
Das Restaurant serviert herzhafte Gerichte. Die Steaks sind sensationell, die Sushi-Bar ist ein beliebter Treffpunkt. Man hat Blick auf die Pferderennbahn von Del Mar.

LA JOLLA: Alfonso's of La Jolla $
Mexikanisch   SK D6
1251 Prospect Ave, 92037
☎ 1-858-454-2232
Frisches Seafood und mexikanische Aromen: Hummer-*fajitas* und -*burritos*, Garnelen-*ceviche* sowie Hähnchen- und Rindfleischgerichte. Es gibt eine Terrasse und exzellente Margaritas.

LA JOLLA: Brockton Villa $
Amerikanisch   SK D6
1235 Coast Blvd, 92037
☎ 1-858-454-7393
Küstenrestaurant mit herrlichem Blick auf die Bucht. Serviert werden aus regionalen Produkten frisch zubereitete Gerichte, ein großes Sortiment an Weinen und kreative »Brocktails«.

LA JOLLA: The Cottage $
Café   SK D6
7702 Fay Ave, 92037
☎ 1-858-454-8409
Beliebtes Frühstückscafé mit köstlichem französischem Toast, Krabbenkuchen Benedict, Omeletts, Burritos und Scones. Bestellen Sie zum Mittagessen Burger, Steaks oder Hackbraten.

LA JOLLA: Living Room $
Café   SK D6
1010 Prospect Ave, 92037
☎ 1-858-459-1187
Von früh bis spät serviert man Waffeln, Bagels, Suppen, Sandwiches, Nudelgerichte und vieles mehr. Große Auswahl an Obst- und Käsekuchen, Gebäck und Kaffee.

Brockton Villa, San Diego: **wundervoller Meerblick**

LA JOLLA: Regents Pizzeria $
Pizzeria SK D6
4150 Regents Park, Row 170, 92037
☎ 1-858-550-0404
Pizzas sowohl nach New Yorker als auch Chicagoer Art zubereitet. Besonders lecker sind die Pizza mit Wurst, Hackfleisch und Peperoni sowie Hähnchen Alfredo mit Knoblauch-Sahne-Sauce.

LA JOLLA: Roppongi $
Asiatisch-Europäisch SK D6
875 Prospect St, 92037
☎ 1-858-551-5252
Eindrucksvolle Speisekarte mit Tapas, Sushi, Sashimi und anderen Spezialitäten. Der Speisesaal ist mit asiatischen Antiquitäten dekoriert. Schicke Lounge und hübsche Terrasse.

LA JOLLA: Whisknladle $$
Modern amerikanisch SK D6
1044 Wall St, 92037
☎ 1-858-551-7575
Fantasievoll zubereitete Speisen, u. a. Seafood, und schöne Fischtheke. Zur Happy Hour ein beliebter Treffpunkt, um Tapas und Cocktails zu genießen.

Vis-à-Vis-Tipp

LA JOLLA: George's California Modern $$$
Modern amerikanisch SK D6
1250 Prospect St, 92037
☎ 1-858-454-4244
Das angesagte Restaurant bietet eine Karte mit Seafood-Gerichten aus regionalen Erzeugnissen. Eine gute Weinauswahl und Cocktails ergänzen das Speisenangebot. Der fantastische Blick auf den Ozean und das schöne Ambiente machen das Restaurant zu einer vortrefflichen Wahl.

LA JOLLA: The Marine Room $$$
International SK D6
2000 Spindrift Dr, 92037
☎ 1-858-459-7222
Das Strandrestaurant serviert innovative Gerichte mit asiatischen und französischen Einflüssen mit Schwerpunkt Seafood. Kostspielige, aber schöne Erfahrung.

LA JOLLA: Tapenade $$$
Französisch SK D6
7612 Fay Ave, 92037
☎ 1-858-551-7500
Tapanade pflegt südfranzösische Küche. *Escargots*, Ente und *steak au poivre* sind die Highlights ebenso der Hummersalat, Suppen und Reisgerichte. Dekadente Nachspeisen und köstlicher Käse.

PACIFIC BEACH: Nick's at the Beach $
Amerikanisch SK D6
809 Thomas Ave, 92109
☎ 1-858-232-2436
Abwechslungsreiche Speisekarte mit herzhaften Omeletts und Pfannkuchen zum Frühstück sowie mittags und abends Seafood und Sandwiches. Zur Happy Hour geht es lebhaft zu.

RANCHO SANTA FE: Mille Fleurs $$$
Französisch SK D6
6009 Paseo Delicias, 92067
☎ 1-858-756-3085
Romantisches Restaurant mit großartigem Service, verborgen in einem exklusiven Vorort. Moderne französische Küche mit erstklassigen Zutaten aus der Region oder frisch eingeflogen.

SAN DIEGO: Big Kitchen Café $
Diner SK D6
3003 Grape St, 92102
☎ 1-619-234-5789
Ein Juwel von einem Restaurant hinter dem Balboa Park, beliebt wegen seines Frühstücks mit Omeletts, Pfannkuchen und *huevos rancheros.*

SAN DIEGO: El Zarape $
Mexikanisch SK D6
4642 Park Blvd, 92116
☎ 1-619-692-1652 ● Mo
Das quirlige Lokal bringt einfallsreich zubereitete, preiswerte Tacos und Burritos auf den Tisch. Probieren Sie leckere Hummer-Burritos, Tacos mit Kartoffeln und andere traditionelle Speisen.

SAN DIEGO: Hodad's $
Amerikanisch SK D6
5010 Newport Ave, 92107
☎ 1-619-224-4623
Das Strandlokal verpflegt Surfer und Einheimische seit Jahrzehnten mit riesigen Burgern. Perfekt zubereitete Pasteten und »Frings« – Fries and Rings (Pommes frites und Zwiebelringe) sind ein weiteres Markenzeichen.

SAN DIEGO: Karl Strauss Brewing Company $
Amerikanisch SK D6
1157 Columbia St, 92101
☎ 1-619-234-2773
Das kleine Brauhaus in der Innenstadt bietet Pubkost und eine große Auswahl an Fassbieren. Zu empfehlen sind Hackbraten, Burger, Salate und Chicken Wings.

SAN DIEGO: South Beach Bar & Grill $
Seafood/Mexikanisch SK D6
5059 Newport Ave, 92107
☎ 1-619-226-4577
Der beliebte Treffpunkt am Strand ist bekannt für seine Mahi-Mahi-Fischtacos. Tagesspezialitäten und eine große Speisekarte ziehen viele Gäste an. Seafood, Burger und Vegetarisches.

SAN DIEGO: Sushi Ota $
Japanisch SK D6
4529 Mission Bay Dr, 92109
☎ 1-858-270-5670
Bodenständiges Speiselokal, aber das Sushi gehört zum besten der Stadt. Der erfahrene Küchenchef legt den Schwerpunkt auf traditionelle Gerichte, aus frischen Zutaten professionell zubereitet.

SAN DIEGO: Dobson's $$
Modern amerikanisch SK D6
956 Broadway Circle, 92101
☎ 1-619-231-6771 ● So
Speisesaal und Bar wirken altmodisch. Kalifornische Gerichte mit europäischen und asiatischen Einflüssen, ästhetisch präsentiert: *bisque en croûte* mit Muscheln, gebratener Lachs, Lammrücken und Nudelgerichte.

SAN DIEGO: El Agave $$
Mexikanisch SK D6
2304 San Diego Ave, 92110
☎ 1-619-220-0692
Speisesaal im Haciendastil und Sonnenterrasse. Die Speisekarte präsentiert mexikanische Gerichte mit europäischen Einflüssen. Beliebt sind Mole-Gerichte. Imposante Auswahl an Tequila.

Mit dem Charme eines Pubs: Karl Strauss Brewing Company, San Diego

SK = **Straßenkarte Kalifornien** *siehe hintere Umschlaginnenseiten*

Atemberaubende Aussicht: Bertrand at Mister A's, San Diego

**SAN DIEGO: Garage Kitchen
& Bar** $$
Amerikanisch SK D6
655 4th Ave, 92101
☎ 1-619-231-6700
Eines des schönsten Pubs im
Gaslamp Quarter mit abwechs-
lungsreichem Angebot an Spei-
sen. Probieren Sie einmal die
Thunfisch-Nachos.

SAN DIEGO: Indigo Grill $$
Modern amerikanisch SK D6
1536 India St, 92101
☎ 1-619-234-6802
Beliebtes Restaurant mit innovativen Gerichten. Totempfähle und
Kunsthandwerk der indigenen
amerikanischen Kulturen schmücken den Speisesaal. Regionale
Rezepte von Mexiko bis Alaska.

**SAN DIEGO:
The Prado at Balboa Park** $$
Modern amerikanisch SK D6
1549 El Prado, Balboa Park, 92101
☎ 1-619-557-9441
Fabelhaftes Speiselokal im House
of Hospitality mit italienischen,
lateinamerikanischen und asiati-
schen Einflüssen. Probieren Sie
die *hamachi*-Fischtacos.

SAN DIEGO: AVANT $$$
Kalifornisch SK D6
17550 Bernardo Oaks Dr, 92128
☎ 1-858-675-8500
Einladendes Restaurant mit moderner Küche. Faszinierende,
kreative Gerichte mit frischen
Zutaten der Saison und kunstvoll
gemixte Cocktails.

**SAN DIEGO:
Bertrand at Mister A's** $$$
Modern amerikanisch SK D6
2550 5th Ave, 92103
☎ 1-619-239-1377
Gehobenes Restaurant mit auf-
merksamem Personal, exquisiter
Kochkunst und sagenhaftem
Blick auf die Skyline. Gute Aus-
wahl an Fleisch-, Fisch- und vege-
tarischen Gerichten.

**SAN DIEGO: The
Westgate Room** $$$
Kalifornisch SK D6
1055 2nd Ave, 92101
☎ 1-619-557-3655
Aufgrund seiner europäischen
Eleganz und dem eindrucksvollen
Speisesaal mit einem Hauch von
Versailles ist dieses Restaurant
ideal für besondere Anlässe. Per-
fekte kalifornische Küche mit
Schwerpunkt Wild und Seafood.

**SAN DIEGO:
WineSellar & Brasserie** $$$
Französisch SK D6
9550 Waples St, 92121
☎ 1-858-450-9557 ● So, Mo
Das Restaurant gehört zu einem
renommierten Weinladen. Genie-
ßen Sie gehobene Küche mit
kreativem Touch. Preisgekrönte
Weinkarte und professionelles
Personal.

Inland Empire
und Colorado-Wüste

**BIG BEAR CITY:
Peppercorn Grille** $
Amerikanisch SK D6
553 Pine Knot Ave, 92315
☎ 1-909-866-5405
Freundliches Lokal im Herzen des
Städtchens. Hier gibt es für jeden
etwas – exzellentes Fleisch, Sea-
food, Pizza und Nudeln. Gute
Weinkarte. Erholen Sie sich hier
nach ihren Freizeitaktivitäten.

CHINO: Centro Basco $
Baskisch SK D6
13432 S Central Ave, 91710
☎ 1-909-628-9014 ● Mo
Das Gebäude diente früher als
Herberge für baskische Schaf-
hirten. In einem geräumigen
Speisesaal serviert man großzü-
gige Portionen: Suppen, Hack-
fleisch, Burger, Rinderzunge, Fo-
relle und Schmorbraten. Man isst
an großen Gemeinschaftstischen.

**IDYLLWILD:
Restaurant Gastrognome** $$
Modern amerikanisch SK D6
54381 Ridgeview Dr, 92549
☎ 1-951-659-5055
Das Restaurant verfügt über
einen freundlichen, rustikalen
Speisesaal. Man tischt herzhafte
Kost auf: Krabbenkuchen, Brat-
ente, Lachs mit Sauce hollandaise
und Hummertacos. Terrasse mit
Blick auf Wald und Berge.

LA QUINTA: Louise's Pantry $
Amerikanisch SK D6
47150 Washington St, 92253
☎ 1-760-771-3330
Beliebtes altmodisches Café mit
üppigem Frühstück, Knödel aus
Hähnchenfleisch, Käsesandwiches
und frischem Apfelkuchen. Das
Reuben-Sandwich (Rindfleisch,
Käse, Sauerkraut) ist begehrt.

PALM DESERT: Cuistot $$$
Französisch SK D6
72595 El Paseo, 95562
☎ 1-760-340-1000
Cuistot ist eine der führenden
gastronomischen Attraktionen in
Palm Desert. Es befindet sich in
einem Gebäude im französischen
Landhausstil. Exzellente Küche.

PALM DESERT: Jillian's $$$
Europäisch SK D6
74155 El Paseo, 92260
☎ 1-760-776-8242 ● So
Speisen mit Musikbegleitung
unter dem Sternenhimmel in
einem romantischen Restaurant.
Gebratenes Fleisch und gegrillter
Fisch. Preisgekrönte Weinkarte.

PALM SPRINGS: Europa $$
Europäisch SK D6
1620 S Indian Trail, 92264
☎ 1-760-327-2314 ● Mo
Eines der romantischsten Lokale
im Coachella Valley besitzt einen
netten Speiseraum mit Kamin
und eine Terrasse. Highlights der
Karte sind Lammrücken, *saumon
en papillote* und Entenconfit.

Vis-à-Vis-Tipp

**PALM SPRINGS:
Melvyn's Restaurant** $$
Amerikanisch SK D6
200 W Ramon Rd, 92260
☎ 1-760-325-2323
Seit mehr als drei Jahrzehnten
ist Melvyn's ein Restaurant für
besondere Anlässe. Antiquitäten, Ober in Leinensakkos und
alte Fotos vermitteln die Aura
einer vergangenen Zeit. Die
Speisekarte bietet beste klassische Gerichte. Genießen Sie
nach dem Abendessen einen
Drink in der Piano-Lounge.

Eingang des Melvyn's Restaurant, Palm Springs *(siehe S. 562)*

PALM SPRINGS:
Palm Springs Chop House $$
Steakhouse SK D6
262 S Palm Canyon Dr, 92262
☎ 1-760-320-4500
Das Restaurant im Stadtzentrum ist beliebt bei den Einheimischen. Von der Terrasse kann man Leute beobachten. Die Highlights hier sind die Rindfleischgerichte und die enzyklopädische Weinkarte.

PALM SPRINGS: Le Vallauris $$$
Französisch SK D6
385 W Tahquitz Canyon Way, 92262
☎ 1-760-325-5059
Altehrwürdiges Restaurant mit Bildteppichen und alten Möbelstücken. Auf der Karte finden sich französische Spezialitäten und einfallsreich zubereitete Seafood-Gerichte. Vortreffliche Auswahl an Bordeaux-Weinen.

RANCHO MIRAGE:
Las Casuelas Nuevas $
Mexikanisch SK D6
70-050 Hwy 111, 92270
☎ 1-760-328-8844
Das Restaurant im Haciendastil ist spezialisiert auf Enchiladas, Fajitas und *carnitas*. Das Unterhaltungsprogramm und die reiche Auswahl an Tequila sorgen für Stimmung. Beliebter Sonntagsbrunch.

RANCHO MIRAGE: Fleming's
Steakhouse & Wine Bar $$
Steakhouse SK D6
71800 Hwy 111, 92270
☎ 1-760-776-6685
Attraktives Lokal im River-Unterhaltungszentrum. Die beliebtesten Gerichte auf der Speisekarte sind Rindfleisch, frisches Seafood und Beilagen wie Kartoffeln mit Jalapeño, Rahmsauce und Cheddar. Mehr als 100 offene Weine.

RANCHO MIRAGE:
Shame on the Moon $$
Amerikanisch SK D6
69550 Frank Sinatra Dr, 92270
☎ 1-760-324-5515
Das Restaurant ist beliebt bei den Einheimischen. Die Speisekarte bietet Steaks, Pasta, Fisch, Kalbfleisch und Hackbraten. Freundlicher Service. Reservierung empfohlen.

RANCHO MIRAGE:
Wally's Desert Turtle $$$
Amerikanisch SK D6
71775 Hwy 111, 92270
☎ 1-760-568-9321 ● Mo
Großartiger Speisesaal mit Deckenspiegeln, peruanischem Kunsthandwerk und Wandmalereien. Probieren Sie Lammrücken oder Rindfleisch mit *sauce béarnaise* aus Qualitätsprodukten.

REDLANDS: Carolyn's Café $
Amerikanisch SK D6
1711 W Lugonia Ave, 92374
☎ 1-909-335-1711 ● So
Das Highlight in diesem Café ist der Kaffeekuchen. Man serviert üppiges Frühstück mit Eiern und Waffeln. Mittags gibt es Suppen, Salate und Sandwiches. Netter Service und freundliche Atmosphäre.

REDLANDS: Joe Greensleeves $$
Italienisch SK D6
220 N Orange St, 92373
☎ 1-909-792-6969 ● So
Liebenswertes kleines Lokal in einem alten Gebäude. Romantisches Ambiente mit Kamin und gemütlichen Separees. Man serviert Wildbraten, Hummerravioli, Nudeln und Steaks, die auf einem Holzgrill gegart werden.

RIVERSIDE: Las Campanas $
Mexikanisch SK D6
3649 Mission Inn Ave, 92501
☎ 1-951-784-0300
Charmanter Innenhof und Garten, der von Palmen beschattet wird. Romantisches Diner im Freien bei Kerzenschein. Gehobenes Speiseangebot mit *filet mignon flautas* und Brathähnchen mit Aprikosen-Chipotle-Sauce. Besonderer Beliebtheit erfreuen sich die Frucht-Margaritas.

RIVERSIDE: Mario's Place $$
Italienisch SK D6
3646 Mission Inn Ave, 92501
☎ 1-951-684-7755 ● So
Schickes, weltoffenes Restaurant mit Art-déco-Touch. Norditalienische Gerichte werden in einem Holzofen professionell zubereitet. Der Speiseplan zeigt aber auch asiatische und französische Einflüsse. Live-Jazz am Wochenende.

RIVERSIDE: Duane's Prime
Steak & Seafood $$$
Steakhouse SK D6
3649 Mission Inn Ave, 92501
☎ 1-888-326-4448 ● So
Restaurant in einem der schönsten Hotels in ganz Kalifornien. Dunkles Holz und stilvoll gedeckte Tische schaffen eine gepflegte Atmosphäre. Erstklassige Steaks und sehr gute Weinauswahl.

TEMECULA: Meritage Restaurant
at Callaway Vineyards $$
Mediterran SK D6
32720 Rancho California Rd, 92593
☎ 1-951-587-8889
Von dem Restaurant im Wine County hat man einen herrlichen Blick auf die Weinberge von Callaway. Der Schwerpunkt der exquisiten Speisekarte liegt auf kleinen Mahlzeiten, zubereitet nach mediterranen Rezepten.

Mojave-Wüste

BAKER: The Mad Greek $
Mediterran SK D5
72112 Baker Blvd, 92309
☎ 1-760-733-4354
Ein guter Stopp auf dem Weg nach Las Vegas oder ins Death Valley. Leckeres Gyros, Hummus, Kebabs, aber auch Gerichte wie Burger mit Pommes frites. Beliebt sind die Erdbeershakes.

BARSTOW: Idle Spurs
Steakhouse $
Steakhouse SK D5
690 Hwy 58, 92311
☎ 1-760-256-8888 ● Mo
Traditionelles Steakhouse mit einer beliebten Bar. Probieren Sie gefüllte Jalapeño-Paprikas, würzige Chicken Wings und zarte Steaks mit hausgemachten Grillsaucen. Sitzen Sie entspannt auf der schattigen Terrasse.

Formelles Ambiente: Mario's Place, Riverside

Speisesaal des Inn at Furnace Creek, Death Valley

BARSTOW: Lola's Kitchen $
Mexikanisch   SK D5
1244 E Main St, 92311
[1-760-255-1007   ● So
Lebhafter Treffpunkt für Einheimische und Urlauber. Alles wird frisch zubereitet, von Tortilla-Chips bis zu Tacos. Die Enchiladas mit grünen Chilis sind lecker.

Vis-à-Vis-Tipp

DEATH VALLEY: Inn at Furnace Creek Dining Room $$$
Modern amerikanisch   SK D4
Hwy 190, 92328
[1-760-786-2345
Das Restaurant befindet sich in einem Ensemble aus Stein- und Lehmbauten. Vom stilvollen Speisesaal hat man einen großartigen Ausblick. Die ambitionierte Speisekarte bietet typische Gerichte des Südwestens und der Pazifikküste. Speisen wie Kaktussalat und Klapperschlangen-Empanadas spiegeln das Flair der Wüste. Auch bodenständigere Gerichte.

LAKE HAVASU: Barley Brothers Restaurant & Brewery
Amerikanisch   SK E5
1425 McCulloch Blvd, 86403
[1-928-505-7837
Romantisches Restaurant mit Blick auf die London Bridge. Man serviert leckere Holzofenpizzas, Seafood-Gerichte, Burger und Nudeln, dazu eine große Auswahl an selbst gebrautem Bier.

LAKE HAVASU: Shugrue's Restaurant $$
Amerikanisch   SK E5
1425 McCulloch Blvd, 86403
[1-928-505-7837
Ruhiges Familienrestaurant mit geschmackvollem Interieur und Blick auf die London Bridge. Steaks, Seafood, Burger und Nudeln sind die Highlights.

San Francisco

Downtown

David's Deli $
Amerikanisch   SP 5 A5
474 Geary St, 94102
[1-415-276-5950
Besuchen Sie David's Deli, genießen Sie an der Theke ein riesiges Pastrami-Sandwich, New Yorker Käsekuchen, Matzeknödelsuppe, große Kuchenstücke und andere Köstlichkeiten.

Out the Door $
Vietnamesisch   SP 6 E3
No. 5, 1 Ferry Building, 94111
[1-415-321-3740
Frische, gesunde Snacks und Mahlzeiten im Ferry Building *(siehe S. 320)*. Bestellen Sie Frühlingsrollen, Salat mit grüner Papaya, Nudel- und Pfannengerichte, gegrilltes Fleisch, gedämpfte Brötchen, Hühnersuppe und Hähnchen im Tontopf.

San Francisco Soup Company $
Amerikanisch   SP 6 D4
50 Fremont St, 94105
[1-415-904-7660
Blitzsauberes, entspanntes Café, eine von zahlreichen Filialen in der Stadt. Geboten wird eine Vielzahl von Suppen, Gemüse, Kartoffeln mit Lauch, Hühnersuppe, Gumbo und Gerstenbrei mit Pilzen. Darüber hinaus gibt es Salate, Sandwiches und Gebäck. Zum Frühstück wird Kuchen serviert.

Sears Fine Food $
Amerikanisch   SP 5 B4
439 Powell St, 94108
[1-415-986-1160
Sears bringt seit 1938 gutes Essen in großzügigen Portionen auf den Tisch. Zum Frühstück gibt es French Toast, schwedische Pfannkuchen, Erdbeerwaffeln und Krabbenomeletts.

Show Dogs $
Amerikanisch   SP 5 C5
1020 Market St, 94102
[1-415-558-9560
Genießen Sie klassische Frankfurter, Corn Dogs, Veggie Dogs oder Würstchen vom Wildschwein. Man serviert auch Philadelphia Cheesesteak, Fischburger und Brathähnchen. Trinken Sie dazu ein frisches Bier.

Tin Vietnamese Cuisine $
Vietnamesisch   SP 5 C5
937 Howard St, 94103
[1-415-882-7188
In dem lebhaften Lokal bekommt man *pho*-Suppe, Salat mit grüner Papaya, Fisch im Tontopf und anderes Seafood sowie Nudel- und Reisgerichte, gegrilltes Gemüse und Hähnchen gewürzt mit Chili und Zitronengras.

Amber India $$
Indisch   SP 5 C5
25 Yerba Buena Ln, 94103
[1-415-777-0500
Das Restaurant liegt im Yerba Buena Gardens Museum und im Hoteldistrikt. Amber India zieht viele Gäste an, die die indische Küche lieben: Butterhähnchen, Lamm in Joghurt mariniert und Enten-Tikka.

Bar Agricole $$
Amerikanisch   SP 10 F1
355 11th St, 94103
[1-415-355-9400
Unvergessliche Tagesmenüs aus einheimischen Produkten – sowohl Fisch- als auch Fleischgerichte. Probieren Sie Schweinebraten, Ochsenschwanzsuppe, Buchweizen-*beignets*, Birnen-*galette* oder Sandwich mit Entenfleisch. Exotische Cocktails.

Für Anhänger klassischer US-Küche:
Show Dogs, Downtown

Bocadillos $$
Spanisch　　　　　　SP 5 C4
710 Montgomery St, 94111
☎ 1-415-982-2622
Das gemütliche Café mit Ziegel-
wänden serviert Sandwiches,
Tapas und baskische Gerichte.
Optionen auf der Speisekarte sind
Heilbutt-*ceviche*, Kabeljau im
Teigmantel, Tintenfisch-*carpaccio*,
geschmorte Kutteln, gegrillte
Chorizo-Wurst und Lammburger.

Delancey Street Restaurant $$
Amerikanisch　　　　SP 6 E5
600 Embarcadero, 94107
☎ 1-415-512-5179
Grundsolide Kost in einem Restaurant mit schönem Speisesaal
und herrlichem Blick über die
Bucht. Die umfangreiche Speisekarte präsentiert Gerichte wie
etwa gegrillte Rippchen, Krabbenkuchen, Antipasti, Pizza und
Grillspezialitäten.

Epic Roasthouse $$
Amerikanisch　　　　SP 6 E4
369 Embarcadero, 94105
☎ 1-415-369-9955
Unschlagbare Lage am Wasser
mit Blick über die Bucht und einer
Terrasse unterhalb der Bay Bridge.
Zum Angebot zählen Steaks vom
Kobe-Rind, Schweine- und
Lammbraten, Burger. Zum Res-
taurant gehört eine charmante
Bar mit eigener Karte.

M. Y. China $$
Chinesisch　　　　　SP 5 C5
845 Market St, 94103
☎ 1-415-580-3001
Inhaber des Restaurants im West-
field Centre ist der Starkoch
Martin Yan. Es gibt eine offene
Küche. Man serviert Nudeln, Dim
Sum, Pfannengerichte, gegrilltes
Schweinefleisch und Chairman
Mao's Chicken.

Tadich Grill $$
Amerikanisch　　　　SP 6 D4
240 California St, 94111
☎ 1-415-391-1849
Das älteste Restaurant der Stadt
(1849) ist erfüllt vom Geist des
alten San Francisco, das Personal
hat seit Jahrzehnten kaum ge-
wechselt. Große Auswahl an
Seafood-Gerichten und *cioppino*.
Legendäre Martinis.

Yank Sing $$
Chinesisch　　　　　SP 6 E4
101 Spear St, 94105
☎ 1-415-957-9300
Man hat die Wahl aus mehr als
80 Dim-Sum-Gerichten. Die Gäste
erfreuen sich an Pekingente,
Kohlgemüse, Salat mit Walnüssen
und Honig, Garnelen, Seebarsch
und Puddingtörtchen.

Bix $$$
Modern amerikanisch　SP 5 C3
56 Gold St, 94133
☎ 1-415-433-6300
Glamouröser Dinerclub mit Live-
Jazz, erstklassigen Cocktails und
der Aura des alten Hollywood.
Hähnchen-Haschee, Steak und
Krabbenröllchen.

Boulevard $$$
Amerikanisch　　　　SP 6 E4
1 Mission St, 94105
☎ 1-415-543-6084
Kulinarisches Wahrzeichen mit
schickem Interieur. Der Inhaber ist
einer der besten Köche der Stadt.
Man serviert köstliches Seafood
und Fleischgerichte.

Coi $$$
Französisch　　　　　SP 5 A3
373 Broadway, 94133
☎ 1-415-543-2222
Das Restaurant ist mit Michelin-
Stern ausgezeichnet und bietet
ein regelmäßig wechselndes
Degustationsmenü.

Hakkasan San Francisco $$$
Chinesisch　　　　　SP 5 C1
1 Kearny St, 94108
☎ 1-415-829-8148
Herausragendes Lokal in einer
Stadt, die für ihre vielen renommierten chinesischen Restaurants
berühmt ist. Das Hakkasan serviert kantonesische Küche für anspruchsvolle Gaumen. Es befindet
sich in einem typischen Flatiron
Building.

House of Prime Rib $$$
Amerikanisch　　　　SP 5 A5
1906 Van Ness Ave, 94109
☎ 1-415-885-4605
Ein Wahrzeichen der Stadt seit
1949 mit getäfeltem Innenraum
und Kamin in jedem Esszimmer.
Genießen Sie wunderbar zuberei-
tes Prime-Rib-Steak in Steinsalz-
kruste und Salat.

Kokkari Estiatorio $$$
Griechisch　　　　　SP 6 D3
200 Jackson St, 94111
☎ 1-415-981-0983
Rustikales Ambiente in einem
attraktiven Restaurant. Die Karte
präsentiert Speisen wie herzhafte
Fleisch- und Geflügelgerichte, am
offenen Feuer zubereitet. Darüber
hinaus gibt es Köstlichkeiten wie
avgolemono-Suppe, gegrillte
Hacksteaks, Lammrücken, Tinten-
fisch und Musaka.

Michael Mina $$$
Amerikanisch/Japanisch SP 5 B4
252 California St, 94111
☎ 1-415-397-9222
Für Spezialitäten wie *ahi*-Thun-
fischtatar, *wagyu shabu shabu*

**Fassade des Delancey Street
Restaurant, Downtown**

und Entenkeulen-Tacos sowie
seine wundervollen Nachspeisen
wurde das erfolgreiche Restaurant mit einem Michelin-Stern
ausgezeichnet.

Prospect $$$
Kalifornisch　　　　SP 6 E4
300 Spear St, 94105
☎ 1-415-247-7770
Vornehmes Ambiente und lebhafte Bar unter einem Dach.
Es gibt Gerichte wie schwarzen
Kabeljau mit Shiso und Wachteln
mit Kalbsbries.

Saison $$$
Kalifornisch
178 Townsend St, 94107
☎ 1-415-828-7990
Das hochgelobte Restaurant befindet sich in einem historischen
Gebäude. Abends gibt es ein sensationelles Degustationsmenü
und dazu den passenden Wein.
Die frischen Zutaten für die Gerichte stammen von Bauernhöfen
und Weinkellereien aus der Umgebung.

Vis-à-Vis-Tipp

The Slanted Door $$$
Vietnamesisch　　　SP 6 E3
1 Ferry Building, 94111
☎ 1-415-861-8032
Landesweit bekanntes Restaurant an der Küste. Vielfältiges
Angebot von bodenständigen
Gerichten bis hin zu Speisen
mit französischer Note. Genießen gebratene Garnelen, Nudeln mit Krabben, Hähnchen
im Tontopf, Zitronengras-Tofu
und viele vegetarische Gerichte. Rechtzeitig reservieren.

SP = Stadtplan San Francisco *siehe Seiten 404–413* **SK** = Straßenkarte Kalifornien *siehe hintere Umschlaginnenseiten*

Sons & Daughters $$$
Kalifornisch   SP 5 B4
708 Bush St, 94108
C 1-415-391-8311
Dieses Juwel von einem Restaurant besitzt einen Speisesaal für 28 Gäste und liegt verborgen in der Nähe des Union Square. Der Speiseplan wechselt täglich.

Chinatown und Nob Hill

Great Eastern $
Chinesisch   SP 5 C3
649 Jackson St, 94133
C 1-415-986-2500
Eines der besten kantonesischen Seafood-Restaurants der Stadt. Auf den Teller kommen Kabeljau, Krabben und Garnelen, aber auch Pekingente und Dim Sum.

Hunan Home's $
Chinesisch   SP 5 C3
622 Jackson St, 94133
C 1-415-982-2844
Das Restaurant ist beliebt bei Chinesen, die in dem Viertel wohnen. Serviert wird schmackhafte, authentische chinesische Küche zu vernünftigen Preisen.

R and G Lounge $
Chinesisch   SP 5 C4
631 Kearny St, 94108
C 1-415-982-7877
Setzen Sie sich in den großen, hell erleuchteten Speiseraum und wählen Sie aus einer umfangreichen Speisekarte mit kantonesischen Gerichten, u. a. Wels gebraten und Krabben geröstet.

Acquerello $$
Kalifornisch   SP 5 A4
1722 Sacramento St, 94109
C 1-415-567-5432
Elegantes, formelles Restaurant mit verlässlich hoher Qualität der Speisen. *Prix-fixe-* und Degustationsmenüs mit Zutaten je nach Jahreszeit. Probieren Sie Kobe-Rind und exotisch zubereitete Nudelgerichte.

Cocotte $$
Französisch
1521 Hyde St, 94109
C 1-415-292-4415
Sehen Sie zu, wie die Seilbahngondeln vorbeischweben, während Sie in diesem Restaurant in Nob Hill ein französisches Brathähnchen, *coq-au-vin*-Steak oder vegetarische Gratins genießen.

House of Nanking $$
Chinesisch   SP 5 C4
919 Kearny St, 94133
C 1-415-421-1429
Eines der renommiertesten chinesischen Restaurants in ganz San Francisco. Auf der Speisekarte finden sich viele Spezialitäten aus Shanghai wie glasierte Auberginen mit dunklen Bohnen.

Aurea $$$
Kalifornisch   SP 5 A4
905 California St, 94108
C 1-866-942-5019
Legeres Restaurant im noblen Stanford Court Hotel. Serviert werden Lammrücken, Harris-Ranch-Steaks, Gegrilltes vom Schwein und Kurobuta Pork.

Big 4 $$$
Amerikanisch   SP 5 B4
1075 California St, 94108
C 1-415-474-5400
Restaurant mit Bar im Huntington Hotel. Wild, Saibling und Dungeness-Krabben sowie schön präsentierte Käseplatten und legendäre Desserts. Live gespielte Klaviermusik und Kamin.

Fisherman's Wharf und North Beach

Boudin at the Wharf $
Seafood   SP 5 A1
160 Jefferson St, 94133
C 1-415-928-1849
Urlauberlokal mit legerem Café im Erdgeschoss und schönes Bistro und Bar im ersten Stock.

Bestellen Sie Fischsuppe, frisches Seafood, Pizza aus Sauerteig oder Spezialitäten aus San Francisco.

Molinari Delicatessen $
Italienisch
373 Columbus Ave, 94133
C 1-415-421-2337
Setzen Sie sich an einen Tisch auf dem Bürgersteig und genießen Sie Käse, Salami und Wurst. Sehr zu empfehlen ist das North-Beach-Sandwich mit Schinken, Provolone, Tomaten und Paprika. Speisen auch zum Mitnehmen.

My Canh $
Vietnamesisch   SP 5 A3
626 Broadway St, 94133
C 1-415-397-8888
Das kleine, familiengeführte Lokal ist berühmt für seine vietnamesische Nudelsuppe *pho*. Wunderbare Kost, preisgünstig und schnell. Bis 2 Uhr nachts.

Pier 23 Café $
Amerikanisch   SP 6 D2
PIER 23 The Embarcadero, 94111
C 1-415-362-5125
Betrachten Sie die Schiffe in der Bucht, während Sie einen Cocktail schlürfen und sich Muschelsuppe, gebratene Dungeness-Krabben oder anderes Seafood munden lassen. Live-Musik.

Alioto's $$
Seafood
8 Fisherman's Wharf, 94133
C 1-415-673-0183
Ein Wahrzeichen aus den 1920er Jahren mit Essbereich auf drei Stockwerken und Blick auf die Bucht. Frisches Seafood und italienische Küche, u. a. Dungeness-Krabben, Hummer, *cioppino*, Muschelsuppe und Fisch.

The Franciscan Crab Restaurant $$
Seafood   SP 5 B1
PIER 43 1/2 Fisherman's Wharf, 94133
C 1-415-362-7733
Art-déco-Restaurant mit Blick auf die Bucht und Alcatraz. Dungeness-Krabben und anderes Seafood dominieren die umfangreiche Speisekarte. Probieren Sie auch den hausgemachten Käse.

L'Osteria del Forno $$
Italienisch   SP 5 A2
519 Columbus Ave, 94133
C 1-415-982-1124
Das traditionsreiche Restaurant bringt norditalienische Spezialitäten auf den Tisch. Probieren Sie die himmlischen Focaccia-Sandwiches, Schweinebraten, knusprige, dünne Pizzas und gebratenes Gemüse mit Polenta.

Restaurant auf einem Steg: Scoma's, Fisherman's Wharf *(siehe S. 567)*

Restaurantkategorien *siehe Seite 545* **Preiskategorien** *siehe Seite 550*

Neptune's Waterfront Grill & Bar $$
Seafood   SP 5 B1
PIER 39, 94133
☎ 1-415-434-2260
Traumhafter Ausblick auf die Brücke, die Bucht und Alcatraz. Zum Angebot des beliebten Lokals zählen Seafood, Pizza, Steaks, Calamares und Muschelsuppe.

Ristobar $$
Italienisch   SP 5 A2
2300 Chestnut St, 94123
☎ 1-415-923-6464
Bodenständige italienische Kost wie hausgemachte Pizza und Pasta, leckere Kuchen und *charcuterie*, dazu Wein und Cocktails.

Rose Pistola $$
Italienisch   SP 5 A2
532 Columbus Ave, 94133
☎ 1-415-399-0499
Rose Pistola bietet exzellente italienische Gerichte wie Nudeln, Holzofenpizzas, herzhaftes *cioppino*, gebratene Krabben und Fisch, dazu Antipasti. Als Nachtisch empfiehlt sich Eiscreme.

Scoma's $$
Seafood   SP 5 A1
PIER 47 Fisherman's Wharf , 94133
☎ 1-800-644-5852
Das historische Restaurant mit seinem frischen Seafood, freundlichem Service und mit weißem Leinen gedeckten Tischen wird Sie nicht enttäuschen.

The Square Bar & Kitchen $$
Amerikanisch   SP 5 B1
1707 Powell St, 94133
☎ 1-415-525-3579   ● Mo, Di
Das Restaurant am Washington Square bietet Klassiker der nationalen Küche. Sehr beliebt sind die tägliche Happy Hour und der Brunch am Wochenende.

The Waterfront Restaurant $$
Seafood   SP 6 D2
PIER 7 The Embarcadero, 94111
☎ 1-415-391-2696
Küstenrestaurant auf drei Stockwerken. Lassen Sie sich kulinarisch verwöhnen mit exzellentem Seafood, *cioppino*, im Holzofen gebratenen Fisch und Krabben, Räucherlachs und Calamares.

Wipeout Bar and Grill $$
Amerikanisch   SP 5 B1
PIER 39 Embarcadero, 94133
☎ 1-415-986-5966
Populäres Surferlokal mit offener Feuerstelle im Freien. Lassen Sie sich Burger, Burritos, Sandwiches, Nudeln und Pizza schmecken. Auf einem großen Bildschirm können Sie Sportübertragungen verfolgen.

Ein Stück Italien: L'Osteria del Forno, North Beach

Pacific Heights

Mel's Drive-In $
Amerikanisch   SP 3 C2
2165 Lombard St, 94123
☎ 1-415-921-3039
In der traditionsreichen Filiale einer Kette gibt es noch Jukeboxes. Man bekommt Shakes, Burger, BLTs, hausgemachte Kuchen, Hackbraten und Bananensplits. Von früh bis spät geöffnet.

Mifune $
Japanisch   SP 5 A5
1737 Post St, 94117
☎ 1-415-922-0337
Eines der besten Lokale der Stadt, um Nudelgerichte zu genießen. Berühmt für *soba*. Zudem *katsu*, *karaag nabeyaki* und *udon* vom Schwein sowie *ramen* und *unagi* (Gemüse).

Pizzeria Delfina $
Italienisch   SP 5 A4
2406 California St, 94115
☎ 1-415-440-1189
Köstliche neapolitanische Pasteten, zubereitet mit ungewöhnlichen Zutaten wie *salsiccia* (italienische Wurst) und Muscheln. Außerdem Antipasti und Nudeln.

Betelnut $$
Asiatisch   SP 4 E2
2030 Union St, 94123
☎ 1-415-929-8855
Asiatische Speakeasy-Atmosphäre und offene Küche mit Hähnchencurry, Shrimps, Rippchen und Knödeln. Lebhafte Bar.

Dobbs Ferry Restaurant $$
Amerikanisch   SP 4 E2
409 Gough St, 94102
☎ 1-415-551-7700
Das Lokal gilt als der Ort, wo die Küche der Ost- und Westküste zusammentreffen. Man serviert Speisen wie *scarpariello* (Hähnchen mit eingelegten Paprika), Steaks und Pizzas.

Elite Café $$
Amerikanisch   SP 4 D4
2049 Fillmore St, 94115
☎ 1-415-673-5483
New-Orleans-Küche in einem populären Restaurant, spezialisiert auf Jambalaya, *étouffée*, *andouille*-Wurst und *beignets*. Cocktailbar im Haus.

Gamine French Bistrot $$
Französisch   SP 4 E2
2223 Union St, 94123
☎ 1-415-771-7771
Klassische französische Bistrokost von *moules marinières* bis hin zu Lammeintopf, Steaks, *charcuterie*, Crêpes Suzette, *tarte tatin*, Tatar, Burger und Brötchen.

Greens $$
Vegetarisch   SP 4 E1
Building A, Fort Mason, 94123
☎ 1-415-771-6222
Das beste vegetarische Restaurant der Stadt bietet herzhafte Bio-Gerichte mit Zutaten aus hauseigenem, nachhaltigem biologisch-dynamischem Anbau.

Mamacita $$
Mexikanisch   SP 4 D2
2317 Chestnut St, 94123
☎ 1-415-346-8494
Essen Sie Spezialitäten wie Tamales mit Schweinefleisch, Lamm-Enchiladas und *posole* mit Meeresfrüchten. Die Zutaten stammen aus eigener Landwirtschaft.

Original Joe's $$
Italienisch   SP 5 B2
601 Union St, 94133
☎ 1-415-775-4877
Klassisches Comfort Food in einem Restaurant für 250 Gäste mit Bar und Kamin. Schmausen Sie köstlichen Schmorbraten, Kalbsbries, Kalbfleisch Milanese, Linguine Alfredo, Brathähnchen und Muschelsuppe. Beliebt bei Kommunalpolitikern.

Ristorante Capannina $$
Italienisch   SP 4 E2
1809 Union St, 94123
☎ 1-415-409-8001
Die Gäste haben die Wahl zwischen Gerichten wie hausgemachter Pasta, Gnocchi, Risotto, Hähnchen, Seafood, Lammrücken und gebratenen Rippchen. Early-Bird-Spezialitäten, gemütliche Bar und Tische im Freien.

Rose's Café $$
Italienisch   SP 4 D3
2298 Union St, 94123
☎ 1-415-775-2200
Hübsches Bistro-Café, bekannt für seine Gerichte aus regionalen Bio-Produkten. Auf der Speisekarte finden Sie Pizza, gebratenen Fisch, Geflügel, Fleisch, Gnocchi und frisch gemachte Pasta.

Swan Oyster Depot $$
Seafood   SP 5 A3
1517 Polk St, 94109
☎ 1-415-673-1101   ⬤ abends
Swan Oyster Depot serviert seit 1912 eine der besten Muschelsuppen der Stadt, zudem frischen Fisch und Meeresfrüchte wie Austern in halber Schale, Krabben und Hummer. Zu trinken gibt es Wein und Bier. Keine Kreditkarten akzeptiert.

Gary Danko $$$
Französisch   SP 5 A2
800 North Point St, 94109
☎ 1-415-749-2060
Gary Danko ist eines der besten Restaurants an der Westküste. Förmliches Ambiente, erstklassiger Service, klassische französische und regionale Küche. *Prix-fixe*-Menü, fantastische Käseauswahl und fabelhafte Weine.

Civic Center

Arlequin Café $
Café   SP 4 F5
384 Hayes St, 94102
☎ 1-415-626-1211
Leckere Gourmet-Sandwiches, Frühstücksmahlzeiten, Salate und Nachspeisen zu moderaten Preisen. Gemütliches Café mit angenehmer Atmosphäre.

Hayes Street Grill $$
Seafood   SP 4 F5
320 Hayes St, 94102
☎ 1-415-863-5545
Das Restaurant liegt unweit von Oper und Konzerthallen und ist bei den Einheimischen beliebt für Gerichte wie gegrilltes Seafood, Fritto misto mit Calamares und Fischsuppe. Die Gäste bestimmen, welchen Fisch sie haben wollen, wie er zubereitet wird und mit welcher Sauce.

Indigo $$
Amerikanisch   SP 4 F5
687 McAllister St, 94102
☎ 1-415-673-9353
Indigo präsentiert eine Multikulti-Speisekarte mit Gerichten wie *ahi*-Thunfisch-Tatar, gebratenes Schweinefilet, Lachs mit Mango-Salsa-Sauce, Vegetarisches, *crème brûlée* mit Lavendel. Es gibt *Prix-fixe*-Spezialitäten.

Absinthe $$$
Französisch   SP 4 F5
398 Hayes St, 94102
☎ 1-415-551-1590
Die klassische Brasserie-Bar serviert Zwiebelsuppe und *coq au vin*, gebratene Entenbrust, Steak mit Pommes frites sowie fulminante Cheeseburger.

AQ $$$
Mediterran   SP 5 C5
1085 Mission St, 94103
☎ 1-415-341-9000
Serviert werden einfallsreich zubereitete, exotische kleine Mahlzeiten der mediterranen Küche, zudem Muschelsuppe, Rippchen, Spanferkel, Streifenbarsch und herrlicher Käse. Lebhafte Bar.

Jardinière $$$
Französisch   SP 4 E5
300 Grove St, 94102
☎ 1-415-861-5555
Starköchin Traci Des Jardins kreiert wunderbare Gerichte aus saisonalen Zutaten: Lasagne mit Wildschwein-*sugo*, Entenconfit und Schnitzel.

Haight-Ashbury und Mission District

American Grilled Cheese Kitchen $
Amerikanisch
2400 Harrison St, 94110
☎ 1-415-243-0107   ⬤ abends
Das außerordentlich beliebte Sandwich-Café bietet viele gut zubereitete Spezialitäten mit regionalen Käsesorten. Zu trinken gibt es köstlichen Kaffee, Bier vom Fass und offene Weine.

Kasa Indian Eatery $
Indisch   SP 9 C3
4001 18th St, 94114
☎ 1-415-621-6940
In dem bescheidenen Lokal bekommt man leckere Hähnchen-Tikka, Putenkebabs, Blumenkohl- und Kartoffelcurry und vegetarische Tagesspezialitäten.

Kate's Kitchen $
Amerikanisch   SP 9 B1
471 Haight St, 94117
☎ 1-415-626-3984
Das freundliche Lokal ist bekannt für French Toast, Kekse mit Sirup, Maismehl-Pfannkuchen mit Speck, hausgemachte Hühnersuppe und andere Gerichte.

La Oaxaquena $
Mexikanisch   SP 10 F1
2128 Mission St, 94110
☎ 1-415-621-5446
Der richtige Ort, um Burritos, Tamales, *enmoladas*, Ziegenfleisch, Straußensteak, Lachs-tacos, Gemüse-*sopes* und Guacamole zu genießen, dazu heiße Schokolade, Espresso und Wein.

La Taqueria $
Mexikanisch   SP 10 F4
2889 Mission St, 94110
☎ 1-415-285-7117
Wandbilder bilden die Kulisse für den Genuss von Fruchtsäften, *carne asada*, *carnitas*, Brathähnchen, Steak-Tacos und -Burritos. Alle Gerichte gibt es auch zum Mitnehmen.

Lovejoy's Tea Room $
Britisch   SP 10 E1
1351 Church St, 94114
☎ 1-415-648-4895
Diese typisch britische Teestube überzeugt nicht nur durch ihr Angebot an Tees und entsprechendes Gebäck wie Scones, sondern auch durch ihr uriges Flair.

Swan Oyster Depot in Pacific Heights – meist gut besuchtes Lokal

Innenhof mit Leinwand – Foreign Cinema, Haight-Ashbury

Namu Gaji $
Koreanisch **SP** 10 E2
499 Dolores St, 94110
☎ 1-415-431-6268
In dem ungezwungenen Lokal bekommt man koreanische Tacos, Seafood, Nudeln, Knödel, Gemüse im Steintopf und Produkte aus der eigenen Landwirtschaft. Happy Hour mit Sake.

St Francis Fountain $
Amerikanisch **SP** 10 D4
2801 24th St, 94110
☎ 1-415-826-4210
Seit 1918 lockt St Francis mit seinem unverwechselbarem Ambiente Gäste an. Es gibt exzellente Softdrinks, Shakes, Root Beer Floats, Egg Creams (Milchshake) und gegrillte Käsesandwiches.

Bernal Star $$
Amerikanisch
410 Cortland Ave, 94110
☎ 1-415-695-8777
Genau der richtige Ort für Gourmet-Burger, Fleisch und Eier stammen aus artgerechter Tierhaltung. Sehr populär ist die Beer-and-Burger-Happy-Hour.

Café Jacqueline $$
Französisch **SP** 5 C2
1454 Grant Ave, 94133
☎ 1-415-981-5565
Kleines, beliebtes Lokal in Telegraph Hill mit bescheidener Bistrokost. Bekannt ist es für seine französische Zwiebelsuppe und seine köstlichen Soufflés, die zuzubereiten eine Weile dauert.

Cha Cha Cha $$
Lateinamerikanisch **SP** 10 F3
2327 Mission St, 94110
☎ 1-415-824-1502
Das Restaurant mit Bar serviert Tapas und exzellente Sangria. Im Hintergrund läuft lateinamerikanische Musik. Am Freitag- und Samstagabend brechend voll.

Foreign Cinema $$
Kalifornisch/Mediterran **SP** 10 F1
2534 Mission St, 94110
☎ 1-415-648-7600
Nehmen Sie im schicken Speiseraum oder auf der Veranda Platz, um Filme anzugucken und mediterrane Kost und einheimisches Seafood zu genießen.

ICHI Sushi $$
Japanisch **SP** 10 F1
3369 Mission St, 94110
☎ 1-415-525-4750
Die Speisekarte präsentiert Sushi-Spezialitäten, *nigiri* (Lachs mit Thunfischstreifen) und *somen* (Nudelsalat in Sisho-Pesto), Austern, Seafood-Teller und Frühlingsrollen.

Izakaya Yuzuki $$
Japanisch **SP** 10 E2
598 Guerrero St, 94110
☎ 1-415-556-9898
Perfekt zubereitete, ästhetisch präsentierte Speisen mit Schwerpunkt auf Reisgerichten und vergorenen Zutaten: *miso, yakitori,* Tofu und Gegrilltes.

Piqueo's $$
Peruanisch
830 Cortland Ave, 94110
☎ 1-415-282-8812
Charmantes Restaurant und Tapas-Bar mit peruanischer Fusionsküche: gegrilltes Schweinefleisch, Currys, *ceviche,* Paella mit Meeresfrüchten, gebratene Jakobsmuscheln, Yucca Balls und *dulce-de-leche*-Parfait.

Wine Kitchen $$
Kalifornisch **SP** 10 D1
507 Divisadero St, 94115
☎ 1-415-525-3485
Ungezwungene Weinbar und Café mit Bistrokost wie *maitake*-Tempura, gewürztem Kichererbsenpüree, Meeresfrüchten in Romesco-Brühe und Rippchen.

Atelier Crenn $$$
Französisch **SP** 10 E1
3127 Fillmore St, 94123
☎ 1-415-440-0460
Dominique Crenn war die erste Küchenchefin in den USA, die mit zwei Michelin-Sternen ausgezeichnet wurde. Sie schafft einzigartige »poetische Kulinaria« der Molekularküche.

SPQR $$$
Italienisch **SP** 10 E1
1911 Fillmore St, 94115
☎ 1-415-771-7779
Das renommierte Restaurant wurde mit einem Michelin-Stern ausgezeichnet: Tatar vom *wagyu*-Rind, Wachteln mit Orangensauce oder Kaninchen gebraten mit Dörrobst. Hervorragende Weinkarte.

Golden Gate Park und Presidio

de Young Café $
Amerikanisch **SP** 9 A1
JFK and Tea Garden Dr, 94118
☎ 1-415-863-3330
Genießen Sie Snacks oder ein Mittagsmahl in einem freundlichen Café, entweder drinnen oder auf der überdachten Terrasse neben dem Skulpturengarten. Menüs mit passendem Wein.

Park Chow $
Amerikanisch **SP** 9 A4
1240 9th Ave, 94122
☎ 1-415-665-9912
Park Chow bietet Speisen wie Nudelgerichte, gegrilltes Fleisch, Sandwiches und Suppen. Es gibt Gerichte für Kinder, u. a. Burger, Hähnchenstreifen und Käsesandwiches. Einen Block entfernt vom Golden Gate Park.

Transit Café at the Presidio $
Amerikanisch **SP** 3 B2
215 Lincoln Blvd, 94129
☎ 1-415-561-4435
Machen Sie ein Picknick im Park oder erholen Sie sich auf der Terrasse mit Blick auf die Bucht. Wählen Sie aus einem großen Spektrum: Gebäck, Holzofenpizzas, Sandwiches und Salate, dazu Bier oder Wein. WLAN ist kostenlos.

Warming Hut $
Amerikanisch **SP** 3 A2
Crissy Field, 94123
☎ 1-415-561-3040
Entspanntes Lokal am Strand unweit von Crissy Field. Genießen Sie Drinks, leichte Mahlzeiten und Snacks. Hotdogs, Suppen, Sandwiches, heiße Schokolade und Espresso. Auch Souvenirs.

SP = Stadtplan San Francisco *siehe Seiten 404–413*

Aziza $$
Marokkanisch SP 8 E1
5800 Geary Blvd, 94121
☎ 1-415-752-2222
Das vorzügliche Restaurant im
Richmond District wurde für
sein Speiseangebot mit einem
Michelin-Stern ausgezeichnet.
Hähnchen mit eingelegten Zitro-
nen, Entenconfit, Lammkeule und
nordafrikanische Gerichte.

Beach Chalet $$
Amerikanisch SP 7 A2
1000 Great Hwy, 94121
☎ 1-415-386-8439
Architektonisches Meisterwerk
aus den 1920er Jahren am Ocean
Beach. Im Pub im ersten Stock
gibt es gehobene Bistrokost. Im
Erdgeschoss befindet sich das
Park Chalet Garden Restaurant,
ein Café mit Blick auf den Golden
Gate Park.

Cliff House $$
Historic SP 7 A1
1090 Point Lobos Ave, 94121
☎ 1-415-386-3330
Art-déco-Restaurant und Urlau-
berziel am Ocean Beach. Es gibt
ein preisgünstiges Bistro mit Blick
auf den Pazifik, das gebobene
Restaurant Sutro's und einen Im-
biss mit Essen zum Mitnehmen.

Outerlands $$$
Kalifornisch SP 7 B3
4001 Judah St, 94122
☎ 1-415-661-6140
Im Outerlands ist die Hälfte des
Speiseangebots vegetarisch. Der
übrige Teil besteht aus exotisch
zubereiteten Gerichten mit
schwarzem Kabeljau, Geflügel,
Fleisch und Seafood.

Bay Area

BERKELEY:
Bette's Oceanview Diner $
Amerikanisch SK Ausschnitt B
1807 Fourth St, 94710
☎ 1-510-644-3230
Café aus den 1940er Jahren mit
Ständen und Sitzgelegenheiten.
Geöffnet wird um 6.30 Uhr, den
ganzen Tag über ist hier etwas
los. Man kann drinnen oder im
Freien sitzen.

BERKELEY: Belli Osteria $$
Italienisch SK Ausschnitt B
2016 Shattuck Ave, 94704
☎ 1-510-704-1902
Exotische Nudelgerichte wie ge-
schmortes Lammfleisch mit Pap-
pardelle in rustikalem Ambiente.
Häufig wechselnde Hauptgerichte
wie gegrillter Seebarsch oder
Steak-Sandwiches.

BERKELEY: Skates on the Bay $$
Amerikanisch SK Ausschnitt B
100 Seawall Dr, 94710
☎ 1-510-549-1900
Frische Meeresfrüchte aus dem
Pazifik von Austern bis hin zu *ahi*,
Lachs und Sushi, außerdem Pasta,
Burger und Hähnchen. Herrlicher
Blick auf den Ozean und den
Hafen. Lebhafte Cocktailbar.

BERKELEY: Chez Panisse $$$
Kalifornisch SK Ausschnitt B
1517 Shattuck Ave, 94709
☎ 1-510-548-5525
Der Genusstempel von Küchen-
chefin Alice Waters umfasst ein
Restaurant und einen Stock höher
eine Bar. Die Speisekarte orien-
tiert sich an den Jahreszeiten,
viele Zutaten sind aus Bio-Anbau.

BOLINAS: Coast Café $
Amerikanisch SK A3
46 Wharf Rd, 94924
☎ 1-415-868-2298
Lokal mit Surferambiente, be-
rühmt für Sauerteigbrot, große
Burger und Gärtnerkuchen. Ge-
nießen Sie Seafood, Geflügel-
und Fleischgerichte.

HALF MOON BAY:
Barbara's Fish Trap $
Seafood SK Ausschnitt B
281 Capistrano St, 94019
☎ 1-650-728-7049
Kleines rotes Gebäude auf Pfäh-
len mit beheizter, überdachter
Terrasse und Blick auf das Meer.
Man serviert täglich frischen
Fisch, Muschelsuppe, Dungeness-
Krabben und Burger.

HALF MOON BAY:
Cameron's Pub & Inn $
Gastropub SK Ausschnitt B
1410 South Cabrillo Hwy, 94019
☎ 1-650-726-5705
Halten Sie Ausschau nach dem
Londoner Doppeldecker-Bus, er
dient als Kinderspielplatz. Herz-
hafte Gerichte wie Fish 'n' Chips,
Chili, Steak und Pizza.

HALF MOON BAY:
Miramar Beach Restaurant $$
Amerikanisch SK Ausschnitt B
131 Mirada Rd, 94019
☎ 1-650-726-9053
Die Kneipe aus der Zeit der Prohibition bringt Seafood, Steaks,
Nudelgerichte, Salate und Suppen
auf den Tisch. Schöner Meerblick,
am Wochenende Live-Musik.

LARKSPUR:
Left Bank Brasserie $$
Französisch SK Ausschnitt B
507 Magnolia Ave, 94939
☎ 1-415-927-3331
Left Bank bietet Bistrokost wie
cassoulet, *coq au vin*, *charcuterie*,
escargots und Zwiebelsuppe.
Sitzen Sie an den beschatteten
Tischen auf dem Gehsteig oder
in dem hübschen Speisezimmer.

LOS GATOS: Manresa $$$
Kalifornisch
320 Village Ln, 95030
☎ 1-408-354-4330
Das *Prix-fixe*- und das Degustationsmenü brachten Los Gatos
zwei Michelin-Sterne ein. Speisen
wie Spanferkel mit Blaubeersauce
und Walnussschaum.

MARSHALL: Nick's Cove
Restaurant & Oyster Bar $$
Seafood SK A3
23240 Hwy 1, 94940
☎ 1-415-663-1033
Restaurant mit dem Ambiente
einer Jagdhütte. Die Zutaten
kommen direkt vom Bauernhof.
Makkaroni mit Krabben und
anderes Seafood.

MILL VALLEY:
Buckeye Roadhouse $$
Amerikanisch SK Ausschnitt B
15 Shoreline Hwy, 94941
☎ 1-415-331-2600
Freundliches, einladendes Lokal
direkt an der Autobahn. Das Interieur erinnert an ein bayerisches
Gasthaus. Gemütliche Separees
und Big-Band-Musik.

Art-déco-Gebäude am Wasser: Cliff House, Golden Gate Park und Presidio

MONTARA: La Costanera $$$
Peruanisch
8150 Cabrillo Hwy, 94037
📞 1-650-728-1600 ⬤ Mo
Das Restaurant wurde für seine peruanischen Spezialitäten und seinen Spitzenservice mit einem Michelin-Stern ausgezeichnet. Langsam gegarte Schweineschulter, Paella, Seafood und Steaks prägen die Speisekarte. Raumhohe Fenster gewähren eine wundervolle Aussicht.

MOSS BEACH:
Moss Beach Distillery $
Seafood SK Ausschnitt B
140 Beach Way, 94038
📞 1-650-728-5595
Das Lokal ist der beste Ort, um einen Cocktail zu genießen, während man eingehüllt in Decken den Meereswogen lauscht. Moss Beach Distillery bietet mittags und abends frisches, regionales Seafood und an den Wochenenden einen Brunch.

OAKLAND: Bakesale Betty $
Amerikanisch SK Ausschnitt B
5098 Telegraph Ave, 94609
📞 1-510-985-1213
Das beliebte Café ist für feinste Gourmet-Backwaren bekannt. Zu den Spezialitäten gehört das Chicken-Sandwich.

PALO ALTO: Baumé $$$
Französisch SK Ausschnitt B
201 S California Ave, 94306
📞 1-650-328-8899
Das Restaurant wurde mit einem Michelin-Stern geadelt und besitzt einen japanisch anmutenden Speisesaal. Es ist berühmt für Molekularküche und atemberaubend präsentierte Speisen. Zum Angebot gehört ein sensationelles zwölfgängiges Menü.

PESCADERO: Duarte's Tavern $
Amerikanisch
202 Stage Rd, 94060
📞 1-650-879-0464
Setzen Sie sich mit den Einheimischen an die Bar in diesem kleinen Fischerdorf. Das Lokal befindet sich in einem Gebäude von 1894 im Stil des alten Westens. Duarte's Tavern serviert herzhafte regionale Gerichte und Klassiker wie Artischockensuppe, Steaks und Olallieberry-Kuchen (eine Beerenkreuzung).

POINT REYES STATION:
Bovine Bakery $
Amerikanisch SK A3
11315 Hwy 1, 94956
📞 1-415-663-9420
Rechnen Sie mit einer Warteschlange in diesem Lokal, wo man Brötchen, Gebäck, Pizza,

Moss Beach Distillery, Moss Beach: Seafood-Restaurant direkt am Meer

Sandwiches, Croissants, Torten, Kuchen, Quiche und Fair-Trade-Bio-Kaffee bekommt.

POINT REYES STATION:
The Station House Café $$
Amerikanisch SK A3
11180 Hwy 1, 94956
📞 1-415-663-1515
Speisesaal mit hoher Decke und Terrasse. Essen Sie frittierte Calamares und anderes Seafood, Geflügel- und Fleischgerichte, dann Kuchen mit Pekannüssen.

SAN RAFAEL: Sol Food
Puerto Rican Cuisine $$
Puertoricanisch SK Ausschnitt B
901 Lincoln Ave, 9490
📞 1-415-451-4765
Ein legeres Restaurant mit Highlights wie *pollo al horno* (Brathähnchen), frittierten Kochbananen und Mango-Eistee.

Vis-à-Vis-Tipp

SAN RAFAEL:
Terrapin Crossroads $$
Amerikanisch SK Ausschnitt B
100 Yacht Club Dr , 94901
📞 1-415-524-2773
Beliebtes Restaurant mit vornehmem rustikalem Ambiente. Inhaber ist Phil Lesh, Gründungsmitglied der legendären Band Grateful Dead, der oft mit anderen Musikern in der Bar aufspielt. Die Gäste haben die Wahl zwischen Holzofenpizza, Fleisch, Gemüse und vielen kleinen Gerichten.

SAUSALITO: Fish $
Seafood SK A3
350 Harbor Dr, 94965
📞 1-415-331-3474
Genießen Sie Fish 'n' Chips, Nudeln, Fisch-Tacos, Schoko-

ladenpudding und Root Beer Floats. Im Fish herrscht eine ungezwungene, geradezu fröhliche Atmosphäre.

SAUSALITO: Salito's
Crab House & Prime Rib $$
Seafood SK Ausschnitt B
1200 Bridgeway, 94965
📞 1-415-331-3226
Nehmen Sie ein Surf-&-Turf-Menü, während Sie im Speiseraum oder auf der Veranda den Blick auf die Bucht genießen. Highlights auf der Speisekarte sind Prime-Rib-Steak, Dungeness-Krabben und anderes Seafood. Köstliche *beignets*.

SAUSALITO: Murray Circle $$$
Kalifornisch SK Ausschnitt B
602 Murray Circle, 94965
📞 1-415-339-4750
Refugium mit urbanem Chic und Michelin-Stern. Das Speisenangebot richtet sich nach der Jahreszeit. Weinkeller mit einem Bestand von nicht weniger als 2000 Flaschen.

STINSON BEACH: Sand
Dollar Restaurant $
Seafood SK A3
3458 Shoreline Hwy, 94970
📞 1-415-868-0434
Bezauberndes Gebäude aus den 1920er Jahren. Herzhafte Kost wie Steaks mit Pommes frites, Burger und Fish 'n' Chips. Am Wochenende Live-Musik.

TIBURON: Sam's Anchor Café $$
Seafood SK Ausschnitt B
27 Main St, 94920
📞 1-415-435-4527
Die Gästeschar genießt Muschelsuppe, Krabben, Steaks, Vorspeisen und Ramos-Fizz-Brunch. Vom Dock hat man schöne Sicht auf die Skyline.

Norden

ARCATA: Abruzzi's $$
Italienisch SK A2
780 Seventh St, 95521
📞 1-707-826-234
Gebäude mit Glasmalereien und
Antiquitäten (Mitte 19. Jh.). Be-
kannt für Pasta, Pizza, Steak,
Seafood, Krabbenkuchen und
Auberginen mit Parmesan.

EUREKA: Samoa Cookhouse $
Amerikanisch SK A2
79 Cookhouse Ln, Samoa, 95564
📞 1-707-442-1659
Herzhafte Mahlzeiten in einer
Kneipe im Stil des alten Westens.
Hier wurden einst die Holzarbei-
ter verpflegt *(siehe S. 450)*. Muse-
um mit Kunsthandwerk aus Holz.

Vis-à-Vis-Tipp

EUREKA: Restaurant 301 $$$
Kalifornisch SK A2
301 L St, 95501
📞 1-707-444-8062
Preisgekröntes Feinschmecker-
Mekka in einem eleganten viktorianischen Gebäude in der
Altstadt. Auf der täglich wechselnden Speisekarte stehen
Bio-Gemüse aus dem eigenen
Garten, Seafood-, Geflügel-
und Fleischgerichte. Weinliebhaber pilgern hierher, um ein
Diner zu genießen. Mehr als
3400 Flaschen edler Tropfen.

FERNDALE:
VI Restaurant & Tavern $$
Kalifornisch SK A2
400 Ocean Ave, 95536
📞 1-707-786-4950
Dinieren Sie in einem eindrucks-
vollen viktorianischen Gebäude.
Wählen Sie selbst geräucherten
Lachs, Ravioli mit Ziegenkäse,
Hähnchen, Steaks sowie Fisch
und Meeresfrüchte aus der Regi-
on. Fabelhafte Weinauswahl.

LITTLE RIVER: Little River Inn $$
Amerikanisch SK A3
7751 Hwy 1, 95456
📞 1-707-937-5942
Seit Jahrzehnten eines der Spit-
zenrestaurants an der Küste. Ge-
nießen Sie Seafood, Lamm- und
Rinderbraten und Cobbler mit
Olallieberrys. Gemütliche Bar.

MOUNT SHASTA CITY:
Highland House Restaurant $
Amerikanisch SK B1
1000 Siskiyou Lake Blvd, 96067
📞 1-530-926-3030
⏺ Mo – Do (außer Hauptsaison)
Lokal im Clubhausstil mit Blick
auf die Berge. Man serviert
Steaks, Nudelgerichte und Brat-
hähnchen. Aperitif an der Bar.

MOUNT SHASTA CITY: Lilys $
Amerikanisch SK B1
1013 S Mount Shasta Blvd, 96067
📞 1-530-926-3372
Herzhafte Kost, serviert auf der
Terrasse. Mexikanische Gerichte,
Steaks, Eier und Gemüse.

Wine Country

BODEGA BAY:
Spud Point Crab Company $
Seafood SK A3
1860 Westshore Rd, 94923
📞 1-707-875-9472
Frischer Fang wird in leckere
Gerichte verwandelt. Probieren
Sie Krabben- und Garnelen-Sand-
wiches oder Räucherlachs, Tri-Tip-
Steak, Chili und Hotdogs.

CALISTOGA:
Buster's Southern Barbecue $
Amerikanisch SK A3
1207 Foothill Blvd, 94515
📞 1-707-942-5605
Berühmt für gegrilltes Fleisch, das
über Eichenholzscheiten gegart
wird, dazu Krautsalat und gebackene Bohnen. Zudem Schweine-
lende, Rippchen und Sandwiches.

CALISTOGA: Calistoga Inn
Restaurant & Brewery $$
Amerikanisch SK A3
1250 Lincoln Ave, 94515
📞 1-707-942-4101
Kneipe und Brauhaus aus den
1880er Jahren mit Terrasse über
dem Napa River. Herzhafte Ge-
richte wie Sandwiches, Salate,
Schmorbraten, Seafood, Ripp-
chen, Vorspeisen und Grillfleisch.

CALISTOGA: Solbar $$$
Kalifornisch SK A3
755 Silverado Trail , 94515
📞 1-707-226-0850
Michelin-prämiertes Speiselokal
mit Schwerpunkt auf Bio-Produkten, Geflügel-, Seafood- und
Fleischgerichten. Schweinefleisch
von der Niman Ranch, Vegetarisches und köstliche Desserts.

ELK: Greenwood Pier Café $
Amerikanisch SK A3
5928 Hwy 1, 95432
📞 1-707-877-3400
Lokal in einem Blumengarten auf
den Klippen über dem Ozean. Es
gibt Seafood, gegrilltes Lamm-
fleisch, Steaks, Pasta, Sandwiches
und Salate. Nette Weinbar.

FORESTVILLE: Farmhouse
Inn and Restaurant $$$
Kalifornisch SK A3
7871 River Rd, 95436
📞 1-800-464-6642 ⏺ Di, Mi
Restaurant mit Michelin-Stern,
kreativem Speiseangebot und
Spitzenservice. Kosten Sie Ravioli
mit Birne oder Hirschlende. Exzel-
lente Weinkarte.

FORT BRAGG: North Coast
Brewing Company $
Gastropub SK A2
444 N Main St, 95437
📞 1-707-964-2739 ⏺ Mo, Di
Lockere Atmosphäre und herz-
hafte Gerichte wie Fisch, schwar-
ze Bohnen mit Reis, Route-66-
Chili und Käseplatten.

Vis-à-Vis-Tipp

GEYSERVILLE:
Rustic Francis's Favorites $$$
Italienisch SK A3
300 Via Archimedes, 95441
📞 1-707-857-1485
Weinlokal von Francis Ford
Coppola. Italienische Familien-
rezepte wie Mrs. Scorseses
Zitronenhähnchen, Rippchen
und Florentiner Steak. Man
kann auch am Pool oder an der
Bar speisen, die Kinomemora-
bilien schmücken. Sitzen Sie
drinnen an der argentinischen
parrilla oder auf der Terrasse
mit Blick auf Weinberge.

Restaurant 301 in Eureka: Restaurant mit viktorianischem Ambiente

Restaurantkategorien *siehe Seite 545* **Preiskategorien** *siehe Seite 550*

Madrona Manor – Restaurant in einem Landsitz in Healdsburg

HEALDSBURG:
Oakville Grocery $
Kalifornisch SK A3
124 Matheson St, 95448
☎ 1-707-433-3200
Essen Sie auf der Terrasse zur Plaza hin Gourmet-Sandwiches, Brathähnchen und Snacks. Im Lebensmittelladen bekommt man regionale Produkte, köstlichen Käse, *charcuterie* und Wein.

HEALDSBURG: Bistro Ralph $$
Bistro SK A3
109 Plaza St, 95448
☎ 1-707-433-1380
Aus regionalen Erzeugnissen macht man wohlschmeckende Gerichte, u. a. Lammbraten mit Knoblauch und Polenta, *osso buco* und Pflaumenkuchen.

HEALDSBURG:
Madrona Manor $$$
Kalifornisch SK A3
1001 Westside Rd, 95448
☎ 1-707-433-4231
Restaurant mit Michelin-Stern und fünf vornehmen Speiseräume in einer Villa aus dem Jahr 1881. Fleisch-, Geflügel- und Seafood-Gerichte sowie Käse.

MENDOCINO:
Café Beaujolais $$
Kalifornisch SK A3
961 Ukiah St, 95460
☎ 1-707-937-5614
Restaurant in einem gelben Haus von 1910. Bio-Kost, u. a. Rindfleisch und Pizza. Schokoladen- und Kirschkuchen.

MENDOCINO:
Ravens' Restaurant $$
Vegetarisch SK A3
44850 Comptche-Ukiah Rd, 95460
☎ 1-707-937-5615
Speiselokal mit vegetarischen Gerichten: Suppen, Pizza, Pasta und gegrilltes Gemüse. Kommen Sie früh, besuchen Sie die Gärten.

NAPA: Bistro Don Giovanni $$$
Italienisch SK B3
4110 Howard Ln, 94558
☎ 1-707-224-3300
Essen Sie Pasta, *fritto misto*, Holzofenpizza, Seafood, Brathähnchen und Bostini-Trifle. Es gibt eine Bar und eine Terrasse.

RUTHERFORD:
Rutherford Grill $$
Amerikanisch SK A3
1880 Rutherford Rd, 94558
☎ 1-707-962-1782
Genießen Sie geräucherte Rippchen und gegrillte Fleischspieße mit Zwiebelringen. Drinnen nette Separees, draußen Tische mit Sonnenschirmen und Weinbar.

ST HELENA: Gott's Roadside
Tray Gourmet $
Amerikanisch SK A3
933 Main St, 94574
☎ 1-707-963-3486
Gehobener Imbiss aus den 1950er Jahren mit Tischen im Freien. Burger, Fisch, Tacos, Bier und lange Weinkarte. Viele Shakes, Espresso und Eiscreme.

ST HELENA:
Wine Spectator Greystone Restaurant $$
Kalifornisch SK A3
2555 Main St, 94574
☎ 1-707-967-1010
Legeres Restaurant mit Terrasse beim Culinary Institute of America. Absolventen der Kochschule bereiten internationale Gerichte.

ST HELENA: The Restaurant
at Meadowood $$$
Kalifornisch SK A3
900 Meadowood Ln, 94574
☎ 1-877-963-3646 ⬤ So
Seine hohe Kochkunst hat dem Restaurant drei Michelin-Sterne eingebracht. Täglich wechselnde Speisekarte mit Gerichten wie gegrillter Stör oder Wildbraten.

SONOMA: The Red Grape $
Italienisch SK A3
529 1st St W, 95476
☎ 1-707-996-4103
Das familienfreundliche Lokal gilt als beste Pizzeria der Stadt. Man bringt auch New-Haven-Pizzas mit klassischem oder exotischem Belag auf den Tisch. Begrünte Terrasse und kleine Bar.

SONOMA:
The Girl and the Fig $$$
Französisch SK A3
110 W Spain St, 95476
☎ 1-707-938-3634
Genießen Sie großartige französische Küche in einem schön dekorierten Speiseraum oder auf der Terrasse. Köstlicher Käse, *charcuterie*, Tatar, Steak mit Pommes und vegetarische Gerichte. Trinken Sie Wein an der Bar.

YOUNTVILLE:
Bottega Napa Valley $$$
Italienisch SK B3
6525 Washington St, 94599
☎ 1-707-945-1050
Inhaber des angesagten Restaurants in einer alten Bodega ist Food-Network-Starkoch Michael Chiarello. Moderne italienische Küche aus regionalen Erzeugnissen: gegrilltes Fleisch, Geflügel und Seafood. Hervorragende Nudel- und Reisgerichte.

YOUNTVILLE: Bouchon $$$
Französisch SK B3
6534 Washington St, 94599
☎ 1-707-944-8037
Bewundern Sie die Kochkünste des gefeierten Küchenchefs Thomas Keller. Steaks mit Pommes frites und große Fischtheke.

Wine Spectator Greystone
Restaurant, St Helena

SK = **Straßenkarte Kalifornien** *siehe hintere Umschlaginnenseiten*

Sierra Nevada Tap Room & Restaurant, Chico

YOUNTVILLE:
French Laundry $$$
Kalifornisch SK B3
6640 Washington St, 94599
☎ 1-707-944-2380
Drei Michelin-Sterne machen das Lokal zu einem der Top-Restaurants des Landes. Es befindet sich in einem Steingebäude im französischen Landhausstil. Das imposante Neun-Gänge-Menü wechselt jeden Abend.

YOUNTVILLE: Mustards Grill $$$
Kalifornisch SK A3
7399 St Helena Hwy, 94558
☎ 1-707-944-2424
Die renommierte Küchenchefin Cindy Pawlcyn serviert in einem Gartenrestaurant Pasta, gegrillte Geflügelspieße, Rippchen und Kaninchenroulade. Großes Weinsortiment.

Gold Country und Central Valley

CHICO: Sierra Nevada
Tap Room & Restaurant $
Amerikanisch SK B2
1075 E 20th St, 95928
☎ 1-530-345-2739
In Betrieb befindliche Brauerei, berühmt für Caft Beer. Bemerkenswerte Gerichte wie in Bier gedämpfte Muscheln, Cheeseburger und Holzofenpizza. Beliebt bei jungen Leuten, vor allem am Wochenende gut besucht.

GRASS VALLEY:
South Pine Café $
Amerikanisch SK B3
102 N Richardson St, 95945
☎ 1-530-274-2061
Das bodenständige, familienbetriebene Lokal bietet gutes Essen zu vernüftigen Preisen. Beliebt ist der Brunch, bei dem u. a. Eier mit diversen Saucen und frisch gepresste Säfte serviert werden.

JAMESTOWN:
National Hotel Restaurant $$
Amerikanisch/Mediterran SK B3
18183 Main St, 95370
☎ 1-209-984-3446
Freundliches Restaurant in einem historischen Gebäude aus der Zeit des Goldrauschs. Eindrucksvolle Karte mit Steaks und vielen Vorspeisen. Hausgemachte Desserts und hervorragender Wein.

NEVADA CITY: Matteo's Public $
Amerikanisch SK B3
300 Commercial St, 95959
☎ 1-530-265-6248 ● Mo
Einfallsreich zubereitete, schön präsentierte Pubgerichte aus einheimischen, nachhaltig produzierten Erzeugnissen. Live-Musik und eine große Terrasse ziehen viele Gäste an.

NEVADA CITY:
New Moon Café $$
Modern amerikanisch SK B3
203 York St, 95959
☎ 1-530-265-6399 ● Mo
Kleines, einladendes Restaurant mit intimer Atmosphäre. Abwechslungsreiche, täglich wechselnde Speisekarte. Frisch gemachte Ravioli gehören zu den Highlights. Außergewöhnlich guter Service.

Vis-à-Vis-Tipp

SACRAMENTO:
Chando's Tacos $
Mexikanisch SK B3
863 Arden Way, 95815
☎ 1-916-641-8226
Das bunte Straßenlokal gilt als eines der besten Restaurants in Sacramento. Besonders die Tacos sind eine Wucht. Das Fleisch in Form von *adobado* und *carnitas* ist perfekt gewürzt und gegrillt und füllt leckere Tortillas. Die gut zubereiteten *tortas* und hausgemachten Saucen sind ebenfalls sehr zu empfehlen.

SACRAMENTO: Morant's Old-
Fashioned Sausage Kitchen $
Europäisch SK B3
5001 Franklin Blvd, 95820
☎ 1-916-731-4377 ● So, Mo
Das legere Lokal, halb Metzgerei, halb Deli, ist auf deutsche Würste spezialisiert. Der unbedingte Anspruch, ausschließlich Qualitätsprodukte zu verwenden, zieht viele Feinschmecker und Stammgäste an.

SACRAMENTO: Tower Café $
International SK B3
1518 Broadway, 95818
☎ 1-916-441-0222
Ungemein beliebtes Lokal, vor allem wegen seines mit Palmen bewachsenen Innenhofs. Die internationalen Gerichte zeigen Einflüsse aus Afrika und Asien. Umfangreiches Sortiment an Bier und Wein aus aller Welt.

SACRAMENTO: Esquire Grill $$
Amerikanisch SK B3
1213 K St, 95814
☎ 1-916-448-8900 ● So
Das Bistro im New Yorker Stil zieht ein gut gekleidetes, urbanes Publikum an. Die Karte bietet regionale und internationale Speisen sowie Bier und Wein. Die Bananencremetorte ist besonders empfehlenswert.

SACRAMENTO:
The Press Bistro $$
Mediterran SK B3
1809 Capitol Ave, 95811
☎ 1-916-444-2566 ● Mo
Vor allem an den Gemeinschaftstischen herrscht eine freundliche, warme Atmosphäre. Man serviert kleine, gut zubereitete, mediterrane Mahlzeiten aus Erzeugnissen der regionalen Landwirtschaft. Dazu trinkt man den Hauswein.

Im Esquire Grill (Sacramento) sitzen die Gäste in Nischen

SACRAMENTO:
The Red Rabbit $$
Amerikanisch SK B3
2718 J St, 95816
☎ 1-916-706-2275
Das trendige Szenelokal strahlt regionales Flair aus, sowohl im Dekor als auch kulinarisch. Vielseitiges Angebot auf der Speiseund auf der Cocktailkarte. Der Brunch ist außerordentlich beliebt. Gesellige Atmosphäre.

SACRAMENTO:
The Firehouse $$$
Modern amerikanisch SK B3
1112 2nd St, 95814
☎ 1-916-442-4772
Das Gebäude ist eine Sehenswürdigkeit im Herzen von Sacramentos Altstadt. Zum vielfältigen Speisenangebot gehören Fleisch- und Seafood-Gerichte wie Hummersuppe und *frutti di mare*. Spitzenservice und reiche Weinkarte.

SACRAMENTO: The Kitchen $$$
Modern amerikanisch SK B3
2225 Hurley Way, 95825
☎ 1-916-568-7171 ● Mo, Di
Dieses Restaurant eignet sich für besondere Anlässe. Das innovative, außergewöhnliche Fünf-Gänge-Menü ist ein unvergessliches kulinarisches Erlebnis. Stilvoller Speisesaal, offene Küche und professioneller Service.

SONORA: Banny's Café $
Mediterran SK B3
17566 Lime Kiln Rd, 95370
☎ 1-209-533-4709
Banny's Speisekarte bietet eine Mischung verschiedener Nationalküchen mit Schwerpunkt auf mediterraner Kost. Hausgemachte Pasta, frische Salate und gute Fleischgerichte. Bar mit umfangreicher Weinkarte.

SONORA:
The Diamondback Grill $
Modern amerikanisch SK B3
93 S Washington St, 95370
☎ 1-209-532-6661
Große, saftige Burger sind der Knüller in dem familiengeführten Restaurant in der Altstadt. Die Tagesspezialitäten sind ebenfalls zu empfehlen. Die Weinbar ist ein beliebter Treffpunkt.

SONORA: Talulah's $
Modern amerikanisch SK B3
13 S Washington St, 95370
☎ 1-209-532-7278 ● So, Mo
Von der italienischen Küche beeinflusste Gerichte aus saisonalen Bio-Erzeugnissen. Frische Ravioli, Hähnchen mit Gorgonzola und Hackbraten sind die Highlights. Alle Gerichte werden mit Gemüse aus der Region serviert.

Hochsierra

BIG PINE: Copper Top BBQ $
Amerikanisch SK C4
310 N Main St, 93514
☎ 1-760-970-5577
Gäste des populären Restaurants genießen Gerichte mit Fleisch vom Angusrind an Picknicktischen. Das Flair ist sehr familiär, der Service überaus freundlich.

BISHOP: Erick Schat's Bakkery $
Deli SK C4
763 N Main St, 93514
☎ 1-760-873-7156 ● Sa, So
Die niederländische Bäckerei ist seit Jahrzehnten ein Anziehungspunkt für Wanderer, Skifahrer und Urlauber. Berühmt ist das Schäferbrot, andere Backwaren, Kuchen und Süßigkeiten sind ebenfalls köstlich.

BISHOP: The Village Café $
Breakfast SK C4
965 N See Vee Ln, 93515
☎ 1-760-872-3101 ● Mo, Di
Das Frühstücks- und Mittagslokal ist beliebt bei den Einheimischen, bekannt für seine großen Portionen und seine umfangreiche Speisekarte. Perfekt gekochte Eier, French Toast mit Pekannüssen und starker Kaffee.

Vis-à-Vis-Tipp

MAMMOTH LAKES: The
Restaurant at Convict Lake $$
Französisch SK C4
2000 Convict Lake Rd, 93546
☎ 1-760-934-3803
Das Ambiente und der Blick auf die alpin anmutende Umgebung rechtfertigen die hohen Preise. Der ideale Ort für besondere Anlässe. Vom Essbereich hat man einen tollen Blick auf den See und die Wälder. Erstklassig zubereitete Fleisch- und Fischgerichte, begleitet vom passenden Wein.

MAMMOTH LAKES: Toomey's $$
Modern amerikanisch SK C4
6085 Minaret Rd, 93546
☎ 1-760-924-4408
Küchenchef Matt Toomey kreiert Gerichte mit Hummer oder Büffelfleisch sowie süße Köstlichkeiten wie Pfannkuchen mit Kokosnuss-Mascarpone.

NORTH LAKE TAHOE:
Bridgetender Tavern and Grill $
Amerikanisch SK C3
65 W Lake Blvd, 96145
☎ 1-530-583-3342
Entspannte Taverne mit Sitzgelegenheiten im Freien und Blick auf den See. Saftige Burger mit Pommes und gegrilltes Seafood. Ein beliebter Treffpunkt.

SOUTH LAKE TAHOE:
Lake Tahoe Pizza Company $
Pizzeria SK C3
1168 Lake Tahoe Blvd, 96150
☎ 1-530-544-1919
Schönes Lokal, um sich Steinofenpizzas schmecken zu lassen. Es gibt typisch italienische Kost wie Pasta, aber auch Sandwiches und leichte Mahlzeiten. Gute Auswahl an Biersorten.

SOUTH LAKE TAHOE:
The Fresh Ketch $$
Seafood SK C3
2435 Venice Dr, 96150
☎ 1-530-541-5683 ● So
Schönes Speiselokal am Hafen mit wundervoller Aussicht und freundlichem Service. Der Schwerpunkt der Speisekarte liegt auf Seafood-Gerichten.

STATELINE:
Sage Room Steakhouse $$$
Steakhouse SK C3
Hwy 50 an der Stateline Ave,
NV 89449
☎ 1-775-588-2411 ● Di, Mi
Seit 1947 betriebenes Gourmetrestaurant. Man serviert Steaks, Koteletts und Wild in typischem Westernambiente. Die Dessertspezialität ist Bananas Foster.

Stilvoll beleuchteter Barbereich des The Red Rabbit in Sacramento

SK = **Straßenkarte Kalifornien** *siehe hintere Umschlaginnenseiten*

TAHOE CITY: Tahoe House
Bakery & Gourmet $
Europäisch/Bäckerei   SK B3
625 West Lake Blvd, 96145
☎ 1-530-583-1377
Die Schweizer Bäckerei ist eine gute Wahl für ein Frühstück. Es gibt Picknickmahlzeiten zum Mitnehmen mit Käse, Brot und Kuchen und eine Speisekarte mit Schweizer Spezialitäten.

TAHOE CITY:
Christy Hill Restaurant $$
Modern amerikanisch   SK C3
115 Grove St, 96145
☎ 1-530-583-8551
Restaurant am See mit Sitzgelegenheiten auf einer hübschen Holzveranda. Von den Fensterplätzen drinnen hat man eine grandiose Aussicht. Vielseitiges Speisenangebot, exzellente Weinkarte.

TRUCKEE:
Moody's Bistro & Lounge $$
Modern amerikanisch   SK B3
10007 Bridge St, 96161
☎ 1-530-587-8688
Moody's verfügt über schickes Ambiente und eine große Bar. Die zeitgemäße Speisekarte präsentiert Gerichte wie einfallsreich zubereitete Sandwiches, Salate, frische Pasta und Grillfleisch. Dazu den passenden Wein.

TRUCKEE: Pianeta $$
Italienisch   SK B3
10096 Donner Pass Rd, 96161
☎ 1-530-587-4694
Bergambiente und gemütliche Sitzecken in einem Stadtrestaurant. Die Speisekarte bietet gut zubereitete, bodenständige italienische Kost. Netter Service.

YOSEMITE NATIONAL PARK:
Wawona Dining Room $$
Amerikanisch   SK C3
8308 Wawona Rd, 95389
☎ 1-209-375-1425 ● Nov, Jan
(Dez: kürzere Öffnungszeiten)
Das Restaurant im traditionsreichen Wawona Hotel ist bekannt für Saisonspezialitäten. Highlights sind leckere Steaks und Forelle. Der Speisesaal hat rustikales Flair, und es gibt eine schöne Veranda mit Tischen im Freien.

YOSEMITE NATIONAL PARK:
Ahwahnee Dining Room $$$
Modern amerikanisch   SK C3
9013 Village Dr, 95389
☎ 1-209-372-1489
Das hervorragende Restaurant ist in einem renommierten Hotel *(siehe S. 543)* untergebracht. Eine gute Wahl sind Steaks und Koteletts. Danach locken wunderbare Desserts.

Nördliches Zentralkalifornien

APTOS: Bittersweet Bistro $$$
Seafood   SK B4
787 Rio Del Mar Blvd, 95003
☎ 1-831-662-9799
Das Restaurant kann mit erstklassiger Bistrokost aufwarten. Die Speisekarte bietet gut zubereitete, ästhetisch präsentierte mediterrane Gerichte. Die Weinauswahl ist eindrucksvoll.

Vis-à-Vis-Tipp

BIG SUR:
Deetjen's Restaurant $$
Amerikanisch   SK B4
48865 Hwy 1, 93920
☎ 1-831-667-2378
Dieses Speiselokal bildet das Highlight des traditionsreichen Deetjen's Big Sur Inn am Pacific Coast Highway. Vier individuell gestaltete Essbereiche in herrlicher Waldumgebung sorgen für eine eindrucksvolle Erfahrung. Die Speisekarte bietet kalifornische Küche, das bunte Frühstück ist sehr beliebt. Reservierung empfohlen.

BIG SUR: Nepenthe
Restaurant $$
Modern amerikanisch   SK B4
48510 Hwy 1, 93920
☎ 1-831-667-2345
Küstenrestaurant mit traditioneller Kost, selbst gebackenem Brot und hausgemachten Desserts. Kosten Sie den Ambrosia-Burger.

BIG SUR: Sierra Mar $$$
Modern amerikanisch   SK B4
Hwy 1, 93920
☎ 1-831-667-2800
Vom Speisesaal des preisgekrönten Restaurants am Post Ranch

Inn hat man eine wundervolle Aussicht. Die innovative, täglich wechselnde Speisekarte bietet vielfältige Gerichte der Saison. Das Lokal besitzt einen der reichhaltigsten Weinkeller in ganz Nordamerika.

CARMEL: Hog's Breath Inn $
Amerikanisch   SK B4
Ecke San Carlos Ave/5th St, 93921
☎ 1-831-625-1044
Inhaber des Restaurants mit Bar war ehemals Clint Eastwood. Es verfügt über eine große Terrasse und einen Kamin. Auf der Speisekarte finden Sie herzhafte amerikanische Kost.

CARMEL: Katy's Place $
Amerikanisch   SK B4
Mission St zw. 5th u. 6th, 93921
☎ 1-831-624-0199
Bei den Einheimischen beliebtes Lokal mit guten Frühstücks- und Mittagsmahlzeiten, berühmt für French Toast mit Erbeeren, Waffeln mit Pekannüssen, Eggs Benedict und Omeletts in zahlreichen Varianten.

CARMEL: Restaurant at
Mission Ranch $$
Amerikanisch   SK B4
26270 Dolores St, 93923
☎ 1-831-624-6436
Entspanntes Restaurant auf dem Land mit gemütlichem Kamin und großartiger Aussicht von der Terrasse. Die Speisekarte bietet Gerichte wie Steaks und frisches Seafood aus der Region. Pianobar und sonntags Live-Jazz.

CARMEL: Anton & Michel $$$
Französisch   SK B4
Ecke Mission Ave/7th St, 93921
☎ 1-831-624-2406
Beliebt für französisch inspirierte Küche und gepflegtes Ambiente. Spezialität des Hauses ist gebrate-

Ahwahnee Dining Room, Yosemite National Park

ne Entenbrust. Auf der Terrasse genießt man gemütliches Flair.

CARMEL: Casanova $$$
Italienisch   SK B4
5th Ave zwischen Mission &
San Carlos St, 93921
☎ 1-831-625-0501
Das malerische, romantische Lokal ist eines der beliebtesten Restaurants der Stadt. Man serviert vorzügliche Gerichte in intimer Atmosphäre.

CARMEL: Pacific's Edge $$$
Kalifornisch   SK B4
120 Highlands Dr, 93923
☎ 1-831-622-5445
Vornehmes Dinieren mit atemberaubendem Blick auf den Ozean. Das Speisenangebot umfasst Gerichte wie Lamm- und Rinderbraten und eine große Vielfalt an Seafood. Man bietet preisgekrönte Weine und Zigarren.

CARMEL VALLEY: Running Iron Restaurant & Saloon $
Amerikanisch   SK B4
24 E Carmel Valley Rd, 93924
☎ 1-831-659-4633
Seit den 1940er Jahren gab es hier eine Wasserstelle. Das Lokal besitzt typisches Westernflair mit Stiefeln und Sporen. Steaks und mexikanische Gerichte gehören zu den Highlights, zudem Seafood, Brathähnchen und Burger.

MONTEREY: Compagno's Market & Deli $
Deli   SK B4
2000 Prescott Ave, 93940
☎ 1-831-375-5987
In diesem traditionsreichen Deli werden die Gäste wie Familienmitglieder behandelt. Auf der Karte finden sich Fleischgerichte und viele Brotsorten. Die großzügig dimensionierten Sandwiches sollten Sie sich nicht entgehen lassen.

MONTEREY: Monterey's Fish House $
Seafood   SK B4
2114 Del Monte Ave, 93940
☎ 1-831-373-4647
Das legere, aber stilvolle Lokal wird von Einheimischen stark frequentiert. Es gibt vorzügliches Seafood, gegrillt, gebraten oder pochiert. Genießen Sie Drinks und Austern an der Bar.

MONTEREY: Old Fisherman's Grotto $$
Seafood   SK B4
39 Fisherman's Wharf, 93940
☎ 1-831-375-4604
Familienfreundliches, von Urlaubern gerne aufgesuchtes Restaurant mit atemberaubendem Blick

Für Gäste, die das Besondere schätzen: Casanova in Carmel

auf den Hafen. Serviert werden frisches Seafood, Steaks, italienische Pasta und leckere Desserts.

MONTEREY: Tarpy's Roadhouse $$
Amerikanisch   SK B4
2999 Monterey-Salinas Hwy, 93940
☎ 1-831-647-1444
Rustikales Speiselokal mit treuen Stammgästen auf einer alten Ranch. Die abwechslungsreiche Speisekarte bietet gegrilltes Wild, Steaks, frisches Seafood, Salate und Burger. Sehr gemütliche Terrasse. Nettes, professionelles Personal.

MONTEREY: Restaurant 1833 $$$
Modern amerikanisch   SK B4
500 Hartnell St, 93940
☎ 1-831-643-1833
Altes Gebäude mit Dekorelementen aus seiner glorreichen Vergangenheit und Feuerstellen im Freien. Zeitgemäße Küche mit saisonalen Zutaten aus der Region. Es gibt eine bemerkenswerte Auswahl an Cocktails.

PACIFIC GROVE: Fandango $$$
Französisch/Seafood   SK B4
223 17th St, 93950
☎ 1-831-372-3456
Das freundliche Restaurant serviert hervorragend zubereitetes Seafood und Steaks. Die erste Etage, der Alkoven, das Kellergeschoss und der Hauptspeisesaal sind individuell gestaltet. Bestellen Sie Scampi, Lammrücken oder *bouillabaisse*.

SANTA CRUZ: The Crêpe Place $
Französisch   SK B4
1134 Soquel Ave, 95062
☎ 1-831-429-6994
Die unkonventionelle Crêperie ist beliebt bei den Einheimischen. Die Speisekarte bietet eine große

Auswahl an gut zubereiteten Crêpes, zudem gibt es Suppen und Salate.

SANTA CRUZ: The Crow's Nest $
Seafood   SK B4
2218 E Cliff Dr, 95062
☎ 1-831-476-4560
Renommiertes Restaurant am Hafen seit 1969. Auf den Tisch kommen Pasta, Steaks und Koteletts. In der Bar im Obergeschoss herrscht eine entspannte Atmosphäre. Schöner Hafenblick.

SEASIDE: El Migueleno $
Salvadorianisch   SK B4
1066 Broadway Ave, 93955
☎ 1-831-899-2199
El Migueleno ist eines der wenigen salvadorianischen Restaurants der Gegend. Es bietet Köstlichkeiten aus El Salvador und Mexiko. Probieren Sie den Fischeintopf aus frischem regionalem Fang. Freundlicher Service.

Hübsch dekorierter Speisesaal des Fandango, Pacific Grove

Shopping

Kalifornien ist ein bedeutender Produktionsstandort und ein Schwergewicht der Weltwirtschaft. Der Bundesstaat ist der größte Produzent von Kinderkleidung in den Vereinigten Staaten und bekannt für vielfältige Sport- und Badekleidung. Landwirtschaftliche Erzeugnisse aus dem San Joaquin Valley wie Obst, Nüsse und Gemüse werden landesweit konsumiert. Neben den renommierten Einkaufsvierteln in den Metropolen Los Angeles *(siehe S. 170–175)* und San Francisco *(siehe S. 386–391)* gibt es auch in kleineren Städten ein breites Warenangebot. Straßenstände, Kunsthandwerk, Antiquitätenläden und Weinkellereien sind Attraktionen des Hinterlands. Die Waren sind dort billiger als in den Städten, und gelegentlich, etwa auf Flohmärkten, darf auch gehandelt werden.

Kunstgalerien in Carmel *(siehe S. 514)*

Öffnungszeiten

Da man in den Vereinigten Staaten Shopping weniger als Notwendigkeit, sondern vielmehr als Erholung betrachtet, haben die meisten größeren Shops die ganze Woche über geöffnet. Übliche Öffnungszeiten sind montags bis samstags von 10 bis 18 Uhr (teils bis 21 Uhr), sonntags von 10 bis 17 Uhr. In kleineren Orten haben die Läden sonntags meist geschlossen. Sie öffnen unter der Woche häufig von 11 bis 19 Uhr.

Bezahlung

Die meisten Läden akzeptieren Kreditkarten wie MasterCard, American Express und Visa sowie Reiseschecks. Bei Reiseschecks muss man sich mit Pass oder Führerschein ausweisen können. Nur wenige Läden nehmen Schecks ausländischer Banken an. Kleinkäufe bezahlt man am besten in bar *(siehe S. 596f)*.

Mehrwertsteuer

Beachten Sie bei Ihren Einkäufen: Die VAT, die Mehrwertsteuer (zwischen 7,25 und 9,75 Prozent auf alle Waren außer Lebensmittel und rezeptpflichtige Arzneimittel), wird erst beim Bezahlen an der Kasse auf die ausgezeichneten Nettopreise aufgeschlagen.

Erstattung

Händler müssen den Kaufpreis zurückgegebener Waren weder erstatten noch anrechnen (obwohl dies Praxis ist). Bei defekter Ware, die nicht gekennzeichnet war, wird das Geld rückerstattet. Prüfen Sie die Ware vor dem Kauf und bewahren Sie die Quittung auf. Wenn Sie Ware, Quittung und Originalverpackung vorlegen können, erhalten Sie Ihr Geld meist bis zu 30 Tage nach Kauf zurück.

Warenversand

Gegen einen Aufpreis versenden viele Läden Waren in alle Welt oder per Federal Express oder *Express Mail* der US-Post zu Ihnen ins Hotel *(siehe S. 599)*. Sie müssen dafür ein Formular ausfüllen sowie Art und Wert der Ware angeben. Bewahren Sie alle Belege auf, für den Fall, dass die Sendung verloren geht.

Shopping-Wegweiser

An den Highways 1 und 101 liegen Städte, die für ihre besonderen Läden oder Waren bekannt sind: Santa Barbara *(siehe S. 224f)*, Big Sur *(siehe S. 518f)*, Carmel *(siehe S. 514)*, Santa Cruz *(siehe S. 510f)* und Sausalito *(siehe S. 418)*.

Am Highway 99 und anderen Straßen durch das San Joaquin Valley kauft man Obst und Gemüse direkt bei den Erzeugern. Palm Springs *(siehe S. 278f)* ist bekannt für Mode- und Secondhandläden. In Ausläufern der Hochsierra wie in Sutter Creek *(siehe S. 480f)* gibt es viele Antiquitätenläden.

Mode

Kalifornien ist bekannt für legere Kleidung – Casual Clothing, der legere Businesslook für den Freitag, wurde hier erfunden. Doch auch wegen der Avantgarde-Mode blickt die Ostküste auf Kalifornien. Rund 70 Prozent der US-Bademode werden hier von großen Firmen hergestellt und können bei Ketten wie **Diane's Beachwear** erworben werden.

Gap – original aus San Francisco

Auch 65 Prozent der US-Mode für junge Frauen entstehen hier.

Kindermoden sind eine kalifornische Spezialität. **The Children's Place**, **Gymboree** und **Carter's** sind die bekanntesten und besten Firmen.

Weitere kalifornische Helden an der Modefront sind der für sein Label **BCBGMAXAZRIA** bekannte Designer Max Azria, die Teenagermode-Kette **Forever 21** und **Chico's**. Kalifornien gilt als Geburtsstätte der Bluejeans, mit deren Produktion Levi Strauss in den 1860er Jahren in San Francisco begann *(siehe S. 347)*. Der **Original Levi's Store** liegt dort in der Market Street. **The Gap**, heute ein Global Player, vermarktete 1969 in San Francisco als erste Firma Jeans in großen Mengen.

Flohmärkte

Flohmärkte (auch *swap meets* genannt) finden an Wochenenden, meist sonntags, statt. Die Händler stellen auf großen Parkplätzen, in Stadien oder auch auf dem Gelände einer der berühmten Missionsstationen ihre Stände auf. Hier gibt es buchstäblich alles. Oft bekommt man günstig wertvolle Einzelstücke. Lassen Sie sich vom Preis nicht beeindrucken – hier können Sie handeln! Die meisten Händler akzeptieren nur Bargeld, keine Kreditkarten oder Reiseschecks.

Bekannte Flohmärkte sind der **Berkeley Flea Market**, der **San José Flea Market**, der **Rose Bowl Flea Market** und der **PCC**

Mögliche Käufer auf einem Flohmarkt in Sausalito

Cover eines Hollywood-Magazins aus den 1950er Jahren

Flea Market (beide in Pasadena). Der Eintritt kostet meist zwischen 75 Cent und einem US-Dollar.

Memorabilien

Läden mit Memorabilien sind eine kalifornische »Sucht«. **The Game Doc** in San Fernando verkauft alte Spiele für jedes Alter. **Ekkehart Wilms Period Antiques** in Belmont ist auf Geräte wie Radios und Telefone (Ende 19./Anfang 20. Jh.) spezialisiert, **Sarah Stocking Fine Antique Posters** auf alte Filmposter. Eine große Auswahl an Hollywood-Andenken findet man in Los Angeles *(siehe S. 172f)*. Andere Läden wie **Sutter Creek Antiques** in Sutter Creek haben ein ganz ähnliches Angebot.

Factory Outlets

Beim Fabrikverkauf werden überschüssige oder nicht mehr aktuelle Waren günstig und direkt ab Werk an die Kunden verkauft.

Zentren von Factory Outlets haben oft über 20 Läden, **Vacaville Premium Outlets** ist eine Ansammlung von über 100 Läden. Weitere sind **American Tin Cannery Factory Outlets** in Pacific Grove, **Napa Premium Outlets**, **Cabazon Outlets**, **Citadel Outlets**, **Prime Outlets Pismo Beach** und **Camarillo Premium Outlets**. Einkaufsfahrten zu solchen Zentren organisiert **Shopper Stopper Tours**.

Umrechnungstabelle

Kinderkleidung

USA	2–3	4–5	6–7	8–9	10–11	12–13
D, A, CH	92–104	–116	–128	–140	–152	–164

Kinderschuhe

USA	7½	8½	9½	10½	11½	12½	13½	1½	2½
D, A, CH	24	25½	27	28	29	30	32	33	34

Damenmode: Kleider, Mäntel und Röcke

USA	4	6	8	10	12	14	16	18
D, A, CH	34	36	38	40	42	44	46	48

Damenmode: Blusen und Pullover

USA	32	34	36	38	40	42	44
D, A, CH	40	42	44	46	48	50	52

Damenschuhe

USA	5	6	7	8	9	10	11
D, A, CH	36	37	38	39	40	41	44

Herrenanzüge

USA	34	36	38	40	42	44	46	48
D, A, CH	44	46	48	50	52	54	56	58

Herrenhemden

USA	14	15	15½	16	16½	17	17½	18
D, A, CH	36	38	39	41	42	43	44	45

Herrenschuhe

USA	7	7½	8	8½	9½	10½	11	11½
D, A, CH	39	40	41	42	43	44	45	46

Antiquitätenladen in Temecula bei Carlsbad

Bücher, Musik, Kunsthandwerk

Selbst in der kleinsten kalifornischen Stadt gibt es einen Buchladen, sei er ein unabhängiges Unternehmen oder Teil einer Kette.

Die beste Auswahl an Musik und Büchern findet man in großen Städten bei Ketten wie **Barnes & Noble**. In Universitätsstädten gibt es im Studentenviertel zahlreiche Plattenläden mit neuen oder gebrauchten Scheiben.

In Kalifornien gibt es überall indianisches Kunsthandwerk. Infos zum Angebot liefert das **California Indian Museum and Cultural Center**. Mexikanisches Kunsthandwerk führt **Fiesta de Reyes** in San Diego.

Antiquitäten

In Kleinstädten gibt es traditionelle Antiquitäten in Hülle und Fülle: Gold-, Silber- und Bakelitschmuck, indianische Kunstgegenstände, Textilien, Kleidung sowie Möbel (18. und 19. Jh.).

Da die Häfen der Westküste Anlaufstellen für Waren aus anderen Pazifik-Staaten sind, findet man in Kalifornien viele antike Porzellanskulpturen aus Japan und China sowie asiatische Antikmöbel. Sammlerobjekte aus neuerer Zeit sind Arts and Crafts, Art-déco-Möbel, Kleidung, Poster, Zinnfiguren aus der Vorkriegszeit, Glas und Keramik.

Oft lassen sich mehrere Antiquitätenhändler gemeinsam in einem großen Gebäudekomplex, einer Scheune oder einem Lagerhaus nieder.

Nördlich des Balboa Park in San Diego bietet die **Antique Row** Antiquitäten, Memorabilien, Vintage-Mode, Boutiquen und antiquarische Bücher.

Delikatessen

Vor allem im Sonoma und Fresno County kann man die an ausgeschilderten *farm trails* liegenden Farmen besuchen und landwirtschaftliche Erzeugnisse direkt vom Hof kaufen. Informationen gibt es bei **Sonoma County Farm Trails** und **Sonoma Valley Chamber of Commerce**. Der Fresno County Blossom Trail beginnt bei der **Simonian Farm**, die Obst, Honig und Senf verkauft, und führt 100 Kilometer durch Wälder, Obstgärten und Weinberge. Infos gibt es beim **Fresno County Farm Bureau**.

In ganz Kalifornien findet man ungewöhnliche Lebensmittelläden. Die **Apple Farm** im Anderson Valley (Napa) verkauft das ganze Jahre über

Produkte auf einem Bauernmarkt

Äpfel und Birnen aus der Region. Der **Jimtown Store** (ebenfalls Napa) bietet selbst gemachte Marmelade, Honig, Oliven, Senf, Essig und Dressings an. Die **Casa de Fruta** am Highway 152 östlich von Gilroy war früher lediglich ein kleiner Stand mit Kirschen. Heute ist es ein Komplex mit Obstladen, Café, Restaurant und Geschenkeladen.

Die **Harris Ranch**, auf halbem Weg zwischen Los Angeles und San Francisco an der Interstate 5, ist ein riesiger Bau inmitten einer Ranch. Die Hazienda im spanischen Stil bietet einen Geschenkeladen mit eigenen Produkten (auch Fleisch) sowie ein Restaurant, ein Café und Unterkünfte.

Italian Marketplace, Viansa Winery

Weingüter

Neben Wein werden in den vielen Kellereien (u. a. im Napa und Sonoma County) auch Waren verkauft, die mit Wein in Verbindung stehen. Fordern Sie beim **Wine Institute of San Francisco** eine Liste aller Kellereien an.

Der Italian Marketplace der **Viansa Winery** bietet auch Käse, Brot, Kochbücher und Küchenutensilien aus Italien an. Weinsouvenirs gibt es z. B. auf den **Sebastiani Vineyards**. Seidenschals, Silberschmuck und Geschichtsbücher verkauft der Geschenkeladen der **Sterling Vineyards**.

In der **V. Sattui Winery** gibt es einen Deli sowie nahebei einen schattigen Picknickplatz, wo man die Köstlichkeiten gleich essen kann.

Auf einen Blick

Mode

BCBGMAXAZRIA
8634 W Sunset Blvd,
Los Angeles, CA 90069.
☎ 1-310-360-0946.

Carter's
Midtown Crossing, 4550
Pico Blvd, Los Angeles,
CA 90015.
☎ 1-323-932-1630.

Chico's
1314 Montana Ave,
Santa Monica, CA 90403.
☎ 1-310-394-2481.

The Children's Place
Stonestown Galleria,
3251 20 Ave, San Francisco, CA 94132.
☎ 1-415-682-9404.

Diane's Beachwear
116 Main St, Huntington
Beach, CA 92648.
☎ 1-714-536-7803.

Forever 21
Beverly Center, 8522 Beverly Blvd #849 & #852,
Los Angeles, CA 90048.
☎ 1-310-854-1320.

The Gap
1355 3rd St, Promenade,
Santa Monica, CA 90401.
☎ 1-310-393-0719.

Gymboree
Santa Monica Place,
395, Santa Monica Pier,
CA 90410.
☎ 1-310-451-2751.

Original Levi's Store
815 Market St,
San Francisco, CA 94102.
☎ 1-415-501-0100.

Flohmärkte

Berkeley Flea Market
1937 Ashby Ave,
Berkeley, CA 94703.
☎ 1-510-644-0744.
🆆 berkeleyfleamarket.
com

PCC Flea Market
1570 E Colorado Blvd,
Pasadena, CA 91106.
Tel (626) 585-7906.
☎ 1-626-585-7906.
🆆 pasadena.edu/
fleamarket

**Rose Bowl
Flea Market**
1001 Rose Bowl Drive,
Pasadena, CA 91103.

☎ 1-323-560-7469.
🆆 rgcshows.com

San José Flea Market
1590 Berryessa Road,
San José, CA 95133.
☎ 1-408-453-1110.
🆆 sjfm.com

Memorabilien

**Ekkehart Wilms
Period Antiques**
248 Harbor Blvd,
Belmont, CA 94002.
☎ 1-650-571-9070.
🆆 vintagephone.com

The Game Doc
8927 Lankershim Blvd,
Sun Valley, CA 91352.
☎ 1-818-504-0440.

**Sarah Stocking Fine
Antique Posters**
368 Jackson St,
San Francisco, CA
94111.
☎ 1-415-984-0700.

**Sutter Creek
Antiques**
28 Main St, Sutter
Creek, CA 95685.
☎ 1-209-267-5574.

Factory Outlets

**American Tin
Cannery Factory
Outlets**
125 Ocean View Blvd,
Pacific Grove, CA 93950.
☎ 1-831-372-1442.
🆆 americantincannery.
com

Cabazon Outlets
48750 Seminole Rd,
Cabazon, CA 92230.
☎ 1-951-922-3000.
🆆 cabazonoutlets.com

**Camarillo Premium
Outlets**
740 E Ventura Blvd,
Camarillo, CA 93010.
☎ 1-805-445-8520.

Citadel Outlets
100 Citadel Dr,
Los Angeles, CA 90040.
☎ 1-323-888-1724.
🆆 citadeloutlets.com

**Napa Premium
Outlets**
629 Factory Stores Dr,
Napa, CA 94558.
☎ 1-707-226-9876.

**Prime Outlets
Pismo Beach**
333 Five Cities Drive,
Pismo Beach, CA 93449.
☎ 1-805-773-4620.
🆆 premiumoutlets.
com/pismo

**Shopper Stopper
Tours**
2489 Schaeffer Rd,
Sebastopol, CA 95473.
☎ 1-707-829-1597.

**Vacaville Premium
Outlets**
321–2 Nut Tree Rd,
Vacaville, CA 95687.
☎ 1-707-447-5755.
🆆 premiumoutlets.
com/vacaville

Bücher, Musik, Kunsthandwerk

Barnes & Noble
791 S Main St,
Orange, CA 92868.
☎ 1-714-558-0028.

**California Indian
Museum and Cultural
Center**
5250 Aero Dr, San Rosa,
CA 95403. ☎ 1-707-
579-3004. 🆆 cimcc.org

Fiesta de Reyes
Old Town, San Diego,
CA 92110.
☎ 1-619-296-3161.
🆆 fiestadereyes.com

Antiquitäten

Antique Row
308 Adams Ave,
San Diego, CA 92103.
☎ 1-619-282-7329.

Delikatessen

Apple Farm
18501 Greenwood Rd,
Philo, CA 95466.
☎ 1-707-895-2333.
🆆 philoapplefarm.com

Casa de Fruta
10021 Pacheco Pass Hwy,
Hollister, CA 95023.
☎ 1-408-842-7282.
🆆 casadefruta.com

**Fresno County
Farm Bureau**
1274 West Hedges,
Fresno, CA 93728.
☎ 1-559-237-0263.
🆆 fcfb.org

Harris Ranch
24505 West Dorris Ave,
Coalinga, CA 93210.
☎ 1-800-942-2333.
🆆 harrisranch.com

Jimtown Store
6706 Hwy 128,
Healdsburg, CA 95448.
☎ 1-707-433-1212.
🆆 jimtown.com

Simonian Farms
2629 S Clovis Ave,
Fresno, CA 93725.
☎ 1-559-237-2294.
🆆 simonianfarms.com

**Sonoma County
Farm Trails**
PO Box 6032,
Santa Rosa, CA 95606.
☎ 1-800-207-9464.
🆆 farmtrails.org

**Sonoma Valley
Chamber of
Commerce**
651-A Broadway,
Sonoma, CA 95476.
☎ 1-707-996-1033.
🆆 sonomachamber.org

Weingüter

Sebastiani Vineyards
389 Fourth St East,
Sonoma, CA 95476.
☎ 1-800-888-5532.
🆆 sebastiani.com

Sterling Vineyards
1111 Dunaweal Loane,
Calistoga, CA 94515.
☎ 1-707-942-3300.
🆆 sterlingvineyards.
com

V. Sattui Winery
1111 White Lane,
St Helena, CA 94574.
☎ 1-707-963-7774.
🆆 vsattuiwinery.com

Viansa Winery
25200 Arnold Drive,
Sonoma, CA 95476.
☎ 1-707-935-4700.
🆆 viansa.com

**Wine Institute of
San Francisco**
425 Market St, Suite
1000, San Francisco,
CA 94105.
☎ 1-415-512-0151.
🆆 wineinstitute.org

Themenferien und Aktivurlaub

Kalifornien gilt auf der ganzen Welt quasi als ein Synonym für vielfältige Outdoor-Aktivitäten. Der Bundesstaat schützt seine eindrucksvollen Landschaften mit sehr großem Aufwand, damit auch künftige Generationen die Schönheit der Natur genießen können. Unterschiedlichste Naturräume wie etwa Wüsten, Redwood-Wälder, Almwiesen, Granitberge, Seen und Sandstrände ziehen riesige Besucherströme scheinbar magisch an.

Fitness und Körperbewusstsein sind wichtige Bestandteile der kalifornischen Kultur, die unberührte Natur ist von jeder Stadt schnell erreichbar. Golfer schätzen die Monterey Peninsula *(siehe S. 514f)*, Skifahrer den Lake Tahoe *(siehe S. 491)*, Surfern bieten sich an vielen Küstenabschnitten sehr gute Möglichkeiten, auch Reitsportler, Wanderer und Radfahrer haben viele Optionen. Wichtige Sportevents finden Sie auf den Seiten 40–43.

Tahquitz Golf Course, Palm Springs

Themenferien

Informationen zu Themenferien liefert das **California Office of Tourism**. Sehr beliebt sind Touren zu den Missionsstationen entlang dem Camino Real *(siehe S. 50f)*.

In Kalifornien ansässige Schriftsteller halten oft Lesungen auf Autoren-Workshops. Die interessantesten sind **Santa Barbara Writers' Conference** oder die **Squaw Valley Community of Writers**.

Die zahlreichen Kunsthandwerkszentren ziehen Kunstinteressierte an, die hier gerne für einen Kreativurlaub herkommen. Renommierte Maler geben beispielsweise Malkurse im **Mendocino Arts Center**.

Institute wie etwa **Gourmet Retreats** in der Casa Lana im Napa Valley oder auch **Tante Marie's Cooking School** in San Francisco veranstalten in den Sommermonaten im Rahmen von Wochenprogrammen Kochkurse, Shopping-Touren, Besuche im Wine Country und Gourmet-Essen (mit Unterkunft).

Camping

Kalifornien sorgt sich seit langer Zeit um die Natur: Yosemite Valley *(siehe S. 492–495)* und Mariposa Grove mit seinen Redwoods standen schon 1864 unter Naturschutz. Heute gibt es über 250 Staatsparks, *wilderness areas*, historische Sehenswürdigkeiten oder Erholungsgebiete. Dort findet man Wanderwege, Picknickplätze, oft auch Toiletten und Campingplätze. Alle Staats- und Nationalparks sind bei Zahlung einer geringen Gebühr für Tagesbesucher offen. Camper sollten über **State Park Reservations**, **Reserve America** oder **Yosemite Reservations** buchen. Eine frühzeitige Reservierung ist in jedem Fall anzu-

raten. **Desert Survivors** organisiert spannende Wüsten-Campingtouren.

Wandern

Tageswanderungen und Touren sind bei Einheimischen und Besuchern beliebt. Kalifornien verfügt über mehr als 1,6 Millionen Kilometer Wanderwege. Der längste ist der 4270 Kilometer lange Pacific Crest Trail von Kanada bis nach Mexiko. Einer seiner Höhepunkte ist der 340 Kilometer lange John Muir Trail, der vom Yosemite-Hochland zum Mount Whitney *(siehe S. 492–499)* führt. Der **Sierra Club** organisiert Touren mit Führer und verfügt über vielfältige Detailkarten.

Wanderer auf dem John Muir Trail am Mount Whitney

Reiten

Kalifornien bietet Pferdefreunden ein dichtes Netz an Reitwegen durch unterschiedliche Landschaften: Nadelwälder, Wiesen, buschbewachsene Hügel und ausgetrocknete Täler. In vielen Staats- und Nationalparks stehen Besuchern Pferde und Packesel für Ausflüge zur Verfügung.

Auf bewirtschafteten Privatranches leben Cowboys noch wie eh und je. Besucher können mit den Helfern mitreiten und Vieh hüten oder einfach zum Vergnügen die weitläufigen Reitwege erkunden. Das **Alisal Guest Ranch and Resort** veranstaltet alljährlich einen spannenden Viehtrieb. **Hidden Trails** organisiert einen Urlaub auf einer Ranch.

Ausritt im Ventura County

Radfahren

In vielen Staatsparks darf man auf Wanderwegen mit dem Rad fahren. Ein spektakulärer Radweg beginnt am High Camp in Squaw Valley am Lake Tahoe *(siehe S. 491)*. Nach 610 Höhenmetern (mit der Seilbahn) geht es bergab zum Shirley Lake. Infos für Mountainbiking in Nordkalifornien gibt es bei **Northern California Nevada Cycling Association**.

Spezialausstatter wie **Backroads** veranstalten Gruppenfahrten durch die Landschaft, oft mit Pausen zum Rasten in guten Lokalen. Bei Wochentouren transportieren Lieferwagen schweres Gerät und Campingausrüstung. Beliebte Ziele sind das Napa Valley

Mit dem Mountainbike im Marin County unterwegs

(siehe S. 466f) und die gut zu fahrenden Landstraßen von Sonoma, Monterey und Santa Barbara County.

Strandvergnügen

Unterschiedlichste Strände säumen die 1770 Kilometer lange kalifornische Küste: Felsiges, wildes Terrain ist ideal zur Beobachtung von Gezeitenbecken oder zur inneren Einkehr. Weiße Sandstrände, warmes Wasser und mächtige Wellen ziehen die Surfer an.

Es ist völlig egal, ob Sie selbst surfen oder nur zusehen wollen – zu den schönsten Stränden zählen Leo Carrillo State Beach nördlich von Malibu *(siehe S. 68)*, Windansea Beach in La Jolla *(siehe S. 253)* und Corona del Mar am Newport Beach *(siehe S. 234f)*. Die **Club Ed Surf School** bietet von April bis Oktober ein siebentägiges Surfercamp für Anfänger dieser Sportart an.

Gute Tauchreviere sind das Scripps Shoreline Underwater

Preserve in La Jolla *(siehe S. 253)*, die Buchten von Laguna Beach *(siehe S. 235)* und die Monterey Bay *(siehe S. 514f)*. Geräte vermietet **Glen's Aquarius II Dive Shop**. Das **Oceanside Scuba & Swim Center** in Oceanside bieten Tauchkurse für Anfänger an.

Der Natural Bridges State Park in Santa Cruz *(siehe S. 510f)* und der Julia Pfeiffer Burns State Beach in Big Sur *(siehe S. 518f)* mit den ungewöhnlichen Felsformationen sind ideal zum Studium von Gezeitenbecken. Am bewaldeten Torrey Pines State Beach *(siehe S. 252)* rauschen imposante Wellen heran. Am Pismo State Beach *(siehe S. 212)* gibt es Dünen, man kann dort surfen und Muscheln sammeln.

Schwimmen kann man in Südkalifornien etwa von April bis November. Nördlich von San Francisco ist das Wasser auch im Sommer zu kalt – außer man trägt einen Neoprenanzug.

Goldfarbene Strände bei La Jolla

Wildwasser-Rafting und Kajakfahrten

Wildwasser-Rafting ist wie eine atemberaubende Achterbahnfahrt – allerdings in spektakulärer Natur. Veranstalter wie **UCFS Outdoors Program** und **Whitewater Voyages**, aber auch viele andere stellen Boote, Paddel und Schwimmwesten und befahren mit Grupen von sechs bis acht Leuten die Seitenarme größerer Flüsse (entweder Tagestouren oder mit einer Übernachtung).

Die Saison dauert von April bis September. Die Flüsse werden nach Schwierigkeitsgrad eingeteilt: Stufe I und II sind relativ sicher mit einigen dramatischen Kurven. Anfänger, die ein sicheres, aber spannenderes Vergnügen suchen, sollten Stufe III wählen. Stufe IV und höhere Schwierigkeitsgrade sind erfahrenen Sportlern vorbehalten.

Die meisten Veranstalter bieten auch Kajak- und Kanufahrten an. Weitere Informationen und Adressen erhalten Sie bei der **American River Touring Association**.

Wasserskifahren in San Diego

Wassersport

An den Seen und Stränden Kaliforniens gibt es eine Reihe von Wassersportaktivitäten. Man kann im Hausboot durch das Delta des Sacramento River schippern. Am Lake Tahoe (siehe S. 491), am Lake Shasta (siehe S. 456) oder an den künstlichen Seen der staatlichen Erholungsgebiete kann man Motorboote mieten.

Eine neuere Wassersportart ist Parasailing – ein prickelnder »Flug« mit Wasserski und Fallschirm im Schlepptau eines Motorboots. Der Sport ist ungefährlich, doch Sie sollten eine Schwimmweste tragen! Informationen erhalten Sie bei **Parasailing Catalina**.

Vogelbeobachtung

Im Herbst fliegen Gänse, Enten und andere Vögel von Kanada nach Südamerika und machen hier Rast. Im Point Reyes National Seashore (siehe S. 416 – 418) nördlich von San Francisco wurden bereits wie mehr als 400 Vogelarten gesichtet. **Shearwater Journeys** bieten von Monterey aus Vogelbeobachtungsfahrten an.

Die rund 400 Vogelarten des **Tijuana River National Estuarine Research Reserve** im Süden von San Diego kann man am besten im Frühling und Herbst beobachten.

Vogelbeobachtung in La Jolla

Angeln

Kalifornien ist ein Paradies für Angler. Von Ende April bis Mitte November strömen sie zu den Flüssen der Sierra Nevada Mountains, um Forellen zu fangen. Das ganze Jahr über kann man in den zahlreichen Seen und Stauseen Barsche angeln. Im Herbst und Winter ziehen Lachse und Regenbogenforellen flussaufwärts. Besonders ergiebig für Angler sind Klamath, American, Eel und Sacramento River. Das Delta des Sacramento River ist ein gutes Revier für Stör und Streifenbarsch.

In fast jeder Küstenstadt kann man Boote zum Hochseeangeln mieten. In Nordkalifornien ist im Sommer die Saison für Heilbutt und Tiefseelachs. Von Herbst bis Anfang Frühjahr sind bis zu 20 Kilogramm schwere Kabeljaus und Skorpionfische im Pazifik keine Seltenheit. In den wärmeren Gewässern Südkaliforniens gibt es vor allem im Sommer reichlich Roten Thun (Blauflossen-Thunfisch), Gelbflossen-

Rafting im Yosemite National Park (siehe S. 492 – 495)

Angler am Lake Molena in San Diego

Thunfisch und Echten Bonito sowie Barrakudas. Fischerboote vermieten Helgren's Sportfishing Trips in Südkalifornien sowie **Anchor Charter Boats** und **Stagnaro's Sport Fishing** in Nordkalifornien.

Das **State Department of Fish and Game** informiert, welche Fischart gerade Saison hat. Beim **Troutfitter Guide Service** bei den Mammoth Lakes erhalten Sie Infos zum Fliegenfischen, einem beliebten Sport der Kalifornier.

Klettern und Höhlentouren

Wenn Kletterer eine senkrechte Wand hinaufsteigen, vereinen sie Gelenkigkeit, Kraft, Ausdauer und Mut. Größere Städte haben oft Kletterwände, die ganzjähriges Klettern

Klettern im Joshua Tree National Park

erlauben. Im Joshua Tree National Park *(siehe S. 282f)*, im Bergdorf Idyllwild in der Nähe von Palm Springs *(siehe S. 280)* und in Squaw Valley am Lake Tahoe *(siehe S. 491)* kann man den Sport lernen. Anbieter wie die **American Mountain Guides Association** und **Touchstone Climbing & Fitness** informieren über regionale Kletterschulen und -lehrer.

Hobby-Höhlenforscher sollten das Pinnacles National Monument *(siehe S. 520)* oder den Lassen Volcanic National Park *(siehe S. 457)* ansteuern. Hier hat die Vulkanaktivität ungewöhnliche Höhlen und Felsformationen ausgebildet.

Drachenfliegen

Der Sport ist ideal für alle, die einmal von der Erde abheben möchten. Man ist in einem Flugdrachen angeschnallt, der aus Metallrahmen und Haltestange mit Hängegeschirr besteht. Meist springt man damit von einer Klippe und erreicht durch die Aufwinde eine Geschwindigkeit von etwa 40 bis 80 km/h. Anfänger können erste Versuche (mit einem Sicherheitsfallschirm) im Tandem mit einem Profi wagen.

Die schönsten Gebiete für Drachenflieger (und Zuschauer) sind Fort Funston abseits der Küste der Bay Area *(siehe S. 416f)*, der **Torrey Pines Gliderport** in San Diego und Vista Point in Palm Desert *(siehe S. 278)*. Dort gibt es auch Lehrer für alle, die den Sport erlernen wollen. Man kann sich die passende Ausrüstung entweder kaufen oder vor Ort ausleihen.

Gärten

Das warme, sonnige Klima Kaliforniens inspiriert zahllose Hobby- und Profigärtner zu gartenbaulichen Experimenten. Diverse Arboreten, botanische Gärten, Stadtparks und private Anwesen sind inzwischen für Besucher geöffnet.

Huntington Library, Art Collections and Botanical Gardens sind Henry Huntingtons großes Kunst- und Kulturdenkmal. Ab 1904 wurden sie angelegt. Die Gärten beanspruchen drei Viertel des 80 Hektar großen Areals und zählen zu den schönsten Kaliforniens *(siehe S. 162–165)*.

Die **Descanso Gardens** in La Cañada bieten neben einem 1,6 Hektar großen Rosengarten auch einen zwölf Hektar großen Hain mit Steineichen sowie geschützte Kamelien-sträucher. Die Blumenpracht des Landschaftsparks von William Bourn auf dem Gut Filoli in Woodside, einem Städtchen der Bay Area *(siehe S. 431)*, und das **Villa Montalvo Arboretum** in Saratoga sind das ganze Jahr über zu bewundern. Letzteres veranstaltet an Sommerwochenenden Jazzkonzerte, die gut in das kultivierte, üppig grüne Ambiente passen.

Mit dem Heißluftballon über kalifornische Landschaften

Ballonfahrten

Ballonfahrten sind vor allem im Napa Valley *(siehe S. 466f)*, in Monterey *(siehe S. 514)* in Palm Springs *(siehe S. 278–280)* und in Temecula sehr beliebt. Den besten und stimmungsvollsten Panoramablick hat man bei Sonnenaufgang oder -untergang, wenn der Wind am schwächsten und die Fahrt am ruhigsten ist. Veranstalter wie **Panorama Ballon Tours** und **Napa Valley Balloons** bieten Einzel- und Gruppenfahrten mit anschließendem Picknick an.

Walbeobachtung

Zwischen Dezember und April ziehen Grauwale auf ihrer rund 11 000 Kilometer langen Reise durch den Pazifischen Ozean von der Beringstraße westlich von Alaska bis zur mexikanischen Halbinsel Baja California an der kalifornischen Küste

vorbei. Die beeindruckenden Tiere sind von Ausflugsschiffen aus gut zu beobachten. Im Spätsommer sieht man etwa zwischen San Francisco und Monterey gelegentlich auch Buckel-, Schwert-, Grind- und Blauwale. Von den Schiffen aus bekommt man Grauwale und die sie begleitenden Delfine und Tümmler zu sehen. Nützliche Informationen zu Walbeobachtungen bekommt man bei der Agentur **Oceanic Society Expeditions**.

Heiße Quellen

Ein langes Bad in einer heißen Quelle (einem durch Erdwärme erhitzten Arm eines unterirdischen Flusses) ist gut für die Gesundheit. Calistoga in Nordkalifornien *(siehe S. 465)* verfügt über ein breites Angebot an Spas, die einen mit Mineral-, Schlamm- und Dampfbädern sowie Massagen verwöhnen.

Informationen über sämtliche Kurorte der Region sind bei **Calistoga Chamber of Commerce** erhältlich.

Insel-Hopping

Fünf vulkanische Inseln vor Südkaliforniens Küste bilden den Channel Islands National Park *(siehe S. 228)*. Das Naturschutzgebiet ist geradezu ideal zum Wandern, zur Tierbeobachtung und zum Studium von Gezeitenbecken. Zu sehen sind Wale, Delfine und viele Küstenvögel. Fähren legen in den Häfen von Ventura und Santa Barbara ab. Reservierungen sind bei **Island Packers** möglich.

Catalina Island ist von San Pedro, Long Beach und Dana Point aus zu erreichen. Im Unterschied zum Channel Islands National Park gibt es hier Läden, Restaurants und Unterkünfte. Das frühere Feriendomizil des Kaugummikönigs William Wrigley jun. bietet Rad- und Wanderwege sowie Tauch- und Schnorchelmöglichkeiten *(siehe S. 246f)*. Bei Fahrten ins Inselinnere sehen Sie eventuell Bisons.

Angel Island in der San Francisco Bay, ein 300 Hektar großes Meeresschutzgebiet, ist vom Fisherman's Wharf in San Francisco aus zu erreichen. Besucher finden hier Wanderwege sowie Picknick- und Campingplätze vor. Man kann gut Grauwale oder Watvögel beobachten.

Two Harbors auf Catalina Island

Auf einen Blick

Themenferien

California Office of Tourism
PO Box 1499, Sacramento, CA 95812.
☎ 1-916-444-4429.
🖥 visitcalifornia.com

Gourmet Retreats
Casa Lana, 1316 S Oak St, Calistoga, CA 94515.
☎ 1-877-968-2665.
🖥 gourmetretreats.com

Mendocino Arts Center
45200 Little Lake St, Mendocino, CA 95460.
☎ 1-707-937-5818.
🖥 mendocinoarts.org

Santa Barbara Writers' Conference
27 W Anapamu St, Suite 305 Santa Barbara, CA 93101.
☎ 1-805-964-0367.
🖥 sbwriters.com

Squaw Valley Community of Writers
PO Box 1416, Nevada City, CA 95959.
☎ 1-530-470-8440.
🖥 squawvalleywriters.org

Tante Marie's Cooking School
Broderick St, San Francisco, CA 94115.
☎ 1-415-788-6699.
🖥 tantemarie.com

Camping

Desert Survivors
PO Box 20991, Oakland, CA 94620-0991.
☎ 1-510-357-6585.
🖥 desert-survivors.org

Reserve America
☎ 1-877-444-6777.
☎ 1-518-885-3639.
🖥 reserveamerica.com

State Park Reservations
☎ 1-800-444-7275.
🖥 parks.ca.gov

Yosemite Reservations
☎ 1-877-444-6777.
🖥 reserveamerica.com

Wandern

Sierra Club
85 Second St, San Francisco, CA 94105.
☎ 1-415-977-5500.

Reiten

Alisal Guest Ranch and Resort
1054 Alisal Rd, Solvang, CA 93463. ☎ 1-805-688-6411. 🖥 alisal.com

Hidden Trails
202–380 West 1st Ave Vancouver, BC V5Y 3T7.
☎ 1-888-9-TRAILS.
🖥 hiddentrails.com

Radfahren

Backroads
801 Cedar St, Berkeley, CA 94710. ☎ 1-800-462-2848. 🖥 backroads.com

Northern California Nevada Cycling Association
🖥 ncnca.org

Strandvergnügen

Club Ed Surf School
2350 Paul Minnie Ave, Santa Cruz, CA 95062.
☎ 1-800-287-SURF.
🖥 club-ed.com

Glen's Aquarius II Dive Shop
32 Cannery Row, Monterey, CA 93940.
☎ 1-866-375-6605.
🖥 aquarius2.com

Oceanside Scuba & Swim Center
225 Brooks St, Oceanside, CA 92054. ☎ 1-760-722-7826. 🖥 oceansidescubaswim.com

Wildwasser-Rafting und Kajakfahrten

American River Touring Association
24000 Casa Loma Rd, Groveland, CA 95321.
☎ 1-800-323-2782.
🖥 arta.org

UCSF Outdoors Program
500 Parnassus Ave, San Francisco, CA 94143.
☎ 1-415-476-2078.

🖥 campuslifeservices.ucsf.edu

Whitewater Voyages
5225 San Pablo Dam Rd, El Sobrante, CA 94820.
☎ 1-800-400-7238. 🖥 whitewatervoyages.com

Wassersport

Parasailing Catalina
105 Pebbly Beach Rd, Avalon, CA 90704.
☎ 1-310-510-1777.
🖥 parasailcatalina.com

Vogel-beobachtung

Shearwater Journeys
PO Box 190, Hollister, CA 95024.
☎ 1-831-637-8527. 🖥 shearwaterjourneys.org

Tijuana River Reserve
301 Caspian Way, Imperial Beach, CA 91932.
☎ 1-619-575-2704.
🖥 trnerr.org

Angeln

Anchor Charter Boats
32260 N Harbor Dr, Fort Bragg, CA 95437.
☎ 1-707-964-4550. 🖥 anchorcharterboats.com

Stagnaro's Sport Fishing
1718 Brommer St, Santa Cruz, CA 95062.
☎ 1-831-427-2334.
🖥 stagnaros.com

State Department of Fish and Game
1416 9th St, 12th Fl, Sacramento, CA 95814.
☎ 1-916-445-0411.
🖥 dfg.ca.gov

Troutfitter Guide Service
PO Box 1734, Mammoth Lakes, CA 93546.
☎ 1-800-637-6912.
🖥 thetroutfly.com

Klettern und Höhlentouren

American Mountain Guides Association
1209 Pearl St, Boulder, CO 80302. 🖥 amga.com

Touchstone Climbing & Fitness
2295 Harrison St, San Francisco, CA 94110.

☎ 1-415-550-0515.
🖥 touch stoneclimbing.com

Drachenfliegen

Torrey Pines Gliderport
2800 Torrey Pines Scenic Drive, La Jolla, CA 92037.
☎ 1-858-452-9858.
🖥 flytorrey.com

Gärten

Descanso Gardens
1418 Descanso Dr, La Cañada, CA 91011.
☎ 1-818-949-4200. 🖥 descansogardens.org

Villa Montalvo Arboretum
15400 Montalvo Rd, Saratoga, CA 95071.
☎ 1-408-961-5800.
🖥 montalvoarts.org

Ballonfahrten

Napa Valley Balloons
4086 Byway E Napa, CA 94558. ☎ 1-800-253-2224. 🖥 napavalleyballons.com

Panorama Balloon Tours
PO Box 218, Del Mar, CA 90214.
☎ 1-800-455-3592.
🖥 gohotair.com

Walbeobachtung

Oceanic Society Expeditions
30 Sir Francis Drake Blvd, Ross, CA 94957.
☎ 1-415-441-1106.
🖥 oceanicsociety.org

Heiße Quellen

Calistoga Chamber of Commerce
1506 Lincoln Ave, Calistoga, CA 94515.
☎ 1-707-942-6333.
🖥 visitcalistoga.com

Insel-Hopping

Angel Island Ferry
☎ 1-415-435-2131.
🖥 angelislandferry.com

Island Packers
☎ 1-805-642-1393.
🖥 islandpackers.com

GRUND-
INFORMATIONEN

Praktische Hinweise

Kalifornien ist ein packendes und überaus abwechslungsreiches Reiseziel. Das spezifische Flair der eindrucksvollen Region spürt man etwa in den Großstädten wie San Francisco, Los Angeles und San Diego, aber auch in den ländlich geprägten Kleinstädten und vor allem in der überwältigenden Natur – von den Bergen und Redwood-Wäldern des Nordens bis zu den berühmten Surferstränden im Süden. Im gesamten Bundesstaat, der nicht umsonst »The Golden State« genannt wird, kümmert man sich vorbildlich um die Bedürfnisse von Urlaubern. Fast überall informieren Besucherzentren über die Sehenswürdigkeiten, kulturelle Veranstaltungen und Gegebenheiten vor Ort. Die folgenden Informationen und Hinweise beleuchten ganz verschiedene Aspekte Ihrer Reise – von den Einreisemodalitäten über die Währung bis zum Telefonsystem.

Skiwandern über den Wäldern oberhalb des Lake Tahoe *(siehe S. 490)*

Beste Reisezeit
Der größte Ansturm auf die touristisch interessantesten Städte und Naturwunder Kaliforniens dauert etwa von Mitte April bis September. Allerdings sollten Sie wissen: In den Sommermonaten herrscht um San Francisco häufig Nebel. Auch der Winter ist eine beliebte Reisezeit – wegen des warmen Klimas im Süden und der Skigebiete am Lake Tahoe. In der Nebensaison kann man die Attraktionen oft günstiger und ohne Menschenmengen besichtigen.

Einreise und Zoll
Bürger aus Deutschland, Österreich und der Schweiz können im Rahmen des Visa Waiver Program (VWP) bis zu 90 Tage visumfrei in die USA einreisen. Sie müssen dafür eine ESTA-Reisegenehmigung beantragen – spätestens 72 Stunden vor Antritt der Reise. Der Antrag kann nur auf der ESTA-Website gestellt werden (https://esta.cbp.dhs.gov).

Hierbei wird eine Gebühr von 14 US-Dollar fällig, die per Kreditkarte zu begleichen ist. Achtung: Sie sollten schon hier Ihre erste Adresse in den Vereinigten Staaten nennen – spätestens beim Zollformular muss diese Adresse angegeben werden. Nehmen Sie sich den Ausdruck der ESTA-Genehmigung mit – sie bleibt übrigens zwei Jahre lang gültig.

Erforderlich für die Einreise ohne Visum ist ein maschinenlesbarer Reisepass. Pässe, die nach dem 26. Oktober 2005 ausgestellt wurden, brauchen ein digitales Lichtbild, Pässe, die nach dem 26. Oktober 2006 ausgestellt wurden, einen Chip mit biometrischen Daten. Auch Kinder jeden Alters benötigen einen maschinenlesbaren Pass – und eine eigene ESTA-Genehmigung.

Seit 2004 werden von allen Reisenden bei der Einreise digitale Fingerabdrücke genommen und ein Foto erstellt. Seit 2005 muss man vor Reiseantritt ein APIS-Formular ausfüllen (Formular von der Fluglinie bzw. unter www.drv.de).

Aktuelle Hinweise zur Einreise in die USA finden Sie unter www.us-botschaft.de, der Visa-Informationsdienst hat die kostenpflichtige Nummer 0900 185 0055 (in D) bzw. +49 9131 772 2270 (von außerhalb D, nur englisch).

Erlaubt sind bei der Einreise 200 Zigaretten (pro Person über 18 Jahre), ein Liter Alkohol (pro Person über 21 Jahre) sowie Geschenke im Wert von bis zu 100 Dollar. Verboten ist die Einfuhr von Fleisch (auch von Konserven), Pflanzen, Samen und Früchten. Informationen über Zollvorschriften finden Sie im Internet unter www.cbp.gov/xp/cgov/travel.

Information
Infos aller Art erteilt die **California Division of Tourism** oder ein **California Welcome Center**. Die Visitors' and Convention Bureaus vor Ort bieten Ihnen Karten, Führer, Veranstaltungskalender und ermäßigte Pässe für Transportmittel und Attraktionen. Sie haben montags bis freitags von 9 bis 17.30 Uhr geöffnet.

California Welcome Center, Santa Rosa

◀ **Küstenabschnitt von Big Sur** *(siehe S. 518f)*

Konsulate

Deutschland, Österreich und die Schweiz verfügen über Konsulate in San Francisco und Los Angeles, die in der Regel montags bis freitags von 9 bis 17 Uhr geöffnet sind. Obwohl sie sich nicht speziell mit den Nöten von Urlaubern befassen, sollte man sich im Notfall unbedingt an sie wenden. Man wird Ihnen dort zwar kein Geld leihen, aber bei Verlust des Passes und im Notfall auch bei rechtlichen Problemen helfen.

Fassade des San Diego Museum of Art *(siehe S. 261)*

Eintrittspreise

Museen, Themenparks und andere Attraktionen in Kalifornien verlangen Eintritt. Die Preise rangieren in der Regel zwischen 10 und 20 US-Dollar, können aber durchaus bis zu 80 US-Dollar für Freizeitparks betragen. Kleinere Sehenswürdigkeiten sind oft kostenlos oder bitten um eine Spende. Meist gibt es Ermäßigungen für Behinderte, Studenten, Senioren und Kinder. Verbilligten Eintritt ermöglichen auch »Fun Spots«-Coupons (www.visit california.com). Pässe wie der neun Tage gültige San Francisco CityPass (www.citypass.com; 89 US-$ Erwachsene, 66 US-$ Kinder) helfen ebenfalls sparen.

Öffnungszeiten

Die meisten Geschäfte sind werktags von 9 bis 17 Uhr (viele deutlich länger) und oft auch sonntags offen. In Großstädten haben einige Läden, Apotheken und Tankstellen rund um die Uhr geöffnet.

Viele Museen sind montags und/oder dienstags sowie an Feiertagen geschlossen. Manche bleiben an einem Tag in der Woche abends länger auf.

Da viele Kalifornier früh zu Abend essen, lassen Restaurants oft nach 22 Uhr keine Gäste mehr ein. Montag und/oder Dienstag ist oft Ruhetag. Die meisten Bars sind, vor allem freitags und samstags, bis 2 Uhr geöffnet.

Rauchen

Im Bundesstaat Kalifornien gilt ein generelles Rauchverbot in allen öffentlichen Gebäuden, also auch im Flughafen, auf Bahnhöfen etc. Erkundigen Sie sich bitte im Voraus, wenn Sie in einem Hotel (viele sind gänzlich rauchfrei) reservieren.

Auch in Restaurants und Bars ist Rauchen grundsätzlich verboten. In Los Angeles und San Francisco können jedoch Lokalbesitzer frei entscheiden, ob sie das Rauchen erlauben wollen. Einige werben damit, dass bei ihnen geraucht werden darf. Man findet diese Lokale auf lokalen Websites oder beispielsweise unter www.yelp.com.

Auf einen Blick

Information

California Division of Tourism
PO Box 1499, Sacramento, CA 95814.
📞 1-800-862-2543.
🌐 visitcalifornia.com

Welcome Center

Central Coast
Pismo Beach, 333 Five Cities Drive, Suite 100.
📞 1-805-773-7924.
🌐 visitcwc.com

Hochsierra
Truckee, 10065 Donner Pass Rd.
📞 1-530-587-2757.
🌐 visitcwc.com

Los Angeles
685 S Figueroa St.
📞 1-213-689-8822.
🌐 discoverlosangeles.com

Orange County
Anaheim, 800 W Katella Ave.
📞 1-714-765-8888.
🌐 anaheimoc.org

San Diego
1140 N Harbor Drive.
📞 1-619-236-1212.
🌐 sandiego.org

San Francisco
PIER 39, 2. Stock.
📞 1-415-981-1218.
🌐 sanfrancisco.travel

Südkalifornien
Oxnard, 1000 Town Center Drive, Suite 135.
📞 1-805-988-0717.

Südliches Zentralkalifornien
Santa Barbara, 1601 Anacapa St.
📞 1-805-966-9222.
🌐 santabarbaraca.com

Wine Country
Santa Rosa, 9 4th St.
📞 1-800-404-7673.
🌐 visitcwc.com

Konsulate

Deutschland
1960 Jackson St, San Francisco, CA 94109.
📞 1-415-775-1061. 🌐 san-francisco.diplo.de

6222 Wilshire Boulevard, Suite 500, Los Angeles, CA 90048-5193.
📞 1-323-930-2703.
🌐 los-angeles.diplo.de

Österreich
580 California St, Suite 1500, San Francisco, CA 94104.
📞 1-415-765-9576.

11859 Wilshire Blvd, Suite 501, Los Angeles, CA 90025.
📞 1-310-444-9310.
🌐 austria-la.org

Schweiz
Pier 17, Suite 600, San Francisco, CA 94111.
📞 1-415-788-2272.
🌐 eda.admin.ch/sf

11859 Wilshire Blvd, Suite 501, Los Angeles, CA 90025.
📞 1-310-575-1145.
🌐 eda.admin.ch/la

Steuern und Trinkgeld

Die Mehrwertsteuer (VAT) in Kalifornien beträgt – je nach County – zwischen 7,25 und 9,75 Prozent. Hotelzimmer berechnen zwölf bis 14 Prozent Belegungssteuer.

Wie überall in den Vereinigten Staaten hat Trinkgeld für Dienstleistungsberufe einen höheren Stellenwert als in Deutschland. Die Bedienung im Lokal bzw. Restaurant wird mit einem Trinkgeld von 15 bis 20 Prozent des Rechnungsbetrags honoriert. In den eleganten Restaurants geben die Gäste häufig einen höheren Betrag, wenn sie zufrieden waren. Taxifahrern, Barpersonal und Friseuren gibt man 15 Prozent, Gepäckträgern zwei US-Dollar pro Gepäckstück, dem Zimmerpersonal ein bis zwei Dollar pro Tag.

Behinderte Reisende

Laut Gesetz muss in Kalifornien jedes öffentliche Gebäude behindertengerecht ausgestattet sein – mit entsprechenden Schildern, Toiletten und Eingängen für blinde Menschen und Rollstuhlfahrer. Für Behinderte muss es extra ausgewiesene Parkplätze geben. Bei Veranstaltungen und in öffentlichen Verkehrsmitteln stehen spezielle Plätze bereit. Sie dürfen gratis parken und erhalten in vielen National- und Staatsparks Preisnachlässe. Nach Voranmeldung stellt man sich bei Attraktionen und in Hotels auf spezielle Anforderungen ein.

Parkplätze für Behinderte sind deutlich ausgewiesen

Die Society for the Advancement of Travel for the Handicapped (SATH) verweist mit einem blauen »H« auf entsprechende Einrichtungen in den Restaurants, Hotels und Sehenswürdigkeiten. Weitere Informationen über die Rechte Behinderter liefert der **Disability Rights, Education and Defense Fund**.

Reisen mit Kindern

Kalifornien hat eine ganze Reihe von Attraktionen, die Kinderaugen leuchten lassen, etwa Disneyland® und die Universal Studios Hollywood^SM in Los Angeles, den San Diego Zoo oder das Exploratorium und die California Academy of Sciences in San Francisco. Zudem gibt es viele Strände und Parks, die man kostenlos besuchen kann. Am Highway 1 kommt man von Cambria bis nach Point Reyes an vielen »Wildlife Viewing Points« vorbei. Hier kann man See-Elefanten, Elche und viele Vogelarten sichten und beobachten – und die Kinder werden es lieben.

In den meisten Themenparks und Museen gelten für Kinder Ermäßigungen. Kinderteller bieten Restaurants in ganz Kalifornien an. In vielen Hotels gilt »kids stay free« oder »kids eat free«. Kinder unter fünf Jahren fahren in öffentlichen Transportmitteln kostenlos.

Senioren

Menschen über 65 Jahren bekommen in vielen Restaurants und für die meisten Sehenswürdigkeiten Preisnachlässe. Auch mit öffentlichen Verkehrsmitteln fahren Senioren günstiger. Auch gibt es dort Sitze, die für Senioren reserviert sind. Die Website der **American Association of Retired People** liefert Tipps zu Attraktionen und Veranstaltern.

Schwule und Lesben

In Kalifornien haben Homosexuelle schon früh begonnen, für ihre Rechte zu kämpfen. Die größte Gay Pride Parade der Welt findet in San Francisco statt. Auch wenn man im ganzen Bundesstaat sehr darauf

achtet, dass niemand diskriminiert wird, konzentriert sich die Schwulenszene doch auf Großstädte, vor allem auf den Castro District in San Francisco *(siehe S. 364)*, Hillcrest in San Diego, West Hollywood in Los Angeles *(siehe S. 114–123)* sowie Palm Springs.

Kostenlose Zeitungen und Zeitschriften wie *LA Weekly* in Los Angeles oder die vielen in San Francisco erscheinenden Publikationen, etwa *Out in San Francisco* und *The Advocate*, enthalten entsprechende Veranstaltungskalender.

Mit dem internationalen Studentenausweis erhält man Ermäßigungen

Preiswert reisen

Es gibt viele Möglichkeiten, bei einem Kalifornien-Besuch Geld zu sparen und trotzdem nichts zu verpassen. Ein internationaler Studentenausweis verschafft Ermäßigungen zu einigen Attraktionen und in manchen Kinos. Viele Museen haben einen Tag, an dem der Eintritt frei ist. Websites informieren über Ermäßigungen, die Hotels, Restaurants und Veranstalter aktuell anbieten. Versuchen Sie **Jetsetter** für Hotels und Spas, **Groupon** und **Living Social** für Restaurants. Ein Apartment oder ein Haus zu mieten kann preiswerter sein, als Hotelzimmer zu buchen. **Vacation Rentals by Owner** und **Airbnb** haben von Studios für 75 US-Dollar bis zu Häusern für 300 US-Dollar, in denen bis zu zehn Leute übernachten können, eine große Auswahl. **Hostelling International – American Youth Hostels** bieten preiswerte Übernachtungsmöglichkeiten an.

Die **Student Travel Association** ist eine der größten Organisationen, die sich auf Reisen für Studenten und junge Leute spezialisiert hat.

Self-Realization Temple, L. A., eine
religiöse Stätte in Kalifornien

Religiöse Organisationen
Kalifornien, vor allem Nordkalifornien, scheint ausgefallene
religiöse Gruppierungen anzu-
ziehen *(siehe S. 444f)*. Religi-
onsgemeinschaften, Alternativ-
religionen und diverse Sekten
gedeihen dort genauso wie
die konventionellen Kirchen.
Die größte religiöse Organisationen ist die katholische Kirche, deren Mitglieder zu einem
Viertel hispanischer Herkunft
sind. In Los Angeles gibt es die
zweitgrößte jüdische Gemeinde der Vereinigten Staaten, die
prächtige Synagogen besitzt.
In vielen Orten stehen hinduis-
tische und buddhistische Tempel, Moscheen und exotische
Schreine. Nähere Informationen können Sie dem Telefonbuch unter der Rubrik »Chur-
ches« entnehmen.

Zeit
Kalifornien befindet sich in der
Pacific Time Zone (Pazifikzeit =
PT), die neun Stunden hinter
der in Deutschland, Österreich
und der Schweiz geltenden
Mitteleuropäischen Zeit (MEZ)
liegt. Um 2 Uhr am zweiten
Sonntag im März werden die
Uhren zur Sommerzeit eine
Stunde vor- und um 2 Uhr am
ersten Sonntag im November
wieder eine Stunde zurück-
gestellt.

Elektrizität
Die Netzspannung in den USA
beträgt 110 bis 120 Volt (Wech-
selstrom). Um 230-Volt-Geräte
zu betreiben, brauchen diese

einen Spannungsumwandler
(Konverter) sowie einen Adap-
ter (meist zweipolig) für US-
Steckdosen. Dies gilt auch für
Akku-Ladegeräte. In vielen
Hotelzimmern gibt es im Bad
einen fest installierten Haar-
trockner und spezielle Steckdosen für Rasierapparate.
Adapter/Konverter sollten Sie
zu Hause vor der Reise kaufen.

Umrechnungstabelle
US-Standard in metrisch
1 inch = 2,54 Zentimeter
1 foot = 30 Zentimeter
1 yard = 91 Zentimeter
1 mile = 1,6 Kilometer
1 ounce = 28 Gramm
1 pound = 454 Gramm
1 US pint = 0,5 Liter
1 US quart = 0,947 Liter
1 US gallon = 3,8 Liter

Metrisch in US-Standard
1 Zentimeter = 0,4 inch
1 Meter = 3 feet 3 inches
1 Kilometer = 0,6 mile
1 Gramm = 0,04 ounce
1 Kilogramm = 2,2 pounds
1 Liter = 1,1 US quarts

Logo des Green Spa Network

Umweltbewusst reisen
Kalifornien ist in Umweltange-
legenheiten der führende Bundesstaat in den USA – vom
Bewusstsein beim Essen, bei
dem schon seit den 1960er
Jahren das Prinzip »From Farm
to Fork« vertreten wird, bis hin
zum Bauen, das immer mehr
auf Umweltverträglichkeit
setzt. Es gibt Container für
recyclebare Materialien und
den Versuch, Plastikmüll zu vermeiden, indem man etwa Ein-
wegflaschen verbietet. Überall
wird versucht, erneuerbare
Energie zu erzeugen. So sieht
man in ländlichen Regionen
immer mehr Solaranlagen und
Windparks. Wer auch im Urlaub
grüne Unternehmen unterstützen möchte, findet entsprechende Adressen über die
Green Hotels Association, das
Green Spa Network und die
Green Chamber of Commerce.

Auf einen Blick
Behinderte Reisende

**Disability Rights,
Education and
Defense Fund**
2212 6th St, Berkeley,
CA 94710.
📞 1-510-644-2555.
🅦 dredf.org

Senioren

**American Association
of Retired People**
📞 1-202-434-3525.
🅦 aarp.org

Preiswert reisen

Airbnb
🅦 airbnb.com

Groupon
🅦 groupon.com

**Hostelling International –
American Youth Hostels**
733 15th St NW, Suite 840,
Washington, DC 20005.
📞 1-800-909-4776.
🅦 hiusa.org

Jetsetter
🅦 jetsetter.com

Living Social
🅦 livingsocial.com

**Student Travel
Association**
📞 1-800-781-4040.
🅦 statravel.com

**Vacation Rentals
by Owner (VRBO)**
🅦 vrbo.com

Umweltbewusst
reisen

**Green Chamber of
Commerce**
821 Irving St, #225278,
San Francisco.
📞 1-415-839-9280.
🅦 greenchamber
ofcommerce.net

**Green Hotels
Association**
📞 1-713-789-8889.
🅦 greenhotels.com

**Green Spa
Network**
📞 1-800-275-3045.
🅦 greenspanetwork.org

Sicherheit und Gesundheit

Wie in den allermeisten Großstädten der Welt gibt es auch in kalifornischen Städten gefährliche Viertel. Fragen Sie Freunde oder das Hotelpersonal, welche Stadtteile man allein oder nachts meiden sollte. San Francisco gilt als eine der sichersten Großstädte der USA. Los Angeles hat leider einige problematische Areale. Bei Fahrten über Land sollten Sie eine gute Regionalkarte dabeihaben, vor allem, wenn Sie in die Wüste oder ins Gebirge fahren. Nehmen Sie den Rat der regionalen Behörden, der Besucherzentren und der Park Rangers ernst. Befolgen Sie die üblichen Sicherheitsmaßnahmen.

Polizist auf dem Motorrad in San Francisco

Polizei

Polizisten in Uniform und in Zivil patrouillieren auf den Straßen Kaliforniens zu Fuß, mit dem Auto oder auf dem Motorrad. Die Highway Patrol verfolgt Geschwindigkeitsüberschreitungen auf Highways und ist im Fall eines Unfalls zuständig.

Auch wenn kein unmittelbarer Notfall vorliegt, sollte man alle Gesetzesüberschreitungen dem lokalen Polizeirevier melden. Die Nummern finden Sie leicht auf den Blauen Seiten des Telefonbuchs.

Persönliche Sicherheit

Die berüchtigten Gangs (vor allem in Los Angeles) verlassen ihr Revier nur selten und interessieren sich kaum für Besucher. Gefahr droht Touristen eher durch Diebstahl und Autokriminalität. Obwohl Polizisten in den Urlauberviertеln regelmäßig auf Streife sind,

sollte man sein Programm mit gesundem Menschenverstand im Voraus planen. Vor allem Fremde sollte man nicht in sein Zimmer lassen.

Deponieren Sie Ihre Wertsachen am besten im Hotelsafe, tragen Sie sie nicht bei sich. Hotels haften meistens nicht für im Zimmer aufbewahrte Gegenstände.

Für das Verhalten von Fußgängern gibt es strenge Vorschriften: Wer sich unachtsam verhält oder wer bei Rot bzw. nicht am Fußgängerübergang eine Straße überquert, kann mit Bußgeld belegt werden.

In der Wildnis sollten Sie die Ratschläge von Park Rangers beherzigen.

Notfälle

Den medizinischen Notfalldienst, Polizei und Feuerwehr erreicht man telefonisch unter **911**. Die Ambulanz eines Krankenhauses heißt *emergency room*. Die in den Blauen Seiten des Telefonbuchs aufgeführten städtischen Krankenhäuser sind oft überfüllt. Privatkliniken findet man in den Gelben Seiten. Ihr Hotel kann Ihnen einen Arzt oder Zahnarzt empfehlen, der Sie auch auf Ihrem Zimmer behandelt. In vielen Notfällen hilft auch die landesweit tätige Organisation **Travellers' Aid Society**.

Verlust und Diebstahl

Obwohl man nur in seltenen Fällen zurückbekommt, was man auf der Straße verliert, sollte man die **Police Non-Emergency Line** informieren. Melden Sie jeden Verlust oder Diebstahl der Polizei. Für Ihre Versicherung benötigen Sie später eine Kopie des Polizeiberichts. In den meisten Städten kann man diesen Bericht online unter www.sco.ca.gov verfolgen und sich selber ausdrucken. Kopien Ihrer Dokumente können bei Verlust von großem Nutzen sein.

Bei Verlust oder Diebstahl des Reisepasses wenden Sie sich an das Konsulat Ihres Landes *(siehe S. 591)*. Bei Verlust oder Diebstahl von Kreditkarten oder Reiseschecks informieren Sie Ihre Karten- oder Scheckgesellschaft. Die Notrufnummern finden Sie im Kasten auf Seite 597.

Krankenhäuser und Apotheken

Es gibt in den USA öffentliche und private Krankenhäuser – angenehmer sind die privaten. Doch selbst in den »Low-cost clinics« bekommt man eine angemessene medizinische Versorgung. Sie sind empfehlenswert, wenn Sie aufs Geld achten müssen.

Feuerwehrwagen, Santa Rosa

Polizeiauto Los Angeles

Ambulanz, San Bernardino County

Die meisten Apotheken in Kalifornien werden von **Walgreens** oder **CVS** betrieben. Hier kann man Ihnen auch meistens einen Arzt oder eine Klinik in der Nähe empfehlen. Wenn Sie ein spezielles Medikament brauchen, sollten Sie ein Rezept mit den Inhaltsstoffen von zu Hause mitbringen. Apotheken haben von 9 bis 18 Uhr geöffnet, in Städten oft rund um die Uhr.

Reiseversicherung
Eine Auslandsreise-Krankenversicherung ist für eine USA-Reise dringend zu empfehlen, da Arzt- und Krankenhauskosten hoch sind. Es gibt eine Vielzahl von Versicherungsangeboten. Das Auswärtige Amt empfiehlt, eine Versicherung mit Rückholservice abzuschließen. Zudem kann man Reisegepäck-, Diebstahl- und Unfallversicherungen abschließen. Die meisten Agenturen bieten Pakete an.

Sicherheit bei Outdoor-Aktivitäten
Auch im Sommer ist der Pazifik nur selten warm und mit seinen Strömungen eher für Surfer als für Schwimmer geeignet. Achten Sie am Strand auf Ihre Wertsachen. Schützen Sie sich gegen die Sonne.

Schilder informieren über die aktuelle Waldbrandgefahr

In der Wildnis müssen Sie gute Ausrüstung und eine Karte in kleinem Maßstab dabeihaben. Informieren Sie jemanden über Ihr Vorhaben. Verlassen Sie die Areale so, wie Sie sie vorgefunden haben. Achten Sie auf gefährliche Tiere, die es in den Parks mitunter gibt. Da die Waldbrandgefahr groß ist, sollten Sie sich beim Ranger erkundigen, ob Lagerfeuer erlaubt sind.

Ranger mit Schneeschuhwanderern im Yosemite National Park

California State Parks berät bei Ausflügen in die Natur. Klettern und Bergsteigen wird in Kalifornien immer beliebter. Viele Parks sind auf Kletterer eingestellt *(siehe S. 585)*. Die Ranger informieren über Kurse, spezielle Ausrüstung und das aktuelle Wetter.

Bei Ausflügen in die Wüste sind entsprechende Sicherheitsvorkehrungen ein Muss: In Talsenken ist es meist heiß und trocken, in Hochlagen können nachts Minusgrade herrschen. Nehmen Sie Wasser und Reservekanister mit. Wenn der Motor »kocht«, bleiben Sie beim Fahrzeug. Stellen Sie den Motor ab und prüfen Sie den Kühler. Füllen Sie ihn nach dem Abkühlen neu auf. Weitere Informationen erhalten Sie im Furnace Creek Visitor Center *(siehe S. 294)*.

Informieren Sie sich auf der Website des **California Department of Transportation** über den aktuellen Straßenzustand.

Erdbeben
Geraten Sie nicht in Panik, wenn Sie einen Erdstoß spüren. Als Sicherheitsvorkehrung sollten Sie Schuhe und eine Taschenlampe neben dem Bett parat haben – im Fall von Stromausfall oder Glasbruch. Die meisten Verletzungen bei Erdbeben sind auf herunterfallendes Material zurückzuführen. Immer sollte man sich unter die Tür stellen oder unter den Tisch kauern.

Wenn Sie mit dem Auto unterwegs sind, bleiben Sie am Straßenrand stehen. Wenn Sie im Freien sind, sollten Sie auf jeden Fall Bäume, Stromleitungen und Brücken meiden. Weitere Informationen erteilt **The United States Geological Survey**.

Auf einen Blick

Polizei

Police Non-Emergency Lines
Los Angeles
☎ 1-877-275-5273.
San Francisco
☎ 1-415-553-0123.

Notfälle

Alle Notfälle
☎ 911 (Polizei, Feuerwehr, Notarzt, Ambulanz).

Travelers' Aid Society
Inland Empire
☎ 1-909-544-5378.
San Diego
☎ 1-619-295-8393.

Apotheken

CVS
☎ 1-888-607-4287.
w cvs.com

Walgreens
☎ 1-800-925-4733.
w walgreens.com

Sicherheit bei Outdoor-Aktivitäten

California Department of Transportation
Informationen über den Straßenzustand.
☎ 1-800-427-7623.
w dot.ca.gov

California State Parks
☎ 1-800-777-0369.
w parks.ca.gov

Erdbeben

The United States Geological Survey
Earth Science Information Centers, 345 Middlefield Rd, Menlo Park, CA 94025.
☎ 1-650-853-8300.
w usgs.gov

Banken und Währung

San Francisco und Los Angeles sind die bedeutendsten Finanzzentren an der Westküste der Vereinigten Staaten. Die prächtigen Gebäude in den Bankenvierteln spiegeln dies wider. Überall stehen kundenfreundliche Geldautomaten zur Verfügung. Einige Banken in Kleinstädten wechseln allerdings keine Reiseschecks. Deshalb sollte man sich vorab telefonisch bei der jeweiligen Bank informieren. Kreditkarten sind nicht nur überaus praktisch, sondern werden häufig als Sicherheit verlangt (z. B. von Hotels oder Autovermietungen).

Banken und Wechselstuben

Banken haben wochentags meist zwischen 10 und 17 Uhr geöffnet, in Großstädten oft länger. Manche öffnen bereits um 7.30 und schließen um 18 Uhr. Sie öffnen oft auch samstagvormittags ihre Schalter. Erkundigen Sie sich, welche Gebühren anfallen, bevor Sie Ihre Bankgeschäfte tätigen. Dollar-Reiseschecks können unter Vorlage eines Ausweises mit Foto (Reisepass) in Bargeld eingetauscht werden.

Fremdwährung umzutauschen ist extrem schwierig geworden und bar nur noch am Flughafen möglich. Oft bieten Banken diesen Service nur eigenen Kunden an und verlangen für Bargeldumtausch die Eröffnung eines Kontos.

Wechselstuben sind meist wochentags von 9 bis 17 Uhr offen, an Flughäfen auch länger. Für den Umtausch fallen Gebühren und Kommission an. Die bekanntesten Firmen sind **Travelex Currency Service** und **Currency Exchange International** mit Filialen in allen Teilen Kaliforniens.

Geldautomaten

Geldautomaten *(automated teller machines – ATMs)* findet man im Foyer der meisten Banken oder außen neben dem Eingang. Hier kann man rund um die Uhr, also auch außerhalb der Banköffnungszeiten, US-Währung (die meist in 20-Dollar-Scheinen ausgegeben wird) abheben.

Die meisten Geldautomaten akzeptieren die üblichen Kreditkarten sowie auch Debitkarten internationaler Banken. Achtung: Debitkarten mit VPay-Logo werden in den Vereinigten Staaten *nicht* akzeptiert. An Geldautomaten bekommen Sie üblicherweise die besseren Wechselkurse als in einer Wechselstube, dafür werden Gebühren fällig, die von Bank zu Bank und von Karte zu Karte unterschiedlich sind.

Auch in Bars und kleinen Supermärkten stehen oft Geldautomaten. Hier werden aber zusätzliche Gebühren fällig. Gelegentlich kommt es vor Automaten zu Überfällen. Benutzen Sie sie deshalb möglichst tagsüber, wenn viele Passanten in der Nähe sind.

Kredit- und Debitkarten

Kreditkarten sind in den Vereinigten Staaten als Zahlungsmittel selbst für äußerst kleine Summen immer noch selbstverständlicher, als dies in Europa der Fall ist. Viele Parkuhren, öffentliche Telefone, Taxifahrer und Ticketautomaten akzeptieren Kreditkarten.

Logo von Travelex

Hotels verlangen Ihre Kreditkartennummer als Sicherheit, und Autovermietungen verleihen nicht an Kunden ohne Kreditkarte oder fordern eine stattliche Kaution in bar. Bei den meisten Ärzten und in Krankenhäusern zahlt man ebenfalls mit der Kreditkarte.

Die Karten von **American Express**, **Diners Club**, **MasterCard** und **Visa** werden praktisch überall akzeptiert. Auch eine **girocard**, die an eines der internationalen Systeme (Cirrus und Plus sind in den USA verbreitet) angeschlossen ist, kann an Geldautomaten (nicht jedoch in Läden) benutzt werden, außer sie trägt ein VPay-Logo.

Bei Verlust oder Diebstahl sollten Sie die Karte unbedingt innerhalb weniger Stunden sperren lassen (Notrufnummern *siehe Kasten*), um das Risiko von Missbrauch so gering wie möglich zu halten.

Reiseschecks

Reiseschecks werden immer seltener verwendet, aber noch immer akzeptieren viele Hotels, Restaurants und Läden in US-Dollar ausgestellte Reiseschecks von **American Express**. Dabei ist der Reisepass vorzulegen. Bei Verlust der Schecks hilft die American Express Helpline mit Ersatzschecks weiter, aber nur, wenn Sie die Liste der Schecknummern aufbewahrt haben.

Auf ausländische Währungen ausgestellte Reiseschecks kann man nur in großen Banken tauschen. Wechselkurse sind in den Tageszeitungen abgedruckt und hängen an Banken mit Geldwechsel aus.

Geldautomaten (ATMs) der Bank of America, San Francisco

Münzen

In den USA sind folgende Münzen *(coins)* in Umlauf: 1, 5, 10, 25 Cent und 1 US-Dollar. Die 50-Cent-Münze ist eher selten. Jede Münze hat einen Namen: 1-Cent-Münzen heißen *pennies*, 5-Cent-Münzen *nickels*, 10-Cent-Münzen *dimes*, 25-Cent-Münzen *quarters* und 1-Dollar-Münzen (und -Scheine) *bucks*.

25-Cent-Münze
(quarter)

10-Cent-Münze
(dime)

5-Cent-Münze
(nickel)

1-Cent-Münze
(penny)

Banknoten

Banknoten *(bills)* gibt es im Wert von 1, 2 (selten), 5, 10, 20, 50 und 100 US-$. Die neue *Golden Dollar*-Münze hat die 1-Dollar-Banknote noch bei Weitem nicht ersetzt. Achtung: Alle Geldscheine haben fast die gleiche Farbe. Inzwischen sind neue 10-, 20- und 50-US-$-Noten mit leicht geänderter Farbgebung und neuen Sicherheitsmerkmalen im Umlauf. Die alten Scheine bleiben gültig.

1-Dollar-Note
(George Washington, 1. US-Präsident)

5-Dollar-Note
(Abraham Lincoln, 16. US-Präsident)

10-Dollar-Note (Alexander Hamilton, einer der Gründerväter der USA)

20-Dollar-Note
(Andrew Jackson, 7. US-Präsident)

50-Dollar-Note
(Ulysses S. Grant, 18. US-Präsident)

100-Dollar-Note (Benjamin Franklin, einer der Gründerväter der USA)

Auf einen Blick

Kartenverlust

Allg. Notrufnummer
🄲 (011) 49 116 116.
🅆 116116.eu

American Express
🄲 1-800-528-2122.
🄲 1-800-221-7282 (verlorene Reiseschecks).

Diners Club
🄲 1-800-234-6377.

MasterCard
🄲 1-800-307-7309.

Visa
🄲 1-800-847-2911.

girocard
🄲 (011) 49 69 740 987.

Wechselstuben

Currency Exchange International
865 Market St, San Francisco.
Stadtplan 6 D4.
🄲 1-415-974-6000.

Travelex
Currency Service
443 Castro St, San Francisco.
Stadtplan 10 D3.
🄲 1-415-552-3108.
🅆 travelex.com

Kommunikation

Kommunikationstechnologie ist in Kalifornien zu Hause, und so finden Sie hier beste Gegebenheiten vor. High-speed-WLAN (Wi-Fi) ist an vielen Orten kostenlos verfügbar. Eine SIM-Karte mit Prepaid-Funktion ist für die Zeit Ihres Aufenthalts mit oder ohne Handy leicht und günstig zu erwerben. Öffentliche Telefone findet man immer noch in Hotels, an Flughäfen und an manchen Straßenecken. Die meisten akzeptieren Münzen und auch Kreditkarten. Los Angeles ist ein Zentrum der Medienindustrie. Hier hat eine Reihe von nationalen und internationalen Zeitungen, Veranstaltungsmagazinen und TV-Sendern ihren Sitz.

Telefongespräche

Bei *Telefonaten innerhalb der USA* wählen Sie unabhängig von Ihrem Standort mit Handy oder Festnetztelefon *immer* die **1**, dann den dreistelligen *area code*, dann die siebenstellige Telefonnummer. Die *area codes* werden zurzeit (seit 2014) in den USA reorganisiert. Immer öfter muss man zwingend alle elf Ziffern wählen.

Für *Auslandsgespräche* wählen Sie erst 011, anschließend die Ländervorwahl *(siehe Kasten)*, die Ortsvorwahl (ohne 0) und die Rufnummer. Sie können an öffentlichen Telefonen internationale Gespräche führen, brauchen dafür aber viel Kleingeld und werden vom Operator gegebenenfalls aufgefordert, Münzen nachzuwerfen.

Als Besucher ist man gut beraten, sich für internationale Anrufe eine Prepaid-Telefonkarte zu kaufen. Man bekommt sie im Drugstore, im Laden an der Ecke oder im Internet.

Mobiltelefone

Die gängigen europäischen Smartphones (in den USA *cell phones* oder *mobile phones* genannt) funktionieren problemlos in den USA, alte GSM-Handys dagegen nur selten. Achtung, falls Sie Ihr Handy mitführen: Erkundigen Sie sich bei Ihrem Provider über anfallende Roaming-Gebühren. Schalten Sie während Ihres Aufenthalts das meist sehr kostspielige Daten-Roaming am besten ab.

Für günstige Telefonate brauchen Sie eine US-Karte. **Cellion** etwa bietet gratis eine SIM-Karte mit eigener amerikanischer Rufnummer, bei der – ohne sonstige Gebühren – nur die Telefonate zum Normaltarif von Ihrem Bankkonto abgebucht werden (Infos unter www.cellion.de).

Logo von AT&T

Die Hauptprovider in den USA sind **T-Mobile**, **AT&T**, **Verizon** und **Sprint**. Alle bieten SIM-Karten mit Prepaid-Funktion an.

Öffentliche Telefone

Die modernen öffentlichen Münzfernsprecher sind großteils im Besitz von Pacific Bell (Pac Bell). Sie werden zwar weniger, man findet sie aber immer noch in Flughäfen und Bahnhöfen. Ein Gespräch kostet mindestens 50 Cent. Die meisten Geräte akzeptieren sowohl Münzen als auch Kreditkarten. Bei einem öffentlichen

Öffentliche Telefone werden im Zeitalter der Handys immer seltener

Wichtige Nummern

- Vorwahl USA: **001**.
- Internationale Direktwahl: Wählen Sie **011**, dann die Landesvorwahl (Deutschland: **49**, Österreich: **43**, Schweiz: **41**), die Ortsnetzkennzahl ohne »0« und danach die Teilnehmernummer.
- Geht das Auslandsgespräch über die Vermittlung, wählen Sie **01**, dann die Landesvorwahl, die Ortsvorwahl (die erste **0** weglassen) und dann die Rufnummer.
- Für Ferngespräche innerhalb der Vereinigten Staaten wählen Sie **1**.
- Internationale Auskunft: **00**.
- Regionale Auskunft: **411**.
- Kostenlose Nummern beginnen mit **(1) 800, 844, 866, 877** oder **888**.
- Deutschland Direkt (für ein kostenloses R-Gespräch): **1-800 292-0049**.
- Bei Direktanrufen innerhalb der USA wählen Sie die **1**, anschließend den dreistelligen *area code* und die siebenstellige Telefonnummer des Teilnehmers.
- Notfälle (Polizei, Feuerwehr, Ambulanz): **911**.

Fernsprecher finden Sie meist auch Telefonbücher. Bei Fragen wenden Sie sich unter der »0« an die Auskunft/Vermittlung.

Internet

WLAN-Zugang ist an vielen Orten Kaliforniens kostenlos verfügbar, auch in öffentlichen Verkehrsmitteln. Viele Hotels stellen ihren Gästen kostenlosen Internet-Zugang zur Verfügung. Manchmal benötigt man dafür ein Ethernet-Kabel, das der Empfang bereithält.

Internet-Cafés werden seltener, dafür bieten viele Cafés WLAN an, entweder kostenlos oder gegen eine Gebühr. In den Business-Centern der Hotels finden Sie Computer und Drucker vor. **FedEx** bietet Leihcomputer an. In Büchereien stehen öffentliche Computer mit Internet-Zugang.

Café mit WLAN-Zugang in San Francisco

Post

Briefe und Karten können Sie in Postämtern oder an der Rezeption Ihres Hotels abgeben. Die Briefkästen an der Straße – viele findet man etwa in Flughäfen, Bahn- oder Busbahnhöfen – sind blau.

Briefmarken erhält man im Postamt, an der Hotelrezeption, an Automaten im Supermarkt oder Drugstore und auch an manchen Geldautomaten. Die Gebühr für eine Postkarte oder einen Standardbrief (20 g) nach Europa beträgt 1,15 US-Dollar (Stand 2017), aber erkundigen Sie sich am besten nach den aktuellen Portokosten. Auf der Website von **United States Postal Service** finden Sie einen Portorechner für größere Sendungen. In Postämtern kann man »Flat Rate Envelopes« erwerben, Umschläge, die nicht nach Gewicht, sondern nach Größe kosten.

Innerhalb der Vereinigten Staaten beträgt die Zustellzeit zwischen ein und fünf Tagen. Internationale Luftpostbriefe sind fünf bis zehn Werktage unterwegs. Päckchen ins Ausland benötigen auf dem Seeweg vier bis sechs Wochen.

Die amerikanische Post bietet zwei Versandarten an: *Priority Mail* verspricht eine schnellere Auslieferung als herkömmliche Post. Die noch teurere *Express Mail* kommt innerhalb der USA bereits am nächsten Tag an, sehr viele internationale Ziele werden innerhalb von 72 Stunden erreicht. Auch eine ganze Reihe

Logo des US
Postal Service

von privaten Postdiensten, die alle in den Gelben Seiten aufgelistet sind, übernehmen Express-Sendungen. Die beiden größten international agierenden Expressdienste sind **Federal Express** und **DHL**.

In größeren Städten kann man sich Post mit dem Vermerk »c/o **General Delivery**« postlagernd zusenden lassen. Die Sendung liegt 30 Tage zur Abholung bereit.

Zeitungen und Magazine

Nahezu überall in Kalifornien bekommt man die Zeitungen *New York Times*, das *Wall Street Journal* und *USA Today*. Lokalzeitungen erhält man in Verkaufsständern an der Straße oder an Kiosken.

Informationen über lokale Veranstaltungen sowie Restaurantkritiken finden Sie für Los Angeles in Magazinen wie *LA Weekly* und *Angeleno*, für San Francisco in *SF Weekly*, *Bay Guardian* und im *San Francisco Magazine*.

Fernsehen und Radio

Das kalifornische Fernsehen unterscheidet sich kaum vom Rest der USA und basiert größtenteils auf Kabel- oder Satellitensystemen. Die meisten Hotelzimmer bieten TV mit breiter Auswahl an Kabelkanälen wie BBC America oder HBO. In Bars sind oft Sportsendungen zu sehen. Man hat die Wahl zwischen vielen landesweiten und einigen regionalen Programmen, die vorwiegend Sitcoms, Magazine, Zeichentrickfilme, Kinofilme und Talk-

shows zeigen, sowie spanischen und asiatischen Nachrichten- und Musiksendern. In den meisten Tageszeitungen steht das Fernsehprogramm. In Hotelzimmern liegen oft Hefte mit dem Regionalprogramm aus.

Es gibt auch eine Reihe privater Radiosender. Über deren Programm mit unterschiedlichen thematischen, sprachlichen und musikalischen Schwerpunkten informieren Lokalzeitungen. Frequenzen eines bestimmten Senders findet man unter www.radio-locator.com.

Auf einen Blick

Mobiltelefone

AT&T
☎ 1-800-331-0500.
🌐 att.com

Cellion
🌐 cellion.de

Sprint
☎ 1-888-211-4727.
🌐 sprint.com

T-Mobile
☎ 1-800-866-2453.
🌐 tmobile.com

Verizon
☎ 1-800-922-0204.
🌐 verizon.com

Post- und Kurierdienste

DHL
☎ 1-800-225-5345.
🌐 dhl.com

FedEx
☎ 1-800-463-3339.
🌐 fedex.com

General Delivery
Los Angeles
c/o General Delivery, LA Main Post Office, 900 N Alameda, Los Angeles, CA 90086.
San Diego
c/o General Delivery, San Diego Main Post Office, San Diego, CA 92110.
San Francisco
c/o General Delivery, Civic Center, 101 Hyde St, San Francisco, CA 94142.

UPS
☎ 1-800-742-5877.
🌐 ups.com

United States Postal Service
☎ 1-800-275-8777.
🌐 usps.gov

Reiseinformationen

Die Metropolen San Francisco und Los Angeles besitzen die beiden größten Flughäfen Kaliforniens. Man kann außer mit dem Flugzeug auch mit Auto, Bahn, Reisebus oder Schiff anreisen. Obwohl ständige Staus und Umweltverschmutzung den großen Städten nach wie vor enorme Probleme bereiten, sind die Kalifornier leidenschaftliche Autofahrer.

Angesichts des hohen Fahrkomforts und des hervorragend ausgebauten Straßennetzes ist das Auto einfach ein überaus praktisches Verkehrsmittel. Allerdings ist der Personennahverkehr in den Großstädten, in denen Metro, Busse, Trams, Cable Cars und Fähren effizient operieren, eine durchaus attraktive und darüber hinaus günstige Alternative.

Die moderne Halle im Flughafen San José, Kalifornien

Anreise per Flugzeug

Kalifornische Flughäfen sind praktisch konzipiert, auch wenn man die riesigen Flughäfen von Los Angeles (LAX) und San Francisco (SFO) erst als verwirrend empfindet. Der Wettbewerb zwischen den Airlines sichert ein hohes Serviceniveau. Los Angeles und San Francisco sind die Hauptflughäfen. Internationale Flüge landen auch in San Diego (SAN), Oakland (OAK), Ontario (ONT) und San José (SJC).

Die meisten Reisenden aus Europa bevorzugen Nonstop-Flüge zu den Flughäfen in Kalifornien, doch mit einem Zwischenstopp in einer amerikanischen Stadt wie etwa Newark oder Houston kommt man oft billiger weg.

Wenn Sie innerhalb der Vereinigten Staaten umsteigen, werden alle Einreiseformalitäten *(siehe S. 590)* schon am ersten Flughafen erledigt. Dort müssen Sie auch Ihr Gepäck abholen und nach der Zollkontrolle erneut einchecken. Die Einreiseformalitäten und die aufwendigen Sicherheitskontrollen beim erneuten Einchecken können Zeit beanspruchen, planen Sie dies auf jeden Fall ein.

Alle Flughäfen haben für Behinderte die entsprechenden Einrichtungen. Dennoch sollten Sie die Fluggesellschaft frühzeitig informieren, wenn Sie etwa direkt nach der Landung Hilfe benötigen. Auf den Terminals der Flughäfen gilt absolutes Rauchverbot.

Am Flughafen

Auf allen großen Flughäfen gibt es mehrsprachige Informationsschalter. Dort lotst man Sie durch den Flughafen und informiert über Zubringer ins Zentrum. In jedem internationalen Flughafen finden Sie Wechselstuben *(siehe S. 596f)* und Schalter der großen Mietwagenfirmen *(siehe S. 604)*. Auf den meisten Airports müssen Sie einen Shuttlebus zu den Autoparkplätzen nutzen, die sich in der Regel im Randbereich des jeweiligen Flughafens befinden.

Fast überall fahren Shuttlebusse zu zentralen Plätzen in der Innenstadt. In San Francisco kann man auch einen Shuttlebus für einen Tür-zu-Tür-Zubringerdienst vom und zum Flughafen mieten *(siehe S. 401)*. Dort erreicht man das Zentrum auch mit einem Zug von BART (Bay Area Rapid Transit) in etwa 35 Minuten (etwa 8 bis 10 US-$).

Taxistände finden sich natürlich vor jedem Terminal.

Flughafen	Information	Entfernung zur Stadt
Los Angeles (LAX)	☎ 1-855-463-5252 W lawa.org	24 km von Downtown
San Francisco (SFO)	☎ 1-650-821-8211 W flysfo.com	22 km vom Stadtzentrum
Oakland (OAK)	☎ 1-510-563-3300 W flyoakland.com	12 km vom Stadtzentrum
San Diego (SAN)	☎ 1-619-400-2404 W san.org	5 km vom Stadtzentrum
San José (SJC)	☎ 1-408-392-3600 W flysanjose.com	12 km vom Stadtzentrum
Sacramento (SMF)	☎ 1-916-929-5411 W sacairports.org	19 km vom Stadtzentrum
Palm Springs (PSP)	☎ 1-760-318-3800 W palmspringsca.gov	3 km vom Stadtzentrum

Inlandsflüge

Kalifornien besitzt mehr als 30 Inlandsflughäfen, darunter Sacramento und Ontario (auch internationale Flüge), Santa Barbara, John Wayne/Orange County und Fresno. Die Preise für einen Inlandsflug beginnen bei etwa 100 US-Dollar, in der Regel ist es günstiger, ihn bereits zu Hause im Paket zu buchen.

Southwest, Jet Blue und Virgin America bieten günstige Preise und angenehme Bedingungen, etwa Satelliten-TV auf persönlichen Bildschirmen oder WLAN-Internet während des Flugs. Jet Blue fliegt vor allem kleinere Flughäfen an, Virgin America größere Airports, und Southwest wird Sie mit Stopps zu jedem gewünschten Flughafen hinbringen.

Logo der Greyhound Lines

Flugpreise

Viele Airlines bieten diverse Bonusregelungen an. Zudem sind die Preise saisonabhängig. In den Sommermonaten und Ferienzeiten wie Weihnachten und Thanksgiving sind sie am höchsten. Wochentags fliegt man in und nach Kalifornien stets billiger als am Wochenende.

Tickets kann man in Reisebüros erstehen oder online von den Fluggesellschaften. Einige Portale wie **Travelocity** (W travelocity.com) und **Kayak** (W kayak.com) bieten Preisvergleiche.

Anreise auf dem Landweg und per Schiff

Wichtigste Interstate Freeways nach Kalifornien sind der I-80 in die Bay Area und den Norden sowie der I-15 (von Las Vegas), I-10 (von Phoenix) und I-40 (von Flagstaff) in den Süden. Nur selten wird an der Bundesstaatsgrenze nach illegalen Waren kontrolliert. Machen Sie sich darauf gefasst, dass die Straßen im Landesinneren recht einsam sind. Im Sommer ist es sehr heiß, fahren Sie besser in den frühen Vormittagsstunden. Im Winter sind für den I-80 Winterreifen und Allradantrieb empfehlenswert.

Amtrak *(siehe S. 602)* bietet Zugverbindungen aus vielen Städten nach Kalifornien, etwa aus Chicago, Seattle, Orlando und Albuquerque.

Die **Greyhound Lines** operieren USA-weit und haben einen Busbahnhof in jeder größeren Stadt. Aus benachbarten Bundesstaaten kostet eine Fahrt 80 bis 100 US-Dollar. Zwischen Las Vegas und Los Angeles fährt **LuxBus America** in etwa vier bis fünf Stunden. Mit **Green Tortoise** reist man innerhalb Kaliforniens, kann unterwegs aussteigen und in Hostels übernachten *(siehe S. 602)*.

Kreuzfahrtschiffe aus aller Welt legen in Kalifornien an. Hauptterminals im Süden sind Long Beach und San Pedro, in Nordkalifornien hat San Francisco den größten Hafen.

Auf einen Blick

Fluglinien

American Airlines
C 1-800-433-7300.
W aa.com

Austrian
C 1-800-843-0002 (USA).
C +43 05 1766 1000 (A).
W austrian.com

Delta
C 1-800-221-1212.
W delta-air.com

Lufthansa
C 1-800-645-3880 (USA).
C +49 69 86 799 799 (D).
W lufthansa.com

Swiss
C 1-877-359-7947 (USA).
C +41 848 700 700 (CH).
W swiss.com

United
C 1-800-241-6522.
W united.com

US Airways
C 1-800-428-4322.
W usairways.com

Virgin Atlantic
C 1-800-862-8621.
W virgin-atlantic.com

Inlandsflüge

Jet Blue
C 1-800-538-2583.
W jetblue.com

Southwest
C 1-800-435-9792.
W southwest.com

Virgin America
C 1-877-359-8474.
W virginamerica.com

Bahn, Bus und Schiff

Amtrak
C 1-800-872-7245.
W amtrak.com

Green Tortoise
494 Broadway, San Francisco, CA 94133. C 1-800-867-8647. W greentortoise.com

Greyhound Lines
C 1-800-231-2222.
W greyhound.com

LuxBus America
W luxbusamerica.com

The Port of Los Angeles
425 S. Palos Verdes Street PO Box 151, San Pedro, CA 90733-0151.
C 1-310-732-7678.
W portoflosangeles.org

Kreuzfahrtschiff bei der Ankunft in Long Beach

In Kalifornien unterwegs

Eine Fahrt mit Zug, Bus oder Fähre erfordert etwas mehr Zeit, ist aber eine lohnende und preisgünstige Möglichkeit, Kalifornien kennenzulernen. In San Francisco *(siehe S. 400–403)*, Los Angeles *(siehe S. 182f)* und San Diego *(siehe S. 270f)* gibt es ein gutes Nahverkehrssystem. Zu den Hauptverkehrszeiten ist es stark ausgelastet. Alternativen dazu sind Taxis und Shuttlebusse. Das Amtrak-Streckennetz und die angeschlossenen Buslinien verbinden die Ballungszentren – oft auf reizvollen Strecken. Auch mit den Greyhound Lines kann man Kalifornien erkunden.

Mit dem Rad über Crissy Fields zur Golden Gate Bridge, San Francisco

Umweltbewusst reisen

Auch wenn das Eisenbahnnetz nicht so dicht ist wie in Europa, kann man in Kalifornien umweltbewusst unterwegs sein. Besonders in San Francisco, aber auch in Los Angeles und San Diego gibt es gute öffentliche Verkehrsmittel, die einen zu den meisten großen Attraktionen bringen. In vielen kalifornischen Städten fahren Elektro- oder Hybridbusse. »Grüne« Taxis fahren als Elektro- oder Hybridautos, darunter etwa **Green Taxi Santa Monica**, **Organic Taxi** oder **SF GreenCab**. Die meisten Mietwagenfirmen bieten ebenfalls Hybridautos an. In Großstädten wurden sogenannte »carpool lanes« eingeführt, schnellere Spuren für Fahrzeuge, in denen mindestens zwei Leute sitzen.

Fahrradfahren wird überall in Kalifornien erleichtert. In einigen landschaftlich schönen Gegenden, aber auch in den Städten werden immer mehr Fahrradwege gebaut und ausgewiesen.

Wer etwas für den Klimaschutz tun und den durch seine Flüge entstandenen CO_2-Ausstoß kompensieren will, kann dies durch Organisationen wie **TerraPass** (www.terrapass.com) tun.

Mit dem Zug unterwegs

Das kalifornische Eisenbahnnetz wird von **Amtrak** betrieben. Die Amtrak-Thruway-Linie verbindet alle großen Städte, auch über die Bundesstaatsgrenze hinaus. Kalifornische Linien sind: Pacific Surfliner Route (Paso Robles–San Diego), Capitol Corridor (San José–Sacramento) und San Joaquin Route (Emeryville–Bakersfield). An den Bahnhöfen kann man in viele Buslinien umsteigen.

Regionale Strecken bedienen **Caltrain** (zwischen San José und San Francisco), die Coast Starlight Connection (zwischen San Luis Obispo und Santa Barbara), L. A. Metrolink (Vororte von Los Angeles und Südkalifornien) und der Coaster (zwischen San Diego und Oceanside).

Überlandbusse

Busse von **Greyhound Lines** *(siehe S. 601)* fahren in Kalifornien auf landschaftlich schönen Küstenstrecken und auf Expressrouten zwischen Großstädten.

Verschiedene Busgesellschaften haben Pauschalangebote, darunter Ausflugsfahrten zum Hearst Castle® *(siehe S. 216–219)*, Yosemite National Park *(siehe S. 492–495)* und nach Monterey *(siehe S. 512–515)*. Einzelheiten finden Sie auf den jeweiligen Websites.

Für alle, die etwas mehr Zeit haben und das kalifornische Lebensgefühl genießen möchten, bietet **Green Tortoise** *(siehe S. 601)* entspannte Busreisen zwischen den großen Städten der Pazifikküste an: Fahrgäste können die Fahrt unterbrechen, um zu campen oder in eindrucksvoller Landschaft zu wandern. Das Unternehmen betreibt auch Hotels an den Strecken. Vor allem junge Reisende nutzen diese Möglichkeit, das Land kennenzulernen, gerne.

Taxis

Taxis (*cabs* genannt) warten vor Flughäfen, Bahnhöfen und größeren Hotels. Wenn nicht, bestellt man sie telefonisch oder winkt in Großstädten eines auf der Straße heran. Der Preis wird nach Entfernung per Taxameter berechnet. Einige Taxis akzeptieren Kreditkarten, aber erkundigen Sie sich vorher. Der Fahrer erwartet 15 bis 20 Prozent des Rechnungsbetrags als Trinkgeld.

Die Pacific Surfliner Route von Amtrak bei Del Mar, San Diego County

Boote und Fähren

Expressboote bieten schnelle und zuverlässige Verbindungen zwischen Los Angeles und Catalina Island *(siehe S. 246f)*, andere tuckern eher gemütlich durch die San Francisco Bay *(siehe S. 402f)* nach Sausalito, Alameda und Larkspur. Auch zwischen San Diego und Coronado verkehren Fähren. Die meisten Fähren befördern Fußgänger und Radfahrer, allerdings keine Motorfahrzeuge. Trotz des Baus von neuen Brücken bieten Fähren ihren Fahrgästen nach wie vor eine luftige Alternative zum Smog der Rushhour.

Informationen zu Fahrplänen und Adressen für San Francisco und die Bay Area finden Sie auf Seite 403, für San Diego auf Seite 271.

Fahrpreise

In San Francisco und Los Angeles beträgt der Fahrpreis für öffentliche Verkehrsmittel zwei US-Dollar für eine Fahrt. In San Francisco, Los Angeles, San Diego und San José gibt es darüber hinaus auch Tages- und Wochenpässe. Nur San Francisco bietet mit dem CityPass *(siehe S. 401)* die Möglichkeit, die Nutzung öffentlicher Verkehrsmittel mit dem Eintrittspreis von einigen Museen zu kombinieren.

Die Preise für die Benutzung von Fähren variieren stark. Für die fünf Kilometer zwischen San Francisco und Oakland werden 6,25 US-Dollar fällig, während die 35 Kilometer lange Fahrt zwischen Long Beach und der Insel Santa Catalina 68,25 US-Dollar kostet.

Auf einen Blick

Umweltbewusst reisen

Green Taxi
Santa Monica
📞 1-310-430-1882.
🌐 mygreentaxi.com

Organic Taxi
📞 1-310-877-6350.
🌐 organictaxi.com

SF GreenCab
📞 1-415-626-4733.
🌐 626green.com

Zugreisen

Amtrak
📞 1-800-872-7245.
🌐 amtrak.com

Caltrain
📞 1-800-660-4287.
🌐 caltrain.com

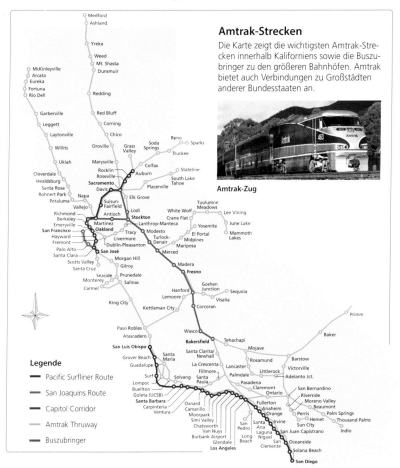

Amtrak-Strecken

Die Karte zeigt die wichtigsten Amtrak-Strecken innerhalb Kaliforniens sowie die Buszubringer zu den größeren Bahnhöfen. Amtrak bietet auch Verbindungen zu Großstädten anderer Bundesstaaten an.

Amtrak-Zug

Legende

— Pacific Surfliner Route

— San Joaquins Route

— Capitol Corridor

— Amtrak Thruway

▬ Buszubringer

Mit dem Auto unterwegs

Autofahren gehört zum Lebensstil in Kalifornien – sowohl für Urlauber als auch für Einheimische ist es die bequemste Art, im Land herumzukommen. Das sehr dichte Straßennetz bewältigt das Verkehrsaufkommen, das wochentags in die Metropolen und wieder heraus strömt, mehr oder weniger gut – mit vielen mitunter langen Staus während der Rushhour. Ein sehr gut ausgebautes Highway-Netz verbindet die Städte Kaliforniens miteinander. Wenn Sie in die Berge oder in die Wüste fahren wollen, ist ein Auto mit Vierradantrieb empfehlenswert.

Die Bixby Creek Bridge bei Big Sur, ein Teil des Highway 1

Mietwagen in den USA haben in der Regel eine Automatikschaltung. Machen Sie sich eventuell erst damit vertraut, bevor Sie auf große Fahrt gehen. Einige Firmen bieten auch Autos mit normaler Gangschaltung (»stick-shift«) an. Oldtimer, Wohnmobile und Harley-Davidson-Motorräder kann man nur bei speziellen Firmen mieten, etwa bei **USA RV Rentals** und bei **Dubbelju Motorcycle**.

Straßen und Maut

Die wichtigsten und auch von Besuchern viel genutzten Straßen sind der Highway 101 und die I-5 von Südkalifornien in den Norden. Der Highway 1 verläuft an der Küste entlang durch spektakuläre Landschaften von Zentralkalifornien nach Mendocino im Norden. Die I-80 führt von San Francisco nordöstlich nach Sacramento und zum Lake Tahoe.

Maut wird nicht für die Straßenbenutzung, aber für Brücken erhoben. In der Bay Area werden zwischen vier und sieben US-Dollar pro Brückenüberquerung fällig.

Verkehrsregeln

In Kalifornien müssen sowohl der Fahrer als auch alle Beifahrer (auch auf den Rücksitzen) Sicherheitsgurte anlegen. Die Höchstgeschwindigkeit variiert in den USA von Staat zu Staat. In Kalifornien liegt sie bei 65 Meilen (104 km/h), auf einigen Interstate Highways gilt Tempo 70 (110 km/h). Innerhalb der Städte sind die Geschwindigkeitsbegrenzungen den Straßenschildern zu entnehmen (z. B. Los Angeles:

Mietwagen

Es ist günstig, bei der Buchung Ihres Flugs nach Kalifornien auch gleich einen Mietwagen zu reservieren. Vergewissern Sie sich bei der Buchung, welche Serviceleistungen und vor allem welche Versicherungen im Angebot eingeschlossen sind. In Kalifornien wird sehr gern prozessiert – schützen Sie sich mit einer umfassenden Versicherung für den Fall der Fälle.

Informieren Sie sich auch über anfallende Kosten bei der Rückgabe des Autos. Zusatzkosten – etwa das Auffüllen eines leeren Tanks, Abholkosten und Mietwagensteuer (wird pro Tag berechnet) – können das ursprüngliche Angebot oft erheblich verteuern.

Wenn Sie einen Mietwagen fahren wollen, müssen Sie über 21 Jahre (bei manchen Autoverleihern sogar über 25 Jahre) alt sein und einen gültigen nationalen Führerschein mit sich führen. Ein internationaler Führerschein ist nicht erforderlich, eventuell aber hilfreich. Er gilt nur in Verbindung mit dem nationalen. Abgerechnet wird ausschließlich per Kreditkarte.

Ohne Absprache und explizite Vereinbarung sind Grenzüberschreitungen nach Mexiko mit dem Mietwagen nicht erlaubt. Achten Sie darauf, den Tank des Mietwagens bei der Rückgabe wieder aufzufüllen, und prüfen Sie auf jeden Fall die Abschlussrechnung!

Mietwagen sind meist am preiswertesten an den Flughäfen zu bekommen (siehe S. 600). Informieren Sie sich unter den gebührenfreien Nummern über Tarife und Sonderangebote.

Verkehrsschilder

Schilder warnen und informieren Autofahrer. Geschwindigkeitsbegrenzungen (in Meilen) wechseln oft alle paar Meilen und hängen von der Straßenbeschaffenheit und vom Verkehrsaufkommen ab. In abgelegenen Regionen muss man mit Wildwechsel rechnen. Verstöße gegen die Straßenverkehrsordnung belegt die Highway Patrol mit Bußgeldern.

Einbahnstraße

Achtung Wildwechsel

Tempolimit in Meilen

55 Meilen). Überschreitungen werden streng geahndet. Alkohol am Steuer wird mit sehr hohen Strafen belegt.

»Autobahnen« heißen »Freeways« oder »Interstate Highways«. In Stoßzeiten können Autos mit mehr als einem Insassen auf manchen Straßen weitere Spuren nutzen *(carpool* oder *diamond lanes).*

An roten Ampeln ist das (vorsichtige) Rechtsabbiegen erlaubt. Das erste Fahrzeug, das an einer gleichberechtigten Kreuzung ankommt, hat Vorfahrt.

An steilen Straßen: Räder einschlagen, Gang einlegen, Handbremse ziehen

Die **Automobile Association of America (AAA)** leistet Pannenhilfe, liefert Karten und informiert über Hotels. Die AAA hilft auch ADAC-Mitgliedern. Sie profitieren vom AAA-Bonusprogramm z. B. bei einem Schadensfall oder bei Hotelvergünstigungen. ADAC-Mitglieder erhalten auch über die Zentrale in Deutschland Hilfe (Telefonnummer siehe Kasten).

Parken

Parken kann in kalifornischen Städten sehr teuer sein. Hotels und Restaurants verfügen oft über einen preiswerten Parkplatz. Geben Sie Ihren Autoschlüssel dem Personal, Ihr Wagen wird dann geparkt. Gezahlt wird bei der Abholung.

Die meisten Parkuhren können mit 25-Cent-Münzen gefüttert werden. Es gibt welche, die auch Dollarnoten annehmen. Shopping-Center geben Rabatt auf die Parkgebühren, wenn Sie dort einkaufen.

Öffentliche Parkplätze sind durch Markierungen gekennzeichnet. Bei roter Markierung herrscht absolutes Halteverbot. Gelb kennzeichnet eine Ladezone. Grün bedeutet, dass man hier für begrenzte Zeit parken kann. Weiß besagt, dass man nur kurz halten darf (z. B. zum Be- und Entladen). Behindertenparkplätze sind blau markiert. An steilen Straßen in San Francisco sollte man beim Parken die Räder als zusätzliche Blockierhilfe einschlagen.

Falls Ihr Auto mit einer Parkkralle blockiert oder abgeschleppt wurde, wenden Sie sich an das lokale **Department of Parking and Transportation.**

Benzin

Benzin heißt *gas* oder *gasoline* und ist bleifrei. Maßeinheit ist die Gallone (ca. 3,8 l). Verglichen mit Europa ist das Benzin (noch) preiswert. Leider ist die Tankstellendichte in Kalifornien nicht so hoch, wie man als Besucher annehmen könnte. Vor Touren in entlegene Gebiete sollte man jedes Mal volltanken und einen gefüllten Reservekanister mitführen. Nur noch wenige Tankstellen bieten persönlichen Service. Die meisten Zapfsäulen akzeptieren Kreditkarten. Ansonsten muss man bei Self Service oft vor dem Tanken bezahlen.

Auf einen Blick

Mietwagen

Avis
1-800-352-7900.
avis.com

Budget
1-800-218-7992.
budget.com

Cruise America Motorhome Rental
1-800-671-8042.
cruiseamerica.com

Dubbelju Motorcycle Rentals San Francisco
1-415-495-2774.
dubbelju.com

Enterprise
1-800-261-7331.
enterprise.com

Hertz
1-800-654-3131.
hertz.com

USA RV Rentals
1-877-778-9569.
usarvrentals.com

Verkehrsclubs

ADAC
+49 89 22 22 22.

Automobile Association of America (AAA)
1-800-222-4357.
aaa.com

Automobile Association of Southern California
1-213-741-3686.
calif.aaa.com

California State Automobile Association
1-888-937-5523.
calstate.aaa.com

Parken und Parkhäuser

Los Angeles
1-323-913-4460.

San Diego
1-619-531-2844.

San Francisco
1-415-553-1235.

Deptartment of Parking and Transportation
Los Angeles
1-866-561-9742.
San Diego
1-619-531-2000.
San Francisco
1-415-553-1634.

Fahrt durch San Diegos historisches Gaslamp Quarter

Textregister

Irwin, Robert 87

Danksagung und Bildnachweis

Dorling Kindersley bedankt sich bei allen, die bei der Herstellung dieses Buchs mitgewirkt haben.

Autoren
Jamie Jensen wuchs in L. A. auf und lebt nun in Nordkalifornien. Er schrieb Beiträge zu San Francisco in den entsprechenden Vis-à-Vis-Bänden. Sein neues Buch: *Road Trip USA: Cross-Country Adventures on America's Two-Lane Highways*.
Ellen Payne ist Redakteurin des *Los Angeles Magazine* und hat zahlreiche Reiseberichte publiziert.
J. Kingston Pierce lebt in Seattle und hat sich auf die Geschichte der Westküste spezialisiert. Er schreibt für die Magazine *San Francisco Focus* und *Seattle*. Von seinen Büchern sei *San Francisco, You're History!* erwähnt.
Rebecca Poole Forée ist Chefredakteurin der Foghorn Press, San Francisco. Sie hat viele Reiseführer verfasst, z. B. *Northern California Best Places*.
Nigel Tisdall ist Autor mehrerer Reiseführer. Er war Co-Autor der Vis-à-Vis-Bände *Frankreich*, *Sevilla & Andalusien* und *Portugal*.
Stanley Young lebt in L. A. Er hat mehrere Bücher verfasst, darunter *The Missions of California* und *Paradise Found: The Beautiful Retreats and Sanctuaries of California and the Southwest*.

Weitere Autoren
Virginia Butterfield, Dawn Douglas, Rebecca Renner, Tessa Souter, Shirley Streshinsky, Barbara Tannenbaum, Michael Webb, John Wilcock.

Ergänzende Fotografie
Brenna Alexander, Max Alexander, Christopher P. Baker, Demetrio Carassco, Lee Foster, Steve Gorton, Gary Grimaud, Bonita Halm, Nelson Hancock, Trevor Hill, Robert Holmes, Kirk Irwin, Neil Lukas, Neil Mersh, Ian O'Leary, Angus Osborn, David Peevers, Peter Peevers, Erhard Pfeiffer, Martin Richardson, Chris Stowers, Robert Vente, Paul Whitfield, Francesca Yorke.

Ergänzende Illustrationen
James A. Allington, Arcana Studios, Hugh Dixon, Richard Draper, Dean Entwhistle, Eugene Fleury, Chris Forsey, Andrew Green, Steve Gyapay, Toni Hargreaves, Philip Hockey, John Lawrence, Nick Lipscombe, Mel Pickering, Sallie Alane Reason, Peter Ross, Simon Roulston, John See, Tristan Spaargaren, Ed Stuart, Paul Williams.

Kartografie
Lovell Johns Ltd, Oxford, UK; ERA-Maptec Ltd, Dublin, Ireland; Alok Pathak, Kunal Singh. Die Stadtpläne basieren auf digitalem Material, mit freundlicher Genehmigung von ETAK INC 1984 – 1994. Mitarbeit: Emily Green, David Pugh.

Design und Editorial
Publishing Director Georgina Dee.
Publisher Vivien Antwi.
Managing Editor Rachel Fox.

Mitarbeit
Emma Anacootee, Lydia Baillie, Shahnaaz Bakshi, Peter Bennett, Marta Bescos Sánchez, Vandana Bhagra, Hilary Bird, Julie Bond, Sophie Boyak, Sherry Collins, Lisa Cope, Joanna Craig, Cullen Curtiss, Donna Dailey, Dipika Dasgupta, Stephanie Driver Driver, Caroline Elliker, Michael Ellis, Nicola Erdpresser, Rob Farmer, Emer FitzGerald, Niki Foreman, Anna Freiberger, Rhiannon Furbear, Jo Gardner, Camilla Gersh, William Gordon, Emily Green, Roger Grody, Eric Grossman, Swati Gupta, Bonita Halm, Vinod Harish, Mohammed Hassan, Paul Hines, Jacqueline Jackson, Stuart James, Claire Jones, Thomas A. Knight, Rahul Kumar, Esther Labi, Kathryn Lane, Maite Lantaron, Gerrish Lopez, Nicola Malone, Bhavika Mathur, Megan McCrea, Kathy McDonald, Alison McGill, Ciaran McIntyre, Annie McQuitty, Sam Merrell, Nancy Mikula, Ella Milroy, Karen Misuraca, Sonal Modha, Mary Ormandy, Catherine Palmi, Carolyn Patten, Helen Peters, Rada Radojicic, Mani Ramaswamy, Natalie Rios, Ellen Root, Shailesh Sharma, Marlene Scribner, Jonathan Schultz, Azeem Siddiqui, Rituraj Singh, Tarini Singh, Meredith Smith, AnneLise Sorensen, Anna Streiffert Limerick, Alka Thakur, Nikhil Verma, Richa Verma, Lauren Viera, Ingrid Vienings, Marek Walisiewicz, Amy Westervelt, Hugo Wilkinson.

Hilfe und Unterstützung
Dorling Kindersley bedankt sich bei folgenden Personen für ihre Hilfe und Unterstützung:

Marianne Babel, Wells Fargo History Museum, San Francisco; Liz Badras, LA Convention and Visitors' Bureau; Craig Bates, Yosemite Museum; Joyce Bimbo, Hearst Castle, San Simeon; Elizabeth A. Borsting und Ron Smith, *Queen Mary*, Long Beach; Jean Bruce-Poole, El Pueblo de Los Angeles National Monument; Carolyn Cassady; Covent Garden Stamp Shop; Marcia Eymann und Joy Tahan, Oakland Museum of California; Donna Galassi; Mary Jean S. Gamble, Salinas Public Library; Mary Haas, California Palace of the Legion of Honor; Nancy Masten, Photophile; Miguel Millar, US National Weather Service, Monterey; Warren Morse, LA County Metropolitan Transportation Authority; Anne North, San Diego Visitors' and Convention Bureau; Donald Schmidt, San Diego Zoo; Vito Sgromo, Sacramento State Capitol Museum; Dawn Stranne and Helen Chang, San Francisco Visitors' and Convention Bureau; Cherise Sun und Richard Ogar, Bancroft Library; Gaynell V. Wald, Mission San Juan Capistrano; Chris Wirth, Wine Institute, San Francisco; Cynthia J. Wornham und Lori Star, J. Paul Getty Trust.

Genehmigung für Fotografien
Dorling Kindersley bedankt sich bei folgenden Institutionen für ihre freundliche Unterstützung und die Erlaubnis zum Fotografieren:

Balboa Park, San Diego; Columbia State Historic Park; Disney Enterprises, Inc; J. Paul Getty Museum, L.A.; Hearst Castle, San Simeon; Huntington Library, San Marino; Knott's Berry Farm, Buena Park; Los Angeles Children's Museum; Los Angeles County Museum of Art; Museum of Contemporary Art, L.A.; Museum of Miniatures, L.A.; Museum of Television and Radio, L.A.; Museum of Tolerance, L.A.; Norton Simon Museum, Pasadena; Petersen Automotive Museum, L.A.; *Queen Mary*, Long Beach; Sacramento State Capitol; San Diego Aerospace Museum; San Diego Automotive Museum; San Diego Museum of Art; San Diego Zoo Safari Park; San Diego Zoological Society; Santa Barbara

Mission; Southwest Museum, L.A.; John Stein-
beck Library, Salinas; Tao House, Danville; Timken
Museum of Art, San Diego; Universal Studios, L.A.;
University of California, Berkeley; University of
California, L.A.; University of Southern California,
L.A.; Wells Fargo History Room, San Francisco;
Winchester Mystery House, San José.

Unser Dank geht auch an alle Kirchen, Missionen,
Museen und Sammlungen, Parks, Weingüter,
Hotels, Restaurants und Attraktionen, die wir aus
Platzgründen nicht einzeln aufführen können.

Bildnachweis
o = oben, m = Mitte, u = unten, l = links,
r = rechts, (d) = Detail.

Wir haben uns bemüht, alle Urheber ausfindig zu
machen. Sollte dies in einigen Fällen nicht gelun-
gen sein, werden wir die versäumten Nennungen
in der nächsten Auflage nachholen.

Folgende Kunstwerke wurden mit freundlicher
Genehmigung der Copyright-Inhaber reproduziert:

AGAGP, Paris und DACS, London 2011: 74om, 103ol,
322or; **Banco de Mexico Diego Rivera & Frida Kahlo
Museums Trust, Mexico D.F./DACS:** 345ml; **Alan
Bowness, Hepworth Estate:** *Figure for Landscape,*
Bronze 1960: 261u; **Dara Birnbaum:** 322ml; **Crea-
tivity Explored:** 311o; **Kate Rothco Prizel & Christo-
pher Rothko ARS, NY und DACS, London 2011:** 322m;
DACS, London/VAGA, New York 2011: 129o, 322mlu;
Disney Enterprises, Inc: 237, 238ol, 239u; *8 Immor-
tals (Boksen) & 3 Wisdoms;* **Josie Grant:** 311ur; **The
Paolozzi Foundation:** 58–59m; **Succession Picasso/
DACS, London 2011:** 160mlo; **Michael Rios:** 310or;
University of California, Berkeley: Within, 1969, von
Alexander Lieberman, Schenkung des Künstlers,
University Art Museum: 425or.

Dorling Kindersley bedankt sich bei folgenden
Personen und Bildarchiven für die freundliche
Genehmigung zur Reproduktion ihrer Fotografien:

123RF.com: Marie Appert 43m; Kobby Dagan 43ur;
Abbey Road Studios www.abbeyroad.com: 558ur;
Ace Photo Agency: T&J Florian 501mro, 501ur;
Laszlo Willinger 167or; Zephyr Pictures/James
Blank 26u; **Action-Plus Photographers:** Chris van
Lennep/Keith Maloy 202–203m, 203or; Neale
Haynes 203ur; **The Ahwahnee Hotel:** 543ul, 576ur;
Alamy Images: Archives du 7e Art 73ur; Bill Bach-
mann 599ol; Todd Bannor 547m; Gary Crabbe 20;
Stephen Finn 166ul; Jeff Greenberg 328; Hemis/
Renault Philippe 594ml; Brenda Kean 248; Art
Kowalsky 115ml; Jim Lundgren 446; MARKA/jader
alto 594mru; David Nixon 208; Jamie Pham 144;
Photoshot Holdings Ltd 230; Robert Harding
Picture Library 547ol; Ian Shaw 578ml; SUNNY-
photography.com 546mlo; TravelCom 376–377;
Nik Wheeler 38ml; Richard Wong 198–199; ZUMA
Press, Inc 43ul; **Allsport:** 166or Stephen Dunn
61um; **Amoeba Music Store:** 110mru; **Amtrak:**
602ur; 603mr; **Anchor Brewing Company:** 549ul;
Apple Computer Inc: 60or; **Aquarius Library:** 106ml,
110m, 111or; *Vom Winde verweht,* MGM 110um,
Der Jazzsänger, Warner Bros 111or; Jurassic Park,
Spielberg/Universal 153mru; **Arcaid:** Richard Bryant
35mr, 77mro; **Architectural Association:** J. Stirling
77or; **Art Directors Library:** 75mru Craig
Aurness 159mr; Spencer Grant 269ul; **AT&T Inc:**
598ca; **AWL Images:** Walter Bibikow124, 522–523;
Christian Heeb 314; Christian Kober 140–141;

Bancroft Library, University of California, Berkeley:
48or, 50mru, 50u, 53ol, 485ur, 521ml; **Barnaby's
Picture Library:** 23ml, 57ol, 58mlu, *Giants – Spieler,*
Warner Bros 59ur, 60mo, 60um, 61mlo, 516mlo;
Bertrand at Mister A's: 562ol; **BFI Stills, Posters and
Designs:** *Mantrap,* Paramount Studios 56–57m,
Der Kampf der Welten, Paramount Studios 117ul;
Bison Archives: Marc Wanamaker 72ul, *Der Clou,*
Universal Studios 73ml; **Marilyn Blaisdell Collection:**
55ol; **BOA Steakhouse:** 544ul, 555or; **Border Grill
Restaurant:** 554ur; **Bouchon Bistro:** 557ul; **Bridge-
man Art Library, London:** Scottish National Portrait
Gallery, Edinburgh 30or; Kunsthistorisches Muse-
um, Wien 50m; **Britstock IFA:** 37ml, Bernd Ducke
59ul; **Brockton Villa:** 560ur. **California Academy of
Sciences:** 308ur, 374um, 374or, 375om, 375mro,
375ul; Caroline Kopp 371um; **California State Railroad Museum:** 54mlo, 54ml, 55mro; **California
Travel & Tourism Commission:** 595mlu, 605ul;
California Western Railroad: 463or; **Carnival Corporation:** 601ul; **Carter House Inns:** 526o, 541um,
572ul; **J. Allan Cash:** 510or; **Carolyn Cassady:** 31m,
344ul; **Center for the Arts Galleries:** 309um, 326or;
**Center for the Arts Theater/Margaret Jenkins Dance
Company:** 327ol; **Cephas Picture Library:** Bruce Fleming 580mr; R&K Muschenetz 215ol; Mick Rock
466ul, 467mr; **China Flat Museum:** 451or; **Colorific:**
J. Aaronson 61mo; David Burnett 61mo; Chuck
Nacke 41or; Alon Reiniger 42ol, 42mro; Visages/
Peter Lessing 24mr; Patrick Ward 182ur; **Corbis:**
Aurora Photos/Cory Rich 590mlo; Beebe Photo-
graphy/Morton 38or, Bettmann/UPI 30ml, 59mlu,
60mro, 445mr; Jim Corwin 503u; Darrell Gulin
441or; Robert Holmes 207or, 276ul, 386mro,
586ol; George H. H. Huey 292ul; Macduff Everton
445ul; David Muench 206mlo, 499ur; Neal Preston
122mr; Michael T. Sedam 355ur; Everett, *Malteser
Falke,* Warner Bros 31ul; Reuters NewMedia Inc
393ul; Joseph Sohm; **Crocker Art Museum:** 479ml;
Imogen Cunningham Trust: *Two Callas,* 1925,
Imogen Cunningham (1970, 1997) The Imogen
Cunningham Trust, 33ol. **Delancey Street Restaurant:** 565or; **Del Mar Thoroughbred Club:** 252um;
The Disneyland Resort® Inc: Alle Rechte vorbehalten
239u; **Dreamstime:** Adeliepenguin 2–3; Valen-
tin Armianu 104; Matthew Bamberg 15um; Jay
Beiler 264ol; Jon Bilous 303ol; Katrina Brown
496–497; Bukki88 25o; Ketian Chen 336;
Chicco7 13u; Demezel21 500 mlu; Michael Elliott
mo; William Michael Evans 12or; Maurie Hill
207ol; Hotshotsworldwide 486; Laconda 204ur;
Lilyling1982 167or; Lorcel G. 14or; Lunamarina
10ml; Juan Moyano 170ur; Photoquest 14ur,
62–63; Qweszxcj 15or; Roza 11mr; Rramirez125
348, 414; Michael Rubin 441mr; Terry Ryder 17or;
Sbukley 31ur; Dimitri Vinogradov 21u; Leszek
Wrona 264ur; Minyun Zhou 309mru; **Embarcadero
Center:** 316or; **Esquire Grill:** 574ur; **Mary Evans Picture Library:** 27ul, 52or, 55mru, 57u, 58or, 444or;
Exploratorium: 309mro. **Eyewire Collection/Getty
Images:** 42mlu; **Fairmont Hotels & Resorts:** 533ur,
537ul, 538ur, 542ol; **Fandango Restaurant:** 577ur;
The Fashion Institute of Design & Merchandising: Ber-
liner Studio/BEImages Photo (Alex Berliner) 133ur;
The Fine Arts Museums of San Francisco: *Segelboot
auf der Seine,* um 1874, Claude Monet, Schenkung von Bruno und Sadie Adrian, 308or; Schenkung von Mr. und Mrs. Robert A. Magowan,
370or; *Alte Frau,* um 1618/1619, Georges de
La Tour, Roscoe & Margaret Oakes Collection,
75.2.10, 378mlo; *Jungfrau mit Kind,* um 1460,
Deiric Bouts Workshop Roscoe & Margaret Oakes
Collection, 75.2.14, 378um; *Der Zins,* um 1612,
Peter Paul Rubens, Ankauf mit Mitteln verschiedener Stifter, 44.11, 379ol; *Der Impresario,* um 1877,

Edgar Degas, Schenkung von Mr. und Mrs. Louis A. Benoist, 1956.72, 379mro; *Seerosen*, um 1914–17, Claude Monet, Mildred Anna Williams Collection, 1973.3, 379um; *Der Denker*, um 1880, Abguss um 1904, Auguste Rodin, Schenkung von Alma de Bretteville Spreckels, 1924.18.1, 379ul; **Flax Art & Design:** 388ml; **Fort Mason Museums:** Museo Italo-Americano: Muto, 1985, Mimmo Paladino, Radierung, Schenkung von Pasquale Iannetti, 309ol; Mexican Museum: Indios Verdes No 4, 1980, Manuel Neri, verschiedene Materialien, 355ur; **Four Seasons Resort the Biltmore Santa Barbara:** 557om; **Furnace Creek Resort:** 535um, 564ol. **Getty Images:** Gilbert Carrasquillo 73ol; Mitchell Funk 358; Steve Granitz 73or; Woodward Payne 470; Richard Price 78o; Justin Sullivan 628ul; Brad Wilson 630um; **Collection of The J. Paul Getty Museum, Malibu, California:** Joseph Nollekens, *Venus* (1773), Marmor, 124 um; Pierre-Auguste Renoir, *Der Spaziergang* (1870), Öl auf Leinwand 81,3 x 65 cm, 74ml; Vincent van Gogh, *Schwertlilien* (1889), Öl auf Leinwand, 71 x 93 cm, 86mlo; spanisch-maurische Schüssel (Valencia, Mitte 15. Jh.), 10,8 x 49,5 cm, 86mlu; André-Charles Boulle zugeschriebener Schmuckschrank (um 1675–80), Eiche mit Bronzebeschlägen, 230 x 151 x 66,7 cm, 87o; Peter Paul Rubens, *Koreanischer Mann* (um 1617), Kreidezeichnung, 38,4 x 23,5 cm, 87mro; Claude Monet *Heuschober im Schnee, morgens* (1891), Öl auf Leinwand, 87u; Jean-François Millet *Mann mit Pflug* (1860–62), Öl auf Leinwand, 80 x 99 cm, 88mlo; Carleton E. Watkins *Cape Horn, Columbia River, Oregon* (Negativ 1867, Abzug 1881–83), 40,5 x 52,3 cm, 88ur; Korb aus Sèvres-Porzellan (1756), Porzellan mit Vergoldung, 22 x 20,1 x 18 cm, 89om; Vase mit Fuß (Venedig, um 1500–50), 12,5 x 19,5 cm, 89ol; Liederbuch (Helmarshausen, um 1120–40), Temperafarben mit Gold und Silber, in braunes Kalbsleder gebunden, 22,8 x 16,4 cm, 89ur; **Golden Gate Bridge Highway and Transportation District:** 59o, 384mlu, 384ur, 385ol, 385mro, 385ur; Charles M. Hiller 59ol; **J. Paul Getty Trust:** 2005 Richard Ross mit Genehmigung des J. Paul Getty Trust 90u; **Golden Gate National Recreation Area, National Park Service:** 343mu, 343ul; **Ronald Grant Archive:** 106mr, 109ml, 111mru, 611o; Capitol 202or; *LA Story*, Warner Bros 24om; *Denn sie wissen nicht, was sie tun*, Warner Bros 72mro; *The Last Action Hero* Columbia Pictures 72mru; Gidget, Columbia Pictures 202ml; **Green Spa Network:** 593m; **Greyhound Lines, Inc:** 601m; **The Grill on the Alley:** 550ur; **Guerilla Atelier:** Hero B. Stevenson 167ul. **Robert Harding Picture Library:** 200mo, 207mr 580ol; Walter Bibikow 458; Bildagentur/Schuster 202ur; Russ Bishop 436–437; Neale Clarke 290–291; Richard Cummins 134o; Neil Emmerson 368; Eye Ubiquitous 92; FPG 28ml, 56mlo, 57mlu, 59mro; Jon Gardey 501ol; Tony Gervis 487u; Glow Images 76or; James Hager 272; Gavin Hellier 298–299, 588–589; Michael J. Howell 27or; Dave Jacobs 441ur, 500or; Robert Landau 77mru; Rich Reid Photography.com 284; Westlight/Bill Ross 154or, Steve Smith 27ur, 37om; **Hearst Castle/Hearst San Simeon State Historical Monument:** Z. Baron 216ur; John Blades 216or, 216mlu, 217ul, 218mlo, 219m; V. Garagliano 216uum; Ken Raveill 216mo, 217ol, 217mro, 218ur; Amber Wisdom 217mru; **Phoebe Hearst Museum of Anthropology:** 49mru; **Robert Holmes Photography:** Markham Johnson 309ul; **Hotel Casa del Mar:** 178ul; **Hotel del Coronado:** 560or; **Hulton Getty:** 61mru, 109or; **Huntingdon Library, Art Collections and Botanic Gardens:** 33u, 162mlu, 162ur, 163mo, 164ur; Gutenberg-Bibel 163ol; *Knabe in Blau*, Thomas Gainsborough 163mr;

Diana, Göttin der Jagd, Houdon 164or; Pilgerin aus den *Canterbury Tales*, Chaucer (Ellesmere MS), 164m; **Hutchison Library:** B. Regent 170mlo; **Hyatt Hotels:** 529or, 531ol, 538ol. **Image Bank:** David Hamilton 27ol; **Image Works:** Lisa Law 444–445m; **Ingleside Inn:** 563ol; **Inn at the Presidio:** 526ur, 539ol; **International Surf Festival:** 41ur; **Kirk Irwin:** 24u, 201or, 222ml, 222ul, 295ur, 449or, 620–621. **John O'Groats:** 556or; **Jose Cuervo:** 548mlo; **Julienne:** 558ol. **Karl Strauss Brewing Company:** 561ur; **Catherine Karnow:** 204ur; **Katz Pictures:** Lamoine 170mr; Saba/Steve Starr 29ol, Lara Jo Regan 73ul; **Robert E. Kennedy Library:** Special Collections, California Polytechnic State University 219or; **Knott's Berry Farm:** 240–241m, 240ur, 241ul, 278ur; **Howard Koby:** www.photographers-direct.com 111mru; **www.kodaktheater.com:** 112mr; **Kobal Collection:** *LA Story*, Guild Film Distribution 73mlo; *Tote schlafen fest*, Warner Bros 83ur; *Der Wilde*, Columbia Pictures 204ul. **L.A. County Museum of Art:** *La Trahison des Images (Ceci n'est pas une pipe)*, René Magritte, Ankauf mit Mitteln der Mr. und Mrs. William Preston Harrison Collection, 74om; *Im Wald von Giverny*, Claude Monet, Mr. und Mrs. George Gard De Sylva Collection 118or; *Seifenblasen* (nach 1739) Jean-Baptiste-Siméon Chardin, Geschenk der Ahmanson Foundation 118mlo; *Athena* (2. Jh. v.Chr.) William Randolph Hearst Collection 118ul; *Mulholland Drive: The Road to the Studio*, David Hockney, Ankauf mit Mitteln aus dem Vermächtnis von F. Patrick Burnes 1109ol; Teller, Ankauf mit Mitteln des Art Museum Council 119mr; *Büßende Magdalena*, Georges de La Tour, Schenkung der Ahmanson Foundation 120or; *Balzac*, Auguste Rodin, Schenkung von B. Gerald Cantor, 120m; *The Cotton Pickers*, Winslow Homer, Ankauf mit Mitteln des Museumstrusts 120ul; Beamtenpaar, China, Schenkung von Leon Lidow 121or; *Dunes, Oceano*, Edward Weston, 1981 Center for Creative Photography, Arizona Board of Regents 121ul; **L.A. Department of Water and Power:** 56mlu, 206um; **L.A. Dodgers Inc:** 156ur; **Langham Hotels International Limited:** 530ul, 553or; **Las Vegas Convention & Visitors Authority:** 293ml; **The Lodge Torey Pines:** 534ol; **Los Angeles Food & Wine Festival:** Gina Sinotte 40mlo; **Los Angeles Philharmonic:** Tom Bonner 129ur; **Legoland® California Resort:** 266or; **Jack London Collection:** California State Parks 30ur; **Luxe Sunset Boulevard:** 528um. **Madrona Manor:** 573ol; **Magnes Museum Permanent Collections:** Blaue Samtrobe mit Brokat (19. Jh.), 423om; **Magnum Photos:** Michael Nichols 60ur; **Marine World Africa USA:** Charlotte Fiorito 302or; **Mario's Place:** 563ur; **Marriot Hotels:** 532ol; **Barry McGee:** 428ul; **Andrew Mckinney Photography:** 51ml, 304or, 305mr, 306or, 307or, 307ur, 311mr, 311om, 317mru, 335or, 350m, 373ul, 385ul, 418ol; **The Restaurant at Meadowood:** 545o; **Mélisse:** 554ol; **Mendocino Brewing Company:** 549um; **Metropolitan Transit Development Board, San Diego:** Stephen Simpson 270mlo; **Metropolitan Water District of Southern California:** 206mlu; **Mimi's Cafe:** 558ur; **Mineta San José International Airport:** 600mlo; **Robert Mondavi Winery:** 466ur; **Moss Beach Distillery:** 571or; **John Muir National Historic Site:** National Park Service 419ur; **Muni** 401mo, 401ul; **Mumm Napa:** 549om; **Museum of Television and Radio:** Grant Mudford 94or. **The Names Project:** AIDS Memorial Quilt (1988) Matt Herron 61mlu; **The National Motor Museum, Beaulieu:** 205ul; **Peter Newark's American Pictures:** 51ur, 52ur, 205ol, 307mru; **Peter Newark's Western Americana:** 52mlo, 52ul, 52–53ms, 257ur; **NHPA:** Joe Blossom 85or; Rich Kirchner 43ol, 464m;

VIS-À-VIS-REISEFÜHRER

Ägypten · Alaska · Amsterdam · Apulien · Argentinien
Australien · Bali & Lombok · Baltikum · Barcelona &
Katalonien · Beijing & Shanghai · Belgien & Luxemburg
Berlin · Bodensee · Bologna & Emilia-Romagna
Brasilien · Bretagne · Brüssel · Budapest · Chicago
Chile · China · Costa Rica · Dänemark · Danzig
Delhi, Agra & Jaipur · Deutschland · Dresden
Dublin · Florenz & Toskana · Florida
Frankreich · Gardasee · Gran Canaria
Griechenland · Großbritannien · Hamburg
Hawaii · Indien · Irland · Istanbul · Italien · Italienische
Riviera · Japan · Jerusalem · Kalifornien · Kambodscha & Laos
Kanada · Karibik · Kenia · Korsika · Krakau · Kreta · Kroatien
Kuba · Las Vegas · Lissabon · Loire-Tal · London · Madrid · Mailand
Malaysia & Singapur · Mallorca · Marokko · Mexiko · Moskau
München & Südbayern · Myanmar · Neapel · Neuengland · Neuseeland
New Orleans · New York · Niederlande · Nordspanien · Norwegen
Österreich · Paris · Peru · Polen · Portugal · Prag · Provence & Côte d'Azur
Rom · San Francisco · St. Petersburg · Sardinien · Schottland
Schweden · Schweiz · Sevilla & Andalusien · Sizilien · Slowenien
Spanien · Sri Lanka · Stockholm · Straßburg & Elsass · Südafrika
Südengland · Südtirol · Südwestfrankreich · Teneriffa
Thailand · Thailand – Strände & Inseln · Tokyo
Tschechien & Slowakei · Türkei · Umbrien
USA · USA Nordwesten & Vancouver · USA Südwesten &
Las Vegas · Venedig & Veneto · Vietnam & Angkor
Washington, DC · Wien · Zypern

www.dorlingkindersley.de

Straßenkarte Kalifornien

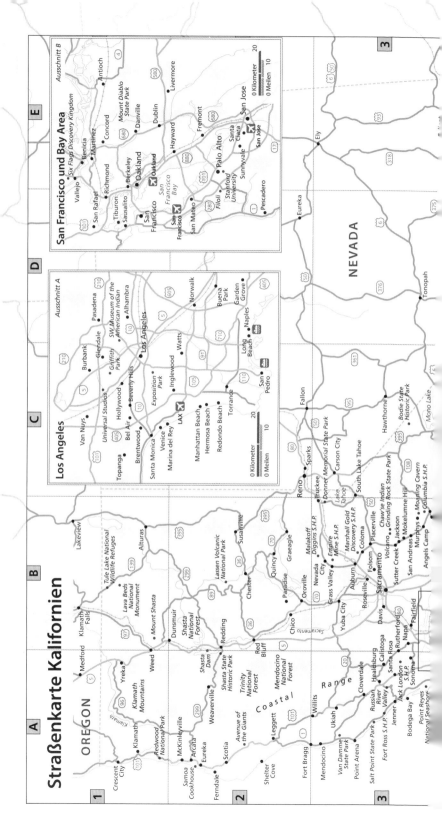